Unfallversicherung

der in

land- und forstwirthschaftlichen Betrieben

beschäftigten Personen.

Nach dem Reichsgesetz vom 5. Mai 1886.

Als Kommentar bearbeitet

von

E. von Woedtke,
Kais. Geh. Regierungsrath,
vortr. Rath im Reichsamt des Innern.

Zweite vermehrte Auflage.

Berlin.
Druck und Verlag von Georg Reimer.
1888.

Vorwort zur ersten Auflage.

Auf mehrfach an ihn herangetretene Aufforderung hat sich der Verfasser entschlossen, im Anschluß an seine Bearbeitungen des Krankenversicherungsgesetzes v. 15. Juni 1883 und des Unfallversicherungsgesetzes v. 6. Juli 1884 nun auch die Unfallversicherung der in land- und forstwirthschaftlichen Betrieben beschäftigten Personen in Form eines Kommentars zu den einschlagenden Bestimmungen des Reichsgesetzes vom 5. Mai 1886 zu bearbeiten. Die Bestimmungen dieses Gesetzes über die Krankenversicherung der land- und forstwirthschaftlichen Arbeiter haben schon in der kürzlich erschienenen 3. Auflage seines Kommentars zum Krankenversicherungsgesetz eine eingehende Behandlung erfahren. Auf diese muß hier verwiesen werden; nur der Vollständigkeit halber, jedoch ohne nähere Erläuterungen, waren die Bestimmungen des Gesetzes vom 5. Mai 1886 über die Krankenversicherung mit abzudrucken. Denn der Abschnitt B dieses Gesetzes, welcher die Krankenversicherung behandelt, ist nur eine Novelle zum Krankenversicherungsgesetz und nur im Zusammenhang mit letzterem verständlich; der Abschnitt über die Unfallversicherung dagegen behandelt eine für sich bestehende Rechtsmaterie, bildet ein kodifizirtes Gesetz über eine für die Land- und Forstwirthschaft neue Einrichtung, welche mit der älteren für sich geregelten Krankenversicherung nur wenig gemein hat. Unfall- und Krankenversicherung sind eben zwei selbständige, wenn auch zu einander in Beziehung gebrachte Materien, welche getrennte Behandlung gestatten und wegen ihres Umfangs erfordern.

In seiner äußeren Anordnung entspricht der vorliegende Kommentar den früheren ähnlichen Arbeiten des Herausgebers. Zweck der Arbeit ist auch hier, das Verständniß für die sociale Gesetzgebung zu erleichtern und zu fördern. Zu diesem Zweck möchte der Verfasser seine Bekanntschaft mit der an sich schwierigen und spröden Materie in weitere Kreise tragen. Denn erst bei völliger Vertrautheit mit den einschlagenden Bestimmungen des Gesetzes kann die Ausführung desselben gelingen, und erst dann wird das gewaltige Werk, welches 7 Millionen Menschen aus der arbeitenden Klasse der Bevölkerung ausgiebige Fürsorge für Fälle eines im Beruf erlittenen Betriebsunfalls sichert, in seiner vollen Bedeutung in die Erscheinung treten. Die Schwierigkeiten, welche sich der Ausführung hin und wieder entgegenstellen mögen, werden sich überwinden lassen, wenn nur allseitig der gute Wille hierzu vorhanden ist. Möchte es an diesem guten Willen nirgend fehlen!

Das Reichsgesetz überträgt der Landesgesetzgebung die Befugniß, große Abschnitte des Gesetzes landesrechtlich abzuändern. Wieweit hiernach die abänderbaren Bestimmungen des Reichsgesetzes praktische Bedeutung erlangen werden, läßt sich zur Zeit nicht übersehen. Hieraus konnte aber ein ausreichender Grund, mit der Bearbeitung des Reichsgesetzes zu warten, um so weniger entnommen werden, als die materiell wichtigsten Bestimmungen des Reichsgesetzes der landesrechtlichen Abänderung nicht unterworfen sind, und für die Erwägung, ob die mehr formalen Organisationsvorschriften des Reichsgesetzes durch andere landesrechtliche Vorschriften ersetzt oder unverändert angewendet werden sollen, die Kenntniß von der Tragweite und der Bedeutung dieser reichsgesetzlichen Bestimmungen nicht ohne Werth sein wird. Bei den einzelnen Paragraphen ist darauf hingewiesen, ob dieselben zu denjenigen gehören, welche der Abänderung durch Landesgesetz unterworfen werden können.

Möchte es dem Verfasser gelungen sein, auch mit dieser Arbeit, die übrigens wie alle früheren lediglich eine Privatarbeit darstellt, ein Scherflein zur Förderung der socialen Reform und zur Konsolidirung unseres Staatswesens beigetragen zu haben!

Berlin, im September 1886.

Der Verfasser.

Vorwort zur zweiten Auflage.

Nachdem das „landwirthschaftliche Unfallversicherungsgesetz" vom 5. Mai 1886 inzwischen für große Theile des deutschen Reichs seinem vollen Umfange nach in Kraft getreten ist, kann die zweite Auflage des vorliegenden Werks für die Praxis insbesondere dadurch sich nützlich machen, daß sie die seither in großem Umfange entwickelte Rechtsprechung des Reichs-Versicherungsamts über die Anwendung gleichartiger Vorschriften des Unfallversicherungsgesetzes vom 6. Juli 1884 zu berücksichtigen hatte. Aber auch die zur Durchführung des landwirthschaftlichen Unfallversicherungsgesetzes vielfach in Kraft getretene Landesgesetzgebung der einzelnen Bundesstaaten mußte hin und wieder gestreift werden. Zu einer ausführlichen Kommentirung der betr. Bestimmungen der verschiedenen Landesgesetze bietet allerdings die vorliegende Arbeit keine Gelegenheit, weil sie nur eine Auslegung reichsgesetzlicher Vorschriften bezweckt und schon bei dieser Beschränkung einen verhältnißmäßig großen Umfang annimmt. Eine solche Kommentirung der Landesgesetze erschien aber auch für die praktische Brauchbarkeit des vorliegenden Werks insbesondere um deswillen nicht erforderlich, weil in materieller Beziehung fast ausschließlich das Reichsrecht gilt und wegen der mehr formalen, auf die Organisation bezüglichen Vorschriften der Landesgesetzgebung auf besondere Veröffentlichungen, wie sie für einzelne Bundesstaaten erschienen sind, Bezug genommen werden kann. Für Preußen hat der Verfasser selbst im Verlage von G. Reimer in Berlin ein kleines Handbuch erscheinen lassen, welches das Preußische Ausführungsgesetz v. 20. Mai 1887 und die Abänderungen, welche die Vorschriften des Reichsgesetzes durch dasselbe erfahren haben, in gedrängter Kürze behandelt. Jenes

Handbuch ist dazu bestimmt, ähnlich wie die Textausgabe des Verfassers zum Kranken- nnd zum Unfallversicherungsgesetz, einen diesmal speziell für Preußen bearbeiteten Auszug aus dem größeren Kommentare darzustellen, während dieser letztere eine ausführliche Darlegung des materiellen Reichsrechts enthalten und deshalb für alle Theile des Deutschen Reichs verwendbar sein soll.

Berlin, im Juli 1888.

Der Verfasser.

Inhaltsangabe.

X. Landesgesetzliche Regelung.

Abkürzungen.

a. a. O. = am angeführten Ort.

a. E. = am Ende.

A.-G. Ausd.-G. = Ausdehnungsgesetz (Gesetz, betreffend die Ausdehnung der Unfall- und Krankenversicherung) vom 28. Mai 1885, R.-G.-Bl. S. 159.

A.-L.-R. = Allgemeines Landrecht (f. d. preußischen Staaten).

A. N. = Amtliche Nachrichten des Reichs-Versicherungsamts; erscheint seit 1. Dezember 1884 im Verlage von A. Asher und Comp. zu Berlin.

Anh. = Anhang.

Anl. = Anleitung (des Reichs-Versicherungsamts).

Anm. = Anmerkung.

Anw. = Anweisung.

Bek. = Bekanntmachung.

B.-G. = Berufsgenossenschaft.

Besch. = Bescheid.

Entsch. = Entscheidung.

fg. = und folgende.

G. = Gesetz.

G.-S. S. = Gesetzsammlung (Preußische) Seite.

i. f. = in fine.

industr. U.-V.-G. = Unfallversicherungsgesetz v. 6. Juli 1884 (R.-G.-Bl. S. 69) für die Industrie.

Komm.-Ber. = Kommissionsbericht (der Reichstags-Kommission).

K.-V.-G. = Krankenversicherungsgesetz vom 15. Juni 1883 (R.-G.-Bl. S. 73).

L. = landesgesetzlich ebenso.

L. a. = landesgesetzlich anders.

Mot. = Motive.

R.-A. = Reichsanzeiger.

R.-G. = Reichsgesetz.

R.-G.-Bl. S.
Reichs-Gesetzbl. S. } = Reichsgesetzblatt Seite.

l. U.- u. K.-V.-G.
landw. U.- u. K.-V.-G. } = landwirthsch. Unfall- und Krankenversicherungs-Gesetz v. 5. Mai 1886. R.-G.-Bl. S. 132.

R.-O.-H.-G. = Reichs-Ober-Handels-Gericht.

R.-T.-Dr.-S. = Reichstags-Drucksache.

R.-V.-A. = Reichs-Versicherungsamt.

S. = Seite.

Sten.-Ber. = Stenographische Berichte (über die Verhandlungen des Reichstags).

St.-G.-B. = Strafgesetzbuch.

Urth. = Urtheil.

U.-V.-G.
Unf.-Vers.-Ges. } = Unfallversicherungsgesetz vom 6. Juli 1884 (R.-G.-Bl. S. 69).

z. = zum.

z. Th. = zum Theil.

Einleitung.

Die Unfallversicherungsgesetzgebung hat sich zunächst aus Verhältnissen der Industrie herausgebildet, mit deren steigender Entwickelung sich auch die Unfallgefahr vermehrt. Seit dem Jahre 1868 hat die wirthschaftliche Nothlage, in welche die immer zahlreicher werdenden, meist den besitzlosen Klassen der arbeitenden Bevölkerung angehörenden Verunglückten und deren Hinterbliebene geriethen, Anlaß zu der Prüfung gegeben, ob bei Betriebsunfällen die allgemeinen Grundsätze des Civilrechts über die Verbindlichkeit zum Schadensersatz als ausreichend anzusehen seien, und diese Prüfung mußte zur Verneinung der Frage führen. Jene allgemeinen Grundsätze des Civilrechts lassen sich kurz in folgende Sätze zusammenfassen:

> Nach gemeinem Recht und den von diesem beherrschten deutschen Partikularrechten ist nur der unmittelbare Urheber für den durch Vorsatz oder Nachlässigkeit verursachten Schaden verantwortlich. Ist der Thäter Vertreter eines Dritten, so haftet der Auftraggeber, sofern nicht seine Ersatzpflicht durch die Widerrechtlichkeit des Auftrags begründet oder durch dessen kontraktwidrige Ausführung ausgeschlossen wird, nur für culpa in eligendo, d. h. nur für erweisliches Versehen bei der Auswahl der Beauftragten. (Vergl. auch § 53 I. 6. Preuß. A. L.-R.) Nur nach rheinischem Recht (art. 1384 code civil) trifft die Verantwortlichkeit neben dem unmittelbar schuldigen Betriebsbeamten gleichmäßig auch den Betriebsunternehmer.

Nach diesen eng begrenzten Gesichtspunkten der civilrechtlichen Verantwortlichkeit konnten Arbeiter, die ihre Arbeitskraft im Dienste Anderer verwerthen und dabei verunglücken, sowie die Hinterbliebenen dieser Personen eine ausreichende Schadloshaltung nur in sehr seltenen Fällen und meist nur nach langwierigen Processen erlangen, und auch dann, wenn es schließlich gelungen war, einen Anspruch auf Fürsorge endgültig zu erstreiten, wurde die Realisirung desselben in Folge Mittellosigkeit des verpflichteten Mitarbeiters oder Betriebsbeamten sehr häufig unmöglich. Die Folge davon war, daß verunglückte Arbeiter und deren Hinterbliebene meist der öffentlichen Armenpflege anheimfielen, welche jederzeit etwas Entwürdigendes hat und erst eintritt, wenn die eigenen Mittel vollständig erschöpft sind.

Diese Erkenntniß und die Ueberzeugung, daß es nicht rathsam sei, eine Abänderung der einschlagenden Gesetze bis zu allgemeiner Regelung des Obligationenrechts zu verschieben, führte zunächst für die Großindustrie und das Eisenbahnwesen zum Erlaß des Reichsgesetzes, betreffend die Verbindlichkeit zum Schadensersatz für die bei dem Betriebe von Eisenbahnen, Bergwerken ꝛc. herbeigeführten Tödtungen und Körperverletzungen, vom 7. 6. 71 (Reichs-Gesetzbl. S. 207), des sogenannten Haftpflichtgesetzes, durch welches dem Unternehmer eine weitergehende Haftpflicht für die in seinem Betriebe sich ereignenden Unfälle, und insbesondere eine Verantwortlichkeit für die Vernachlässigungen seiner Angestellten auferlegt wurde. Auf die Land- und Forstwirthschaft bezieht sich das Haftpflichtgesetz nicht. Bei der durch die legislatorische Neuheit des Gegenstandes gebotenen Vorsicht mochte jenes Gesetz über die bezeichnete Grenze zunächst nicht hinausgehen; es wurde aber von vorn herein anerkannt, daß dasselbe den Gegenstand, zu dessen Regelung es bestimmt war, keineswegs erschöpfe, sondern nur einen Anfang in der Fürsorge für die durch Unfälle geschädigten Arbeiter bedeute. Die Grundsätze des Haftpflichtgesetzes sind folgende:

> Für Unfälle bei dem Betriebe einer Eisenbahn haftet der Unternehmer, falls nicht er den Beweis führt, daß der Unfall durch höhere Gewalt oder durch eigenes Verschulden des Getödteten oder Verletzten verursacht sei (entsprechend dem § 25 des Preuß. Eisenbahn-Ges. v. 3. November 1838).
>
> Für Unfälle bei dem Betriebe eines Bergwerks, eines Steinbruchs, einer Gräberei (Grube) oder einer Fabrik haftet der Unternehmer außer bei eigenem Verschulden auch dann, wenn der Verunglückte ꝛc. ein Verschulden der Betriebsbeamten nachweist.

In Fällen, in welchen diese Voraussetzungen zutreffen, hat der Richter unter freier Würdigung aller Umstände auf Ersatz des vollen Schadens zu erkennen.

Während die Bestimmungen über die Unfälle bei dem Betriebe von Eisenbahnen zunächst im Allgemeinen zu genügen schienen, stellte sich im Uebrigen sehr bald die völlige Unzulänglichkeit des Haftpflichtgesetzes heraus und kam in den Verhandlungen des Reichstages wiederholt zur Besprechung. Denn die Rechtslage war dadurch, daß fortan der Betriebsunternehmer auch die Handlungen und Unterlassungen seiner Beamten zu vertreten hatte, noch nicht erheblich verbessert. Die dem Verunglückten (oder dessen Hinterbliebenen) auferlegte schwierige Beweislast machte die Wohlthaten des Gesetzes nach wie vor in den meisten Fällen illusorisch; die Beschränkung der gesetzlichen Fürsorge auf die Fälle des civilrechtlichen Verschuldens der Betriebsbeamten rc. ließ die zahlreichen und besonders großen, durch Zufall oder Schuld der Mitarbeiter rc. hervorgerufenen Unfälle unberücksichtigt; Zahlungsunfähigkeit des Ersatzpflichtigen vereitelte wiederum häufig den praktischen Erfolg des Entschädigungsanspruchs, wenn die Durchführung desselben wirklich gelungen war. Das Haftpflichtgesetz hat also die beabsichtigte segensreiche Wirkung im Allgemeinen nicht gehabt, ja es hat vielmehr umgekehrt schädlich gewirkt, indem es eine Vermehrung der Prozesse verursachte, durch welche verunglückte Arbeiter ihre im Princip erweiterten Rechte durchzuführen suchen mußten. Denn fast in jedem Fall waren über die Haftpflicht des Unternehmers Prozesse zu führen, — zumal derselbe genöthigt war, sein Risiko durch Versicherung bei Unfallversicherungsgesellschaften abzuschwächen, die letzteren aber im Interesse des eigenen Geschäfts der Regel nach nicht in der Lage zu sein glaubten, ohne richterliche Feststellung der Ersatzverpflichtung Ersatz zu leisten, falls nicht etwa der Verletzte mit einem zu dem Werth des Schadens in keinem Verhältniß stehenden Minimum sich zufrieden gab, — und solche Prozesse mußten nothwendigerweise das Verhältniß zwischen dem Arbeitgeber und Arbeitnehmer in bedenklicher Weise verschlechtern. Diesen Uebelständen hätte auch durch die von einigen Seiten vorgeschlagene anderweite Normirung beziehungsweise Umkehrung der Beweislast nicht wirksam abgeholfen werden können, während andererseits eine Ausdehnung der civilrechtlichen Haftpflicht des Unternehmers auf den vollen Ersatz aller in dem Betriebe vorkommenden Unfälle — wobei man davon ausgehen müßte, daß er dieselben in der Regel verschulde, während das Gegentheil die Regel bildet — eine in sich nicht gerechtfertigte und ohne Schädigung der Industrie namentlich bei Massenunfällen nicht durchzuführende Ueberlastung des Unternehmers hätte zur Folge haben müssen. Eine eingehende Würdigung aller dieser Verhältnisse findet sich in dem weiter unten abgedruckten Auszug aus den Motiven des Gesetzentwurfs von 1882.

Inzwischen brachten die bedenklichen Erscheinungen, welche zum Erlaß des Reichsgesetzes vom 21. Oktober 1878 gegen die gemeingefährlichen Bestrebungen der Sozialdemokratie führten, die Erkenntniß zur Reife, daß es Pflicht des auf der Basis des Christenthums stehenden modernen Staates sei, durch positive Maßregeln für die wirthschaftlich Schwachen eine ausreichende, vor der Armenpflege bewahrende Fürsorge eintreten zu lassen, und die Arbeiter dadurch vor der Versuchung, den Irrlehren der Sozialdemokratie Gehör zu geben, thunlichst zu bewahren. Diese positiven Maßregeln mußten sich naturgemäß zunächst darauf richten, die Arbeiter gegen die wirthschaftlichen Nachtheile einer Schmälerung ihrer Erwerbsquelle, der körperlichen Arbeitskraft, zu sichern, und zwar sowohl bei Fällen von Krankheiten, welche in der Regel nur kurze Dauer umfassen, wie bei den von schwereren Folgen für Leben und Gesundheit begleiteten, bei der Arbeit erlittenen Unfällen. Bezüglich der Krankenfürsorge bot die Selbstversicherung der Arbeiter unter starker Heranziehung der Arbeitgeber zu den Kosten eine genügende Abhülfe. Bezüglich der Unfallfürsorge war dieser Weg schon wegen der Höhe der Kosten nicht gangbar; eine weitere Ausgestaltung der civilrechtlichen Haftpflicht der Arbeitgeber erschien aus den oben angedeuteten Gründen nicht angängig; und so sah man sich genöthigt, den civilrechtlichen Grundsatz des Schadenersatzes aufzugeben, und an dessen Stelle eine auf dem Boden der öffentlich-rechtlichen Versicherung beruhende Fürsorge der Betriebsunternehmer für ihre durch Betriebsunfälle verletzten Arbeiter und deren Hinterbliebene zu statuiren. Diese fundamentale Umgestaltung der bisherigen Gesetzgebung ist der Grundgedanke und Zweck der Unfallversicherungsgesetze, welche als ein wesentlicher Bestandtheil der auf Anrathen des Reichskanzlers, Fürsten von Bismarck, in Deutschland eingeschlagenen socialen Reformen direkt auf die Initiative Seiner Majestät des in Gott ruhenden Kaisers Wilhelm I. und der verbündeten Regierungen zurückzuführen ist. Die Unfallversicherung beruht hiernach ebenso wie die Krankenversicherung auf dem Boden des öffentlichen Rechts, auf welchem auch die öffentliche Armenpflege erwächst. Während aber letztere nur bei dem bittersten Elend das Nothdürftigste zu gewähren hat, und den Almosenempfänger durch Beschränkung seiner öffentlichen Rechte herunterdrückt, will die Unfallversicherung, welche ohne Rücksicht auf Dürftigkeit eintritt und ganz andere Voraussetzungen hat, höhere sociale Aufgaben lösen, den Empfänger vor der Armenpflege und ihren entwürdigenden Folgen schützen und ihn dadurch heben.

Diesen Gedanken gesetzgeberische Form zu geben, ist nicht auf einmal zu erreichen gewesen. Zunächst sah man sich genöthigt, eine so durchgreifende Aenderung der gesammten bisherigen Rechtsgrundsätze über die Entschädigung bei Betriebsunfällen auf diejenigen Klassen der arbeitenden Bevölkerung zu beschränken, bei denen die Nothwendigkeit umfassenderer Fürsorge am deutlichsten in die Erscheinung getreten war, nämlich auf die verschiedenen Zweige der Industrie. Außer den Transportbetrieben mußte auch die Land- und Forstwirthschaft insbesondere um deswillen einstweilen zurücktreten, weil hier die Unfallgefahr im Durchschnitt eine ungleich geringere ist, auch die auf dem Lande noch nicht überall verschwundenen patriarchalischen Grundsätze der Naturalpflege und der nachbarlichen Aushülfe die schwersten Folgen der Unfälle immer noch mildern. Dazu trat die Erwägung, daß die Regelung der Unfallversicherung für die Land- und Forstwirthschaft, deren Verhältnisse von der Industrie verschieden sind, nothwendig ein besonderes Gesetz erforderlich mache, wenn nicht die Land- und Forstwirthschaft durch eine schablonenhafte Unterstellung unter die für die Industrie geeigneten Bestimmungen schwer geschädigt werden sollte; auch mußten ja die unvermeidlichen Meinungsverschiedenheiten das Zustandekommen irgend eines Gesetzes um so mehr gefährden, je breiter die Grundlage desselben genommen wurde, und je mehr Angriffsobjekte dasselbe demgemäß bot.

Aber auch für die Industrie ist es erst nach zwei vergeblichen Versuchen gelungen, ein Unfallversicherungsgesetz zu Stande zu bringen. Der erste Entwurf eines Gesetzes über die Unfallversicherung der Arbeiter wurde von den verbündeten Regierungen am 8. März 1881 dem Reichstage vorgelegt, nachdem über den Entwurf zuvor der Preußische Volkswirthschaftsrath gehört worden war. Nach den Grundsätzen dieses Entwurfs sollten

> die Unternehmer von Bergwerken, Fabriken rc. obligatorisch gehalten sein, ihre Arbeiter und Betriebsbeamten in gewissen Grenzen gegen die wirthschaftlichen Folgen der bei dem Betriebe sich ereignenden Unfälle kollektiv zu versichern; die Versicherung sollte bei einer Reichsversicherungsanstalt auf Kosten der Unternehmer unter Mitheranziehung der Versicherten und mit einer Beihülfe aus Reichsmitteln erfolgen; fakultativ war eine genossenschaftliche Versicherung zugelassen; Privatversicherung war ausgeschlossen.

Vom Reichstag wurde dieser Gesetzentwurf am 15. Juni 1881 unter Beibehaltung des Versicherungszwanges und anderer wesentlicher Grundlagen des Entwurfs zwar angenommen; indessen hatte dabei der Reichstag den Reichszuschuß verworfen und die Reichsversicherungsanstalt durch Landesversicherungsanstalten ersetzt. Dem so veränderten Entwurf ihre Zustimmung zu ertheilen, sahen sich die verbündeten Regierungen am 25. Juni 1881 außer Stande. So war der von der Reichsverwaltung unternommene erste Versuch,

> durch die gesetzliche Regelung der Unfallversicherung der Arbeiter der Erfüllung der Zusagen und Wünsche näher zu treten, welche bei den Verhandlungen über das Gesetz, betr. die gemeingefährlichen Bestrebungen der Socialdemokratie, von mehr als einer Seite ausgesprochen seien, und damit den ersten Schritt zur Lösung der Schwierigkeiten der socialen Frage zu thun (vergl. die Motive),

einstweilen gescheitert.

Von der Nothwendigkeit des angestrebten Erfolges durchdrungen, setzten die verbündeten Regierungen die Arbeiten zur Lösung jener Frage ungesäumt fort. Zunächst wurde darauf Bedacht genommen, das bei den früheren Berathungen vermißte statistische

Material, welches für die praktische Durchführung der Unfallversicherung unentbehrlich erschien, in möglichst ausgiebigem Maaße zu beschaffen. Unter dem 11. Juni 1881 ersuchte der Reichskanzler die verbündeten Regierungen, durch die Betriebsunternehmer derjenigen industriellen Betriebe, für welche die Unfallversicherung zunächst beabsichtigt wurde, eine die vier Monate August bis November 1881 umfassende Statistik der in ihren Betrieben vorkommenden Unfälle nach gewissen näher angegebenen Gesichtspunkten aufzustellen. Dieser Arbeit haben, wie demnächst von berufener Seite wiederholt bezeugt worden ist, die Industriellen mit dankenswerther Bereitwilligkeit und Gründlichkeit sich unterzogen, so daß sich gegen Ende des Jahres 1881 eine Unfallstatistik für rund 2 Millionen (industrieller) Arbeiter in den Händen der Reichsverwaltung befand, welche sich bei der Bearbeitung des Materials demnächst als brauchbar erwies. Bei dem Wiederzusammentritt erfuhr der Reichstag durch die ewig denkwürdige Allerh. Botschaft vom 17. November 1881, mit welcher der Reichstag eröffnet wurde, daß auch der neuen Session als eine ihrer wichtigsten Aufgaben die abermalige Beschäftigung mit der Unfallversicherung der Arbeiter bevorstehe. Unvergeßlich bleiben die inhaltschweren Sätze jener Botschaft, welche von der treuen Fürsorge des unvergeßlichen Kaisers für das Wohl aller Theile der Bevölkerung schönstes Zeugniß geben:

„Schon im Februar dieses Jahres haben Wir Unsere Ueberzeugung aussprechen lassen, daß die Heilung der socialen Schäden nicht ausschließlich im Wege der Repression socialdemokratischer Ausschreitungen, sondern gleichmäßig auf dem der positiven Förderung des Wohles der Arbeiter zu suchen sein werde. Wir halten es für Unsere Kaiserliche Pflicht, dem Reichstage diese Aufgabe von Neuem an's Herz zu legen, und würden Wir mit um so größerer Befriedigung auf alle Erfolge, mit denen Gott Unsere Regierung sichtlich gesegnet hat, zurückblicken, wenn es Uns gelänge, dereinst das Bewußtsein mitzunehmen, dem Vaterlande neue und dauernde Bürgschaften seines inneren Friedens und den Hülfsbedürftigen größere Sicherheit und Ergiebigkeit des Beistandes, auf den sie Anspruch haben, zu hinterlassen. In Unseren darauf gerichteten Bestrebungen sind Wir der Zustimmung aller verbündeten Regierungen gewiß und vertrauen auf die Unterstützung des Reichstags ohne Unterschied der Parteistellungen.

In diesem Sinne wird zunächst der von den verbündeten Regierungen in der vorigen Session vorgelegte Entwurf eines Gesetzes über die Versicherung der Arbeiter gegen Betriebsunfälle mit Rücksicht auf die im Reichstage stattgehabten Verhandlungen über denselben einer Umarbeitung unterzogen, um die erneute Berathung desselben vorzubereiten. Ergänzend wird ihm eine Vorlage zur Seite treten, welche sich eine gleichmäßige Organisation des gewerblichen Krankenkassenwesens zur Aufgabe stellt. Aber auch diejenigen, welche durch Alter und Invalidität erwerbsunfähig werden, haben der Gesammtheit gegenüber einen begründeten Anspruch auf ein höheres Maaß staatlicher Fürsorge, als ihnen bisher hat zu Theil werden können.

Für diese Fürsorge die rechten Mittel und Wege zu finden, ist eine schwierige aber auch eine der höchsten Aufgaben eines jeden Gemeinwesens, welches auf den sittlichen Fundamenten des christlichen Volkslebens steht. Der engere Anschluß an die realen Kräfte dieses Volkslebens und das Zusammenfassen der letzteren in der Form korporativer Genossenschaften unter staatlichem Schutz und staatlicher Fürsorge werden, wie Wir hoffen, die Lösung auch von Aufgaben möglich machen, denen die Staatsgewalt allein in gleichem Umfange nicht gewachsen sein würde. Immerhin aber wird auch auf diesem Wege das Ziel nicht ohne die Aufwendung erheblicher Mittel zu erreichen sein."

Durch diese Allerhöchste Botschaft wurde für die Lösung der socialpolitischen Aufgaben, deren öffentlich-rechtliche Natur mit besonderer Betonung hervorgehoben wird, ein neues Fundament hingestellt, das Fundament selbstverwaltender korporativer Verbände in genossenschaftlicher Gliederung. Auf dieser Grundlage wurde von den verbündeten Regierungen unter dem 8. Mai 1882 ein zweiter Entwurf eines Gesetzes über die Unfallversicherung der Arbeiter (Drucksachen des Reichstags 1882 Nr. 19) nebst einer die Begründung desselben ergänzenden „Denkschrift" über die in dem Entwurf vorgeschlagene Organisation, sowie im Anschluß an diesen ein Gesetzentwurf zur Regelung der obligatorischen Krankenversicherung der Arbeiter (Drucksachen des Reichstags 1882 Nr. 14) vorgelegt, nachdem beide Entwürfe vorher im Preußischen Volkswirthschaftsrath berathen waren und dort freudige Zustimmung gefunden hatten. Hiernach sollten die verunglückten Arbeiter der Industrie

> während der ersten 13 Wochen auf die Krankenkassen angewiesen sein, welche nunmehr auf Grund des Versicherungszwanges geregelt wurden; der obligatorischen Unfallversicherung wurden die schwereren Fälle, d. h. diejenigen Unfälle, die den Tod oder eine länger als 13 Wochen dauernde Arbeitsunfähigkeit zur Folge hatten, und zwar im letzteren Fall nach Ablauf der ersten 13 Wochen, überwiesen. Die Krankenversicherung sollten die Arbeitnehmer auf ihre Kosten unter starker Betheiligung der Arbeitgeber, die Unfallversicherung die Arbeitgeber auf alleinige Kosten, jedoch unter Zuhülfenahme eines Reichszuschusses, auf genossenschaftlicher Grundlage (cf. S. 13) und auf Gegenseitigkeit bewirken.

Beide Entwürfe wurden vom Reichstag an eine und dieselbe (VIII.) Kommission verwiesen; in derselben wurde jedoch nur der Entwurf des Krankenversicherungsgesetzes (demnächst als Gesetz vom 15. Juni 1883 im R.=G.=B. S. 73 publicirt) fertig gestellt. Dieses Gesetz begründet die obligatorische Krankenversicherung für die Arbeiter in der Industrie, einigen Transportbetrieben und im Bauwesen, und ermächtigt außerdem die Gemeinden und weiteren Kommunalverbände (Provinzen, Kreise rc.), für ihre resp. Bezirke die Versicherungspflicht auf andere Kategorien von Arbeitern, insbesondere die Arbeiter der Land= und Forstwirthschaft, durch statutarische Bestimmung zu erstrecken. Soweit solche statutarische Erstreckung erfolgt, sind für die Durchführung der Versicherung die Vorschriften des Krankenversicherungsgesetzes über die kraft Gesetzes obligatorische Versicherung der industriellen rc.

Arbeiter maßgebend. Aber auch ohne solche statutarische Erstreckung gestattet schon das Gesetz den Arbeitern der Land- und Forstwirthschaft 2c. den freiwilligen Beitritt zu der für alle Gemeinden obligatorischen Gemeindekrankenversicherung.

Die Kommission des Reichstages hatte auf die Krankenversicherung sehr viel Zeit verwendet und kam erst spät dazu, in die Durchberathung der Vorlage über die Unfallversicherung einzutreten, nachdem Seine Majestät der Kaiser Wilhelm I. in einer weiteren Allerhöchsten Botschaft vom 14. April 1883 dem Reichstage in eindringlichen Worten von Neuem die Nothwendigkeit an's Herz gelegt hatte, auch diesen Gegenstand bald endgültig zu regeln und, wenn dies in jener Session nicht mehr möglich sei, wenigstens für die nächste Session durch Vorwegnahme der zeitraubenden Etatsberathung Zeit und Möglichkeit des Zustandekommens zu gewähren. Hierüber sagt die Allerhöchste Botschaft, nachdem sie der Befriedigung über den Verlauf der Berathungen des Krankenversicherungsgesetzes Ausdruck gegeben, Folgendes:

„Mit Sorge aber erfüllt es Uns, daß die prinzipiell wichtigere Vorlage über die Unfallversicherung bisher nicht weiter gefördert worden ist, und daß daher auf deren baldige Durchberathung nicht mit gleicher Sicherheit gerechnet werden kann. Bliebe diese Vorlage jetzt unerledigt, so würde auch die Hoffnung, daß in der nächsten Session weitere Vorlagen wegen der Alters- und Invalidenversorgung zur gesetzlichen Verabschiedung gebracht werden könnten, völlig schwinden, wenn die Berathungen des Reichshaushaltsetats für 1884/85 die Zeit und Kraft des Reichstages noch während der Wintersession in Anspruch nehmen müßten.

Wir haben deshalb für geboten erachtet, die Zustimmung der verbündeten Regierungen dahin zu beantragen, daß der Entwurf des Reichshaushaltsetats für 1884/85 dem Reichstage jetzt von Neuem zur Beschlußnahme vorgelegt werde. Wenn dann die Vorlage über die Unfallversicherung, wie nach dem Stande ihrer Bearbeitung zu befürchten steht, in der laufenden Frühjahrssession vom Reichstage nicht mehr berathen und festgestellt wird, so würde durch vorgängige Berathung des nächstjährigen Etats wenigstens für die Wintersession diejenige Freiheit von anderen unaufschiebbaren Geschäften gewonnen werden, welche erforderlich ist, um wirksame Reformen auf sozialpolitischem Gebiete zur Reife zu bringen. Die dazu erforderliche Zeit ist eine lange für die Empfindungen, mit welchen Wir in Unserem Lebensalter auf die Größe der Aufgaben blicken, welche zu lösen sind, ehe Unsere in der Botschaft vom 17. November 1881 ausgesprochenen Intentionen eine praktische Bethätigung auch nur soweit erhalten, daß sie bei den Betheiligten volles Verständniß und in Folge dessen auch volles Vertrauen finden.

Unsere Kaiserlichen Pflichten gebieten Uns aber, kein in Unserer Macht stehendes Mittel zu versäumen, um die Besserung der Lage der Arbeiter und den Frieden der Berufsklassen unter einander zu fördern, solange Gott Uns Frist giebt zu wirken.

Darum wollen Wir dem Reichstage durch diese Unsere Botschaft von Neuem und in vertrauensvoller Anrufung seines bewährten treuen Sinnes für Kaiser und Reich die baldige Erledigung der hierin bezeichneten wichtigen Vorlagen dringend an's Herz legen."

Auf Grund dieser Allerhöchsten Botschaft stellte zwar der Reichstag noch in derselben Session den nächstjährigen Etat fertig, vermochte jedoch den Entwurf des Unfallversicherungsgesetzes, in welchem namentlich der Reichszuschuß sowie die organisatorischen Grundlagen vielfach Anfechtung erfuhren, nicht mehr zur Verabschiedung zu bringen. Es wurden vielmehr in der Kommission nur einzelne Grundsätze desselben durchberathen; ein über das Ergebniß der Kommissionsverhandlungen beabsichtigter mündlicher Bericht (Drucksachen 1882 Nr. 372) kam wegen Schlusses der Session im Plenum nicht mehr zur Verhandlung. So war denn der Versuch, die gewerblichen Arbeiter gegen die Folgen von Betriebsunfällen auch dann, wenn dieselben das Maaß der Krankenfürsorge überschreiten, sicher zu stellen, zum zweiten Mal gescheitert. Erreicht war (durch das Krankenversicherungsgesetz) nur eins, daß nämlich mit dem auf den 1. Dezember 1884 normirten Termin für das Inkrafttreten des letztbezeichneten Gesetzes fast jeder gewerbliche Arbeiter, dessen Unfallversicherung in Frage kommen konnte, während mindestens 13 Wochen gegen Krankheit und hierdurch für diese Zeit auch gegen die in Krankheit und Erwerbsunfähigkeit sich äußernden Folgen der Unfälle versichert beziehungsweise sichergestellt war.

Indessen dies konnte nicht genügen; war doch noch für alle diejenigen Unfälle zu sorgen, deren Folgen gerade am schwersten auf den Arbeitern lasten und welche gerade die verbitternden Prozesse zwischen Arbeitgebern und Arbeitnehmern hauptsächlich hervorgerufen hatten, für alle die Unfälle nämlich, welche den Tod oder eine länger als 13 Wochen dauernde Arbeitsunfähigkeit, gänzliche oder theilweise Invalidität zur Folge haben. So mußten denn die Bemühungen, eine Unfallversicherung wenn auch auf zum Theil anderer Grundlage zu Stande zu bringen, fortgesetzt werden, nachdem inzwischen durch die nach dem Reichsgesetz vom 13. Februar 1882 (R.-G.-B. S. 9) am 5. Juni 1882 aufgenommene Berufsstatistik, welche ein reichhaltiges Material ergeben hatte, für die Vertheilung der arbeitenden Bevölkerung auf die einzelnen Berufszweige einschließlich der Land- und Forstwirthschaft ziffermäßige Unterlagen erzielt worden waren.

Bei den weiteren Vorarbeiten konnten sich die verbündeten Regierungen jedoch der Ueberzeugung nicht verschließen, daß von dem letzten Entwurf insbesondere zwei Grundlagen fallen gelassen werden müßten, wenn ein positives Ergebniß aus den Verhandlungen sollte erwartet werden können — der Reichszuschuß und die bisher vorgesehene Art der Organisation.

Den Reichszuschuß hatten die beiden bisher besprochenen Gesetzentwürfe insbesondere um deswillen in Aussicht genommen, weil in demselben ein billiges Aequivalent für die aus der Regelung der Unfallversicherung sich ergebende Erleichterung der öffentlichen Armenlast liege, und weil es wegen der zur Förderung staatlicher Zwecke erfolgenden neuen Belastung der Industrie geboten sei, diese Erleichterung auf das Reich zu übertragen; sodann aber auch, weil ein direkter Reichszuschuß dem Arbeiter am unmittelbarsten und in verständlichster Weise die Fürsorge des Reichs für sein Wohl zum Ausdruck bringen, also die socialpolitische Wirksamkeit des Gesetzes verstärken werde. Aber bei keiner Partei des Reichstages hatte dieser Vorschlag Zustimmung gefunden.

Für die Organisation der Unfallversicherung wollte der zweite Entwurf, während der erste Entwurf eine Reichsversicherungsanstalt in Aussicht genommen hatte (vgl. S. 6), die durchschnittliche Gleichheit der Unfallgefahr in den verschiedenen Industriezweigen und Betriebsarten zum Ausgang nehmen und auf dieser Grundlage zunächst alle versicherungspflichtigen Betriebe in Gefahrenklassen gruppiren. Innerhalb örtlicher Grenzen (in der Regel für den Bezirk einer höheren Verwaltungsbehörde) sollte dann für je einen Industriezweig (bezw. je eine Betriebsart) oder für mehrere derselben Gefahrenklasse angehörende Industriezweige ꝛc. je eine „Betriebsgenossenschaft" mit Selbstverwaltung gebildet werden, sobald dieselbe als leistungsfähig anzusehen sei; die hierbei nicht unterzubringenden Betriebe sollten ohne Rücksicht auf die Verschiedenheit der Gefahrenklassen in jedem Bezirk einen „Betriebsverband" mit Selbstverwaltung bilden, welcher letztere für jede in ihm vertretene Gefahrenklasse besondere „Abtheilungen" erhalten sollte. Dieser Organisation wurde insbesondere entgegengehalten, daß sie schwerfällig sei und Berufszweige zusammenlege, welche keine gemeinsamen wirthschaftlichen Interessen hätten, größere Berufszweige aber ohne Noth auseinanderreiße.

Bei dieser Sachlage entschlossen sich die verbündeten Regierungen dazu, auf den in der Allerh. Botschaft v. 17. November 1881 ausgesprochenen Grundlagen einen dritten Gesetzentwurf vorzulegen, bei demselben die soeben erwähnten Grundsätze fallen zu lassen und den Entwurf derart aufzubauen, daß nach den bisher gemachten Erfahrungen auf Annahme gerechnet werden könne. Nachdem auch dieser Entwurf, dessen Unterschiede von den beiden bisherigen Entwürfen in dem Werk des Geh. Reg.-Raths, jetzigen Präsidenten des Reichs-Versicherungsamts, H. Bödiker: „Die Unfallgesetzgebung der Europäischen Staaten" S. 39 scharf auseinandergesetzt sind, der aber im Uebrigen an den letzten Entwurf sich anlehnt, von dem Preußischen Volkswirthschaftsrath gut geheißen war, wurde derselbe am 6. März 1884 dem Reichstage vorgelegt (Drucksachen 1884 Nr. 4), von demselben nach einigen Abänderungen mit überwältigender Mehrheit angenommen und demnächst als Unfallversicherungsgesetz vom 6. Juli 1884 (Reichs-Gesetzbl. S. 69) publicirt.

Dieses „Unfallversicherungsgesetz“ begründet den Versicherungszwang für die Arbeiter und kleineren Betriebsbeamten in den bisher dem Haftpflichtgesetz unterworfenen Betrieben der Industrie, insbesondere in Bergwerken, Salinen, Aufbereitungsanstalten, Steinbrüchen, Gräbereien (Gruben), Werften, Bauhöfen, Fabriken und Hüttenwerken, sowie in einigen gewerblichen Baubetrieben (insbesondere für Hochbau, wie Maurer, Zimmerer rc.). Die Versicherung erfolgt ohne Beiträge der Versicherten durch im Wesentlichen frei begründete und selbstverwaltende Berufsgenossenschaften der Betriebsunternehmer. Diese Berufsgenossenschaften umfassen alle innerhalb des Reichs oder kleinerer Bezirke belegenen Betriebe desjenigen Berufszweiges, für welchen die Berufsgenossenschaft gebildet ist (z. B. Bergwerksindustrie, Textilindustrie, Eisen- und Stahlindustrie, keramische Gewerbe rc.). Die Genossenschaften können in Sektionen zerfallen. Die Leistungen beginnen erst mit dem Tode des Verunglückten oder nach Ablauf der ersten 13 Wochen nach dem Unfall; bis zu diesem Zeitpunkt verbleibt die Fürsorge den für jene Betriebe obligatorischen Krankenkassen. Die Entschädigungen werden durch die Organe der Berufsgenossenschaften festgestellt; gegen deren Feststellung steht den Verletzten bezw. deren Hinterbliebenen die Berufung an ein Schiedsgericht zu, welches für jede Genossenschaftssektion aus gleich viel Vertretern der Berufsgenossen und der versicherten Arbeiter unter Vorsitz eines öffentlichen Beamten gebildet ist; in den schwereren Fällen ist noch der Rekurs an das Reichs-Versicherungsamt zugelassen. Letzteres ist eine neu geschaffene Reichsbehörde, „welche unbeschadet gewisser dem Bundesrath übertragener Funktionen die Durchführung des Gesetzes in organisatorischer, administrativer, verwaltungsgerichtlicher und disciplinarischer Beziehung in letzter Instanz in der Hand hat“, welchem aber für Berufsgenossenschaften, deren Bezirke sich über die Grenzen eines Bundesstaates nicht hinaus erstrecken, Landes-Versicherungsämter mit im Wesentlichen gleichen Funktionen an die Seite gesetzt werden können. Die Entschädigungen werden auf die Post angewiesen und von dieser vorschußweise gezahlt, jährlich liquidirt und von den Berufsgenossenschaften erstattet.

Verhandlungen unter dem Vorsitz Sr. Kais. Hoheit des damaligen Kronprinzen und nachmaligen Kaisers Friedrich III. stattfanden, den gesetzgebenden Körperschaften des Reichs unterbreitet. Der eine dieser beiden Gesetzentwürfe hatte die Unfallversicherung in den großen Transportbetrieben des Binnenlandes (Post, Eisenbahn, Fuhrwerksbetrieb, Binnenschiffahrt rc.), sowie in den Betrieben des Heeres und der Marine, in der Speicherei, Kellerei und einigen anderen kleineren Betrieben zum Gegenstand; der andere Gesetzentwurf betraf die Unfallversicherung für die Arbeiter der Land- und Forstwirthschaft.

Der erstere Entwurf lehnte sich fast ganz an das Unfallversicherungsgesetz, zu welchem er eine Novelle darstellt, an, wich aber von den Grundsätzen desselben insbesondere darin ab, daß für die großen Reichs- und Staatsbetriebe des Heeres, der Marine, der Post und Telegraphen- sowie der Eisenbahnverwaltungen und auf Wunsch auch für kleinere Transportbetriebe des Reichs oder der Bundesstaaten die Versicherung nicht durch Vermittelung von Berufsgenossenschaften, sondern direkt durch das Reich bezw. den betr. Bundesstaat für eigene Rechnung erfolgen sollte. Dieser Entwurf kam unter Annahme des erwähnten Grundsatzes als Gesetz, betr. die Ausdehnung der Unfall- und Krankenversicherung, vom 28. Mai 1885 (Reichs-Gesetzbl. S. 159), das sog. Ausdehnungsgesetz, bald zu Stande, und konnte zum Theil schon gleichzeitig mit dem Unfallversicherungsgesetz, im Uebrigen aber mit dem 1. Juli 1886 in Kraft gesetzt werden (V. v. 25. 9. 85, Reichs-Gesetzbl. S. 271 (siehe oben), sowie V. v. 24. 6. 86, Reichs-Gesetzbl. S. 205).

Der andere Gesetzentwurf dagegen, welcher die Unfallversicherung der in land- und forstwirthschaftlichen Betrieben beschäftigten Personen betraf und am 3. Januar 1885 dem Reichstage vorgelegt worden war (R.-T.-Dr.-S. Nr. 81), hatte ein weniger glückliches Schicksal. Auch dieser Entwurf lehnte sich, ebenfalls in Form einer Novelle, in allen wesentlichen Bestimmungen an die Grundsätze des Unfallversicherungsgesetzes an, enthielt aber in Berücksichtigung der besonderen Verhältnisse der Land- und Forstwirthschaft vielfache Erleichterungen, insbesondere hinsichtlich der Grundlagen für die Berechnung der Renten und Beiträge. Außerdem enthielt der Entwurf mit Rücksicht darauf, daß in der Land- und Forstwirthschaft nach den Bestimmungen des Krankenversicherungsgesetzes obligatorische Krankenversicherung nicht besteht, von der durch das letztere Gesetz den Gemeinden und weiteren Kommunalverbänden eingeräumten Berechtigung aber, für ihren Bezirk durch statutarische Bestimmungen die Krankenversicherungspflicht auf die in der Land- und Forstwirthschaft beschäftigten Personen zu erstrecken, bisher nur ein sehr geringer Gebrauch gemacht worden war, — besondere Bestimmungen über die Unterstützung Verletzter während der Karenzzeit in denjenigen Fällen, in welchen Krankenversicherung nicht besteht. Der Entwurf wurde von dem Reichstag nach einmaliger Lesung an eine Kommission verwiesen und hier einmal durchberathen, wobei sich die Kommission bemühte, Bestimmungen zu finden, welche einen häufigeren Gebrauch von der statutarischen Erstreckung der Krankenversicherungspflicht auf land- und forstwirthschaftliche Arbeiter, bei welcher es im Prinzip bewenden sollte, gewährleisten möchten, im Uebrigen aber ihre Berathungen im Wesentlichen auf einige Principienfragen beschränkte. Zur zweiten Berathung im Plenum ist der Entwurf in jener Session nicht mehr gelangt. So hatte das Bestreben der verbündeten Regierungen, die Wohlthaten der Unfallversicherung den weiteren, in der Land- und Forstwirthschaft beschäftigten 7 Millionen der arbeitenden Bevölkerung zuzuwenden, einen Erfolg noch nicht gehabt. —

In der nächsten Session des Reichstags (1885/86) erfuhr die sociale Reform weitere Fortbildung. Zunächst kam ein Gesetz zu Stande, welches für die Beamten des Reichs und die Personen des Soldatenstandes (und zwar die ersteren ohne Unterschied, ob sie durch die bisherigen Unfallgesetze bereits erfaßt waren oder nicht, sofern sie nur in einem reichsgesetzlich der Unfallversicherung unterliegenden Betriebe beschäftigt sind) die Unfallfürsorge in analogem Umfang, aber auf dienstpragmatischem Wege durch Ergänzung der Pensions- und Reliktengesetzgebung regelte. Dieses Gesetz, betr. die Fürsorge für Beamte und Personen des Soldatenstandes in Folge von Betriebsunfällen, vom 15. März 1886 (Reichs-Gesetzbl. S. 53) ist schon mit dem Tage der Verkündung in Kraft getreten. Dabei bestand die Erwartung, daß die Bundesstaaten und Kommunalverbände rücksichtlich ihrer Beamten diesem Beispiel durch dienstpragmatische Spezialgesetze bezw. Kommunalstatuten bald nachfolgen werden, und diese Erwartung ist rücksichtlich der Bundesstaaten seither in weitem Maaße eingetroffen. Derartige Spezialgesetze sind inzwischen z. B. in Preußen, Bayern, Sachsen rc. erlassen worden.

Von besonderer Bedeutung aber blieb es, die in der vorigen Session des Reichstages unerledigt gebliebene Unfallversicherung in der Land- und Forstwirthschaft durchzuführen. In diesem Berufszweige ist zwar die Unfallgefahr geringer wie in der Industrie; sie ist aber in Folge der Verwendung von schneidenden Werkzeugen, Fuhrwerk und Maschinen, in Folge des Forstschutzes, Scheunen- und Speicherbetriebes rc. keineswegs unerheblich. Bei der großen Verbreitung der Land- und Forstwirthschaft konnte daher die Unfallversicherung für diesen Berufszweig um so weniger noch länger hinausgeschoben werden, als dadurch in Gegenden, in denen Industrie und Landwirthschaft sich örtlich berühren, Unzufriedenheit unter den Arbeitern der letzteren unvermeidlich hätte entstehen müssen, und der Abfluß von Arbeitskräften von der Landwirthschaft zur Industrie befördert worden wäre. Demgemäß wurde dem Reichstage noch in derselben Session 1885/86, und zwar am 7. 1. 86, eine inzwischen vorgenommene Ueberarbeitung des in der vorigen Session unerledigt gebliebenen betr. Gesetzentwurfs vorgelegt (R.-T.-Dr.-S. Nr. 75).

Dieser zweite Entwurf unterschied sich materiell, soweit die Unfallversicherung in Frage kommt, (abgesehen von der später wieder beseitigten Ausschließung der Familienangehörigen von der Versicherungspflicht) hauptsächlich dadurch von dem ersteren Entwurf, daß der Genossenschaft die Befugniß übertragen wurde, die laufende Verwaltung an Organe der Selbstverwaltung abzugeben, wenn sie mit den letzteren sich über die Bedingungen dieser Uebertragung einigen konnte. In formeller Beziehung aber bestand insofern ein wesentlicher Unterschied, als der zweite Entwurf nicht, wie der erste, in Gestalt einer Novelle zum Unfallversicherungsgesetz, sondern in kodifizirter Form als vollständig selbständiges Gesetz erscheint, in welchem die für anwendbar erachteten Bestimmungen des Unfallversicherungsgesetzes nicht angezogen, sondern mit den erforderlichen

Modifikationen übernommen worden sind. Außerdem enthielt der zweite Entwurf (und das unterscheidet ihn ferner von dem ersten Entwurf) in einem hinzugefügten zweiten Abschnitt auch Vorschriften über die Krankenversicherung. Diese Vorschriften sollten dort, wo die Krankenversicherung durch statutarische Bestimmungen von Gemeinden oder weiteren Kommunalverbänden auf land- und forstwirthschaftliche Arbeiter erstreckt wird, an die Stelle einiger für diesen Beruf nicht geeigneter Bestimmungen des Krankenversicherungsgesetzes v. 15. Juni 1883 treten, und insbesondere die Erhaltung der Naturalwirthschaft sowie die Durchführung der Versicherungspflicht bei unständigen landwirthschaftlichen Arbeitern ermöglichen. Im Uebrigen sollte es bei dem bisherigen Grundsatz, daß in der Land- und Forstwirthschaft die Krankenversicherung nicht nach Reichsgesetz obligatorisch sein, sondern nur durch derartige statutarische Bestimmungen sollte eingeführt werden dürfen, lediglich bewenden, sofern nicht etwa die Versicherungspflicht durch Landesgesetzgebung begründet werde. Dieser zweite Theil des Entwurfs stellte also eine Novelle zum Krankenversicherungsgesetz dar.

Der Entwurf wurde vom Reichstage nach der ersten Berathung im Plenum an eine insbesondere aus solchen Mitgliedern bestehende Kommission verwiesen, welche die bisherigen socialpolitischen Gesetze vorberathen hatten. Die Kommission stand auch jetzt wieder unter der ausgezeichneten, energischen Leitung des damaligen ersten Vicepräsidenten des Reichstags, H. Frh. von und zu Franckenstein. Die Kommission hat den zweiten Theil des Gesetzentwurfs, welcher die Krankenversicherung betrifft, im Wesentlichen unverändert gelassen, den ersten Theil über die Unfallversicherung aber sehr erheblich verändert und dann den Gesetzentwurf durch den von dem H. Abgeordneten Frh. von Maltzahn-Gültz mit gewohnter Klarheit und Schärfe verfaßten umfänglichen Bericht vom 1. April 1886 (R.-T.-Dr.-S. Nr. 252) wieder an das Haus gebracht. Das letztere hat den Gesetzentwurf wesentlich in der Form, wie er aus den Kommissionsberathungen hervorgegangen war, angenommen, die verbündeten Regierungen haben den Abänderungen zugestimmt und dann ist der Entwurf als Gesetz, betreffend die Unfall- und Krankenversicherung der in land- und forstwirthschaftlichen Betrieben beschäftigten Personen, vom 5. Mai 1886 (Reichs-

Der zu erstattende Betrag wird nebst den Verwaltungskosten alljährlich nach dem Maaße des Risikos, mit welchem jeder Betrieb die Genossenschaft belastet, auf die Mitglieder der Berufsgenossenschaft umgelegt. Dieses Risiko der einzelnen Betriebe wird durch Einschätzung in die verschiedenen Klassen eines für die betr. Berufsgenossenschaft aufzustellenden Gefahrentarifs, im Uebrigen aber nach der Zahl der in dem betr. Betriebe beschäftigten versicherten Personen und der Höhe ihres Lohnes ermittelt, worüber jährliche Nachweisungen von den einzelnen Betriebsunternehmern aufzustellen sind. Außerdem enthält das Gesetz Vorschriften über das Unfallmeldewesen, über polizeiliche Unfalluntersuchungen und über den Erlaß von Unfallverhütungsvorschriften, sowie über die Entlastung der Betriebsunternehmer von der bisherigen civilrechtlichen Haftpflicht für ihr und ihrer Betriebsbeamten Verschulden. —

Durch das Unfallversicherungsgesetz vom 6. Juli 1884 war die Grundlage auch für die weitere Ausdehnung der Unfallversicherung auf andere Betriebszweige, welche nach den wiederholt hierüber abgegebenen Erklärungen der Vertreter der verbündeten Regierungen von vorn herein in Aussicht genommen und aus den oben angedeuteten Gründen nur einstweilen hinter die dringlichsten Aufgaben zurückgestellt worden war, gewonnen. Und zu dieser Ausdehnung der Unfallversicherung wurde Seitens der verbündeten Regierungen unverzüglich geschritten, während gleichzeitig das Reichs-Versicherungsamt unter der Leitung seines Präsidenten H. Bödiker mit großem, von Freund und Feind willig anerkanntem Geschick und mit besonderer, durch das dankenswerthe Entgegenkommen der Industriellen unterstützten Energie die Ausführung des Unfallversicherungsgesetzes derart förderte, daß dasselbe in vollem Umfange schon am 1. Oktober 1885 in Kraft treten konnte (V. v. 25. 9. 85, Reichs-Gesetzbl. S. 271).

Behufs der Weiterführung der Unfallversicherung wurden zunächst die Bestimmungen des Unfallversicherungsgesetzes auf Grund des § 1 Abs. 8 desselben durch Beschlüsse des Bundesraths auf weitere gewerbliche Baubetriebe erstreckt (Bek. v. 22. 1. 85, Reichs-Gesetzbl. S. 13; v. 27. 5. 86, Reichs-Gesetzbl. S. 190; v. 14. 1. 88, Reichs-Gesetzbl. S. 1). Außerdem aber wurden noch in demselben Jahre 1884 zwei weitere Gesetzentwürfe ausgearbeitet und nach Begutachtung durch den Preußischen Staatsrath, dessen

Gesetzbl. S. 132) veröffentlicht worden.*) Der Umstand, daß durch die bisherigen Gesetze nur etwa $3\frac{1}{2}$ Millionen, durch das letzterwähnte Gesetz aber rund 7 Millionen der arbeitenden Klassen des Deutschen Volks der Wohlthaten der Unfallversicherung theilhaftig geworden sind, sowie der Umstand, daß bei der Industrie nur rund 220000, in der Land- und Forstwirthschaft aber, selbst wenn man von den zahlreichen kleinsten Betrieben unter 1 hect. Größe absieht, rund 3 Millionen Betriebsunternehmer die Unfallversicherung ihrer Arbeiter auf ihre Kosten, wenn auch zumeist mit minimalen Beträgen, durchzuführen berufen sein werden, läßt die außerordentlich große Bedeutung ermessen, welche dieses Gesetz für die ganze Nation dereinst haben wird!

Das Gesetz vom 5. Mai 1886 zerfällt in drei Theile. Der bei Weitem umfangreichste, 132 Paragraphen umfassende erste Theil behandelt in kodificirter Form die Unfallversicherung; der zweite kleinere, nur 10 Paragraphen umfassende Theil stellt die besprochene Novelle zum Krankenversicherungsgesetz vom 15. Juni 1883 dar; der Schlußparagraph, § 143, bildet den dritten Theil und regelt das Inkrafttreten des Gesetzes. Der zweite Theil über die Krankenversicherung scheidet für den Zweck des vorliegenden Kommentars aus, weil er in eine Darstellung der Lehre von der Krankenversicherung gehört und schon wegen seiner novellitischen Form ohne Zusammenhang mit dem Krankenversicherungsgesetz nicht verständlich gemacht werden kann. Er ist in dem Kommentar des Verfassers zum Krankenversicherungsgesetz, 3. Aufl.**), ausführlich be-

*) Als weitere Gesetze über Unfallversicherung sind demnächst noch erlassen worden und seit dem 1. Januar 1888 in Kraft: 1. das Gesetz über die Unfallversicherung der bei Bauten beschäftigten Personen (Bauunfallversicherungsgesetz) vom 11. Juli 1887 (Reichs-Gesetzbl. S. 287) für die von den bisherigen Gesetzen noch nicht erfaßten Bauarbeiter, insbesondere bei Erd- und Wasserbauten sowie bei nicht gewerblichen, sog. Regiebauten; 2. das Gesetz, betr. die Unfallversicherung der Seeleute und anderer bei der Seeschiffahrt betheiligter Personen (Seeunfallversicherungsgesetz) vom 13. Juli 1887 (Reichs-Gesetzbl. S. 329). Beide Gesetze, deren nähere Besprechung hier erübrigt, stehen mit mehr oder weniger erheblichen Abweichungen auf der Grundlage des Unfallversicherungsgesetzes.

**) v. Woedtke, Krankenversicherungsgesetz (v. 15. Juni 1883) und die dasselbe ergänzenden reichsgesetzlichen Bestimmungen. 3. Aufl. Berlin und Leipzig bei J. Guttentag (D. Collin). 1886.

handelt. Die vorliegende Arbeit hat sich vielmehr ausschließlich mit der Unfallversicherung in der Land- und Forstwirthschaft zu beschäftigen, welche für diesen Berufszweig noch mehr wie für die Industrie eine völlig abgeschlossene, von der Krankenversicherung verschiedene Materie darstellt.

Die Bestimmungen über die Unfallversicherung in der Land- und Forstwirthschaft lehnen sich, wie bereits angedeutet ist, an die äußere Eintheilung und die grundlegenden Bestimmungen des Unfallversicherungsgesetzes für die Industrie an, enthalten aber innerhalb dieses Rahmens, insbesondere in Folge der Beschlüsse des Reichstages, mehrfache zum Theil erhebliche Abweichungen. Diese Abweichungen bezwecken eine ausgiebige Berücksichtigung der zahlreichen Besonderheiten der weit verbreiteten Land- und Forstwirthschaft und neben thunlichster Vereinfachung auch die Möglichkeit von Kostenersparungen bei der Verwaltung der Unfallversicherung. Sie beziehen sich daher insbesondere auf die Organisation und Verwaltung. Charakteristisch ist hierbei das durch das Reichsgesetz gestattete weitgehende Eingreifen der Landesgesetzgebung. Im Einzelnen ergiebt eine Vergleichung folgende Hauptunterschiede zwischen der Unfallversicherung in der Industrie einerseits (vgl. die Grundzüge des U.-V.-G. oben auf S. 14) und in der Land- und Forstwirthschaft andererseits.

I. Rechte der Versicherten.

1. Die Versicherungspflicht kann in der Land- und Forstwirthschaft durch Landesgesetz oder Genossenschaftsstatut auf die (kleineren) Betriebsunternehmer ausgedehnt werden (§ 1 Abs. 3, § 2 Abs. 2) — in der Industrie ꝛc. nicht. Im Uebrigen steht diesen kleineren Betriebsunternehmern kraft Gesetzes das Recht zu, freiwillig auch für ihre Person sich bei der Berufsgenossenschaft zu versichern (§ 2 Abs. 1) — in der Industrie ꝛc. kann ihnen nur durch das Genossenschaftsstatut diese Befugniß beigelegt werden.

Andererseits kann in der Land- und Forstwirthschaft die Versicherung der in der Wirthschaft des Familienhauptes beschäftigten Familienangehörigen desselben durch Landesgesetz ausgeschlossen werden (§ 1 Abs. 3) — das Unfallversicherungsgesetz für die Industrie 2c. kennt solche Bestimmung nicht.

2. Die Rente der Verletzten und ihrer Hinterbliebenen wird nach beiden Gesetzen auf den gleichen Prozentsatz des Jahresarbeitsverdienstes ($66^2/_3$% bei Ganzinvaliden, einen entsprechenden Bruchtheil dieses Betrages bei theilweise Erwerbsunfähigen, sowie auf 15 bis 60 % bei Hinterbliebenen) bemessen. In der Land- und Forstwirthschaft aber werden der Berechnung bei Arbeitern Durchschnittssätze (der von der höheren Verwaltungsbehörde festgesetzte durchschnittliche Jahresarbeitsverdienst, welchen land- und forstwirthschaftliche Arbeiter am Beschäftigungsort erzielen) zu Grunde gelegt (§ 6 Abs. 3), welche bei Personen, die schon vor der Verletzung nur beschränkt erwerbsfähig waren, gemindert werden können (§ 6 Abs. 6); — bei der Industrie 2c. wird die Rente nach dem Individualverdienst, den der Verletzte in dem betr. Betriebe während des letzten Jahres verdient hat, bemessen, und dieser muß in jedem Fall speziell ermittelt werden.

Ferner kann in der Land- und Forstwirthschaft die Rente in Naturalien gewährt werden, wenn der Verletzte herkömmlich auch seinen Arbeitslohn in Naturalien bezog (§ 9) — das Unfallversicherungsgesetz kennt nur Geldrenten.

3. Die Karenzzeit ist für die Land- und Forstwirthschaft wie für die Industrie gleichmäßig auf 13 Wochen bemessen; innerhalb dieser Zeit liegt die Fürsorge für die Verletzten den Krankenkassen ob. Verschieden aber ist die subsidiäre Fürsorge für diejenigen Fälle, in denen Krankenversicherung nicht besteht. Diese Fälle sind bei der Industrie seltene Ausnahmen, in der Land- und Forstwirthschaft z. B. die Regel. In der ersteren haben für diese Ausnahmefälle die Betriebsunternehmer subsidiär einzutreten; bei der Land- und Forstwirthschaft ist dies als Regel wegen der geringen Leistungsfähigkeit der zahlreichen kleinen Betriebsunternehmer nicht möglich. In der Land- und Forstwirthschaft sollen daher während der durch Krankenversicherung nicht gedeckten Karenzzeit, soweit nicht andere

Ersatzverpflichtete (Dienstherrschaften, Alimentationspflichtige, Arbeitsherren ꝛc.) auf Grund landesgesetzlicher Bestimmungen eintreten, subsidiär die Gemeinden des Beschäftigungsorts vorbehaltlich des Regresses an derartige Verpflichtete für das Nothwendigste, d. h. für freie Kur, sorgen (§ 10). Weil diese beschränkte Fürsorge während der Karenzzeit einen ausreichenden Schadensersatz nicht darstellt, so sind für die Land- und Forstwirthschaft die civilrechtlichen Entschädigungsansprüche der Verletzten gegen den Arbeitsherren ꝛc. für die Zeit während der ersten 13 Wochen bezw. bis zu dem in diesen Zeitraum fallenden Tod des Verletzten insoweit aufrecht erhalten, als nicht Krankenversicherung besteht (§ 116) — für die Industrie sind diese im Wesentlichen beseitigt.

4. Die Entschädigungsberechtigten haben nach beiden Gesetzen gegen die Festsetzungen des zuständigen Genossenschaftsorgans das Rechtsmittel der Berufung an das Schiedsgericht und in den schwereren Fällen noch den Rekurs an das Reichs- bezw. das Landes-Versicherungsamt. Das Schiedsgericht wird nach beiden Gesetzen aus gleichviel Vertretern der Genossenschaft und der Arbeiter unter Vorsitz eines öffentlichen Beamten gebildet; im Reichs- bezw. Landes-Versicherungsamt sitzen ebensoviel industrielle wie landwirthschaftliche Arbeitgeber und Arbeitnehmer. Die Berufung der Arbeiter-Beisitzer aber erfolgt in der Land- und Forstwirthschaft für das Schiedsgericht, sofern Krankenkassen nicht vorhanden sind, durch Wahl der Gemeindevertretungen, für das Versicherungsamt durch den Bundesrath bezw. die Landes-Zentralbehörde (§§ 51, 95, 100) — in der Industrie immer durch indirekte Wahl von gewählten Arbeitervertretern.

5. Zur Berathung von Unfallverhütungsvorschriften werden in der Land- und Forstwirthschaft Arbeitervertreter nicht zugezogen (§ 87) — wohl aber in der Industrie; dafür darf in ersterer die Berufsgenossenschaft keine Strafvorschriften gegen Versicherte wegen Nichtbeachtung der vorgeschriebenen Verhaltungsmaßregeln erlassen, während dies in der Industrie gestattet ist.

II. Rechte und Pflichten der Betriebsunternehmer.

6. Für Betriebsunternehmer der Land- und Forstwirthschaft kann die Versicherungspflicht begründet werden; das Recht derselben zur freiwilligen Betheiligung an der Versicherung ist erweitert. Vgl. darüber oben Ziffer 1.
7. Nach beiden Gesetzen erfolgt die Unfallversicherung auf alleinige Kosten der Betriebsunternehmer durch Berufsgenossenschaften, zu welchen jene nach örtlichen Bezirken zu vereinigen sind.

   Die freiwillige Bildung von Berufsgenossenschaften durch Mehrheitsbeschlüsse der Unternehmer ist aber nach Reichsgesetz für die Land- und Forstwirthschaft nicht gestattet, vielmehr sind dabei Vertreter der letzteren nur mit berathender Stimme zu hören (§ 14) — in der Industrie beschließen die Unternehmer selbst darüber, wie sie die Berufsgenossenschaften organisiren wollen, vorbehaltlich der Genehmigung durch den Bundesrath.
8. Kleine Betriebsunternehmer können in der Land- und Forstwirthschaft von Beiträgen befreit werden (§ 16) — in der Industrie besteht solche Bestimmung nicht.
9. Die Fürsorgepflicht während der Karenzzeit ist verschieden geregelt, vgl. darüber oben Ziffer 3.
10. Die Aufbringung eines Reservefonds ist in der Land- und Forstwirthschaft nach Reichsgesetz fakultativ (§ 17) — in der Industrie ꝛc. obligatorisch.
11. Die Verpflichtung der Berufsgenossen zur Anmeldung der Betriebe fällt in der Land- und Forstwirthschaft nach Reichsgesetz fort (§ 35) und wird durch Nachweisungen der Gemeinden ersetzt — in der Industrie hat jedes Mitglied der Genossenschaft die Anmeldepflicht.

   In der Land- und Forstwirthschaft fallen die Bezirke der Berufsgenossenschaften fast ausnahmslos mit den Bezirken der politischen oder kommunalen Verwaltung (Provinzen, Bundesstaaten) zusammen; in der Industrie ist dies seltene Ausnahme, indem hier die Berufsgenossenschaften meist über mehrere Bundesstaaten oder über das Reich sich erstrecken. Vgl. Ziffer 17.

12. Die Verpflichtung zur Einreichung von Jahresnachweisungen über die Höhe der von den Arbeitern verdienten Löhne und Gehälter, welche in der Industrie vorgeschrieben ist, fällt in der Land- und Forstwirthschaft nach Reichsgesetz fort; an deren Stelle treten generelle Festsetzungen der Unterlagen für die Umlegung der Beiträge (§ 78).

13. Die Beiträge werden in der Land- und Forstwirthschaft gemeindeweise durch die Gemeindebehörde eingezogen und abgeführt (§ 81) — in der Industrie hat jeder einzelne Berufsgenosse seinen Beitrag an die Genossenschaft abzusenden.

14. Mitgliedscheine hat die land- und forstwirthschaftliche Genossenschaft nicht auszustellen, ein Kataster nicht nothwendig anzulegen (vgl. § 46) — in der Industrie ist beides obligatorisch.

15. Die Berufsgenossenschaft kann in der Land- und Forstwirthschaft beschließen, daß die Beiträge statt nach einem neu zu findenden, nämlich dem reichsgesetzlichen Maaßstabe, des Arbeitsbedarfs, nach einem bestehenden Maaßstabe, nämlich nach direkten Steuern (insbesondere Grundsteuern) umgelegt werden (§ 33) und daß ein Gefahrentarif nicht aufzustellen ist (§ 35 Abs. 6) — in der Industrie ist solche Licenz nicht gegeben.

16. Nach Reichsgesetz haben die Berufsgenossenschaften in der Land- und Forstwirthschaft zwar das Recht, aber nicht die Pflicht der vollen Selbstverwaltung, können vielmehr die laufende Verwaltung, soweit sie den Vorständen zusteht, durch Vertrag an Organe der Selbstverwaltung abgeben (§ 26); nach Landesgesetz kann die Führung der laufenden Verwaltung durch Behörden in noch weiterem Umfange geregelt werden (§ 110, vgl. Ziffer 18) — in der Industrie ist beides nicht gestattet.

III. Rechte der Landesgesetzgebung.

17. Schon bei Durchführung der Unfallversicherung für die Industrie waren der Gesetzgebung bezw. der administrativen Regelung der einzelnen Bundesstaaten gewisse Angelegen-

heiten übertragen. Hierhin gehörte, abgesehen von der Mitwirkung bei der Zusammensetzung der Schiedsgerichte und bei dem Unfallmeldewesen, insbesondere die Befugniß zur Errichtung von Landes-Versicherungsämtern, welche für Berufsgenossenschaften, deren Bezirk über die Grenzen des betreffenden Bundesstaates nicht hinausgeht, in der Hauptsache an die Stelle des Reichs-Versicherungsamts treten. Diese Befugniß hat durch die Unfallversicherung für die Land- und Forstwirthschaft, bezüglich deren es bei der Zulässigkeit von Landes-Versicherungsämtern natürlich verblieben ist (§ 100), eine ungleich größere praktische Tragweite gewonnen. Denn während in der Industrie nur sehr wenige Berufsgenossenschaften innerhalb des Gebietes eines einzelnen Bundesstaates bleiben (vgl. Ziffer 7), bildet dies Verhältniß bei der Land- und Forstwirthschaft die fast ausnahmslose Regel. Demgemäß hat in Folge der Durchführung der Unfallversicherung für die Land- und Forstwirthschaft die Errichtung von Landes-Versicherungsämtern zugenommen, und die Land- und Forstwirthschaft untersteht daher in weit größerem Umfange der Beaufsichtigung durch ein Landes-Versicherungsamt, wie die Industrie. (Landes-Versicherungsämter bestehen z. B. in Bayern, Sachsen, Württemberg, Baden, Hessen, beiden Mecklenburg.)

18. Bei der Land- und Forstwirthschaft ist aber der Landesgesetzgebung — anders wie in der Industrie — auch die weitere Ermächtigung eingeräumt, zahlreiche Einzelheiten der Unfallversicherung selbständig zu regeln, und zwar nicht nur zur Ergänzung des Reichsgesetzes (praeter legem), sondern auch in Abänderung des Reichsgesetzes (contra legem), letzteres mit der Wirkung, daß die betreffenden Bestimmungen des Reichsgesetzes erst subsidiär in Kraft treten, sofern nicht rechtzeitig (im Allgemeinen 3 Jahre, § 115) derartige abweichende landesgesetzliche Bestimmungen erlassen sind. Diese der Landesgesetzgebung freigegebenen Materien beschränken sich in der Hauptsache auf Formalien und betreffen insbesondere die gesammte Organisation der Unfallversicherung, die Verwaltung

der Berufsgenossenschaften, den Umlagefuß, das Verfahren bei der Aufbringung der Beiträge. Die Landesgesetzgebung ist aber gehalten, im Princip die Berufsgenossenschaften sowie das Umlageverfahren beizubehalten und der Berufsgenossenschaft die selbständige Beschlußfassung über das Genossenschaftsstatut und über etwaige Abänderungen desselben, sowie eine Genossenschaftsversammlung zu belassen, wenn auch die Befugnisse der letzteren auf ein Minimum beschränkt werden können. Insbesondere kann hiernach die Landesgesetzgebung

a) die Berufsgenossenschaften selbständig bilden;

b) die laufende Verwaltung der Berufsgenossenschaften, soweit sie den Vorständen zustehen würde, an bestehende Behörden übertragen (vgl. oben Ziffer 16);

c) den Maßstab für die Umlegung der Beiträge festsetzen und als solchen etwa die Grundsteuer, allein oder in Verbindung mit Gefahrenklassen, bestimmen (vgl. oben Ziffer 15);

d) das Verfahren bei Ausführung der Umlagen regeln. Dazu kommt die Befugniß, die Versicherungspflicht auf Betriebsunternehmer zu erstrecken und die in der Wirthschaft des Hausherrn beschäftigten Familienangehörigen des letzteren von der Versicherungspflicht auszunehmen.

Diese weitgehenden Koncessionen an die Landesgesetzgebung, in Folge deren das Bild, welches die Unfallversicherung in der Land- und Forstwirthschaft in der Praxis zeigt, ein sehr buntes ist, geben dem vorliegenden Gesetz sein eigenthümliches Gepräge. Sie beruhen auf Beschlüssen der Reichstagskommission. Man hat dieselben, wie oben angedeutet wurde, für erforderlich gehalten, um den vielfachen Verschiedenheiten, welche die Verhältnisse der Land- und Forstwirthschaft in den verschiedenen Theilen des Deutschen Reichs zeigen, in vollem Maaße gerecht werden zu können und um die Möglichkeit zu haben, die Verwaltung der Berufsgenossenschaften zu vereinfachen und billig zu gestalten. Festzuhalten ist, daß sich diese der

Landesgesetzgebung zugestandenen Abänderungen nicht auf die grundlegenden materiellen Bestimmungen des Reichsgesetzes, insbesondere nicht auf die Leistungen der Unfallversicherung an die Versicherten beziehen, sondern im Wesentlichen Formalien, wie die Bildung der Berufsgenossenschaften und innere Angelegenheiten derselben zum Gegenstande haben.

Hiernach gestaltet sich die Unfallversicherung in der Land- und Forstwirthschaft in ihren Grundzügen wie folgt.

Die Unternehmer land- und forstwirthschaftlicher Betriebe, d. h. diejenigen, für deren Rechnung der Betrieb erfolgt (§ 12), einschließlich der Unternehmer von Kunst- und Handelsgärtnereien sind gezwungen (§ 1), auf alleinige Kosten ihre Arbeiter und kleineren Betriebsbeamten gegen die Folgen solcher Betriebsunfälle zu versichern, welche den Tod herbeiführen oder deren gesundheitsschädliche Folgen nach Ablauf von 13 Wochen nach dem Unfall noch nicht beseitigt sind (§§ 6, 7). Für die ersten 13 Wochen nach dem Unfall oder, sofern der Tod früher eintritt, bis zum Tode des Verletzten haben die Krankenkassen oder die Gemeindekrankenversicherung einzutreten; soweit Krankenversicherung nicht besteht, sind die Verletzten auf die landesrechtlich zur Fürsorge verpflichteten Arbeitgeber, Dienstherren ꝛc. angewiesen, müssen aber, nöthigenfalls von der Gemeinde des Beschäftigungsorts, wenigstens freie ärztliche Behandlung, freie Arznei und freie kleine Heilmittel erhalten (§ 10). Die Gemeinde hat hierfür einen selbständigen Regreßanspruch gegen solche aus Gründen des Civilrechts zur Entschädigung verpflichtete Personen, welche dieser ihrer Verpflichtung nicht nachkommen. Auch zur Selbstversicherung können Betriebsunternehmer durch Landesgesetz oder Genossenschaftsstatut genöthigt werden (§ 1 Abs. 3, § 2 Abs. 2), was hin und wieder geschehen ist; berechtigt zur Selbstversicherung sind die kleineren Betriebsunternehmer schon kraft des Gesetzes (§ 2 Abs. 1). Durch Landesgesetz können die in dem Betriebe des Familienhauptes beschäftigten Familienangehörigen von der Versicherungspflicht ausgenommen werden; hiervon ist z. Th. rücksichtlich der Hauskinder bis zu 12 oder 14 Jahren Gebrauch gemacht.

Die Versicherung erfolgt durch Berufsgenossenschaften der Unternehmer (§ 13), deren Errichtung der Landesgesetzgebung freigegeben ist (§ 110). Auch kann jeder Bundesstaat sein ganzes Gebiet oder Theile desselben den Berufsgenossenschaften anderer Bundesstaaten, welche von der Befugniß des § 110 Gebrauch gemacht haben, anschließen, sofern diese Bundesstaaten zustimmen oder der Bundesrath auf Anrufen die Zustimmung ergänzt (§ 114). Soweit die Landesgesetzgebung von dieser Befugniß keinen Gebrauch macht oder landesgesetzliche Berufsgenossenschaften nicht rechtzeitig (d. h. im Allgemeinen binnen 2 Jahren, § 115) zu Stande kommen, werden sie auf Grund von Vorschlägen der Landesregierungen und nach Anhörung Betheiligter durch den Bundesrath gebildet (§ 18). Die Berufsgenossenschaft muß unbedingt leistungsfähig sein. Spätere Veränderungen im Bestande der Berufsgenossenschaften sind nicht ausgeschlossen (§. 42). Thatsächlich sind die land- und forstwirthschaftlichen Berufsgenossenschaften in den meisten Bundesstaaten durch Landesgesetz im Anschluß an die Verwaltungsorganisation des betr. Bundesstaates (Provinzen rc., Gebiet des Bundesstaates) gebildet worden; für mehrere mitteldeutsche Bundesstaaten hat auf Antrag der Landesregierung der Bundesrath die Berufsgenossenschaften mit der gleichen Abgrenzung gebildet; ein Zwang hat nicht ausgeübt zu werden brauchen. Zwei kleinere Bundesstaaten haben sich an Preußische Berufsgenossenschaften angeschlossen. Die Berufsgenossenschaft hat, auch wenn sie nach Landesrecht errichtet wird, sämmtliche unter dieses Gesetz fallende Betriebsunternehmer ihres Bezirks mit ihren Nebenbetrieben, soweit diese nicht als Bergwerke, Gruben, „Fabriken" im Sinne des Unfallversicherungsgesetzes v. 6. Juli 1884 anzusehen sind, zu umfassen (§ 1 Abs. 2, § 13); nur die für Rechnung des Reichs oder eines Bundesstaates verwalteten Betriebe bleiben außerhalb der Genossenschaft, sofern das Reich oder der Bundesstaat an die Stelle der Berufsgenossenschaft treten und die Unfallversicherung für eigene Rechnung führen will (§§ 102, 109), was insbesondere rücksichtlich der Staatsforstbetriebe vielfach geschehen ist. Sollte wider Erwarten eine Berufsgenossenschaft leistungsunfähig werden, so haben das Reich bezw. die Bundesstaaten für die bisher erwachsenen Verbindlichkeiten der Berufsgenossenschaft aufzukommen und insofern Garantie zu leisten; die leistungsunfähig gewordene Genossenschaft selbst aber ist aufzulösen und ihre Betriebe sind an andere Genossenschaften anzuschließen (§ 14).

Die Berufsgenossenschaften geben sich selbst ein Statut, durch welches ihre innere Angelegenheiten und ihre Geschäftsordnung geregelt werden (§ 19). Ueber ihre demnächstige Verwaltung, insbesondere darüber, ob die laufende Verwaltung von Staats- oder anderen Behörden geführt werden soll, entscheidet principaliter das Landesrecht. Dasselbe ist hierbei nur insofern beschränkt, als einerseits eine Genossenschaftsversammlung mit einigen Befugnissen, zu denen insbesondere das Recht gehört, über die Wahl des Vorstandes und über Abänderungen des Statuts zu beschließen, belassen werden muß, andererseits die Verwaltung durch Behörden rc. nur auf die laufende Verwaltung, soweit sie den Vorständen zustehen würde, erstreckt werden darf (§ 110). Sofern die Landesgesetzgebung derartige Bestimmungen nicht oder nicht rechtzeitig (§ 115) erläßt oder durchführt, bleibt den Genossenschaften die durch das Reichsgesetz ihnen eingeräumte Selbstverwaltung, gleichzeitig aber auch die Berechtigung, die laufende Verwaltung an Organe der kommunalen Selbstverwaltung (Kreisausschüsse, Provinzialausschüsse rc.) mit deren Zustimmung und mit Genehmigung der den letzteren vorgesetzten Landes-Zentralbehörde auf Zeit zu übertragen (§ 26). Thatsächlich ist in den weitaus meisten Staaten die Verwaltung der Berufsgenossenschaften landesgesetzlich derart organisirt worden, daß die laufenden Geschäfte von Staats- oder Kommunalbeamten (z. B. in Preußen von dem Provinzial- und dem Kreisausschuß) geführt werden. Im Uebrigen können die Berufsgenossenschaften ihre Verwaltung durch Einrichtung von Sektionen und Bestellung von Vertrauensmännern mit statutarisch zu begrenzenden Befugnissen dezentralisiren (§ 23), in gewissen Grenzen zur gemeinsamen Tragung des Risikos (Rückversicherung) Verbindungen mit anderen Genossenschaften eingehen (§ 40), auch einen Theil des Risikos unbeschadet ihrer Verantwortlichkeit nach außen auf die Sektionen übertragen (§ 41).

Die Berufsgenossenschaften führen die Aufsicht über die ihnen zugehörigen Betriebe, soweit dies für die Zwecke der Unfallversicherung nöthig ist (§ 90); die Aufsicht über die Berufsgenossenschaften aber führt das Reichs-Versicherungsamt, jene zur Durchführung des Unfallversicherungsgesetzes im Jahre 1884 neuerrichtete Reichsbehörde, welcher neben ständigen vom Kaiser auf Lebenszeit ernannten Berufsbeamten vier Mitglieder des Bundesraths sowie je zwei industrielle Unternehmer und industrielle Arbeiter angehören, und welche zur Durchführung des vorliegenden Gesetzes um zwei land- und forstwirthschaftliche Unternehmer und zwei Versicherte aus der Land- und Forstwirthschaft verstärkt ist (§ 95). Bei der Entscheidung der wichtigeren seiner Kognition anheimfallenden Streitigkeiten, insbesondere von Rekursen gegen die Entscheidungen der Schiedsgerichte, treten dem Reichs-Versicherungsamt außerdem noch zwei richterliche Beamte hinzu. Für solche Berufsgenossenschaften, deren Betriebe sämmtlich in dem Gebiet desselben Bundesstaates ihren Sitz haben, kann von diesem Bundesstaat auf seine Kosten ein Landes-Versicherungsamt errichtet werden, welches ähnlich zusammengesetzt ist und auf welches dann, soweit es sich um diese Berufsgenossenschaften handelt und sofern bei den Entscheidungen nicht andere Berufsgenossenschaften mitbetheiligt sind, die Zuständigkeiten des Reichs-Versicherungsamts im Wesentlichen übergehen (§§ 96, 97). Es wurde bereits oben darauf hingewiesen, daß in allen süddeutschen Bundesstaaten sowie in einigen anderen Staaten derartige Landes-Versicherungsämter errichtet sind, deren Thätigkeit vorzugsweise auf die land- und forstwirthschaftlichen Berufsgenossenschaften dieser Bundesstaaten sich erstreckt.

Bei Betriebsunfällen, durch welche versicherte Personen getödtet oder körperlich verletzt werden, leistet die Berufsgenossenschaft, in welcher sich der Unfall ereignet hatte, dem Verletzten oder seinen Hinterbliebenen, dem ersteren jedoch erst nach Ablauf der ersten 13 Wochen (für welche er auf seine Krankenkasse bezw. die landesrechtlich zur Fürsorge Verpflichteten und event. rücksichtlich der Kosten des Heilverfahrens auf die Gemeinde angewiesen bleibt) Schadenersatz (§§ 6, 7) ohne Rücksicht darauf, ob der Unfall durch Zufall oder irgend ein selbst grobes Verschulden des Verletzten oder eines Anderen herbeigeführt ist. Nur wenn der Verletzte selbst den Unfall vorsätzlich veranlaßt hat, entfallen seine und seiner Hinterbliebenen Ansprüche (§ 5). Der Schadenersatz besteht in einem Pauschquantum für die Kosten der Beerdigung, in den Kosten des ferneren Heilverfahrens und in einer Rente. Die letztere ist ein Bruchtheil des Jahresarbeitsverdienstes. Dieser Verdienst wird verschieden ermittelt, je nachdem es sich um Arbeiter, Betriebsbeamte oder Betriebsunternehmer handelt. Bei Arbeitern kommt derjenige Jahresarbeitsverdienst in Betracht, welchen land- und forstwirthschaftliche Arbeiter nach den Verhältnissen des Beschäftigungsorts durchschnittlich verdienen; die Höhe desselben wird von der höheren Verwaltungsbehörde festgesetzt (§ 6 Abs. 3). Bei Betriebsbeamten ist der Individualverdienst, welchen der Betreffende während des letzten Jahres in demselben Betriebe, oder welchen gleichartige Betriebsbeamte in Nachbarbetrieben bezogen haben, soweit dieser Verdienst 4 Mark für den Arbeitstag nicht überschreitet, mindestens aber der ortsübliche Tagelohn gewöhnlicher Tagearbeiter der Berechnung der Rente zu Grunde zu legen (§ 6 Abs. 4). War endlich der Verletzte ein versicherter Betriebsunternehmer, so berechnet sich die Rente nach den Grundsätzen für Arbeiter, sofern nicht das Genossenschaftsstatut abweichende Bestimmungen enthält (§ 6 Abs. 5). Die Rente des Verletzten beträgt bei völliger Erwerbsunfähigkeit zwei Drittel ($66^2/_3$ pCt.) des Jahresarbeitsverdienstes, bei nur theilweiser Invalidität einen Bruchtheil dieses Betrages (§ 6 Abs. 2); die Rente für Hinterbliebene (Wittwen, Descendenten, bedürftige Ascendenten) beträgt 15 bis 60 pCt. des Jahresarbeitsverdienstes (§ 7). Bei Personen, welche schon vor dem Unfall nur beschränkt erwerbsfähig waren, wird die Entschädigung gemindert (§ 6 Abs. 6). Alle Unfälle, deren Folgen voraussichtlich länger als drei Tage dauern werden, sind polizeilich zu melden (§ 55), alle schwereren Unfälle, welche das Eintreten der Berufsgenossenschaft zur Folge haben werden, polizeilich zu untersuchen (§ 57). Bei allen Unfällen, welche den Tod oder eine länger als 13 Wochen währende Erwerbsunfähigkeit zur Folge haben, soll die Feststellung der Entschädigung in der Regel von Amtswegen und zwar durch die Organe der Genossenschaft erfolgen (§ 62). Gegen deren Feststellung findet die Berufung an ein Schiedsgericht statt (§ 67), welches zu gleichen Theilen aus Mitgliedern der Genossenschaft und Vertretern der versicherten Arbeiter unter dem Vorsitz eines unbetheiligten öffentlichen Beamten, und zwar mindestens eins für jede Genossenschaftssektion, ein für alle Mal gebildet ist und den Charakter eines Spezialgerichtshofes trägt (§ 51). In den schwereren Fällen ist gegen die Entscheidung des Schiedsgerichts noch der Rekurs an das Reichs- (bezw. Landes-) Versicherungsamt gegeben (§ 68). Die Rechtsmittel haben keine aufschiebende Wirkung. Der Rechtsweg ist ausgeschlossen; nur dann, wenn die Ansprüche Hinterbliebener um deswillen zweifelhaft sind, weil das Familienverhältniß der letzteren zu dem Getödteten noch der Aufklärung bedarf, können die Hinterbliebenen zur rechtskräftigen Feststellung dieses ihren Anspruch begründenden Familienverhältnisses, aber auch nur zu diesem Zweck, zunächst auf den Rechtsweg verwiesen werden (§ 68). Die Auszahlung der Entschädigungen erfolgt auf Anweisung der Genossenschaftsvorstände durch die Postanstalten (§ 74); verändern sich in der Folge die Verhältnisse, welche für die Feststellung der Entschädigung maßgebend gewesen sind, so kann auf Antrag oder von Amtswegen die Entschädigung anderweit festgesetzt werden (§ 70).

Die Postverwaltungen schießen die von den Genossenschaftsvorständen angewiesenen Beträge vor und liquidiren dieselben nach Ablauf eines jeden Rechnungsjahres (als solches gilt das Kalenderjahr) ohne Berechnung von Zinsen bei den Genossenschaftsvorständen zur Erstattung (§ 75). Letztere vertheilen den zu erstattenden Jahresbetrag einschließlich der Verwaltungskosten und der etwaigen Zuschläge für die Ansammlung eines Reservefonds (siehe weiter unten) auf die Mitglieder der Genossenschaft mittels Umlage (§§ 13, 76). Hiernach wird also nicht der Kapitalwerth der in dem verflossenen Rechnungsjahre festgestellten, für mehrere Jahre zahlbaren Jahresrenten erhoben, sondern es wird nach Ablauf eines jeden Rechnungsjahres immer nur derjenige Betrag baar aufgebracht, welcher für die im Vorjahre thatsächlich erwachsenen und von den Postverwaltungen vorgeschossenen einzelnen Zahlungen erforderlich gewesen ist. Aehnlich wird ja auch bei Aufbringung der Lasten von Gemeinden und anderen öffentlich-rechtlichen, die Gewähr ihres Bestandes in sich selbst tragenden Korporationen verfahren, soweit dieselben zur Deckung ihrer Bedürfnisse nicht etwa Darlehen aufnehmen. Die Folge des Umlageverfahrens ist natürlich die, daß die Last anfänglich geringe ist und bis zum Eintritt des Beharrungszustandes, der aber erst nach 60 bis 75 Jahren eintritt, alljährlich steigt; denn in jedem neuen Jahr treten zu den aus den Vorjahren herrührenden und fortzuzahlenden Rentenbeträgen neue Rentenbeträge solange hinzu, bis Abgang und Zugang sich ausgleichen. Dafür werden aber in der Landwirthschaft große Betriebskapitalien flüssig erhalten, während dieselben durch Aufbringung und Hinterlegung geringe verzinslicher Deckungskapitalien festgelegt werden würden. Zur Ausgleichung der in Folge des Umlageverfahrens erheblichen Jahresdifferenzen kann während der ersten Jahre (in denen die Last noch gering ist) durch Zuschläge zu den Entschädigungsbeträgen ein Reservefonds aufgesammelt werden (§ 17).

Der Maßstab, nach welchem die Umlage erfolgen soll, kann zunächst von der Landesgesetzgebung festgesetzt werden (§ 110). Sofern dies nicht rechtzeitig (§ 115) geschieht, kann das Genossenschaftstatut bestimmen, daß die aufzubringenden Beträge nach dem Maßstabe direkter Steuern, insbesondere nach der Grundsteuer, umgelegt werden sollen (§ 33 Abs. 1), wobei die einzelnen Betriebe nach dem Maaße ihrer Unfallgefährlichkeit bezw. nach den verschiedenen Klassen eines Gefahrentarifs verschieden hoch herangezogen werden dürfen. Macht die Landesgesetzgebung oder das Genossenschaftsstatut von dieser Ermächtigung keinen Gebrauch, so tritt die reichsgesetzliche Regel ein. Nach dieser sind die Beiträge für Arbeiter nach dem durchschnittlichen Arbeiterbedarf, welcher für jeden Betrieb durch Abschätzung desselben ermittelt wird, einerseits, und nach der objektiven Unfallgefahr jedes Betriebes, welcher durch Veranlagung zu den einzelnen Klassen eines Gefahrentarifs festgestellt wird, andererseits umzulegen (§ 33 Abs. 2), sofern nicht das Reichs-(bezw. Landes-) Versicherungsamt genehmigt, daß von Aufstellung des Gefahrentarifs Abstand genommen werde (§ 35 Abs. 6); für Betriebsbeamte treten an Stelle der Abschätzung jährliche Nachweisungen der verdienten Gehälter, für Betriebsunternehmer deren Jahresarbeitsverdienst (§ 78). Die reichsgesetzliche Regel bringt also den richtigen Grundsatz des Unfallversicherungsgesetzes, daß die Beiträge der Berufsgenossen sich nach der Höhe des Risikos richten müssen, mit welchem ein jeder Betrieb (mit Rücksicht auf seine objektive Unfallgefahr und auf die Anzahl der in dem Betriebe der Unfallgefahr ausgesetzten Personen, deren Anzahl bei der Land- und Forstwirthschaft durch Schätzung nach Durchschnittsziffern ermittelt werden soll) die Berufsgenossenschaft belastet, zum prägnanten Ausdruck; Landesgesetzgebung und Statut aber können von diesem principiell richtigsten Aufbringungsmodus im Interesse der leichteren und billigeren Durchführung des Gesetzes abweichen. Thatsächlich wird in den einzelnen Berufsgenossenschaften theils nach dem einen, theils nach dem anderen Maßstabe verfahren; indessen überwiegt die Aufbringung nach der Grundsteuer. Kleine Betriebsunternehmer können durch Landesgesetz, Statut oder Beschluß der Genossenschaftsversammlung von Beiträgen ganz oder theilweise befreit werden (§ 16).

Sind bei Umlegung nach Gefahrenklassen die einzelnen Betriebsunternehmer durch ihr pekuniäres Interesse darauf hingewiesen, thunlichst auf die Verbesserung ihrer Betriebsweise und durch die hiervon abhängige Verminderung der Unfallgefahr auf die Reduktion ihrer Jahresbeiträge Bedacht zu nehmen, so haben nicht weniger auch die Berufsgenossenschaften als solche ein pekuniäres Interesse daran, durch Verhütung von Unfällen ihre Leistungen zu vermindern. Dies ist um so mehr der Fall, als bei der Natur des Umlageverfahrens die Jahreslasten bis zum 75. Betriebsjahre steigen werden, falls sie nicht durch Verminderung der Unfälle eine Herabminderung erfahren. Das Gesetz überweist demgemäß den Berufsgenossenschaften die Befugniß, Unfallverhütungsvorschriften zu erlassen (§ 87), und den Betriebsunternehmern zur Verhütung höherer Einschätzung oder Erhöhung ihrer Beiträge die Herstellung zweckdienlicher Betriebseinrichtungen vorzuschreiben. Auch die von den Landesbehörden beabsichtigten Unfallverhütungsvorschriften sollen den Genossenschaftsorganen zur vorherigen Begutachtung vorgelegt werden (§ 89).

Ebenso wie den industriellen Arbeitern, so wird auch den land- und forstwirthschaftlichen Arbeitern (und zwar ohne Rücksicht darauf, ob sie durch Betheiligung an Krankenkassen, denen die Fürsorge für die ersten 13 Wochen zur Last fällt, an der Gesammtbelastung aus Unfällen Theil nehmen, oder nicht) eine Theilnahme an den Geschäften der Unfallversicherung eingeräumt. Zu diesem Zweck wählen die Vorstände der Orts- und Betriebs- (Fabrik-) Krankenkassen, welche im Bezirk eines Schiedsgerichts domicilirt sind und denen mindestens zehn in land- und forstwirthschaftlichen Betrieben der Sektion beschäftigte Versicherte angehören, aus den Versicherten je zwei Beisitzer des Schiedsgerichts; sofern für den Bezirk eines Schiedsgerichts derartige Kassen nicht bestehen, liegt den Vertretungen der in der Sektion betheiligten Gemeinden oder weiteren Kommunalverbände die Wahl dieser Beisitzer ob (§ 51). Ferner werden aus den Kreisen der Versicherten zwei Beisitzer in das Reichs- und in jedes Landes-Versicherungsamt berufen; zu ersterem beruft der Bundesrath (§ 95), zu letzteren die betreffende Landes-Zentralbehörde (§ 100). Außerdem sollen auch an den polizeilichen Unfalluntersuchungen Vertreter der Arbeiter theilnehmen, welche nach Ortspolizeibezirken von den Vorständen von Krankenkassen aller Art, sofern ihnen mindestens zehn in den Betrieben der Genossenschaftsmitglieder beschäftigte Versicherte angehören, gewählt, eventuell von Fall zu Fall durch die Gemeindebehörde des Orts, in welchem sich der Unfall ereignete, bestimmt werden (§ 59). Die Funktionen dieser Vertreter der Versicherten sind hiernach gleichbedeutend mit denen der Arbeitervertreter in der Industrie; nur an der Berathung von Unfallverhütungsvorschriften nehmen sie nicht Theil. Letztere Bestimmung ist u. a. durch den Umstand veranlaßt, daß derartige Vorschriften von der landwirthschaftlichen Genossenschaft nur für Betriebsunternehmer, nicht, wie in der Industrie, auch für Arbeiter erlassen werden dürfen (§ 87). In den Schiedsgerichten und im Reichs- bezw. in jedem Landes-Versicherungsamt sind Vertreter der Versicherten in gleicher Anzahl wie Vertreter der Unternehmer betheiligt. Wer ohne Vorurtheil diese Befugnisse der Arbeiter erwägt, wird offenbar anerkennen müssen, daß sie allen Anforderungen entsprechen, welche die versicherten Arbeiter billigerweise erheben können.

Für diejenigen Personen, welche auf Grund der öffentlich-rechtlichen Unfall- und Krankenversicherung Schadenersatz erhalten, fällt die civilrechtliche Haftpflicht des Betriebsunternehmers auch rücksichtlich des Versehens seiner Betriebsbeamten fort. Dieselbe bleibt aber rücksichtlich der ersten 13 Wochen nach dem Unfall bezw. bis zu dem in diesen Zeitraum fallenden Tode des Verletzten für diejenigen bestehen, welche nicht der Krankenversicherung unterliegen und durch die von der Gemeinde gewährte freie Kur und Arznei für ihre civilrechtlichen Ansprüche während dieser Zeit nicht als ausreichend abgefunden gelten können (§ 106). Außerdem ist derjenige Unternehmer und Betriebsbeamte, welcher strafrechtlich wegen Verschuldung des Unfalls hat haftbar gemacht werden können, dem Verletzten und seinen Hinterbliebenen sowie den Gemeinden, Krankenkassen und Berufsgenossenschaften regreßpflichtig, und zwar dem Verletzten und seinen Hinterbliebenen auf das Mehr, jedoch nur bei Vorsatz, den schadensersatzpflichtigen Korporationen dagegen in vollem Umfang und auch bei (kriminell strafbarer) Fahrlässigkeit (§ 117). Dritte haften ohne jede Beschränkung, leisten aber dasjenige, was die Verbände bereits gewährt haben, an diese, nicht an den schon befriedigten Verletzten (§ 119). Unterstützungskassen, Armenverbände und sonstige zur Fürsorge Verpflichtete bleiben zu den ihnen obliegenden Leistungen nach wie vor verbunden, erhalten aber von den Genossenschaften dasjenige erstattet, was die letzteren ihrerseits auf Grund dieses Gesetzes zu leisten verpflichtet sind (§ 10).

Das hier skizzirte Gesetz scheint zwar bei dem ersten Anblick der Land- und Forstwirthschaft unerwünschte Lasten aufzulegen. Dadurch aber, daß es den land- und forstwirthschaftlichen Arbeitern das Gefühl größerer Sicherheit ihres Looses giebt, sie dadurch der Landwirthschaft erhält, auch sie davor bewahren wird, den Irrlehren der Socialdemokratie zum Opfer zu fallen, falls diese versuchen sollte, ihr Gift auch unter die ländlichen Arbeiter zu tragen, wird das Gesetz der Landwirthschaft ebenso zum Vortheil und zum Segen gereichen, wie das Unfallversicherungsgesetz vom 6. Juli 1884 sich schon jetzt für die Industrie als segensreich erweist. Möchte dieser Gesichtspunkt, auch wenn er zunächst weniger hervortreten sollte, niemals aus den Augen verloren werden! Dann wird es gelingen, auch dieses vorliegende Gesetz freudig und richtig durchzuführen, und dann wird das Ziel, welches die auch von Seiner Majestät dem jetzt regierenden Kaiser Wilhelm II. befolgte Socialpolitik sich gesteckt hat, das Ziel, durch positive Reformen eine Verbesserung der wirthschaftlichen Lage der arbeitenden Klassen zu erreichen und dadurch den Frieden der verschiedenen Bevölkerungsklassen unter einander zu wahren, näher rücken!

Gesetz,

betreffend die

Unfall- und Krankenversicherung der in land- und forstwirthschaftlichen Betrieben beschäftigten Personen.

Vom 5. Mai 1886.

(R.-G.-Bl. S. 132.)

I.

Zusammenstellung

der Paragraphen des land- und forstwirthschaftlichen Unfallversicherungs-Gesetzes mit den gleichartigen Paragraphen des industriellen Unfallversicherungs-Gesetzes und des Ausdehnungsgesetzes.

Land- u. forstw. U.-V.-G. v. 5./5. 1886.	**Industr. U.-V.-G. v. 6./7. 1884.**
A. Unfallversicherung.	
I. Allgemeine Bestimmungen.	I. Allgemeine Bestimmungen.
Umfang der Versicherung.	Umfang der Versicherung.
§ 1.	§ 1.
§ 2.	§ 2.
§ 3.	§ 3.
Reichs-, Staats- und Kommunalbeamte.	Reichs-, Staats- und Kommunalbeamte.
§ 4.	§ 4.
Gegenstand der Versicherung und Umfang der Entschädigung.	Gegenstand der Versicherung und Umfang der Entschädigung.
§ 5.	§ 5 Abs. 1, 7.
§ 6.	§ 5 Absatz 2 bis 6.
—	§ 5 Abs. 9.
§ 7.	§ 6.
§ 8.	§ 7.
§ 9.	—
§ 10.	§ 5 Abs. 8 Satz 1 und 2, Abs. 10.
Verhältniß zu Krankenkassen, Armenverbänden ꝛc.	Verhältniß zu Krankenkassen, Armenverbänden ꝛc.
§ 11.	§ 8.
(Streitigkeiten).	
§ 12.	§ 5 Abs. 8 Ziffer 3, Abs. 11.
Träger der Versicherung (Berufsgenossenschaften).	Träger der Versicherung (Berufsgenossenschaften).
§ 13.	§ 9 Abs. 1, 2, 4, 5; § 15 Abs. 2.
	§ 9 Abs. 3.

Land- u. forstw. U.-V.-G. v. 5./5. 1886.	Industr. U.-V.-G. v. 6./7. 1884.
Auflösung von Berufsgenossenschaften.	
§ 14.	§ 33.
Aufbringung der Mittel.	Aufbringung der Mittel.
§ 15.	§ 10.
§ 16.	—
§ 17.	§ 18.
II. Bildung und Veränderung der Berufsgenossenschaften.	II. Bildung und Veränderung der Berufsgenossenschaften.
	Ermittelung der versicherungspflichtigen Betriebe.
—	§ 11.
	Freiwillige Bildung der Berufsgenossenschaften.
—	§ 12.
—	§ 13.
—	§ 14.
Bildung der Berufsgenossenschaften.	Bildung der Berufsgenossenschaften durch den Bundesrath.
§ 18.	§ 15 Abs. 1.
Statut der Berufsgenossenschaften.	Statut der Berufsgenossenschaften.
§ 19.	§ 16 Abs. 1 Satz 1.
§ 20.	(§ 16 Abs. 1 Satz 2).
§ 21.	(§ 16 Abs. 2).
§ 22.	§ 17.
(§ 17).	§ 18.
§ 23.	§ 19.
§ 24.	§ 20.
Veröffentlichung des Namens und Sitzes der Genossenschaft ꝛc.	Veröffentlichung des Namens und Sitzes der Genossenschaft ꝛc.
§ 25.	§ 21.
Genossenschaftsvorstände.	Genossenschaftsvorstände.
§ 26 Abs. 1, 2.	§ 22 Abs. 1, 3.
§ 26 Abs. 3, 4.	—
§ 27 Abs. 1.	§ 22 Abs. 2.
§ 27 Abs. 2.	—
§ 28.	§ 23.
§ 29.	§ 24.
§ 30.	§ 25.
§ 31.	§ 26.
§ 32.	§ 27.
Maßstab für die Umlegung der Beiträge.	
§ 33.	—
Gefahrenklassen und Abschätzung.	
§ 34.	§ 35 (Betriebsanmeldung).
	Bildung der Gefahrenklassen.
§ 35 Abs. 1 bis 5.	§ 28.
§ 35 Abs. 6.	—

Land- u. forstw. U.-V.-G. v. 5./5. 1886.	**Industr. U.-V.-G. v. 6./7. 1884.**
Gefahrenklassen und Abschätzung.	
§ 36.	—
§ 37.	§ 28 Abs. 4 Satz 1.
§ 38.	§ 28 Abs. 4 Satz 2 und § 37 Abs. 4 fg.
§ 39.	—
Theilung des Risikos.	Theilung des Risikos.
§ 40.	§ 29.
Gemeinsame Tragung des Risikos.	Gemeinsame Tragung des Risikos.
§ 41.	§ 30.
Abänderung des Bestandes der Berufsgenossenschaften.	Abänderung des Bestandes der Berufsgenossenschaften.
§ 42.	§ 31.
§ 43.	§ 32.
	Auflösung der Berufsgenossenschaften.
(§ 14.)	§ 33.
III. Mitgliedschaft. Betriebsveränderungen.	III. Mitgliedschaft des einzelnen Betriebes. Betriebsveränderungen.
Mitgliedschaft.	Mitgliedschaft.
§ 44 Abs. 1.	§ 34 Abs. 1 Satz 1.
§ 44 Abs. 2 bis 4.	—
§ 44 Abs. 5.	§ 34 Abs. 2.
§ 45.	§ 34 Abs. 1 Satz 2.
	Betriebsanmeldung.
—	§ 35.
§ 46 (vgl. § 38.)	{ § 36. Genossenschaftskataster. § 37 Abs. 1 bis 7. }
§ 47.	§ 37 Abs. 8.
	Betriebsveränderungen.
§ 48.	{ § 38. § 39. }
—	§ 40.
IV. Vertretung der Arbeiter.	IV. Vertretung der Arbeiter.
Vertretung der Arbeiter.	Vertretung der Arbeiter.
§ 49.	§ 41.
(§ 51 Abs. 4, 5.)	§§ 42 bis 44.
(§ 59.)	§ 45.
V. Schiedsgerichte.	V. Schiedsgerichte.
Schiedsgerichte.	Schiedsgerichte.
§ 50.	§ 46.
§ 51.	§ 47.
§ 52.	§ 48.
§ 53.	§ 49.
Verfahren vor dem Schiedsgericht.	Verfahren vor dem Schiedsgericht.
§ 54.	§ 50.

Land- u. forstw. U.-V.-G. v. 5./5. 1886.	**Industr. U.-V.-G. v. 6./7. 1884.**
VI. Feststellung und Auszahlung der Entschädigungen.	VI. Feststellung und Auszahlung der Entschädigungen.
Anzeige und Untersuchung der Unfälle.	Anzeige und Untersuchung der Unfälle.
§ 55.	§ 51.
§ 56.	§ 52.
§ 57.	§ 53.
§ 58.	§ 54.
§ 59.	(§ 45.)
§ 60.	§ 55.
§ 61.	§ 56.
Entscheidung der Vorstände.	Entscheidung der Vorstände.
§ 62.	§ 57.
§ 63.	§ 58.
§ 64.	§ 59.
§ 65.	§ 60.
§ 66.	§ 61.
Berufung gegen die Entscheidung der Behörden und Genossenschaftsorgane.	Berufung gegen die Entscheidung der Behörden und Genossenschaftsorgane.
§ 67.	§ 62.
Entscheidung des Schiedsgerichts. Rekurs an das Reichs-Versicherungsamt.	Entscheidung des Schiedsgerichts. Rekurs an das Reichs-Versicherungsamt.
§ 68.	§ 63.
Berechtigungsausweis.	Berechtigungsausweis.
§ 69.	§ 64.
Veränderung der Verhältnisse.	Veränderung der Verhältnisse.
§ 70.	§ 65.
Fälligkeitstermine.	Fälligkeitstermine.
§ 71.	§ 66.
Ausländische Entschädigungsberechtigte.	Ausländische Entschädigungsberechtigte.
§ 72.	§ 67.
Unpfändbarkeit der Entschädigungsforderungen.	Unpfändbarkeit der Entschädigungsforderungen.
§ 73.	§ 68.
Auszahlung durch die Post.	Auszahlung durch die Post.
§ 74.	§ 69.
Liquidationen der Post.	Liquidationen der Post.
§ 75.	§ 70.
Umlage- und Erhebungsverfahren.	Umlage- und Erhebungsverfahren.
§ 76.	§ 71 Abs. 1.
§ 77.	—
§ 78.	—
§ 79.	§ 71 Abs. 2, 3.
§ 80.	§ 72 Abs. 1.
§ 81.	§ 72 Abs. 2 Satz 1.
§ 82 Abs. 1.	§ 72 Abs. 2 Satz 2.
§ 82 Abs. 2.	§ 73 Abs. 1.
—	§ 73 Abs. 2, 3.
§ 82 Abs. 3.	§ 73 Abs. 4.
§ 83.	§ 74.

Land- u. forstw. U.-V.-G. v. 5./5. 1886.	**Industr. U.-V.-G. v. 6./7. 1884.**
Abführung der Beträge an die Postkassen.	Abführung der Beträge an die Postkassen.
§ 84.	§ 75.
Rechnungsführung.	Rechnungsführung.
§ 85.	§ 76.
§ 86.	§ 77.
VII. Unfallverhütung. Ueberwachung der Betriebe durch die Genossenschaften.	VII. Unfallverhütung. Ueberwachung der Betriebe durch die Genossenschaften.
Unfallverhütungsvorschriften.	Unfallverhütungsvorschriften.
§ 87 Abs. 1, 2.	§ 78 Abs. 1, Ziffer 1.
—	§ 78 Abs. 1, Ziffer 2.
§ 87 Abs. 3.	§ 78 Abs. 2.
§ 87 Abs. 4.	(§ 79 Abs. 2.)
§ 87 Abs. 5.	§ 78 Abs. 3.
—	§ 79 Abs. 1.
§ 87 Abs. 4.	§ 79 Abs. 2.
§ 88.	§ 80 Abs. 1.
—	§ 80 Abs. 2.
§ 89.	§ 81.
Ueberwachung der Betriebe.	Ueberwachung der Betriebe.
§ 90.	§ 82.
§ 91.	§ 83.
§ 92.	§ 84.
§ 93.	§ 85.
§ 94.	§ 86.
VIII. Aufsichtsführung.	VIII. Das Reichs-Versicherungsamt.
Reichs-Versicherungsamt.	Organisation.
§ 95.	§ 87.
Zuständigkeit.	Zuständigkeit.
§ 96.	§ 88.
§ 97.	§ 89.
Geschäftsgang.	Geschäftsgang.
§ 98.	§ 90.
Kosten.	Kosten.
§ 99.	§ 91.
Landes-Versicherungsämter.	Landes-Versicherungsämter.
§ 100 Abs. 1.	§ 92 Abs. 1. § 93 Abs. 1, 2, 4 Satz 1.
§ 100 Abs. 2.	§ 93 Abs. 4 Satz 2.
§ 101 Abs. 1, 2.	§ 92 Abs. 2, 3.
§ 101 Abs. 3, 4.	—
§ 101 Abs. 5.	§ 92 Abs. 4.
§ 101 Abs. 6.	§ 93 Abs. 3.

Land- u. forstw. U.-V.-G. v. 5./5. 1886.	Industr. U.-V.-G. v. 6./7. 1884.
IX. Reichs- und Staatsbetriebe.	Gesetz, betr. die Ausdehnung der Unfall- und Krankenversicherung, vom 28. Mai 1885.
Reichs- und Staatsbetriebe.	
§ 102.	§ 2 Abs. 1, 3.
§ 103.	§ 3.
—	§ 4 Abs. 1.
§ 104 Abs. 1.	§ 4 Abs. 2.
§ 104 Abs. 2.	—
—	§ 5 Abs. 1.
§ 105 Abs. 2.	§ 5 Abs. 2.
—	§ 5 Abs. 3.
§ 105 Abs. 1.	§ 6.
§ 105 Abs. 2.	§ 5 Abs. 2.
§ 106.	§ 7.
§ 107.	§ 8.
—	§ 9.
§ 108.	§ 10.
§ 109.	§ 2 Abs. 2.
X. Landesgesetzliche Regelung.	
Landesgesetzliche Regelung.	
§§ 110 bis 115.	
XI. Schluß- und Strafbestimmungen.	IX. Schluß- und Strafbestimmungen.
	Knappschafts-Berufsgenossenschaften.
—	§ 94.
Haftpflicht der Betriebsunternehmer und Betriebsbeamten.	Haftpflicht der Betriebsunternehmer und Betriebsbeamten.
§ 116 Abs. 1, 2.	§ 95.
§ 116 Abs. 3.	—
§ 117.	§ 96.
§ 118.	§ 97.
Haftung Dritter.	Haftung Dritter.
§ 119.	§ 98.
Verbot vertragsmäßiger Beschränkungen.	Verbot vertragsmäßiger Beschränkungen.
§ 120.	§ 99.
	Aeltere Versicherungsverträge.
—	§ 100.
Rechtshülfe.	Rechtshülfe.
§ 121.	§ 101.
Gebühren- und Stempelfreiheit.	Gebühren- und Stempelfreiheit.
§ 122.	§ 102.
Strafbestimmungen.	Strafbestimmungen.
§ 123.	§ 103.
§ 124.	§ 104.
§ 125.	§ 105.

Land- und forstw. U.-V.-G. v. 5./5. 1886.	**Industr. U.-V.-G. v. 6./7. 1884.**
Strafbestimmungen.	Strafbestimmungen.
§ 126.	§ 106.
§ 127.	§ 107.
§ 128.	§ 108.
Zuständige Landesbehörden. Verwaltungsexekution.	Zuständige Landesbehörden. Verwaltungsexekution.
§ 129 Abs. 1.	§ 109 Abs. 1 Satz 1.
§ 129 Abs. 2.	§ 109 Abs. 2.
§ 130.	§ 109 Abs. 1 Satz 2.
§ 131.	—
Zustellungen.	Zustellungen.
§ 132.	§ 110.
B. Krankenversicherung.	
§§ 133 bis 142.	—
C. Gesetzeskraft.	Gesetzeskraft.
§ 143.	§ 111.

II.

Auszug

aus der allgemeinen Begründung des II. Entwurfs eines (industr.) Unfallversicherungsgesetzes vom 8. Mai 1882.

(Drucksachen des Reichstages 1882, Nr. 19.)

(Nothwendigkeit der Fürsorge für die arbeitenden Klassen. — Beleuchtung der fundamentalen Mängel des Haftpflichtgesetzes. — Ersatz der privatrechtlichen Haftpflicht des Betriebsunternehmers durch die öffentlich-rechtliche Unfallversicherung. — Höhe der Unfallversicherung. — Ausschluß der Privatgesellschaften.)

In der Begründung des unterm 8. März 1881 dem Reichstag vorgelegten Gesetzentwurfs, betreffend die Unfallversicherung der Arbeiter (Drucksachen des Reichstags Nr. 41), ist die Nothwendigkeit, die bedenklichen Erscheinungen, welche zum Erlasse des Gesetzes vom 21. Oktober 1878*) geführt haben, durch positive, auf die Verbesserung der Lage der Arbeiter abzielende Maßnahmen zu bekämpfen und zu dem Ende zunächst auf die Sicherstellung der Arbeiter gegen die wirthschaftlichen Folgen der Unfälle Bedacht zu nehmen, sowie der Weg, auf welchem nach den damaligen Vorschlägen der verbündeten Regierungen dieses nächste Ziel erreicht werden sollte, mit den nachfolgenden Ausführungen dargelegt und erläutert:

„Wenn auch die Hoffnung berechtigt ist, daß die allgemeine Besserung, welche von der neuerdings befolgten nationalen Wirthschaftspolitik für die Entwickelung des heimischen Gewerbefleißes erwartet werden darf, auch den Arbeitern durch eine allmälige Erhöhung des Arbeitsverdienstes und durch Verminderung der Schwankungen desselben zu gute kommen wird, so ist doch nicht zu ver-

---

*) Gesetz gegen die gemeingefährlichen Bestrebungen der Socialdemokratie. Vom 21. Oktober 1878. (Reichs-Gesetzbl. S. 351.)

kennen, daß in der Unsicherheit des lediglich auf der Verwerthung der persönlichen Arbeitskraft beruhenden Erwerbes, welche auch bei normaler Entwickelung der heimischen Gewerbsthätigkeit niemals ganz beseitigt werden kann, Mißstände begründet sind, welche zwar auch durch gesetzgeberische Maßnahmen nicht völlig aufzuheben sind, deren allmälige Milderung aber auf dem Wege besonderer die eigenthümlichen Verhältnisse der Arbeiter berücksichtigender Gesetzgebung ernstlich in Angriff genommen werden kann."

„Daß der Staat sich in höherem Maße als bisher seiner hülfsbedürftigen Mitglieder annehme, ist nicht blos eine Pflicht der Humanität und des Christenthums, von welchem die staatlichen Einrichtungen durchdrungen sein sollen, sondern auch eine Aufgabe staatserhaltender Politik, welche das Ziel zu verfolgen hat, auch in den besitzlosen Klassen der Bevölkerung, welche zugleich die zahlreichsten und am wenigsten unterrichteten sind, die Anschauung zu pflegen, daß der Staat nicht blos eine nothwendige, sondern auch eine wohlthätige Einrichtung sei. Zu dem Ende müssen sie durch erkennbare direkte Vortheile, welche ihnen durch gesetzgeberische Maßregeln zutheil werden, dahin geführt werden, den Staat nicht als eine lediglich zum Schutz der besser situirten Klassen der Gesellschaft erfundene, sondern als eine auch ihren Bedürfnissen und Interessen dienende Institution aufzufassen."

„Das Bedenken, daß in die Gesetzgebung, wenn sie dieses Ziel verfolge, ein sozialistisches Element eingeführt werde, darf von der Betretung dieses Weges nicht abhalten. Soweit dies wirklich der Fall, handelt es sich nicht um etwas ganz Neues, sondern nur um eine Weiterentwickelung der aus der christlichen Gesittung erwachsenen modernen Staatsidee, nach welcher dem Staat neben der defensiven, auf den Schutz bestehender Rechte abzielenden, auch die Aufgabe obliegt, durch zweckmäßige Einrichtungen und durch Verwendung der zu seiner Verfügung stehenden Mittel der Gesammtheit, das Wohlergehen aller seiner Mitglieder und namentlich der schwachen und hülfsbedürftigen positiv zu fördern. In diesem Sinne schließt namentlich die gesetzliche Regelung der Armenpflege, welche der moderne Staat, im Gegensatze zu dem des Alterthums und des Mittelalters, als eine ihm obliegende Aufgabe anerkennt, ein sozialistisches Moment in sich, und in Wahrheit handelt es sich bei den Maßnahmen, welche zur Verbesserung der Lage der besitzlosen Klassen ergriffen werden können, nur um eine Weiterentwickelung der Idee, welche der staatlichen Armenpflege zu Grunde liegt."

„Auch die Besorgniß, daß die Gesetzgebung auf diesem Gebiete namhafte Erfolge nicht erreichen werde, ohne die Mittel des Reichs und der Einzelstaaten in erheblichem Maße in Anspruch zu nehmen, darf von der Betretung des Weges nicht abhalten, denn der Werth von Maßnahmen, bei welchen es sich um die Zukunft des gesellschaftlichen und staatlichen Bestandes handelt, darf nicht an den Geldopfern, welche sie vielleicht erfordern, gemessen werden. Allerdings können mit einer einzelnen Maßregel, wie sie gegenwärtig vorgeschlagen wird, die Schwierigkeiten, welche die soziale Frage bietet, nicht gänzlich oder auch nur zu einem erheblichen Theile gehoben werden; es handelt sich vielmehr nur um den ersten Schritt auf einem Gebiete, auf welchem eine Jahre lang fortzusetzende schwierige Arbeit mit Vorsicht und allmälig zu bewältigen sein und die Lösung einer Aufgabe wieder neue Aufgaben erzeugen wird. Dieser erste Schritt aber darf nach der Ueberzeugung der verbündeten Regierungen nicht länger hinausgeschoben werden und sie erachten es für Pflicht, ihrerseits durch Einbringung dieser Vorlage der Erfüllung der Zusagen und Wünsche näher zu treten, welche bei den Verhandlungen über das Gesetz, betreffend die gemeingefährlichen Bestrebungen der Sozialdemokratie*), von mehr als einer Seite ausgesprochen sind ....."

„Bei den Verhandlungen über den Erlaß des Gesetzes vom 7. Juni 1871**) sind Zweifel erhoben, ob der § 2 des Gesetzentwurfs das Bedürfniß, aus welchem er hervorgegangen, auch wirklich befriedigen werde. Die Anträge, welche damals gestellt wurden, um dieses Ziel sicherer zu erreichen, wollten die neu geschaffene Verbindlichkeit theils für ein weiteres Gebiet in Geltung gesetzt, theils ihrem Inhalt nach verschärft wissen. Ihre Ablehnung erfolgte, weil man fürchtete, durch eine zu weite Ausdehnung und Verschärfung des neuen Prinzips die Industrie zu stark zu belasten

*) Vgl. Seite 48.

**) Reichsgesetz, betr. die Verbindlichkeit zum Schadenersatz für die bei dem Betriebe von Eisenbahnen, Bergwerken 2c. herbeigeführten Tödtungen und Körperverletzungen. Vom 7. Juni 1871. (Reichs-Gesetzbl. S. 207.) Es ist dies das sog. Haftpflichtgesetz.

und dadurch in ihrer Entwickelung zu hemmen. Schon bald nach Erlaß des Gesetzes wurden Stimmen laut, welche den geschaffenen Rechtszustand als einen unbefriedigenden bezeichneten, und im weiteren Verlaufe der Anwendung des Gesetzes wurde immer allgemeiner das Bedürfniß nach einer Veränderung oder Verbesserung desselben gefühlt. Wenn dabei einerseits das Mittel der Verbesserung bis auf die neueste Zeit in einer weiteren Ausdehnung und Verschärfung der durch das Gesetz begründeten Haftverbindlichkeit gesucht wurde, so fehlt es andererseits auch nicht an der Erkenntniß, daß das Gesetz, auch wenn das ihm zu Grunde liegende Prinzip bis an die äußersten juristischen Grenzen seiner Dehnbarkeit durchgeführt werden sollte, doch die Befriedigung des Bedürfnisses, durch welches es hervorgerufen ist, nur unvollkommen erreichen würde."

„Daß die Bestimmungen des § 2 des Gesetzes bei fortschreitender Anwendung Zustände herbeigeführt haben, welche weder Arbeitgeber noch Arbeitnehmer befriedigen und das Verhältniß zwischen beiden Klassen der gewerblichen Bevölkerung eher verschlimmert als verbessert haben, wird kaum noch bestritten. Die Belastung des Verletzten mit dem Beweise eines Verschuldens des Unternehmers oder seiner Beauftragten macht die Wohlthat des Gesetzes für den Arbeiter in den meisten Fällen illusorisch. Dieser schon an sich schwierige Beweis wird nicht selten und gerade bei den durch elementare Kräfte herbeigeführten folgenschwersten Unfällen, wie sie in Bergwerken, in Anlagen mit Dampfkesseln und in Fabriken zur Herstellung von Explosivstoffen vorkommen, dadurch unmöglich gemacht, daß der Zustand der Betriebsstätte und der Betriebseinrichtungen, auf dessen Feststellung es für den Schuldbeweis meistens ankommt, durch den Unfall selbst bis zur Unkenntlichkeit verändert ist, und daß diejenigen Personen, durch deren Zeugniß häufig allein ein Verschulden nachgewiesen werden könnte, durch den Unfall selbst getödtet oder verletzt und im letzteren Falle, auch wenn sie nicht, was die Regel ist, selbst Partei sind, durch die Katastrophe in einen Zustand versetzt sind, der sie zur Ablegung eines Zeugnisses unfähig macht. Die Erfahrung hat bis auf die neueste Zeit gezeigt, daß das Gesetz in denjenigen Fällen, welche durch ihre Wirkung auf die öffentliche Meinung vorzugsweise seinen Erlaß befördert haben und auf welche es nach den Motiven in erster

Linie berechnet war, regelmäßig seinen Zweck nicht erreicht. Aber auch abgesehen von solchen Fällen ist die Lage des einzelnen Arbeiters, welcher einen Entschädigungsanspruch gegen seinen Arbeitgeber im Wege des Prozesses verfolgen muß, angesichts seines Vermögens- und Bildungsstandes sowie seiner sozialen Stellung, in der Regel eine ungünstige. Nichtsdestoweniger sind Prozesse über Entschädigungsansprüche aus dem Haftpflichtgesetz keineswegs selten, zumal sich seit Erlaß des letzteren in vielen Arbeiterkreisen die Anschauung festgesetzt hat, daß den Arbeitern, wenn sie ohne eigenes Verschulden bei der Arbeit verunglücken, unter allen Umständen die weitere Versorgung durch den Arbeitgeber zutheil werden müsse. Auch wo diese Anschauung nicht herrscht, hat der Umstand, daß bei den meisten Unfällen verschiedene Ursachen in oft schwer zu erkennendem Maße zusammenwirken, die Folge, daß der Arbeiter den Unfall ausschließlich irgend einem dem Arbeitgeber zur Last fallenden Mangel des Betriebes beimißt, während der Arbeitgeber ihn ebenso bestimmt auf eine Unfolgsamkeit oder Leichtfertigkeit des Arbeiters zurückführt. Da der Arbeiter, welcher in der Regel im Armenrechte klagt, durch die Furcht vor Kosten nicht vom Prozesse zurückgeschreckt wird und der Arbeitgeber durch die oft sehr erhebliche Höhe des Anspruchs, sowie durch die Furcht vor den Konsequenzen abgehalten wird, denselben zuzugestehen, so führt jene Verschiedenheit der Auffassung dazu, daß in vielen Fällen, in denen früher der Arbeitgeber seinem im Dienst verunglückten Arbeiter aus Billigkeits- oder Humanitätsrücksichten in irgend einer Form eine nach den Umständen bemessene Unterstützung gewährte, der Arbeiter jetzt, auf ein vermeintliches Recht gestützt, die volle Entschädigung für seine verlorene oder geminderte Erwerbsfähigkeit fordert, während der Arbeitgeber gleichfalls in vollem Recht zu sein glaubt, wenn er jede Verpflichtung in Abrede stellt. Die Folge ist dann meistens, daß nach einem langwierigen Prozesse entweder der Arbeitgeber zu einer Entschädigung verurtheilt wird, welche er als eine unbillige ansieht, oder der Arbeiter auch derjenigen Unterstützung verlustig geht, welche ihm unter anderen Umständen durch das Pflichtgefühl oder Wohlwollen des Arbeitgebers zutheil geworden wäre. Daß durch derartige Vorgänge Erbitterung zwischen Arbeitgebern und Arbeitern hervorgerufen und mit jedem neuen Falle der Boden für eine gütliche Verständigung in künftigen Streitfällen dieser und anderer Art immer mehr untergraben wird, liegt in der Natur der Sache und ist neuerdings von Behörden und Beamten, welche diesen Verhältnissen nahe stehen, sowie von wohlwollenden Arbeitgebern mehrfach hervorgehoben worden. Nicht wenig trägt zur Vermehrung der Prozesse über Entschädigungsansprüche und damit zur Verschärfung des Gegensatzes zwischen Arbeitgebern und Arbeitern auch die jetzige Gestaltung der Unfallversicherung bei. Die Versicherungsgesellschaften sind durch geschäftliche Rücksichten darauf hingewiesen, auf Grund der für haftpflichtige Unfälle abgeschlossenen Versicherung nur für solche Entschädigung Deckung zu leisten, zu denen der Versicherungsnehmer durch das Gesetz unzweifelhaft verpflichtet war. Sie können daher dem letzteren nicht die Entscheidung über die Anerkennung oder Nichtanerkennung der erhobenen Ansprüche überlassen und sich bei ihrer eigenen Entscheidung nicht durch Rücksichten bestimmen lassen, welche den Arbeitgeber, wenn er allein zu entscheiden hätte, vielleicht geneigt machen würden, manchen Zweifel an seiner rechtlichen Verpflichtung auf sich beruhen zu lassen. Bei der großen Zweifelhaftigkeit der meisten aus dem Haftpflichtgesetz hergeleiteten Ansprüche kann es daher kaum befremden, daß die Mehrzahl der Versicherungsgesellschaften dahin gelangt ist, in den meisten Fällen nur zu zahlen, wenn der fragliche Entschädigungsanspruch durch richterliche Entscheidung festgestellt ist. Aber auch da, wo dieser Grundsatz nicht befolgt wird, ist dem Arbeitgeber, welcher gegen haftpflichtige Unfälle versichert ist, die Anerkennung einer gegen ihn erhobenen Entschädigungsforderung in hohem Grade dadurch erschwert, daß er, um seinen Anspruch gegen die Versicherungsgesellschaft nicht aufzugeben, ein vorgekommenes eigenes oder seinem Beauftragten zur Last fallendes Verschulden einräumen muß. Die Regel ist demnach, daß der Arbeitgeber in jedem Falle, wo eine Entschädigung gefordert wird, genöthigt ist, sich von seinem Arbeiter verklagen zu lassen. So unwillkommen eine solche Lage für den wohlwollenden Arbeitgeber ist, so kann er doch auf die Versicherung nicht verzichten, weil sie ihm das einzige Mittel bietet, sich gegen Verluste zu schützen, welche bei ihrer Erheblichkeit unter Umständen die Existenz des Unternehmens gefährden können. Bei der Unbeschränktheit des richterlichen Ermessens, welchem das

Gesetz die Bestimmung der Höhe des Schadensersatzes überläßt, liegt in jedem Falle die Möglichkeit vor, daß die Rente, welche der Richter dem Verletzten oder seinen Hinterbliebenen als Ersatz für die verlorene Erwerbsfähigkeit oder für den verlorenen Unterhalt zubilligt, in der vollen Höhe des letzten Arbeitslohnes bemessen wird, und die Erfahrung lehrt, daß Fälle, in denen dies geschieht, nicht selten sind. Auf diese Weise erhält der in seinem Berufe verunglückte Arbeiter, wenn sein Anspruch für begründet erkannt wird, Entschädigung in einer Höhe, wie sie in anderen Berufsarten, namentlich auch im Staats- und sonstigen öffentlichen Dienste nicht vorkommt und mit Rücksicht auf die vorkommenden Zeiten der Arbeitslosigkeit oder doch des geminderten Verdienstes, und andererseits auf die dem Verletzten oft bleibende oder wiederkehrende theilweise Erwerbsfähigkeit nicht gerechtfertigt ist. Andererseits aber ist der Entschädigungsanspruch an solche Voraussetzungen geknüpft, daß er nur in einer verhältnißmäßig geringen Zahl von Fällen, in welchen Arbeiter ihre Erwerbsfähigkeit ganz oder theilweise verloren haben, zur Geltung gebracht werden kann, während in den anderen Fällen der erwerbsunfähig gewordene Arbeiter der öffentlichen Armenpflege oder der Privatwohlthätigkeit anheimfällt."

„Es läßt sich hiernach nicht verkennen, daß der § 2 des Gesetzes vom 7. Juni 1871 der Absicht, den Arbeiter gegen die wirthschaftlichen Folgen der mit seinem Berufe verbundenen Gefahren sicher zu stellen, nur unvollkommen entspricht, daß unter Umständen der Arbeitgeber durch die Haftpflicht in einer übermäßigen Weise belastet wird; daß durch das Gesetz statt der gehofften Verbesserung des Verhältnisses zwischen Arbeitgebern und Arbeitern in weitem Umfange der entgegengesetzte Erfolg herbeigeführt und im ganzen eine Situation geschaffen ist, deren Beseitigung im Interesse beider Klassen der gewerblichen Bevölkerung gleich wünschenswerth erscheint. An die Gesetzgebung tritt damit die Aufgabe heran, eine Regelung herbeizuführen, welche die Arbeiter gegen die wirthschaftlichen Folgen der bei der Arbeit eintretenden Unfälle in möglichst weitem Umfange sicherstellt, ohne die Industrie mit unerschwinglichen Opfern zu belasten und ohne auf das Verhältniß zwischen Arbeitgebern und Arbeitern einen nachtheiligen Einfluß auszuüben. Diese Aufgabe wird indessen auf dem Wege, welchen die bisherigen auf Revision des Gesetzes vom 7. Juni 1871 gerichteten Bestrebungen ins Auge gefaßt haben, nicht gelöst werden können. Die Ausführung des am weitesten gehenden Vorschlags, welcher darauf abzielt, die Entschädigungsverbindlichkeit für die in § 2 des Gesetzes aufgeführten und die weiter in denselben noch aufzunehmenden Betriebe in gleicher Weise zu regeln, wie dies in § 1 für die Eisenbahnen geschehen ist, würde die Arbeitgeber in einer innerlich rechtswidrigen Weise und in einem für den Fortbestand und die weitere Entwickelung unserer Industrie bedenklichen Maße belasten, ohne doch zu völlig befriedigenden Ergebnissen für die Arbeiter und das Verhältniß zwischen ihnen und den Arbeitgebern zu führen. Die Streitigkeiten über Entschädigungsansprüche würden allerdings vermindert, aber keineswegs beseitigt werden. Während bisher der Arbeiter ein Interesse hatte, bei jedem Unfalle womöglich ein Verschulden seines Arbeitgebers oder eines Beauftragten desselben aufzufinden, würde fortan der Arbeitgeber dasselbe Interesse haben, ein Verschulden des Arbeiters nachzuweisen, und das nicht unberechtigte Gefühl, mit einer Verantwortlichkeit belastet zu sein, welche in der Natur der Verhältnisse und in allgemeinen Rechtsgrundsätzen keine ausreichende Begründung findet, sowie die Schwere der aus dieser Verantwortlichkeit entspringenden Belastung, würden die Arbeitgeber voraussichtlich dahin führen, jede Möglichkeit, diese Verantwortlichkeit im einzelnen Falle von sich fern zu halten, zu verfolgen. Eine Regelung nach diesem Vorschlage, welcher übrigens innerhalb des Reichstags neuerdings nur von den der sozialdemokratischen Partei angehörenden Abgeordneten vertreten ist (Antrag Hasenclever, Drucksachen 1878 Nr. 128), wird demnach nicht in Frage kommen können."

„Ein anderer Weg, um zu einer ausgiebigeren Sicherstellung der Arbeiter gegen die Folgen der Unfälle zu gelangen, wurde bei der Berathung des Gesetzes durch die Mehrzahl der zu § 2 gestellten Anträge in Vorschlag gebracht. Darnach sollte zwar an dem Grundsatze, welcher das Eintreten der Entschädigungsverbindlichkeit von dem Vorhandensein eines, sei es unmittelbaren, sei es mittelbaren Verschuldens des Unternehmers abhängig macht, festgehalten, das Mittel zur Erweiterung des den Arbeitern zugedachten Schutzes aber in einer Bestimmung gefunden werden, nach welcher das Vorhandensein eines Verschuldens unter gewissen Voraussetzungen zu präsumiren sein würde. Die Anträge Lasker (Drucksachen 1871 Nr. 65), Schaffrath und Klotz (ib. Nr. 71 II), Biedermann (ib. Nr. 71 III), Friedenthal (ib. Nr. 75), Grumbrecht (ib. Nr. 94, 95) laufen sämmtlich darauf hinaus, daß der Unternehmer verpflichtet sein soll, bei der Einrichtung und dem Betriebe seiner Anlage die erforderlichen Vorsichtsmaßregeln zu treffen, und daß das Verschulden präsumirt werden soll, wenn der Unternehmer nicht beweist, daß er dieser Verpflichtung nachgekommen sei. Die Verschiedenheit der Anträge liegt theils in den Kriterien, von welchen die Entscheidung darüber, welche Vorsichtsmaßregeln erforderlich waren, abhängig sein soll, theils darin, daß die Einen die Präsumtion des Verschuldens beim Mangel jenes Beweises ohne weiteres und schlechthin eintreten lassen (Lasker Nr. 65, Schaffrath und Klotz Nr. 71 II), die Anderen dagegen diese Präsumtion beschränken wollen, und zwar entweder durch Abhängigmachung derselben von dem vorgängigen Beweise, daß der Unfall durch Einrichtungen der fraglichen Art hätte abgewandt werden können (Friedenthal Nr. 75, Gumbrecht Nr. 94 II), oder dadurch, daß ein Gegenbeweis zugelassen wird (Unterantrag Bahr Nr. 70, Biedermann Nr. 71 III, Friedenthal Nr. 75). In der gleichen Richtung bewegen sich der in der Reichstagssession von 1878 von der IX. Kommission gefaßte Beschluß (Drucksachen 1878 Nr. 251) und die in der Session von 1879 von dem Abgeordneten von Hertling und Genossen ausgegangene Interpellation (Drucksachen 1879 Nr. 23), indem sie neben der Ausdehnung der Haftpflicht auf andere, als die bis jetzt im § 2 aufgeführten Betriebe „die Regelung der Verantwortlichkeit des Unternehmers und der Beweislast in einer der Natur der einzelnen Gewerbe" entsprechenden Weise in Aussicht nehmen."

„Alle diese Anträge haben das Gemeinsame, daß sie bei der gesetzlichen Regelung der vorliegenden Frage an dem Grundsatze des allgemeinen Obligationsrechts, wonach die Verbindlichkeit zum Schadenersatze durch ein Verschulden begründet wird, festhalten wollen, nichtsdestoweniger aber durch das Bedürfniß, den Verhältnissen des vorliegenden besonderen Gebietes Rechnung zu tragen, zu den einschneidendsten Abweichungen von den Konsequenzen dieses

Grundsatzes und von den allgemeinen Rechtsgrundsätzen über Beweispflicht und über rechtliche Präsumtionen gedrängt werden und damit in die Lage kommen, der allgemeinen Regelung dieses Theils des Obligationenrechts in einer bedenklichen, in ihren Konsequenzen nicht zu übersehenden Weise vorzugreifen. Muß schon dieses prinzipielle Bedenken von der Betretung des in jenen Anträgen angedeuteten Weges abmahnen, so stehen überdies der Wahl dieses Weges auch die erheblichsten praktischen Schwierigkeiten entgegen. In welcher Weise auch die „nähere Regelung der Verantwortlichkeit und der Beweislast" gedacht werden mag, sie wird immer darauf hinauslaufen müssen, daß hinsichtlich der Einrichtungen und der Ordnung des Betriebes bestimmte Forderungen aufgestellt werden, deren Nichterfüllung, mag sie im Streitfalle von dem Verletzten bewiesen werden müssen, oder bei mangelndem Beweise der Erfüllung präsumirt werden, die Haftbarkeit des Unternehmers für die Folgen eines eingetretenen Unfalles begründet. Der Versuch, diese Forderungen durch Spezialvorschriften für die verschiedenen Betriebsarten festzustellen, würde auf die Schwierigkeit stoßen, die in Betracht kommenden Verhältnisse aller einzelnen Betriebsarten so sicher und erschöpfend zu übersehen, daß die zu erlassenden Vorschriften mit einer den Forderungen der Gerechtigkeit einigermaßen entsprechenden Gleichmäßigkeit bemessen werden könnten: ganz zu geschweigen der weiteren Schwierigkeit, welche einer gesetzlichen Fixirung dieser Forderungen daraus erwachsen würde, daß die für die letzteren maßgebenden technischen und sonstigen Verhältnisse vielfachem und oft raschem Wechsel unterworfen sind. Wollte man sich aber angesichts dieser Schwierigkeiten darauf beschränken, die an den Unternehmer zu stellenden Forderungen durch eine allgemeine Bestimmung von „den bestehenden Vorschriften" oder von „Erfahrung und Wissenschaft" abhängig zu machen, wie es nach den bei Berathung des Gesetzes abgelehnten Anträgen geschehen sollte, so würde sich in Folge der Verschiedenheit, sei es der „geltenden Vorschriften", sei es des Urtheils über die Forderungen der „Erfahrung und Wissenschaft", in der praktischen Handhabung des Gesetzes eine Ungleichmäßigkeit herausstellen, welche schwerlich lange ertragen werden würde."

„Das Hauptbedenken gegen diese Art der Regelung besteht

aber darin, daß dadurch der gegenwärtige Zustand nicht wesentlich verbessert werden würde. Allerdings würde sich die Zahl derjenigen Arbeiter, welche für die durch Unfall verlorene Erwerbsfähigkeit Ersatz erhielten, vielleicht nicht unerheblich vermehren; ob aber die Wohlthaten des Gesetzes gerechter vertheilt werden würden, ist zu bezweifeln, und keinesfalls würde das Ziel erreicht werden, daß den Arbeitern in allen Fällen, in welchen es der Billigkeit und dem Interesse der Gesammtheit entspricht, jener Ersatz in einer Weise gesichert würde, welche keine zu schwere Belastung der Industrie zur Folge haben und keine ungünstige Rückwirkung auf das Verhältniß zwischen Arbeitgebern und Arbeitern ausüben würde. Jede Regelung, welche den Anspruch des Arbeiters von einem wirklichen oder fingirten Verschulden des Unternehmers abhängig macht, ist mit der Gefahr verbunden, daß über das Vorhandensein dieses Verschuldens in jedem einzelnen Falle der Anwendung Zweifel entstehen. Auch die sorgfältigste Abmessung der Voraussetzungen, unter denen das Verschulden angenommen werden soll, vermag nicht zu verhindern, daß diese Zweifel in zahlreichen Fällen zu einer Quelle von Rechtsstreitigkeiten werden. Damit bleibt es aber mehr oder weniger dem Zufalle überlassen, ob die einzelnen Arbeiter der Wohlthaten des Gesetzes in gleichmäßiger Weise theilhaftig werden, und ebenso bleibt der verbitternde Einfluß, welchen der gegenwärtige Rechtszustand auf das Verhältniß zwischen Arbeitgebern und Arbeitern ausübt, in ungeschwächter Kraft bestehen."

„Wenn hiernach der Versuch, die Lage der Arbeiter durch Verschärfung der Haftpflicht zu verbessern, einen befriedigenden Erfolg nicht in Aussicht stellt, und wenn nach den bei der Anwendung des § 2 des Gesetzes vom 7. Juni 1871 gemachten Erfahrungen nicht einmal die Ausdehnung der Haftpflicht auf ein weiteres als das bisherige Gebiet rathsam erscheint, so kann doch die Frage, in welchem Maße und auf welche Weise die Arbeiter gegen die wirthschaftlichen Folgen der Unfälle gesichert werden sollen, nicht auf sich beruhen bleiben. Ein Stillstand oder gar ein Rückschritt auf diesem Gebiete der Gesetzgebung würde den staatlichen Aufgaben der Gesetzgebung ebensowenig, wie dem Interesse der Industrie entsprechen. Dagegen wird eine Regelung, welche die auf solche Sicherung der Arbeiter gerichtete Forderung in gerechtem Umfange für einen möglichst weiten Kreis befriedigt, unter denjenigen Maßregeln, welche zur Verbesserung der Lage der Arbeiter in Frage kommen können, als eine der nächstliegenden und fruchtbarsten anzuerkennen sein, zumal dadurch für eine nicht geringe Zahl von Fällen dem Bedürfniß der Invaliden-, Wittwen- und Waisenversorgung entsprochen wird. Nach der dem Gesetzentwurfe zu Grunde liegenden Auffassung kann diese Regelung nur auf dem Wege herbeigeführt werden, daß die auf dem Gesetze vom 7. Juni 1871 beruhende Haftpflicht der Unternehmer gegenüber ihren Arbeitern durch eine öffentlich-rechtlich geregelte allgemeine Unfallversicherung ersetzt wird. Während zur Zeit den in gewissen Betrieben beschäftigten Arbeitern beziehungsweise ihren Angehörigen nur ein Anspruch auf vollständige Entschädigung zusteht, welcher durch die ihn bedingenden Voraussetzungen zu einem in seiner Realisirung höchst unsicheren wird, soll in Zukunft allen gewerblichen Arbeitern, welche nach der Art ihres Arbeitsverhältnisses in diese Regelung eingeschlossen werden können, eine in jedem Falle sichere Anwartschaft darauf gewährt werden, daß beim Verluste der Erwerbsfähigkeit durch Unfall ihnen selbst eine nach ihrem bisherigen Erwerbe zu bemessende Versorgung oder ihren Hinterbliebenen eine gleicherweise billig bemessene Unterstützung zutheil wird. Zu dem Ende soll die Versicherung alle beim Betriebe vorkommenden Unfälle umfassen, ohne Unterschied, ob sie in einem Verschulden des Unternehmers oder seiner Beauftragten, oder in dem eigenen Verhalten der Verunglückten, oder in zufälligen, niemandem zur Last zu legenden Umständen ihren Grund haben. Nur wenn von diesen Unterschieden gänzlich abgesehen wird, kann dem Arbeiter durch die Versicherung die volle Sicherheit gegeben werden, daß er durch einen Unfall mit seiner Erwerbsfähigkeit nicht auch seinen Unterhalt verliert, und daß er bei seinem durch Unfall herbeigeführten Tode seine Angehörigen nicht hülflos zurückläßt. Würden von der Versicherung auch nur diejenigen Unfälle ausgeschlossen, welche auf ein Versehen oder eine Ungeschicklichkeit des Arbeiters oder auf einen Zufall zurückzuführen sind, so bliebe der Arbeiter der Gefahr ausgesetzt, in jedem einzelnen Falle den ihm aus der Versicherung zustehenden Anspruch bestritten und die Behauptung desselben von einem Rechtsstreite abhängig zu sehen, dessen Ausgang selbst dann, wenn ihn nicht die Beweislast träfe, in vielen Fällen sehr ungewiß sein würde. Denn wie schon früher hervorgehoben, entstehen die meisten Unfälle durch das Zusammenwirken verschiedener Umstände und können ebensowohl auf Leichtfertigkeit oder Ungeschick des Arbeiters, als auf ein Verschulden des Unternehmers oder die mit der Eigenthümlichkeit der Beschäftigung unvermeidlich gegebene Gefahr zurückgeführt werden."

„Um zu einer befriedigenden Regelung zu gelangen, müssen demnach alle Unfälle ohne Ausnahme in die Versicherung eingeschlossen werden. Dagegen kann es nicht als Erforderniß einer befriedigenden Regelung hingestellt werden, daß durch die Versicherung der volle Ersatz aller durch den Unfall herbeigeführten Vermögensnachtheile gedeckt werde. Der Anspruch auf volle, durch unbeschränktes richterliches Urtheil festzustellende Entschädigung, welche neben dem Ersatze der durch die Heilung des Verletzten oder durch die Beerdigung des Getödteten entstehenden Kosten die volle Höhe des bisherigen Arbeitsverdienstes des Verunglückten erreichen kann, wird selbst bei den jetzigen Voraussetzungen des Entschädigungsanspruchs nicht als der Gerechtigkeit und Billigkeit entsprechend angesehen werden können. Wie es als selbstverständlich gilt, daß den im öffentlichen Dienste stehenden Personen, welche dienstuntüchtig werden, selbst wenn dies in Folge der mit den Dienstverrichtungen verbundenen Gefahren geschieht, als Pension nicht der volle bisherige Gehalt, sondern nur ein Theil desselben gewährt wird, so kann es auch nicht als eine Forderung der Gerechtigkeit gelten, daß dem im Privatdienste stehenden Arbeiter, welcher in Folge der mit seinem Berufe verbundenen Gefahren die Erwerbsfähigkeit einbüßt, eine dem vollen bisherigen Verdienste gleichkommende Rente zutheil werde. Der Billigkeit und dem Bedürfnisse wird vielmehr genügt werden, wenn ihm der ausreichende Unterhalt nach dem Maße seiner bisherigen wirthschaftlichen Lage gesichert wird: wobei namentlich auch zu beachten ist, daß aus dem arbeitslosen Einkommen, welches ihm in der Entschädigung zutheil wird, diejenigen besonderen Ausgaben, welche er bis dahin zur Erhaltung und Nutzbarmachung seiner Arbeitskraft aus seinem

Arbeitsverdienste zu bestreiten hatte, als Arbeitskleidung, Arbeitsgeräth u. dgl., nicht mehr zu bestreiten sind. Noch weniger würde es der Billigkeit entsprechen, wenn der Wittwe oder den sonstigen Hinterbliebenen eines durch Unfall getödteten Arbeiters eine dem vollen Verdienste des letzteren gleichkommende Entschädigung eingeräumt würde. Abgesehen davon, daß der bisher aus dem Verdienste zunächst zu bestreitende Unterhalt des Getödteten ganz hinwegfällt, kann auch nicht unberücksichtigt bleiben, daß der Unterhalt einer Arbeiterfamilie in der Regel schon bei Lebzeiten des Familienhauptes zum Theil durch den in Zukunft ihr verbleibenden Erwerb der Frau und vielfach der Kinder beschafft wird. Gegen eine diesen Erwägungen entsprechende Begrenzung der Entschädigung kann auch nicht eingewendet werden, daß dadurch die Lage des Arbeiters in denjenigen, die Minderzahl bildenden Fällen, in welchen ihm nach dem bisherigen Rechte ein voller Entschädigungsanspruch zustehe, verschlechtert werde; denn der Verlust an Rechten, welchen er dadurch erleidet, wird mehr als aufgewogen durch den Gewinn, welcher ihm durch Gewährung der bisher fehlenden vollen Sicherheit der Entschädigung und durch Einbeziehung aller Unfälle ohne Ausnahme in die beabsichtigte Regelung zutheil wird."

„Die hiernach gerechtfertigte Beschränkung der Entschädigung auf einen gesetzlich zu bestimmenden Theil des Jahreseinkommens bildet aber auch eine nothwendige Voraussetzung der Durchführbarkeit der beabsichtigten Maßregel. Die Einräumung eines uneingeschränkten Entschädigungsanspruchs für alle durch Unfälle herbeigeführten Vermögensnachtheile würde so erhebliche Aufwendungen erfordern, daß durch deren Ueberlast eine Schädigung der Industrie und damit der ganzen Volkswirthschaft und des Erwerbes der Arbeiter selbst zu befürchten wäre. Wenn die beabsichtigte Maßregel auch im Interesse der Verbesserung der Lage der Arbeiter wünschenswerth ist, so darf doch nicht unberücksichtigt bleiben, daß dasjenige, was den Arbeitern dadurch gewährt werden soll, erheblich über alles hinausgehen wird, was sowohl in Deutschland wie in anderen Ländern bisher zu Recht besteht. . . . ."

„Die Einführung einer Verpflichtung zur Unfallversicherung macht auch eine Fürsorge dafür erforderlich, daß die Erfüllung derselben allen Verpflichteten in einer Weise ermöglicht werde, welche den Zweck mit möglichst geringen Opfern erreicht und sicherstellt. . . . Mit der Begründung einer allgemeinen Versicherungspflicht ist an sich die berechtigte Forderung gegeben, daß die Verpflichteten in die Lage versetzt werden, ihrer Verpflichtung genügen zu können, ohne der Privatspekulation anheimzufallen . . . Es muß auch, sobald ein solcher Zwang geübt wird, allen Betheiligten die Sicherheit geboten werden, welche nur staatliche Einrichtungen unter Garantie des Reiches bieten können, und die Wohlfeilheit, welche durch den Verzicht auf jeden geschäftlichen Gewinn ermöglicht wird. Dieser Verzicht ist von Privatunternehmern nicht zu erwarten. Das Gesetz aber darf den Versicherten nicht nöthigen, seinen Unfall zur Unterlage für Dividenden herzugeben."

„Keine Privatanstalt, mag sie in der Form eines auf Erwerb gerichteten Unternehmens oder in derjenigen einer auf Gegenseitigkeit gegründeten Gesellschaft auftreten, kann bei einem Versicherungszweige, dessen statistische Unterlagen noch wenig sicher und vollständig sind, diejenige Garantie steter Leistungsfähigkeit bieten, welche durch das öffentliche Interesse und dasjenige der Arbeiter erfordert wird. Selbst die strengste gesetzliche Regelung und die schärfste staatliche Beaufsichtigung des Privatversicherungswesens würde die Gefahr nicht ausschließen, daß Versicherungsanstalten und Gesellschaften in Folge einer Reihe von ungünstigen Geschäftsjahren, wie sie um so leichter eintreten können, je kleiner der Geschäftsumfang der einzelnen Anstalten in Folge der Konkurrenz wird, zahlungsunfähig würden, und damit die bei ihnen versicherten Arbeiter, welche bereits Ansprüche erworben haben, der Wohlthat, welche das Gesetz ihnen zugedacht hat, verlustig gehen und der öffentlichen Armenpflege zur Last fallen. Diese Gefahr ist um so bedenklicher, als die versicherten Leistungen in Renten bestehen, welche in ihrer Dauer sehr ungewiß und schwer zu berechnen sind, als demnach die drohende Zahlungsunfähigkeit nicht leicht zu erkennen ist, und eine Versicherungsanstalt noch in scheinbar günstigem Betriebe stehen kann, während thatsächlich die demnächstige Zahlungsunfähigkeit schon unvermeidlich ist . . . Die Konzentration der Unfallversicherung . . . . ermöglicht nicht nur die sicherste

Bemessung der Prämien, sondern auch die gerechteste Vertheilung auf die verschiedenen Industriezweige; sie muß folgeweise, wenn (man) auf jeden Geschäftsgewinn verzichtet, bei vorauszusetzender guter Verwaltung zu einer so billigen Versicherung führen, wie sie mit der Sicherheit der versicherten Ansprüche überhaupt vereinbar ist, zumal auch die Verwaltungskosten durch die vortheilhafteste Ausnutzung des Verwaltungsapparats, welcher durch die Konzentration der Unfallversicherung ermöglicht wird, sowie durch die Einfachheit der Regelung der Versicherungsverhältnisse und der Abwickelung der Entschädigungsansprüche, welche durch den öffentlichen Charakter der Anstalt bedingt ist, auf den möglichst niedrigen Betrag zurückgeführt werden können." —

Der Reichstag hat durch seine Beschlüsse zu dem vorgelegten Gesetzentwurf (Drucksachen Nr. 260) die wesentlichsten Grundlagen desselben zum großen Theil gebilligt. Namentlich gilt dies von der Ersetzung der auf dem Gesetze vom 7. Juni 1871 beruhenden Haftpflicht der Unternehmer durch einen direkten gesetzlichen Zwang zur Versicherung der Arbeiter gegen alle Unfälle, von der Erfüllung dieser Verpflichtung durch ausschließliche Versicherung bei einer öffentlichen Anstalt und von der gesetzlichen Limitirung der zu versichernden Entschädigungen . . . .

Ueber die Nothwendigkeit, die Haftpflicht durch den Zwang zur Versicherung der Arbeiter gegen alle Unfälle mit gesetzlich limitirten Entschädigungen zu ersetzen, besteht gegenwärtig auch im Reichstag kaum noch eine Meinungsverschiedenheit, nachdem auch der in der letzten Session unter dem 10. Januar d. J. vom Abgeordneten Dr. Buhl und Genossen eingebrachte Gesetzentwurf (Drucksachen Nr. 66), obwohl der Form nach an der Grundlage des Haftpflichtgesetzes vom 7. Juni 1871 festhaltend, doch durch Aufnahme der Vorschriften über die „Sicherheitsbestellung" (§§ 9 ff.) sachlich einen allgemeinen, wenn auch indirekten Versicherungszwang in Aussicht genommen hat. Sofern aber der bezeichnete Gesetzentwurf neben der allgemeinen Versicherungspflicht noch eine civilrechtliche Verpflichtung des Unternehmers zum Schadenersatze begründen will (§ 8), widerspricht er nicht nur der Billigkeit, sondern begegnet auch dem praktisch sehr erheblichen Bedenken, daß dadurch die das Verhältniß zwischen Arbeitgebern und

Arbeitern verbitternden Streitigkeiten, deren Beseitigung als ein wesentlicher Vorzug der beabsichtigten neuen Regelung angesehen werden muß, nicht vermindert, sondern in hohem Maße vermehrt werden würden. Auch der in diesem Gesetzentwurf vorgesehenen Verweisung der Versicherungspflichtigen auf die Benutzung von Privatversicherungsanstalten kann nicht zugestimmt werden. Es ist vielmehr mit der Begründung des früheren Entwurfs und mit der Mehrheit des Reichstags an dem Grundsatze festzuhalten, daß die Einführung des gesetzlichen Versicherungszwanges auch die Herstellung öffentlicher unter staatlicher Leitung stehender und eine unbedingte Sicherheit der Erfüllung der übernommenen Verpflichtungen bietender Veranstaltungen fordere, und daß auch die Zulassung privater Anstalten neben der gesetzlich zu regelnden öffentlichen Veranstaltung schon an der bis jetzt noch nicht gelösten Aufgabe scheitern muß, die Verhältnisse der Privatversicherungsanstalten durch gesetzliche Normativbestimmungen zu regeln, daß einerseits die erforderliche unbedingte Sicherheit der Versicherten erreicht wird, und andererseits den Versicherungsanstalten die Möglichkeit einer freien und individualisirenden Geschäftsführung, welche als der wesentlichste Vorzug derselben angesehen wird, gewahrt bleibt. Dazu kommt, daß die Zulassung der Privatversicherungsanstalten mit derjenigen Organisation, welche die Unfallversicherung durch den gegenwärtigen Gesetzentwurf erfahren soll, wie sich weiter unten ergeben wird, noch weniger vereinbar ist, als mit der in dem früheren Gesetzentwurf in Aussicht genommenen. . . .

III.

Auszug
aus der allgemeinen Begründung des industriellen Unfall-Versicherungs-Gesetzes vom 6. Juli 1884.

(Drucksachen des Reichstags 1884, Nr. 4.)

(Einstweilige Beschränkung der versicherungspflichtigen Kategorien vorbehaltlich demnächstiger Ausdehnung. — Oeffentlich-rechtliche Fürsorge. — Verhältniß der Krankenkassen zur Unfallversicherung. — Berufsgenossenschaften mit Beitrittspflicht und Selbstverwaltung. — Unfallverhütung. — Dauernde Leistungsunfähigkeit. — Umlageverfahren.)

Nachdem die bisherigen Versuche, das allgemein anerkannte Bedürfniß der Sicherstellung der Arbeiter gegen die wirthschaftlichen Folgen von Betriebsunfällen im Wege der Gesetzgebung zu befriedigen, zu einem Ergebniß nicht geführt haben, und nachdem insbesondere der letzte dem Reichstag zu diesem Zweck vorgelegte Gesetz-Entwurf bei der kommissarischen Berathung eine Reihe von Angriffen erfahren hat, welche die Hoffnung, daß er zur Verabschiedung gelangen werde, ausschließen, ist die Frage der Gestaltung des Unfallversicherungswesens von neuem eingehender Erwägung unterzogen worden. Es darf nicht verkannt werden, daß die Erledigung dieser gesetzgeberischen Aufgabe nach wie vor eine überaus dringende ist. Die Aussicht, dieselbe in einer dem Bedürfniß entsprechenden Weise zum Austrage zu bringen, wird um so stärker sein, je mehr die Organisation des Unfallversicherungswesens durch den Gedanken beherrscht wird, daß die daran interessirten Berufskreise diesen Zweig wirthschaftlicher Fürsorge nach thunlichst *freier Selbstbestimmung* zu übernehmen haben, und daß der Zwang, welcher zur Sicherstellung des wirthschaftlichen und sozialpolitischen Zieles der Unfallversicherung unvermeidlich ist, nur soweit zugelassen wird, als dies unbedingt geboten erscheint.

In der Begründung des unter dem 8. März 1881 dem Reichstag vorgelegten Gesetz=Entwurfs, betreffend die Unfallversicherung der Arbeiter (Drucksachen 1881 Nr. 41), ist das Bedürfniß, die Arbeiter gegen die wirthschaftlichen Folgen der Unfälle zu versichern, aus der Unzulänglichkeit des Haftpflichtgesetzes vom 7. Juni 1871 und aus der ungünstigen Wirkung desselben auf die Beziehungen zwischen Arbeitern und Arbeitgebern hergeleitet, und nachgewiesen worden, welche Uebelstände dieses Gesetz im Gefolge gehabt hat. Auf diese Ausführungen darf hier verwiesen werden.*)

Durch seine Beschlüsse zu diesem Gesetz=Entwurf (Drucksachen 1881 Nr. 260) hat der Reichstag die Ersetzung der auf dem Gesetze vom 7. Juni 1871 beruhenden Haftpflicht der Unternehmer durch einen direkten gesetzlichen Zwang zur Versicherung der Arbeiter gegen Betriebsunfälle gebilligt. Ebenso hat der unter dem 10. Januar 1882 vom Abgeordneten Dr. Buhl und Genossen eingebrachte Gesetz=Entwurf (Drucksachen I. Session 1881 Nr. 66), obwohl der Form nach an der Grundlage des Haftpflichtgesetzes festhaltend, doch durch Aufnahme der Vorschriften über die „Sicherstellung", § 1 Abs. 3 und §§ 9ff., sachlich einen allgemeinen, wenn auch indirekten Versicherungszwang in Aussicht genommen. Endlich waren auch die Anträge der Abgeordneten Auer und Genossen (Drucksachen IV. Session 1881 Nr. 201) auf die Einführung eines allgemeinen Zwanges zur Versicherung der Arbeiter gegen Betriebsunfälle gerichtet.

Ueber die Nothwendigkeit einer zwangsweisen Versicherung der Arbeiter gegen Betriebsunfälle besteht hiernach kaum noch eine Meinungsverschiedenheit.

Was den Kreis der Personen anbetrifft, welche der Unfallversicherung unterworfen werden sollen, so beschränkt sich der vorliegende Entwurf im allgemeinen**) auf die Arbeiter in den bisher haftpflichtigen Betrieben. Für diese Beschränkung ist der Gesichtspunkt maßgebend gewesen, daß die gesetzliche Regelung

*) cf. Seite 53fg.

**) Durch die Beschlüsse der Reichstagskommission sind insbesondere noch gewisse Baugewerbe hinzugetreten.

der Unfallfürsorge für diese in Folge der Entwickelung der Industrie am meisten gefährdeten Arbeiter, für welche sich der § 2 des Haftpflichtgesetzes als unzureichend, ja schädlich erwiesen hat, die nächstliegende und dringlichste Aufgabe bildet. Die Beseitigung der Haftpflicht für diese Arbeiter und die Herstellung einer besseren und wirksameren Unfallfürsorge für dieselben wird den Ausgangspunkt der Gesetzgebung auf diesem Gebiete bilden müssen, an welchen demnächst die Ausdehnung der Unfallversicherung auf weitere Arbeiterkreise angeknüpft werden kann.

Eine solche Ausdehnung*) der Unfallversicherung im Wege spezieller Gesetze wird, wenn die Vorlage Gesetz wird, auf Grund der bei der Ausführung desselben gesammelten praktischen Erfahrungen verhältnißmäßig leicht sein, und sie wird auch, wenn einmal ein lebensfähiger Anfang gemacht worden ist, nicht ausbleiben können.

Wollte man alle Arbeiterkreise, welche einer Unfallsgefahr ausgesetzt sind, von vornherein in den Bereich der Regelung ziehen und dahin streben, alle auf diesem Gebiete etwa wünschenswerthen Ziele gleichzeitig zu erreichen, so würde die Aufgabe eine so schwierige und verwickelte werden, daß damit jeder Erfolg in Frage gestellt wäre. . . . . .

Was die Aufbringung der Kosten der Unfallversicherung anlangt, so wird davon auszugehen sein, daß die Sicherstellung der Arbeiter gegen die wirthschaftlichen Folgen der Unfälle sich nicht als eine privatrechtliche Verbindlichkeit der Betriebsunternehmer zum Schadenersatz, sondern als eine öffentlich-rechtliche Fürsorgepflicht darstellt. Wenn das Haftpflichtgesetz vom 7. Juni 1871 auf der entgegengesetzten Auffassung beruhte, so hat die übereinstimmende Ueberzeugung von der Unmöglichkeit, auf diesem Wege zu einer befriedigenden Lösung der Frage zu gelangen, diese Auffassung als unzutreffend verworfen. Es ist eben unmöglich, auf diesem Wege zu einer Fürsorge für die Arbeiter und deren

*) Die Ausdehnung ist inzwischen erfolgt. Vgl. Ausdehnungsgesetz v. 28. Mai 1885, Bau-Unfallversicherungsgesetz v. 11. Juli 1887, See-Unfallversicherungsgesetz v. 13. Juli 1887 sowie das Gesetz, betr. die Unfall- und Krankenversicherung der in land- und forstwirthschaftlichen Betrieben beschäftigten Personen, vom 5. Mai 1886.

Hinterbliebene in allen denjenigen die große Mehrzahl bildenden Fällen zu gelangen, in denen Zufall oder eigenes Verschulden der Arbeiter den Unfall herbeigeführt hat.

Der Staat und die Gesellschaft haben aber ein Interesse daran, auch über die privatrechtliche Verpflichtung des Betriebsunternehmers zum Schadenersatz hinaus den Arbeitern und deren Hinterbliebenen in allen denjenigen Fällen, in denen die Erwerbsunfähigkeit und der Tod des Arbeiters durch die mit der Berufsarbeit verbundene Unfallgefahr herbeigeführt ist, eine Versorgung zu sichern. Die Ueberzeugung, daß hier die den Gemeinden obliegende Verpflichtung zur Fürsorge im Wege der öffentlichen Armenpflege weder ausreichend noch an sich angemessen sei, durchdringt alle Schichten der Bevölkerung. Bei der Krankenversicherung wie bei der Unfallversicherung handelt es sich um eine Erweiterung der öffentlichen Fürsorgepflicht über die Grenzen der öffentlichen Armenpflege hinaus. Beschränkt sich letztere lediglich darauf, die Vernichtung der Existenz des Individuums zu hindern, so richten sich die Kranken- und die Unfallversicherung auf die rechtzeitige Erhaltung und Hebung der Erwerbsfähigkeit im Falle der Störung derselben durch Krankheiten und Unfälle, sowie auf die Sicherung einer angemessenen Versorgung während der Dauer dieser Störung. Charakterisirt sich also die wirthschaftliche Sicherung der Arbeiter gegen die Folgen der Betriebsunfälle als eine nicht dem Gebiet des Privatrechts, sondern dem Bereich der öffentlich-rechtlichen Verpflichtung angehörige Fürsorgepflicht, so folgt hieraus, daß die Frage der Aufbringung der Kosten der Unfallversicherung nicht nach den Grundsätzen des Privatrechts, sondern nach Gesichtspunkten des öffentlichen Rechts entschieden werden muß. Von diesem Standpunkt aus weist die historische Entwickelung, welche die Unfallfürsorge genommen hat, auf den Betriebsunternehmer als denjenigen hin, welcher in erster Linie die aus dieser Fürsorge erwachsenden Kosten zu übernehmen hat. Auch bei den Betriebsunternehmern hat sich das Bewußtsein dieser ihnen obliegenden Verpflichtung ausgebildet und befestigt. Aus diesem Bewußtsein heraus ist in weitem Umfange eine freiwillige Fürsorge der Unternehmer für ihre Arbeiter eingetreten, welche über die durch das Haftpflichtgesetz ihnen aufgelegten Verpflichtungen erheblich hinausgeht.

Wesentlich gefördert und unterstützt wurde diese Auffassung durch die Erwägung, daß der Betriebsunternehmer die Kosten der Fürsorge in der Regel nicht aus seinem eigenen Vermögen leistet, sondern daß sie ihm von dem Käufer seiner Erzeugnisse in dem Preise derselben wieder erstattet werden. Wie dem Betriebsunternehmer die an dem Anlage- und Betriebskapital entstehenden Schäden und Verluste zur Last fallen, so soll derselbe auch die Verluste an persönlicher Arbeitskraft, welche durch die seinem Industriezweige eigenthümlichen Gefahren veranlaßt werden, tragen und für beide in dem Gesammtertrage des Unternehmens Deckung finden.

Der gegenwärtige Gesetz-Entwurf vertheilt, in Verbindung mit dem Gesetz über die Krankenversicherung der Arbeiter vom 15. Juni 1883, die Deckung der durch Betriebsunfälle herbeigeführten Schäden in der Weise zwischen den Arbeitern und Arbeitgebern, daß die Unterstützung der durch Unfall Verletzten während der ersten dreizehn Wochen den Krankenkassen verbleibt,*) die Unfallversicherung dagegen, soweit es sich um die Fürsorge für den Verletzten handelt, erst nach Ablauf dieser Zeit Platz greift. Bereits vor Erlaß des Reichsgesetzes, betreffend die Krankenversicherung der Arbeiter, vom 15. Juni 1883 haben die bis dahin errichteten zahlreichen Krankenkassen wohl ohne Ausnahme in allen Fällen einer durch Unfall herbeigeführten Erwerbsunfähigkeit ihren Mitgliedern dieselbe Unterstützung gewährt, welche in allen übrigen Krankheitsfällen zu leisten ist. Da ein Ersatz dieser Leistungen den Krankenkassen nur in den anerkanntermaßen einen minimalen Prozentsatz ausmachenden haftpflichtigen Fällen und auch nur dann zu Theil geworden ist, wenn der Arbeitgeber nicht mindestens ein Drittel der Krankenkassenbeiträge für die von ihm beschäftigten Arbeiter aus eigenen Mitteln gewährt hat**), so hat die Unterstützung der durch Unfall Verletzten während der ersten dreizehn Wochen

*) Nach den Beschlüssen des Reichstags vorbehaltlich eines Zuschusses, um welchen der Unternehmer für die Zeit von dem Beginn der 5. bis zum Schluß der 13. Woche das gesetzliche Krankengeld aus eigenen Mitteln erhöhen soll, falls nicht schon von den Krankenkassen nach ihren Statuten ein entsprechend höheres Krankengeld gewährt wird. § 5 Absatz 9 U.-V.-G.

**) Vergl. § 4 des Haftpflichtgesetzes vom 7. Juni 1871 (R.-G.-Bl. S. 207).

schon bis dahin ganz allgemein den Krankenkassen und damit, so weit zu denselben nicht Beiträge der Arbeitgeber geleistet worden sind, fast ausschließlich den Arbeitern selbst obgelegen. An dieser der historischen Entwickelung entsprechenden Vertheilung der Lasten zu ändern, erscheint in hohem Maße bedenklich und auch für die Interessen der Arbeiter selbst nicht ungefährlich. Darf mit Bestimmtheit erwartet werden, daß die Betriebsunternehmer, welche ihre Belastung mit den Kosten der Unfallversicherung nach Maßgabe der Bestimmungen des Entwurfs im Allgemeinen als eine den Rücksichten des Rechts und der Billigkeit entsprechende anerkennen, von Versuchen, dieselbe durch eine Kürzung des Lohnes auf die Arbeiter abzuwälzen, Abstand nehmen werden, so erscheint es doch zweifelhaft, ob die gleiche Erwartung gehegt werden dürfte, wenn man das im Entwurf vorgesehene Verhältniß zu Ungunsten der Arbeitgeber verschieben wollte.

Daß die Krankenkassen auch in Zukunft die Fürsorge für die durch Unfälle Verletzten während der ersten dreizehn Wochen ohne übermäßige Belastung der Arbeiter zu übernehmen im Stande sind, kann um so weniger zweifelhaft sein, als nach den Ergebnissen der Unfallstatistik*) von der gesammten durch Unfälle entstehenden Last nur etwa 16½ Prozent auf die Krankenkassen entfallen und durch das Gesetz, betreffend die Krankenversicherung der Arbeiter, die Unternehmer aller unter das Unfallversicherungsgesetz fallenden Betriebe verpflichtet sind, die Krankenversicherungsbeiträge für die von ihnen beschäftigten Arbeiter, soweit letztere nicht selbst durch Eintritt in freie Hilfskassen hierauf verzichten, zu einem Drittel aus eigenen Mitteln zu leisten, während bis jetzt, abgesehen von den Knappschaftskassen, eine Beitragsleistung der Arbeitgeber in dieser Höhe nur vereinzelt und keineswegs allgemein gewährt worden ist.

Auch praktische Gründe sprechen dafür, die Fürsorge für die durch Unfälle Verletzten während der ersten dreizehn Wochen bei den Krankenkassen zu belassen. Das Risiko, welches für die Unfallversicherung aus den Entschädigungen in Fällen dauernder Erwerbsunfähigkeit und in Todesfällen erwächst, ist so erheblich, daß es nur von größeren Verbänden getragen werden kann. Die Unfall-

*) In der zweiten Hälfte des Jahres 1881 ist für die Industrie eine Unfallstatistik veranstaltet worden.

versicherung fordert daher eine Organisation, welche möglichst große Kreise von versicherungspflichtigen Betrieben zur gemeinsamen Uebernahme des Risikos vereinigt. Ein rationeller Aufbau dieser Organisation wird aber in zentralen, das Interesse der Gesammtheit der Betheiligten vertretenden Organen gipfeln müssen. Solche für große Bezirke bestimmte zentrale Organe sind wenig geeignet, die Fälle vorübergehender Erwerbsunfähigkeit von kurzer Dauer zu erledigen, da sie kaum im Stande sein würden, diejenige Kontrole auszuüben, deren sie zum Schutze gegen die, gerade in den Fällen der Erwerbsunfähigkeit von kurzer Dauer besonders große Gefahr der Simulation bedürfen. Unter diesen Umständen und da die Fälle der vorübergehenden Erwerbsunfähigkeit, wenn auch bei weitem die zahlreichsten, doch bei der Geringfügigkeit der einzelnen Entschädigungsbeträge nicht mit einem so erheblichen Risiko verbunden sind, daß dieses nicht von kleineren Kreisen getragen werden könnte, entspricht es auch den Anforderungen einer rationellen Verwaltung, die Fürsorge für die durch Unfälle Verletzten während der ersten dreizehn Wochen den Krankenkassen zu belassen und die Unfallversicherung auf die Fürsorge von diesem Zeitpunkt ab und bei Todesfällen zu beschränken. . . . . .

Handelt es sich bei der wirthschaftlichen Sicherung der Arbeiter gegen die Folgen der Betriebsunfälle um eine öffentlich-rechtliche Verpflichtung, so folgt hieraus die Nothwendigkeit, die Erfüllung dieser Verpflichtung durch öffentliche Institutionen sicherzustellen. Welche Aufgaben diese Institutionen haben, und wie die Organisation derselben beschaffen sein muß, ergiebt sich zum Theil bereits aus den obigen Darlegungen. Sind es die Betriebsunternehmer, welchen die Fürsorgepflicht für die durch Unfälle Verletzten obliegt, und kann das Risiko der Unfallversicherung bezüglich der in Fällen dauernder Erwerbsunfähigkeit und in Todesfällen zu gewährenden Entschädigungen nur von größeren Kreisen getragen werden, so bedingt die Erfüllung dieser Pflicht die Vereinigung der Betriebsunternehmer zu größeren Verbänden. Als Grundlage für die Gliederung solcher Verbände wird die Gemeinsamkeit der Betriebsinteressen, d. h. die Gemeinsamkeit des Berufs, anzunehmen sein. In der Gemeinsamkeit des Berufs wurzelt die Gemeinschaft der sozialen Pflichten und Interessen, und die gesammte Entwickelung unseres öffentlichen Lebens weist für die Lösung der hieraus erwachsenden Aufgaben auf die genossenschaftliche Form hin. Hiernach wird erwartet werden dürfen, daß die Uebertragung der Unfallversicherung auf Berufsgenossenschaften*) den Wünschen und den Interessen der betheiligten Kreise ebenso wie den Anforderungen, welche im öffentlichen Interesse zu stellen sind, entsprechen wird.

Uebrigens folgt der Entwurf damit nur den Wegen, welche die deutsche Industrie bereits eingeschlagen hat, um auf anderen Gebieten zu einer befriedigenden Regelung ihrer Angelegenheiten zu gelangen. Durch wirthschaftliche Krisen ist seit einer Reihe von Jahren in industriellen Kreisen die Ueberzeugung von der Nothwendigkeit eines engeren Zusammenschlusses der Berufsgenossen wachgerufen worden, um mit gemeinsamen Kräften die Lösung der ihnen auf wirthschaftlichem Gebiet obliegenden gemeinsamen Aufgaben anzustreben. Es hat sich eine Reihe großer wirthschaftlicher Associationen gebildet, deren praktischer Einfluß sich in steigendem Maße bewährt.

Die Wirksamkeit dieser Vereine ist nicht auf die Förderung rein wirthschaftlicher Interessen beschränkt geblieben, sondern eine nicht geringe Anzahl derselben hat sich bereits die Erfüllung der ihnen obliegenden sozialen Pflichten zur Aufgabe gemacht und ihre Thätigkeit auf die Fürsorge für die von ihren Mitgliedern beschäftigten Arbeiter, insbesondere auch auf die Sicherstellung derselben gegen die wirthschaftlichen Folgen der Betriebsunfälle ausgedehnt.

Beweisen diese Erfolge der auf dem Prinzip freier Selbstverwaltung beruhenden Vereinigungen, wie berechtigt die in der Kaiserlichen Botschaft vom 17. November 1881 ausgesprochene Hoffnung gewesen ist, daß der engere Anschluß an die realen Kräfte unseres Volkslebens und das Zusammenfassen der letzteren in der Form korporativer Genossenschaften unter staatlichem Schutz und staatlicher Förderung auch die Lösung der sozialen Aufgaben möglich machen wird, denen die Staatsgewalt allein in gleichem Umfange nicht gewachsen sein würde, so entspricht die von dem Entwurf in Aussicht genommene Uebertragung der Unfallversicherung

*) Für die großen Reichs- und Staatsbetriebe (Eisenbahn-, Post-, Telegraphen-, Marine-, Heeresverwaltungen 2c.) tritt (nach dem Ausdehnungsgesetz) an Stelle der Berufsgenossenschaft das Reich bezw. der Bundesstaat.

auf korporative Berufsgenossenschaften den Intentionen der Kaiserlichen Botschaft ebenso wie den praktischen Bedürfnissen und den Wünschen der industriellen Kreise.

Handelt es sich bei der Fürsorge für die durch Unfall Verletzten um die Erfüllung einer den Betriebsunternehmern obliegenden sozialen Pflicht, so verlangt die Sicherstellung derselben für die Bildung der Berufsgenossenschaften eine Zwangspflicht der Unternehmer zum Beitritt. Eine blos fakultative Genossenschaftsbildung kann für die als staatlich nothwendig erkannte allgemeine Lösung der Aufgabe die erforderliche Sicherheit nicht gewähren; vielmehr muß der einzelne Betrieb kraft Gesetzes von der Berufsgenossenschaft ergriffen werden. . . .

Was die Verwaltung der Berufsgenossenschaften anlangt, so kann eine gewisse Beaufsichtigung derselben durch Organe des Staats oder Reichs nicht entbehrt werden, da ihnen wichtige soziale Pflichten übertragen werden sollen, an deren ordnungsmäßiger Erfüllung das Reich ein erhebliches öffentliches Interesse hat. Dagegen ist der Entwurf andererseits bestrebt, auch hier die behördliche Einmischung auf das unbedingt erforderliche Maß zu beschränken. Wenn auch in denjenigen Fällen, in denen es sich um eine gerechte Vertheilung der Lasten der Unfallversicherung und um den Schutz der Minorität der Berufsgenossen gegen eine den Rücksichten der Billigkeit widersprechende Majorisirung derselben in der Genossenschaft handelt, die Genehmigung der Beschlüsse der letzteren durch eine zu errichtende Reichsbehörde — das Reichs-Versicherungsamt*) — vorgesehen worden ist, so wird doch hierin ein Eingriff in die genossenschaftliche Selbstverwaltung um so weniger erblickt werden können, als die Zusammensetzung dieser Behörde, welche neben den ständigen Mitgliedern aus Mitgliedern des Bundesraths, sowie aus Vertretern der Berufsgenossenschaften und der versicherten Arbeiter bestehen soll**), dem Charakter der

*) Nach den Beschlüssen des Reichstags können neben dem Reichs-Versicherungsamt Landes-Versicherungsämter für solche Berufsgenossenschaften gebildet werden, deren Bezirk über die Grenzen eines Bundesstaates nicht hinausgeht.

**) Nach den Beschlüssen des Reichstags wird die Behörde für gewisse Fälle durch zwei richterliche Beamte verstärkt.

Selbstverwaltung entspricht und einen genügenden Schutz gegen eine einseitig büreaukratische Handhabung des Aufsichtsrechts gewährt.

Entspricht die Uebertragung der Unfallversicherung auf korporative Berufsgenossenschaften der historischen Entwickelung des Genossenschaftswesens auf wirthschaftlichem und sozialem Gebiet, so ist die Bildung solcher Genossenschaften das einzige Mittel, um zu einem wirksamen System der Unfallverhütung überhaupt zu gelangen. Daß ein blos polizeiliches Eingreifen die auf diesem Gebiete liegenden großen Aufgaben nicht befriedigend zu lösen vermag, daß dabei vielmehr die einsichtige Mitwirkung der Betheiligten unentbehrlich ist, wird kaum bezweifelt werden können. In Uebereinstimmung mit den Beschlüssen der vom Reichstag für die Berathung des letzten Gesetzentwurfs eingesetzten Kommission ist die größere oder geringere Gefährlichkeit des Betriebes als Maßstab für die Aufbringung der von den Berufsgenossenschaften zu leistenden Entschädigungsbeträge beibehalten. Hieraus ergiebt sich ein erhebliches finanzielles Interesse sowohl der einzelnen Betriebs-Unternehmer, als auch der Berufsgenossenschaft als solcher an der möglichsten Verhütung von Unfällen. Gerade auf diesem Gebiete wird der Selbstverwaltung der mit den öffentlichen Interessen irgend zu vereinbarende Spielraum umsomehr zu gewähren sein, als hierbei auch wesentlich ökonomische Gesichtspunkte in Betracht kommen. Einerseits werden die Berufsgenossenschaften danach streben müssen, auf die Vervollkommnung der Betriebseinrichtungen und Anlagen ihrer Mitglieder hinzuwirken und Unfällen, soweit es der Stand der Technik und die sonstigen Hülfsmittel gestatten, thunlichst zu begegnen. Andererseits aber wird dabei daran festzuhalten sein, daß nur vollkommen bewährte Einrichtungen vorgeschrieben werden dürfen, und daß es zu vermeiden ist, für kostspielige theoretische Versuchseinrichtungen einen die Industrie übermäßig belastenden Zwang auszuüben. Die Industrie muß auf diesem Gebiet gegen — vielleicht wohlgemeinte — Mißgriffe geschützt sein, welche die Ertragsfähigkeit der betreffenden Industriezweige gefährden und die Leistungsfähigkeit der Betriebsunternehmer ignoriren. Hier das richtige Maß zu halten, wird den Berufsgenossen um so eher gelingen, als ihnen die Leistungsfähigkeit der einzelnen Betriebsunternehmer sowohl wie die Lage des ganzen Gewerbes bekannt sind, und demgemäß die beiderseitigen Interessen von ihnen am sichersten abgewogen und angemessen berücksichtigt werden können. . . . . .

Auf die dauernde Leistungsfähigkeit der Berufsgenossenschaften muß schon bei der Bildung derselben Rücksicht genommen werden. Aus diesem Grunde hat die Genehmigung des Bundesraths zur Bildung der . . . . Berufsgenossenschaften vorbehalten bleiben müssen. Erscheint die Erwartung berechtigt, daß in dem Vorbehalt der Genehmigung und dem eigenen Interesse der Betheiligten eine hinreichende Garantie für die dauernde Leistungsfähigkeit der Berufsgenossenschaften liegt, so durfte der Entwurf doch auch die Möglichkeit nicht unberücksichtigt lassen, daß eine Berufsgenossenschaft in Folge unvorhergesehener Umstände die ihr obliegenden Verpflichtungen nicht mehr zu leisten im Stande ist. Mag diese Möglichkeit noch so fern liegen, so ist dieselbe doch nicht völlig ausgeschlossen, weil erhebliche Veränderungen in den Produktions- und Absatzbedingungen, insbesondere die Konkurrenz des Auslandes oder elementare Ereignisse auch die blühendsten Industriezweige in ihrem Bestande gefährden können. Für solche Fälle muß Vorsorge getroffen werden, daß nicht blos die in der Vergangenheit entstandenen Entschädigungsverbindlichkeiten rechtzeitig erfüllt werden, sondern daß auch die Sicherstellung der Arbeiter gegen Unfälle in den weiter arbeitenden Betrieben keine Unterbrechung erleidet. Diese Vorsorge ist um so weniger entbehrlich, als die Berechtigten in den meisten Fällen auf die Zahlung der ihnen zustehenden Entschädigungsbeträge zur Befriedigung ihres nothwendigsten Unterhalts angewiesen sind. Zur unbedingten Sicherstellung der Zahlung der Entschädigungsbeträge ist es nöthig, daß von vornherein jeder Zweifel darüber ausgeschlossen wird, wer im Fall der Leistungsunfähigkeit der Berufsgenossenschaft die ihr obliegenden Verpflichtungen zu erfüllen hat. Hierbei erscheint es unthulich, den Begriff der Leistungsunfähigkeit näher zu präzisiren, weil sich allgemeine Kriterien für dieselbe nicht angeben lassen, es sich hier vielmehr um die Würdigung thatsächlicher Verhältnisse handelt. Die Leistungsunfähigkeit einer Genossenschaft wird nicht bereits anzunehmen sein, wenn einzelne Betriebsunternehmer die aus der Unfallfürsorge ihnen erwachsenden Kosten nicht zu tragen vermögen, oder wenn durch Krisen vorübergehend die

Lage der der Genossenschaft angehörigen Industriezweige ungünstig beeinflußt wird. Andererseits wird das Eintreten des Reichs auch nicht davon abhängig gemacht werden dürfen, daß die zwangsweise Beitreibung der Mitgliederbeiträge gegen sämmtliche Betriebsunternehmer wegen Unvermögens derselben nicht hat erfolgen können.

Die Uebernahme der bis zum Zeitpunkt der Auflösung einer leistungsunfähigen Berufsgenossenschaft entstandenen Verpflichtungen derselben weist der Entwurf dem Reich*) zu. Es spricht hierfür die Erwägung, daß es an einem anderen Faktor fehlt, welchem ohne Unbilligkeit und ohne die Möglichkeit einer zu empfindlichen Belastung jene Uebernahme angesonnen werden könnte. Was aber die weitere Versicherung der in der aufgelösten Genossenschaft bis dahin versicherten Arbeiter anlangt, so soll dieselbe dadurch herbeigeführt werden, daß die Betriebe der aufzulösenden Genossenschaft einer anderen Berufsgenossenschaft nach deren Anhörung zugewiesen werden.

Läßt sich das Eintreten des Reichs für die Verpflichtungen leistungsunfähiger Berufsgenossenschaften nicht vermeiden, so hat die Frage, ob noch hierüber hinaus ein Bedürfniß zur Betheiligung des Reichs an den laufenden Kosten der Unfallversicherung entweder generell oder für einzelne Industriezweige aus allgemeinen wirthschaftlichen Gründen vorliegt, bis zur Erlangung weiterer Erfahrungen auf diesem Gebiet dahingestellt bleiben können. Und dies um so mehr, als nicht blos über die Nothwendigkeit einer Betheiligung des Reichs, sondern auch über den Umfang derselben die Auffassungen der zunächst interessirten Kreise einander vielfach völlig unvermittelt gegenüber stehen, und die Nothwendigkeit eines Reichszuschusses nicht blos von Vertretern verschiedener Industriezweige, sondern häufig auch von Vertretern desselben Industriezweiges verschieden beurtheilt wird. Sollte sich jedoch an der Hand der praktischen Erfahrungen herausstellen, daß die Exportfähigkeit aller oder einzelner Industriezweige durch die Belastung mit den gesammten Kosten der Unfallversicherung ernstlich gefährdet wird, so würde künftig zu erwägen sein, ob nicht die Uebertragung eines Theils dieser Kosten auf das Reich geboten erscheint. Diese

*) Für diejenigen Genossenschaften, welche der Aufsicht eines Landes=Versicherungsamts unterstehen, tritt der betr. Bundesstaat an die Stelle des Reichs, § 92 U.=V.=G.

Erfahrungen wird man aber um so mehr abwarten können, als bei dem für die Aufbringung der Kosten der Unfallversicherung von dem Entwurf in Aussicht genommenen Umlageverfahren eine Ueberbürdung der Industrie für die ersten Jahre nicht zu befürchten ist.

Was dieses Umlageverfahren selbst anlangt, demzufolge in jedem Jahr nur der wirkliche Jahresbedarf erhoben werden soll, so findet dasselbe nicht blos in der allgemeinen Auffassung der Fürsorgepflicht für die durch Unfall Verletzten, sondern auch in wirthschaftlichen Gründen seine Rechtfertigung. Einerseits ist es ein allgemeiner Grundsatz des öffentlichen Rechts, daß die Träger öffentlicher Verpflichtungen — Staat, Provinz, Gemeinde — nur insoweit Beisteuern erheben dürfen, als solche zur Erfüllung dieser Verpflichtungen nothwendig sind; andererseits aber kann auch vom Standpunkt der privatwirthschaftlichen Interessen die den Berufsgenossenschaften aufzuerlegende Verpflichtung zur Erhebung von Deckungskapitalien nicht gerechtfertigt werden. Vielmehr würden hierdurch die privatwirthschaftlichen Interessen insofern geschädigt werden, als dadurch erhebliche Kapitalien der produktiven Verwendung der Mitglieder der Genossenschaft entzogen und die letzteren genöthigt werden würden, sich ihre Betriebskapitalien zu einem höheren Zinsfuß zu verschaffen, als die von der Berufsgenossenschaft gegen pupillarische Sicherheit anzulegenden Deckungskapitalien einzubringen vermögen.

Liegen auch zuverlässige und erschöpfende Erfahrungen über den Umfang der durch die geplante Unfallfürsorge den einzelnen Industriezweigen erwachsenen Lasten zur Zeit nicht vor, so erfordert es doch die Rücksicht auf die Erhaltung der dauernden Leistungs- und Konkurrenzfähigkeit der Industrie, auf diesem Gebiet mit möglichster Schonung und Vorsicht vorzugehen, und von ihr zunächst nicht mehr zu verlangen, als zur Deckung der laufenden Ausgaben unbedingt erforderlich ist. Dieses ist um so nothwendiger, als es sich um eine Last handelt, von der lediglich die einheimische Industrie betroffen wird. Erscheint es deshalb geboten, zunächst von der Erhebung von Deckungskapitalien Abstand zu nehmen, so ist damit einer künftigen anderweiten Entscheidung der Gesetzgebung über diese Frage in keiner Weise präjudizirt, sofern etwa die Erfahrung ergeben sollte, daß die Beibehaltung des Umlageverfahrens unnöthig und unvortheilhaft ist. Auch im Interesse der Vereinfachung der Rechnungsführung und Kassenverwaltung der Berufsgenossenschaften empfiehlt sich dieses Verfahren, bei welchem übrigens die Ansammlung eines Reservefonds*) in mäßiger Höhe nicht ausgeschlossen werden soll.

*) Nach den Beschlüssen des Reichstags ist die Ansammlung eines Reservefonds für die Industrie obligatorisch.

IV.

Begründung

des Gesetzes, betr. die Unfall- und Krankenversicherung der in land- und forstwirthschaftlichen Betrieben beschäftigten Personen.

Vom 5. Mai 1886.

Allgemeiner Theil.

(Drucksachen des Reichstags II. Session 1885/86 Nr. 75.)

Der dem Reichstag am 3. Januar 1885 vorgelegte Entwurf eines Gesetzes, betreffend die Unfallversicherung der in land- und forstwirthschaftlichen Betrieben versicherten Personen, ist, nachdem die erste Lesung desselben in den Sitzungen des Reichstags vom 30. und 31. Januar d. J. stattgefunden hatte, einer Kommission überwiesen und von dieser in einmaliger Lesung durchberathen worden. Zur zweiten Lesung im Plenum ist der Entwurf indessen nicht mehr gelangt.

Der vorliegende Gesetzentwurf zeigt im Verhältniß zu der erwähnten früheren Vorlage einige zum Theil erhebliche Abweichungen. Dieselben beruhen fast durchgängig auf der Berücksichtigung der von der Reichstagskommission bei der Berathung des früheren Entwurfs gefaßten Beschlüsse. Immerhin aber stimmen die Grundgedanken und zum größten Theil auch die einzelnen Bestimmungen beider Entwürfe mit einander überein. Mit Rücksicht hierauf trifft die dem früheren Entwurfe beigegebene allgemeine Begründung im Wesentlichen auch für die jetzige Vorlage zu. Diese allgemeine Begründung lautet wie folgt:

„Ungeachtet des Mangels zahlenmäßiger statistischer Nachweise darf auf Grund der unmittelbaren praktischen Erfahrung als feststehend angenommen werden, daß die Unfallgefahr, welcher die in der Land- und Forstwirthschaft beschäftigten Personen ausgesetzt sind, im Allgemeinen nicht geringer ist, als die der industriellen Arbeiter. Nur die Gefahr von Massenunfällen wird für die letzteren höher anzuschlagen sein. Im Uebrigen aber sind die Personen, welche in der Landwirthschaft mit Fuhrwerk, Vieh, landwirthschaftlichen Geräthen aller Art und namentlich mit den neuerdings in immer größerem Umfange zur Anwendung kommenden landwirthschaftlichen Maschinen zu thun haben oder welche in der Forstwirthschaft beim Holzfällen oder bei Kulturen, namentlich in gebirgigen Gegenden, beschäftigt werden oder mit dem Forstschutze betraut sind, nicht weniger gefährdet, als die Arbeiter der Industrie. Die Gesetzgebung wird daher den öffentlich rechtlichen Anspruch auf Fürsorge bei Betriebsunfällen, welchen sie den industriellen Arbeitern gewährt, auch den land- und forstwirthschaftlichen nicht versagen dürfen. Die Lösung der hieraus erwachsenden Aufgabe ist um so dringlicher, als nicht einmal das Haftpflichtgesetz, welches für die industriellen Arbeiter wenigstens eine beschränkte, wenn auch ungenügende Fürsorge traf, für das Gebiet der Land- und Forstwirthschaft Geltung hat, während die allgemeinen Grundsätze des Civilrechts über die Verbindlichkeit zum Schadensersatz hier wie dort nicht ausreichen, um die durch Unfall Verletzten oder deren Hinterbliebene vor wirthschaftlicher Noth und vor dem Anheimfallen an die weder materiell ausreichende, noch dem sozialen Bewußtsein der Betheiligten entsprechende Armenpflege zu bewahren. Demgemäß hat das Verlangen nach Ausdehnung der Unfallversicherung auf die land- und forstwirthschaftlichen Arbeiter nicht nur in den Verhandlungen des deutschen Landwirthschaftsraths, sondern auch im Reichstag wiederholt Ausdruck gefunden. Auch seitens der Vertreter der verbündeten Regierungen ist das Bedürfniß dieser Ausdehnung anerkannt worden. Der Entwurf will diesem Bedürfniß Rechnung tragen. Die verbündeten Regierungen haben mit der Vorlegung desselben um so weniger zögern zu dürfen geglaubt, als die in der Land- und Forstwirthschaft beschäftigten Personen unter den Erwerbsthätigen des Reichs sowohl nach ihrer Zahl als nach der volkswirthschaftlichen Bedeutung ihres Berufs eine hervorragende Stelle einnehmen.

Für die Lösung der Aufgabe ist zunächst die Vorsorge wegen der Krankenversicherung der land- und forstwirthschaftlichen Arbeiter von Bedeutung. In dieser Beziehung haben sich die verbündeten Regierungen nicht davon zu überzeugen vermocht, daß die Unfallversicherung der letzteren von der vorgängigen Einführung des allgemeinen gesetzlichen Krankenversicherungszwanges abhängig zu machen sei. Das Bedürfniß der Unfallversicherung ist vielmehr für das Gebiet, um welches es sich hier handelt, dringender als das der allgemeinen obligatorischen Krankenversicherung. Denn nach § 2 Absatz 1 Ziffer 6 des Krankenversicherungsgesetzes vom 15. Juni 1883 (Reichs-Gesetzbl. S. 73) kann durch statutarische Bestimmung einer Gemeinde oder eines weiteren Kommunalverbandes der gesetzliche Krankenversicherungszwang schon jetzt auf die in der Land- und Forstwirthschaft beschäftigten Arbeiter des Bezirks ausgedehnt werden. Dadurch ist in denjenigen Bezirken, in denen eine solche statutarische Krankenversicherung nach den örtlichen Verhältnissen nöthig und durchführbar erscheint, schon jetzt die Möglichkeit einer umfassenden Fürsorge für Fälle vorübergehender Krankheit der land- und forstwirthschaftlichen Arbeiter gegeben. Mit Rücksicht hierauf hat die Frage, ob es sich empfehle, das Krankenversicherungsgesetz ohne Weiteres auch auf die letzteren allgemein auszudehnen, verneint werden müssen. In weiten Gebieten des Deutschen Reichs haben sich noch Verhältnisse zwischen dem land- und forstwirthschaftlichen Arbeitgeber auf der einen und dem Arbeiter auf der anderen Seite erhalten, welche die unveränderte Ausdehnung des Krankenversicherungsgesetzes auf den land- und forstwirthschaftlichen Betrieb weder als dringlich noch als räthlich erscheinen lassen. Dringlich ist sie nicht, wo die herkömmliche Sitte sich noch stark genug erweist, um den Arbeiter in Krankheitsfällen vor Noth dadurch zu schützen, daß der Arbeitgeber ihm die erforderliche Pflege und Fürsorge zu Theil werden läßt, ohne von ihm Krankenversicherungsbeiträge zu beanspruchen. Räthlich aber ist die Einführung des Krankenversicherungszwanges in denjenigen Gebieten nicht, wo auf dem platten Lande in der Hauptsache noch die Naturalwirthschaft vorherrscht, wo insbesondere die dem Arbeiter an Stelle oder als Theil des Lohnes gewährte Wohnung, Landnutzung, Viehweide oder sonstige Naturalbezüge ihm auch im Falle vorübergehender Krankheit belassen werden müssen. In diese Verhältnisse die geldwirthschaftlichen Grundsätze des Krankenversicherungsgesetzes unvermittelt hineinzutragen, würde ernsten Bedenken um so mehr unterliegen, als der erkrankte Arbeiter, wenn er neben seinen Naturalbezügen noch das gesetzliche Krankengeld erhielte, wirthschaftlich besser gestellt sein würde, als der gesunde. Zuzugeben ist allerdings, daß die erwähnten Verhältnisse zum Theil in Fluß gerathen sind, daß sich in vielen Gebieten allmählich ein Uebergang von der Natural- zur Geldwirthschaft und von dem patriarchalischen Herkommen zu streng civilrechtlichen Lohnvertragsverhältnissen vollzieht, daß die auf väterlicher Sitte beruhenden persönlichen Beziehungen zwischen Arbeitgeber und Arbeiter mehr und mehr gelockert werden, und daß die Aussicht des ländlichen Arbeiters, in Krankheitsfällen durch den Arbeitgeber oder auch durch nachbarliche Hülfe vor Noth geschützt zu werden, nicht mehr überall mit der vollen Sicherheit eines unter allen Umständen wirksamen Anspruchs bekleidet ist. Je mehr sich die Verhältnisse der ländlichen Arbeiter in dieser Beziehung denen der industriellen nähern, desto mehr wird darauf Bedacht zu nehmen sein, auch den ersteren einen rechtlichen Anspruch auf ausreichende Fürsorge in Krankheitsfällen durch Gesetz allgemein zu sichern. Nur läßt sich dies ohne Schädigung der Betheiligten nicht plötzlich, und am wenigsten durch eine einfache, unveränderte Ausdehnung des Krankenversicherungsgesetzes auf die ländlichen Arbeiter erreichen. Das letztere wird vielmehr mit aller Vorsicht den ländlichen Verhältnissen anzupassen sein, und dies um so mehr, als in vielen Gegenden die überaus veränderlichen Arbeiterverhältnisse unüberwindliche Schwierigkeiten bieten würden. Dieselben Personen leisten abwechselnd bald dem einen, bald einem anderen Arbeitgeber Dienste als Arbeiter. Daneben aber arbeitet ein großer Theil derselben zeitweise auch für eigene Rechnung in der eigenen Wirthschaft. Die Durchführung der als Individualversicherung geregelten Krankenversicherung, die hierzu erforderliche An- und Abmeldung durch den Arbeitgeber und die Einzahlung und Einziehung der für jeden Arbeitstag zu berechnenden Beiträge erscheint ohne tiefgreifende Aenderungen des Krankenversicherungsgesetzes für derartige Verhältnisse nicht thunlich. Bei den Erwägungen, wie diesen Bedenken Rechnung zu tragen ist, werden die Erfahrungen, welche in der Praxis mit der statutarischen Erstreckung des Versicherungszwanges nach Maßgabe des § 2 Absatz 1 Ziffer 6 des Krankenversicherungsgesetzes werden gemacht werden, werthvolle Anhaltspunkte liefern. Der Umstand aber, daß diese Erwägungen noch nicht abgeschlossen sind und daß sich zur Zeit noch nicht übersehen läßt, inwieweit die Bestimmungen des Krankenversicherungsgesetzes im Interesse der Verhältnisse der Land- und Forstwirthschaft einer Abänderung bedürfen, bietet keinen ausreichenden Grund, die dringlichere Regelung der Unfallversicherung für diese Betriebszweige noch länger aufzuschieben. Aufgabe der sozialpolitischen Gesetzgebung ist es, Schritt für Schritt nach Maßgabe des Bedürfnisses und der auf diesem Gebiet gemachten Erfahrungen vorzugehen, und sie darf vor verbesserungsbedürftigen Verhältnissen nicht um deswillen Halt machen, weil die als nothwendig erkannten Reformen nicht mit einem Male und in vollem Umfange zu erreichen sind. Wo die Krankenversicherung weniger dringlich ist, als die Unfallversicherung, wird zuerst die letztere zu regeln sein, um den gefährdeten Arbeitern so schnell als möglich wenigstens da zu helfen, wo ihnen geholfen werden kann. Ist es zur Zeit nicht thunlich, die Fürsorge für die durch Unfälle verletzten ländlichen Arbeiter während der ersten dreizehn Wochen nach Eintritt des Unfalls genau in der gleichen Weise zu regeln, wie dies auf Grund des Krankenversicherungsgesetzes für die industriellen Arbeiter geschehen ist, so wird in einer wenn auch nur provisorischen Regelung der während der ersten dreizehn Wochen zu gewährenden Fürsorge immerhin ein erheblicher Fortschritt zu der demnächstigen endgültigen Lösung der Aufgabe zu erblicken sein.

Bei der Unfallversicherung der in der Land- und Forstwirthschaft beschäftigten Arbeiter treten zwei Besonderheiten in den Vordergrund, nämlich die große Zahl der vorhandenen selbständigen Betriebe von kleinem Umfange und die Wahrnehmung, daß auch Unternehmer dieser letzteren in zahlreichen Fällen als landwirthschaftliche oder industrielle Arbeiter ihren Lebensunterhalt erwerben. Es fragt sich, ob hieraus ein Grund hergeleitet werden kann, von dem Grundsatz des Unfallversicherungsgesetzes, daß jeder Unternehmer eines Betriebes derjenigen Industriezweige, welche unter das letztere fallen, für die von ihm beschäftigten Arbeiter

Versicherungsbeiträge leisten muß, und daß jeder in solchen Betrieben beschäftigte Arbeiter versichert ist, abzuweichen. Diese Frage ist zu verneinen. Soweit selbständige Landwirthe zugleich als industrielle Arbeiter thätig sind, wird durch das Unfallversicherungsgesetz vom 6. Juli 1884 Fürsorge getroffen: der Unternehmer eines landwirthschaftlichen Betriebes ist rücksichtlich seiner Thätigkeit als industrieller Arbeiter gegen die Folgen der dabei sich ereignenden Unfälle durch seinen Arbeitgeber versichert, ohne Rücksicht darauf, ob diese Thätigkeit sein Haupt- oder Nebenberuf ist. Nach denselben Gesichtspunkten wird auch der landwirthschaftliche Unternehmer zu behandeln sein, welcher neben der Bewirthschaftung seines eigenen Grundstücks noch landwirthschaftliche Tagelöhnerei gewerbsmäßig betreibt oder gelegentlich in fremden Betrieben Arbeitshülfe leistet; er muß bei Unfällen, die er bei der Verwerthung seiner Arbeitskraft im Dienste anderer Unternehmer erleidet, für die ihm daraus erwachsende Einbuße an seiner Erwerbsfähigkeit ohne Rücksicht darauf entschädigt werden, ob er neben derjenigen Erwerbsthätigkeit, bei welcher er als Arbeiter einen Unfall erleidet, noch anderweiten Erwerb aus eigenem Grundeigenthum oder aus sonstigen Quellen bezieht, oder ob er die Arbeit, bei welcher er verunglückt, in einem großen oder in einem kleinen Betriebe leistet. Entscheidend wird hierbei immer nur der Umstand sein müssen, ob der Verunglückte bei seiner Thätigkeit als Arbeiter anzusehen war. Sofern in konkreten Fällen hierüber Zweifel entstehen, können dieselben nur nach der Lage des einzelnen Falles entschieden werden.

Hält man hieran grundsätzlich fest, so kann es allerdings vorkommen, daß dieselbe Person, je nachdem sie in der eigenen Wirthschaft Arbeiter beschäftigt oder in fremder Wirthschaft selbst als Arbeiter thätig ist, gegen die Folgen der Unfälle bald versichert, bald nicht versichert ist. Auf der anderen Seite ist es sehr wohl möglich, daß Jemand für diejenige Zeit, während welcher er Arbeitgeber ist, für die von ihm beschäftigten Arbeiter Versicherungsbeiträge leisten muß, während für die Zeit, innerhalb deren er als Arbeiter bei einem fremden Arbeitgeber beschäftigt ist, von diesem für ihn Beiträge zu leisten sind. Derartige Verhältnisse sind unzertrennlich von der Eigenartigkeit gewisser ländlicher Betriebe. Das allenfalls denkbare Auskunftsmittel, die Besitzer kleiner Betriebe und die von ihnen beschäftigten Arbeiter von der Unfallversicherung ganz auszuschließen, oder die ersteren von Beiträgen ebenso frei zu lassen, als wenn sie gar keine Arbeiter beschäftigten, würde sozialpolitisch nicht zu rechtfertigen sein, namentlich auch nicht durch den Hinweis darauf, daß in kleinen Betrieben die Unfallgefahr eine minimale sei. Ganz ohne Unfallgefahr ist auch der kleinste Betrieb niemals, und je geringer die Unfallgefahr und die Zahl der für den Betrieb erforderlichen Arbeitstage ist, desto niedriger und unmerklicher werden auch die Beiträge sein. Bei einer Ausschließung kleiner oder solcher Betriebe, welche im Jahresdurchschnitt nur eine geringe Zahl fremder Arbeitskräfte beschäftigen, stände der hierdurch ermöglichten Befreiung kleiner Landwirthe von einer geringfügigen Last und der Erleichterung der Verwaltung der Uebelstand gegenüber, daß Arbeiter, wenn sie bei einem solchen Unternehmer einen Betriebsunfall erleiden, ohne Entschädigung bleiben, während sie dieselbe erhalten würden, wenn sie derselben Unfallgefahr im Dienst eines größeren Betriebsunternehmers ausgesetzt gewesen wären. Sodann aber — und das gilt auch für die Befreiung kleiner Unternehmer von der Beitragspflicht*) — ist darauf hinzuweisen, daß eine zutreffende Grenze, bei welchen die Versicherung beginnen müßte, nach allgemeinen Gesichtspunkten gar nicht würde gezogen werden können, weil die Arbeitsverhältnisse, die Bewirthschaftungsmethoden u. s. w. in den verschiedenen Theilen Deutschlands zu verschieden sind, und auch die Unfallgefahr beispielsweise in Weinbergen von geringer Ausdehnung oder auf kleinen Ackerparzellen im Gebirge erheblich größer ist, als etwa auf ebenen Wiesenflächen von zehnfacher Ausdehnung.

Man wird hiernach daran festhalten müssen, daß jeder Unternehmer eines land- oder forstwirthschaftlichen Betriebes, welcher Arbeiter beschäftigt, für diese versicherndes Mitglied der Berufsgenossenschaft, und so lange er selbst als Arbeiter beschäftigt ist, für seine Person von dem Arbeitgeber versichert sein muß.

Das Ergebniß, daß hiernach in vielen Gegenden des Deutschen

---

*) Nach den Beschlüssen des Reichstags kann durch die Landesgesetzgebung, durch das Genossenschaftsstatut oder durch Beschlüsse der Genossenschaftsversammlung die Beitragspflicht kleiner Unternehmer ausgeschlossen werden, § 16.

Reichs zahlreiche Besitzer von Grund und Boden aktiv und passiv bei der Unfallversicherung betheiligt sein werden, bietet vielleicht den Vortheil, daß wegen dieser Gleichstellung der Gegensatz zwischen Arbeitgeber und Arbeitnehmer, welcher auf dem Lande zur Zeit theils überhaupt nicht, theils nicht in gleich scharfer Ausprägung wie bei der Industrie vorhanden ist, auch künftig weniger hervortreten wird. Auch das Unfallversicherungsgesetz behandelt übrigens die Unternehmer kleiner Motorenbetriebe ebenso wie die großen Fabrikbesitzer. Der Umstand, daß dort Betriebe mit zehn oder mehr Arbeitern versicherungspflichtig, Betriebe mit weniger Arbeitern aber, falls sie nicht anderweit als Fabriken sich darstellen oder mit Motoren arbeiten, als Handwerksbetriebe noch nicht versicherungspflichtig sind, kann gegen die im Entwurfe für die Unfallversicherung der ländlichen Arbeiter vorgesehene Regelung nicht geltend gemacht werden. Der Unterschied zwischen Groß- und Kleinbetrieb hat bei der Landwirthschaft eine ganz andere Bedeutung, wie der Unterschied zwischen Groß- und Kleinindustrie.

Man könnte allenfalls noch die Frage aufwerfen, ob es sich zur Vermeidung des Umstandes, daß ein landwirthschaftlicher Berufsarbeiter, je nachdem er als Arbeiter, oder in seiner eigenen Landwirthschaft einen Unfall erleidet, trotz vielleicht gleicher Unfallgefahr bald versichert ist, bald nicht, etwa empfehlen möchte, die Unfallversicherung bei den auf Nebenarbeit angewiesenen Unternehmern kleiner Betriebe mittelst gesetzlichen Zwanges auch auf die Zeit der Bewirthschaftung des eigenen Grund und Bodens auszudehnen. Indessen darf nicht übersehen werden, daß ein Zwang gegen wirthschaftlich selbständige Personen bezw. selbständige Gewerbtreibende oder Unternehmer, zu eigenen Gunsten und auf eigene Kosten sich selbst zu versichern, erheblichen Bedenken unterliegt und der neueren Gesetzgebung bisher fremd geblieben ist. Ueberdies sind diese selbständigen Personen in der Regel nicht ohne einige Mittel und deshalb in der Lage, freiwillig gegen Unfallgefahr sich sicherzustellen, wie denn auch der Entwurf im Anschluß an die Bestimmungen des Unfallversicherungsgesetzes die Selbstversicherung der Unternehmer ermöglicht. Ein Zwang hierzu erscheint entbehrlich*).

*) Nach den Beschlüssen des Reichstags kann durch die Landesgesetzgebung oder durch das Genossenschaftsstatut die Versicherungspflicht

Freilich wird nach dem Obigen der Kreis der Berufsgenossen ein ungemein großer, wenn auch die meisten derselben an Beiträgen nur minimale Beträge zu zahlen haben werden. Nimmt man an, daß in Betrieben bis zu 1 Hektar Umfang andere Arbeitskräfte, als die des Unternehmers und etwa seiner Ehefrau nicht verwendet werden, und daß erst bei Betrieben von größerem Umfange fremde Hülfe zeitweise in Anspruch genommen wird — eine Annahme, welche um deswillen ungefähr zutreffen dürfte, weil auch Betriebe von größerem Umfang, z. B. Wiesen, Weiden oder Grundstücke von geringer Bodenqualität, häufig ohne fremde Hülfe bewirthschaftet werden und die hieraus entstehende Ungenauigkeit durch die Zahl derjenigen Betriebe von weniger als 1 Hektar Flächengröße, welche mit fremden Arbeitskräften bestellt werden, etwa ausgeglichen werden wird —, so werden nach der am 5. Juni 1882 zusammen mit der Berufsstatistik vorgenommenen Aufnahme der landwirthschaftlichen Betriebe (vergl. das Septemberheft der Monatshefte zur Statistik des Deutschen Reichs, Jahrgang 1884) 2953028 Betriebe beitragspflichtig sein*).

Was die Zahl derjenigen Personen anbelangt, welche nach den Vorschriften des Entwurfs künftig gegen Betriebsunfälle versichert sein würden, so ergiebt die auf Grund der Aufnahme vom 5. Juni 1882 in der vom Kaiserlichen statistischen Amt herausgegebenen „Statistik des Deutschen Reichs" Band 2 der neuen Folge niedergelegte Berufsstatistik das Folgende:

An Betriebsbeamten sind in der Landwirthschaft, Gärtnerei und Thierzucht zusammen 50716 Personen beschäftigt. Rechnet man dazu etwa den sechsten Theil der in Forstbetrieben beschäftigten Beamten mit 2 881 (mehr kommen wohl nicht in Betracht, weil die Uebrigen als Reichs-, Staats- und Kommunalbeamte nicht unter die Bestimmungen des Entwurfes fallen werden), so erhält man 53 597

---

von Unternehmern land- und forstwirthschaftlicher Betriebe begründet werden, § 1 Abs. 3, § 2 Abs. 2.

*) Anmerkung. Zu Grunde gelegt sind hier die ursprünglichen Zahlen der Berufsstatistik, nicht die nachträglich ermittelten (kleiner gedruckten) sog. Ausgleichungszahlen.

Betriebsbeamte, welche den Vorschriften dieses Entwurfes unterliegen werden.	(53 597)
An sonstigen Gehülfen und Arbeitern in land- und forstwirthschaftlichen Betrieben ergiebt die Berufsstatistik:	
1. in der Landwirthschaft (Acker-, Wiesen-, Weide- und Gartenwirthschaft), einschließlich der Zucht landwirthschaftlicher Nutzthiere und der Molkerei:	
a) Familienangehörige, welche in der Landwirthschaft des Familienhaupts thätig sind . . .	2 499 866
b) landwirthschaftliche Knechte, Mägde und sonstige Gehülfen, einschließlich derjenigen Gärtner und Handwerker, welche auf größeren landwirthschaftlichen Besitzungen für Gartenarbeiten bezw. für die gewöhnlichen im landwirthschaftlichen Betriebe vorkommenden handwerksmäßigen Arbeiten im Dienste stehen	1 850 918
c) landwirthschaftliche Tagelöhner (auch Feldhüter), welche nicht zugleich selbständig Landwirthschaft treiben	1 440 777
d) Personen, welche selbständig Landwirthschaft und zugleich landwirthschaftliche Tagelöhnerei betreiben	875 887
e) in der Landwirthschaft der unter d bezeichneten Personen thätige Familienangehörige derselben	98 824
f) Knechte, Mägde und sonstige landwirthschaftliche Gehülfen der unter d bezeichneten Personen	21 491
2. Gehülfen und Arbeiter in Kunst- und Handelsgärtnereien sowie in Baumschulen	38 305
3. Gehülfen und Arbeiter bei der Zucht anderer als landwirthschaftlicher Nutzthiere (Bienen, Seidenraupen, Fische rc.)	819
4. Gehülfen und Arbeiter bei der Forstwirthschaft und Jagd	97 095
Diese	6 978 579

Personen würden — etwa mit Ausnahme eines Theils der unter

3 bezeichneten Personen, soweit deren Beschäftigung als eine landwirthschaftliche nicht angesehen werden kann (die Berufsstatistik gestattet in dem jetzigen Stadium der Aufarbeitung des erhobenen Materials eine Ausscheidung nicht) — mit fast 7 Millionen Köpfen unter diesen Entwurf fallen. Dazu treten dann noch diejenigen Betriebsunternehmer, welche, ohne gewerbsmäßig Tagelöhnerei zu treiben, gelegentlich in Nachbarbetrieben als Arbeiter Hülfe leisten, für diejenigen Arbeitstage, an welchen diese Hülfe geleistet wird. Eine bestimmte Zahl kann für diese Kategorie nicht angegeben werden.

Nach den Angaben, welche auf Grund des § 11 des Unfallversicherungsgesetzes vom 6. Juli 1884 bei dem Reichs-Versicherungsamt über die Zahl derjenigen Personen gemacht worden sind, welche in den unter jenes Gesetz fallenden Betrieben durchschnittlich beschäftigt werden, sind auf Grund des Unfallversicherungsgesetzes 2 776 891 Personen in 156 529 Betrieben versichert, wobei allerdings die Zahl der Bauarbeiter um rund 330 000 zu gering angegeben zu sein scheint. Die Zahl derer, welche unter den Gesetzentwurf über die Ausdehnung der Unfall- und Krankenversicherung fallen werden, läßt sich nach den Ergebnissen der Berufsstatistik für jetzt noch nicht mit Sicherheit angeben, schon weil die Zahl der bei Regiebauten der großen Transportbetriebe beschäftigten Arbeiter wechselt, und weil auch im Uebrigen eine spezielle Durchsicht der noch nicht vorliegenden gewerbestatistischen Uebersichten dazu erforderlich sein würde. Die Zahl dürfte aber über 800 000 Köpfe schwerlich hinausgehen.*)

Aus einer Vergleichung dieser Zahlen ergiebt sich, wie weite Kreise der Bevölkerung von der Ausdehnung der Unfallversicherung auf die in land- und forstwirthschaftlichen Betrieben beschäftigten Arbeiter ergriffen werden.

---

*) Nach den „Rechnungsergebnissen" der Unfallversicherung (Sten. Ber. d. Reichstags 1887/88 Bd. III. S. 312 fg.) waren für 1886 an durchschnittlich beschäftigten Arbeitern und Betriebsbeamten versichert

1) auf Grund des Unfallvers.-Gesetzes 3 271 247 Personen in 225 161 Betrieben,
2) auf Grund des Ausdehnungsgesetzes 196 372 " " 44 013 "

außerdem in den den Berufsgenossenschaften nicht angeschlossenen Reichs- und Staatsbetrieben 251 878 Personen.

Daß das Unfallversicherungsgesetz nicht ohne Weiteres auf die Arbeiter in land- und forstwirthschaftlichen Betrieben ausgedehnt werden kann, ist in den Verhandlungen über dasselbe wiederholt und mit Nachdruck hervorgehoben worden. Die Unterschiede, welche die Verhältnisse der Land- und Forstwirthschaft mit ihren Nebengewerben gegen die Verhältnisse der Industrie und der Transportgewerbe aufweisen, sind so erheblich, daß dadurch eine Reihe tiefgreifender Abweichungen für die Organisation und Durchführung der Unfallversicherung bedingt wird. Dabei kommt insbesondere in Betracht, daß die Land- und Forstwirthschaft im Allgemeinen einen einzigen umfangreichen Berufszweig darstellt, bei ihr also eine Vereinigung verschiedener Berufszweige in eine gemeinsame Berufsgenossenschaft begrifflich ausgeschlossen ist. Bei der Land- und Forstwirthschaft handelt es sich demnach nicht um qualitative, sondern nur um quantitative Bildungen, d. h. um die Bildung korporativer Versicherungsverbände der land- und forstwirthschaftlichen Berufsgenossen nach geographischen Bezirken, für deren Abgrenzung die im Unfallversicherungsgesetze über die freiwillige Bildung der Berufsgenossenschaften getroffenen Bestimmungen entbehrlich erscheinen, sobald nur, wie der Entwurf vorschlägt, Vertreter der Betheiligten vorher gehört werden. Die Bildung leistungsfähiger land- und forstwirthschaftlicher Berufsgenossenschaften wird sich, da es sich lediglich um die Vereinigung aller Betriebe eines bestimmten Bezirks handeln kann, weit einfacher vollziehen, als die berufsgenossenschaftliche Zusammenfassung gleichartiger industrieller Betriebszweige.

Nur eine Ausnahme von der Regel, daß alle land- und forstwirthschaftlichen Betriebe der Berufsgenossenschaft des Bezirks, in dem sie belegen sind, werden angehören müssen, ist nach dem Vorgange des Gesetzentwurfs über die Ausdehnung der Unfall- und Krankenversicherung unabweislich: die für Rechnung des Staates verwalteten Forstbetriebe*) sind aus den Berufsgenossenschaften auszuscheiden, sofern nicht etwa bei der Bildung der Berufsgenossenschaften der Staat selbst es vorzieht, mit seinen Forstbetrieben in die Genossenschaft einzutreten. Die in der Begründung des er-

*) Nach den Beschlüssen des Reichstags auch andere für Rechnung des Reichs oder eines Bundesstaats verwaltete Betriebe, § 102.

wähnten Gesetz-Entwurfs für die direkte Uebertragung der Unfallversicherung auf die dort bezeichneten Reichs- und Staatsverwaltungen angeführten Umstände liegen im Wesentlichen auch bei den Staatsforstbetrieben vor.

Aus der großen Anzahl der in der Land- und Forstwirthschaft vorhandenen kleinen und kleinsten Betriebe erwächst die Nothwendigkeit erheblicher Vereinfachungen, um die Unfallversicherung für dieselben überhaupt durchführbar zu machen, und solche Vereinfachungen erweisen sich auch als möglich. Die land- und forstwirthschaftlichen Betriebe finden sich überall und in einer Häufung, welche in den Betrieben der Industrie kaum eine Analogie findet, welche aber den Anschluß an kommunale Einrichtungen und dadurch eine wesentliche Vereinfachung des Melde- und Beitreibungsverfahrens gestattet. Ferner ist innerhalb örtlicher Bezirke der durchschnittliche Jahresverdienst der land- und forstwirthschaftlichen Arbeiter im Allgemeinen gleich; nach diesem Durchschnittsarbeitsverdienst können daher, soweit es sich um Arbeiter und nicht um Betriebsbeamte handelt, die Unfallrente und die Beiträge der Arbeitgeber bemessen werden, ohne daß es hier erforderlich wäre, auf den wechselnden Individualverdienst der Einzelnen zurückzugreifen. Die Festsetzung des durchschnittlichen Jahresarbeitsverdienstes land- und forstwirthschaftlicher Arbeiter wird dabei in Anlehnung an die Bestimmungen im § 8 des Krankenversicherungsgesetzes zweckmäßig der höheren Verwaltungsbehörde zu übertragen sein.

Bei der Stabilität der Verhältnisse auf dem Lande kann ferner ein Anschlag darüber im Voraus aufgestellt werden, wie viel Arbeitstage jeder Betriebsunternehmer außer seiner eigenen und der Arbeitsleistung seiner Ehefrau*) zur Bewirthschaftung seiner Ländereien im Jahresdurchschnitt gebraucht. Dazu bedarf es nur der Ermittelung, wie viel Arbeitskräfte derselbe dauernd beschäftigt, und einer Schätzung, an wie viel Arbeitstagen er außerdem vorübergehend angenommene fremde Arbeiter im Jahresdurchschnitt zu verwenden pflegt. Für jeden ständigen Arbeiter kann das ganze Jahr mit rund 300 Arbeitstagen, für die vorübergehend beschäftigten Arbeiter die im voraus geschätzte Zahl von Arbeitstagen,

*) Die mitarbeitende Ehefrau ist jetzt wohl allgemein mitversichert, vgl. S. 94 und Anm. 6 zu § 1.

als Lohnsatz aber für jeden Arbeitstag ohne Unterschied der dreihundertste Theil des ein- für allemal festgesetzten Jahresdurchschnittslohns in Ansatz gebracht werden. Dieser Anschlag ersetzt die schwierige Berechnung, welche nach § 71 des Unfallversicherungsgesetzes jeder Betriebsunternehmer nach Ablauf jedes Rechnungsjahres über den Betrag der von ihm wirklich gezahlten Löhne und Gehälter aufstellen muß, und kann in Verbindung mit der auch für die Land- und Forstwirthschaft unentbehrlichen Veranlagung in Gefahrenklassen*) die bequeme Grundlage bilden, auf welcher der wechselnde Jahresbedarf auf jedes Mitglied der Berufsgenossenschaft umzulegen ist. Je weniger Arbeitstage verwendet werden und je geringer die Unfallgefahr des Betriebes ist, desto geringer ist auch das Risiko, mit welchem der Unternehmer die Genossenschaft belastet, und dementsprechend sein Beitrag zu den Genossenschaftslasten.

Für die Grundlagen der Beitragserhebung (nämlich die Veranlagung zu den Gefahrenklassen und die Abschätzung der durchschnittlichen Arbeitstage des Betriebes) sowie für die Berechnung des Jahresbeitrags bedarf es eines bestimmt geregelten Beschwerdeverfahrens. Wollte man die Beschwerden, die sich hieraus ergeben werden, wie nach §§ 28, 73 des Unfallversicherungsgesetzes, ohne Zwischeninstanz sämmtlich dem Reichs-Versicherungsamt oder dem zuständigen Landes-Versicherungsamt zur Entscheidung überweisen, so würden diese Behörden zu ihren sonstigen Funktionen eine nicht zu bewältigende Arbeitslast überkommen. Der Entwurf schlägt daher vor, außer dem Einspruch an das zuständige Genossenschaftsorgan zunächst eine Beschwerde an einen besonderen Beschwerdeausschuß der Genossenschaft, und erst gegen dessen Entscheidung die Berufung an das Reichs- oder Landes-Versicherungsamt zuzulassen. Es läßt sich erwarten, daß in Folge dieses Instanzenzuges die Zahl der zur Entscheidung der letzteren Behörde gelangenden Beschwerden erheblich vermindert werden wird.

Nach den Bestimmungen der §§ 42, 47 des Unfallversicherungsgesetzes sind die Vertreter der Arbeiter von den Vorständen solcher Orts-, Betriebs- (Fabrik-) und Innungskrankenkassen zu wählen, welchen mindestens zehn in den Betrieben der Genossenschaftsmit-

*) Die Veranlagung in Gefahrenklassen kann nach § 35 des Gesetzes unter Umständen fortfallen.

glieder beschäftigte versicherte Personen angehören, und welche im Bezirk der Sektion oder Genossenschaft ihren Sitz haben. Diese gewählten Vertreter der Arbeiter sind zur Begutachtung der Unfallverhütungsvorschriften berufen und haben ihrerseits die versicherten Beisitzer zu den Schiedsgerichten zu wählen. Wahlfähige Krankenkassenvorstände sind für die Arbeiter der Land- und Forstwirthschaft im Allgemeinen nicht vorhanden. Hieraus ergiebt sich die Nothwendigkeit, die Berufung der Vertreter der Arbeiter abweichend von den Vorschriften des Unfallversicherungsgesetzes zu regeln. Eine direkte Wahl durch die eigens zu diesem Zweck zu berufenden Arbeiter erscheint schon wegen der damit unvermeidlich verknüpften Umständlichkeit nicht zweckmäßig. In der That kann man einfacher zum Ziele kommen, wenn man die Berufung der Arbeitervertretung aus der Zahl der Versicherten den betheiligten Gemeinden oder weiteren Kommunalverbänden überträgt. Erscheint dieser Weg im Hinblick auf die ländlichen Verhältnisse gangbar, so ist hier zugleich die Möglichkeit einer weiteren Vereinfachung dadurch gegeben, daß den auf die angegebene Weise berufenen Beisitzern der Schiedsgerichte auch die Berathung und Begutachtung der Unfallverhütungsvorschriften übertragen wird.*)

Aus den vorstehenden Ausführungen ergiebt sich, daß den besonderen Verhältnissen der Land- und Forstwirthschaft ohne tiefgreifende Aenderungen des Unfallversicherungsgesetzes nicht gebührend würde Rechnung getragen werden können. Daraus erklärt sich die Konstruktion des Entwurfs, welcher sich im Uebrigen thunlichst an das Unfallversicherungsgesetz anlehnt. So soll die Versicherung durch die Betriebsunternehmer auf deren alleinige Kosten und auf Gegenseitigkeit bewirkt werden, soweit nicht der Staat als alleiniger Träger der Unfallversicherung für die Staatsforstbetriebe auftritt. Die örtliche Abgrenzung der Berufsgenossenschaften soll nach Anhörung von Vertretern der Betheiligten durch den Bundesrath erfolgen. Die Fürsorge für den Verletzten während der ersten dreizehn Wochen nach dem Eintritt des Unfalls wird auch hier beson-

*) Nach dem Gesetz werden die Arbeitervertreter für die Schiedsgerichte und die Unfalluntersuchungen principaliter von Krankenkassenvorständen gewählt und nur da, wo wahlberechtigte Kassenvorstände nicht vorhanden sind, behördlich berufen, §§ 49 fg.

ders geregelt; nach Ablauf dieser Frist oder vom Tode des Verletzten ab entsprechen die Leistungen unter Zugrundelegung des Durchschnittsjahresverdienstes der land- und forstwirthschaftlichen Arbeiter demjenigen, was nach dem Unfallversicherungsgesetz zu gewähren ist. Mit dem letzteren stimmen ferner im Wesentlichen überein die Grundsätze über die Feststellung des Schadensersatzes, über die Auszahlung desselben durch die Postanstalten, über die Aufbringung des Bedarfs mittelst Umlage, über die Unfallverhütung, die Vertretung der Arbeiter, sowie über die Beaufsichtigung der Berufsgenossenschaften durch das Reichs-Versicherungsamt oder die Landes-Versicherungsämter." —

An diesen Ausführungen ist im Wesentlichen auch jetzt noch festzuhalten, obwohl den bei der kommissarischen Berathung des ersten Entwurfs hervorgetretenen Auffassungen in mehrfacher Beziehung Rechnung getragen worden ist.

Bei der Unfallversicherung ist dies zunächst in formeller Beziehung, und zwar durch eine veränderte äußere Anordnung geschehen, insofern die in dem vorigen Entwurf enthaltene Bezugnahme auf die entsprechenden Bestimmungen des Unfallversicherungsgesetzes vom 6. Juli 1884 fortgelassen ist und die einschlagenden Bestimmungen des letzteren, soweit sie für die Unfallversicherung der in land- und forstwirthschaftlichen Betrieben beschäftigten Personen Geltung haben sollen, in den Entwurf selbst aufgenommen sind.

In materieller Beziehung enthält der Entwurf in Berücksichtigung der in dieser Beziehung geäußerten Wünsche eine erhebliche Beschränkung des Kreises der von demselben betroffenen Personen. Es sollen nämlich die Familienangehörigen des Betriebsunternehmers, worunter die Ehegatten, Ascendenten und Descendenten sowie die Geschwister der Eheleute zu verstehen sind, der obligatorischen Unfallversicherung nicht unterliegen, wenn sie von dem Familienhaupte ungeachtet ihrer etwaigen Beschäftigung in dem land- oder forstwirthschaftlichen Betriebe desselben Lohn oder Gehalt nicht empfangen.*) Dabei wird von der Annahme ausgegangen, daß solche Familienangehörige, welche von dem Betriebsunternehmer

*) Nach den Beschlüssen des Reichtags ist dies wieder geändert. Gegenwärtig gelten Familienangehörige als versichert, doch kann die Versicherungspflicht durch die Landesgesetzgebung ausgeschlossen werden, § 1 Abs. 3.

zu unterhalten sind, und welche er zur Erleichterung seiner Alimentationsverpflichtung oder um denselben Beschäftigung zu geben, in seinem Wirthschaftsbetriebe verwendet, rücksichtlich dieser Beschäftigung erst dann als „Arbeiter" anzusehen seien, wenn der Betriebsunternehmer durch Gewährung von Lohn zu erkennen giebt, daß er sie als Arbeiter gleich fremden Hülfspersonen halten und angesehen wissen wolle. In diesem Falle sollen auch die Familienangehörigen der Versicherungspflicht unterworfen sein, wie andere Personen, die ihre Arbeitskraft in einem fremden Betriebe verwerthen; im Uebrigen aber soll es dem Betriebsunternehmer überlassen bleiben, ob er seine Angehörigen freiwillig versichern will oder nicht. Das Familienhaupt ist schon auf Grund civilrechtlicher Bestimmungen zur Fürsorge für seine Angehörigen auch bei Betriebsunfällen verpflichtet. Die verbündeten Regierungen sind in ihrer Mehrzahl der Ansicht, daß es nicht rathsam sei, die sozialpolitischen Beziehungen zwischen Arbeitgebern und Arbeitnehmern in die Familie hineinzutragen und das Familienhaupt zu nöthigen, seine civilrechtliche, durch die Bande der Verwandtschaft begründete Verpflichtung durch eine Betheiligung an einer öffentlich-rechtlichen Versorgung der Familienangehörigen zu ersetzen. Es dürfte genügen, wenn dem Hausherrn die Möglichkeit gewährt wird, die von ihm beschäftigten Familienangehörigen an der Unfallversicherung zu betheiligen. Dies geschieht durch den Entwurf nach zwei Richtungen. Einmal bleibt es dem Unternehmer unbenommen, den von ihm beschäftigten Angehörigen durch die Gewährung von Lohn den Charakter der Arbeiter beizulegen. Ein Mißbrauch dieser Berechtigung wird wegen der durch die Gemeinde und die Berufsgenossen ermöglichten Kontrole nicht zu besorgen sein. Außerdem aber kann der Unternehmer seinen Familienangehörigen auch dann, wenn er in ein förmliches Lohnverhältniß zu ihnen nicht treten will, die Vortheile der Unfallversicherung dadurch zuwenden, daß er sie freiwillig bei der Berufsgenossenschaft versichert. Gegenüber diesen Erwägungen sind die Bedenken, welche gegen den Ausschluß der in der Landwirthschaft des Familienhaupts beschäftigten Angehörigen geltend gemacht werden können, zurückgetreten.

Der Ausschluß der nicht in einem förmlichen Lohnverhältniß zum Betriebsunternehmer stehenden Familienangehörigen hat, wie bereits angedeutet, die Wirkung, daß nicht nur die Zahl der versicherungspflichtigen Personen, sondern auch die Zahl der zur Betheiligung an den Berufsgenossenschaften verpflichteten Betriebe erheblich vermindert wird.

In ersterer Beziehung läßt sich allerdings auch nicht einmal überschläglich ermitteln, wie viele von den oben unter 1a und 1e mit 2499866 und 98824, zusammen mit 2589690 aufgeführten, in der Landwirthschaft des Familienhauptes thätigen Familienangehörigen aus der Versicherung ausscheiden wird. Denn es fehlt an ausreichenden Anhaltspunkten für die Beurtheilung der Frage, wie viele von diesen Personen nähere Angehörige in dem angegebenen Sinne und wie viele von ihnen entferntere Verwandte des Familienhaupts sind; ebensowenig steht fest, wie viele von ihnen Lohn oder Gehalt beziehen oder freiwillig bei der Berufsgenossenschaft werden versichert werden. Immerhin aber ergiebt sich aus den angeführten Zahlen der Berufsstatistik, daß es sich um eine sehr erhebliche Zahl Familienangehöriger handelt.

Was sodann die Verminderung der Zahl der unter diesen Entwurf fallenden Betriebe anlangt, so sind es gerade die kleinsten Betriebe, welche ausschließlich oder überwiegend ohne fremde Hülfe, lediglich mit der Arbeitskraft des Unternehmers und seiner Familie betrieben werden. Diese kleinsten Betriebe würden nach Fortfall der obligatorischen Versicherung der Familienangehörigen im Wesentlichen ausscheiden. Ziffermäßig läßt sich freilich die Zahl der Betriebe, welche hiernach in den Berufsgenossenschaften beitragspflichtig sein werden, nicht feststellen.

Wollte man aber annehmen, daß im Durchschnitt erst Betriebe von 2 Hektar und mehr Umfang die Verwendung fremder Arbeiter erfordern — eine Annahme, welche, wie in ähnlicher Verbindung bereits oben ausgeführt ist, um deswillen etwa zutreffen möchte, weil auch Betriebe von größerem Umfang häufig nur mit Familienangehörigen bewirthschaftet werden und die hieraus entstehende Ungenauigkeit durch die Zahl derjenigen kleineren Betriebe, in welchen fremde Arbeiter verwendet zu werden pflegen, etwa ausgeglichen werden wird —, so würden von insgesammt 5276344 in Deutschland vorhandenen landwirthschaftlichen Betrieben nur noch 2214513 Betriebe beitragspflichtig sein. Diese Verminderung der unter das

Gesetz fallenden Betriebe und insbesondere das dadurch bedingte Ausscheiden der Betriebe von kleinster Ausdehnung entspricht den bei den Berathungen des ersten Entwurfs in der Kommission von vielen Seiten geäußerten Wünschen und wird jedenfalls dazu beitragen, die Durchführung des Gesetzes zu erleichtern.

Eine fernere Berücksichtigung der bei den Berathungen des vorigen Entwurfs hervorgetretenen Auffassungen liegt in der Vorschrift dieses Entwurfs, daß den kleinen Betriebsunternehmern mit einem Jahresverdienst bis zu zweitausend Mark schon kraft des Gesetzes die Berechtigung zustehen soll, nach Maßgabe des Entwurfs sich selbst oder andere in ihren Betrieben beschäftigte, nach § 1 desselben nicht versicherte Personen, insbesondere also ihre Familienangehörigen*), zu versichern; die Befugniß der Berufsgenossenschaften, solche Versicherungen ihrerseits durch das Statut zuzulassen, bleibt demgemäß jetzt auf größere Betriebsunternehmer beschränkt.

Die Bestimmung des ersten Entwurfs, daß jede Gemeinde ohne Rücksicht auf die Zahl der in ihrem Bezirk beschäftigten versicherten Personen einen Wahlmann für die Wahl der Vertreter zur konstituirenden Genossenschaftsversammlung bezeichnen soll, ist dahin geändert worden, daß die Zahl der von den Gemeindebehörden zu bezeichnenden Wahlmänner durch die Landes-Zentralbehörde festgestellt wird. Sodann ist in Uebereinstimmung mit dem Grundgedanken der Vorlage, welche die thunlichste Vereinfachung des Unfallversicherungswesens durch den Anschluß an die bestehenden kommunalen Verbände bezweckt, dem bei den bisherigen Berathungen ausgesprochenen Wunsch, daß den Berufsgenossenschaften die Uebertragung der laufenden Verwaltung an Organe der Selbstverwaltung gestattet werden möge, unter den erforderlichen Kautelen entsprochen worden**). Die Bestimmungen über die Vertretung der Arbeiter sind im Anschluß an die Bestimmun-

---

*) sofern dieselben durch Landesgesetz von der Versicherungspflicht ausgeschlossen sein sollten, vgl. Anm. *) auf Seite 94.

**) Die Landesgesetzgebung kann diese Uebertragung der laufenden Verwaltung auf andere Organe jetzt in weiterem Umfange bestimmen, vgl. § 110.

gen des Unfallversicherungsgesetzes dahin geändert worden, daß die Berufung der Vertreter der Arbeiter und derjenigen Arbeiter, welche an den Unfalluntersuchungen Theil nehmen sollen, den Vorständen der Orts- und Betriebskrankenkassen, soweit solche für land- und forstwirthschaftliche Arbeiter vorhanden sind, überlassen und den Vertretungen der Kommunalverbände beziehungsweise den Gemeindebehörden nur insoweit übertragen worden ist, als wahlberechtigte Kassen nicht vorhanden sind. Auf diese Weise sollen ebenso wie nach dem Unfallversicherungsgesetz für jede Genossenschaft oder Sektion Vertreter der Arbeiter in derjenigen Zahl gewählt werden, in welcher Mitglieder der Genossenschaft im Vorstande vertreten sind, und diese Vertreter der Arbeiter sollen dann ihrerseits als Wahlmänner die Beisitzer zum Schiedsgericht wählen.*) Es erscheint weder erforderlich, noch angemessen, die zur Wahl berufenen Vertreter der Arbeiter beim Mangel wahlberechtigter Krankenkassen aus indirekten Wahlen der Versicherten hervorgehen zu lassen. Die Umständlichkeiten und das Schreibwerk, welche von einem derartigen Wahlverfahren unzertrennlich sein würden, würden zu einer kaum erträglichen Belastung der Gemeindebehörden führen.

Was endlich die Krankenversicherung anlangt, so hat es zwar auch jetzt noch nicht für rathsam erachtet werden können, für dieselbe eine allgemeine, reichsgesetzliche Zwangspflicht bezüglich aller in der Land- und Forstwirthschaft beschäftigten Personen einzuführen. Dagegen folgt der Entwurf den in der Reichstagskommission in dieser Beziehung gegebenen Anregungen insoweit, als er die landesgesetzliche oder statutarische Einführung der Krankenversicherungspflicht für land- und forstwirthschaftliche Arbeiter dadurch zu fördern und zu erleichtern strebt, daß die Bestimmungen des Krankenversicherungsgesetzes, soweit es sich um deren Anwendung auf land- und forstwirthschaftliche Arbeiter handelt, in einer den Verhältnissen der letzteren entsprechenden Weise abgeändert werden. Diese Abänderungen haben insbesondere die thunlichste Beibehaltung der Naturalwirthschaft im Auge.

Wenn dagegen die Reichstagskommission geneigt war, den Be-

---

*) Vgl. Anm. *) auf S. 93. Das Gesetz schreibt — im Gegensatz zum industr. U.-V.-G. — die direkte Wahl der Beisitzer des Schiedsgerichts vor.

rufsgenossenschaften die Erstattung der während der ersten dreizehn Wochen nach dem Eintritt des Unfalls von Gemeinden oder Krankenkassen gewährten freien ärztlichen Behandlung und Arznei zur Pflicht zu machen, so stehen dieser weitgehenden Erstattungspflicht ernste Bedenken entgegen. Dieselbe erscheint mit der im Unfallversicherungsgesetze vom 6. Juli 1884 grundsätzlich vorgesehenen Karenzzeit nicht vereinbar. Den Krankenkassen für land- und forstwirthschaftliche Arbeiter würde dadurch ein nicht gerechtfertigter Vortheil gegenüber den Krankenkassen für industrielle Arbeiter gewährt werden, was insbesondere in solchen Kasseneinrichtungen schwer empfunden werden möchte, an denen industrielle und land- und forstwirthschaftliche Arbeiter gemeinsam betheiligt sind. Einer Erstattung an die Gemeinden aber, welchen die Fürsorge für freien Arzt und freie Arznei während der ersten dreizehn Wochen nach dem Unfall bezüglich der nicht gegen Krankheit versicherten Verletzten hat übertragen werden müssen, steht insbesondere der Umstand entgegen, daß alsdann diejenigen Arbeitgeber, welche auf Grund statutarischer Bestimmung Beiträge zur Krankenversicherung land- und forstwirthschaftlicher Arbeiter leisten, in ihren Beiträgen zur Berufsgenossenschaft auch zu denjenigen Kosten herangezogen werden würden, welche der Berufsgenossenschaft für die nicht gegen Krankheit versicherten Arbeiter erwachsen sind, daß solche Arbeitgeber also doppelt belastet werden würden. Bei dem Erlasse einer derartigen Vorschrift würde zu besorgen sein, daß dieselbe der statutarischen Erstreckung der Krankenversicherungspflicht auf land- und forstwirthschaftliche Arbeiter in unerwünschter Weise entgegenwirken würde. Sie kann auch nicht füglich durch den Hinweis gerechtfertigt werden, daß den Gemeinden durch die Vorlage eine neue Belastung auferlegt werde, deren Abbürdung auf die Berufsgenossenschaften aus dem Gesichtspunkte der Billigkeit geboten sei. Die Ausgleichung jener Auflage liegt vielmehr in der Erleichterung der Armenlast der Gemeinden. Ueberdies sind die Gemeinden in der Lage, durch statutarische Einführung der Krankenversicherungspflicht und Begründung von Krankenkassen der Fürsorge für die ersten dreizehn Wochen nach dem Unfall sich zu entziehen.

Der Entwurf zerfällt hiernach in drei Haupttheile, deren erster die Unfallversicherung behandelt, während der zweite Bestimmungen über die Krankenversicherung enthält, und der dritte die Inkraftsetzung des Gesetzes regelt.

(Der spezielle Theil der Begründung ist in die Erläuterungen zu den einzelnen Paragraphen des Gesetzes hineingearbeitet worden.)

Wir Wilhelm, von Gottes Gnaden Deutscher Kaiser, König von Preußen ꝛc.

verordnen im Namen des Reichs, nach erfolgter Zustimmung des Bundesraths und des Reichstags, was folgt:

A. Unfallversicherung.

I. Allgemeine Bestimmungen.

Umfang der Versicherung.

§ 1.

[1]) Alle [2]) in [3]) land- oder forstwirthschaftlichen [4]) Betrieben be- (Abs. 1.)
schäftigten [5]) Arbeiter [6]) und Betriebsbeamten [7]), letztere sofern ihr Jahresarbeitsverdienst [8]) an Lohn oder Gehalt zweitausend Mark nicht übersteigt, werden [9]) gegen die Folgen der bei dem Betriebe [10]) sich ereignenden Unfälle [11]) nach Maßgabe der Bestimmungen dieses Gesetzes versichert.

(§ 1 d. Entw. u. d. Komm.-Beschl.) Der § 1 entspricht dem § 1 U.-V.-G.

Zu § 1.

[1]) Das Gesetz umfaßt

a) den Betrieb der Land- und Forstwirthschaft im engeren Sinn, die Gewinnung roher Naturprodukte des Grund und Bodens, insbesondere der landwirthschaftlichen Produkte, ausschl. des Bergbaus und ähnlicher Betriebe;

b) den Weinbau, Garten- und Obstbau, ausschl. der städtischen Gärten;

c) die Kunst- und Handelsgärtnerei, einschl. des Baumschulbetriebes;

d) die (selbständige) Aufzucht landwirthschaftlicher Nutzthiere (Anm. 4.);

e) diejenigen Nebenbetriebe, welche nicht schon als „Fabriken", „Steinbrüche", „Gruben" ꝛc. unter das Unfallversicherungsgesetz vom 6. Juli 1884 fallen.

Land- und Forstwirthschaft wird nicht als Nebenbetrieb eines anderen Betriebes behandelt (ebenso A. N. IV. S. 220); sie wird oft in Verbindung mit, niemals aber in völliger Abhängigkeit von einem anderen Betriebe vorkommen, wird daher immer einen selbständigen Zweck, einen selbständigen Betrieb darstellen, dessen Eigenart auch eine eigenartige Behandlung verlangt,

(Abs. 2.) **Dasselbe gilt von Arbeitern und Betriebsbeamten in land- und forstwirthschaftlichen, nicht unter § 1 des Unfallversicherungsgesetzes vom 6. Juli 1884 (Reichs-Gesetzbl. S. 69) fallenden Nebenbetrieben†)[12]).**

---

[2]) **Alle**, d. h. Inländer und Ausländer, männliche und weibliche (cf. Anm. 6) Personen, erwachsene und „jugendliche" Arbeiter (d. h. „Kinder" zwischen 12 und 14 Jahren, „junge Leute" zwischen 14 und 16 Jahren, cf. § 135 der Gewerbeordnung), aber (vorbehaltlich besonderer Ausnahmen, vgl. Abs. 3 des § 1) auch jüngere Kinder, deren Beschäftigung in der Landwirthschaft im Gegensatz zur Industrie nicht verboten ist. Just, Kommentar, Anm. 5 zu § 1.

[3]) **in einem** landwirthschaftlichen Betriebe (oder Nebenbetriebe) ist nicht nur derjenige beschäftigt, welcher auf den zu demselben gehörigen Grundstücken oder in den zu dem Betriebe gehörigen Gebäuden, sondern auch derjenige, welcher **außerhalb** derselben Verrichtungen „im Betriebsdienst" versieht, d. h. Verrichtungen, welche zu dem Betriebe der Landwirthschaft gehören. Hierher gehört also auch der Arbeiter, welcher aus einer benachbarten, nicht zum Gute gehörigen Grube Mergel (Thon, Lehm 2c.) für das Gut wirbt und anfährt, ohne im Arbeitsverhältniß zu dem Unternehmer dieser Grube zu stehen, ferner wer Marktfuhren für das Gut leistet, Holz für das Gut in einem benachbarten Forstbetriebe wirbt und dabei nicht ein Arbeiter des Unternehmers dieses Forstbetriebes ist, 2c. Keine Bureaubeamte (Rechnungsführer 2c.), welche mit dem technischen Betriebe nichts zu thun haben, der besonderen Unfallgefahr des landwirthschaftlichen Betriebes also nicht ausgesetzt sind, können nicht als „in" dem Betriebe beschäftigt gelten, fallen also nicht unter die Unfallversicherung. Ebenso in der Industrie, A. N. I. S. 3, 343. Vgl. jedoch § 2 Anm. 1, 3, 4.

[4]) **land- oder forstwirthschaftlicher Betrieb**, d. h. eine Unternehmung (eine Anlage) für den Betrieb von Land- oder Forstwirthschaft.

Mot. S. 49: „Nach den Motiven der früheren Vorlage ist für den Umfang des im § 1 ausgesprochenen Versicherungszwanges der Begriff des „land- und forstwirthschaftlichen Betriebes" bestimmend. Derselbe ist umfassend genug, um auch die Aufzucht landwirthschaftlicher Nützthiere (vgl. Anm. 1), den Wein-, Obst- und Gemüsebau mit zu erfassen. Die Bewirthschaftung von Haus- oder Ziergärten, sowie die Jagd und die Fischerei werden nur dann hierher gehören, wenn sie Theile oder Nebenbetriebe eines solchen Betriebes sind. Letzteres gilt auch von der Beschäftigung bei Heerden." . . . .

„**Jeder** hiernach als ein land- oder forstwirthschaftlicher anzusehende Betrieb fällt ohne Beschränkung auf den Umfang oder die Betriebsweise an sich unter diesen Entwurf. Im Anschluß an die Erörterungen in dem allgemeinen Theile der Begründung ist hier bezüglich der **Betriebsweise** nur noch zu

---

†) Vgl. § 1 Absatz 4 des Bauunfallversicherungsgesetzes vom 11. Juli 1887 (Reichs-Gesetzbl. S. 287) unten bei Anm. 12 ad e.

Der Landesgesetzgebung[13]) bleibt überlassen, zu bestimmen, in welchem Umfange[14]) und unter welchen Voraussetzungen Unternehmer der unter Absatz 1 fallenden Betriebe versichert, oder Familienangehörige, welche in dem Betriebe des Familienhauptes beschäftigt werden, von der Versicherung ausgeschlossen sein sollen. (Abs. 3.)

---

bemerken, daß die Haltung oder Verwendung von Gespann oder Zugvieh um deswillen nicht als entscheidendes Merkmal für die Versicherungspflicht bezeichnet wird, weil manche Betriebe nur gelegentlich — zum Theil auf Miethe — mit Zugvieh arbeiten, die Arbeiter dann also bei demselben Betriebe bald versichert sein würden, bald nicht, und weil die Unfallgefahr in land- oder forstwirthschaftlichen Betrieben keineswegs ausschließlich durch den Verkehr der Arbeiter mit Gespann und Zugvieh bedingt wird."

Von der Größe des Betriebes kann die Versicherung nicht abhängig sein, weil der Arbeiter, welcher einen Unfall erleidet, aus socialpolitischen Gründen Fürsorge erhalten muß, ohne Rücksicht darauf, ob der Unfall in einem großen oder in einem kleinen Betriebe sich zugetragen hat. Ohne Unfallgefahr aber ist kein landwirthschaftlicher Betrieb; auch „der kleinste arbeitet bei der Bereitung des Viehfutters mit schneidenden Werkzeugen" (Komm.-Ber. S. 4). Ein Antrag, die kleinsten Betriebe von der Wirkung dieses Gesetzes auszunehmen, ist in der Kommission gestellt, aber abgelehnt worden; dagegen können die kleinen Betriebe von der Beitragspflicht befreit werden, §. 16.

Alle landwirthschaftlichen Betriebe ohne Rücksicht darauf, ob sie die Haupterwerbsquelle bilden oder nur nebenher betrieben werden (Anm. 1), und ohne Rücksicht auf Ausdehnung und Betriebsart (z. B. Verwendung von Maschinen) fallen unter das Gesetz. Ueber Begriff und Umfang der einzelnen Betriebe vgl. §. 44.

[5]) beschäftigten. Die Beschäftigung ist bei der Unfallversicherung, wie bei der Krankenversicherung, die Grundlage der Entschädigungsberechtigung; bei der ersteren ist aber nicht, wie bei der letzteren, die Dauer der Beschäftigung von Einfluß. Der Unfallversicherung unterliegen vielmehr auch solche Arbeiter, welche nur vorübergehend beschäftigt sind, „deren Beschäftigung ihrer Natur nach eine vorübergehende oder durch den Arbeitsvertrag im voraus auf einen Zeitraum von weniger als einer Woche beschränkt ist" (§ 1 Absatz 1, § 2 Nr. 1 K.-V.-G.), die also der Krankenversicherung nur dann unterliegen, wenn dieselbe durch statutarische Bestimmung auf sie erstreckt ist. Für die Unfallversicherung kommt es lediglich darauf an, ob ein in dem Betriebe beschäftigter Arbeiter rc. bei dem Betriebe derart verunglückt, daß er nach Maßgabe dieses Gesetzes auf Unfallentschädigung von den Berufsgenossenschaften Anspruch hat, also ob er bei dem Betriebe den Tod oder eine Körperverletzung mit einer mehr als 13 Wochen dauernden Erwerbsunfähigkeit erleidet. Ist letzteres der Fall, so hat für ihn während der ersten 13 Wochen, sobald er

(Abs. 4.) **Wer im Sinne dieses Gesetzes als Betriebsbeamter[15]) anzusehen ist, wird durch statutarische Bestimmung [16]) der Berufsgenossenschaft (§ 13) für ihren Bezirk festgestellt.**

---

nicht (in Folge statutarischer Bestimmung oder freiwillig) gegen Krankheit versichert ist, die Beschäftigungsgemeinde zu sorgen, cf. § 10. Ebensowenig kommt es darauf an, ob die Beschäftigung gegen Lohn stattfindet; auch der ungelohnte Arbeiter ist versichert (A. N. I. S. 3).

[6]) Arbeiter. „Ebenso wie nach dem Unfallversicherungsgesetz gehören zu den Arbeitern auch weibliche Personen und die landwirthschaftlichen Dienstboten (Knechte, Mägde)." Mot. S. 50.

Auch Gesinde zur persönlichen Bedienung ist versichert, soweit es ausnahmsweise vorübergehend „in dem Betriebe" der Landwirthschaft beschäftigt ist.

Die in den Motiven des Gesetzentwurfs erwähnte Beschränkung des Begriffs „Arbeiter" in negativer Beziehung dahin, daß Familienangehörige, sofern sie keinen Lohn beziehen, nicht als Arbeiter anzusehen sind, ist fortgefallen (vgl. Anm. 13). Das Gesetz begreift (ebenso wie das Unfallversicherungsgesetz, vgl. v. Woedtke, Kommentar zu demselben, Anm. 12 zu § 1) auch Familienangehörige unter den Begriff der „Arbeiter", jedoch ist es der Landesgesetzgebung nachgelassen, dieselben von der Versicherungspflicht auszunehmen (siehe Absatz 3 des § 1). In einigen Bundesstaaten sind demgemäß die in der Landwirthschaft ihres Vaters beschäftigten Kinder unter 12 oder 14 Jahren von der Versicherungspflicht ausgenommen worden.

Im Uebrigen ist es quaestio facti, wer als „Arbeiter" anzusehen ist. (Vgl. oben allg. Motive S. 84). Den Gegensatz bildet einmal der Betriebsbeamte, sodann der Unternehmer; es brauchen aber nicht alle anderen „in dem Betriebe beschäftigten Personen" Arbeiter zu sein, cf. § 2. Ein formaler Arbeitsvertrag ist nicht unumgänglich, wenngleich „das Unfallversicherungsgesetz in seinen wesentlichsten Bestimmungen von den Verhältnissen solcher Arbeiter ausgeht, welche im Allgemeinen nach freier Entschließung und auf Grund eines von ihnen selbst abgeschlossenen Arbeitsvertrages beschäftigt werden" (A. N. IV. S. 231); ebensowenig bildet der Bezug von Lohn oder die Art der Löhnung ein entscheidendes Merkmal. Nach den allgemeinen Motiven wird im Allgemeinen als Arbeiter gelten können, wer, ohne die höhere Qualifikation eines Betriebsbeamten zu haben, „seine Arbeitskraft im Dienste anderer verwerthet", demgemäß den auf die Arbeit sich beziehenden Anordnungen dieses Andern sich fügen, demselben sich unterordnen, auf sein Geheiß die Arbeit aufnehmen oder einstellen muß. In der Regel wird der „Arbeiter" an dem Gewinn, den der Arbeitsherr aus der fremden Arbeit zieht, keinen direkten Antheil haben, sofern nicht etwa kontraktlich Gewinnbetheiligung ausgemacht ist. Die „Verwerthung" braucht nicht in Erzielung eines direkten Vortheils zu bestehen, sie kann vielmehr auch darin bestehen, daß man denjenigen, für welchen man Arbeit verrichtet, sich verpflichten, zu Gegenleistungen geneigt

Als landwirthschaftlicher Betrieb im Sinne dieses Gesetzes gilt auch[17]) der Betrieb der Kunst- und Handelsgärtnerei[18]), dagegen nicht die ausschließliche Bewirthschaftung von Haus- und Ziergärten[19])[20]). (Abs. 5.)

---

machen will; vielfach genügt schon eine bloße „Verwendung". Akkordarbeiter sind Arbeiter, nicht Unternehmer (A. N. I. S. 209).

Die Ehefrau des Unternehmers gilt nach den allgemeinen Motiven (vgl. S. 56) als Familienangehörige, deren Versicherung der Entwurf ausschloß, während sie nach den jetzt Gesetz gewordenen Bestimmungen versichert sind. Freilich kann die Ehefrau des Betriebsunternehmers niemals dessen Arbeiterin sein, denn zwischen Eheleuten besteht Einheit der gesammten (wirthschaftlichen) Interessen. Wenn aber die Ehefrau in dem Betriebe ihres Mannes wie eine Arbeiterin mithilft, so fungirt sie als eine in einem landwirthschaftlichen Betriebe beschäftigte Arbeiterin: es ist dann der Nachdruck auf die Beschäftigung, nicht auf das persönliche Verhältniß zu demjenigen, welcher die Beschäftigung anweist und leitet, maßgebend. Freilich lassen die Materialien des Gesetzes die Frage, ob die mithelfende Ehefrau im Sinne des Gesetzes als Arbeiterin anzusehen ist und deshalb der Versicherungspflicht unterliegt, nicht unzweifelhaft. Praktisch ist die Frage vielfach dadurch gelöst, daß auf Grund des § 2 Abs. 2 die Ehefrau durch das Statut obligatorisch der Versicherung unterworfen worden ist, so in Preußen. Für den Erfolg ist es offenbar gleichgültig, ob die Ehefrau auf Grund des Gesetzes als Arbeiterin oder auf Grund des Statuts mit dem Jahresverdienst der Arbeiter als Mitunternehmerin versichert ist.

Der Haussohn, welcher in der Landwirthschaft seines Vaters berufsmäßig thätig ist, wie ein Arbeiter mit Hand anlegt und dadurch das Halten eines fremden Arbeiters entbehrlich macht, gilt nach Obigem — vorbehaltlich besonderer Verhältnisse oder abweichender landesgesetzlicher Bestimmungen, vgl. Anm. 13 — als versicherter Arbeiter, nicht aber der Schüler, welcher in der Ferienzeit auf dem Lande sich aufhält und gelegentlich, um sich zu beschäftigen, oder zum Vergnügen diese oder jene landwirthschaftliche Arbeit mit verrichtet. Soldaten, welche beurlaubt werden, um zur Erndtezeit in der Landwirthschaft zu helfen, sind während dieser Hülfsleistung nicht Soldaten, sondern Arbeiter; ebenso sind Nachbarn, welche etwa in der Erndtezeit aus Gefälligkeit gelegentlich mithelfen, während dieser Hülfsleistung Arbeiter. Sträflinge, deren Beschäftigung eine Folge der Strafhaft ist und für sie selbst einen wirthschaftlichen Charakter (abgesehen von dem geringfügigen Ueberverdienst) nicht hat, werden nicht als versicherte Arbeiter angesehen. Dies gilt sowohl für Strafgefangene im engeren Sinne, wie auch für die in Arbeits- oder Korrektionshäusern, Landarmenhäusern, Werkhäusern ꝛc. untergebrachten Personen (Korrigenden, Detinenden, Häuslinge, Häftlinge). (A. N. II. S. 48, IV. S. 230). Personen, welche in einer Kolonie für Epileptische aufgenommen sind, sind versichert, wenn sie durch Betriebsunternehmer außerhalb der Anstalt beschäftigt werden, dagegen nicht, wenn sie innerhalb der Anstalt von dieser selbst zum Zwecke

(Abs. 6.) **Welche Betriebszweige[21]) im Sinne dieses Gesetzes als land- oder forstwirthschaftliche Betriebe anzusehen sind, entscheidet im Zweifelsfalle das Reichs-Versicherungsamt[22]).**

---

der Heilung beschäftigt werden (A. N. IV. S. 248). Ebenso werden die Insassen der Arbeiter-Kolonien zu behandeln sein (Just a. a. O. Anm. 1).

[7]) Betriebsbeamte sind nach dem Krankenversicherungs- und dem Unfallversicherungsgesetz kraft Gesetzes der Unfallversicherung nur dann unterworfen, „wenn sie nach der Höhe des Jahreseinkommens, von welchem ihre sociale Stellung in der Regel abhängig sein wird, über den Stand der gewöhnlichen Arbeiter sich nicht wesentlich erheben" (Mot. z. U.-V.-G. S. 43). Die Grenze, bis zu welcher dies anzunehmen sei, finden jene Gesetze in dem Jahresarbeitsverdienst von 2000 Mark (= $6^2/_3$ Mark für den Arbeitstag, das Jahr zu 300 Arbeitstagen gerechnet).

Diese Bestimmung hat man auch für die Landwirthschaft übernommen. Land- oder forstwirthschaftliche Betriebsbeamte sind also (im Gegensatz zu den Arbeitern) nur dann versichert, wenn sie Lohn oder Gehalt bekommen, und wenn dieses nicht mehr als 2000 Mark beträgt. Durch statutarische Bestimmung aber können auch höher gelohnte Betriebsbeamte der Unfallversicherung unterworfen werden, § 2 Abs. 2.

Für Reichs-, Staats- und Kommunalbeamte vgl. die besondere Bestimmung des § 4. Vgl. auch Anm. 3.

Die Frage, wer als Betriebsbeamter anzusehen sei, ist auch hier, wie bei dem Kranken- und dem Unfallversicherungsgesetz, je nach der Stellung, welche dem Betreffenden im Verhältniß zu den übrigen Bediensteten angewiesen ist, verschieden zu beantworten. Betriebsbeamter ist hiernach im Allg. derjenige, welcher den Unternehmer vertritt, oder den Betrieb oder einzelne Theile desselben leitet, oder die Arbeiter beaufsichtigt, auch wenn er gelegentlich selbst mit Hand anlegt. Das vorliegende Gesetz schreibt aber — anders wie bei den vorher erwähnten beiden Gesetzen — vor, daß die einzelnen Berufsgenossenschaften hierüber feste Normen aufstellen sollen, vgl. Anm. 15. Wegen der Volontaire vgl. Anm. 4 zu § 2.

[8]) Jahresarbeitsverdienst, vgl. § 3 Abs. 1.

[9]) werden . . . versichert, d. h. sind auf Grund dieses Gesetzes gegen die wirthschaftlichen Folgen solcher Betriebsunfälle, die sich nach dem Inkrafttreten der materiellen Bestimmungen desselben ereignen, versichert. Die Versicherung besteht, sobald nur objektiv die Voraussetzungen des § 1 vorliegen; unerheblich ist, ob der Betrieb in die Berufsgenossenschaft aufgenommen, oder ob dies (aus Irrthum) unterlassen ist. Nicht die Aufnahme der Betriebe in die Berufsgenossenschaft, sondern die Thatsache der Beschäftigung nach Maßgabe der Vorschriften des § 1 begründet die Versicherung. Vgl. Anm. 2 zu § 44.

[10]) bei dem Betriebe, d. h. bei der land- und forstwirthschaftlichen Thätigkeit in der Wirthschaft (dem „Betriebe" in anderem Sinn) oder aus Anlaß derselben. Nicht blos die unmittelbare, sondern auch die mittelbare

Förderung der in dem Betriebe vorzunehmenden Arbeiten gehört hierher (A. N. IV. S. 69).

Auch hier muß, wie im Haftpflichtgesetz vom 7. Juni 1871 und im Unf.-Vers.-Ges., ein ursächlicher Zusammenhang zwischen dem Unfall und den besonderen Gefahren der land- oder forstwirthschaftlichen Thätigkeit erkennbar sein; ein blos zeitlicher oder örtlicher Zusammenhang zwischen dem Betriebe (der Wirthschaft) und dem eingetretenen Schaden genügt nicht zur Anwendung des Gesetzes. Der ursächliche Zusammenhang aber braucht nur ein mittelbarer zu sein. „Bei dem Betriebe“ ist ein Unfall also dann eingetreten, wenn er bei Gelegenheit, oder aus Anlaß der (land- oder forstwirthschaftlichen) Thätigkeit in dem Betriebe, bei der Vorbereitung, der Durchführung oder dem Abschluß der Betriebsthätigkeit eintrat, und nach den Umständen mindestens ein mittelbarer Zusammenhang mit den Unfall-Gefahren, denen man bei der land- oder forstwirthschaftlichen Thätigkeit ausgesetzt ist, sich als möglich darstellt. Den Gegensatz bildet „die Unfallgefahr des gewöhnlichen Lebens“, (Rosin S. 330)*), welche nicht durch die Unfallversicherungsgesetze, sondern demnächst durch die Invalidenversicherung gedeckt werden wird. „Betriebsunfälle sind solche Unfälle, denen Jemand durch seine Berufsbeschäftigung in einem das Risiko des gewöhnlichen Lebens übersteigendem Maaße ausgesetzt gewesen ist“ (Rosin S. 331); das R.-V.-A. spricht von einem „Banne“ des Betriebes, in dem der Verunglückte sich befunden haben müsse (z. B. A. N. IV. S. 176). Unerheblich ist, ob der Unfall mit den specifisch gefahrbringenden Anstalten oder Werkzeugen (z. B. mit Maschinen) in Verbindung steht; ebenso, ob der Unfall außerhalb des betreffenden Grundstücks, z. B. bei dem Verladen oder dem Transport der Erzeugnisse oder der Betriebsmittel, soweit diese zum Betriebe oder zu einem Nebenbetriebe gehören, sich ereignet. „Soweit die besondere Unfallgefahr des Betriebes über den Betrieb selbst sich hinaus erstreckt, soweit die Berufsbeschäftigung auch außerhalb des eigentlichen Bezirkes eine Erhöhung des in der allgemeinen Lebensführung liegenden Unfallrisikos hervorbringt, ist auch die Möglichkeit eines Betriebsunfalls gegeben“ (Rosin). Demgemäß kann unter Umständen auch eine Beschädigung, die sich auf dem Wege zu oder von der Betriebsstätte ereignet hat, als Betriebsunfall sich darstellen: „jeder Unfall, welcher die Arbeiter bei der Arbeit, auf dem Wege zu und von derselben innerhalb der Grenzen des Betriebsgrundstücks in Folge der mangelhaften Beschaffenheit der Maschinen, Treppen, Wege ꝛc. betrifft, muß in der Regel als Betriebsunfall gelten“ (A. N. III. S. 134). Dieser für die Industrie ausgesprochene Grundsatz gilt wohl im Allg. auch in der Landwirthschaft, soweit es sich um den Wirthschaftshof handelt; ob aber Unfälle auf den einzelnen, innerhalb der bewirthschafteten Fläche belegenen Wegen ꝛc. ebenso als Betriebs-

*) In dem „Archiv für öffentliches Recht“ Band III Heft 2, 3 hat Prof. Dr. H. Rosin aus Freiburg i./B. eine vortreffliche Monographie über den Begriff des „Betriebsunfalls“ erscheinen lassen, aus welcher einzelne Sätze in den Text aufgenommen sind.

unfälle anzusehen sind, wird davon abhängen, ob nach Lage des Einzelfalls der Arbeiter auf diesen Wegen während des Betriebes einer über das Unfallrisiko des gewöhnlichen Lebens hinausgehenden Unfallgefahr ausgesetzt gewesen ist.

Rein zufällige, mit dem Betriebe der Land- und Forstwirthschaft in keinem Zusammenhang stehende Beschädigungen, z. B. durch elementare Ereignisse bei einem lediglich zum Zweck des Vergnügens vorgenommenen Spaziergang, gehören nicht zu den Unfällen bei dem Betriebe und können demgemäß auch zu Entschädigungen nicht führen.

Im Uebrigen liegen die Verhältnisse bei der Land- und Forstwirthschaft gerade in der Frage, unter welchen Voraussetzungen ein Unfall als „bei dem Betriebe" eingetreten anzusehen ist, anders wie in der Industrie, weil die Beschäftigung in der ersteren in weit größerem Maaße mit dem täglichen Leben zusammenfällt, wie in der letzteren, so daß sich die Berufsarbeit von einer mit dem Beruf nicht zusammenhängenden Thätigkeit viel seltener unterscheiden läßt. Es können daher auch die für die Industrie bisher ergangenen Entscheidungen des R.-V.-A. darüber, was als ein Betriebsunfall anzusehen ist (vgl. v. Woedtke, Kommentar z. U.-V.-G. 3. Aufl. Anm. 16 zu § 1), für die Landwirthschaft nicht ohne Weiteres maßgebend sein. Auch hier wird man aber, wie bei dem Unfallversicherungsgesetz, den Begriff des „Unfalls bei dem Betriebe" thunlichst weit fassen müssen, wenn man den Zweck des Gesetzes, den im Beruf verunglückten Arbeitern aus öffentlich-rechtlichen Gründen eine Fürsorge zu Theil werden zu lassen, im Auge behält; um so mehr als ja auch hier nicht der Einzelne, sondern ein größerer leistungsfähiger Verband die Unfallast trägt. Freilich darf man auch die oben erörterte Grenze der Unfallgefahr des gewöhnlichen Lebens nicht außer Acht lassen, wenn man nicht auf Abwege gerathen will.

Vgl. auch Anm. 11.

Der Nachweis des ursächlichen Zusammenhangs unterliegt der freien Beurtheilung des erkennenden Gerichts (Schiedsgericht, Reichs-Versicherungsamt, event. auch Berufsgenossenschaft), welches die Ueberzeugung von dem erforderlichen Zusammenhange unter Umständen auch aus Wahrscheinlichkeitsmomenten entnehmen kann (A. N. II. S. 228). „Mit diesem Princip der freien Beweiswürdigung ist die Frage nach der Beweislast nicht gegenstandslos geworden. Kann sich der Richter nach pflichtgemäßem Ermessen nicht entschließen, eine Thatsache als wahr anzunehmen, so gereicht dies derjenigen Partei zum Schaden, welche sie dem Richter hätte beweisen müssen. . . . Es muß also dem Anspruchsberechtigten die Behauptung und der Beweis derjenigen Thatbestandsmomente auferlegt werden, welche an sich genügen, um dem Richter das Bild eines Betriebsunfalls vor die Seele zu führen" (Rosin). Gemildert wird die Beweislast durch die von Amtswegen vorzunehmende Unfalluntersuchung (§ 57).

11) Unfälle, ohne Rücksicht darauf, ob dieselben durch höhere Gewalt, Zufall, Verschulden des Verletzten, des Unternehmers oder eines Dritten, ja

selbst grobes Verschulden des Verletzten eintreten. Gegen frevelhaften Leichtsinn der Arbeiter kann sich die B. G. dadurch schützen, daß sie die Arbeitgeber zur Entlassung solcher Arbeiter nöthigt (A. N. III. S. 30). Nur bei eigener vorsätzlicher Herbeiführung des Unfalls fällt der Anspruch fort, §. 5.

Nach der konstanten Rechtsprechung des Reichs-Vers.-Amts faßt diese Behörde den Begriff des „Unfalls" auf als das schädliche Ereigniß selbst; dieselbe Auffassung hat das Reichsgericht (Erk. v. 6./7. 88, Jurist. Wochenschrift 332). Aehnlich hat der Verfasser den „Unfall" definirt als ein (dem regelmäßigen Gang des Betriebes fremdes, aber mit dem letzteren in Verbindung stehendes) abnormes Ereigniß, (vgl. Eger, Haftpflichtgesetz, II. Aufl., S. 62, 113), dessen Folgen für das Leben oder die Gesundheit schädlich sind. Nach Rosin (a. a. O. S. 319) dagegen ist der Unfall die „körperschädigende, plötzliche und von dem Betroffenen unbeabsichtigte Einwirkung eines äußern Thatbestandes auf einen Menschen", nicht das Ereigniß selbst, auch nicht der in Folge des Ereignisses eingetretene Körperschaden. Der „Unfall" muß „bei dem Betriebe" eingetreten sein (vgl. Anm. 10), um einen Entschädigungsanspruch zu begründen.

Das Ereigniß muß zeitlich bestimmt sein (Erk. d. Reichsgerichts a. a. O.); allmählig entstandene Nachtheile für die Gesundheit, welche auch unter normalen Verhältnissen unter dem Einfluß der Berufsarbeit leiden kann (z. B. allmählige Verschlechterung des Gehörs oder des Gesichts, allmählig aufgetretener Rheumatismus, Bleikoliken rc.), sind kein Unfall, sondern eine Krankheit. Das Austreten von Leistenbrüchen, welches bei dem Betriebe in Folge des Hebens, Tragens rc. schwerer Lasten sich ereignet, ist ein Betriebsunfall und als solcher um deswillen zu entschädigen, weil der Verletzte des Bruchs bei Auswahl der Arbeit stets eingedenk sein muß. Dadurch ist er in Ausnutzung der Arbeitsgelegenheit und Anwendung der vollen Arbeitskraft, und folglich in seiner Erwerbsfähigkeit geschädigt, selbst wenn er durch Anwendung eines passenden Bruchbandes die Folgern mildern kann (A. N. II. S. 250, 274, III. S. 37). Uebrigens wird in A. N. IV. S. 85 ausdrücklich darauf hingewiesen, daß das Auftreten bezw. Austreten von Leistenbrüchen (ohne Rücksicht auf vorhandene Bruchanlage) nur dann als Betriebsunfall zu gelten hat, wenn überzeugend nachgewiesen ist, daß das Austreten plötzlich, im Anschluß an ungewöhnliche Anstrengung, schwere Arbeit rc. entstanden ist. Eine allmählige Entwickelung des Bruchs in Folge einer Kette von kleineren und größeren Anstrengungen ist dagegen kein Unfall, sondern eine Krankheit. Soweit für Benachtheiligungen, welche nicht als Unfälle gelten können, nicht etwa die Krankenversicherung Vorsorge trifft, wird dereinst die für den weiteren Ausbau der sozialen Gesetzgebung beabsichtigte Invalidenversorgung eintreten.

Ein Waldhüter, der bei Ausübung des Forstschutzes von einem fallenden Baumzweig, auch wenn derselbe durch einen Gewittersturm abgerissen ist, beschädigt wird, ein Förster, der bei oder wegen der Ausübung des Forstschutzes im Walde oder außerhalb desselben von einem Forst- oder Jagdfrevler erschlossen wird, ein Hirt, welcher beim Hüten seines Viehs von einem in die

Heerde einbrechenden Wolf zerrissen wird, erleidet ebenso gut einen „bei dem Betriebe sich ereignenden Unfall", wie ein Arbeiter, der vom Heuboden fällt, vom Pferde geschlagen wird, beim Schwemmen der ihm anvertrauten Pferde ertrinkt, von der Dreschmaschine erfaßt wird, mit Wirthschaftsfuhrwerk verunglückt 2c. Auch die Magd, welche nicht zur Bedienung der Herrschaft, sondern für die Bedürfnisse des Guts und der Dienstleute gehalten wird, erleidet einen Betriebsunfall, wenn sie sich beim Bereiten der Speisen für die Dienstleute verbrüht. Viele Fälle, insbesondere bei den Dienstboten, werden hier auf der Grenze liegen; die Praxis aber wird zweifellos bald ausreichende Unterscheidungsmerkmale aufstellen können.

Der Unfall muß nach dem Inkrafttreten der Unfallversicherung eingetreten sein, denn rückwirkende Kraft hat dieses Gesetz so wenig wie das Unfallversicherungsgesetz, cf. v. Woedtke, Anm. 3 zu § 111 U.-V.-G.

Vgl. auch Anm. 10, außerdem Anm. 2, 3 zu § 5.

[12]) Nebenbetrieben. Vgl. Anm. 21. Land- und forstwirthschaftliche Nebenbetriebe sind im Sinne dieses Gesetzes gewerbliche Betriebe, welche neben einer Landwirthschaft als der Hauptsache und in innerer Verbindung mit ihr (welche sich durch Beschäftigung derselben Arbeiter, Verwendung derselben Geräthe, Verarbeitung selbstgewonnener Produkte u. a. dokumentiren kann) zur Verarbeitung der in der Land- oder Forstwirthschaft gewonnenen rohen Naturprodukte, zur Verwendung überschüssigen Betriebsmaterials und zu ähnlichen Zwecken auf Landgütern betrieben werden.

Alle solche Nebenbetriebe werden im Sinne dieses Gesetzes insoweit der Landwirthschaft gleich geachtet, als dieselben nicht „unter § 1 des Unfallversicherungsgesetzes fallen". Motive S. 49: „Nebenbetriebe folgen, wie allgemein so auch hier, dem Hauptbetrieb, sofern sie nicht als „Fabriken" oder wegen dauernder Beschäftigung von zehn oder mehr Arbeitern bereits unter das Unfallversicherungsgesetz fallen. Diese dem Unfallversicherungsgesetz unterliegenden größeren land- oder forstwirthschaftlichen Nebenbetriebe dort herauszuheben und hier einzufügen, würde nicht unbedenklich sein, weil durch das Ausscheiden derjenigen Fabriken, welche neben einer Landwirthschaft und in Abhängigkeit von derselben geführt werden, die Leistungsfähigkeit der für Brennereien, Ziegeleien 2c. begründeten Berufsgenossenschaften möglicherweise beeinträchtigt werden könnte. Ueberdies dürfte es sich nicht empfehlen, die in diesen Fabriken beschäftigten Arbeiter abweichend von den sonstigen Fabrikarbeitern zu behandeln."

Es kommt also für die Frage, ob derartige Nebenbetriebe bei der landwirthschaftlichen Unfallversicherung oder anderweit (bei industriellen Berufsgenossenschaften) zu versichern sind, darauf an, ob sie unter § 1 des Unfallversicherungsgesetzes fallen oder nicht. Im ersteren Falle bleiben sie unter dem industr. Unf.-Vers.-Gesetz (v. 6. Juli 84), im letzteren Fall sind sie dagegen nach dem vorliegenden Gesetze versichert. Unter § 1 des Unfallversicherungsgesetzes fallen nur

Bergwerke, Salinen, Aufbereitungsanstalten, Steinbrüche, Gräbereien (Gruben), Werften, Bauhöfe, Fabriken, Hüttenwerke, gewisse Baubetriebe.

Unter diesen sind für die Landwirthschaft von besonderer Bedeutung die Gräbereien (Gruben) und die Fabriken, und es kommt daher darauf an, festzustellen, was eine Gräberei und was eine Fabrik im Sinne des U. V. G. ist.

a. Der Ausdruck „Gräberei" (womit im Sinne dieses Gesetzes wie des Unfallversicherungsgesetzes der Ausdruck „Grube" gleichbedeutend ist) umfaßt nach der Terminologie neuerer Berggesetze die auf die Gewinnung der in den sogenannten oberflächlichen Lagerstätten vorkommenden Mineralien (Mergel-, Kies-, Sand-, Thon-, Lehm- und ähnliche Gruben) gerichteten Anlagen, in welchen ein gewerbsmäßiger und nach technischen Regeln ausgeführter Betrieb stattfindet" (Mot. z. U.-V.-G. S. 42). Ob der Betrieb unterirdisch ist oder über der Erde stattfindet, ist gleichgültig. Vgl. Anl. d. R.-V.-A. v. 14. 7. 84 Nr. 4. Aehnlich d. Erk. d. R.-Ob.-Hand.-Ger. v. 24. 5. 78 (Entsch. 23, S. 403), welches insbesondere betont, daß es sich dabei um dem Bergwerk analoge Unternehmungen, nämlich um solche Unternehmungen handelt, welche als Unterarten unter dem Ausdruck Bergwerk im weiteren Sinne mitbegriffen werden können. Auch die nach technischen Regeln gewerbsmäßig betriebenen Bernsteingruben, Torfgruben 2c. gehören hierher, ebenso die Ausbeutung von Raseneisenstein-Ablagerungen 2c.

Gräbereien fallen also nur dann unter das (industrielle) Unfallversicherungsgesetz, wenn sie

a) gewerbsmäßig, und zugleich
b) nach technischen Regeln

betrieben werden. Gewerblich ist eine Thätigkeit nach Seydel, „das Gewerbepolizeirecht nach der Reichsgewerbeordnung" 1881, S. 2 und den dort citirten Autoren dann, wenn sie „auf Erwerb gerichtet" ist, „d. h. den Zweck verfolgt oder doch wenigstens mit verfolgt, den Betreibenden ein Einkommen (nicht etwa blos einen Vermögensvortheil, wie eine Ersparung) zu gewähren. Nach der Begründung zu § 1 des Ausdehnungsgesetzes (Ges., betr. die Ausdehnung der Unfall- und Krankenversicherung, vom 28. Mai 1885, R.-G.-Bl. S. 159) und der von dem Reichs-Versicherungsamt ressortmäßig aufgestellten Interpretation des letzteren (Anl. d. R.-V.-A. v. 5. 5. 85) ist ein „gewerbsmäßiger" Betrieb ein solcher, welcher „durch eine gewisse Kontinuität des Betriebes die Absicht erkennen läßt", daß er für einige Dauer „zu Zwecken des Erwerbes" beziehungsweise „als selbständige, unmittelbare Einnahmequelle fortgesetzt" werden soll, sei es daß aus dem Betriebe „ein selbständiges Gewerbe gemacht wird", oder sei es, daß derselbe einen „Hauptbestandtheil" oder doch „einen hervorstechenden Bestandtheil des Gesammtunternehmens bildet".

Hiernach ist eine Torf-, Mergel- 2c. Gräberei nur dann eine „Gräberei" im Sinne des Unfallversicherungsgesetzes, wenn sie bergwerksartig, d. h. nach technischen Regeln, betrieben und gleichzeitig als selbständige unmittelbare

Einnahmequelle benutzt wird; andernfalls fällt die Torf-, Mergel- ꝛc. Gräberei als Nebenbetrieb der Landwirthschaft unter das vorliegende landwirthschaftliche Gesetz. „Die Ausbeutung eines (eigenen) Mergellagers oder Torflagers zum Gebrauch auf dem eigenen Acker oder in der eigenen Haushaltung, sowie der nicht nach technischen Regeln erfolgende übliche Torfstich (bäuerlicher) Besitzer, auch wenn der Torf verkauft wird, fällt nicht unter das Unfallversicherungsgesetz vom 6. Juli 1884" (Anl. d. R.-V.-A. v. 14. Juli 84). Vgl. auch v. Woedtke, Komm. z. U.-V.-G. 3. Aufl. Anm. 7 zu § 1 U.-V.-G., Anm. 12 zu § 1 A.-G.

b. Darüber, was eine „Fabrik" sei, enthält § 1 des Unf.-Verf.-Gesetzes folgende Bestimmungen:

1. Abs. 1.: In „Fabriken" beschäftigte Arbeiter fallen unter das Unfallversicherungsgesetz.
2. Abs. 4.: „Als Fabriken im Sinne dieses Gesetzes (sc. des industr. U.-V.-G. v. 6. 7. 84) gelten insbesondere diejenigen Betriebe, in welchen die Bearbeitung oder Verarbeitung von Gegenständen gewerbsmäßig ausgeführt wird, und in welchem zu diesem Zweck mindestens zehn Arbeiter regelmäßig beschäftigt werden", — „sowie Betriebe, in welchen Explosivstoffe oder explodirende Gegenstände gewerbsmäßig erzeugt werden."
3. Abs. 5.: „Welche Betriebe außerdem als Fabriken im Sinne dieses Gesetzes anzusehen sind, entscheidet das Reichs-Versicherungsamt."
4. Abs. 3.: „Den in Abs. 1 aufgeführten (Fabriken) gelten im Sinne dieses Gesetzes diejenigen Betriebe gleich, in welchen Dampfkessel oder durch elementare Kraft (Wind, Wasser, Dampf, Gas, heiße Luft u. s. w.) bewegte Triebwerke zur Verwendung kommen, mit Ausnahme der land- und forstwirthschaftlichen nicht unter den Absatz 1 fallenden Nebenbetriebe, sowie diejenigen Betriebe, für welche nur vorübergehend eine nicht zur Betriebsanlage gehörende Kraftmaschine benutzt wird."

Durch diese Bestimmungen will das Unfallversicherungsgesetz den Begriff „Fabrik" nicht erschöpfen, sondern nur, um der ausführenden Behörde die Entscheidung hierüber zu erleichtern, also lediglich aus praktischen Gründen, für die Beurtheilung dessen, was „Fabrik" sei, einen „gesetzlichen Anhalt" geben (Mot. z. U.-V.-G. S. 43). Denn eine erschöpfende Definition des Begriffes „Fabrik" hat bisher nicht gelingen wollen; „die zahlreichen Versuche, welche in den Gesetzgebungen verschiedener Länder bisher in dieser Richtung gemacht worden sind, haben an der Vielgestaltigkeit des praktischen Lebens ihre Schranken gefunden" (a. a. O. S. 43). Eine Zusammenstellung der in verschiedenen Staaten versuchten Definitionen des Begriffs „Fabrik" findet sich in den Motiven zur Oesterreichischen Gewerbenovelle vom 15. März 1883 (Nr. 253 der Beilage zu den stenograph. Protokollen des Abgeordnetenhauses IX. Session, S. 107ff.). Man versteht unter „Fabrik" im Allgemeinen eine größere gewerbliche Anlage zur Bearbeitung oder Verarbeitung beweglicher Sachen. Den Gegensatz zur Fabrik bildet der Handwerksbetrieb; ein Begriff bestimmt sich durch den andern (vgl. Urth. d. Reichsgerichts vom 13. Mai 81, Entsch. IV. S. 98); die Grenze zwischen beiden aber ist schwankend und unsicher; sie ist keine absolute, sondern mit Rücksicht auf Betriebsart, Umfang und Gegenstand eine relative. Die für die Industrie gegebene Bestimmung, daß eine Anlage bei Verwendung von Dampfkesseln oder elementaren Kräften (Wind, Gas ꝛc.) auch bei kleinem Umfang immer als Fabrik gelten, derselben „gleich gestellt" sein soll, findet auf die land- und forstwirthschaftlichen Nebenbetriebe kraft ausdrücklicher Bestimmung des Unfallversicherungsgesetzes (§ 1 Abs. 3 U.-V.-G.) nicht Anwendung, und zwar insbesondere um deswillen nicht, weil solche kleine land- und forstwirthschaftlichen Nebenbetriebe bisher immer als integrirende Theile der Land- und Forstwirthschaft angesehen seien, deshalb nicht als Fabriken gegolten hätten und somit dem Haftpflichtgesetz nicht unterworfen gewesen seien, weil ferner in derartigen kleinen, hauptsächlich für den eigenen Bedarf des Guts arbeitenden Betrieben meist dieselben Arbeiter beschäftigt würden, welche bei der Landwirthschaft selbst Verwendung fänden, so daß sie ohne Schwierigkeiten und Unzuträglichkeiten mancher Art von den anderen landwirthschaftlichen Arbeitern nicht getrennt werden dürften, vgl. v. Woedtke, Komm. z. U.-V.-G. Anm. 9 zu § 1.

Hiernach gelten bei der Land- und Forstwirthschaft als Fabriken, verbleiben also unter den Bestimmungen des Unf.-Vers.-Ges. v. 6. Juli 84, alle Anlagen, welche sich nach der Art und dem Umfang des Betriebes als Fabriken darstellen, insbesondere:

1. alle größeren Anlagen, in welchen die Bearbeitung oder Verarbeitung von Gegenständen gewerbsmäßig ausgeführt wird, und zwar in einem Umfang, daß in der betr. Anlage zu diesem Zweck mindestens zehn Arbeiter regelmäßig (d. h. ohne Rücksicht auf gelegentliche Mehr- oder Minderzahl) beschäftigt werden. Dabei kommt bei Betrieben mit periodisch wiederkehrenden Unterbrechungen [Zuckerfabriken, Brennereien] nur die wirklich regelmäßige Betriebszeit in Betracht, vgl. v. Woedtke, Komm. z. U.-V.-G. 3. Aufl. Anm. 28 zu § 1);
2. alle anderen Anlagen, welche sich sprachlich oder begrifflich als „Fabriken" darstellen, wobei jedoch bei geringem Umfang die alleinige Verwendung von Dampfkesseln oder elementaren Motoren nicht maßgebend ist.

Ob Betriebe der unter 2 gedachten Art, Betriebe also, die nicht schon wegen Verwendung von mindestens 10 Arbeitern immer als Fabriken gelten (vgl. 1), als Fabriken angesehen werden, also unter das Unfallversicherungsgesetz fallen sollen, entscheidet im Zweifel das Reichs-Versicherungsamt. Diese Entscheidungen können auf verschiedene Weise herbeigeführt werden: a) generell für ganze Kategorien von Betriebszweigen, gemäß § 1 Abs. 6

l. U.-G., ohne Konkurrenz eines Landes-Versicherungsamts, vgl. Anm. 21, b) in einzelnen Fällen als Entscheidungen über Katasterbeschwerden (Zugehörigkeit zu einer bestimmten Berufsgenossenschaft) gemäß §§ 36 bis 38 U.-V.-G., §§ 38, 46, 48 l. U.-G., c) in anderen Einzelfällen als Entscheidung aus Anlaß von Unfällen, die in zweifelhaft gebliebenen Betrieben entstanden sind, gemäß §§ 59, 62 U.-V.-G., §§ 64, 67 l. U.-G. Das Reichs-Versicherungsamt ist bei seinen desfallsigen Entscheidungen an die Kriterien des Abs. 3 und 4 des Gesetzestextes nicht auf alle Fälle gebunden (A. N. I. S. 104). Bestimmend wird sein, ob es sich um eine Anlage zur gewerbsmäßigen Bearbeitung oder Verarbeitung von Gegenständen handelt (§ 1 Abs. 3); ob eine größere Arbeitstheilung stattfindet, welche dem einzelnen Arbeiter eine mechanische, einschläfernde Thätigkeit zuweist und ihn deshalb zu besonderer Achtlosigkeit verleitet; ob Maschinen mit Menschenkraft, thierischer Kraft (z. B. Göpelwerke) oder mit elementarer Kraft verwendet werden; ob der Betrieb aus irgend einem andern Grunde eigenthümliche, von der Handlungsweise des einzelnen Arbeiters mehr oder weniger unabhängige Unfallgefahren mit sich bringt u. s. w. In mehreren inzwischen bekannt gewordenen Entscheidungen des R. V. A. wird insbesondere auch dem ferneren Unterscheidungsmerkmal — ob nämlich für den Großbetrieb auf Lager oder ob für den Detailverkehr zum sofortigen Verkauf gearbeitet wird, und ob nur einzelne Theile größerer Stücke oder zusammengesetzte Stücke gefertigt werden — maßgebende Bedeutung beigelegt (cf. A. N. III. S. 142).

Durch bisherige Entscheidungen hat das R.-V.-A. folgende Anlagen auf Gütern als „Fabriken" erklärt, so daß sie auch bei weniger als 10 Arbeitern unter dem U.-V.-G. bleiben:

Bayrisch-Bierbrauereien, wenn mindestens 1000 hl Malz jährlich verbraut werden (A. N. II. S. 160) — Brauereien dagegen, welche in ganz geringem Umfange betrieben werden und in der Hauptsache den sog. Haustrunk für die Gutsleute bereiten, sind landw. Nebenbetrieb (Anl. d. R.-V.-A. v. 14. Juli 84), fallen also unter das vorliegende Gesetz v. 5. Mai 86;

Brennereien (Spiritusbrennereien) mit Dampfbetrieb und 6 bis 12 Arbeitern (A. N. I. S. 2). — Brennereien dagegen, welche nur in geringem Umfang betrieben werden (Anl. d. R.-V.-A. v. 14. Juli 84), z. B. mit einer Jahresproduktion von 20 hl Spiritus zu 50 % Tralles (A. N. II. S. 56), oder Brennereien mit Handbetrieb ohne Motoren und mit weniger als 10 Arbeitern (A. N. I. S. 2) sind keine „Fabriken", fallen also unter das vorliegende Gesetz v. 5. Mai 86. Dagegen ist eine Brennerei, welche im Jahresdurchschnitt zwar weniger als 100 hl Spiritus, gleichzeitig aber Hefe producirt, und in welcher im Ganzen 1990 hl Maischraum zur Versteuerung gelangt, als „Fabrik" im Sinne des U. V. G. erachtet worden (A. N. III. S. 324);

Hefe vgl. Brennerei;

Mälzerei mit mindestens 1000 Centner Jahresproduktion ist ihres Umfanges wegen eine Fabrik (A. N. III. S. 377);

Kalköfen (Kalkbrennereien), A. N. I. S. 366.

Mühlen (Getreide-, Oel-, Walk- ꝛc.), welche, zu einem Gute gehörig, nicht blos in der Hauptsache den Bedarf des Gutsbesitzers und seiner Leute decken, sondern in der Hauptsache gegen Entgelt für Dritte arbeiten, Anl. d. R.-V.-A. v. Juli 84. — Andernfalls fallen sie als landw. Nebenbetriebe unter das vorliegende Gesetz v. 5. Mai 86, so eine Dampfschneidemühle, welche das Nutz- und Bauholz für die Gutswirthschaft schneidet und das in der Gutsforst geschlagene Holz für den Verkauf vorbereitet, aber nicht für fremde Rechnung schneidet, jährlich nur etwa 3 Wochen im Betriebe ist und von 2 Gutstagelöhnern bedient wird (A. N. II. S. 48);

Ziegeleien, ständige, wenn die jährliche Produktion an Steinen, Dachziegeln, Hohlziegeln, Drainröhren ꝛc. die Zahl von 100000 bis 200000 erreicht (A. N. II. S. 160).

Darüber, inwieweit durch Abänderung des Gesetzes oder der Judikatur des Reichs-Versicherungsamts (indem letzteres z. B. bei Brennereien eine weniger enge Grenze zieht, was jetzt, wo auch die kleinsten derartigen Anlagen einer Unfallversicherung, sei es nach den industriellen oder sei es nach dem landwirthschaftlichen Unfallversicherungsgesetz, also in irgend einer Form kraft Gesetzes unterliegen, unbedenklicher sein dürfte —), weitere, z. B. unter das U.-V.-G. fallende Anlagen bezw. „Fabriken" aus dem letzteren herausgehoben und unter das vorliegende Gesetz gestellt werden können, sind weitere Erwägungen in Aussicht gestellt.

Als forstw. Nebenbetriebe (des Forstfiskus) werden angesehen die von einem Privatunternehmer in fiskalischen Waldungen durch selbständige Köhlermeister ausgeführte Verkohlung von Holz in Meilern (A. N. II. S. 11); ebenso gelten als landw. Nebenbetriebe die zur Bewässerung von Gärten ꝛc. verwendeten Windmotoren, welche das Wasser zur Besprengung der Pflanzen in ein Bassin pumpen, von wo es in eine Röhrenleitung hinabströmt (A. N. I. S. 366). Die Verwendung von Lohn-Dampf-Dreschmaschinen Seitens eines Unternehmers (auch einer Dampfdreschgenossenschaft) bildet einen selbständigen (nicht landwirthschaftlichen) Betrieb und ist also bei der zuständigen industriellen Berufsgenossenschaft versicherungspflichtig, sofern der Unternehmer eigene Leute in dem Betriebe beschäftigt. Dabei kommt es auf die Verhältnisse des einzelnen Falles an, ob die die Maschine bedienenden Arbeiter als Arbeiter des Unternehmers der Dampfmaschine oder aber als Arbeiter desjenigen Landwirths, auf dessen Besitzung die Maschine verwendet wird, anzusehen sind; in der Regel, jedoch nicht ausnahmslos, entscheidet, wer den Arbeiter lohnt. Müssen hiernach die die Dampfdreschmaschine bedienenden Leute als Arbeiter des Betriebsunternehmers der Dampfdreschmaschine gelten, so sind sie bei der betr. industriellen Genossenschaft versichert; müssen sie dagegen als Arbeiter des betreffenden Landwirths gelten, so findet ihre

Versicherung bei der landw. Genossenschaft wie die aller andern landwirthschaftlichen Arbeiter statt. Vgl. A. N. I. S. 2, 288; III. S. 205, IV. S. 177. Die Versicherung der Leute des Unternehmers der Dampfdreschmaschine soll bei der industriellen Berufsgenossenschaft noch fortdauern, wenn die Lohndampfdreschmaschine nebenher in der eigenen kleinen Landwirthschaft des betr. Gewerbtreibenden verwendet wird (?) (A. N. II. S. 251). Im Uebrigen fällt die Verwendung einer stationären oder transportablen Kraftmaschine (Lokomobile 2c.) zu landwirthschaftlichen Arbeiten, z. B. zum Mähen oder Ausdreschen des Getreides, zum Pflügen, zum Betriebe eines Paternosterwerks behufs Entwässerung von Wiesen 2c. lediglich unter das vorliegende Gesetz, macht also nicht etwa die Landwirthschaft zu einem gewerblichen Betriebe, Anl. d. R.-V.-A. v. 14. Juli 84. Entwässerungsanlagen mit Dampfbetrieb, welche ausschließlich oder überwiegend den Zwecken eines landwirthschaftlichen Betriebes dienen, gelten demgemäß als landw. Nebenbetriebe (A. N. I. S. 2), dagegen nicht, wenn es sich um Zwecke von Kommunen, Verbänden 2c. handelt.

Im Gegensatz zu solchen Nebenbetrieben, welche unter § 1 des Unfallversicherungsgesetzes fallen, sind

c) diejenigen Nebenbetriebe der Land- und Forstwirthschaft, welche nach dem Ausdehnungsgesetz vom 28. Mai 1885 (R.-G.-Bl. S. 159) versichert waren, insbesondere Fuhrwerksbetriebe, Kellerei- und Speichereibetriebe, sowie die für die Zwecke der Land- und Forstwirthschaft meist mit land- und forstwirthschaftlichen Arbeitern betriebenen Feldbahnen, bezüglich der Unfallversicherung ebenso wie die kleinen Motorenbetriebe bei der Land- und Forstwirthschaft belassen. Sie scheiden also nach dem Inkrafttreten der Unfallversicherung für die Land- und Forstwirthschaft aus den Berufsgenossenschaften, denen sie bisher auf Grund des Ausdehnungsgesetzes angehörten, aus und gehen in die landwirthschaftlichen Berufsgenossenschaften über. Für diese Nebenbetriebe verbleibt es also bei der allgemeinen Regel (cf. Mot.), d. h. sie folgen dem Hauptbetriebe der Landwirthschaft. Vgl. hierüber Komm.-Ber. S. 6: „In der zweiten Berathung wurde durch die Diskussion als die Bedeutung dieses Absatzes festgestellt, daß zwar die unter den § 1 des Unfallversicherungsgesetzes vom 6. Juli 1884 fallenden Fabriken 2c. bei den industriellen Berufsgenossenschaften auch dann zu verbleiben haben, wenn sie Nebenbetriebe eines land- oder forstwirthschaftlichen Hauptbetriebes sind, daß das gleiche Verhältniß indeß bei den unter den § 1 des Ausdehnungsgesetzes vom 28. Mai 1885 fallenden Betrieben (z. B. Feldeisenbahnen, Fuhrwerksbetrieben bei Chausseebauten oder in ländlichen Badeorten, Schifffahrtsbetrieben 2c.) nicht obwalte. Diese letzteren Betriebe werden, falls sie Nebenbetriebe eines land- oder forstwirthschaftlichen Hauptbetriebes sind, von der landwirthschaftlichen Unfallversicherung erfaßt, so daß der Unternehmer ihretwegen einer zweiten Berufsgenossenschaft nicht anzugehören braucht, und die Renten für die in jenen Nebenbetrieben Verletzten ebenso wie die Beiträge des Unternehmers nach Maßgabe des landwirthschaftlichen Unfallversicherungsgesetzes berechnet werden. Handelt es sich dagegen um selbständige Hauptbetriebe dieser Art, so ist das Ausdehnungsgesetz vom 28. Mai 1885 auf sie anwendbar."

Dabei ist also festzuhalten, daß es sich wirklich um einen Nebenbetrieb, d. h. um ein gewisses Abhängigkeitsverhältniß des Fuhrwerksbetriebes von der Landwirthschaft, nicht um zwei selbständig neben einander von demselben Unternehmer geführte Betriebe handeln muß, wenn der Fuhrwerksbetrieb in die land- und forstwirthschaftliche Berufsgenossenschaft fallen soll. Wer also einen Fuhrwerksbetrieb und eine Landwirthschaft unabhängig von einander als zwei selbständige Hauptbetriebe betreibt, ist Mitglied sowohl der Fuhrwerksgenossenschaft als der landwirthschaftlichen Genossenschaft. Dies gilt insbesondere von großen Posthaltern u. a. Ebenso gehört beiden Berufsgenossenschaften an, wer den Fuhrwerksbetrieb als Haupterwerbszweig, die Landwirthschaft aber nur nebenher, vielleicht hauptsächlich zu dessen Zwecken, z. B. um das Futter für die Pferde selbst zu gewinnen, betreibt (vgl. Anm. 1). Dagegen gehört nur zur landwirthschaftlichen Berufsgenossenschaft, wer den Fuhrwerksbetrieb als Appendix der Landwirthschaft betreibt. Die Grenze wird in der Praxis nicht immer leicht zu finden sein.

d. Der Betrieb der Jagd und der Fischerei gehört ebenfalls hierher, soweit er sich als landwirthschaftlicher Nebenbetrieb darstellt, also soweit die Jagd und die Fischerei von dem Unternehmer eines land- oder forstw. Betriebes als Ausfluß dieses Betriebes und in Verbindung mit demselben auf den von ihm bewirthschafteten Grundstücken ausgeübt wird, ohne an andere Unternehmer vergeben zu sein. Wann dies der Fall, ist quaestio facti. Bez. der Jagd vgl. die Ausführungen des Staatsministers v. Boetticher im Reichstag, Sten. Ber. 1885/6 S. 1900:

> Wenn ein Städter, ich will einmal sagen, ein Kommerzienrath oder ein Eisenbahndirektor, eine Jagd auf dem Lande gepachtet hat, so wird kein Mensch auf die Idee kommen, diese Jagd, die der Eisenbahndirektor oder Kommerzienrath solchergestalt betreibt, als einen landwirthschaftlichen Nebenbetrieb anzusehen. Anders aber liegt der Fall, wenn ein Gutsbesitzer die Jagd auf seiner Feldmark oder in seiner Forst betreibt. Da ist es ein landwirthschaftlicher Nebenbetrieb, und auf diese Jagd finden alle Vorschriften des Gesetzes Anwendung.

Vgl. Just a. a. O. Anm. 11. Auch die Beschäftigung bei Heerden (Auftrieb von Weidevieh) kann, braucht aber nicht Nebenbetrieb eines Landwirths zu sein; nur im ersteren Fall gehört sie zur landwirthschaftlichen Unfallversicherung, cf. Anm. 4.

e. Ebenso ist ein land- oder forstwirthschaftlicher Nebenbetrieb bezw. ein Theil des landwirthschaftlichen Betriebes die Ausführung von Bauten, welche ein Land- oder Forstwirth, ohne sie an Unternehmer zu vergeben, für eigene Rechnung und zur Melioration des Guts ausführt (Regiebauten), wie die Herstellung von Entwässerungsgräben, Wegen, Reparatur von Gebäuden 2c.

Diese Auslegung wird „zur Vermeidung von Zweifeln" durch § 1 Abs. 4 des Bau-Unfallversicherungsgesetzes v. 11. Juli 1887 (Reichs-Gesetzbl. S. 287) ausdrücklich legalisirt. Diese gesetzliche Bestimmung, welche sich demgemäß gewissermaßen als Ergänzung des landwirthschaftlichen Unfallversicherungsgesetzes v. 5. Mai 86 darstellt, lautet wörtlich:

> „Die laufenden Reparaturen an den zum Betriebe der Land- und Forstwirthschaft dienenden Gebäuden und die zum Wirthschaftsbetriebe gehörenden Bodenkultur- und sonstigen Bauarbeiten, insbesondere die diesen Zwecken dienende Herstellung oder Unterhaltung von Wegen, Dämmen, Kanälen und Wasserläufen, gelten als Theile des land- und forstwirthschaftlichen Betriebes, wenn sie von Unternehmern land- und forstwirthschaftlicher Betriebe ohne Uebertragung an andere Unternehmer auf ihren Grundstücken ausgeführt werden."

Hierzu ist Folgendes zu bemerken.

a. Motive des soeben citirten § 1 Abs. 4 B.-U.-V.-G. (R.-T.-Dr. S. 11 S. 22): „Der laufende Wirthschaftsbetrieb der Land- und Forstwirthschaft erfordert häufig Bauarbeiten, welche sich als Ausfluß des ersteren darstellen und demgemäß von dem Unternehmer des land- und forstwirthschaftlichen Betriebes meist mit seinen eigenen Wirthschaftsarbeitern für eigene Rechnung ausgeführt werden. Solche Bauarbeiten sind Nebenbetriebe des den Bau ausführenden Unternehmers der Land- und Forstwirthschaft und fallen als solche schon gegenwärtig unter die Unfallversicherung (§ 1 Absatz 2 des Gesetzes vom 5. Mai 1886 bezw. § 9 Absatz 3 des Unfallversicherungsgesetzes). Demgemäß werden auf die bei solchen land- oder forstwirthschaftlichen Bauarbeiten beschäftigten Personen die Bestimmungen des vorliegenden Entwurfs, insbesondere die Bestimmungen des III. Abschnitts über die Anmeldung und Prämienzahlung, keine Anwendung finden. Diese Thatsache ist so wichtig, daß es sich zur Vermeidung von Zweifeln empfiehlt, durch eine ausdrückliche Bestimmung des Entwurfs auf dieselbe hinzuweisen. Eine alle Fälle erschöpfende Begriffsbestimmung läßt sich bei der Verschiedenheit der in Betracht kommenden Verhältnisse allerdings nicht geben. Eine solche ist aber auch allenfalls entbehrlich, weil dem Reichs-Versicherungsamt auf Grund des § 1 Absatz 6 des Gesetzes vom 5. Mai 1886 (vergl. Stenogr. Berichte des Reichstags 1885/86 S. 1914) die Entscheidung von Zweifeln darüber zusteht, welche Betriebszweige als land- oder forstwirthschaftliche Nebenbetriebe anzusehen sind."

„Immerhin aber wird es von Werth sein, im Gesetz wenigstens gewisse Merkmale anzugeben, welche für die Entscheidung derartiger Zweifel einen Anhalt bieten und für die etwaigen Entscheidungen des Reichs-Versicherungsamts eine Untergrenze bilden, ohne daß dieser Behörde verschränkt werden soll, innerhalb ihrer gesetzlichen Zuständigkeit noch weitere in der Land- und Forstwirthschaft vorkommenden Bauarbeiten als Nebenbetriebe der Land- und Forstwirthschaft zu erklären."

Aus dieser Begründung ergiebt sich zweifellos, daß jene Bestimmung des landw. U.-V.-G. keineswegs eine Einschränkung gegenüber dem Bau-U.-V.-G. enthält. Dieselbe will vielmehr nur wegen der Wichtigkeit der Sache bezüglich der „gedachten Regiebauarbeiten es außer Zweifel setzen, daß diese jedenfalls als

Theile des landwirthschaftlichen Betriebes anzusehen seien" (Komm.-Ber. z. Bau-U.-V.-G., R.-T.-Dr.-S. 123 S. 4).

b. Motive a. a. O.: „Hiernach sollen als Nebenbetriebe der Land- und Forstwirthschaft jedenfalls gelten bei den Wirthschaftsgebäuden die laufenden Reparaturen, auf dem Acker 2c. die Bauarbeiten, welche die Zwecke der Bodenkultur im (laufenden) Wirthschaftsbetriebe mit sich bringen; ferner diejenigen Bauarbeiten, welche der (laufende) Wirthschaftsbetrieb sonst erfordert (z. B. die gelegentliche Herstellung einfacher Schuppen), insbesondere aber die im (laufenden) Wirthschaftsbetriebe erforderliche Herstellung oder Unterhaltung von Wegen, Dämmen 2c." „Dies gilt aber nur unter der Voraussetzung, daß solche Bauarbeiten von dem Unternehmer desjenigen land- und forstwirthschaftlichen Betriebes, zu dessen Gunsten sie vorgenommen werden, für eigene Rechnung ausgeführt werden, da sie sonst nicht Nebenbetriebe dieses Unternehmers sind".

c. Hausreparaturen sollen also — sofern sie von dem Unternehmer der betr. Landwirthschaft ohne Uebertragung an andere Unternehmer auf eigene Rechnung ausgeführt werden — zum Landwirthschaftsbetriebe nur dann gerechnet werden müssen, wenn sie „laufende" sind (cf. ad b). „Bei der Beschränkung auf laufende, d. h. solche kleinere Reparaturen an Wirthschaftsgebäuden, welche zur Erhaltung derselben in Dach und Fach fortlaufend erforderlich sind, sind nicht nur die in einzelnen Landesrechten, so in § 52 I. 21 des preußischen Allgemeinen Landrechts, näher bestimmten sogenannten Hauptreparaturen, sondern auch solche anderen Reparaturen, welche einen größeren Umfang haben, seltener vorkommen und meist besondere Arbeitskräfte oder einen erheblicheren Aufwand von Geldmitteln erfordern, von den Bestimmungen des § 1 Absatz 4 des Entwurfs ausgeschlossen" (Mot. d. B.-U.-V.-G. a. a. O.). Solche größeren Reparaturen fallen also nicht ohne Weiteres unter das landw. Gesetz, vielmehr ist dies bei ihnen quaestio facti nach näherer Bestimmung des R.-V.-A. gemäß § 1 Abs. 6 landw. U.-V.-G. [Der in den Motiven angezogene § 52 I 21 A.L.R. lautet: „Für Hauptreparaturen sind diejenigen zu achten, deren Kosten, mit Inbegriff der ins Geld gerechneten Materialien, den vierten Theil der Nutzungen desjenigen Jahres, in welchem der Zufall sich ereignet hat, übersteigen."]

d. Durch den Ausdruck „zum Betriebe der Land- und Forstwirthschaft dienenden" sollen die zum landwirthschaftlichen Betrieb gehörenden Wohnhäuser mit erfaßt werden (Komm. Ber. z. B.-U.-V.-G. S. 3).

e. Bei den „Bodenkultur- und sonstigen Bauarbeiten" ist das Erforderniß des „laufenden" fortgefallen. Die Regierungsvorlage hatte nur die zum „laufenden" Wirthschaftsbetriebe gehörigen Bodenkultur- und sonstigen Bauarbeiten als solche bezeichnet, welche jedenfalls als Theil des Landwirthschaftsbetriebes anzusehen seien. Dabei war in den Motiven (S. 23) die Ansicht ausgesprochen, daß „Bodenkulturarbeiten, welche nicht zum laufenden Wirthschaftsbetriebe gehören, sich also im regelmäßigen Wirthschaftsbetriebe nicht wiederholen, z. B. eine einmalige, mit zahlreichen Arbeitern ausgeführte umfangreiche Drainirung oder die Ausführung einer größeren Melioration zur Ent- oder Bewässerung von Grundstücken" nicht ohne Weiteres als Theil des landwirthschaftlichen Betriebes im Sinne des Ges. v. 5. Mai 86 anzusehen seien, sondern daß sie als selbständige unter das Bauunfallversicherungsgesetz fallende Bauunternehmungen betrachtet werden müßten (Mot. S. 23). Diese Anschauung ist im Reichstag auf Widersprnch gestoßen. In der Kommission wurde sodann das Wort „laufende" vor „Wirthschaftsbetrieb" gestrichen, um hierdurch auszudrücken, daß unter Umständen auch derartige Bauarbeiter unter das landw. Gesetz fallen könnten, indem jetzt „zweifellos sich ergebe, daß die überhaupt zum land- und forstwirthschaftlichen Betriebe gehörenden und daher schon unter das Gesetz vom 5. Mai 86 fallenden Bodenkultur- und sonstigen Bauarbeiten auch unter den Absatz 4 begriffen sein sollten" (Komm.-Ber. S. 4). Wenn diese Motivirung auch im Wesentlichen kaum etwas anderes ausdrückt als bereits in der Vorlage enthalten war, so ist durch die jetzige Fassung doch thatsächlich eine Erweiterung gegenüber der Regierungsvorlage eingetreten, indem nunmehr alle, nicht nur die „laufenden" Kulturarbeiten, welche in Verbindung mit einer Landwirthschaft von dem Unternehmer der letzteren in Regie, d. h. ohne Uebertragung an Gewerbetreibende, ausgeführt werden, jedenfalls als Theil des landwirthschaftlichen Betriebes anzusehen sind. Denn „zum Wirthschaftsbetrieb" werden sie immer gehören. Die dem R.-V.-A. für seine Interpretation gesetzte Untergrenze ist also wesentlich hinaufgeschraubt.

f. Man hat zu unterscheiden:

1) die laufenden Reparaturen an den zum Betriebe der Land- und Forstwirthschaft dienenden Gebäuden;
2) die zum Wirthschaftsbetriebe gehörenden Bodenkulturarbeiten;
3) die zum Wirthschaftsbetriebe gehörenden sonstigen Bauarbeiten.

Diese „sonstigen Bauarbeiten" stehen im Gegensatz zu den Bodenkulturarbeiten, aber auch zu den Arbeiten an den „zum Betriebe der Land- und Forstwirthschaft dienenden Gebäuden". Es gehören dahin z. B. Wegearbeiten, aber auch die „gelegentliche Herstellung einfacher Schuppen" (Mot. z. B.-U.-V.-G. S. 22), welche nicht als Gebäude anzusehen sind. Neubauten eigentlicher Wirthschaftsgebäude gehören nicht hierher.

g) Unter „ihren" Grundstücken sind die von dem landw. Betriebsunternehmer bewirthschafteten Grundstücke zu verstehen, ohne Rücksicht darauf, ob dieselben sein Eigenthum sind oder nicht. Ein Verpächter, welcher seinem Pächter Bauten auszuführen hat, kann diese nicht als Theil eines landwirthschaftlichen Betriebes bei der landwirthschaftlichen Genossenschaft versichern, weil er eben auf den verpachteten Grundstücken eine Landwirthschaft überhaupt nicht betreibt. Er hat also derartige Regiebauten bei der Versicherungsanstalt der örtlich zuständigen Baugewerks-B.-G. zu versichern, §§ 16, 21 B.-U.-G.

h. „Die zum laufenden Wirthschaftsbetrieb gehörige Herstellung und Unterhaltung von **Wegen**, Kanälen 2c. umfaßt sowohl die gesetzliche oder reglementarische Verpflichtung der Grundbesitzer zur Unterhaltung öffentlicher, über ihr Grundstück führender Straßen, wie die Herstellung oder Besserung von

Privatwegen, und zwar einschließlich der hierzu erforderlichen Gewinnung und Beförderung des Materials, sofern diese nicht einem anderen Unternehmer übertragen ist" (Mot. z. B.-U.-V.-G. S. 23 a. a. O.).

[13]) Der Landesgesetzgebung, ohne Beschränkung auf die in § 13 gegebene Frist. Dieser Absatz 3 behandelt die gesetzliche Versicherungspflicht der Betriebsunternehmer und der Familienangehörigen. Nach dem Reichsgesetz sind erstere nicht versichert, letztere, sofern sie als Arbeiter im Betriebe des Familienhaupts beschäftigt werden, versichert; durch Landesgesetz aber können erstere der Versicherungspflicht unterworfen, letztere von der Versicherung befreit werden. Betriebsunternehmer bis zu 2000 Mark Jahresarbeitsverdienst können außerdem auch durch das Statut für versicherungspflichtig erklärt werden, § 2 Abs. 2. Daneben besteht nach § 2 Abs. 1 das Recht der Betriebsunternehmer, ihre Person bei der Berufsgenossenschaft gegen Unfälle zu versichern, sofern sie nicht versicherungspflichtig sind: dies Recht ist aber nur für solche Unternehmer ein unbedingtes, durch das Gesetz gegebenes, welche selbst nicht mehr als 2000 Mark Jahresverdienst haben; besser gestellte Betriebsunternehmer haben dies Recht nur, wenn es ihnen durch das Genossenschaftsstatut eingeräumt wird.

Die Regierungsvorlage kannte die Versicherungspflicht der Betriebsunternehmer nicht, und schloß die Familienangehörigen, welche in der Wirthschaft des Familienhauptes thätig waren, ohne Lohn zu beziehen, von der Versicherung aus.

Bezüglich der Betriebsunternehmer wird in den allgemeinen Motiven das Mißliche dessen, daß ein auf Nebenarbeit angewiesener Unternehmer kleiner landwirthschaftlicher Betriebe trotz vielleicht gleicher Unfallgefahr bald versichert sein soll bald nicht, jenachdem er als Arbeiter in fremder, oder als Betriebsunternehmer in eigener Wirthschaft einen Unfall erleidet, nicht verkannt: jedoch sei ein Zwang gegen wirthschaftlich selbständige Personen bezw. selbständige Unternehmer, zu eigenen Gunsten und auf eigene Kosten sich selbst zu versichern, aus principiellen Gründen bedenklich, und es empfehle sich daher, solche selbständige Unternehmer nur auf das Recht, sich freiwillig zu versichern, zu verweisen, zumal sie in der Regel nicht ohne einige Mittel sein würden. Aehnlich ist die Sache auch im industriellen Unfallversicherungsgesetz geordnet, nur daß im letzteren das Versicherungsrecht der Unternehmer überhaupt nur durch das Statut begründet werden kann, nicht schon durch das Gesetz gegeben ist. In der Reichstagskommission wurde aber hervorgehoben, solche selbstmitarbeitenden Unternehmer ständen in ihrer ganzen Lebensweise ihren Arbeitern so nahe, daß ihre Mitversicherung socialpolitisch durchaus zu empfehlen sei; auch würde die Umlegung der Beiträge nach der Grundsteuer (welche vielfach angestrebt wurde, vgl. § 33) die Versicherung der Unternehmer erforderlich machen (Komm.-Ber. S. 5). Demgemäß wurde die Zulässigkeit der Versicherungspflicht für Betriebsunternehmer durch das Reichsgesetz im Princip ausgesprochen, die Begründung der Versicherungspflicht aber dem Statut, und neben diesem — „um eine Berücksichtigung der Verschiedenheit der Besitz- und Wirthschaftsverhältnisse in Deutschland zu erleichtern", wie der Komm.-Ber. (S. 5) hervorhebt — auch der Landesgesetzgebung überlassen. Es wird zugegeben werden können, daß von denjenigen landwirthschaftlichen Berufsarbeitern, die zugleich selbständig Landwirthschaft betreiben, der theoretische Grund — weshalb sie bei einem Unfall im eigenen Betriebe nichts erhalten sollen, während ihr gleichzeitig verunglückender Arbeiter hohe Renten bezieht, und während sie selbst gleichfalls Renten bezogen haben würden, wenn sie den Unfall vielleicht wenige Stunden früher bei Gelegenheit ihrer Berufsthätigkeit in einem fremden Betriebe erlitten hätten, — nicht immer verstanden werden würde, namentlich dann, wenn solche Personen (für ihre Arbeiter) Beiträge zur Unfallversicherung entrichten. Im Interesse der socialpolitischen Wirkung des Gesetzes mag also der Versicherungszwang gegen solche kleinen Unternehmer, die nach ihrem Beruf doch immer als landwirthschaftliche Arbeiter sich darstellen, Vortheile bieten, namentlich wenn auf Grund des § 16 auf Beiträge derselben verzichtet wird. Thatsächlich ist der Versicherungszwang kleiner Betriebsunternehmer im weitern Umfang eingeführt worden, in Preußen durch die Statuten der Genossenschaften (mit der Grenze von 1500—2000 M. Arbeitsverdienst), in anderen Bundesstaaten durch Landesgesetz (z. B. Baden, Hessen). Vgl. im Uebrigen Anm. 17 zu § 22.

Bezüglich der Familienangehörigen des Betriebsunternehmers, worunter „die Ehegatten, die Ascendenten und Descendenten, sowie die Geschwister der Eheleute verstanden" sein sollten (Mot. S. 46). hatte die Mehrheit der verbündeten Regierungen (Preußen befand sich in der Minderheit, vgl. R.-T.-Dr.-S. 1885/6 S. 1901) sich dafür entschieden, „daß es nicht rathsam sei, die socialpolitischen Beziehungen zwischen Arbeitgebern und Arbeitnehmern in die Familie hineinzutragen und das Familienhaupt zu nöthigen, seine civilrechtliche, durch die Bande der Verwandtschaft begründete Verpflichtung durch eine Betheiligung an einer öffentlich rechtlichen Versorgung der Familienangehörigen zu ersetzen; es dürfte genügen, wenn dem Hausherrn die Möglichkeit gewährt werde, die von ihm beschäftigten Familienangehörigen an der Unfallversicherung zu betheiligen" (a. a. O.). Aus diesem Grunde sollten Familienangehörige des Betriebsunternehmers, welche in seinem Betriebe beschäftigt werden, nur dann der Versicherungspflicht unterworfen werden, „wenn der Unternehmer durch Gewährung von Lohn zu erkennen gebe, daß er sie als Arbeiter gleich fremden Hülfspersonen halten oder angesehen wissen wolle" (a. a. O.). Gleichzeitig glaubte man hierdurch eine wesentliche Verminderung der Zahl der unter das Gesetz fallenden Betriebe zu erreichen, indem die kleinsten meist auf die Arbeitsleistungen der Familie angewiesenen Betriebe dann nicht unter das Gesetz fallen würden, weil sie keine versicherten Arbeiter beschäftigen; und diese Verminderung der Betriebe war bisher stets als nothwendig gefordert worden. — In den Kommissionsverhandlungen und im Reichstage selbst ist über die Richtigkeit dieser Begründung lebhaft gestritten worden. Man hat sich schließlich dahin geeinigt, die Ausschließung der Familienangehörigen der Landesgesetzgebung zu überlassen, im Uebrigen aber sie nach Reichsgesetz versichert sein zu lassen (letzteres analog dem industriellen Unfallversicherungsgesetz). Entscheidend hierfür war wohl die Erwägung, daß man die Familienangehörigen von der Versicherung dort nicht ausschließen könne, wo man beabsichtige, die Grundsteuer der Beitragserhebung zu Grunde zu legen. „Denn dadurch würde sonst der selbst wirthschaftende Grundbesitzer, welcher vorwiegend oder ausschließlich mit seinen Kindern oder erwachsenen Geschwistern arbeitet, anderen gegenüber überlastet werden" (Komm.-Ber. S. 5), indem er nämlich in demselben Verhältniß wie seine mit Fremden arbeitenden Nachbarn die Lasten der Genossenschaft trägt, während deren Vortheile nur jenen, nicht aber auch ihm und seinen Söhnen u. s. w., zu Theil werden. In's Gewicht fiel auch die Erwägung, daß die Unfallversicherung in erster Reihe die Sicherung nach einem Unfall beabsichtige, diese aber wohl von einer leistungsfähigen Genossenschaft, nicht aber von einem einzelnen, in seiner Leistungsfähigkeit nicht unbedingt sichern Landwirth gewährleistet werde, zumal die Unterstützung oft bis zum Tode des Verletzten gewährt werden müsse; auch möchte der Ausschluß der Familienangehörigen ihrem Verbleiben im elterlichen Hause geradezu hinderlich sein, indem Vater und Sohn ein Interesse daran hätten, den letzteren gegen die Folgen der Unfälle zu sichern und deshalb seinen Eintritt in den Dienst von Fremden zu bevorzugen. Endlich wurde noch hervorgehoben, daß nach einem Unfall die Frage, ob ein Familienangehöriger Lohn bezogen habe oder nicht, und ob er deshalb als versichert gelten müsse oder nicht, zu vielfachen Streitigkeiten Anlaß geben werde (a. a. O.); dies um so mehr, als die Gewährung von Lohn lediglich im Belieben des eventuell zur Unterstützung des Verletzten aus eigenen Mitteln verpflichteten Familienhaupts liegt. Wenn die Gegner hervorgehoben haben, daß die Einschätzung der Betriebe für die Beitragserhebung (§ 36) durch die Einbeziehung der Familienangehörigen erschwert werde, so ist dies nicht zutreffend; das Gegentheil vielmehr ist richtig. Denn bei der Einschätzung wird der objektive Bedarf des Guts an Arbeitstagen ermittelt; sollen nun die Familienangehörigen nicht versichert sein, so muß von der Zahl der objektiv erforderlichen Arbeitstage subjektiv noch die Zahl derjenigen Arbeitstage abgezogen werden, welche durch versicherte Familienangehörige geleistet werdeu. Und welchem Wechsel ist das unterworfen!

Hiernach mögen diejenigen Länder, in denen die Verhältnisse dies gestatten, die Familienangehörigen von der Versicherungspflicht ausschließen; soweit dies nicht geschieht, sind die Familienangehörigen versichert. Soweit bekannt geworden, hat bisher ein landesgesetzlicher Ausschluß der Familienangehörigen nur rücksichtlich der in der Wirthschaft des Hausherrn beschäftigten Kinder unter 12 oder 14 Jahren hin und wieder stattgefunden. In Preußen ist Niemand ausgeschlossen. Wegen der Ehefrau vgl. Anm. 6.

[14]) Umfang, nicht Maaß. Das Maaß, bezw. die Höhe der Versicherung, dasjenige, was der verletzte Versicherte erhalten soll, ist durch das Reichsgesetz (§§ 6fg.) festgelegt. Vgl. Anm. 31 zu § 6. Zur Erleichterung der Umlagen

(§ 80) empfiehlt es sich, das Eintreten in die Versicherung und das Austreten aus derselben nur zum Beginn eines neuen Geschäftsjahres zuzulassen. Vgl. Anm. 17 zu § 22.

[15]) Betriebsbeamter. „Darüber, wer in der Land- oder Forstwirthschaft als Betriebsbeamter anzusehen ist, können im einzelnen Falle Zweifel obwalten, da es eine feste, gleichmäßige, begriffliche Grenze zwischen land- und forstwirthschaftlichen Arbeitern und Betriebsbeamten nicht giebt. Die Terminologie unterliegt in dieser Beziehung den größten Schwankungen. Personen, welche die gleichen Funktionen ausüben, werden von dem einen Besitzer als Arbeiter, von dem anderen als Beamte bezeichnet. Gleichwohl dürfte es nicht gerechtfertigt sein, den im Unfallversicherungsgesetz statuirten Unterschied zwischen Arbeitern und Betriebsbeamten hier ohne Weiteres aufzugeben, weil dadurch die landwirthschaftlichen Betriebsbeamten schlechter gestellt werden würden, als die industriellen. Der Entwurf schlägt vor, die Schwierigkeit dadurch zu lösen, daß die Berufsgenossenschaft für ihren Bezirk feststellt, wer als Betriebsbeamter anzusehen ist. Das örtliche Herkommen wird in dieser Beziehung den sichersten Maßstab für eine zutreffende Abgrenzung ergeben." (Mot. S. 50). Vgl. Anm. 7.

[16]) statutarische Bestimmung. Das Statut muß eine solche Bestimmung enthalten, § 22 Ziffer 12.

[17]) auch, außerdem die Aufzucht landwirthschaftlicher Nutzthiere (Pferdezucht, Schafzucht, Schweinezucht 2c., auch wenn sie selbständig betrieben wird; dagegen wird die Bienenzucht wohl nur dann hierher gehören, wenn sie Nebenbetrieb eines land- oder forstwirthschaftlichen Betriebs ist, weil die Biene kaum als landwirthschaftliches Nutzthier angesehen werden kann). Ferner gehört hierher der Weinbau, Obstbau, Gemüsebau. Vgl. Anm. 4.

[18]) Kunst- und Handelsgärtnerei, vgl. Anm. 1.

[19]) Die ausschließliche Bewirthschaftung von Haus- und Ziergärten; hierdurch werden insbesondere die Ziergärten städtischer Villenbesitzer ausgeschlossen, welche mit Landwirthschaft schon um deswillen nichts gemein haben, weil sie nicht des Nutzens halber betrieben werden. Die Abgrenzung gegen die Parkwirthschaft wird Sache der thatsächlichen Feststellung sein; Parkwirthschaft, welche nicht unerhebliche Unfallgefahr bietet, gehört zur Forstwirthschaft. Der Ausschluß trifft nur solche Besitzungen, bei welchen ausschließlich Haus- und Ziergärten in Frage kommen. Sind derartige Gärten dagegen mit einer Land- oder Forstwirthschaft verbunden, so gehört ihr Betrieb zur Land- und Forstwirthschaft, die in den Gärten beschäftigten Arbeiter sind dann also versichert, und der Besitzer gehört der Berufsgenossenschaft an. In diesem Sinne ist das Wort „ausschließlich" nach dem ganzen Zusammenhange und der Absicht des Gesetzes aufzufassen, nicht etwa in dem Sinne, daß dadurch nur ein Gegensatz zwischen Handelsgärtnerei und Privatgärtnerei ausgedrückt werden soll. Ein Antrag, diese Absicht redaktionell durch die Wortfassung:

dagegen nicht der ausschließliche Betrieb von Haus- und Ziergärten,

§ 2.

¹) Unternehmer der unter § 1 fallenden Betriebe sind berechtigt²), andere nach § 1³) nicht versicherte in ihrem Betriebe beschäftigte⁴) Personen und, sofern ihr Jahresarbeitsverdienst⁵) zwei- (Abs. 1.)

(§ 2 d. Entw. u. d. Komm.-Beschl.) Der § 2 entspricht dem § 2 U.-V.-G.

---

sofern damit nicht ein anderer versicherungspflichtiger land- oder forstwirthschaftlicher Betrieb verbunden ist,

zum zweifellosen Ausdruck zu bringen, wurde abgelehnt, weil man eben annahm, daß der Ausdruck des Gesetzes nicht mißverständlich sei. Vgl. Sten. Ber. 1885/86 S. 1911, 1914.

²⁰) Haus- und Ziergärten. Der ausgeschlossene Garten kann ausschließlich Hausgarten, oder ausschließlich Ziergarten, oder beides zusammen sein. Der Unterschied liegt darin, daß ein Ziergarten nur Ziersträucher, Rasenplätze ꝛc. enthält, ein Hausgarten hauptsächlich Gemüsebeete u. dgl., welche den Bedarf des eigenen Haushalts decken sollen. Die Ansicht des Verfassers, es erscheine nicht unzulässig, auch solche Parzellen (insbesondere städtischer Kleinbürger) als Hausgärten anzusehen, die abseits vom Hause, etwa im freien Felde, belegen sind und in Pacht oder zu Eigenthum besessen werden, sofern in solchen „Gärten" nur für den eigenen Wirthschaftsbedarf einiges Gemüse, Kartoffeln oder dgl. gebaut wird, ohne daß damit eine eigentliche Landwirthschaft, Kornbau ꝛc. verbunden sei, scheint das R.-V.-A. nicht zu theilen (A. N. IV. S. 240). Wo die Grenze zu finden, ist Gegenstand thatsächlicher Feststellung, welche nach den speciellen Verhältnissen des in Betracht kommenden Bezirks nicht schwer sein wird.

²¹) Betriebszweige, worunter sowohl Hauptbetriebe wie Nebenbetriebe verstanden werden. Dies ist im Reichstag ausdrücklich konstatirt, Sten. Ber. 1885/86 S. 1914. Vgl. auch Mot. z. Bau-U.-V.-G. (oben Seite 118 bei a).

Die hier vorgesehene Entscheidung des Reichs-Versicherungsamts umfaßt aber nur Kategorien, Betriebszweige, nicht auch einzelne Betriebe, also nicht die Frage, ob im einzelnen Fall ein spezieller Betrieb unter diejenigen Kategorien fällt, welche nach dem Gesetz und der Interpretation des Reichs-Versicherungsamts als land- oder forstwirthschaftliche Betriebe gelten. Derartige Specialfälle sind im Zweifelsfall nach §§ 38, 46, 48, bezw. §§ 64, 67 instanzmäßig zum Austrag zu bringen, und gelangen dann in letzter Instanz auch an das Reichs-Versicherungsamt, eventuell aber an das Landes-Versicherungsamt, wo ein solches errichtet ist. Ebenso ist es nach § 1 Abs. 4, 8 U.-V.-G. v. 6. 7. 84 nach der bisher konstant festgehaltenen Praxis.

²²) Reichs-Versicherungsamt, ohne Konkurrenz des Landes-Versicherungsamts, vgl. Anm. 21.

Zu § 2.

¹) Der § 2 enthält I. im ersten Absatz die gesetzliche Berechtigung der Unternehmer, a) sich selbst sowie b) andere Personen zu versichern, II. im zweiten Absatz die statutarische Erstreckung der Versicherungspflicht a) auf

tausend Mark nicht übersteigt, sich selbst zu versichern. Diese letztere Berechtigung kann durch Statut[6]) (§ 22) auf Unternehmer mit einem zweitausend Mark übersteigenden Jahresarbeitsverdienst erstreckt werden.

(Abs. 2.) Auch kann durch Statut die Versicherungspflicht auf Betriebsbeamte[7]) mit einem zweitausend Mark übersteigenden Jahresarbeitsverdienst und auf Betriebsunternehmer[8]) ausgedehnt werden, deren Jahresarbeitsverdienst zweitausend Mark nicht übersteigt.

(Abs. 3.) Bei Versicherung von Betriebsbeamten ist der volle Jahresarbeitsverdienst zu Grunde zu legen.[9])

Unternehmer und b) auf höher gelohnte Betriebsbeamte. Wegen der landesgesetzlichen Versicherungspflicht der Betriebsunternehmer vgl. § 1 Abs. 3.

Ia. Nach dem indnstr. Unf.-Vers.-Ges. ist es dem Statut überlassen, zu bestimmen, ob Unternehmer sich selbst sollen versichern dürfen. Hier dagegen wird ihnen (ebenso wie in dem Reg.-Entwurf des Unf.-Vers.-Ges., was aber damals von der Reichstags-Kommission geändert wurde) dieses Recht schon durch das Gesetz eingeräumt, sofern sie nicht mehr als 2000 Mark Jahresarbeitsverdienst haben, und dem Statut bleibt nur überlassen, dies Recht auch auf besser situirte Betriebsunternehmer auszudehnen. Natürlich hat dieses Recht der Unternehmer nur insoweit Bedeutung, als nicht schon durch Landesgesetz oder Statut ihre Versicherungspflicht begründet ist (cf. § 1 Abs. 3, § 2 Abs. 2); die Zubilligung dieses Rechts soll gewissermaßen die Versicherungspflicht ersetzen, und da, wo die Pflicht nicht besteht, angesessenen landwirthschaftlichen Berufsarbeitern jedenfalls die Möglichkeit geben, für diejenige Zeit, in welcher sie nicht in fremdem Betriebe thätig sind, gegen Unfälle sich zu versichern. Mot. S. 50: „Die weitere, bereits in dem allgemeinen Theil der Begründung hervorgehobene Abweichung von dem Unfallversicherungsgesetz, nach welcher Betriebsunternehmer, deren Jahresarbeitsverdienst 2000 M. nicht übersteigt, durch das Gesetz zur freiwilligen Versicherung ihrer Person ermächtigt sein sollen, empfiehlt sich, um den kleineren Unternehmern, welche häufig als Arbeiter bei anderen Unternehmern beschäftigt und während der Dauer dieser Beschäftigung versichert sind, die Versicherung auch für die Thätigkeit im eigenen Betriebe leicht zugänglich zu machen."

b. Ohne Begrenzung auf einen gewissen Jahresarbeitsverdienst ermächtigt das Gesetz die Unternehmer, andere in ihren Betrieben beschäftigte, nach § 1 nicht versicherte Personen gegen Unfall zu versichern. Vgl. Anm. 3, 4.

II a. Die statutarische Erstreckung der Versicherungspflicht auf kleinere Unternehmer tritt ergänzend neben das Versicherungsrecht derselben und neben die Ausdehnung der Versicherungspflicht durch das Landesgesetz. Natürlich tritt das Statut hinter das Landesgesetz zurück; es darf nicht in Widerspruch treten mit dem letzteren. Soweit aber das Landesgesetz Raum läßt, kann neben demselben die statutarische Erstreckung des Versicherungszwanges Bedeutung haben. Für die landesgesetzliche Erstreckung besteht keine Grenze, wohl aber für die statutarische Erstreckung, nämlich ein Jahresarbeitsverdienst von 2000 M. Man wird zugeben müssen, daß hiernach allen Verhältnissen landwirthschaftlicher Besitzer Rechnung getragen werden kann.

b. Die statutarische Erstreckung der Versicherungspflicht für höher gelohnte Betriebsbeamte findet sich ebenso im industr. Unf.-Vers.-Ges. (§ 2).

²) berechtigt. Ueber die Anmeldung und Abmeldung bei Ausübung dieses Rechts bezw. den Ausschluß freiwillig Versicherter vgl. § 22 Ziffer 12 sowie Anm. 17 zu § 22.

³) nach § 1, oder den auf Grund desselben ergangenen landesgesetzlichen Bestimmungen. Insbesondere können hiernach Familienangehörige, falls deren Versicherungspflicht durch ein Landesgesetz ausgeschlossen werden sollte, von dem Unternehmer freiwillig bei der Berufsgenossenschaft versichert werden.

⁴) beschäftigte Personen. Hierher gehören außer den in Anm. 3 bezeichneten Personen Volontaire, die weder Beamte noch Arbeiter sind; Schüler technischer Lehranstalten (A. N. III. S. 193); Forstlehrlinge; Betriebsbeamte mit mehr als 2000 M. Jahresverdienst, falls dieselben nicht statutarisch der Versicherungspflicht unterworfen sein sollten; Personen, welche lediglich Arbeiten als Schreiber, Rechnungsführer 2c. besorgen, u. A. Vgl. Anm. 3 zu § 1.

⁵) Jahresarbeitsverdienst, „weil es die durch einen Unfall zerstörte oder geminderte Arbeitsfähigkeit ist, für welche das vorliegende Gesetz Entschädigung gewähren will." (Komm.-Ber. S. 8). Jahresarbeitsverdienst in diesem Sinne ist das Einkommen, welches der Unternehmer eines landwirthschaftlichen oder forstwirthschaftlichen Betriebes nicht nur durch gelohnte Arbeitsthätigkeit irgend welcher Art, sondern auch durch die von ihm selbst geführte oder geleitete Bewirthschaftung seines Grundstücks, die den selbständigen Betrieb eines neben der Landwirthschaft betriebenen Gewerbes 2c. hat. Die Einnahmen aus der eigenen Bewirthschaftung des Grundstückes, einem selbstbetriebenen Gewerbe 2c. werden sich aus der Steuereinschätzung ergeben. Da es sich um den Arbeitsverdienst handelt, wird die Brutto-Einnahme maßgebend sein. Nicht in Betracht zu ziehen sind die Einnahmen aus Baarvermögen, sowie ähnliche, ohne wesentliche Arbeit erworbene Bezüge.

Ueber die Ermittelung des Jahresarbeitsverdienstes der Betriebsunternehmer muß das Statut Bestimmung treffen, § 3 Abs. 2, § 22 Ziffer 12.

⁶) Statut. Vgl. § 22 Ziffer 12 sowie Anm. 17 zu demselben. Bei den

einer Ber.-Gen. nicht angeschlossenen fiskalischen Betrieben treten an die Stelle des Statuts die Ausführungsvorschriften, §§ 104, 108.

[7]) Betriebsbeamte. „Für die Betriebsbeamten mit einem 2000 Mark übersteigenden Jahreseinkommen liegt ein gleich dringendes Bedürfniß zur Unfallfürsorge nicht vor, vielmehr wird es im Allgemeinen, soweit nicht das Haftpflichtgesetz Anwendung findet, der Vereinbarung der Betheiligten überlassen werden können, die Voraussetzung und den Umfang der Fürsorge vertragsmäßig festzustellen, welche ihnen im Falle eines sie treffenden Unfalls zutheil werden soll. Da jedoch die möglichst vollständige Beseitigung der durch die Anwendung des Haftpflichtgesetzes bei eintretenden Unfällen nothwendigerweise entstehenden erbitternden Streitigkeiten zwischen den Betriebsunternehmern und ihren Beamten als das anzustrebende Ziel angesehen werden muß, so ist neben der obligatorischen Unfallversicherung des § 1 auch für die Betriebsbeamten mit einem 2000 Mark übersteigenden Arbeitsverdienst die Möglichkeit eröffnet worden, daß die Berufsgenossenschaft statutarisch die Unfallversicherungspflicht nach Maßgabe des Entwurfs auf dieselben ausdehnen kann. Erfolgt diese Ausdehnung, so finden auch auf die Versicherung dieser Beamten alle Bestimmungen des Entwurfs gleichmäßige Anwendung."

„Bis zu welchem Betrage des Jahreseinkommens die Unfallversicherung der Beamten Platz greifen soll, ist ebenfalls Sache der statutarischen Beschlußfassung" (Mot. z. U.-V.-G. S. 44).

Diese Begründung der gleichen Bestimmung des Unf.-Vers.-Ges. trifft auch für die Land- und Forstwirthschaft zu; wenngleich das Haftpflichtgesetz (vom 7. Juni 1871) für diese nicht gilt, so bestehen doch auch hier landwirthschaftliche Schadensersatzansprüche gegen Betriebsunternehmer (vgl. in Preußen Th. I Tit. 6. Allg. Landrecht, sowie code civil), welche für die durch Unfallversicherung gedeckten Betriebsbeamten beseitigt werden.

[8]) Betriebsunternehmer, alle oder einzelne Kategorien. So ist es z. B. zulässig, die Versicherungspflicht nur bis zu einer bestimmten Größe oder bis zu einem bestimmten Werthe des Besitzes, etwa bis zu einem Grundsteuerreinertrage von 100 Mark, oder nach Klassen der Grundeigenthümer, etwa bis einschl. des Halbbauern oder des Büdners einzuführen; innerhalb dieser Grenzen würden dann diejenigen Besitzer ausgeschlossen sein, deren Jahresarbeitsverdienst die Grenze nach näherer Bestimmung des Statuts (Anm. 6) übersteigt. Die Versicherungspflicht der Betriebsunternehmer sollte das Statut jedenfalls dann aussprechen, wenn die Umlegung der Beiträge nach Steuern in Aussicht genommen ist, vgl. Anm. 13 zu § 1.

[9]) zu Grunde zu legen, wie in § 2 Abs. 1 U.-V.-G. Wird also die Versicherungspflicht auf Beamte etwa bis zu 3000 Mark Jahresverdienst erstreckt, so ist für deren Entschädigung im Falle eines Unfalls auch dieser ihr Jahresverdienst (vorbehaltlich der Bestimmungen des § 6, insbesondere der Reduktion des über 4 Mark täglich hinausgehenden Betrages) zu Grunde zu legen. Eine Versicherung zu einem Minderbetrage ist unzulässig; es darf

§ 3.

[1]) Als Jahresarbeitsverdienst[2]) der Betriebsbeamten, soweit sich derselbe nicht aus mindestens wochenweise fixirten Beträgen zusammensetzt, gilt das Dreihundertfache des[3]) durchschnittlichen täglichen Verdienstes[4]) an Gehalt oder Lohn. Als Gehalt oder Lohn gelten dabei auch feste Naturalbezüge[5]). Der Werth der letzteren ist nach Durchschnittspreisen[6]) in Ansatz zu bringen. Dieselben werden von der unteren Verwaltungsbehörde[7]) festgesetzt. (Abs. 1.)

Ueber die Ermittelung[8]) des Jahresarbeitsverdienstes[9]) der Betriebsunternehmer hat das Statut (§ 22) Bestimmung zu treffen. (Abs. 2.)

(§ 3 d. Entw. u. d. Komm.-Beschl.) Der § 3 entspricht dem § 3 U.-V.-G.

---

nicht bestimmt werden, daß Betriebsbeamte bis zu 3000 Mark Einkommen versichert sein müssen, daß aber ihre Versicherung sich nur auf ein Theileinkommen, etwa in Höhe von 1500 Mark, beziehen soll.

Zu § 3.

[1]) Ueber den Jahresarbeitsverdienst der Arbeiter und anderer, von dem Unternehmer versicherter Personen disponirt der § 6. Für Arbeiter gelten Durchschnittssätze, für Betriebsbeamte der individuelle Verdienst, für Betriebsunternehmer entweder die Durchschnittssätze für Arbeiter oder andere dem Statut überlassene Bestimmungen, für andere versicherte Personen (§ 2), sofern dieselben nicht Betriebsbeamte sind, die Durchschnittssätze für Arbeiter. Das Unfallversicherungsgesetz für die Industrie rechnet überall mit dem Individualverdienst. Daraus, daß für landwirthschaftliche Arbeiter von dem Individualverdienst abgesehen worden ist, ergiebt sich eine erhebliche Erleichterung für die Landwirthschaft.

[2]) Jahresarbeitsverdienst. Die hier vorgeschriebene Berechnung ist zunächst maßgebend für die Beurtheilung der Versicherungspflicht der Beamten (§§ 1, 2), sodann aber auch mit gewissen Einschränkungen für die Bemessung der Rente (§ 6 Abs. 4) sowie für die Berechnung der Beiträge (§ 80).

[3]) des d. h. seines.

[4]) des durchschnittlichen täglichen Verdienstes, den der Beamte in dem betr. Betriebe bezieht.

[5]) feste Naturalbezüge. Dazu gehören u. a. freie Wohnung, Feuerung, Viehweide, Kartoffelland, Leinaussaat 2c. Diese Bezüge müssen „feste" sein, d. h. ihrer Gattung nach gefordert werden können, nicht nur in das Belieben des Gebenden gestellt sein. Daß sie ihrem Geldwerth nach fixirt sind, ist nicht erforderlich, vgl. Anm. 6. Es ist unerheblich, ob die Naturalien allein oder neben baarem Gehalt bezogen werden. Nicht fixirte Naturalbezüge sind nicht zu berechnen. (Nach dem Unf.-Vers.-Ges. brauchen die Naturalien nicht „fest" zu sein.)

Was außerdem zum Gehalt oder Lohn zu rechnen sei, ist nach allgemeinen Grundsätzen zu bestimmen. Jedenfalls gehören dazu die Miethsentschädigungen und Dienstwohnungen (vgl. Erk. d. R.-O.-H.-G. v. 26. Okt. 75). Nebenbezüge, die sich nicht als Naturalbezüge bezeichnen lassen, sind, wenn sie auch dem Betrage nach nicht fest bestimmt sind, vielmehr sich nur aus Durchschnittsbeträgen berechnen lassen, als ein Theil des Diensteinkommens zu betrachten. Dies gilt aber nur, soweit solche Nebenbezüge den Charakter eines Gehaltszuschusses haben, nicht, soweit sie als Repräsentations- oder Dienstaufwandskosten oder als Erstattung von Auslagen (z. B. für Dienstreisen, Schreibhülfe u. a.) anzusehen sind. Vgl. Eger, Haftpflichtgesetz, II. Aufl. S. 318. Ebenso wird in A. N. I. S. 366 der Ersatz für Dienstreisen und in A. N. III. S. 356 eine Pauschalentschädigung für auswärtiges Logis als Erstattung baarer Auslagen nicht zum Diensteinkommen gerechnet, wohl aber die Entschädigung für freie Kost, weil diese „ihrem ganzen Umfange nach als ein dem regelmäßigen Arbeitslohn hinzutretender wirthschaftlicher Vortheil anzusehen" ist, A. N. III. S. 356.

Tantiemen sind nicht in Rechnung zu ziehen, während sie nach dem Unf.-Vers.-Ges. (§ 3) im Ansatz zu bringen sind. Mot. S. 50: „Bei Berechnung des Arbeitsverdienstes der Betriebsbeamten wird man hier von der Anrechnung von Tantiemen absehen müssen, weil deren Höhe in der Land- und Forstwirthschaft einem weit größerem Wechsel unterworfen ist, als in der Industrie, und die Berücksichtigung eines so unsicheren Verdienstes insbesondere bei Feststellung der Rente leicht erhebliche Schwierigkeiten herbeiführt. Die Tantiemen der landwirthschaftlichen Betriebsbeamten hängen überdies weit mehr, als die der industriellen, von rein zufälligen Umständen ab. Uebrigens kommen Tantiemen hier bei Beamten, deren Jahreseinkommen 2000 Mark nicht übersteigt, nur in seltenen Fällen oder gar nicht vor."

6) Durchschnittspreise, örtlich und zeitlich zu verstehen.

7) untere Verwaltungsbehörde, § 129. Im ind. U.-V.-G. fehlt die Bestimmung, wem die Festsetzung obliegt, cf. v. Woedtke Komm. z. U.-V.-G., 3. Aufl. Anm. 2 zu § 3.

8) Ermittelung, d. h. nach welchen Grundsätzen der Jahresarbeitsverdienst zu berechnen ist. Die bei der Anwendung dieser Grundsätze auf den einzelnen Fall etwa entstehenden Streitigkeiten werden von der Genossenschaft unter Vorbehalt der Beschwerde an das Reichs-(Landes-)Versicherungsamt entschieden, vgl. § 97. Auf Grund dieser Bestimmungen wird das Versicherungsrecht bezw. die Versicherungspflicht der Unternehmer festgestellt. Der so festgestellte Jahresarbeitsverdienst der Unternehmer ist aber nicht ohne Weiteres maßgebend für die Höhe der Renten (§ 6 Abs. 5) und der Beiträge (§ 80). Sollen auch diese von dem nach § 3 ermittelten Jahresarbeitsverdienst abhängig sein, so muß dies durch das Statut ausdrücklich bestimmt werden, widrigenfalls Rente und Beiträge wie für Arbeiter berechnet werden.

9) Jahresarbeitsverdienst cf. Anm. 5 zu § 2.

Reichs-, Staats- und Kommunalbeamte.

§ 4.

[1]) Auf die im § 1 des Gesetzes, betreffend die Fürsorge für Beamte und Personen des Soldatenstandes in Folge von Betriebsunfällen, vom 15. März 1886 (Reichs-Gesetzbl. Seite 53) bezeichneten Personen, auf Beamte, welche in Betriebsverwaltungen eines Bundesstaates oder eines Kommunalverbandes[2]) mit festem Gehalt[3]) und[4]) Pensionsberechtigung angestellt sind[5]), sowie auf andere Beamte eines Bundesstaates oder Kommunalverbandes, für welche die in § 12 a. a. O. vorgesehene Fürsorge in Kraft getreten ist, findet dieses Gesetz keine Anwendung.

(§ 4 d. Entw. u. d. Komm.-Beschl.) Der § 4 entspricht dem § 4 U.-V.-G.

Zu § 4.

[1]) Für Beamte, welche in Betrieben des Reichs, eines Bundesstaates oder eines Kommunalverbandes mit festem Gehalt und Pensionsberechtigung angestellt sind, soll nach dem im Unfallvers.-Gesetz (§ 4) zum Ausdruck gebrachten Grundsatz die Unfallversicherung keine Anwendung finden, weil dadurch in die Pensionsgesetzgebung in unerwünschter Weise eingegriffen würde. Für diese Personen soll vielmehr die Fürsorge bei Unfällen auf dienstpragmatischem Wege geregelt werden. Dieser Grundsatz ist auch in dieses Gesetz übergegangen.

Mit der dienstpragmatischen Regelung der Unfallfürsorge seiner Beamten ist das Reich vorangegangen. Durch das Ges., betr. die Fürsorge für Beamte und Personen des Soldatenstandes in Folge von Betriebsunfällen, vom 15. März 1886 (R.-G.-Bl. S. 53) sind nicht nur die mit Gehalt und Pensionsberechtigung angestellten und deshalb nach § 4 U.-V.-G. von je her aus der Unfallversicherung eximirten Beamten, sondern alle Beamten in Betrieben des Reichs, welche auf Grund von Reichsgesetzen der Unfallversicherung unterliegen, eventuell unter Heraushebung aus der Unfallversicherung der dienstpragmatischen, in gleicher Höhe wie bei der Unfallversicherung bemessenen Fürsorge unterstellt. Dies gilt auch für Personen des Soldatenstandes, die als solche (cf. Anm. 6 zu § 1) in unfallversicherungspflichtigen Betrieben beschäftigt werden. In demselben Gesetz ist ferner verordnet, daß auch die einzelnen Bundesstaaten und Kommunalverbände ihre Beamten aus den Gesetzen über Unfallversicherung herausheben dürfen, sofern sie diesen Beamten bei Unfällen eine gleichartige Fürsorge auf dienstpragmatischem Wege zuwenden.

Diese Bestimmungen waren in dem vorliegenden Gesetz zu berücksichtigen. Der § 4 nimmt hiernach folgende Kategorien von Beamten von der Wirksamkeit dieses Gesetzes aus:

1. Alle in der Land- oder Forstwirthschaft dienstlich beschäftigten Reichsbeamten und Personen des Soldatenstandes. Für

9*

diese ist die Unfallfürsorge durch §§ 1 fg. des angezogenen Reichsgesetzes v. 15. März 1886 geregelt und diese Fürsorge tritt für die Reichsbeamten in der Land- und Forstwirthschaft mit demselben Tage in Wirksamkeit, mit welchem die materiellen Bestimmungen des vorliegenden Gesetzes über die Unfallversicherung der Arbeiter in der Land- und Forstwirthschaft in Kraft gesetzt werden.

2. Diejenigen Staats- und Kommunalbeamten, welche in land- oder forstwirthschaftlichen Betrieben mit festem Gehalt und Pensionsberechtigung angestellt sind, gleichgültig, ob für diese durch Landesgesetz oder statutarische Bestimmung des Kommunalverbands gesorgt wird oder nicht. Diese Beamten sollen auf die Fürsorge des Staats bez. der Gemeinde, welche sie anstellt, verwiesen werden, vgl. oben; man nimmt an, daß Staat und Gemeinde schon im eigenen Interesse, um nicht geeignete und leistungsfähige Beamtenkräfte an die Privatverwaltungen zu verlieren, nicht unterlassen werden, ihren Beamten dasselbe zuzuwenden, was nach diesem Gesetz den Privatbeamten zu Theil wird. „Sollte sich diese Voraussicht nicht bewahrheiten oder sollten die Unregelmäßigkeiten, die aus der Verschiedenartigkeit der Fürsorge innerhalb der einzelnen Länder sich herausstellen, unangenehme und den Absichten dieses Gesetzes widersprechende Folgen haben, so wird in Frage kommen, ob man nicht im Wege des Spezialgesetzes das Ziel, das die Regierungen in der Tendenz vollständig theilen", (nämlich die gleichartige Unfallversicherung aller Beamten) „erreichen kann" (cf. Rede des Staatssekr. des Innern, H. Staatsministers v. Boetticher, Sten. Ber. 1884. S. 785).

3. Diejenigen anderen (d. h. nicht mit Gehalt und Pensionsberechtigung fest angestellten) Staats- und Kommunalbeamten, für welche durch Landesgesetz oder Gemeindestatut kraft der in § 12 des Reichs-Ges. v. 15. März 1886 ertheilten Ermächtigung die Unfallfürsorge gleichfalls dienstpragmatisch geregelt werden sollte. Dies ist u. a. in Preußen durch das dem Reichsgesetz v. 15. 3. 86 nachgebildete Landesgesetz v. 18. Juni 1887 (Ges.-Sammlg. S. 282) geschehen. Alle Preußischen Staatsbeamten, welche in land- oder forstw. Betrieben beschäftigt sind, z. B. alle Preußischen Staatsforstbeamten, unterliegen daher nicht mehr der Unfallversicherung nach dem vorliegenden Reichsgesetz, sondern dem Preußischen Beamten-Fürsorgegesetz. In anderen Staaten und in Kommunalverbänden aber bleiben solche Beamte unter dem vorliegenden Gesetz, solange eine solche Regelung nicht erfolgt.

Das vorliegende landwirthsch. Unfall-Vers.-Gesetz bezieht sich also auf keinerlei Beamte von Reichsbetrieben, nicht auf dienstlich beschäftigte Personen des Soldatenstandes, nicht auf fest angestellte und pensionsberechtigte Beamte in Staats- und Kommunalbetrieben, wohl aber in einzelnen Staaten auf die nicht

Gegenstand der Versicherung und Umfang der Entschädigung.

§ 5.

Gegenstand der Versicherung ist der nach Maßgabe der nachfolgenden Bestimmungen zu bemessende Ersatz des Schadens[1]), welcher durch Körperverletzung[2]) oder Tödtung[3]) entsteht. Der Anspruch[4]) ist ausgeschlossen, wenn der Verletzte den Betriebsunfall vorsätzlich[5]) herbeigeführt hat.

(§ 5 d. Entw. u. d. Komm.-Beschl.) Der § 5 entspricht § 5 Abs. 1 und 7 U.-V.-G.

---

fest oder nicht mit Pensionsberechtigung angestellten Beamten in Staats- und Kommunalbetrieben, bis entsprechende dienstpragmatische Bestimmungen für sie erlassen sind, wie dies z. B. in Preußen geschehen ist.

²) Kommunalverband, weiterer (Kreis, Provinz rc.) oder engerer (Gemeinde). Beamte anderer Korporationen, die nicht Kommunalverbände sind (Stifter, Kirchen rc.), fallen unter diese Ausnahme — welche, wie alle Ausnahmen, einschränkend zu interpretiren ist — auch dann nicht, wenn sie ebenso wie die Beamten des Staates rc. gegen Gehalt und Pensionsberechtigung angestellt sind.

³) Gehalt, § 3 Abs. 1. Vorübergehend bewilligte Tagegelder, Diäten rc. sind kein festes „Gehalt".

⁴) und. Die Ausnahmestellung der Staats- rc. Beamten tritt nur dann ein, wenn sie nicht nur festes Gehalt beziehen, sondern auch Pensionsberechtigung haben. Letztere ist das wesentlichere.

⁵) angestellt. Ob die Anstellung eine dauernde oder ob sie auf Probe, Kündigung, Widerruf, auf Zeit oder in anderer Weise erfolgt ist, ob der Beamte vereidigt ist oder nicht, macht keinen Unterschied. Es entscheidet neben der Pensionsberechtigung nicht die „feste Anstellung", sondern das „feste Gehalt", welches der Beamte während der Anstellung erhält.

Zu § 5.

¹) Ersatz des Schadens, nicht auf Grund des Civilrechts und der civilrechtlichen Verschuldung, sondern auf Grund einer öffentlich geregelten Versicherung, ohne Rücksicht auf Verschulden. Die civilrechtliche Haftpflicht ist insbesondere um deswillen aufgegeben worden, weil der civilrechtliche Schadenanspruch gegen denjenigen, der den Schaden verursacht hat, (wegen der Beweislast, der zweifelhaften Leistungsfähigkeit des Verpflichteten, der schwierigen Feststellung des Verschuldens rc.) zu einer genügenden Fürsorge nicht ausreicht und einer anderen civilrechtlichen Regelung des Ersatzanspruchs erhebliche Gründe entgegenstanden. Vgl. S. 52 fg.

Mit der aus Anlaß der Dürftigkeit eintretenden Armenunterstützung hat die Unfallfürsorge, deren Eintritt von der Bedürftigkeit nicht abhängt, nichts anderes gemein, als daß beide einer öffentlich-rechtlichen Versorgung entspringen; im Uebrigen sind sie durchaus verschiedener Natur. So können denn auch die Folgen, welche das positive Recht an den Bezug öffentlicher Armenunterstützung knüpft, auf den Bezug von Unfallentschädigung nicht ausgedehnt werden. Insbesondere gilt dies von den Wahlrechten des Empfängers, welche also erhalten bleiben. Vgl. Näheres in v. Woedtke, Krankenversicherung, Anm. 1 zu § 77.

²) Körperverletzung oder Tödtung, d. h. wenn dieselben mittelbar oder unmittelbar als Folge eines bei dem Betriebe sich ereignenden Unfalles sich darstellen, cf. § 1 und Anm. 10, 11 zu demselben. Ersetzt wird nur Schaden an Leib und Leben, nicht auch Sachbeschädigung (an Kleidern 2c.) oder anderer Nachtheil. Ungeeignetes Verhalten des Verletzten während des Heilverfahrens (z. B. Nichtbefolgung der ärztlichen Vorschriften, Trunkfälligkeit 2c.) schließt nach den Bestimmungen des Gesetzes über das Verschulden der Arbeiter bei der Entstehung des Unfalls (vgl. Anm. 1) auch den Entschädigungsanspruch aus, wenn der Verletzte dadurch absichtlich den Tod oder schwere Nachtheile für seine Gesundheit herbeigeführt hat. Aber auch im Uebrigen bleibt die Entschädigung ausgeschlossen, wenn und soweit zwischen den Folgen und dem Betriebsunfall ein ursächlicher Zusammenhang nicht mehr besteht, und dies gilt insbesondere dann, wenn die völlige oder theilweise Erwerbsunfähigkeit (bzw. ein bestimmter Grad der letzteren) nachweislich nur in Folge eines schuldhaften Verhaltens des Verletzten in Bezug auf die ärztlichen Anordnungen verblieben ist (A. N. IV. S. 196). Es wird hier viel auf sachverständiges Gutachten und ärztlichen Ausspruch ankommen. Besonderen Benachtheiligungen durch Verschleppen der Krankheit, Simulation 2c. kann übrigens die Genossenschaft in vielen Fällen durch Unterbringung des Verletzten in ein Krankenhaus (§ 8) oder durch Selbstübernehmen der ärztlichen Behandlung des Verletzten während der ersten 13 Wochen nach dem Unfall (§ 10) entgehen.

Körperverletzung ist hier wie im Reichsstrafrecht (§ 223 Str.-G.-B.) jede Einwirkung auf den Körper eines Menschen, durch welche derselbe eine Störung des körperlichen Wohlbefindens erleidet. Vgl. Oppenhoff, Anm. 2 zu § 223 Str.-G.-B. Sie ist nicht auf äußere Verletzung (laesio) des Körpers (Verwundungen und Verstümmelungen) beschränkt, sondern umfaßt auch Störungen der inneren Körpertheile, überhaupt aller Funktionen der äußeren und inneren Organe. So gehören auch Störungen der geistigen Funktionen (eigentliche Geisteskrankheiten, Gedächtnißschwäche 2c.) hierher; cf. Eger, Haftpflichtgesetz, II. Aufl., S. 61 u. 62. Dagegen genügt nicht ein bloßes körperliches Mißbehagen, sondern die Körperverletzung muß die Arbeitsfähigkeit beeinträchtigen, bez. einen materiellen Schaden hervorrufen. Die Einwirkung kann auch eine psychische (Gemüthserschütterung, Schreck 2c.) sein, Erk. des R.-Ob.-Hand.-Ger. v. 2. Febr. 1877 (Entsch. 21, S. 412). Wenn auch die Körperverletzung in der Regel und nach der Natur der Sache als gewaltsam und plötzlich sich darstellen wird, so ist begreiflich doch auch eine allmählig körperschädigende Wirkung nicht ausgeschlossen, sobald dieselbe durch einen „Unfall", d. h. ein plötzlich wirkendes Ereigniß, nicht durch den regelmäßigen normalen Betrieb (Anm. 11 zu § 1) hervorgerufen wird, dessen schädliche Folgen erst nach und nach hervortreten. So werden die allmählig sich geltend machenden Folgen außergewöhnlicher Betriebsereignisse 2c. (z. B. einer Kesselexplosion bei einem Dampfpflug, oder eines Schlages durch einen umfallenden Baum beim Holzfällen, wodurch etwa Rückenmarksentzündung hervorgerufen wird), als eine durch Betriebsunfall hervorgerufene Körperverletzung im Sinne dieses Gesetzes anzusehen sein, nicht aber z. B. die allmählige Erblindung des wegen seines Berufs als Heizer der Einwirkung der Hitze und der Flugasche aus der Feuerbuchse der Maschine regelmäßig ausgesetzen Arbeiters, ebensowenig Steifigkeit der Hand, welche ein Arbeiter dadurch erleidet, daß seine Hand in Folge langdauernder Handhabung der Schaufel schwielig wurde und der schwielige Theil der Hand sich entzündete (A. N. II. S. 252).

[3]) Tödtung. Der Tod kann sofort oder erst später eintreten. Es ist nur erforderlich, daß er Folge eines bei dem Betriebe sich ereignenden Unfalls ist; der Unfall muß wirklich die unmittelbare oder mittelbare Ursache des Todes sein. Das ist er auch, wenn nach einem Betriebsunfall Blutvergiftung hinzutritt und den Tod zur Folge hat (A. N. III. S. 8). Derselbe Gesichtspunkt wird auch entscheiden, wenn mehrere Ursachen zusammenwirken, um den Tod oder die Körperverletzung herbeizuführen, denn der Schadenersatz ist gesetzlich fixirt, kann also nicht wie nach dem Civilrecht je nach dem Maße, in welchem die verschiedenen Ursachen (u. a. das Verschulden des Verletzten) zusammengewirkt haben, abgestuft werden (cf. Eger, Haftpflichtgesetz, II. Aufl., S. 67). Es genügt, wenn der Unfall beim Zusammenwirken mehrerer Ursachen mit in's Gewicht fällt (A. N. III. S. 134). Hiernach bleibt der Anspruch an sich bestehen, wenn der Unfall den wegen eines bisherigen Leidens des Verletzten voraussichtlich nahe bevorstehenden Tod nur beschleunigt, oder wenn sonst der körperliche Zustand die Folgen der Verletzung (deren Schwere und Dauer) verschlimmert, z. B. wenn ein Augenkranker in Folge des Unfalls das Sehvermögen verliert, während ein Mann mit gesunden Augen nur eine Schwächung der Sehkraft hätte davon tragen können, wenn Alter, zarte Konstitution, schwache Knochen, anderweite bestehende Leiden (z. B. Lungenemphysem) 2c. in ihrem Zusammenwirken mit der Verletzung die Erwerbsunfähigkeit bedingen oder beschleunigen (A. N. III. S. 134). Jedoch werden in solchen Fällen die Entschädigungen nach Maßgabe des § 6 Abs. 6 gemindert, sobald die zur Zeit des Unfalls bestehende Körperverfassung schon damals die Erwerbsfähigkeit minderte oder ausschloß. Vgl. auch Anm. 2.

[4]) Anspruch, sowohl der Verletzten (§ 6), wie der Hinterbliebenen (§ 7). Bei den Berathungen über das industr. Unf.-Vers.-Ges. ist die Bestimmung der Vorlage, daß die Hinterbliebenen auch bei Vorsatz des Verletzten ihre Entschädigungsansprüche behalten sollten, von der Reichstagskommission gegen den Widerspruch eines Regierungsvertreters gestrichen worden, weil diese Bestimmung „eine Verletzung des Rechtsgefühls, unter Umständen sogar einen Anreiz zum Selbstmord einzuschließen scheine. Daß die Industrie für die Hinterbliebenen eines Arbeiters aufkommen solle, der einen Unfall vorsätzlich herbeige-

§ 6.

(Abs. 1.) **Im Falle der Verletzung soll der Schadensersatz bestehen:**

1. in den Kosten des Heilverfahrens[1]), welche vom Beginn der vierzehnten Woche[2]) nach Eintritt[2a]) des Unfalls an entstehen[3]),

2. in einer dem Verletzten vom Beginn der vierzehnten Woche[2]) nach Eintritt des Unfalls an für die Dauer[4]) der Erwerbsunfähigkeit zu gewährenden Rente[5]).

(§ 6 d. Entw. u. d. Komm.-Beschl.) Die Abs. 1 und 2 entsprechen dem § 5 Abs. 2, 6 U.-V.-G.; Abs. 4 (wegen der Rente der Betriebsbeamten) ist dem § 5 Abs. 3 bis 5 U.-V.-G. (Rente aller Verletzten) nachgebildet; Abs. 3, 5, 6 sind neu.

---

führt, möglicherweise nicht nur sich, sondern auch Andere verletzt und die Unternehmer in hohem Grade geschädigt habe, lasse sich nicht rechtfertigen, zumal ein durch Vorsatz herbeigeführter Unfall nicht als ein Betriebsunfall im eigentlichen Sinne angesehen werden könne. Habe zudem der Verunglückte selbst keinen Anspruch gehabt, so könne derselbe auch nicht auf seine Angehörigen übergehen" (Kom.-Ber. z. U.-V.-G. S. 16). Bei dem vorliegenden Gesetz ist man hierauf nicht mehr zurückgekommen.

[5]) vorsätzlich. Ueber die Nothwendigkeit, die Schuldfrage zurücktreten zu lassen, vgl. S. 59. Vorsatz ist bewußtes Wollen einer Thatsache, hier also des Betriebsunfalls, d. h. des Ereignisses, welches eine nachtheilige Einwirkung hervorrief (vgl. Anm. 11 zu § 1). Der Vorsatz „soll sich auf die Kausalität der Handlung, nicht auf ihre juristische Qualifikation beziehen", vgl. v. Liszt Lehrbuch des Strafrechts 2. Aufl. S. 158 und Rosin a. a. O. S. 318. Der Vorsatz hat nur Zurechnungsfähigkeit zur Voraussetzung. Beim Vorsatz will man einen bestimmten Erfolg, beim Versehen ist er nicht gewollt, cf. Förster, Theorie u. Praxis d. Preuß. Privatrechts I. 3. Aufl. S. 143. Wer sich verletzen wollte (gleichgültig, ob er eine leichtere, oder dieselbe schwere Verletzung herbeizuführen beabsichtigte, welche er demnächst thatsächlich davongetragen hat), oder wer Andere verletzen wollte und dabei sich selbst beschädigte, erhält für sich und seine Angehörigen keine Unfallentschädigung. Vgl. auch Anm. 8 zu § 116.

Zu § 6.

[1]) Heilverfahren ohne Beschränkung, wie sie das Krankenversicherungsgesetz kennt (in der Gemeindekrankenversicherung werden nur freie ärztliche Behandlung, freie Arznei, und freie [sog. kleine] Heilmittel, wie Brillen und Bruchbänder gewährt [§ 6 a. a. O.]). Es steht zu erwarten, daß die Berufsgenossenschaften schon im eigenen Interesse, um die Erwerbsfähigkeit des Verletzten thunlichst zu erhalten oder baldmöglichst wieder herzustellen, wodurch sich die demselben zu gewährende Rente mindert (cf. § 6 Abs. 1 Nr. 2, Abs. 2; § 65), für ein von Anfang an möglichst intensives Heilverfahren (z. B. durch Unterbringung in Krankenhäuser 2c.) sorgen werden. Das Gesetz selbst weist

Die Rente beträgt[6]: (Abs. 2.)

a) im Falle völliger[7]) Erwerbsunfähigkeit für die Dauer[8]) derselben sechsundsechszigzweidrittel Prozent[9]) des Arbeitsverdienstes[10]),

b) im Falle theilweiser[11]) Erwerbsunfähigkeit für die Dauer[8]) derselben einen Bruchtheil[12]) der Rente unter a, welcher nach dem Maße der verbliebenen Erwerbsfähigkeit zu bemessen ist.

---

die Berufsgenossenschaften darauf hin, indem es sie ermächtigt, während der ersten 13 Wochen nach dem Unfall, in welchen die Sorge für den Verletzten den Krankenkassen bez. den Gemeinden obliegt, das Heilverfahren selbst zu übernehmen (§ 10 Abs. 4). Von dieser Ermächtigung werden die Berufsgenossenschaften namentlich da Gebrauch machen, wo die Besorgniß besteht, daß die Mangelhaftigkeit der Fürsorge in den ersten Wochen die Heilung verzögern oder beeinträchtigen werde. Es erscheint aber auch nicht ausgeschlossen und ist aus gleichem Grunde gewiß oft zu empfehlen, daß die Berufsgenossenschaften, wenn sie die volle Fürsorge während der ersten 13 Wochen (unentgeltlich!) nicht übernehmen wollen, in dieser Zeit doch wenigstens aus eigenen Mitteln dazu beisteuern, um dem Verletzten zur Beschleunigung der Heilung auch andere Heilmittel zukommen zu lassen, als aus der Krankenversicherung oder von den Gemeinden zu gewähren sind, z. B. Badereisen. Der § 15 Abs. 2 steht dem nicht entgegen, da eben eine Verminderung der von der Genossenschaft zu leistenden Entschädigungsbeträge bezweckt wird. Das R.-V.-A. hat auf das Räthliche derartiger Maßnahmen ausdrücklich hingewiesen (A. N. III. S. 55); die aus solchen Anlässen entstehenden Ausgaben sollen aber nicht als „Kosten des Heilverfahrens“, sondern als „laufende Verwaltungskosten“ gelten. Rathsam ist auch die Lieferung von solchen Vorrichtungen, die nach abgeschlossener Heilung eine Erleichterung der den Verletzten gebliebenen körperlichen Mängel, und dadurch eine Hebung der Erwerbsfähigkeit zur Folge haben, z. B. künstliche Gliedmaßen u. a.

Zum Heilverfahren sind nicht nur die Wiedererlangung der Gesundheit im engeren Sinne, sondern auch bei unheilbaren Verletzungen die nur auf Linderung der Schmerzen, auf Abwendung einer Verschlechterung des gegenwärtigen Körperzustandes, auf thunlichste Hinhaltung des tödtlichen Ausgangs 2c. gerichteten Bemühungen zu rechnen. Im Uebrigen gehören selbstverständlich auch freie Arznei und Heilmittel hierher.

Wird nach Beendigung des ersten Heilverfahrens ein abermaliges Heilverfahren erforderlich, so erfolgt dasselbe, soweit es in die ersten 13 Wochen seit der Verletzung fällt, zu Lasten der Krankenkasse 2c., im Uebrigen zu Lasten der Unfallversicherung.

[2]) vom Beginn der vierzehnten Woche, ebenso wie im industr.

(Abs. 3). Bei Berechnung der Rente für Arbeiter [13]) sowie für andere von dem Betriebsunternehmer nach Maßgabe des § 2 versicherte Personen, soweit dieselben nicht Betriebsbeamte sind, gilt [14]) als Arbeitsverdienst derjenige Jahresarbeitsverdienst, welchen land- und forstwirthschaftliche Arbeiter am Orte der Beschäftigung [15]) durch land- und forstwirthschaftliche, sowie durch anderweite Erwerbsthätigkeit [16]) durchschnittlich erzielen. Der Betrag dieses durchschnittlichen Jahresarbeitsverdienstes wird durch die höhere Verwaltungsbehörde [17])

Unf.-Vers.-Ges.; ohne Rücksicht darauf, ob während der ganzen ersten 13 Wochen Krankenunterstützung gewährt ist oder ob dieselbe, etwa weil inzwischen Heilung eingetreten zu sein schien, zeitweise ausgesetzt worden war. Vgl. allg. Motive des U.-V.-G., sowie aus den besonderen Motiven zu § 5 a. a. O.: „Hiernach sollen also die Kosten des Heilverfahrens der durch Unfall Verletzten, sowie die Entschädigung derselben im Falle einer durch den Unfall herbeigeführten Erwerbsunfähigkeit **bis zum Ablauf der dreizehnten Woche von den Krankenkassen** (bezw. hier unter theilweiser Konkurrenz der Gemeinden, vgl. § 10!) **getragen** und erst von diesem Zeitpunkt ab die Kosten des Heilverfahrens und die Entschädigung des Verletzten von der Unfallversicherung übernommen werden. Im Falle der Tödtung dagegen ist die den Hinterbliebenen des Getödteten zustehende Rente sogleich vom Tage des Todes ab von der Unfallversicherung zu übernehmen, welcher auch die zu gewährenden Beerdigungskosten unbeschadet der Bestimmung in § 8 (hier § 11) zur Last fallen" (Mot. d. U.-V.-G. S. 45).

Diese Belastung der Berufsgenossenschaften erst vom Beginn der 14. Woche ab ist ein allgemeiner Grundsatz der Unfallversicherungsgesetzgebung: die Unfallversicherung durch die Berufsgenossenschaften soll nur für die schweren, pekuniär besonders belastenden Folgen von Unfällen eintreten, deren Uebernahme Anderen nicht zugemuthet werden kann, gleichwohl aber unerläßlich ist. Für die kleineren Unfälle, deren pekuniäre Belastung zurücktritt, bezw. für die ersten 13 Wochen sind andere Verpflichtete zu finden; die nothwendig für größere Bezirke zu bildenden Berufsgenossenschaften können ohne übermäßige Verwaltungskosten unmöglich alle kleinen Unfälle, welche schon zur Verhütung der Simulation eine Erledigung in kleinen örtlichen Verbänden erfahren müssen, abwickeln und kontroliren; auch ist es nothwendig, daß zu der Gesammtbelastung aus Unfällen auch der Arbeiter einen wenn auch nur geringfügigen Beitrag leistet, zumal er ohne einen solchen Beitrag kaum an der Verwaltung der Unfallversicherung würde betheiligt werden können, diese Betheiligung aber aus socialpolitischen Gründen wünschenswerth ist. Das Verlangen aber, daß der Arbeitgeber die Gesammtkosten aller seine Arbeiter treffenden Unfälle ebenso allein tragen solle, wie den Schaden an seinem todten Betriebskapital, ist, wie in den Verhandlungen mit Recht hervorgehoben, innerlich unbegründet, **weil**

nach Anhörung der Gemeindebehörde[18]) je besonders für männliche und weibliche, für jugendliche[19]) und erwachsene Arbeiter festgesetzt. Die Festsetzung kann je besonders für die landwirthschaftlichen und die forstwirthschaftlichen Arbeiter erfolgen. Die für verletzte jugendliche Arbeiter festgesetzte Rente ist vom vollendeten sechszehnten[20]) Lebensjahre des Verletzten ab auf den nach dem Arbeitsverdienst Erwachsener zu berechnenden Betrag zu erhöhen[21]).

---

der Arbeiter keine todte Waare, kein Betriebsmaterial ist, und würde insbesondere bei den in der Land- und Forstwirthschaft zahlreich vertretenen kleinen Arbeitgebern nicht einmal zum Ziele führen, weil solche kleine Arbeitgeber nicht leistungsfähig genug sind, selbst wenn sie sich ruiniren lassen wollten. Vielmehr sind in erster Reihe die Krankenkassen, welche zu Leistungen während der ersten 13 Wochen nach dem Beginn der Krankheit (also auch nach dem Eintritt des Unfalls, denn auch die Folgen von Unfällen sind Krankheiten) gesetzlich verpflichtet sind, und zu denen der Arbeiter neben dem mit $1/3$ beitragspflichtigen Arbeitgeber $2/3$ der Gesammtlast beiträgt, die geborenen Träger der Unfallfürsorge während der ersten 13 Wochen. Nur wo Krankenkassen nicht vorhanden sind, müssen andere Verpflichtete eintreten.

In der Industrie ist ein Fehlen der Krankenversicherung die seltene Ausnahme und kommt hauptsächlich nur bei vorübergehend beschäftigten Tagearbeitern, deren sich namentlich größere Betriebsunternehmer zu gelegentlicher Aushilfe bedienen, sowie bei den dort nur in geringer Zahl vorhandenen gewerblichen Dienstboten vor. Hiernach konnte in der Industrie subsidiär die Verpflichtung zur Fürsorge für die ersten 13 Wochen dem Arbeitgeber auferlegt werden (§ 5 Abs. 10 U.-V.-G.). In der Land- und Forstwirthschaft dagegen ist das Fehlen obligatorischer Krankenversicherung zur Zeit noch die Regel; die Heranziehung der Unternehmer zur Uebernahme der Fürsorge für die ersten 13 Wochen würde zahlreiche kleine Landwirthe ruiniren, und man hat sich daher, wie in Anm. 1 zu § 10 näher dargelegt werden wird, dazu entschlossen, in der Land- und Forstwirthschaft bis zur Einführung der Krankenversicherung — welche fortan, nachdem durch die §§ 133 fg. dieses Gesetzes die Bestimmungen des Krankenversicherungsgesetzes den Verhältnissen der Landwirthschaft, insbesondere der in derselben noch vielfach herrschenden Naturalwirthschaft, mehr angepaßt worden sind, voraussichtlich häufiger werden wird — subsidiär und unbeschadet der insoweit aufrechterhaltenen civilrechtlichen Ersatzverpflichtungen des Arbeitgebers 2c. die Gemeinden für das Nöthigste, d. h. für freien Arzt und Arznei eintreten zu lassen, soweit es sich um verletzte Arbeiter handelt (§§ 10, 116). Betriebsunternehmer und Betriebsbeamte haben auf die Fürsorge der Gemeinden keinen Anspruch, zumal sie in der Regel nicht ohne einige Mittel sind und daher, „ohne einer Gefährdung ihrer wirthschaftlichen Existenz ausgesetzt zu sein" (Mot. z. U.-V.-G. S. 46),

(Abs. 4.) Bei Berechnung der Rente für Betriebsbeamte[22]) ist der Jahresarbeitsverdienst (§ 3 Abs. 1) zu Grunde zu legen, welchen der Verletzte[23]) in dem Betriebe, in welchem der Unfall sich ereignete, während des letzten Jahres[24]) bezogen hat. Uebersteigt[25]) dieser Jahresarbeitsverdienst für den Arbeitstag, das Jahr zu dreihundert Arbeitstagen gerechnet, vier Mark, so ist der überschießende Betrag nur mit einem Drittel anzurechnen. War der Betriebsbeamte in diesem Betriebe nicht ein volles Jahr[26]), von dem Tage des Unfalls zurückgerechnet, beschäftigt, so ist der Betrag zu Grunde zu legen, welchen während dieses Zeitraums Betriebsbeamte derselben

---

die Kosten der Krankenpflege während der ersten 13 Wochen selbst bestreiten können. Die Aufrechterhaltung der principalen Haftung der Betriebsunternehmer für die Unfallfürsorge der ersten 13 Wochen bei nicht gegen Krankheit versicherten Personen ist ein Anklang an die für die Industrie geltenden Bestimmungen des § 5 Abs. 10 U.-V.-G., wonach für Verletzte, welche nicht gegen Krankheit versichert sind, der Betriebsunternehmer (aber kraft öffentlich rechtlicher Verpflichtung, ohne Bezug auf frühere privatrechtliche Verpflichtungen) während der ersten 13 Wochen einzutreten hat.

Das Krankengeld glaubte man um so eher entbehren zu können, als dasselbe bei dem auf dem Lande noch bestehenden System der nachbarlichen Aushülfe und der Naturalwirthschaft, die dort, wo die Krankenversicherung als entbehrlich nicht eingeführt wird, in umfangreichem Maaße gelten werden, auch für die Verletzten von geringerer Bedeutung ist. Freilich ist dieser Nothbehelf nicht ohne alle Bedenken. So wurde darauf aufmerksam gemacht, daß es vorkommen könne, daß ein völlig oder theilweise erwerbsunfähiger Arbeiter schon vor Ablauf der ersten 13 Wochen aus der ärztlichen Behandlung entlassen werde. Ein solcher erhalte dann bis zum Beginne der 14. Woche, da Krankengeld beim Mangel einer Krankenversicherung nicht gegeben werde, keine Entschädigung. Es frage sich, ob für diese Fälle die Rentenzahlung nicht mit der Beendigung des Heilverfahrens beginnen müsse, wie sie nach § 7 mit dem Todestage beginne. Von anderen Seiten wurde jedoch eingewendet, daß der Grundsatz, Rentenzahlungen der Berufsgenossenschaften an die Verunglückten erst mit der 14. Woche beginnen zu lassen, zu den Hauptgrundsätzen der Unfallversicherungsgesetzgebung gehöre und daher nicht bei diesem einzelnen Gesetze verlassen werden dürfe. (Komm. Ber. S. 9.)

Immerhin steht der durch Unfall erwerbsunfähig gewordene Arbeiter doch im Ganzen erheblich besser, wie jetzt, wenn er auch nur von der 14. Woche ab eine baare Entschädigung erhält (R.-T.-Dr.-S. 1917), und damit muß man sich für jetzt beruhigen, weil schon zur Vermeidung größerer Belastung der landw. Unternehmer z. Z. nicht mehr zu erreichen war.

Art in demselben Betriebe oder[27]) in benachbarten gleichartigen[28]) Betrieben durchschnittlich[29]) bezogen haben. Erreicht[30]) der Jahresarbeitsverdienst des verletzten Betriebsbeamten das Dreihundertfache des nach Maßgabe des § 8 des Krankenversicherungsgesetzes vom 15. Juni 1883 (Reichs-Gesetzbl. S. 73) für den Beschäftigungsort festgesetzten ortsüblichen Tagelohns gewöhnlicher Tagearbeiter nicht, so ist das Dreihundertfache dieses ortsüblichen Tagelohns der Berechnung zu Grunde zu legen.

Auch hier wird übrigens der Arbeiter an den Gesammtkosten der Unfallfürsorge betheiligt; denn er entrichtet an die Gemeinde Steuern, und hat während der ersten 13 Wochen auf einen Ersatz des Arbeitslohnes, den er in Folge seiner Krankheit entbehrt, nicht zu rechnen. Dabei ist es ihm unbenommen, freiwillig durch Betheiligung an einer Krankenkasse sich Fürsorge während der ersten 13 Wochen nach dem Unfall in größerem Umfang zu sichern. Vgl. auch Motive in Anm. 1 zu § 10.

Die Bestimmung, daß die Unfallversicherung bezw. die Berufsgenossenschaft erst nach Ablauf der ersten 13 Wochen eintreten soll, wird als die Einführung der Carenzzeit bezeichnet, wenngleich dieser Ausdruck insofern nicht recht zutrifft, als der Empfangsberechtigte in dieser Zeit eine Fürsorge ja nicht entbehrt, sondern sie nur von einem andern Verpflichteten (den Krankenkassen event. Gemeinden statt der Berufsgenossenschaft) allerdings z. Th. in geringerem Maaße erhält.

Vgl. noch aus dem Komm. Ber. z. U.-V.-G. S. 12: „Ein Vertreter der verbündeten Regierungen führte aus, bei der Frage der Carenzzeit handle es sich darum, ob der Arbeiter einen Beitrag zur Unfallversicherung leisten solle oder nicht. In weiten Kreisen spreche man sich dafür aus; man sei dort der Meinung, die Unfallversicherung werde nur dann ihre Aufgabe erfüllen, wenn die Arbeiter zufolge des von ihnen gezahlten Beitrages die ihnen zu Theil werdende Entschädigung nicht als ein bloßes Geschenk ansehen könnten. Der von ihnen durch Vermittelung der Krankenkassen gezahlte Beitrag bilde zugleich das unumgängliche Aequivalent für die Heranziehung der Arbeiter zur Verwaltung. Außerdem würde durch Uebertragung der Fürsorge für die sämmtlichen kleineren Unfälle an die Krankenkassen die geschäftliche Behandlung und die gesammte Verwaltung ganz außerordentlich erleichtert. Auch pflegen ja schon jetzt die Krankenkassen diese Fürsorge während dreizehn Wochen für die durch Unfall Beschädigten zu treffen, obwol dabei die Zahl der haftpflichtigen Fälle, in denen Erstattung der Kosten erfolgt, eine verschwindende Minderzahl darstelle. Endlich liege, wie ziemlich ausnahmelos anerkannt werde, nur in der Carenzzeit ein Schutzmittel gegen die Gefahr der Simulation."

Was die Dauer der Karenzzeit anbelangt, so ist dieselbe für die Industrie auf 13 Wochen bemessen worden, obwol auch eine Beschränkung auf 4 Wochen

(Abs. 5.) Bei Berechnung der Rente für versicherte Betriebsunternehmer[31]) ist der nach Absatz 3 für den Sitz[32]) des Betriebes festgestellte[33]) durchschnittliche Jahresarbeitsverdienst land- und forstwirthschaftlicher Arbeiter zu Grunde zu legen, sofern nicht durch das Statut (§ 22) hiervon abweichende[34]) Bestimmungen getroffen werden. Uebersteigt[35]) der Jahresarbeitsverdienst für den Arbeitstag, das Jahr zu dreihundert Arbeitstagen gerechnet, vier Mark, so ist der überschießende Betrag nur mit einem Drittel anzurechnen.

---

befürwortet worden war. Hierfür sind wesentlich die historische Entwickelung der Krankenversicherung und Zweckmäßigkeitsgründe maßgebend gewesen. Die Zahl derjenigen Unfälle, welche ohne dauernde Arbeitsunfähigkeit zur Folge zu haben, über 4 Wochen hinaus währen, bezw. die Zahl der Krankentage aus diesen Unfällen, ist im Ganzen nicht erheblich; die Krankenkassen werden daher durch den über 4 Wochen hinausreichenden Theil der Karrenzzeit nicht erheblich belastet, während sie andrerseits nach ihrer ganzen Entwickelung gewohnt sind, bis zu 13 Wochen die Krankenfürsorge zu gewähren. Zu der verhältnißmäßig geringen finanziellen Bedeutung dieses über 4 Wochen hinaus reichenden Theils der Karenzzeit steht aber die Mehrbelastung der Berufsgenossenschaften, welche durch Zuweisung aller Unfälle, deren Folgen länger als 4 Wochen dauern, entstehen würde, in keinem richtigen Verhältniß. Vgl. Näheres hierüber in v. Woedtke Komm. z. U.-V.-G. 3. Aufl. Anm. 4a zu § 5. Auch eine Mitbetheiligung der Berufsgenossenschaften an der Fürsorge für die ersten 13 Wochen in der Art, daß dieselben den Krankenkassen einen Zuschuß zum Krankengelde der Verletzten zu gewähren hätten, stieß wegen der hierdurch nothwendig bedingten schwierigen Verwaltung und Abrechnung mit den Krankenkassen auf unüberwindliche praktische Schwierigkeiten. Nachdem nun für die industrielle Unfallversicherung die Karenzzeit auf 13 Wochen bemessen worden war, mußte es für die landw. Unf.-Vers. hierbei um so mehr bewenden, als ja auch bei dieser in erster Reihe Krankenkassen für die ersten 13 Wochen eintreten sollen, und die den Gemeinden für diese Zeit auferlegte Fürsorgepflicht nur subsidiär und interimistisch ist.

Für die industr. Unfallversicherung ist noch bestimmt, daß von der fünften Woche ab bis zum Beginn der 14. Woche der Unternehmer das Krankengeld auf $^2/_3$ des Lohnes seinerseits erhöhen soll, sofern nicht schon die Krankenkasse diesen Betrag an Krankengeld gewährt. Für die landw. Unfallversicherung ist hiervon abgesehen worden. Dafür ist wohl hauptsächlich die Erwägung bestimmend gewesen, daß eine Mehrbelastung der land- und forstwirthschaftlichen Unternehmer, um nicht der statutarischen Einführung der Krankenversicherungspflicht entgegenzuwirken, vermieden werden muß, sowie, daß bei den auf dem

Wenn der Verletzte zur Zeit des Unfalls[36]) bereits theilweise (Abs. 6.) erwerbsunfähig war und deshalb[37]) einen geringeren als den durchschnittlichen Arbeitsverdienst[38]) bezog, so wird die Rente nur nach dem Maße der durch den Unfall eingetretenen weiteren Schmälerung[39]) der Erwerbsfähigkeit bemessen. War der Verletzte zur Zeit des Unfalls bereits völlig[40]) erwerbsunfähig, so beschränkt sich der zu leistende Schadensersatz auf die im § 6 Absatz 1 Ziffer 1 angegebenen Kosten des Heilverfahrens.

Lande noch bestehenden Verhältnissen (nachbarliche Aushülfe, Naturalwirthschaft) das Krankengeld überhaupt eine geringere Bedeutung hat, also auch ein erhöhtes Krankengeld entbehrt werden kann.

Die Krankenpflege für die ganze Dauer des Heilverfahrens in einer Hand zu belassen, bez. gegen Ersatz der nach Ablauf von 13 Wochen erwachsenden Kosten den Krankenkassen zuzuweisen, hat für die Einheitlichkeit der Behandlung und für die Vereinfachung der Verwaltung offenbar erhebliche Vortheile. Man hat jedoch schon bei der industr. Unfallversicherung davon Abstand genommen, eine derartige Regelung obligatorisch zu treffen, hat dieselbe vielmehr in das Belieben der Genossenschaft gestellt. So steht es denn auch hier nicht im Belieben beider Theile, ob sie ein derartiges Arrangement eingehen wollen, sondern nur ein Theil, die Berufsgenossenschaft, ist zur Entschließung hierüber berechtigt, während die Krankenkasse vorbehaltlich des Anspruchs auf Erstattung der aufgewendeten Kosten zur Uebernahme verpflichtet ist, sobald die Berufsgenossenschaft von ihrem Recht Gebrauch macht, cf. § 10 Abs. 9. Für die Gemeinde, welche beim Mangel von Krankenkassen während der ersten 13 Wochen die Fürsorge gewährt, besteht die gleiche Verpflichtung nicht.

Ueber das Verhältniß, in welchem sich die Gesammtunfälle nach ihrer Zahl und ihrem Belastungswerth auf die Berufsgenossenschaften einerseits und die Krankenkassen bezw. Gemeinden andererseits vertheilen, sind für die Land- und Forstwirthschaft besondere Berechnungen nicht angestellt worden. Für die Industrie ist nach den von dem Präsidenten d. Reichs-Vers.-Amts, H. Bödiker, in den „grünen" Heften des Kais. Statistischen Amts bearbeiteten Ergebnissen der Unfallstatistik*) (die sich auf die Land- und Forstwirthschaft nicht mit erstreckte) ermittelt worden, daß

a) die Unfälle mit tödlichem Ausgang	2,2 pCt.
b) „ „ „ nachfolgender dauernder Erwerbsunfähigkeit .	1,9 pCt.
c) „ „ „ vorübergehender Erwerbsunfähigkeit von mehr als 13 Wochen	1,1 pCt.
Summa	5,2 pCt.

---

*) Bödiker, Unfallstatistik des Deutschen Reichs nach der Aufnahme vom Jahre 1881, Ergänzungsheft zu Band 53 der Statistik des Deutschen Reichs.

d) die Unfälle mit nachfolgender vorübergehender Erwerbsunfähigkeit von weniger als 13 Wochen . . . . 94,8 pCt.

aller ermittelten Unfälle betragen. In der Land- und Forstwirthschaft sind schwere Unfälle wohl seltener wie in der Industrie, jedenfalls ist die Zahl derselben eher geringer als größer wie in der letzteren. Der Zahl nach überwiegen also die Unfälle, deren Folgen in den ersten 13 Wochen beseitigt sind und welche hiernach der Krankenversicherung bezw. (wegen der ärztlichen Fürsorge) bei der Land- und Forstwirthschaft subsidiär den Gemeinden zur Last fallen, (mit 94,8 pCt. der Gesammtzahl) die Zahl der den Berufsgenossenschaften zur Last fallenden Unfälle (mit 5,2 pCt. der Gesammtzahl) bedeutend. (Nach den vom Reichs-Vers.-Amt bearbeiteten Rechnungsergebnissen der Berufsgenossenschaften hat sich das Verhältniß der Zahl der Unfälle bei den industr. Berufsgenossenschaften für 1886 wie 90:10 gestellt). Der Belastungswerth aber steht im umgekehrten Verhältniß, und das ist erklärlich, da Renten an Invalide unter Umständen bis zum Tode, Renten an Wittwen und Waisen für lange Jahre zu zahlen sind, während das Krankengeld und die von den Krankenkassen bezw. Gemeinden zu gewährende ärztliche Fürsorge schon nach dreizehn Wochen einzustellen sind. Für die Industrie ergab die Berechnung des Belastungswerths (Bödiker a. a. O. S. 20), daß bei 13 wöchentlicher Karenzzeit auf die Unfallversicherung bezw. die Berufsgenossenschaften $83\frac{1}{2}$ %, auf Krankenkassen rund $16\frac{1}{2}$ % gesammten Belastung aus Unfällen im Jahresdurchschnitt entfallen. Da aber auch die Arbeitgeber zu den Krankenkassen (mit Ausschluß der freien Hülfskassen, deren Mitglieder das Zusammenwirken mit den Arbeitgebern und deren Betheiligung an den Kosten der Krankenversicherung verschmähen, während sie gleichwohl jederzeit in eine Kasse eintreten können, zu welcher der Arbeitgeber beiträgt) $\frac{1}{3}$ der Gesammtbeiträge leisten, so ergiebt sich für die Industrie, daß die Arbeiter bei 13 wöchiger Karenzzeit durch die Beiträge zu den Krankenkassen nur $\frac{2}{3}$ von $16\frac{1}{2}$ pCt., also nur 11 pCt. der gesammten Unfallast tragen, während der Rest von 89 pCt. den Unternehmern zufällt, welche letzteren außerdem noch bei den anderen, nicht durch Unfälle herbeigeführten Krankheiten $\frac{1}{3}$ der Last tragen.

Aehnlich mag sich das Verhältniß auch für die Land- und Forstwirthschaft stellen; nur ist dabei zu berücksichtigen, daß die Renten im Durchschnitt niedriger, die Lasten während der ersten dreizehn Wochen, solange eine Krankenversicherung nicht besteht, ebenfalls geringer, die Erkrankungsfälle bei der im ganzen gesunden Beschäftigung auf dem Lande weniger zahlreich sind wie in der Industrie, daß dagegen die einzelnen Unternehmer höhere Lasten tragen, weil ihre civilrechtlichen Verpflichtungen insbesondere gegen das zahlreiche, der Krankenversicherung nicht zu unterwerfende landwirthschaftliche Gesinde voll bestehen bleiben.

Ueber den ziffermäßigen Betrag, welchen die Belastung der Berufsgenossenschaften durch die Unfallversicherung der land- und forstwirthschaftlichen

Arbeiter (vom Tode bezw. der 13. Woche nach dem Unfall ab) voraussichtlich erreichen wird, sind Berechnungen angestellt worden. Diese sind jedoch nicht als unbedingt zuverlässig anzusehen, weil statistische Grundlagen über die Zahl und die Bedeutung der in der Land- und Forstwirthschaft zu erwartenden Unfälle für das Reich nicht vorliegen (die Reichs-Unfallstatistik von 1881 erstreckte sich nicht auf die Land- und Forstwirthschaft) und die Aufzeichnungen der Preußischen Statistik nur unvollkommen sind. Der Berechnung mußten diese durch die Preußische Statistik gebotenen Zahlen zu Grunde gelegt werden; sie sind aber, um eher zu hoch als zu niedrig zu greifen, insofern corrigirt worden, als sämmtliche bei den Hülfspersonen der Land- und Forstwirthschaft verzeichneten Todesfälle als Betriebsunfälle angenommen sind und die Zahl der Invaliditätsfälle in demselben Verhältniß erhöht worden ist, in welchem die gleichartigen Aufzeichnungen der Preußischen Statistik für die Industrie nach den Ergebnissen der Reichs-Unfallstatistik sich als zu niedrig ergeben haben. Der durchschnittliche Jahresarbeitsverdienst land- und forstwirthschaftlicher Arbeiter und Beamten ist dabei auf rund 600 Mark für Männer und rund 400 Mark für Frauen veranschlagt, und es ist ferner (offenbar viel zu niedrig!) angenommen, daß nur 10% aller in der Land- und Forstwirthschaft vorkommenden Invaliditätsfälle Fälle einer theilweisen Erwerbsunfähigkeit mit der (hochgegriffenen!) Rente von 50% des Arbeitsverdienstes, alle übrigen 90% der Invaliditätsfälle aber Fälle gänzlicher Erwerbsunfähigkeit mit der vollen Rente von 66⅔ % des Arbeitsverdienstes darstellen werden.

Auf Grund dieser Annahmen, welche also, wie wiederholt wird, nicht ganz zuverlässig, aber wohl eher zu ungünstig als zu günstig anzusehen sind, haben sehr sorgfältig und vorsichtig ausgeführte Berechnungen ergeben, daß in der Land- und Forstwirthschaft bei rund 7 Millionen versicherter Hülfspersonen (ungerechnet die versicherten Betriebsunternehmer, jedoch einschließlich der Familienangehörigen; vgl. die Berechnung dieser Zahl in der allgemeinen Begründung oben S. 88!) durch die Unfallversicherung (excl. Verwaltungskosten und der Kosten der Fürsorge während der dreizehnwöchentlichen Karenzzeit) im Jahresdurchschnitt eine Gesammtbelastung von rund

2800000 Mark

hervorgerufen wird, was auf den Kopf der ländlichen Arbeiterschaft eine Belastung von rund 40 Pf. im Jahresdurchschnitt ergibt. „Die hier gemeinte durchschnittliche Jahresbelastung sei verschieden sowohl von der Belastung des ersten Jahres, wie von der Belastung im Beharrungszustand. Diese durchschnittliche Jahresbelastung sei vielmehr etwa derjenige Betrag, welcher zu erheben wäre, wenn von Anfang an konstante Beiträge erhoben würden, also wenn man nicht nach dem Umlagesystem, sondern nach dem Deckungskapitalprinzip verfahren wollte. Nach der oben erwähnten Berechnung würden im ersten Jahre für jede Million der in Betracht kommenden Löhne nur etwa 85 Mark, im zweiten Jahre 246 Mark u. s. w. aufzubringen sein. Um die Belastung im Beharrungszustand überschläglich zu ermitteln, möge man sich vergegenwärtigen, daß nach den Behm'schen Berechnungen zum industriellen Unfallversicherungsgesetz für die unter letzteres fallende Industrie (und die damals angenommenen ca. 1600000 versicherten männlichen Personen!) die durchschnittliche Jahresbelastung im 17. Jahre mit ca. 13½ Millionen, der Beharrungszustand im 75. Jahre mit ca. 22⅘ Millionen erreicht werde. Wolle man dies Verhältniß auch für die Landwirthschaft gelten lassen, was zur Gewinnung eines Ueberschlages zulässig scheine, so würde sich ergeben, daß im Beharrungszustande ca. 65 Pf. für den Kopf der Versicherten aufzubringen sein werden" (Komm.-Ber. S. 2.) Der Umstand, daß nach dem in der Kommission hinzugefügten Absatz 6 des § 6 die Renten solcher Personen, welche schon vor dem Unfall theilweis erwerbsunfähig waren, nicht in voller Höhe, sondern nur nach dem Maaße der durch den Unfall eingetretenen weiteren Schmälerung der Erwerbsfähigkeit zu berechnen sind, wird die Gesammtbelastung noch ermäßigen.

Der Belastungswerth eines zur vollen Invalidität führenden Unfalls hat sich dabei = 3,6% des Belastungswerthes eines tödtlichen Unfalls, also auf mehr als 3½mal so hoch wie die Belastung aus einem Todesfall herausgestellt. (In der Industrie ist er nur etwa 3 mal so groß.) In Procenten des durchschnittlichen jährlichen Einkommens (600 bezw. 400 Mark, cf. oben) stellt sich

der Belastungswerth eines Todesfalls auf . . . . . . 210,21 %
" " " Invaliditätsfalls auf . . . . 759,04 %
" " einer vorübergehenden Erwerbsunfähig-
" keit von mehr als 13 Wochen auf . . . . 0,84 %

des Durchschnittsverdienstes; die durchschnittliche Belastung durch die Unfallversicherung einer männlichen Person ist etwa = 1/10%, die einer weiblichen Person etwa = 3/100% ihres jährlichen Durchschnittseinkommens.

In der Industrie ist die Unfallgefahr nach den bisher angestellten Ermittelungen ungleich größer wie in der Land- und Forstwirthschaft, und demgemäß ist auch die Belastung durch die Unfallversicherung eine bedeutend stärkere. Nach Bödiker, Unfallstatistik (vgl. oben Anm.*) auf Seite 143) S. 18 20 ist für rund 2 Millionen in der Industrie und im Hochbau versicherte Personen (nach der gemäß dem Unfallversicherungsgesetz erfolgten Anmeldungen ist die Zahl eine größere) und bei 750 Mark Durchschnittsverdienst für Männer, 375 Mark Durchschnittsverdienst für Frauen, im Jahresdurchschnitt (vgl. oben) eine Belastung von rund 14 Millionen Mark, oder auf den Kopf der Versicherten eine Belastung von rund 7 Mark (= 1,15% des Durchschnittslohnes) zu erwarten.

2a) nach Eintritt des Unfalls an, also zuerst an demjenigen Tage, welcher durch seine Benennung dem auf den Unfall folgenden Tage entspricht, also, wenn der Unfall am Mittwoch sich ereignete, am Donnerstage über 13 Wochen. Für denjenigen, welcher gegen Krankheit versichert war, ist an demselben Tage die Krankenunterstützung zu Ende gegangen, so daß sich für diesen die Unfallversicherung lückenlos anschließt (A. N. III. S. 12). Der Tag des Unfalls wird also, wenn es sich um Körperverletzung handelt, nicht mitgezählt, wohl aber bei einem Todesfalle, welcher Rentenansprüche der Hinterbliebenen zur Folge hat, vgl. Anm. 4a zu § 7.

[3]) welche . . entstehen. Die Feststellung der Kosten für das Heilverfahren liegt der Genossenschaft ob, § 62. Dieselbe wird daher auch über die Nothwendigkeit und Angemessenheit der zu diesem Zweck gemachten Aufwendungen zu entscheiden haben (vorbehaltlich des schiedsgerichtlichen Verfahrens, § 67), und hierbei insbesondere darauf Rücksicht nehmen müssen, welche Aufwendungen den Verhältnissen des Verletzten, sowie dem zu erreichenden Erfolge vernünftigerweise entsprechen. (cf. Eger a. a. O. S. 297.)

[4]) für die Dauer der Erwerbsunfähigkeit, soweit dieselbe nicht etwa schon vor dem Unfall bestand, Abs. 6.

Die Entscheidung des Reichsgerichts vom 23. Dezbr. 79 (Entsch. I. 66), nach welcher während der unfreiwilligen Detention einer nach dem Haftpflichtgesetz entschädigten Person im Zuchthaus oder Gefängniß die Zahlung der Rente cessirt, da der Betreffende während seiner Detention so wie so nicht hätte arbeiten können und deshalb während dieser Zeit einen Schaden durch die Verletzung nicht erleide, wird auch hier dann maßgebend sein, wenn die Detention eine nach § 70 zu berücksichtigende wesentliche Aenderung in der Erwerbsfähigkeit ergiebt.

[5]) Die Rente ist demnächst an Stelle des Krankengeldes neben den Kosten des Heilverfahrens zu zahlen.

Eine Ablösung der Rente außer in den Fällen des § 7 Ziffer 2a Abs. 3 (bei Wiederverheirathung von Wittwen) und des § 72 (Abfindung von Ausländern), oder die Hingabe eines Aequivalents in Grundbesitz ist unstatthaft, und darf nach § 96 von dem Reichs-Versicherungsamt, oder nach Art. 17 der Reichsverfassung vom Reichskanzler nicht geduldet werden. Sie liegt nicht im Interesse des Verletzten. Der Versuch, eine dem amerikanischen Heimstättengesetz analoge Bestimmung einzufügen, daß an Stelle der Rente eine Entschädigung in Grundbesitz gewährt werden dürfe, ist in der Kommission (für die Berathung dieses Gesetzes) gemacht, aber erfolglos geblieben. Vgl. darüber Komm.-Ber. S. 9:

„In erster Lesung hatte ein Mitglied der Kommission beantragt, . . . folgenden Paragraphen einzufügen:

> Das Statut kann den Genossenschaftsvorstand bevollmächtigen, unter Zustimmung der zum Bezuge der Rente Berechtigten an Stelle der Rente eine Entschädigung in Grundbesitz zu gewähren. Eine solche Bewilligung bedarf der Genehmigung des Armenverbandes in dem Bezirke, welchem der zum Rentenbezug Berechtigte angehört. Der Grundbesitz darf bei Lebzeiten der zum Rentenbezug Berechtigten weder verpfändet noch veräußert werden.

Dieser Antrag wurde von einem Theil der Kommissionsmitglieder warm befürwortet. Er sei durch praktische Erfahrungen hervorgerufen, welche der

Antragsteller in seiner Heimath bei Verwaltung der Kaiser Wilhelm-Stiftung gemacht habe. Die Gewährung einer Rente an die von einem Unfall Betroffenen führe ja ohne Zweifel die Gefahr mit sich, daß der Rentenberechtigte, auch wenn er noch theilweise arbeitsfähig sei, sich dem Müßiggange ergebe. Es sei ein sehr empfehlenswerthes Gegenmittel gegen diese Gefahr, wenn man die Möglichkeit schaffe, an Stelle der Rente ein Grundstück zu gewähren.

Die dem Antrage zu Grunde liegende Absicht wurde von allen Seiten als richtig anerkannt; dennoch konnte die Mehrheit der Kommission sich nicht entschließen, denselben anzunehmen. Man hob hervor, daß der Zweck des Gesetzes sei, dem verunglückten Arbeiter für den Rest seines Lebens ein gewisses Einkommen zu sichern. Durch Rentengewährung geschehe dies, durch Grundbesitz nicht, denn aus diesem lasse sich erst mittels Arbeit ein Einkommen gewinnen. Gerade bei kleinen Grundstücken komme besonders viel darauf an, wie viel Arbeit ihr Besitzer darauf verwende, und nun wolle man hier die Grundstücke Besitzern mit verminderter oder zerstörter Arbeitsfähigkeit zuwenden. Mißwachs, Hagelschlag, Verwahrlosung, Krankheiten könnten das Einkommen mindern und die Gefahr, daß ein so entschädigter Arbeiter im Alter der öffentlichen Armenpflege anheimfalle, werde durch diese Maßregel, die ihr entgegenwirken solle, leicht vermehrt werden.

Schwierig sei auch die Feststellung des eventuell zu gewährenden Kapitalwerthes der Abfindungsgrundstücke. Kapitalisire man einfach die Rente, so erhalte der Berechtigte zu wenig, weil er, um in den Genuß des ihm gesetzlich zustehenden Einkommens zu gelangen, noch Arbeit leisten oder bezahlen müsse; gewähre man eine höhere Abfindung, so würden die Berufsgenossenschaften über das gesetzliche Maß belastet. Der Gedanke, unter Umständen eine Abfindung in Kapital zuzulassen, sei vielleicht noch besser berechtigt, als derjenige, sie in Grundbesitz zu gewähren; die Entschädigung in Form einer Rente sei nun aber einmal bei der Unfallversicherung angenommen, bei diesem Grundsatz müsse man bleiben.

Der Antrag wurde abgelehnt."

Eine Gewährung von Grundbesitz widerspricht auch dem Interesse der Berufsgenossenschaft, weil diese in Folge der Nothwendigkeit, das Grundstück abgabenfrei zu gewähren, eine große Mühewaltung überkommen würde.

Ebensowenig darf die Berufsgenossenschaft an Stelle der Rente eine Arbeitsstelle anweisen, auch wenn dieselbe an Arbeitslohn mehr einbringt, als der Berechtigte an Rente erhalten würde. Ein Antrag, welcher, um dem Müßiggang vorzubeugen, eine derartige Regelung bezweckte, wurde in der Kommission gestellt, aber zurückgezogen, nachdem eingewendet worden war, daß ein Zwang zur Uebernahme einer dem Betreffenden vielleicht nicht angenehmen Stellung bedenklich sei, und die Berufsgenossenschaft kaum in der Lage sein werde, derartige Stellen anzuweisen, da sie selbst keine zur Verfügung habe (vgl. Komm.-Ber. S. 10). Eine solche Bestimmung würde ferner viel Streit hervorrufen, ihre praktische Wirkung aber würde auch thatsächlich illusorisch sein. Denn wenn der Verletzte widerwillig ist und die ihm zugewiesene Arbeit nicht versieht, so würde das Arbeitsverhältniß gewiß bald gelöst werden und der Rentenbezug wieder eintreten; will aber der Verletzte eine Arbeit übernehmen, so bedarf er dazu wohl kaum der Vermittelung der Berufsgenossenschaft. Uebrigens braucht eine bloße Vermittelung von Arbeitsgelegenheit durch das Gesetz nicht erst gestattet zu werden; sie ist nirgend verboten, also auch erlaubt. Der Neigung zum Müßiggang, die ein Rentenempfänger vielleicht an den Tag legen möchte, wird der Umstand die Wage halten, daß er durch Arbeit mehr erzielt, als die Rente, die doch immer nur einen Bruchtheil des Arbeitsverdienstes darstellt, beträgt. Außerdem wird sich leicht herausstellen, ob ein Rentenempfänger demnächst in höherem Maße arbeitsfähig wird, als bei Bewilligung der Renten angenommen war; und sobald diese Feststellung erfolgt ist, kann dem Müßiggang dadurch ein schnelles Ende gemacht werden, daß nach Maßgabe des § 70 eine anderweite Feststellung der Rente erfolgt.

[6]) **beträgt.** Die Vorschriften über den Prozentsatz der Rente entsprechen dem U.-V.-G.; nur die Berechnung ist insofern verschieden, als bei der Land- und Forstwirthschaft für Arbeiter nicht der Individualverdienst, sondern Durchschnittssätze zu Grunde gelegt werden (im Interesse der Erleichterung und wegen der Gleichartigkeit der Lohnverhältnisse auf dem Lande). Wegen der Zahlbarkeit der Rente (monatlich pränumerando) vgl. § 71.

Ueber die Gründe, welche dazu geführt haben, die Entschädigung nicht gleich dem vollen, sondern nach einem Bruchtheil des derzeitigen Arbeitsverdienstes festzustellen, cf. den Auszug aus den allgemeinen Motiven des ersten Entwurfs d. U.-V.-G. (oben S. 60). Es mag noch darauf hingewiesen werden, daß die Arbeitsfähigkeit mit zunehmendem Alter von selbst sich mindert und daß der Verdienst durch Krankheit, verdienstlose Zeiten ꝛc. beeinträchtigt werden kann. Wollte man trotzdem den vollen gegenwärtigen Verdienst zur Grundlage der Entschädigung des Verletzten machen, so würde man ihn auf Grund seines Unfalls vor solchen, den Gesunden bedrohenden Verminderungen seines Einkommens sicher stellen; er würde also thatsächlich in der Regel eine Verbesserung gegen die letzteren erfahren. Eine Fürsorge durch Sicherstellung des vollen gegenwärtigen Arbeitsverdienstes wäre also nicht nur ein voller Schadensersatz, sondern geradezu eine Prämie auf den Unfall. Der volle Schaden, den der Verunglückte erleidet, wird vielmehr in der Regel schon dann gedeckt, wenn ihm zwei Drittel seines gegenwärtigen Verdienstes sichergestellt werden. Durch die Festsetzung des Gesetzes ist der Schaden, den der Arbeiter erleidet, gewissermaßen auf Grund einer praesumtio iuris et de iure **gesetzlich fixirt**; der zu gewährende Bruchtheil des Arbeitsverdienstes **ist** der Schaden, den der Arbeiter erleidet, nicht ein Bruchtheil dieses Schadens, so daß dem Arbeiter ein Theil des Schadens nicht ersetzt würde. **Der Arbeiter erhält** nach Eintritt der Unfallversicherung, d. h. nach der 13. Woche, **Ersatz für den vollen Schaden, den er erleidet; ihm wird nichts entzogen**; wie hoch aber dieser Schaden sei, berechnet nicht er, sondern unter

Berücksichtigung einer ganzen Reihe wichtiger und zutreffender, aber nicht mit gleicher Schärfe in das Auge fallender Momente das Gesetz. Vgl. auch Anm. 22. Höhere Renten dürfen nach § 15 Abs. 2 nicht bewilligt werden (A. N. II. S. 74).

7) völlige Erwerbsunfähigkeit, soweit diese durch den Unfall herbeigeführt ist, Abs. 6. Erwerbsfähigkeit ist die Fähigkeit, auf dem Gebiete des wirthschaftlichen Lebens sich einen Erwerb zu verschaffen. Hierbei ist der körperliche und geistige Zustand in Verbindung mit der Vorbildung des Verletzten zu berücksichtigen. „Den Verletzten soll nach dem Gesetz derjenige Schaden, welcher ihm durch die Verletzung zugefügt ist, ersetzt werden, und dieser Schaden besteht in der Einschränkung der Benutzung der dem Verletzten nach seinen gesammten Kenntnissen und körperlichen wie geistigen Fähigkeiten auf dem ganzen wirthschaftlichen Gebiete sich bietenden Arbeitsgelegenheiten" A. N. IV. S. 70). Völlige Erwerbsunfähigkeit ist also nicht eine augenblickliche Erwerbslosigkeit, sondern die unter Berücksichtigung der thatsächlichen Verhältnisse voraussichtlich bestehende Unmöglichkeit, fortan nach Maßgabe seiner körperlichen und geistigen Kräfte und seiner Vorbildung einen (nicht etwa ganz unsicheren) Arbeitsverdienst zu beziehen. Vgl. Anm. 9 a. E. sowie Anm. 30. Der Verlust eines Armes oder Beines wird daher in der Regel nicht als ein Fall völliger Erwerbsunfähigkeit angesehen werden können (ebenso Plenar-Entsch. d. R.-V.-A. v. 20. Sept. 86 rücksichtlich des Verlustes des rechten Unterarms), wohl aber der Verlust beider Arme oder beider Beine.

Anderweite von dem Arbeitsverdienst unabhängige Einnahmen, z. B. aus Vermögen, Alimentationsansprüchen 2c., ändern nichts an der Erwerbsunfähigkeit; dieselbe ist nicht gleichbedeutend mit Erwerbslosigkeit oder Dürftigkeit. Arbeiter oder Betriebsbeamte, welchen kraft Arbeitsvertrages gegen den Betriebsunternehmer ein Anspruch auf Fortbezug des Gehalts 2c. zusteht, haben, soweit sie in Folge eines Unfalls erwerbsunfähig geworden sind, trotzdem einen ungeschmälerten Anspruch aus § 6. Dasselbe soll von einem Arbeiter gelten, welcher, durch Unfall in der objektiven Erwerbsfähigkeit beschränkt, in Folge der einstweiligen Fortdauer des bisherigen Arbeitsverhältnisses subjektiv und thatsächlich zur Zeit eine Einbuße an seinem Arbeitsverdienst nicht erleidet (A. N. II. S. 251).

Die gewöhnlichen Arbeiter, welche gewöhnliche land- oder forstwirthschaftliche Arbeit bisher verrichtet haben, brauchen bei kleineren Verletzungen nicht einmal als theilweise erwerbsunfähig zu gelten, sobald sie andere gleichwerthige Arbeit noch verrichten können, wenn dieselbe auch von ihrer bisherigen Beschäftigung abweicht; sie können ihre Thätigkeit als gewöhnliche Handarbeiter auch in ähnlichen Beschäftigungen fortsetzen, cf. Erk. d. R.-O.-H.-G. v. 30. Juni 74 (Entsch. 14 S. 44), ebenso A. N. III. S. 9. Verletzungen der bei der Arbeit vorzugsweise betheiligten Gliedmaßen, insbesondere der Hände, werden bei gewöhnlichen Tagearbeitern immer die Erwerbsfähigkeit vermindern, sofern sie nicht durchaus unerheblich sind, A. N. III. S. 50. 356.

Von Personen dagegen, welche eine besondere (insbesondere höhere) Ausbildung genossen oder in besonderen Stellungen gestanden haben (z. B. gelernte Schäfer, Förster, Hofmeister), wird nicht verlangt werden können, daß sie in ganz untergeordneten Stellungen (z. B. als Wächter, Portiers ꝛc.) oder in Stellungen, welche eine ganz neue Ausbildung erfordern, fortan thätig sein und um deswillen, weil die Möglichkeit eines solchen Erwerbes nicht ausgeschlossen sei, als nur theilweis erwerbsunfähig sich betrachten lassen sollen. Sie werden vielmehr, wenn sie in Folge des Unfalls ihre bisherige oder eine derselben gleichartige Thätigkeit nicht mehr ausüben können, einstweilen für ganz erwerbsunfähig gelten müssen, allerdings mit dem Vorbehalt, daß, wenn sie demnächst thatsächlich eine neue Stellung erlangt und dadurch den Nachweis der Erwerbsfähigkeit thatsächlich erbracht haben, später auf Grund des § 70 eine anderweite Feststellung ihres Anspruchs auf Rente zu erfolgen hat. Bei derselben wird dann nur noch beschränkte Erwerbsfähigkeit anzunehmen sein, letztere aber wegen des von dem R.-V.-A. wiederholt (vgl. z. B. A. N. II. S. 252) aufgestellten Grundsatzes, daß eine durch Unfall herbeigeführte Beschränkung in der Möglichkeit, die Beschäftigung zu wählen, eine Beschränkung der Erwerbsfähigkeit darstellt, immer.

[8]) für die Dauer, wegen späterer Veränderungen vgl. § 70.

[9]) 66 $^2/_3$ Prozent. „Damit wird der Arbeiter, wenigstens im Vergleich mit den Angehörigen anderer Berufsarten, nicht ungünstig gestellt. Er erhält damit beispielsweise, ohne Rücksicht auf sein Alter, die gleiche Pension, welche nach § 41 des Gesetzes, betreffend die Rechtsverhältnisse der Reichsbeamten, vom 31. März 1873 (Reichs-Gesetzbl. S. 61) einem Reichsbeamten zu Theil wird, wenn er nach 43 Dienstjahren in den Ruhestand übertritt. Einen weiteren Vergleichungspunkt bietet das Militärpensionsgesetz vom 27. Juni 1871 (Reichs-Gesetzbl. S. 175)." (Motive des ersten Unfall-Gesetz-Entwurfs.) Nach der zum Reichsbeamtengesetz erlassenen Novelle v. 21. April 86 (Reichs-Gesetzbl. S. 80) erhält der Reichsbeamte schon nach 35 Dienstjahren $^2/_3$ seines Diensteinkommens als Pension; dasselbe gilt auch für die Preußischen Staatsbeamten.

Bei den Kommissionsberathungen über das industr. Unf.-Vers.-Ges. wurde darauf hingewiesen, daß der österreichische Gesetzentwurf die Rente nur auf 60 pCt. normire und daß man sich hüten müsse, durch eine von humanitären Erwägungen diktirte weitergehende Steigerung der Rente eine Prämie auf den Unfall zu setzen (Komm.-Ber. d. U.-V.-G. S. 15.). Vgl. auch Anm. 6. „Der Umstand, daß in der Landwirthschaft weit mehr als in der Industrie auch mit Gebrechen behaftete oder sonst in ihrer Erwerbsthätigkeit beschränkte Personen Verwendung finden können, darf nicht dazu führen, die Rente prinzipiell niedriger zu bemessen. Auch abgesehen von den praktischen Schwierigkeiten, die sich dabei für eine zutreffende verschiedene Bemessung ergeben würden, käme man auf diesem Wege zu einer Ungleichartigkeit in der Behandlung industrieller Arbeiter auf der einen und ländlicher Arbeiter auf der anderen

Seite, welche sich nicht rechtfertigen läßt und zu Mißstimmungen begründeten Anlaß geben müßte. Die leichtere Verwendbarkeit gebrechlicher Personen in landwirthschaftlichen Betrieben wird vielmehr nur die Folge haben, daß bei Unfällen, die in der Landwirthschaft vorkommen, häufiger eine nur theilweise Erwerbsunfähigkeit angenommen werdrn wird." Mot. S. 52.

[10]) Arbeitsverdienst d. h. Jahresarbeitsverdienst.

[11]) theilweiser Erwerbsunfähigkeit, d. h. wenn noch eine verwerthbare Arbeitsfähigkeit, ein gewisses Maß an Erwerbsfähigkeit zurückgeblieben ist, vgl. A. N. III. S. 141, sowie Anm. 7 u. 9. Unabhängig von dieser Unterscheidung ist die Unterscheidung nach dauernder und vorübergehender Erwerbsunfähigkeit, welche nur für die Rechtsmittel und die Zuständigkeit der Genossenschaftsorgane von Bedeutung ist, vgl. §§ 62, 63.

[12]) Bruchtheil. Der Entwurf des industr. U.-V.-G. hatte eine Maximalhöhe von 50 pCt. des Arbeitsverdienstes, also von $^3/_4$ der Entschädigung für Ganzinvalidität vorgesehen, „da anzunehmen ist, daß der Verletzte, wenn ihm überhaupt noch ein Rest von Erwerbsfähigkeit geblieben ist, im Stande sein wird, durch seinen Verdienst die ihm zu Theil werdende Entschädigung mindestens bis zu dem Betrage der bei voller Erwerbsunfähigkeit zu leistenden zu ergänzen. Auch die dem Soldaten zu Theil werdende Pension beträgt, wenn er größtentheils erwerbsunfähig ist, nahezu $^3/_4$ (180 Mark) der Pension bei voller Erwerbsunfähigkeit (252 Mark)" (Motive des ersten Unfallgesetz Entwurfs). Die zahlenmäßige Beschränkung hat die Reichskommission bei der Berathung des Unfallversicherungsgesetzes fallen lassen, weil die theilweise Erwerbsunfähigkeit der völligen Erwerbsunfähigkeit sich sehr nähern kann.

„Der dem Beschädigten zuzusprechende Bruchtheil der Rente soll sich zu der vollen Rente verhalten wie der verlorene Theil der Erwerbsfähigkeit zur vollen Erwerbsfähigkeit" (R.-V.-A.). Das Maaß der verlorenen Erwerbsfähigkeit läßt sich nur nach der verbliebenen Ewerbsfähigkeit bestimmen. Wer also noch $^1/_4$ des in Betracht kommenden Verdienstes (nach diesem, nicht nach dem Höchstbetrag der Rente, ist die Rechnung aufzumachen, A. N. III. S. 141) erwerben kann, dem sind $^3/_4$ der vollen Rente zuzusprechen, also $^1/_2$ des (Durchschnitts-)Verdienstes. „Es entspricht dem Wortlaut und der Absicht des Gesetzes, daß (ein so bemessener Schadensersatz) zusammen mit dem Ertrage der dem Verletzten verbliebenen Erwerbsfähigkeit den Betrag der Rente für volle Erwerbsunfähigkeit übersteigt" (A. N. II. S. 229).

[13]) Arbeiter. Familienangehörige, die in der Wirthschaft des Hausherrn beschäftigt werden, sind Arbeiter, soweit sie nicht etwa als Betriebsbeamte gelten müssen, und sofern sie nicht auf Grund des § 1 Abs. 3 durch Landesgesetz von der Versicherung ausgeschlossen sind. Soweit letzteres geschehen sein sollte, gehören sie für den Fall, daß der Unternehmer sie freiwillig versichert hat, zu den in § 2 Abs. 1 genannten Personen; die Berechnung erfolgt dann nach denselben Grundsätzen wie für die Arbeiter, eventuell wie für die Betriebsbeamten. Die Landesgesetzgebung (§ 1 Abs. 3) kann hierin nichts ändern, vgl. Anm. 30.

[14]) gilt als Arbeitsverdienst, ohne daß eine eventuelle Kürzung vorgesehen wäre; vgl. Anm. 25, 35. Mot. S. 51: (Die Bestimmungen über die Berechnung der Rente weichen insofern von den Bestimmungen des Unfallversicherungsgesetzes) „im Interesse der Vereinfachung und unter Berücksichtigung der Gleichartigkeit der Lohnverhältnisse land- und forstwirthschaftlicher Arbeiter ab, als der Berechnung der Rente für Arbeiter und andere durch den Betriebsunternehmer Versicherte nicht unter § 1 fallende Personen nicht der individuelle Durchschnittsverdienst des Verletzten, sondern derjenige Betrag zu Grunde gelegt werden soll, welchen die höhere Verwaltungsbehörde als durchschnittlichen Jahresarbeitsverdienst männlicher und weiblicher, jugendlicher und erwachsener land- und forstwirthschaftlicher Arbeiter am Beschäftigungsort festsetzen wird. Die höhere Verwaltungsbehörde wird also für jeden Ort ihres Verwaltungsbezirks diesen Durchschnittsverdienst besonders zu ermitteln haben. Wie bei der analogen Bestimmung des § 8 des Krankenversicherungsgesetzes kann es derselben dabei überlassen bleiben, die Festsetzung statt für jede einzelne Gemeinde auch für ganze Bezirke, in denen die Verhältnisse ungefähr gleichartig sind, nach Anhörung der betheiligten Gemeindebehörden, unter Ausgleichung etwaiger geringfügiger Verschiedenheiten vorzunehmen. Wo die Erwerbsverhältnisse der landwirthschaftlichen und der forstwirthschaftlichen Arbeiter besondere Verschiedenheiten aufweisen, können für jede der beiden Kategorien besondere Festsetzungen getroffen werden."

[15]) am Orte der Beschäftigung, siehe § 10 Abs. 3.

[16]) sowie durch anderweite Erwerbsthätigkeit, wenn dieselbe an demjenigen Ort, für welchen die Festsetzung erfolgt, im Durchschnitt üblich ist. Mot. S. 51: „Um dem Mißverständniß zu begegnen, als sei bei diesen Festsetzungen nur derjenige Verdienst zu berücksichtigen, welcher nach den örtlichen Verhältnissen durch Lohnarbeit in der Landwirthschaft oder in der Forstverwaltung erzielt werden kann, ist die Bestimmung hinzugefügt worden, daß auch diejenige anderweite Erwerbsthätigkeit zu berücksichtigen ist, welche nach den am Beschäftigungsort bestehenden Verhältnissen von land- und forstwirthschaftlichen Arbeitern während solcher Zeiten, in denen sie land- oder forstwirthschaftliche Arbeit nicht finden, geübt zu werden pflegt. Ob sie diesen anderweiten Erwerb durch Bewirthschaftung eigener Ländereien, durch industrielle Thätigkeit oder auf andere Weise erzielen, ist ebenso ohne Einfluß, wie der Umstand, ob dieser Erwerb an demselben Orte erzielt zu werden pflegt, an welchem die Beschäftigung in der Land- und Forstwirthschaft stattfindet, oder an einem anderen. Anderenfalls würden namentlich Forstarbeiter, welche in der Forstverwaltung nur zeitweise beschäftigt werden, dann geschädigt werden, wenn die örtlichen Verhältnisse es mit sich bringen, daß sie in der Zwischenzeit anderem Erwerbe, etwa als Maurer, nachzugehen pflegen. Denn ein Unfall, den ein derartiger Arbeiter bei der Forstarbeit erleidet, beeinträchtigt seine gesammte Erwerbsfähigkeit."

[17]) höhere Verwaltungsbehörde, § 129.

[18]) Gemeindebehörde, §§ 129, 131.

[19]) jugendliche Arbeiter, cf. Anm. 2 zu § 1.

[20]) 16. Lebensjahre, d. h. von dem Zeitpunkt ab, mit welchem sie aufhören, „jugendliche Arbeiter" zu sein, vgl. Anm. 2 zu § 1.

[21]) zu erhöhen. „Die Bestimmung, daß jugendliche Arbeiter, welche einen Betriebsunfall erleiden, vom vollendeten sechszehnten Lebensjahre ab die Rente nach Maßgabe des Arbeitsverdienstes Erwachsener beziehen sollen, will verhüten, daß verunglückte jugendliche Arbeiter während ihres ganzen Lebens auf eine unzulängliche Rente beschränkt bleiben" (Mot. S. 51).

Nach dem industriellen Unfallversicherungsgesetz erhalten jugendliche Arbeiter die Rente sofort mindestens nach dem ortsüblichen Tagelohn Erwachsener, § 3 Abs. 3 U.-V.-G.

Mit Rücksicht darauf, daß hiernach eine Verletzung jugendlicher Arbeiter die Berufsgenossenschaft nur während weniger Jahre minder belastet als eine Verletzung Erwachsener, wird von besonderer Berücksichtigung der jugendlichen Arbeiter bei Veranlagung des Arbeiterbedarfs (§§ 34, 36) abgesehen.

[22]) Betriebsbeamte, cf. § 1 Abs. 4.

[23]) welchen der Verletzte. Also bei Betriebsbeamten nach dem Individualverdienst, nicht Kollektivversicherung nach Pauschsätzen. Denn für Betriebsbeamte besteht nicht diejenige Gleichartigkeit in der Löhnung, welche bei landwirthschaftlichen Arbeitern den Grund für die Berechnung nach Durchschnittssätzen abgab. Bei der Verschiedenheit in den Gehältern der einzelnen Kategorien von Betriebsbeamten, welche z. Th. auch noch örtlichen Schwankungen unterliegt, und bei der Verschiedenheit der Gehälter sogar innerhalb derselben Kategorie kann die bisherige wirthschaftliche Lage verletzter Betriebsbeamter nur unter Zugrundelegung des Individualverdienstes ausreichend berücksichtigt werden. Ein Antrag, welcher im Interesse der Vereinfachung zulassen wollte, daß auch bei den Betriebsbeamten, wie bei den Unternehmern und Arbeitern, der durchschnittliche Arbeitsverdienst der Arbeiter der Berechnung zu Grunde gelegt werden dürfe, wurde im Reichstage abgelehnt (Sten. Ber. 1885/86 S. 1917). Dementsprechend sind denn auch für die Beitragserhebung besondere Nachweisungen über die Lohnverhältnisse der einzelnen Betriebsbeamten einzureichen, § 79. (Solche besonderen Berechnungen sind in der Industrie auch für jeden Arbeiter erforderlich.)

Die Abweichungen, welche der Text des Gesetzes von den gleichartigen Bestimmungen des § 5 Abs. 3 fg. U.-V.-G. aufweist, haben im Wesentlichen nur formale Bedeutung.

[24]) während des letzten Jahres, vom Tage des Unfalls zurückgerechnet; also nicht das Kalender- oder Rechnungs-Jahr.

[25]) übersteigt. Ebenso im industr. U.-V.-G. Nach dem Krankenversicherungsgesetz kommt dagegen immer nur ein Höchstbetrag von 4 Mark täglich in Betracht.

(Die) „Aenderung erscheint nothwendig, um den besser gestellten .... Betriebsbeamten einen ihrer bisherigen wirthschaftlichen Lage mehr entsprechenden Unterhalt zu sichern" (Mot. d. U.-V.-G. S. 46).

Die Kürzung erfolgt in derselben Weise bei der Beitragserhebung, § 80.

Diesem Maximalbetrag entspricht ein Minimalbetrag, vgl. Anm. 30.

[26]) nicht ein volles Jahr, wenn der Beamte vor weniger als Jahresfrist in den Betrieb eingetreten, oder der Betrieb selbst erst vor weniger als Jahresfrist begonnen ist.

[27]) oder, d. h. wenn in demselben Betriebe Betriebsbeamte von der Kategorie des Verletzten nicht beschäftigt gewesen sind.

[28]) gleichartigen, d. h. nach der wirthschaftlichen Bedeutung, Betriebsart und Größe.

[29]) durchschnittlich, d. h. im Durchschnitt von mehreren, in demselben oder einem benachbarten Betriebe beschäftigten Beamten derselben Kategorie. Ein Durchschnitt aus sämmtlichen gleichartigen Betrieben der Nachbarschaft braucht nicht gezogen zu werden. Die Reduktion des den Betrag von 4 Mark täglich übersteigenden Lohnes hat auch in diesem Falle stattzufinden.

[30]) Erreicht ... nicht. Für Betriebsbeamte soll, auch wenn sie wegen besonderer Verhältnisse zur Zeit der Verletzung einen geringen Lohn beziehen, niemals weniger als der ortsübliche Tagelohn gewöhnlicher Tagearbeiter in Rechnung gezogen werden, da sie unter normalen Verhältnissen mindestens diesen erworben haben würden oder künftig würden erwerben können. Der Durchschnittsverdienst landwirthschaftlicher Arbeiter würde nicht einen durchaus zutreffenden Maßstab abgeben, da solche Betriebsbeamte nicht nothwendig die Handfertigkeit landwirthschaftlicher Arbeiter erlernt zu haben brauchen, also unter Umständen nicht als landwirthschaftliche Arbeiter, sondern sonst sich ihr Brod würden verdienen müssen. Im Uebrigen wird der ortsübliche Tagelohn gewöhnlicher Tagearbeiter nur selten von dem Durchschnittsverdienst land- oder forstwirthschaftlicher Arbeiter desselben Orts erheblich abweichen.

In dem industriellen Unfallversicherungsgesetz ist der ortsübliche Tagelohn gewöhnlicher Tagearbeiter allgemein der Minimalsatz für die Berechnung der Rente. Für die Land- und Forstwirthschaft war hiervon abzusehen, weil hier bei Arbeitern Durchschnittssätze, nicht Individuallöhne in Betracht kommen, und die unter dieses Gesetz fallenden Arbeiter unter normalen Verhältnissen kaum eine andere Erwerbsthätigkeit haben können, als eben die Erwerbsthätigkeit land- und forstwirthschaftlicher Arbeiter. Vgl. aus den Mot. d. U.-V.-G. S. 46: „Da nicht sowohl die Zerstörung und Schmälerung der zeitigen Erwerbsthätigkeit, als vielmehr die Vernichtung und Beeinträchtigung der Erwerbsfähigkeit die Grundlage für die Höhe der zu gewährenden Unfallentschädigung bildet, so erscheint es gerechtfertigt, nicht nur den thatsächlich bezogenen Lohn, sondern auch den unter normalen Verhältnissen mindestens zu erlangenden Arbeitsverdienst in Berücksichtigung zu ziehen. Aus diesem Grunde ist zur Beseitigung von Härten ...... die Festsetzung eines der Schadensregulirung zu Grunde zu legenden Minimallohnsatzes geboten. Als solcher wird in Uebereinstimmung mit den Vorschriften des Krankenversicherungsgesetzes der durch die höhere Verwaltungsbehörde nach Anhörung der Gemeindebehörde für Erwachsene festgesetzte ortsübliche Tagelohn gewöhnlicher Tagelöhner anzunehmen sein, dessen Normirung auf Grund genauer Ermittelungen durch eine Stelle erfolgt, welche die maßgebenden Verhältnisse vollständig zu übersehen in der Lage ist."

[31]) Betriebsunternehmer. Auch die Landesgesetzgebung (§ 1 Abs. 3) ist hieran gebunden, weil die Grundlage für die Schadensregulirung bezw. die Höhe der Versicherung weder unter den „Umfang", noch unter die „Voraussetzungen" der Versicherung fallen. Vgl. Anm. 14 zu § 1.

[32]) Sitz des Betriebes, § 44 Abs. 2, 3. Der Sitz des Betriebes ist im Allgemeinen auch für den Beschäftigungsort (§ 6 Abs. 3) maßgebend, § 10 Abs. 3.

[33]) festgestellte, nach Abs. 3.

[34]) abweichende. Das Statut kann höhere, aber nach dem Sinn des Gesetzes nicht niedrigere Normen festsetzen, denn der Betriebsunternehmer darf nicht weniger erhalten als der Arbeiter, zumal seine Versicherungspflicht in seinem Hauptberufe als Arbeiter (bei nur gelegentlicher Beschäftigung im eigenen Betriebe) seinen Ausgangspunkt hat. Bei der Genehmigung des Statuts wird hierauf voraussichtlich geachtet werden.

[35]) Uebersteigt, mit Rücksicht auf etwaige höhere Festsetzungen des Statuts. Der durchschnittliche Arbeitsverdienst land- und forstwirthschaftlicher Arbeiter wird 1200 Mark im Jahr nicht übersteigen; es ist deshalb für Arbeiter die Kürzung nicht vorgesehen. Vgl. auch Anm. 13, 25.

[36]) zur Zeit des Unfalls. Der Abs. 6 verdankt seine Entstehung den Beschlüssen der Reichstagskommission. Vgl. Komm.-Ber. S. 8: „In zweiter Lesung ist dem § 6 am Schlusse ein neuer Absatz hinzugefügt worden. Derselbe war ursprünglich in folgender Form beantragt:

> Wenn der Verletzte zur Zeit des Unfalls bereits theilweise erwerbsunfähig war, so wird die Rente nur nach dem Maße der durch den Unfall eingetretenen weiteren Schmälerung der Erwerbsfähigkeit bemessen. War der Verletzte zur Zeit des Unfalls bereits völlig erwerbsunfähig, so beschränkt sich der zu leistende Schadensersatz auf die im § 6 Absatz 1 Ziffer 1 angegebenen Kosten des Heilverfahrens.

Die Nothwendigkeit eines solchen Zusatzes wurde durch den Hinweis darauf begründet, daß gerade in der Landwirthschaft die regelmäßige Beschäftigung halbinvalider Personen gegen einen ermäßigten Lohn, oder auch gegen einen Lohn, der streng genommen zum Theil Unterstützung sei, sehr häufig vorkomme. Es sei aber doch unbillig, solchen Personen im Falle einer Beschädigung die volle Rente wie gesunden Arbeitern zu gewähren. Auch würde, wenn solche Bestimmung fehle, der Fall eintreten können, daß einem mehrmals, ohne völligen Verlust der Erwerbsfähigkeit verunglückten Arbeiter dieselbe Rente mehrmals zugebilligt werden müsse, was doch nicht beabsichtigt sein könne. Im Unfallversicherungsgesetze vom 6. Juli 1884 fehle allerdings eine solche Vorschrift, sie sei dort aber auch entbehrlich, weil bei den industriellen Arbeitern die Rente laut § 5 Absatz 3 a. a. O. nach dem Arbeitsverdienste des Verunglückten aus dem letzten Jahre berechnet werde, während bei der Landwirthschaft der durchschnittliche Jahresverdienst landwirthschaftlicher Arbeiter der Rentenberechnung zu Grunde gelegt werden soll.

Diesen Erwägungen schloß sich die Kommission an, wenn auch eingewandt wurde, daß die Frage, ob der Verunglückte schon vor dem Unfalle theilweise erwerbsunfähig gewesen, geeignet sei, manche Streitigkeiten hervorzurufen. Um diese Gefahr möglichst zu vermindern, beschloß die Kommission, die Eingangsworte folgendermaßen zu fassen:

> Wenn der Verletzte zur Zeit des Unfalls bereits theilweise erwerbsunfähig war und deshalb einen geringeren als den durchschnittlichen Arbeitsverdienst bezog,

und nahm mit dieser Abänderung den Antrag an.

[37]) und deshalb. Es muß also nicht nur die Thatsache, daß der Verletzte einen geringeren als den durchschnittlichen Arbeitsverdienst bezogen hat, sondern auch die Thatsache, daß dies in seiner theilweisen Erwerbsunfähigkeit seinen Grund hatte, festgestellt werden. Der Umstand allein, daß der Verletzte einen geringeren Verdienst bezog, kann nicht entscheiden, weil der Begriff „Durchschnitt" Schwankungen nach oben und unten bedingt. Meinungsverschiedenheiten sind in dem über die Festsetzung der Rente zugelassenen Verfahren (§§ 62, 67, 68) zum Austrag zu bringen.

[38]) durchschnittlicher Arbeisverdienst nach Abs. 3.

[39]) nach dem Maaße der weiteren Schmälerung. Nach dem Wortlaut, der Analogie des Abs. 2 Litt. b, und der Entstehungsgeschichte (cf. Anm. 36), nach welcher das Moment eines verkürzten Arbeitsverdienstes erst nachträglich aufgenommen ist, könnte angenommen werden, daß bei der Bemessung dieser gekürzten Rente nicht eine andere Grundlage, sondern eine andere Quote angewendet werden soll, daß also der durchschnittliche Arbeitsverdienst auch hier die Grundlage bilden, die Quote aber nicht 66⅔ pCt., sondern einen Bruchtheil dieser vollen Rente darstellen, und dieser Bruchtheil nach dem doppelten Gesichtspunkt berechnet werden soll, daß überhaupt noch ein Theil der Arbeitsfähigkeit verblieben, und daß diese Arbeitsfähigkeit nur noch mehr, als schon bisher der Fall, beschränkt worden ist. Dies scheint aber nicht die Absicht gewesen zu sein. Denn einmal würde man, um dem letzteren Gesichtspunkt Rechnung zu tragen, immer wieder auf den wegen schon vorher beschränkter Erwerbsfähigkeit geringeren Verdienst zurückgreifen müssen; außerdem aber spricht der Umstand dagegen, daß bei Berechnung der Rente der Hinterbliebenen auch der nach Absatz 6 ermittelte Jahresarbeitsverdienst zu Grunde gelegt werden soll (§ 7) und dies als eine „Folge" der Abänderung des § 6, bez. des hinzugefügten Abs. 6, bezeichnet ist, cf. Anm. 4 zu § 7.

Man wird also zu der Auslegung genöthigt sein, daß bei Personen,

§ 7.

Im Falle der Tödtung [1]) ist als Schadensersatz außerdem zu leisten:

1. als Ersatz der Beerdigungskosten [2]) der fünfzehnte [3]) Theil des nach § 6 Absatz 3 bis 6 [4]) ermittelten Jahresarbeitsverdienstes, jedoch mindestens dreißig Mark;
2. eine den Hinterbliebenen des Getödteten vom Todestage [4a]) an zu gewährende Rente [5]), welche nach den Vorschriften des § 6 Absatz 3 bis 6 zu berechnen ist.

Dieselbe beträgt [6]):

a) für die Wittwe [7]) des Getödteten bis zu deren Tode oder Wiederverheirathung [8]) zwanzig Prozent, für jedes hinterbliebene [9]) vaterlose Kind [10]) bis [10a]) zu dessen zurückgelegtem fünfzehnten

(§ 7 d. Entw. u. d. Komm.-Beschl.) Der § 7 entspricht dem § 6 U.-V.-G.

---

welche vor dem Unfall wegen beschränkter Arbeitsfähigkeit einen geringeren, als den Durchschnittslohn bezogen haben, dieser geringere Individuallohn die Grundlage der Berechnung bilden soll, und daß von diesem geringeren Lohn die Renten nach § 6 Abs. 2 berechnet werden sollen, dergestalt, daß bei nunmehr eintretender völliger Erwerbsunfähigkeit $^2/_3$ dieses thatsächlich bezogenen geringeren Lohns, bei Verbleib eines Bruchtheils von Erwerbsfähigkeit aber ein Bruchtheil von $^2/_3$ des bisher bezogenen Lohnes als Rente zu gewähren ist.

40) völlig erwerbsunfähig. Der Fall kann nur selten vorkommen, da völlig erwerbsunfähige Personen als Arbeiter schwerlich werden beschäftigt werden. Unmöglich ist er nicht.

Zu § 7.

1) Tödtung, sobald der Tod als mittelbare oder unmittelbare Folge des Unfalls eintritt; der Unfall braucht nicht die alleinige, muß aber die „wirkliche", die Hauptursache des Todes sein. cf. Anm. 3 zu § 5. Ist die Todesursache nicht ohne Weiteres festzustellen, so empfiehlt es sich, unter Berufung auf § 121 die Sektion der Leiche zu beantragen. Einem solchen Ansuchen müssen die betr. öffentlichen Behörden entsprechen. Vgl. A. N. II. S. 291. Ueber die Fälligkeit der Leistungen im Fall der Tödtung vgl. §. 71.

2) Beerdigungskosten. Der Anspruch auf dieselben steht demjenigen zu, welcher die Beerdigung bewirkte und nachweist, daß er dadurch Kosten hatte; ein etwaiger Ueberschuß fließt den Hinterbliebenen zu (A. N. II. S. 275). Sind auch aus Krankenkassen Sterbegelder gezahlt, so ist der von denselben gezahlte Betrag innerhalb der hier vorgesehenen Höhe den letzteren zu erstatten, § 11; im Streitfall sind die Beträge, sofern keine Einigung erfolgt, gerichtlich zu hinterlegen (A. N. II. S. 275).

Lebensjahre fünfzehn Prozent und, wenn das Kind auch mutterlos ist oder wird, zwanzig Prozent des Jahresarbeitsverdienstes.

Die Renten der Wittwen und der Kinder dürfen zusammen sechszig Prozent des Jahresarbeitsverdienstes nicht übersteigen; ergiebt sich ein höherer Betrag, so werden die einzelnen Renten in gleichem Verhältniß[11]) gekürzt.

Im Falle der Wiederverheirathung[12]) erhält die Wittwe den dreifachen Betrag ihrer Jahresrente als Abfindung.

Der Anspruch der Wittwe ist ausgeschlossen[13]), wenn die Ehe erst nach dem Unfalle geschlossen worden ist;

---

[3]) Der fünfzehnte Theil des Jahresarbeitsverdienstes entspricht dem Zwanzigfachen des Tagesverdienstes (von welchem die §§ 5, 6 U.-V.-G. ausgehen), das Jahr zu 300 Arbeitstagen gerechnet.

[4]) Absatz 3 bis 6. In dem Regierungsentwurf hieß es „Absatz 3 bis 5", weil nach derselben der § 6 nur fünf Absätze hatte. Die Abänderung des Citats in § 7 wird als eine „Folge" des zu § 6 beschlossenen sechsten Absatzes bezeichnet, vgl. Komm.-Ber. S. 9: „Zu § 7 wurden in Folge des zu § 6 beschlossenen Zusatzes die Allegate geändert, übrigens aber dieser und der folgende § 8 unverändert angenommen." Darüber, daß sich hieraus ein wichtiges Moment für die Auslegung des § 6 Abs. 6 ergibt, vgl. Anm. 39 zu § 6.

Bei der Berechnung des Beerdigungsgeldes und der Renten der Hinterbliebenen wird also im Allgemeinen der durchschnittliche Arbeitsverdienst der Arbeiter und der Unternehmer, bei denjenigen Personen aber, welche „zur Zeit des Unfalls bereits theilweise erwerbsunfähig waren und deshalb einen geringeren als den durchschnittlichen Arbeitsverdienst bezogen haben" (§ 6 Abs. 6), dieser individuelle Minderlohn zu Grunde gelegt, bei Betriebsbeamten immer der Individuallohn. „War der Verletzte zur Zeit des Unfalls bereits völlig erwerbsunfähig" (§ 6 Abs. 6), so wird zwar der Minimalbetrag des Sterbegeldes von 30 Mark, aber nicht eine Rente an die Hinterbliebenen gewährt.

[4a]) vom Todestage an. Der Todestag ist zu Gunsten der Hinterbliebenen mitzurechnen, die Rente also auch für den Tag, an welchem der Tod eintrat, zu zahlen (A. N. III. S. 11). Vgl. Anm. 2a zu § 6.

[5]) Rente. Vgl. Anm. 5 zu § 6. Die Vorschriften dieses Paragraphen wegen der Rente an Hinterbliebene beruhen auf der Alimentationspflicht des Verletzten.

[6]) beträgt. Die Hinterbliebenen können in keinem Falle eine gleiche

b) für Aszendenten[14]) des Verstorbenen, wenn dieser ihr einziger Ernährer[14a]) war, für die Zeit bis zu ihrem Tode oder bis zum Wegfall der Bedürftigkeit[14b]) zwanzig Prozent[15]) des Jahresarbeitsverdienstes.

Wenn mehrere der unter b benannten Berechtigten vorhanden sind, so wird die Rente den Eltern vor den Großeltern gewährt.

Wenn die unter b bezeichneten mit den unter a bezeichneten Berechtigten konkurriren, so haben die ersteren einen Anspruch nur, soweit für die letzteren der Höchstbetrag der Rente nicht in Anspruch genommen wird.

Die Hinterbliebenen eines Ausländers[16]), welche zur Zeit des Unfalls nicht im Inlande wohnten, haben keinen Anspruch auf die Rente.

---

hohe Entschädigung beanspruchen, wie dem Getödteten zu Theil geworden sein würde, wenn er als völlig Erwerbsunfähiger am Leben geblieben wäre, weil der eigene Unterhalt des Verunglückten fortfällt. „Da die Frau des Arbeiters .... in der Regel schon bei Lebzeiten desselben an der erwerbenden Thätigkeit theilnimmt, so ist die Annahme berechtigt, daß sie als Wittwe durch ihren Arbeitsverdienst mit einem Zuschusse von 20 pCt. des Verdienstes des Mannes vor Dürftigkeit geschützt und sich in keiner wesentlich schlechteren Lage, als zu Lebzeiten des Mannes befinden wird, zumal sich dieser Zuschuß beim Vorhandensein von Kindern .... erhöht. Bei Bemessung der Rente für die Kinder ist zu berücksichtigen, daß in der Arbeiterbevölkerung auch diese mit zunehmendem Alter und damit wachsenden Kosten ihres Unterhalts mehr und mehr zu erwerbender Arbeit angehalten werden und daß sie mit beendigtem Volksschulunterricht, also spätestens mit vollendetem fünfzehnten Lebensjahre, meistens in die Lage kommen, den eigenen Unterhalt verdienen zu können." (Motive des ersten Entwurfs des industr. U.-V.-G.)

[7]) Wittwe. Dem Wittwer einer verunglückten Arbeiterin spricht das Gesetz ebenso wie das industrielle Unfallversicherungsgesetz einen Anspruch auf Rente nicht zu. Dasselbe gilt nach dem Haftpflichtgesetz v. 7. Juni 71, dem Gemeinen Recht, dem Preußischen Allgemeinen Landrecht und anderen Landesrechten Deutschlands, auch nach dem Preußischen Eisenbahngesetz v. 3. Nov. 38. cf. darüber Urth. d. Reichsgerichts v. 5. Januar 81 (Entsch. III. S. 319). Eine Konkubine ist keine Ehefrau, kann also auch nicht Wittwe werden. Verunglückt eine in einem Betriebe beschäftigte Wittwe, welche auf Grund des § 7 Rente erhält, selbst, so erhält sie neben ihrer Wittwenrente die Invalidenrente unverkürzt.

⁸) oder Wiederverheirathung. Eine versicherte verheirathete oder unverheirathete Arbeiterin, welche verunglückt, wird nach § 6 aus eigenem Recht entschädigt, behält also ihre Rente bis zum Tode ohne Rücksicht auf etwaige Verheirathung oder Wiederverheirathung, welche auch ihre Erwerbsfähigkeit nicht vermehren wird.

⁹) hinterbliebene. Die Rechte des zur Zeit des Todesfalls bereits koncipirten, aber nicht geborenen Kindes richten sich nach Landesrecht. Im Gemeinen Recht wird der nasciturus berücksichtigt, denn nasciturus pro iam nato habetur, quoties de commodis eius quaeritur, l. 7. 26. D. I, 5; l. 231 D. 50, 17. Dasselbe wird auf Grund des § 12 I. 1. Preuß. Allg. Landrechts auch für das Preußische Recht gelten. Vgl. Urtheil des Reichsoberhandelsgerichts vom 12. Februar 1878 (XXIII S. 197). Die Renten der schon lebenden Berechtigten werden einstweilen gezahlt werden müssen, als komme der nasciturus nicht in Frage: erst wenn er lebend zur Welt gekommen ist, wird event. nach § 7 Ziffer 2a Abs. 2 die Kürzung vorzunehmen sein.

¹⁰) Kind. Wenn ein männlicher Arbeiter verunglückt, so haben Anspruch auf Rente (außer der Wittwe und eventuell den Ascendenten) seine eigenen ehelichen Kinder und die den ehelichen gleichstehenden legitimirten (Windscheid, Pandekten, II. 493; §§ 596. 597, 600 II. 2 A. L.-R.), adoptirten oder arrogirten (Windscheid, Pandekten, II. S. 848; § 681 II. 2 A. L.-R.) Kinder, auch Kinder in der Einkindschaft (§ 732 II. 2 A. L.-R.), aber nach der Plenar-Entscheidung des Reichs-Versicherungsamts v. 12. 7. 86 (A. N. II. S. 129) nicht seine außerehelichen mit einer anderen Frauensperson erzeugten Kinder, auch wenn bezüglich dieser seine Vaterschaft durch gerichtliches Urtheil oder Anerkenntniß festgestellt ist (die Entscheidung wird begründet mit dem Hinweis auf den Geist und die Entstehung des Gesetzes); ebensowenig Stiefkinder (cf. Förster, Theorie und Praxis des Preuß. Privatrechts, III. 673), Pflegekinder (cf. Förster a. a. O. S. 585) oder Schwiegerkinder, weil diese Kategorien keine leiblichen „Kinder" des Getödteten sind, Schwiegerkinder auch nicht weniger als 15 Jahre alt sein werden. Ob „Brautkindern" ein Anspruch zusteht, richtet sich danach, ob sie in dem betr. Rechtsgebiete die Rechte der ehelichen haben. Dies ist im Streitfall nach § 68 Abs. 2 durch den Richter festzustellen. A. N. III. S. 9. Wegen der unehelichen Kinder vgl. auch Anm. 13.

Verunglückt eine Arbeiterin, so haben ihre unehelichen nicht durch Ehe schon legitimirten Kinder sofort, ihre ehelichen oder legitimirten Kinder erst dann einen Anspruch auf Rente, wenn auch der Vater schon todt ist oder zunächst (in Folge Unfalls oder anderweit) stirbt, und zwar gleich zum erhöhten Betrage. Den Anspruch unehelicher Kinder einer Frauensperson erkennt das Reichs-Versicherungsamt in dem citirten Urtheile v. 12. 7. 86 ausdrücklich an. Bei adoptirten Kindern einer Frauensperson kommt es darauf an, ob die Adoptivmutter unverheirathet oder verheiratet ist. Im ersteren Fall erhält das Kind beim Tode der Adoptivmutter die Rente sofort, im letzteren Fall erst beim Tode des Vaters. Just a. a. O. Anm. 18.

Unerheblich ist, ob das Kind vor oder nach dem Unfall geboren wird; es kommt nur darauf an, daß das Kind zur Zeit des Todes hinterbleibt. Dies gilt auch dann, wenn die Ehe erst nach dem Unfall geschlossen ist. In letzterer Beziehung werden die Kinder anders behandelt als die Wittwe, cf. Anm. 12. 13.

Die von dem Verfasser unter Bezugnahme auf l. 10 § 9 D. II. 4; l. 84, 201 de V. S. (D. L. 16); §§ 40, 41 I. 1, § 1145 I. 11, § 1972 II. 8. A. L.-R. vertretene Ansicht, daß unter Kindern auch weitere Descendenten (Enkel 2c.) zu verstehen seien, ist von dem R.-V.-A. reprobirt, A. N. IV. S. 83.

10a) bis. Da in diesen Fällen der Endtermin der Rente kalendermäßig feststeht, so dürfen die Feststellungen und Anweisungen dieser Renten von vorn herein auf die in Betracht kommende Zeit erfolgen. In andern Fällen ist eine Zeitangabe unzulässig (A. N. II. S. 55).

11) in gleichem Verhältniß wie im ersten Absatz der al. a. Beim Ausscheiden eines Berechtigten wächst dessen Antheil bis zum Gesammthöchstbetrage oder dem Höchstbetrage der Einzelrenten den übrigen Berechtigten zu. Vgl. Anm. 15.

12) im Falle der Wiederverheirathung. Diese Bestimmung „ist aus der Erwägung hervorgegangen, daß es sowohl im allgemeinen Interesse als in demjenigen der zur Leistung der Entschädigung Verpflichteten liegt, die Wiederverheirathung der Wittwen zu erleichtern, während ein bei der Wiederheirathung eintretender völliger Verlust der Rente leicht Veranlassung werden kann, daß Wittwen ein außereheliches Verhältniß eingehen" (Mot. d. U.-V.-G. S. 47).

13) ausgeschlossen. Die Vorlage des industriellen Unfallversicherungsgesetzes wollte in diesem Falle auch den Anspruch der Kinder der Wittwe ausschließen. Die Kommission hat dies bei Berathung jenes Gesetzes mit Rücksicht auf diejenigen Fälle, „in welchen eine solche Eheschließung nur die nachträgliche, um des Gewissens willen vorgenommene Sanktionirung eines zuvor bereits vorhandenen Verhältnisses sei", geändert, um dadurch zu bewirken, „daß zwar die nach dem Unfall geschlossene Ehe der hinterlassenen Wittwe Entschädigungsansprüche nicht verleiht, daß dagegen die Kinder des Verstorbenen .... günstiger gestellt werden, und zwar sowohl in dem Falle, daß sie jener Ehe entsprossen, als in dem andern, daß sie durch die Eheschließung nachträglich legitimirt, wie endlich in dem immerhin möglichen dritten Falle, daß sie ohne vorausgegangene Eheschließung von dem Verstorbenen als seine Kinder ausdrücklich anerkannt sind" (Komm.-Ber. z. U.-V.-G. S. 17). Vgl. übrigens Anm. 9.

14) Ascendenten. „Es ist den bedürftigen Ascendenten des Verstorbenen ein Anspruch auf die Gewährung einer Rente nur unter der Voraussetzung eingeräumt worden, daß der Verunglückte ihr einziger Ernährer gewesen ist, sie also nachweislich auch vor dem Unfall unterstützt hat, weil ihnen anderenfalls aus dem Unfall ein ökonomischer Nachtheil nicht erwachsen ist. Auch in diesem Falle soll die Rente nur mit der Begrenzung auf 20pCt. des Arbeitsverdienstes des Verstorbenen gewährt werden, und bei einer Konkurrenz von Ascendenten mit sonstigen Entschädigungsberechtigten soll die Gesammtrente den Höchstbetrag von 50pCt. dieses Jahresarbeitsverdienstes nicht überschreiten" (Mot. d. U.-V.-G. S. 47). Wie die Motive des ersten Entwurfs des in-

dustriellen Versicherungsgesetzes ausführen, wird diese Beschränkung den thatsächlichen Verhältnissen, wie sie bei Lebzeiten des Arbeiters bezüglich der Unterstützung von Ascendenten neben dem Unterhalt eigener Familie bestanden haben, voraussichtlich entsprechen. Es ist zu beachten, daß den Ascendenten nur im Falle und für die Dauer der Bedürftigkeit eine Rente zusteht. Bei Wittwen und Kindern ist dagegen die Bedürftigkeit nicht Voraussetzung des Entschädigungsanspruchs.

Die Stiefmutter ist keine Ascendentin, sofern sie nicht etwa durch Adoption oder Einkindschaft mit dem Verletzten verbunden war (A. N. III. S. 133).

[14a]) einziger Ernährer. Es kommt darauf an, ob der Verstorbene thatsächlich der (einzige) Ernährer des Ascendenten gewesen ist; unerheblich ist, ob noch Andere (etwa im Rechtswege) zur Ernährung des letzteren angehalten werden können (A. N. II. S. 228). Auch kann nicht geltend gemacht werden, daß der Verletzte der einzige Ernährer „für die Zukunft" sei, weil nur die zur Zeit des Unfalls thatsächlich bestehenden Verhältnisse, nicht aber eventuelle Ansprüche für die Zukunft in Betracht kommen. A. N. III. S. 210. Als thatsächlicher Ernährer gilt der Verunglückte dann, wenn er den Ascendenten dauernd oder mit kleinen Unterbrechungen (A. N. IV. S. 206) im Wesentlichen allein unterhalten, ihn vor Armuth und Elend geschützt hat. Geringfügige andere Einnahmen des Ascendenten, z. B. aus eigenem kleinen Grundbesitz, aus Hausirhandel, Handreichungen Seitens anderer Kinder, zumal wenn die letzteren an seinem Tisch mit beköstigt sind und ihre Handreichungen deshalb einen Geldwerth nicht darstellen, kommen nicht in Betracht (A. N. II. S. 229, III. S. 8, 142).

[14b]) Wegfall der Bedürftigkeit, vgl. § 70.

[15]) zwanzig Prozent. Diesen Betrag haben gleich nahe berechtigte Ascendenten zu theilen. Stirbt demnächst einer derselben, so wächst dem Ueberlebenden die Rente des Verstorbenen zu; eine Minderung im Fall des Todes ist nicht zulässig, cf. Erk. d. R.-Ob.-Hand.-Ger. v. 23. Febr. 1878 (23, S. 299). Ebenso A. N. II. S. 56.

[16]) Ausländer, d. h. Nichtdeutsche. Vgl. Ges. v. 1. Juni 70 (R.-G.-Bl. S. 355). „Der letzte Absatz des § 6 (hier § 7), dessen Ergänzung sich in § 67 (hier § 72, vgl. auch § 10 Abs. 1) findet, regelt das Verhältniß der im Inlande beschäftigten ausländischen Arbeiter. Eine völlige Ausschließung derselben von der Unfallversicherung erscheint nicht gerechtfertigt und würde dem Bedenken begegnen, daß dadurch für die Betriebsunternehmer eine Prämie auf möglichst ausgedehnte Beschäftigung ausländischer Arbeiter gesetzt werden würde. Andererseits liegt keine Veranlassung vor, die Mittel der zur Entschädigungsleistung Verpflichteten zur Unterstützung von Ausländern zu verwenden, welche im Auslande leben. Dazu kommt, daß die Zahlung von Renten an solche Ausländer zu erheblichen Weiterungen führen und eine schwer durchzuführende Kontrolle erfordern würde. Es soll daher den Hinterbliebenen eines Ausländers ein Anspruch auf die Rente nur dann zustehen, wenn sie zur Zeit des Unfalls den Aufenthalt des Getödteten im Inlande getheilt haben" (Mot. d. U.-V.-G. S. 47).

§ 8.

(Abs. 1.) [1]) Bis zum beendigten Heilverfahren[2]) kann[3]) an Stelle[3a]) der in § 6 vorgeschriebenen Leistungen freie Kur und Verpflegung in einem Krankenhause[4]) gewährt[5]) werden, und zwar:

1. für Verunglückte, welche verheirathet sind oder bei einem Mitgliede ihrer Familie wohnen, mit ihrer Zustimmung

(§ 8 d. Entw. u. d. Komm.-Beschl.) Der § 8 entspricht dem § 7 U.-V.-G.

Nach § 7 i. f. in Verbindung mit § 72 ist also das Verhältniß der Ausländer das folgende:

ein Ausländer, welcher verunglückt, erhält selbst auch dann Rente (§ 6), wenn er nicht im Reichsgebiet wohnt; darf aber nach § 72 abgefunden werden. Ueber die Höhe der Abfindungssumme findet event. schiedsgerichtliches Verfahren statt (A. N. III. S. 18). Während der ersten 13 Wochen haben Ausländer im Auslande keinen Anspruch auf die Gewährung freier ärztlicher Behandlung und Arznei Seitens der Gemeinde (§ 10 Abs. 1);

die Hinterbliebenen eines Ausländers erhalten Rente nur, wenn sie zur Zeit des Unfalls im Inlande wohnten (§ 7 i. f.); verlassen sie später dasselbe, so bleibt ihr Anspruch unberührt.

Die Nachsendung der Renten erfolgt selbstverständlich auf Kosten und Gefahr des Empfängers, wobei dieser sein Fortleben und eventuell die Fortdauer seiner Invalidität nachzuweisen hat.

Zu § 8.

[1]) Ganz ähnliche Bestimmungen gelten auch für die Krankenversicherung, § 7 K.-V.-G. „Mehr noch als für Krankheitsfälle im Allgemeinen besteht für Unfälle das Bedürfniß, die nachtheiligen Folgen derselben durch eine zweckentsprechende ärztliche Behandlung des Verunglückten nach Möglichkeit zu beseitigen und seine Wiederherstellung zu fördern. Aus diesem Grunde ist nach dem Vorgange des Hülfskassengesetzes und des Krankenversicherungsgesetzes vorgeschrieben, daß an die Stelle der in § 5 (hier § 6) festgesetzten Entschädigung die Verpflegung in einem Krankenhause treten kann. Es erscheint indessen billig, daß diese Art der Fürsorge solchen, welche bei Mitgliedern ihrer Familie wohnen, gegen ihren Willen nicht aufgedrungen werden darf, wenn es nicht im Interesse der Heilung nothwendig ist.

Soweit der Verunglückte Angehörige hat, denen ein Entschädigungsanspruch im Falle seines Todes zustehen würde, erscheint es angemessen, denselben die für diesen Fall festgesetzte Entschädigung auch für die Zeit der Verpflegung des Verunglückten in dem Krankenhause zu gewähren." (Mot. z. U.-V.-G. S. 47).

[2]) Bis zum beendigten Heilverfahren, auch wenn die Entschädigung bereits festgestellt ist, A. N. II. S. 17. Wird aus Anlaß des Unfalls

oder unabhängig von derselben, wenn die Art der Verletzung Anforderungen an die Behandlung oder Verpflegung stellt, denen in der Familie nicht genügt werden kann;

2. für sonstige Verunglückte in allen Fällen.

Für die Zeit der Verpflegung des Verunglückten in dem Krankenhause steht den in § 7 Ziffer 2 bezeichneten Angehörigen desselben die daselbst angegebene[6]) Rente[7]) insoweit zu, als sie auf dieselbe im Falle des Todes des Verletzten einen Anspruch haben würden. (Abs. 2.)

---

demnächst ein neues Heilverfahren erforderlich (cf. Anm. 1 zu § 6), so kann natürlich auch bei diesem letzteren Unterbringung in ein Krankenhaus eintreten (nach Ertheilung eines besonderen Bescheides, vgl. Anm. 3). Es kann dies ein wirksames Mittel werden, Simulanten zu entlarven, welche ihre ganz oder zum Theil wiedererlangte Erwerbsfähigkeit verbergen wollen.

[3]) kann, nach Wahl der Berufsgenossenschaft, vgl. A. N. II. S. 17, und zwar auch in den Fällen des § 10 Abs. 4 (Komm.-Ber.). Es ist zweckmäßig, von der Befugniß des § 8 umfassenden Gebrauch zu machen (vgl. Just a. a. O, Anm. 4). Uebrigens präjudizirt die Unterbringung in einem Krankenhause, zumal über dieselbe meist schleunig befunden werden muß, der Prüfung nicht, ob eine (dauernde) Verpflichtung zur Gewährung einer Rente überhaupt vorliegt; diese Frage kann vielmehr weiterer Prüfung vorbehalten werden (A. N. III. S. 133, IV. S. 177).

Das Wahlrecht wird ausgeübt von demjenigen Genossenschaftsorgane, welches zur Rentenfestsetzung berufen ist, und zwar durch Ertheilung eines, der Berufung auf schiedsgerichtliche Entscheidung unterliegenden formellen Bescheides (A. N. II. S. 292). Im Interesse der Beschleunigung kann dieser formelle Bescheid durch eine formlose (nicht mit der Berufungsklausel versehene) Aufforderung an den Verletzten vorbereitet werden, sich in ein näher zu bezeichnendes Krankenhaus zu begeben, widrigenfalls die Genossenschaft unter Umständen, wenn nämlich demnächst die verbleibende Erwerbsunfähigkeit als Folge der schuldhaften Weigerung, in ein Krankenhaus zu gehen, sich herausstellt, die Rente würde mindern können. (Vgl. Anm. 2 zu § 5.) Der förmliche Bescheid, durch welchen das Wahlrecht ausgeübt wird, ist aber jedenfalls nachzuholen, mag der Verletzte der vorläufigen Aufforderung nachgekommen sein oder nicht (vgl. Rundschreiben des R.-V.-A. v. 11. Januar 88, siehe Anhang). Hören die Leistungen nach § 8 auf, um einer anderweiten Leistung nach § 6 Platz zu machen, so bedarf es einer völlig neuen Feststellung mittelst eben solchen formellen Bescheides (A. N. III. S. 133, IV. S. 197). Wer sich unbefugt weigert, in ein Krankenhaus (Anm. 4) zu gehen, verliert solange und vielleicht sogar immer (siehe oben) die sämmtlichen Ansprüche aus der Unfallversicherung (vgl. A. N. IV. S. 197).

[3a]) an Stelle. Die Leistungen aus § 6 sind also, sobald die Be-

§ 9.

[1] [2]) Durch das Statut kann bestimmt werden, daß [3]) die Rente (§§ 6 bis 8) solchen versicherten Personen, welche ihren Lohn oder Gehalt herkömmlich ganz oder zum Theil in Form von Naturalleistungen (z. B. Wohnung, Feuerung, Nahrungsmittel, Landnutzung, Kleidung ꝛc.) beziehen [4]), sowie den Hinterbliebenen oder Angehörigen solcher Personen, nach Verhältniß [5]) ebenfalls in dieser Form gewährt wird [6]). Der Werth dieser Naturalbezüge ist gemäß § 3 festzusetzen.

(§ 21 der Vorlage, § 8a der Komm.-Beschl.) Der § 9 hat im U.-V.-G. keine Analogie.

---

rufsgenossenschaft von ihrem Wahlrecht Gebrauch gemacht hat, einstweilen einzustellen.

[4]) Krankenhaus oder ähnliche Heilanstalt, z. B. Irrenhaus, oder in Privatpflege eines Spezialarztes (A. N. IV. S. 197), aber nicht Siechenhaus. Ob auch die Unterbringung in Siechenhäusern zu gestatten sein möchte, ist in der Kommission erwogen, aber verneinend entschieden worden. Eingewandt wurde insbesondere, „daß die dauernde Verpflegung in einem Siechenhause mehr geben würde, als der gesetzlichen Rente entspreche. Auch sei zu befürchten, daß eine solche Befugniß dazu führen könne, die Verunglückten in die Gemeindearmenhäuser zu bringen, deren Zustand und Verwaltung vielfach ein sehr bedauerlicher sei. Vor Allem aber sei dies ein Vorschlag, der auf die von Unfällen betroffenen industriellen Arbeiter ebensowohl anwendbar sei, als auf die landwirthschaftlichen. Es empfehle sich daher nicht, diese Frage hier bei dieser Vorlage zu entscheiden" (Komm.-Ber. S. 9).

Vgl. auch Anm. 19 zu § 10.

[5]) gewährt. Etwaige Reisekosten des Verletzten, der sich in das Krankenhaus begeben soll, hat die Berufsgenossenschaft zu tragen (A. N. III. S. 27).

[6]) die daselbst angegebene. Höhere Renten dürfen nach § 15 Abs. 2 nicht bewilligt werden, A. N. II. S. 74.

[7]) Rente. Auch diese Rente kann durch Vermittelung der Krankenkasse, welcher der Verletzte angehört, gezahlt werden.

Ob diese Rente an den Verletzten selbst gezahlt werden darf, richtet sich nach dem örtlichen bürgerlichen Recht. Bei Renten der Ehefrauen und Kinder ist es im Allg. zulässig, bei Renten der Ascendenten aber nur auf Grund besonderer Vollmacht (A. N. II. S. 292).

Zu § 9.

[1]) (Es) „ist im § 21 (jetzt § 9) eine fakultative statutarische Bestimmung des Inhalts zugelassen worden, daß die in der Landwirthschaft vielfach herkömmlichen Naturalleistungen an Wohnung, Feuerung, Nahrungsmitteln, Landbenutzung, Kleidung und dergleichen auf die Renten der Entschädigungsberechtigten nach Verhältniß, d. h. insoweit angerechnet werden dürfen, als der Ver-

letzte auch seinen Arbeitslohn in Naturalien zu beziehen pflegte. Die einzelnen Kategorien von Naturalbezügen brauchen dabei nicht in demjenigen Verhältniß gewährt zu werden, in welchem sie Bestandtheile des Lohnes bildeten. Nach dieser Richtung hin wird es vielmehr Aufgabe des Statuts sein, wo es erforderlich ist, nähere Bestimmungen zu treffen. Es ist sicherlich nicht rathsam, die in vielen Bezirken noch vorhandene Naturalwirthschaft, soweit es sich um die Unfallversicherung handelt, zwangsweise überall in reine Geldwirthschaft umzuwandeln, vielmehr empfiehlt es sich, in dieser Beziehung dem örtlichen Herkommen insoweit Rechnung zu tragen, wie dies den eigenen Wünschen der Betheiligten entspricht. Der Werth der Naturalien ist auch in diesem Fall nach den Bestimmungen des § 3 zu ermitteln" (Mot. S. 57).

2) Dieser § hatte in der Vorlage seinen Platz unter denjenigen Bestimmungen, welche durch das Statut getroffen werden dürfen. Die Kommission des Reichstags hat geglaubt, ihn voranstellen und unter diejenigen §§ einreihen zu sollen, welche Vorschriften principieller Natur enthalten und gleichmäßig für die reichsgesetzlichen und landesgesetzlichen Organisationen maßgebend sein sollen. Aehnlich ist es bei der Bestimmung über die Auflösung leistungsunfähiger Berufsgenossenschaften (§ 14) und über die Ansammlung des Reservefonds (§ 17).

3) daß. Auch die nähere Ausführung dieser Bestimmung muß das Statut enthalten.

4) beziehen. Es kommt auf die Kategorie der Arbeiter und auf die Verhältnisse des Arbeitsorts an, nicht auf den thatsächlichen Lohnbezug des Verletzten selbst, zumal dieser Schwankungen ausgesetzt sein kann. Naturalrenten sind nur da berechtigt, wo die Gewährung von Naturalien statt oder neben dem Baarlohn allgemeiner Gebrauch ist.

5) nach Verhältniß, siehe Anm. 1. Ganz ohne Geld wird also ein Verletzter, welcher in gesunden Tagen Baarlohn erhielt, niemals gelassen. Wo z. B. Instleute (herrschaftliche Tagelöhner) herkömmlich für ihre Person im Winter 60 Pf., im Sommer 1 Mark Tagelohn, und daneben Naturalien im Jahreswerth von durchschnittlich 400 Mark beziehen, so daß der durchschnittliche Arbeitsverdienst (§ 6) auf 640 Mark festgestellt und das Verhältniß des Geldlohns zu den Naturalien etwa wie 3 : 5 ist, da muß im Fall der Ganzinvalidität die Rente ($^2/_3$ von 640 Mark = 426$^2/_3$ Mark, gemäß § 71 abgerundet auf 427,20 Mark) zum mindesten mit $^3/_8$, also zur Höhe von 160,20 Mark mit monatlich 13,35 Mark in baar gewährt werden, während für den Rest von 267 Mark die üblichen Naturalien, deren Werth nach den von der unteren Verwaltungsbehörde festgesetzten Durchschnittspreisen (§ 3) zu ermitteln ist, gegeben werden dürfen. War der Verletzte durch den Unfall seiner Erwerbsunfähigkeit nur zu $^1/_3$ beraubt, so daß er nur $^1/_3$ der (nicht abgerundeten) vollen Rente von 426$^2/_3$ Mark mit 142$^2/_9$ Mark, gemäß § 71 abgerundet auf 143,40 Mark, zu erhalten hat, so muß er diesen Betrag mit mindestens $^3/_8$, also zur Höhe von 53,775 Mark, behufs Zahlung der Monatsraten (von

4,5 Mark) abgerundet auf 54 Mark, in baar erhalten, während ihm auf den Rest von 89,40 Mark die Naturalien angerechnet werden dürfen. Entscheidend für das Verhältniß ist der Beschäftigungsort zur Zeit der Verletzung, nicht etwa der spätere anderweite Aufenthaltsort des Verletzten.

[6]) gewährt wird, d. h. von der Berufsgenossenschaft. Diese wird die Gewährung einem Dritten übertragen, ist aber ihrerseits dem Verletzten dafür verantwortlich, daß die Leistung ordnungsmäßig erfolgt. In der Wahl seines künftigen Aufenthalts darf der Verletzte nicht beschränkt werden. Streitigkeiten darüber, bis zu welchem Gesammtbetrage Naturalien zu gewähren sind, stellen sich, wenn sie von vorn herein bei der Festsetzung der Ansprüche des Verletzten sich ergeben, als Streitigkeiten über die Feststellung der Rente dar und sind in dem gewöhnlichen Verfahren vor dem Schiedsgericht (§ 67) zu erledigen. Dasselbe wird gelten müssen, wenn die Gewährung von Naturalien erst später beschlossen werden sollte, denn dann muß eine anderweite Feststellung der Baarrente erfolgen, wobei nach Analogie des § 70 zu verfahren ist. Zu gewähren sind die Naturalien in mittlerer Güte nach Ortsgebrauch. Beschwerden darüber, ob demnächst im Einzelnen die thatsächlich gewährten Naturalien dem Werthe entsprechen, sind vor die Organe der Berufsgenossenschaft zu bringen; ob gegen deren Bescheid die Entscheidung des Schiedsgerichts wird angerufen werden können, ist nicht unzweifelhaft, wenn auch das Gesetz nicht grade bestimmt, daß die Zuständigkeit des Schiedsgerichts lediglich auf solche Streitigkeiten zwischen Arbeitern und der Berufsgenossenschaft beschränkt sei, welche sich gegen die Verweigerung oder Feststellung des Anspruchs auf Entschädigung und ihrer Höhe im Princip richten. Es erscheint vielmehr richtiger, daß auf Grund der allgemeinen Bestimmungen des § 96 Abs. 1 die Beschwerde an das Reichs-(Landes-)Versicherungsamt stattfindet. Das Statut, welches ja der Genehmigung unterliegt, wird hierüber Bestimmung zu treffen haben.

Darüber, ob und inwieweit Naturalien gewährt werden sollen, muß sich die Genossenschaft bei jedem einzelnen Entschädigungsfall im Ganzen entscheiden; sie kann nicht etwa die Wahl zwischen voller Geldrente und Naturalrente für jede einzelne Rentenzahlung sich vorbehalten, zumal sie ja die Höhe der Geldrenten behufs Auszahlung der Post mittheilen muß. Bei der Festsetzung wird es dann genügen, zu bestimmen, daß die Rente des betr. Verletzten bezw. seiner Familie zu einem bestimmten Betrage in Naturalien zu gewähren sei, ohne daß die Art dieser Naturalien (ob Wohnung, Nahrungsmittel, Kleidung 2c.) mit festgesetzt wird; das Verhältniß dagegen zwischen der Höhe der Geld- und der Naturalleistung muß gleich mit bestimmt werden, weil grade dieses Verhältniß für jeden speciellen Fall besonderer ausdrücklicher Ermittelung bedarf. Bei der Gewährung der einzelnen Arten der Naturalien muß dann das Interesse der Empfänger thunlichst berücksichtigt werden.

Das Gesetz geht davon aus, daß die Wahl zwischen voller Geldrente oder theilweiser Naturalrente der Genossenschaft zusteht.

§ 10.

[1]) Während der ersten dreizehn Wochen nach dem Unfalle eines Arbeiters [2]) hat die Gemeinde [3]), in deren Bezirk [4]) der Verletzte beschäftigt war, demselben die Kosten des Heilverfahrens in dem in § 6 Absatz 1 Ziffer 1 des Krankenversicherungsgesetzes vom 15. Juni 1883 (Reichs-Gesetzbl. S. 73) bezeichneten Umfange [5]) zu gewähren. Diese Verpflichtung besteht nicht [6]), insoweit [7]) die Verletzten auf Grund landesgesetzlicher Bestimmungen [8]) oder auf Grund der Krankenversicherung [9]) Anspruch auf eine gleiche Fürsorge haben oder nach § 136 dieses Gesetzes von der Versicherungspflicht befreit sind [10]), oder sich im Auslande [11]) aufhalten. Soweit aber solchen Personen die in § 6 Absatz 1 Ziffer 1 des Krankenversicherungsgesetzes bezeichneten Leistungen von den zunächst Verpflichteten nicht gewährt werden, hat die Gemeinde dieselben mit Vorbehalt des Ersatzanspruches [12]) zu übernehmen. Die zu diesem Zweck gemachten Aufwendungen sind von den Verpflichteten zu erstatten [13]). (Abs. 1.)

Für außerhalb [14]) des Gemeindebezirkes wohnhafte versicherte (Abs. 2.)

(§ 9 des Entw. u. d. Komm.-Beschl.) Im U.-V.-G. wird die Karenzzeit in § 5 Abs. 8, 10 geordnet.

Zu § 10.

[1]) Der § 10 behandelt die Fürsorge für Verletzte während der ersten 13 Wochen nach Eintritt des Unfalls (Karenzzeit), sofern für die Verletzten eine Krankenversicherung nicht besteht, sowie (im Abs. 4) die ärztliche Behandlung (cf. aber Anm. 21) nach Ablauf der Karenzzeit. Vgl. darüber Anm. 2 zu § 6.

Mot. S. 52: „Die Unterstützung Verletzter während der ersten dreizehn Wochen nach dem Unfall gehört nach den grundsätzlichen Bestimmungen des Unfallversicherungsgesetzes nicht zu den Leistungen, welche den Berufsgenossenschaften obliegen. Dort ist vielmehr die Fürsorge für die ersten dreizehn Wochen in der Hauptsache der gesetzlichen Krankenversicherung überlassen worden. Abgesehen von statutarischen Bestimmungen einzelner Gemeinden oder weiterer Kommunalverbände besteht aber, soweit nicht etwa die Landesgesetzgebung den Krankenversicherungszwang allgemein vorschreibt, eine allgemeine Verpflichtung bezüglich der Krankenversicherung land- und forstwirthschaftlicher Arbeiter nicht. In den allgemeinen Erörterungen sind die Gründe erwähnt worden, welche der unveränderten Ausdehnung des Krankenversicherungsgesetzes auf die Arbeiter der Land- und Forstwirthschaft zur Zeit entgegenstehen. Unter diesen Umständen bleibt nur übrig, über die während der ersten dreizehn Wochen nach Eintritt des Unfalls dem Verletzten zu gewährende Fürsorge hier besondere Bestimmungen zu treffen.

Personen hat[15]) die Gemeinde ihres Wohnortes[16]) die im Absatz 1 bezeichneten Leistungen unter Vorbehalt des Anspruches auf Ersatz[17]) der aufgewendeten Kosten zu übernehmen.

(Abs. 3.) Als Beschäftigungsort[18]) gilt im Zweifel diejenige Gemeinde, in deren Bezirk der Sitz des Betriebes (§ 44) belegen ist.

(Abs. 4.) Die Berufsgenossenschaft ist befugt[19]), die im Absatz 1 bezeichneten Leistungen selbst zu übernehmen. Dieselbe ist ferner befugt, der Gemeinde-Krankenversicherung oder Krankenkasse[20]), welcher der

---

Gehört der Verletzte einer Krankenkasse oder der Gemeindekrankenversicherung an — letztere wird in dem vorliegenden Entwurf gleich wie im Unfallversicherungsgesetz unter der Bezeichnung Krankenkasse mitverstanden —, so hat diese nach Maßgabe der Bestimmungen des Krankenversicherungsgesetzes während der ersten dreizehn Wochen nach dem Unfall die erforderliche Unterstützung in dem dort vorgeschriebenen Umfange zu gewähren. Soweit dagegen die unter den Entwurf fallenden Personen gegen Krankheit nicht versichert sind, muß vom Eintritt des Unfalls bis zum Beginn der vierzehnten Woche anderweite Fürsorge getroffen werden. Wollte man für die nicht gegen Krankheit versicherten Personen die Unfallfürsorge erst mit der vierzehnten Woche beginnen lassen, so würden sie zwar immer noch besser daran sein, als wenn ihnen, wie bisher, jeder gesetzliche Anspruch fehlt. Allein ganz abgesehen von den naheliegenden sozialpolitischen Erwägungen, welche dieser Behandlung der Frage entgegenstehen, erscheint dieselbe schon um deswillen nicht rathsam, weil eine sofortige sorgfältige ärztliche Behandlung die späteren Folgen des Unfalls häufig mildert und zur Erhaltung der Erwerbsfähigkeit des Verletzten beiträgt, dadurch aber auch gleichzeitig die Lasten der Berufsgenossenschaft erleichtert. Es wird daher vorgeschlagen, während der ersten dreizehn Wochen nach dem Unfall bei denjenigen nach § 1 obligatorisch gegen Unfall versicherten Personen, welche nicht auf Grund der Krankenversicherung Anspruch auf freie Kur haben, oder von der Krankenversicherung um deswillen befreit sind, weil sie auf gleichwerthige Leistungen des Arbeitgebers Anspruch haben (§ 127, jetzt § 136), der Gemeinde des Beschäftigungsortes die Sorge für freie ärztliche Behandlung, freie Arznei und freie Heilmittel in dem im § 6 des Krankenversicherungsgesetzes bezeichneten Umfange zu übertragen, während von der Gewährung eines Krankengeldes im Hinblick auf die schon erwähnten ländlichen Verhältnisse und auf die auf dem Lande bestehende Naturalwirthschaft abgesehen wird. Diese Regelung bietet insbesondere den Vortheil, daß von der Erhebung von Krankenversicherungsbeiträgen Abstand genommen werden kann. Durch die Gewährung freier ärztlicher Behandlung und Arznei erhält der Arbeiter für die ersten dreizehn Wochen nach dem Unfall denjenigen Theil der Unterstützung, der dem Beitrage des Arbeitgebers zur Krankenversicherung entsprechen würde (da nach dem Krankenversicherungsgesetz die freie ärztliche Be-

Verletzte angehört, die Fürsorge[21]) für denselben über die dreizehnte Woche hinaus bis zur Beendigung des Heilverfahrens zu übertragen. In diesem Falle hat sie die gemachten Aufwendungen zu ersetzen.

Als Ersatz der Kosten des Heilverfahrens gilt die Hälfte des (Abs. 5.) nach dem Krankenversicherungsgesetze zu gewährenden Mindestbetrages des Krankengeldes[22]), sofern nicht höhere Aufwendungen nachgewiesen[23]) werden.

---

handlung und Arznei mit der Hälfte des Krankengeldes entgolten wird, also ein Drittel der Gesammtleistung darstellt, während der Arbeitgeber ein Drittel der Gesammtbeiträge zahlt). Dafür, daß er seinerseits Beiträge nicht entrichtet, hat der Arbeiter auf das dem Beitragsverhältniß entsprechende Krankengeld zu verzichten. Bezüglich dessen, was ihm aus sozialpolitischen Gründen während der ersten dreizehn Wochen ohne Gegenleistung zu gewähren ist, wird also der land- und forstwirthschaftliche Arbeiter nach dem Entwurf dem unter das Unfallversicherungsgesetz fallenden gewerblichen Arbeiter gleichstehen. Wollte man aber auch die freie ärztliche Behandlung und Arznei höher veranschlagen, so würde es doch unthunlich sein, für diese Leistungen Krankenversicherungsbeiträge zu erheben, weil, abgesehen von allen anderen Gründen, schon der Umstand entgegenstehen würde, daß solche Beiträge wegen ihrer Geringfügigkeit von den nur für kurze Zeit beschäftigten Personen oft nicht würden eingezogen werden können.

Der im § 5 Absatz 10 des Unfallversicherungsgesetzes für die dort nur vereinzelt vorkommenden Fälle der Verletzung eines gegen Krankheit nicht versicherten industriellen Arbeiters eingeschlagene Weg, wonach der einzelne Betriebsunternehmer die vollen Leistungen während der ersten dreizehn Wochen aus eigenen Mitteln zu gewähren hat, erscheint hier auch mit der Beschränkung auf freie Kur und Heilmittel um deswillen nicht gangbar, weil die große Mehrzahl der kleineren Besitzer ohne Gefährdung der eigenen wirthschaftlichen Existenz diese Leistungen nicht würde tragen können und weil eine erzwungene derartige Leistung auch von Denjenigen voraussichtlich nur widerwillig und unvollkommen erfüllt werden würde, welche gegenwärtig für ihre verunglückten Arbeiter nach Kräften freiwillig sorgen. Die Leistungen direkt der Berufsgenossenschaft zuzuweisen, verbietet sich aus denselben Gründen, welche auch im Unfallversicherungsgesetz dazu geführt haben, die Fürsorge für die ersten Wochen den Krankenkassen zu übertragen. Hiernach blieb nur übrig, einstweilen auch für die ländlichen Arbeiter diese Leistungen, gewissermaßen als einen beschränkten Theil der Gemeindekrankenversicherung, den Gemeinden aufzuerlegen. Darin liegt, soweit nicht etwa der Krankenversicherungszwang landesgesetzlich eingeführt ist (vergl. §§ 125 ff. des Entwurfs, jetzt §§ 139 fg. des Gesetzes), für die letzteren zugleich ein Antrieb, überall da, wo die Verhältnisse dies gestatten, von der in § 2 Absatz 1 Ziffer 6 des Krankenversicherungsgesetzes ihnen ertheilten Ermächtigung zur statutarischen Einführung des Krankenversicherungszwanges Gebrauch zu machen. Von einer Erstattung der von den Gemeinden gewährten Leistungen durch die Berufsgenossenschaften wird aus den am Schlusse der allgemeinen Erörterungen dargelegten Gründen abzusehen sein."

Um die Verpflichtungen der Gemeinde auf das Allernothwendigste zu beschränken (cf. Anm. 2, 11), sollen nach Beschlüssen der Reichstagskommission auf die Leistungen der Gemeinden nur Arbeiter und diese auch nur insoweit Anspruch haben, als ihnen nicht ein privatrechtlicher Anspruch gegen Dritte zusteht. Doch soll in letzterem Fall die Gemeinde wenigstens vorläufig eintreten, wenn die zunächst Verpflichteten ihren Verbindlichkeiten nicht genügen. Wegen der aus den Bestimmungen des § 10 entstehenden Streitigkeiten vgl. § 12.

Die Ergänzung dieses § findet sich im § 116. Durch den letzteren wird Fürsorge getroffen, daß denjenigen Verletzten, welchen nicht nach Landesgesetz oder Statut eine den Vorschriften der §§ 6 und 7 des Krankenversicherungsgesetzes voll entsprechende Entschädigung während der ersten dreizehn Wochen nach dem Unfall gesichert ist, für welche also ev. die Gemeinde während der ersten dreizehn Wochen zu sorgen hat, ihre etwaigen Entschädigungsansprüche gegen Arbeitgeber voll erhalten bleiben sollen (weil eben die Gewährung von nichts weiter als freier Kur nicht als ein volles Entgelt der bisherigen Entschädigungsansprüche während der ersten dreizehn Wochen angesehen werden kann), während diese Entschädigungsansprüche für andere Verletzte fortfallen. Nach dem Unfallversicherungsgesetz haben dagegen alle unter dasselbe fallenden Personen diese Entschädigungsansprüche verloren; sie sind im Allgemeinen gegen die Folgen des Unfalls einschl. der ersten 13 Wochen ausreichend gesichert und müssen deshalb ihre bisherigen im Effekt minderwerthigen Ansprüche aufgeben.

Diese Leistungen der Gemeinde gelten ebensowenig wie die Leistungen der Berufsgenossenschaften als öffentliche Armenunterstützung, vgl. Anm. 19.

[2]) eines Arbeiters. Diese Einschränkung ist von der Kommission beschlossen, „weil man es für richtig hielt, die hier ausgesprochene Verpflichtung der Gemeinden auf das Maß des zweifellosen Bedürfnisses zu beschränken und deshalb auf die Krankenpflege von Unternehmern und Betriebsbeamten nicht auszudehnen" (Komm. Ber. S. 11). Unternehmer also haben während der ersten dreizehn Wochen immer für sich allein zu sorgen, ebenso Betriebsbeamte, sofern sie nicht gegen Krankheit versichert sind. Die Krankenversicherungspflicht besteht, wo sie eingeführt ist, überall nur für Betriebsbeamte von nicht mehr als 2000 Mark Jahresverdienst (§ 1 K.-V.-G.). Die gleiche Beschränkung besteht auch in der Industrie, nur mit der Erschwerung, daß dort für gegen Unfall versicherte Betriebsbeamte die civilrechtlichen Ersatzansprüche im Allgemeinen auch für die Zeit während der ersten dreizehn Wochen fortfallen (cf. v. Woedtke, Komm. zum U.-V.-G. Anm. 4 zu § 5, sowie § 95 U.-V.G.), während diese civilrechtlichen Ansprüche in der Land- und Forstwirthschaft, soweit nicht Krankenversicherungspflicht besteht, erhalten geblieben sind, § 116.

³) Gemeinde, derselben stehen die selbständigen Gutsbezirke und Gemarkungen gleich, § 131.

⁴) in deren Bezirk, vgl. Abs. 3.

⁵) Umfang, also die ärztliche Behandlung, wie sie in der Gemeindekrankenversicherung zu gewähren ist, nämlich „vom Beginn der Krankheit ab freie ärztliche Behandlung, Arznei, sowie Brillen, Bruchbänder und ähnliche Heilmittel" (§ 6 Abs. 1 Ziffer 1 K.-V.-G.), aber kein Krankengeld. Den Arzt bestimmt die Gemeinde; Wundärzte stehen den Aerzten gleich; die hier zu gegewährenden sog. „kleinen" Heilmittel sind, wie die beispielsweise genannten Brillen und Bruchbänder, solche, die „mit der Krankenbehandlung in unmittelbarem Zusammenhang stehen und zur Sicherung des Erfolges der Kur nothwendig sind" (Komm.-Ber. z. K.-V.-G. S. 23). Hierhin gehören auch Verbandzeug, Schienen 2c., aber nicht künstliche Gliedmaßen. Auch Arznei und die erwähnten kleinen Heilmittel müssen frei geleistet werden. Vgl. darüber Näheres im Kommentar des Verfassers z. K.-V.-G. 3. Aufl. Anm. 3a, 4 bis 6 zu § 6 a. a. O.

⁶) besteht nicht, tritt aber doch subsidiär ein, wenn nämlich die in erster Reihe verpflichteten Personen ihre Verpflichtung nicht erfüllen, demgemäß die Gemeinde vorschießen muß, und der Erstattungsanspruch wegen Leistungsunfähigkeit des Verpflichteten oder aus anderen Gründen nicht durchgeführt werden kann.

⁷) insoweit, nicht insofern. Die Differenz (bezw. der Zeit oder des Betrages) hat also die Gemeinde eventuell zu tragen.

⁸) landesgesetzliche Bestimmungen, welche sich nicht als „Krankenversicherung" im Sinne des Gesetzes vom 15. Juni 1883 charakterisiren; denn die „Krankenversicherung" ist diesen landesgesetzlichen Bestimmungen parallel gestellt. Vgl. Komm.-Ber, S. 11: „In dieser Beziehung wurde namentlich auf die in einem Theile Deutschlands landesrechtlich in Geltung stehende Vorschrift des Code civil hingewiesen, welche dem verunglückten Arbeiter einen Entschädigungsanspruch gegen seinen Arbeitgeber giebt, sobald demselben ein eigenes Verschulden oder ein solches seiner Angestellten oder auch nur der Mitarbeiter des Verunglückten nachgewiesen werden kann" (a. a. O.).

Ebenso gehören hierher die Bestimmungen anderer Partikularrechte, wie des Gemeinen Rechts, Preußischen Allgemeinen Landrechts 2c., über außerkontraktliche Beschädigungen. So hat insbesondere nach §. 111 I. 6. Preuß. A. L.-R. der Verletzte gegen denjenigen, welcher wegen Verschuldens für den Unfall verantwortlich ist, „in allen Fällen auf den Ersatz der Cur- und Heilungs-Kosten" Anspruch. Ferner gehören hierher die civilrechtlichen Ansprüche gegen den Auftraggeber (vgl. §§ 80, 81 I. 13 Pr. A. L.-R., siehe unten), die Alimentationsverpflichtungen der Eheleute (vgl. §§ 185, 187 II. 1 Pr. A. L.-R.), sowie der Eltern gegen Kinder und umgekehrt (vgl. §§ 251 fg. II. 2 Pr. A. L.-R.), endlich auch die Verpflichtungen der Dienstherrschaft gegen das Gesinde; diese richten sich nach den örtlich geltenden Gesindeordnungen. Für alle diese Personen hat also die Gemeinde in der Regel nicht aufzukommen.

Vgl. wegen des Gesindes insbesondere §§ 86 bis 95 der Preußischen Allgemeinen Gesinde-Ordnung vom 8. November 1810 (G.-S. S. 101):

§ 86. Zieht ein Dienstbote sich durch den Dienst oder bei Gelegenheit desselben eine Krankheit zu, so ist die Herrschaft schuldig, für seine Kur und Verpflegung zu sorgen.

§ 87. Dafür darf dem Gesinde an seinem Lohne nichts abgezogen werden.

§ 90. Sind öffentliche Anstalten vorhanden, wo dergleichen Kranke aufgenommen werden, so muß das Gesinde es sich gefallen lassen, wenn die Herrschaft seine Unterbringung daselbst veranstaltet.

§ 92. Dauert eine solche Krankheit über die Dienstzeit hinaus, so hört mit dieser die äußere Verbindlichkeit der Herrschaft auf, für die Kur und Pflege des kranken Dienstboten zu sorgen.

§ 94. Unter den Umständen, wo ein Machtgeber einen dem Bevollmächtigten bei Ausrichtung der Geschäfte durch Zufall zugestoßenen Schaden vergüten muß, ist auch die Herrschaft schuldig, für das in ihrem Dienste oder bei Gelegenheit desselben zu Schaden gekommenen Gesinde auch über die Dienstzeit hinaus zu sorgen. (Thl. I. Tit. 13. §§ 80—81.)

§ 95. Diese Pflicht erstreckt sich jedoch nur auf die Kurkosten und auf den nothdürftigen Unterhalt des Gesindes, solange bis dasselbe sich sein Brod selbst zu verdienen wieder in den Stand kommt.

Die in § 94 a. a. O. angezogenen §§ 80, 81 I. 13 Pr. A. L.-R. lauten:

§ 80. Unglücksfälle, welche den Bevollmächtigten bei Ausrichtung des Geschäftes treffen, ist der Machtgeber nur insofern zu vergüten schuldig, als er dazu auch nur durch ein geringes Versehen Anlaß gegeben hat.

§ 81. Doch muß der blos zufällige Schaden auch alsdann vergütet werden, wenn der Bevollmächtigte die bestimmte Vorschrift des Machtgebers, ohne sich der Gefahr einer solchen Beschädigung auszusetzen, nicht hat befolgen können.

Auftrag und Vollmacht sind im Sinne dieser Bestimmungen gleichbedeutend, § 5 I. 13 Pr. A.-L.-R.

Hiernach reicht im Geltungsbereich der Gesindeordnung von 1810 die civilrechtliche Verantwortlichkeit der Dienstherrschaft für Krankheiten (Verletzungen), die sich der Dienstbote „durch den Dienst oder bei Gelegenheit desselben" zugezogen hat, in der Regel bis zum Ablauf des Dienstvertrages, über denselben hinaus nur dann, wenn die Verletzung auch nur durch ein geringes Versehen des Dienstherrn herbeigeführt ist oder (bei Zufall), wenn der Dienstbote, um der bestimmten Vorschrift des Dienstherrn zu genügen, sich der Gefahr einer solchen Verletzung aussetzen mußte. Soweit also die gesetzliche Verpflichtung der Dienstherrschaft einem verunglückten Dienstboten gegenüber wegen

Beendigung der Dienstzeit desselben vor Ablauf von 13 Wochen nach dem Unfall ihr Ende erreicht, tritt bis zum Beginn der 14. Woche die Gemeinde (mit freier Kur), demnächst aber die Berufsgenossenschaft ein. Soweit aber die gesetzliche Verpflichtung der Dienstherrschaft an sich länger als 13 Wochen währen würde, erlischt sie (vorbehaltlich der Bestimmungen der §§ 116fg. dieses Gesetzes) nach Ablauf der 13. Woche, indem dann die Berufsgenossenschaft eintritt.

Andrerseits gehören zu den in § 10 erwähnten landesgesetzlichen Bestimmungen, welche den Eintritt der Gemeinde während der Karenzzeit ausschließen, nicht die Bestimmungen über öffentliche Armenunterstützung. Das ganze Gesetz will grade dem Eintritt der Armenunterstützung vorbeugen. Der Anspruch auf Armenunterstützung schließt also die Verpflichtung der Gemeinde aus § 10 dieses Gesetzes nicht aus. Sonst würde ja auch der § 10 von nur geringer Bedeutung sein, da Jeder im Falle der Hülfsbedürftigkeit Anspruch auf Armenunterstützung hat.

[9]) Krankenversicherung, auf Grund des Reichs-Krankenversicherungsgesetzes (v. 15. Juni 1883), oder auf Grund landesrechtlich geregelter Kranken-Versicherung (welche zur Ergänzung der reichsgesetzlichen Krankenversicherung für diejenigen Fälle, welche diese offen läßt, zulässig bleibt, vgl. §. 133 dieses Gesetzes), oder auf Grund freiwillig eingegangener Versicherung bei freien Hülfskassen ohne Beitrittszwang, sofern diese freie Kur und Verpflegung oder ein genügendes Aequivalent gewähren (vgl. unten), oder auf Grund des für land- und forstwirthschaftliche Arbeiter einschließlich des Gesindes kraft Gesetzes zugelassenen freiwilligen Beitritts zur Gemeindekrankenversicherung (§ 4 Abs. 2 K.-V.-G.), oder auf Grund des freiwilligen Beitritts zu einer Ortskrankenkasse, falls diese kraft ihrer Statuten Nichtversicherungspflichtigen zugänglich ist (§ 26 Abs. 4 Ziffer 5 a. a. O.). Die Leistungen von Hülfskassen ohne Beitrittszwang, welche dem § 75 a. a. O. genügen, also Krankengeld und freie ärztliche Behandlung ꝛc., oder statt der letzteren insgesammt mindestens $^3/_4$ des am Kassensitz ortsüblichen Tagelohns gewöhnlicher Tagearbeiter gewähren, müssen als ausreichend gelten. Ob die Leistungen freier Hülfskassen, welche zwar statt freier Kur und Verpflegung ein erhöhtes Krankengeld, aber doch insgesammt weniger als $^3/_4$ des am Kassensitz ortsüblichen Tagelohns gewöhnlicher Tagearbeiter gewähren, eine „gleiche Fürsorge" darstellen, wird im Streitfall nach § 12 entschieden. Die Bejahung erscheint statthaft, wenn nach den Verhältnissen des betreffenden Orts die Bestimmungen der Hülfskasse die Kosten der freien ärztlichen Behandlung, Arznei und Heilmittel thatsächlich decken.

[10]) befreit sind, weil solche Personen von ihren Arbeitgebern das Erforderliche zu erhalten haben.

[11]) im Auslande. Diese Bestimmung ist vom Reichstage in dritter Lesung eingefügt, „weil man die den Gemeinden aufzulegende Verpflichtung soweit als möglich beschränken wollte" (Komm.-Ber. S. 13). Der verletzte Ausländer ist aber berechtigt, in der Beschäftigungsgemeinde des Inlands die ärztliche Fürsorge zu verlangen, vgl. Sten. Ber. 1885/86 S. 1921.

Für im Auslande sich aufhaltende Personen besteht auch die subsidiäre Verhaftung der Gemeinden, welche der nächste Satz des Textes einführt, nicht.

[12]) mit Vorbehalt des Ersatzanspruchs, d. h. vorbehaltlich des Anspruchs auf Ersatz. Es ist nicht erforderlich, daß die Gemeinde bei oder vor ihren bezüglichen Leistungen noch ausdrücklich den Vorbehalt ausspricht. Just. a. a. O. Anm. 18. Die Gemeinde hat einen selbständigen Anspruch, und tritt nicht etwa in den Unterstützungsanspruch des Verletzten gegen dessen Arbeitgeber zc. ein.

[13]) zu erstatten. Vgl. Abs. 5.

[14]) außerhalb. Die Bestimmung will denjenigen Verletzten, welche in der Beschäftigungsgemeinde nicht ihren Wohnsitz hatten, und nach Eintritt des Unfalls in ihre Wohnung gebracht werden, um dort sich behandeln zu lassen, die ärztliche Behandlung auf thunlichst bequeme Weise zugänglich machen. Ein Aequivalent in Geld, mit der Bestimmung, daß der Verletzte die ärztliche Hülfe sich selbst zu besorgen hätte, darf die Beschäftigungsgemeinde auch solchen außerhalb Wohnenden selbst mit ihrer Zustimmung nicht gewähren. Ein Antrag, ihr diese Ablösung zu gestatten, wurde in der Kommission abgelehnt, weil „eine solche Bestimmung die Befürchtung errege, es werde der verletzte Arbeiter häufig das baare Geld der Gewährung freier Kur vorziehen und es werde so ein Hauptzweck der ganzen Gesetzgebung, erkrankten und verletzten Arbeitern eine genügende ärztliche Behandlung zu sichern, vereitelt werden" (Komm.-Ber. S. 13).

Zu einer beliebigen Verlegung des Wohnorts während der Behandlung hat der Verletzte kein Recht, weil er dadurch die Lage der verpflichteten Beschäftigungsgemeinde, — die innerhalb ihres Bezirks die ärztliche Behandlung zc. meist billiger hat als außerhalb desselben, — einseitig verschlimmern würde. Bei solcher nachträglichen Verlegung des Wohnsitzes verwirkt also der Verletzte den Anspruch auf die Leistungen der Gemeinde, vgl. Anm. 3 zu § 8, sowie v. Woedtke, Kommentar z. K.V.G. 3. Aufl. Anm. 5 zu § 5.

[15]) hat — zu übernehmen, d. h die Wohnortsgemeinde hat event. die Verpflichtung, die ärztliche Kur vorschußweise zu gewähren, aber nicht ein Recht darauf, ihrerseits zu beanspruchen, daß der Verletzte nun auch wirklich in seinem Wohnort sich behandeln lasse. Der Verletzte kann vielmehr sehr wohl am Beschäftigungsort die ärztliche Behandlung entgegennehmen.

[16]) Wohnorts, falls derselbe in Deutschland belegen ist. Auf außerdeutsche Gemeinden erstreckt sich die Gesetzgebung des Deutschen Reichs nicht. Kosten, welche einer außerdeutschen Gemeinde aus der Verpflegung eines im Inlande verletzten Arbeiters erwachsen, braucht die inländische Beschäftigungsgemeinde auf Grund dieses Gesetzes nicht zu erstatten, vgl. Abs. 1 sowie Anm. 11.

[17]) Anspruchs auf Ersatz gegenüber der principaliter verpflichteten Beschäftigungsgemeinde. In denjenigen Fällen, in welchen die Fürsorge der Gemeinde für solche Verletzten hat eintreten müssen, welche gegen Dritte einen

Schadensersatzanspruch haben (Abs. 1), kann die Wohnortsgemeinde sich auch direkt an den dritten Verpflichteten halten.

Ueber die Höhe des Ersatzanspruchs vgl. Abs. 5.

[18]) Beschäftigungsort. Mot. S. 54: „Bei land- und forstwirthschaftlichen Betrieben, welche sich über die Bezirke mehrerer Gemeinden erstrecken, können Zweifel darüber bestehen, welche Gemeinde die der Gemeinde des Beschäftigungsorts auferlegten Leistungen zu erfüllen hat. Zur Beseitigung solcher Zweifel ist die Bestimmung des Abs. 2 des § 9 (jetzt Abs. 3 des § 10) gegeben, wonach ebenso wie für die Krankenversicherung (§ 126, jetzt § 134) und in Uebereinstimmung mit § 15 des Gesetzes vom 28. Mai 1885 im Zweifel der Sitz des Betriebes (§ 42, jetzt § 44) maßgebend sein soll."

[19]) befugt. Mot. S. 350: „Hat die Berufsgenossenschaft Grund zu der Annahme, daß die Gemeinde die ihr hiernach während der ersten dreizehn Wochen obliegende Fürsorgepflicht in unzureichender Weise erfüllen werde, und daß die Heilung des Verletzten dadurch verzögert, die Last also nach Ablauf der ersten dreizehn Wochen erschwert werden möchte, so bleibt ihr unbenommen, die Leistung auch während der ersten Wochen ganz oder theilweise, dann jedoch natürlich auf eigene Kosten, selbst zu übernehmen." Hierher gehört auch der Fall, wenn bald nach der Verletzung Spezialärzte zugezogen, Badereisen gemacht werden sollen ꝛc., wozu die Gemeinde nicht verpflichtet ist.

„Im Verlaufe der ersten Berathung wurde als zweifellos festgestellt,

a) daß die im § 8 verliehene Befugniß auch denjenigen Berufsgenossenschaften, Krankenkassen und Gemeinde-Krankenversicherungen zustehe, welche auf Grund des vorletzten Absatzes des § 9 (jetzt § 10) die Leistungen für Verletzte übernommen haben,

b) daß die nach diesem Gesetze gewährten Leistungen nicht als Armenunterstützungen anzusehen sind.

Ein eingebrachter Antrag, das Letztere durch einen Zusatz ausdrücklich auszusprechen, wurde darauf zurückgezogen" (Komm.-Ber. S. 13).

Während der ersten 13 Wochen braucht die Berufsgenossenschaft, wenn sie auf eigene Kosten Krankenhauspflege eintreten läßt, die im § 8 Abs. 2 für die Zeit nach Ablauf der ersten 13 Wochen eventuell vorgesehene Rente nicht zu gewähren.

[20]) Krankenkasse, auch Hülfskasse, ohne Rücksicht auf die Versicherungspflicht.

[21]) Fürsorge in demjenigen Umfang, in welchem sie von der Berufsgenossenschaft geschuldet wird, also insbesondere das ganze Heilverfahren (nach Ablauf der ersten 13 Wochen) ohne Beschränkung auf die „kleinen" Heilmittel. Auch die vorschußweise Auszahlung der Renten kann den Krankenkassen bis zur Beendigung des Heilverfahrens übertragen werden, A. N. II. S. 133.

[22]) Mindestbetrages des Krankengeldes. Sofern es sich um Leistungen der Beschäftigungsgemeinde handelt (Abs. 1, 2), ist Mindestbetrag des

Verhältniß zu Krankenkassen, Armenverbänden rc.

§ 11.

(Abs. 1). Die Verpflichtung[1]) der eingeschriebenen Hülfskassen, sowie der sonstigen Kranken-, Sterbe-, Invaliden- und anderen Unterstützungskassen[2]), den von Betriebsunfällen betroffenen Arbeitern und Betriebsbeamten, sowie deren Angehörigen und Hinterbliebenen Unterstützungen zu gewähren, sowie die Verpflichtung von Gemeinden oder Armenverbänden[3]) zur Unterstützung hilfsbedürftiger Personen wird durch dieses Gesetz nicht berührt. Soweit auf Grund solcher Verpflichtung Unterstützungen in Fällen gewährt sind, in welchen dem Unterstützten nach Maßgabe der §§ 6 bis 8[4]) dieses Gesetzes ein Entschädigungsanspruch zusteht, geht[5]) der letztere bis zum Betrage

(§ 10 d. Entw. u. d. Komm.-Beschl.) Dem § 11 entspricht der § 8 U.-V.-G.

Krankengeldes immer die Hälfte des ortsüblichen Tagelohns gewöhnlicher Tagearbeiter, §§ 6, 8 K.-V.-G.

Sofern es sich aber um die der Gemeindekrankenversicherung oder Krankenkasse nach Ablauf der ersten 13 Wochen übertragene Fürsorge handelt (Abs. 4), ist dasjenige Krankengeld maßgebend, welches die Gemeindekrankenversicherung oder die Krankenkasse, der der Verletzte angehört, zu gewähren hat. Das Krankengeld ist verschieden, je nachdem es sich um eine Gemeinde-Krankenversicherung (§ 6 a. a. O.) oder Hülfskasse (§ 75 a. a. O.) einerseits oder um eine organisirte Krankenkasse (Orts-, Betriebs- [Fabrik-], Bau-, Innungskasse, §§ 20, 64, 72, 73 a. a. O.) andererseits handelt. In letzteren bildet der (event. abgestufte) Durchschnittslohn der betr. Arbeiterkategorie, soweit er 3 Mk. oder in klassenweiser Abstufung 4 Mk. pro Arbeitstag nicht übersteigt, in ersteren der ortsübliche Tagelohn gewöhnlicher Tagearbeiter den Maßstab, von welchem das Krankengeld im Mindestbetrage 50 pCt. betragen muß; bei Betriebs- (Fabrik-) und Baukrankenkassen kann an dessen Stelle durch das Kassenstatut der wirkliche Arbeitsverdienst bis zu 4 Mk. täglich gesetzt sein (§ 64 Nr. 1, §§ 72, 73 a. a. O.). Der hiernach für die ärztliche Behandlung rc. zu erstattende Betrag muß individuell (nach der Höhe des dem Verunglückten kraft Gesetzes zustehenden Minimal-Krankengeldes) berechnet werden.

[23]) nachgewiesen werden. Auch die Nothwendigkeit und Angemessenheit, nicht bloß die Thatsache der Aufwendung ist im Streitfall darzuthun.

Insbesondere kommen hier die Kosten etwa erforderlich gewordener Specialärzte in Frage.

Zu § 11.

[1]) Die Verpflichtung, sowohl auf Grund von Gesetzen, wie auf Grund von Statuten (statutarische Mehrleistungen).

der geleisteten Unterstützung auf die Kassen, die Gemeinden oder die Armenverbände über, von welchen die Unterstützung gewährt worden ist.

Das Gleiche[6]) gilt von den Betriebsunternehmern und Kassen, welche die den bezeichneten Gemeinden und Armenverbänden obliegende Verpflichtung zur Unterstützung auf Grund gesetzlicher Vorschrift erfüllt haben. (Abs. 2.)

Der Satz 1 des ersten Absatzes hält die Verpflichtung aller Krankenkassen und Armenverbände, die von ihnen geschuldete Unterstützung zu gewähren, den berechtigten Verletzten gegenüber in vollem Umfange aufrecht, nicht nur während derjenigen Zeit, in welcher aus der Unfallversicherung als solcher nichts geleistet wird (Karenzzeit), sondern auch insoweit, als die letztere einzutreten hat. Für den letzteren Fall gibt dann aber Satz 2 des Absatzes 1 den Kassen und Armenverbänden der Berufsgenossenschaft gegenüber einen Erstattungsanspruch: die Kassen treten insoweit, als der Verletzte bezw. dessen Hinterbliebene von der Berufsgenossenschaft Entschädigung zu erhalten haben, aber schon von der Kasse entschädigt sind, in den Entschädigungsanspruch dieser Verletzten ein (vgl. Anm. 5). Es handelt sich dabei insbesondere um das Sterbegeld (§ 20 Abs. 1 Ziffer 3 K.-V.-G.) und um statutarische Mehrleistungen der Krankenkassen nach Ablauf der ersten 13 Wochen (§ 21 Ziffer 1 a. a. O.).

Die Berechtigten haben — schon um die Möglichkeit doppelter Zahlung seitens der beiden Verpflichteten zu verhüten — sich zunächst an die ihnen lokal nähere Krankenkasse zc. zu wenden (cf. unten die Mot.); die Berufsgenossenschaft erstattet letzterer die Auslagen (bis zu der Höhe, zu der ihre eigene Verpflichtung besteht), und gewährt den Berechtigten den denselben von ihr geschuldeten Mehrbetrag. Der praktische Erfolg ist also, daß die Verletzten unter allen Umständen dasjenige, worauf sie auf Grund des Gesetzes Anspruch haben, erhalten, aber nur einmal; ferner, daß die Verpflichtungen aus der Unfallversicherung principaler Natur sind, so daß den Berufsgenossenschaften eine Erleichterung aus korrespondirenden Verpflichtungen anderer Anstalten nicht erwächst; endlich, daß die anderen Verbände (Kassen) zu der Höhe, in welcher ihre Leistungen durch die Unfallversicherung gedeckt werden, erleichtert werden. In Anwendung auf das Sterbegeld liegt die Sache so: die Berufsgenossenschaft haftet unter allen Umständen für das Sterbegeld in Höhe des in § 7 angegebenen Betrages, und erstattet denselben der Krankenkasse zc., soweit diese jenen Betrag hat zahlen müssen; ist das Sterbegeld aus letzterer höher, so wird die Krankenkasse zu dem überschießenden Betrage nicht befreit. Gewährt die Krankenkasse Krankenunterstützung über 13 Wochen hinaus, so wird die letztere von der Berufsgenossenschaft insoweit erstattet, als ihre Unterstützungspflicht nach § 6 reicht. Diese Aufrechterhaltung der Verpflichtungen von Krankenkassen 2c. „empfiehlt sich . . . nicht bloß aus dem Grunde, weil die Unterstützungskassen den Verhältnissen ungleich näher stehen und die Zahlungen an die Entschädigungsberechtigten — es kommen hier vorzugsweise die Sterbegelder in Frage — schneller bewirken können als die Berufsgenossenschaften, sondern auch besonders zu dem Zweck, damit nicht, wenn Differenzen zwischen den Unterstützungskassen und den Berufsgenossenschaften über die Verpflichtung zur Entschädigung des vom Unfall Betroffenen und seiner Hinterbliebenen entstehen, letztere auf jede Unterstützung bezw. Entschädigung bis zum Austrag dieser Differenzen verzichten müssen" (Mot. d. U.-V.-G. S. 48).

Die Ersatzverpflichtung der Berufsgenossenschaften bezieht sich, was nicht zu übersehen ist, nur auf solche Unterstützungen, welche sowohl aus der Unfallversicherung, wie aus anderen Kassen zu leisten sind, also nicht auf die Fürsorge für Verletzte während der ersten 13 Wochen (§ 10), weil für diese Zeit eine Verpflichtung der Berufsgenossenschaften nach §§ 6, 7 überhaupt nicht besteht.

Wegen des Verhältnisses zu civilrechtlichen Entschädigungsansprüchen 2c. vgl. §§ 116fg.

[2]) Unterstützungskassen. Hierher gehören alle Kassen, an welche ein rechtlicher Anspruch auf Unterstützung besteht, ohne Unterschied, ob die Kasse auf Grund gesetzlicher oder statutarischer Verpflichtung, oder auf Grund einer Liberalität oder eines anderen für die betr. Arbeiter rechtsbegründenden Akts errichtet worden ist. A. N. I. S. 3. Sind mehrere ersatzberechtigte Kassen vorhanden, so muß sich die Berufsgenossenschaft mit ihnen allen abfinden, und zwar vorbehaltlich besonderer Abmachungen in der Regel nach dem Verhältniß der Leistungen jeder zum Ersatz berechtigten Kasse (A. N. II. S. 57). Ist eine baldige Erledigung nicht zu erreichen, so empfiehlt sich die Hinterlegung des Betrages, §§ 7fg. Preuß. Hinterlegungsordnung v. 14. März 1879 (G.-S. S. 249).

[3]) Armenverbänden. „Ebenso soll die gesetzliche Verpflichtung der Gemeinden und sonstiger Verbände, durch Unfall hülfsbedürftig gewordenen Arbeitern Unterstützung zu gewähren, durch die Versicherung keine Veränderung erleiden, jedoch soll auch ihnen das zu diesem Zweck Geleistete von den Berufsgenossenschaften (sc. soweit gegen diese überhaupt ein Anspruch besteht; event. von den Krankenkassen gemäß § 57 Abs. 2 K.-V.-G., D. H.) erstattet werden und zu dem Ende der Entschädigungsanspruch des Unterstützten gegen die letzteren bis zum Betrage der geleisteten Unterstützung auf die fragliche Gemeinde oder den betreffenden Verband bezw. auf diejenigen, welche die Verpflichtung derselben auf Grund gesetzlicher Vorschriften erfüllt haben, übergehen" (Mot. d. U.-G.-V. S. 47).

Durch diese Bestimmung wird die Armenpflege wirksam entlastet.

[4]) §§ 6 bis 8, nicht § 10, weil derselbe eine selbständige Verpflichtung der Gemeinde, nicht der Berufsgenossenschaft enthält, im übrigen aber ein Entschädigungsanspruch aus § 10 gegen die Gemeinde dann bezw. insoweit nicht besteht, als bereits eine Verpflichtung von Krankenkassen vorliegt.

[5]) geht über. Die Kasse 2c. ist also gesetzlicher Rechtsnachfolger des Entschädigungsberechtigten, und aus diesem Grunde auch zur Verfolgung der

§ 12.

[1]) Streitigkeiten über Unterstützungsansprüche, welche aus der (Abs. 1.) Bestimmung des § 10 zwischen den Verletzten einerseits und den Gemeinden andererseits entstehen, werden von der Aufsichtsbehörde[1a]) entschieden. Die Entscheidung ist vorläufig vollstreckbar. Dieselbe kann im Verwaltungsstreitverfahren[2]), wo ein solches nicht

(§ 11 d. Entw. u. d. Komm.-Beschl.) Der § 12 entspricht dem § 5 Abs. 8 Satz 3, Abs. 11 U.-V.-G.

---

auf sie übergegangenen Rechte des Verletzten gegen die Berufsgenossenschaft vor dem Schiedsgericht, nicht vor dem Civilgericht, neben dem Verletzten befugt (vgl. A. N. IV. S. 196; wodurch A. N. II. S. 132 reprobirt ist). „Der Gerichtsstand vor den Schiedsgerichten ist nicht ein höchstpersönliches Privilegium der Arbeiter, sondern eine für diese Art von Entschädigungsansprüchen bestellte Einrichtung" (Entsch. d. Schiedsgerichts Stuttgart v. 18. April 88), ein forum speciale rei. In der letztbezeichneten Entscheidung des Schiedsgerichts Stuttgart wird ferner ausgeführt, daß das Schiedsgericht nur über die Existenz des Anspruchs, nicht über dessen Betrag entscheiden könne; denn über letzteren finde noch nach § 57 Abs. 4 (woselbst genau dieselben Fälle wie nach §. 12 l. U.-V.-G. behandelt werden!) und § 58 Abs. 2 K.-V.-G. das Verwaltungsstreitverfahren statt, welches letztere wiederum auf den streitigen Anspruch selbst sich nicht erstrecken könne. Umgekehrt hat das Preuß. Ob.-Verw.-Ger. die Zuständigkeit des Verwaltungsstreitverfahrens hier ganz verneint.

[6]) Das Gleiche. Die Schlußbestimmung soll landesgesetzlichen Vorschriften, wie sie namentlich in Süddeutschland bestehen, Rechnung tragen (Motive des ersten Entwurfs d. industr. U.-V.-G.), und entspricht dem § 57 Abs. 3 K.-V.-G.

Zu § 12.

[1]) Mot. S. 54: „Streitigkeiten können bei der Ausführung der Bestimmungen des § 9 (jetzt § 10) in doppelter (jetzt mehrfacher, siehe unten!) Richtung entstehen, nämlich entweder zwischen den nicht gegen Krankheit versicherten Verletzten einerseits und den Gemeinden andererseits über die Nothwendigkeit und das Maß der Unterstützung während der ersten dreizehn Wochen nach dem Unfall, oder über Ersatzansprüche der Verwaltungen von Gemeindekrankenversicherungen oder Krankenkassen gegenüber den Berufsgenossenschaften, wenn letztere auf Grund der ihnen eingeräumten Befugniß den ersteren die Fürsorge für die Verletzten über die dreizehnte Woche hinaus bis zur Beendigung des Heilverfahrens übertragen haben.

Streitigkeiten über Unterstützungsansprüche während der ersten dreizehn Wochen werden, wenn der Verletzte einer Krankenkasse angehört, nach § 58 Absatz 1 des Krankenversicherungsgesetzes von der Aufsichtsbehörde mit vorläufiger Vollstreckbarkeit und vorbehaltlich des Rechtswegs entschieden.

besteht, im Wege des Rekurses[3]) nach Maßgabe der Vorschriften der §§ 20, 21 der Gewerbeordnung[4]) angefochten werden.

(Abs. 2.) Streitigkeiten über Ersatzansprüche, welche aus den Bestimmungen des § 10 entstehen, werden im Verwaltungsstreitverfahren[2]), wo ein solches nicht besteht, von der Aufsichtsbehörde der in Anspruch genommenen Gemeinde, Gemeinde-Krankenversicherung oder

---

Dasselbe geschieht nach § 5 Absatz 10 und 11 des Unfallversicherungsgesetzes, wenn derartige Streitigkeiten zwischen nicht gegen Krankheit versicherten Verletzten und ihren Arbeitgebern entstehen. Der Entwurf schlägt vor, bezüglich der nicht gegen Krankheit versicherten Personen hier statt des Rechtswegs das Verwaltungsstreitverfahren, oder, wo ein solches nicht besteht, das Verfahren nach §§ 20, 21 der Gewerbeordnung für denjenigen Platz greifen zu lassen, welcher bei der Entscheidung der Aufsichtsbehörde sich nicht beruhigen will. Da es sich hier im Gegensatz zu den Bestimmungen des Unfallversicherungsgesetzes, welche eine privatrechtliche Verpflichtung des Unternehmers gegenüber den nicht gegen Krankheit versicherten Verletzten begründen, um eine Unterstützungsverpflichtung der Gemeinden handelt, welche ebenso wie die öffentliche Armenpflege auf öffentlich-rechtlichem Boden erwachsen ist, so erscheint dieser Instanzenzug angemessener, als die Verweisung auf den ordentlichen Rechtsweg. Dies gilt um so mehr, als sogar Streitigkeiten über Ersatzansprüche, welche über die Kosten des Heilverfahrens nach Ablauf der ersten dreizehn Wochen zwischen Berufsgenossenschaften und Krankenkassen (cf. unten!) entstehen, nach § 5 Absatz 8 des Unfallversicherungsgesetzes bzw. § 58 Absatz 2 des Krankenversicherungsgesetzes auf den Weg des Verwaltungsstreitverfahrens, nicht auf den Rechtsweg verwiesen worden sind. Hierbei wird es, soweit es sich hier um derartige Ersatzansprüche handelt, auch in dem vorliegenden Entwurf zu belassen sein. Nur wird in denjenigen Theilen des Reichs, in denen ein Verwaltungsstreitverfahren nicht besteht, nicht, wie im Unfallversicherungsgesetz, der Rechtsweg, sondern das dem Verwaltungsstreitverfahren sich mehr nähernde Verfahren nach §§ 20, 21 der Gewerbeordnung vorzuschreiben sein. Diesen Weg schlägt auch das Krankenversicherungsgesetz in den §§ 24, 47 ein."

Nachdem der § 10 durch die Beschlüsse der Reichstagskommission in sofern abgeändert worden war, als in denjenigen Fällen, in welchen eine Krankenversicherung nicht in Frage kommt, civilrechtliche Ansprüche des Verletzten die Gemeinde von ihrer Verpflichtung für die ersten 13 Wochen entbinden sollen (cf. Anm. 1 zu § 10), daß ferner in allen Fällen, in denen die zunächst Verpflichteten säumig sind, die Gemeinde vorschußweise eintreten soll, endlich, daß auch die Wohnungsgemeinde unter Umständen vorschußweise einzutreten hat, und daß in allen diesen Fällen gegen die Verpflichteten ein Ersatzanspruch besteht, ist die Möglichkeit von Streitfällen aus Anlaß des § 10 vermehrt.

a. Streitigkeiten über Unterstützungsansprüche gemäß § 10 können

Krankenkasse [3a]) entschieden. Gegen die Entscheidung der letzteren findet der Rekurs nach Maßgabe der Vorschriften der §§ 20, 21 der Gewerbeordnung [4]) statt.

Der Landes-Zentralbehörde bleibt überlassen, vorzuschreiben [5]), (Abs. 3) daß anstatt des Rekursverfahrens innerhalb der Rekursfrist die Berufung auf den Rechtsweg mittels Erhebung der Klage stattfinde.

---

für den Wirkungskreis dieses Gesetzes nach wie vor nur entstehen zwischen den Verletzten einerseits und den Gemeinden andererseits. Die Verletzten brauchen nur nachzuweisen, daß sie thatsächlich ärztliche Pflege nicht erhalten; sie können sich an die Beschäftigungsgemeinde oder die Wohnortsgemeinde desjenigen Wohnorts, in dem sie zur Zeit der Verletzung wohnten, falls sie nach der Verletzung dorthin sich begeben haben (vgl. Anm. 14 zu § 10), wenden. Derartige Streitigkeiten werden von der Aufsichtsbehörde (über Gemeinden), in höherer Instanz im Verwaltungsstreitverfahren, ev. nach §§ 20, 21 G.-O. entschieden, vorbehaltlich des Abs. 3.

Es wird Sache der Verwaltungs- und Polizeibehörden sein, dafür zu sorgen, daß im Bedarfsfall die ärztliche Hülfe sofort eintritt, und nicht etwa in Erwartung einer Entscheidung hinausgeschoben wird.

b. Streitigkeiten über Ersatzansprüche können entstehen:

α) in dem in den Motiven erwähnten Fall, nach Ablauf der ersten dreizehn Wochen, wenn die Berufsgenossenschaft die Fürsorge für die Verletzten der Krankenkasse (oder Gemeindekrankenversicherung) übertragen hat (§ 10 Absatz 4);

β) wenn die Beschäftigungs- oder Wohnorts-Gemeinde an Stelle säumiger Verpflichteter (Arbeitgeber, Dienstherrschaften, Krankenkassen 2c.) das Erforderliche vorgeschossen hat und von diesen Ersatz ihrer Auslagen beansprucht (§ 10 Absatz 1);

γ) wenn die Wohnortsgemeinde von dem Verletzten in Anspruch genommen wird und sich an die Beschäftigungsgemeinde regressirt (§ 10 Absatz 2).

Für alle diese Fälle ist es bei der Bestimmung der den Fall α betreffenden Vorlage geblieben, wonach Ersatzstreitigkeiten im Verwaltungsstreitfahren, event. nach §§ 20, 21 G.-O. entschieden werden sollen. Aehnliches gilt im Krankenversicherungsgesetz für die nach § 57 Abs. 4 auf die Krankenkassen übergehenden Entschädigungsansprüche, § 58 Abs. 2. a. a. O., nur mit dem Unterschiede, daß dort in subsidio der Rechtsweg, nicht das Verfahren nach der Gewerbeordnung eintritt. Sofern bei dem letzteren Verfahren Unzuträglichkeiten sich ergeben, kann diesen durch die Einführung der Krankenversicherungspflicht wirksam begegnet werden. Uebrigens würde eine Gemeinde, die sich in der Lage befindet, für säumige oder pflichtvergessene Arbeitgeber 2c. vorläufig einzutreten, außerordentlich belästigt werden, wenn man sie hätte nöthigen wollen, ihre Ersatzansprüche in dem kostspieligen und weitaussehenden Rechtswege mit Anwaltszwang 2c. auszuführen. In Preußen erfolgen die Entscheidungen im Verwaltungsstreitverfahren unbeschadet aller privatrechtlichen Verhältnisse, § 7 Pr. Landesverw.-Ges. v. 31. Juli 1883 (G.-S. S. 195).

1a) Aufsichtsbehörde 2c. der betr. Gemeinde.

2) Verwaltungsstreitverfahren. In Preußen ist in denjenigen Landestheilen, in welchen das Verwaltungsstreitverfahren stattfindet, nach dem Gesetz vom 27. April 1885 (G.-S. S. 187) und der Verordnung vom 26. Juli 1886 (G.-S. S. 213) der Bezirksausschuß, an welchen binnen zwei Wochen präklusivischer Frist die Klage einzureichen ist, als erste Instanz zuständig. Als Rechtsmittel ist nur die Revision gegeben. Ueber das Verfahren vgl. im Uebrigen §§ 50 fg. des Landesverwaltungsgesetzes vom 30. Juli 1883 (G.-S. S. 195).

3) im Wege des Rekurses. Die Bestimmung ist dem § 24 K.-V.-G. nachgebildet. Wie dort, so muß auch hier in einer oder der anderen Instanz ein kollegiales Verfahren Platz greifen, welches nach § 21 G.-O. nicht umgangen werden darf. In Bundesstaaten also, in welchen sowohl die Aufsichtsbehörde, wie die Rekursinstanz bureaukratisch organisirt ist, muß zwischen beiden ein Verfahren vor einer kollegialen Behörde eingeschoben werden. Die Motive sprechen daher zutreffender auch nicht lediglich von der „Anfechtung im Wege des Rekurses“, sondern von dem „Verfahren nach §§ 20, 21 G.-O.“, vgl. Anm. 1. Das Nähere ist durch Ausführungsbestimmungen zu regeln. In Preußen geht in denjenigen Provinzen, in denen das Verwaltungsstreitverfahren nicht stattfindet, der Rekurs von der Aufsichtsbehörde an die Regierung, welche in öffentlicher Sitzung nach Ladung und Anhörung der Parteien entscheidet. War aber die Regierung selbst Aufsichtsbehörde und hat als solche in erster Instanz entschieden, so ist als Rechtsmittel innerhalb 2 Wochen nach der Zustellung Antrag auf mündliche Verhandlung vor derselben Behörde oder (nach Wahl des Antragstellers) Rekurs an den Minister für Landwirthschaft zulässig. Wird Antrag auf mündliche Verhandlung gewählt, so erfolgt auch hier die Entscheidung in öffentlicher Sitzung nach Ladung und Anhörung der Parteien und vorbehaltlich des Rekurses an den Minister für Landwirthschaft. (Nr. II. Ausf.-Anw. v. 26. Juni 1886, M.-J.-B. S. 187).

3a) Aufsichtsbehörde der Krankenkasse, nach § 44 K.-V.-G. in Gemeinden von mehr als 10000 Einwohnern die Gemeindebehörde, im Uebrigen die Seitens der Landesregierungen zu bestimmende Behörde.

4) Gewerbeordnung. Die §§ 20, 21 der Gewerbeordnung in der Fassung des Ges. v. 1. Juli 1883 (R.-G.-Bl. S. 159) lauten:

§ 20. „Gegen den Bescheid ist Rekurs an die nächstvorgesetzte Behörde zulässig, welcher bei Verlust desselben binnen vierzehn Tagen, vom Tage der Eröffnung des Bescheides an gerechnet, gerechtfertigt werden muß.

Der Rekursbescheid ist den Parteien schriftlich zu eröffnen und muß mit Gründen versehen sein.“

§ 21. „Die näheren Bestimmungen über die Behörden und das Verfahren, sowohl in der ersten als in der Rekurs-Instanz, bleiben den Landesgesetzen vorbehalten. Es sind jedoch folgende Grundsätze einzuhalten:

1. In erster oder in zweiter Instanz muß die Entscheidung durch eine kollegiale Behörde erfolgen. Diese Behörde ist befugt, Untersuchungen an Ort und Stelle zu veranlassen, Zeugen und Sachverständige zu laden und eidlich zu vernehmen, überhaupt den angetretenen Beweis in vollem Umfange zu erheben.
2. Bildet die kollegiale Behörde die erste Instanz, so ertheilt sie ihre Entscheidung in öffentlicher Sitzung, nach erfolgter Ladung und Anhörung der Parteien, auch in dem Falle, wenn zwar Einwendungen nicht angebracht sind, die Behörde aber nicht ohne weiteres die Genehmigung ertheilen will und der Antragsteller innerhalb vierzehn Tagen nach Empfang des, die Genehmigung versagenden oder nur unter Bedingungen ertheilenden Bescheides der Behörde auf mündliche Verhandlung anträgt.
3. Bildet die kollegiale Behörde die zweite Instanz, so ertheilt sie stets ihre Entscheidung in öffentlicher Sitzung, nach erfolgter Ladung und Anhörung der Parteien.
4. Als Parteien sind der Unternehmer (Antragsteller), sowie diejenigen Personen zu betrachten, welche Einwendungen erhoben haben.
5. Die Oeffentlichkeit der Sitzungen kann unter entsprechender Anwendung der §§ 173 bis 176 des Gerichtsverfassungsgesetzes ausgeschlossen oder beschränkt werden."

Die in § 21 Ziffer 5 G.-O. angezogenen Bestimmungen des Gerichtsverfassungsgesetzes v. 27. Jan. 1877 (R.-G.-Bl. S. 41) lauten:

§ 173. „In allen Sachen kann durch das Gericht für die Verhandlung oder für einen Theil derselben die Oeffentlichkeit ausgeschlossen werden, wenn sie eine Gefährdung der öffentlichen Ordnung oder der Sittlichkeit besorgen läßt."

§ 174. „Die Verkündigung des Urtheils erfolgt in jedem Falle öffentlich."

§. 175. „Ueber die Ausschließung der Oeffentlichkeit wird in nicht öffentlicher Sitzung verhandelt.

Der Beschluß, welcher die Oeffentlichkeit ausschließt, muß öffentlich verkündet werden."

§ 176. „Der Zutritt zu öffentlichen Verhandlungen kann unerwachsenen und solchen Personen versagt werden, welche sich nicht im Besitze der bürgerlichen Ehrenrechte befinden, oder welche in einer der Würde des Gerichts nicht entsprechenden Weise erscheinen.

Zu nicht öffentlichen Verhandlungen kann der Zutritt einzelnen Personen von dem Vorsitzenden gestattet werden."

[5]) vorzuschreiben. „Da dies Rekursverfahren in denjenigen Bundesstaaten, in denen ein Verwaltungsstreitverfahren nicht besteht, als Aufsichtsbe-

Träger der Versicherung (Berufsgenossenschaften).

§ 13.

(Abs. 1.) [1]) Die Versicherung erfolgt auf Gegenseitigkeit [2]) durch die Unternehmer [7]) der unter § 1 fallenden Betriebe, welche zu diesem Zweck in Berufsgenossenschaften vereinigt [3]) werden. Die Berufsgenossenschaften sind für örtliche Bezirke [4]) zu bilden und umfassen alle [5]) im § 1 genannten Betriebe, deren Sitz [6]) sich in demjenigen Bezirke befindet, für welchen die Genossenschaft errichtet ist.

(§ 12 d. Entw. u. d. Komm.-Beschl.) §. 13 entspricht im Allg. dem § 9 U.-V.-G.; der Abs. 3 dem § 15 Abs. 2 a. a. O. Er gilt nicht für die Unfallversicherung in Reichs- und Staatsbetrieben, § 103.

---

hörde über Gemeinden aber das Ministerium fungirt, nicht durchführbar ist, so mußte die Möglichkeit gewährt werden, an die Stelle des Rekursverfahrens den ordentlichen Rechtsweg treten zu lassen. Auf dieser Erwägung beruht der dritte Absatz des § 11" (jetzt § 12). (Mot. S. 15).

Hierbei ist insbesondere an Mecklenburg zu denken.

Zu § 13.

[1]) Auch für die Unfallversicherung in der Land- und Forstwirthschaft bildet die berufsgenossenschaftliche Regelung, d. h. die Zusammenfassung von Betriebsunternehmern mit gemeinsamen wirthschaftlichen Interessen, ein Grundprincip. Von diesem kann um so weniger abgewichen werden, als dies der Allerhöchsten Botschaft vom 17. November 1881 widersprechen würde. In dem Bestreben aber, die Verwaltung der Unfallversicherung möglichst billig zu gestalten, und in der Annahme, daß dies bei Uebertragung der laufenden Verwaltung auf bestehende Organe, insbesondere auf Organe der Selbstverwaltung (in Preußen die Provinzial-, Bezirks- und Kreisausschüsse, in Bayern die Landräthe), auch wohl auf Staatsbeamte, zu erreichen sei, hat der Reichstag durch Einschiebung des Abschnitts X (§§ 110 bis 115) der Landesgesetzgebung das Recht eingeräumt, die Verwaltung der Berufsgenossenschaft in weitgehendem Maaße an staatliche oder kommunale Organe zu übertragen, wobei aber der Berufsgenossenschaft die eigene Generalversammlung, sowie das Recht, über das Genossenschaftsstatut und über Abänderungen desselben zu beschließen und die Mitglieder des Vorstandes zu wählen, nicht genommen werden dürfen. Aber auch ohne daß die Landesgesetzgebung Bestimmungen über die Verwaltung der Berufsgenossenschaften trifft, können diese schon nach Reichsgesetz (§ 24 Abs. 3) ihre laufende Verwaltung an Organe der Selbstverwaltung, aber nur mit deren Zustimmung, übertragen; eine Bestimmung, welche schon in der Vorlage enthalten war, und die sich als Akt der Selbstbestimmung mit dem Grundsatz der Selbstverwaltung sehr wohl vereinigt. Die Verwaltung durch

Als Unternehmer[7]) gilt derjenige, für dessen Rechnung der Betrieb erfolgt. (Abs. 2.)

Die Bezirke, für welche die einzelnen Berufsgenossenschaften gebildet sind, werden durch den Reichsanzeiger veröffentlicht[8]). (Abs. 3.)

Die Berufsgenossenschaften können unter ihrem Namen[9]) Rechte erwerben und Verbindlichkeiten eingehen, vor Gericht klagen und verklagt werden. (Abs. 4.)

Für die Verbindlichkeiten der Berufsgenossenschaft haftet den Gläubigern derselben nur das Genossenschaftsvermögen. (Abs. 5.)

---

andere Behörden erfolgt natürlich in allen Fällen auf Kosten der Berufsgenossenschaft.

Wenn man auch geneigt sein sollte, zu bedauern, daß das Reichsgesetz den land- und forstwirthschaftlichen Berufsgenossenschaften nicht ein größeres Maaß von Selbstverwaltung und eigener Thätigkeit hat sichern können, so ist doch der Vorwurf, daß die nunmehrige Regelung die Berufsgenossenschaften völlig aufgebe und nur eine Steuergemeinschaft bestehen lasse, völlig hinfällig. „Die Berufsgenossenschaften bestehen; die Berufsgenossenschaften haben die Möglichkeit, ihre Statuten festzustellen, Abänderungen dieser Statuten zu beschließen, und sie haben da, wo sie nicht durch die Landesgesetzgebung daran gehindert werden, auch die Befugniß, über die Verwaltung ihrer Angelegenheiten zu bestimmen, sie entweder in die eigene Hand zu nehmen oder auf andere Organe zu übertragen" (Rede des Staatssekretärs v. Boetticher, Sten. Ber. 1885 S. 1925). Vgl. Anm. 1 zu § 26.

Wie die Motive andeuten, kann die Verwaltung der Berufsgenossenschaft auch da, wo sie nicht in die Hände von Staats- oder Kommunalbehörden gelegt wird, durch eine Verbindung der Funktionen der Vorstandsmitglieder ꝛc. mit den Funktionen der ehrenamtlichen Mitglieder der Selbstverwaltungskörperschaften in einer Person wesentlich vereinfacht werden. Vgl. darüber Mot. S. 55: „Als Träger der Unfallversicherung erscheinen, vorbehaltlich der in §§ 98ff. (jetzt § 102fg.) getroffenen besonderen Bestimmungen für Staatsforstbetriebe, auch hier Berufsgenossenschaften der Betriebsunternehmer. Die Berufsgenossenschaften sollen nach geographischen Bezirken gebildet werden, sich also im Wesentlichen an die Verwaltungsorganisation (Provinzen, Bezirke der weiteren Kommunalverbände oder der Verwaltungsbehörden ꝛc.) anschließen, wie dies auch jetzt schon von den freien landwirthschaftlichen Verbänden meistens geschieht. Es wird dadurch in vielen Bezirken, insbesondere dort, wo Selbstverwaltungseinrichtungen bestehen, möglich sein, den für die Selbstverwaltungsorgane aus den Kreisen der Land- oder Forstwirthe gewählten Personen auch die Geschäfte der Berufsgenossenschaften als Vorstandsmitglieder, Vertreter zur Genossenschaftsversammlung ꝛc. zu übertragen, falls die Genossenschaft es nicht etwa vorzieht, in Gemäßheit des § 24 Absatz 2 (jetzt § 26 Absatz 3) die laufende Verwaltung der Berufsgenossenschaft überhaupt an die Organe der Selbstverwaltung als solche abzugeben. Dabei ist auf die Möglichkeit Werth zu legen, die Bezirke so zu gestalten, daß dieselben der territorialen Zusammengehörigkeit, der geschichtlichen Entwickelung und der Gemeinsamkeit der in den Berufsgenossenschaften vertretenen Interessen entsprechen."

[2]) auf Gegenseitigkeit. Durch die Bestimmung, daß die Unfallversicherung durch die Unternehmer der land- und forstwirthschaftlichen Betriebe eines bestimmten Bezirks auf Gegenseitigkeit zu bewirken ist, werden — wie auch im industriellen Unfallversicherungsgesetz — die Privatversicherungsgesellschaften ausgeschlossen. Was die Gründe dieses Ausschlusses anbetrifft, so ist in den Verhandlungen über das Unfallversicherungsgesetz insbesondere hervorgehoben worden, daß die hohen Verwaltungskosten und das zum Theil von Erfolg begleitete Bestreben, hohe Dividenden zu erzielen, nothwendig auf die von den Unternehmern zu zahlende Prämie zurückwirken müßten; „zugleich führe das Interesse des Geschäfts zu einer höchst skrupulösen Auswahl unter den die Versicherung nachsuchenden Unternehmern", sowie dazu, die Entschädigungsansprüche möglichst zu beschränken und zum Theil aus formalen Gründen auf den Weg des Processes zu verweisen. Insbesondere aber könne keine Privatversicherungsgesellschaft die durchaus erforderliche unbedingte Garantie bieten, daß der verunglückte Arbeiter seine Rente auch wirklich erhalte; denn ein wirksamer Schutz dagegen, daß die Gesellschaft im entscheidenden Augenblick bankerott ist oder sich auflöst, sobald ein ihre Leistungsfähigkeit in Frage stellendes Massenunglück eintritt, (wobei nicht nur die jetzt verunglückten, sondern vielleicht auch die früher bereits als renteberechtigt anerkannten Arbeiter ins Freie fallen möchten), lasse sich nicht finden. Wenn auch bei der Zulassung der Gesellschaft eine behördliche Untersuchung über ihre Leistungsfähigkeit stattfinde, so könne sich doch schon binnen kurzer Zeit die Lage der Gesellschaft vollständig ändern. Daß die Privatversicherungsgesellschaften keinerlei gute Leistungen aufzuweisen hätten, solle darum nicht behauptet werden; die verbündeten Regierungen seien jedoch der Ueberzeugung, daß die gleichen Leistungen ohne jene Nachtheile und Mängel von nach Maßgabe des Gesetzes ins Leben zu rufenden Genossenschaften erwartet werden dürften. „Formale Rücksichten zum Schaden der Versicherten würden hier viel weniger zur Geltung kommen können, und die Gefahr nicht länger bestehen, daß materiell begründete Ansprüche der Arbeiter an juristischen Finessen scheiterten. Feste Prämien, in denen man einen Vorzug der Privatgesellschaften erblickt habe, existiren nur bei Aktiengesellschaften, nicht bei den auf Gegenseitigkeit begründeten. . . . Der Versicherte (d. h. der die Versicherung bewirkende Betriebsunternehmer!) seinerseits finde nach den Bestimmungen des Gesetzes sogar größeren Schutz gegen zu hohe Belastung; gegen irrige Einstellung in die Gefahrenklassen bleibe ihm der Rekurs an die Behörde, während bei den

Privatgesellschaften, die ihren Tarif geheimzuhalten pflegten, eine solche Remedur nicht geboten und der Versicherte lediglich dem guten Willen der Agenten oder Vorstände überlassen sei" (Komm.-Ber. z. U.-V.-G. S. 12). Im Uebrigen wurde noch hervorgehoben, daß man ja keine Privatgesellschaft zwingen könne, Unternehmer aufzunehmen; es würden dann also immer eine ganze Reihe von Risiken, und zwar die schlechteren, ungedeckt bleiben, was bei einem auf Gesetz beruhenden Versicherungszwange doch nicht angehe.

Aber auch neben den Berufsgenossenschaften haben die Privatgesellschaften nicht zugelassen werden können, und zwar wegen der „Gefahr, welche das Nebeneinanderbestehen der beiden Anstalten für die Leistungsfähigkeit der Berufsgenossenschaften einschließe; dieselben würden, so zu sagen, im Keime erstickt werden. In den ersten Jahren würden die Privatgesellschaften durch Unterbietung in den Prämien eine möglichst große Anzahl von Unternehmern an sich zu ziehen suchen, um dann zu geeigneter Zeit damit in die Höhe zu gehen; die guten Risiken würden sie ohnehin vorwegnehmen. Auch die Divergenz in Betreff der Unfallverhütungsvorschriften, je nachdem ein Betrieb in einer öffentlichen oder einer privaten Genossenschaft versichert sei, müsse zu Unzuträglichkeiten führen" (a. a. O. S. 21).

Uebrigens haben Privatunfallversicherungsgesellschaften in der Land- und Forstwirthschaft niemals den Boden gefunden, den sie in der Industrie besessen haben. Mit Rücksicht hierauf hat das Gesetz auch ganz davon Abstand genommen, über das Verhältniß der Unfallversicherung zu privaten Unfallversicherungsverträgen, über welches sich im industriellen Unfallversicherungsgesetz der § 100 ausläßt, irgendwelche Bestimmungen zu treffen. Die Zugehörigkeit zu einer privaten Unfallversicherungsgesellschaft schließt eben die Zugehörigkeit und Beitragspflicht zu einer Berufsgenossenschaft nicht aus: wer also einer privaten Gesellschaft angehört, muß nach dem Inkrafttreten dieses Gesetzes doppelte Beiträge zahlen. Es ist daher Sache jedes Einzelnen, Privatversicherungsverträge über den Zeitpunkt des Inkrafttretens dieses Gesetzes hinaus fortan nicht mehr abzuschließen. Aeltere Verträge aber werden bis dahin kaum noch bestehen, weil derartige Verträge in der Regel nicht auf viele Jahre geschlossen werden, bis zum völligen Inkrafttreten dieses Gesetzes aber immerhin einige Zeit vergeht. Die Motive (S. 68) besagen hierüber: „Da die Annahme begründet erscheint, daß von land- und forstwirthschaftlichen Betriebsunternehmern und Arbeitern derartige Verträge mit Unfallversicherungsgesellschaften nur in sehr seltenen Fällen abgeschlossen sein werden und im eigenen Interesse der Unternehmer fortan überhaupt nicht mehr werden abgeschlossen werden, so dürfte es gerathen sein, besondere Bestimmungen über die Rechte und Pflichten aus solchen Verträgen hier überhaupt nicht zu treffen."

[3]) vereinigt. Das Verfahren bei der Bildung der Berufsgenossenschaften regeln §§ 18fg. und der eine anderweite Organisation durch Landesgesetze zulassende § 110.

4) örtliche Bezirke, geographisch (cf. Mot. in Anm. 1). Es handelt sich bei der Land- und Forstwirthschaft immer nur um eine örtliche, nicht, wie bei der Industrie, um eine begriffliche Trennung, oder, wie die allgemeinen Motive (vgl. oben S. 02) sich ausdrücken, „nicht um qualitative, sondern nur um quantitative Bildungen", weil „die Landwirthschaft einen einzigen umfangreichen Berufszweig darstellt, bei ihr also eine Vereinigung verschiedener Berufszweige in eine gemeinsame Berufsgenossenschaft begrifflich ausgeschlossen ist" (a. a. O.). „In richtiger Erkenntniß der zwischen der Landwirthschaft und Industrie bestehenden Verschiedenheiten habe schon die Vorlage eine Abgrenzung der Berufsgenossenschaften nach örtlichen Bezirken vorgesehen, da es ja in Deutschland zwar manche Gegend ohne Industrie, aber keinen Distrikt gäbe, in welchem nicht Landwirthschaft getrieben werde" (Komm.-Ber. S. 16).

In der Regel werden sich die örtlichen Bezirke an die Verwaltungsorganisation anschließen; doch ist dies nicht durchaus geboten. Die erste Vorlage des landwirthschaftlichen Unfallversicherungsgesetzes bestimmte, daß die Berufsgenossenschaften „im Anschluß an die Verwaltungsorganisation der einzelnen Bundesstaaten" gebildet werden sollten; diese Bestimmung ist aber jetzt in Fortfall gebracht. Hiernach können z. B. nach Reichsgesetz für Marsch und Geest, für Gebirge und Ebene, für fette und magere Gegenden besondere Berufsgenossenschaften gebildet werden, wenn auch die politische Verwaltung dieser Bezirke eine gemeinsame sein sollte.

Ueber den Umfang, in welchem diese örtlichen Bezirke zweckmäßig zusammenzulegen sein möchten, kann man verschiedener Meinung sein. Um hierin den Wünschen der Betheiligten nach Möglichkeit gerecht werden zu können, sieht das Reichsgesetz vor, daß die Abgrenzung der Berufsgenossenschaften erst nach vorheriger Anhörung von Interessenten erfolgen soll (§ 18). Im Uebrigen ist auch hier, wie in der Industrie, unumgänglich nöthig, daß die Berufsgenossenschaft groß genug ist, um unbedingt die Garantie dauernder Leistungsfähigkeit zu bieten. Fälle des § 14 (Auflösung wegen Leistungsunfähigkeit) dürfen niemals vorkommen. Größere Genossenschaften können die Verwaltung durch Bildung von Sektionen (§ 48) dezentralisiren; kleinere Genossenschaften können zu gemeinsamer Tragung des Risikos sich verbinden (§ 41). Für die Ausgleichung des Risikos sind breite Schultern, also nicht zu kleine Verbände, am zweckmäßigsten. Vgl. Anm. 1, 5, 3 zu § 18.

Thatsächlich bestehen, nachdem die Organisation nunmehr abgeschlossen ist, in Deutschland 48 land- und forstw. Berufsgenossenschaften, welche eine bestimmte Ordnungsnummer tragen und durch ein vorgesetztes B. von den Ordnungsnummern der industriellen Berufsgenossenschaften unterschieden werden (B. I, B. 2 2c.). A. N. IV. S. 210. Das Verzeichniß der landw. Berufsgenossenschaften siehe im Anhang.

5) alle, also ohne Unterscheidung von Haupt- oder Nebenberuf, von Groß-

besitz und Kleinbesitz. Die wirthschaftlichen Interessen beider sind unbedingt gleichartig; das Bestreben, künstlich einen Gegensatz zwischen Großbesitz und Kleinbesitz hervorzurufen, ist innerlich unbegründet und nicht zu unterstützen. Auch bei den industriellen Berufsgenossenschaften wird zwischen Groß- und Kleinbetrieb nicht unterschieden: Betriebe kleinster Ausdehnung mit Motoren gehören zu derselben Berufsgenossenschaft, wie Unternehmungen mit Tausenden von Arbeitern, kleine Baugewerbetreibende mit einem oder zwei Arbeitern zu denselben Berufsgenossenschaften, in welchen Baubetriebe von größter Ausdehnung sich befinden. Der Umstand, daß in der Industrie handwerksmäßige Betriebe ohne Motoren mit weniger als zehn Arbeitern nicht als Fabriken gelten und deshalb im Allgemeinen zur Zeit nicht, wie derartige Betriebe mit mehr als zehn Arbeitern, der Unfallversicherung unterliegen, hat nur für die Auslegung des Begriffs „Fabrik" Bedeutung, ein Begriff, der für die Land- und Forstwirthschaft nicht in Frage kommt; soweit solche handwerksmäßige Betriebe ohne Motoren mit weniger als zehn Arbeitern aus anderen Gründen sich doch als „Fabriken" darstellen, fallen auch sie in die Unfallversicherung.

Darüber, daß kleine Betriebe von Beiträgen befreit werden können, vgl. §. 16.

Auch eine Unterscheidung nach der A r t des Betriebes — ob mit oder ohne Maschinen ꝛc. — ist unzulässig, zumal diese Unterscheidung vielfachen Schwankungen ausgesetzt ist; ebenso die Bildung besonderer Berufsgenossenschaften für Landwirthschaft und Forstwirthschaft, zumal in den weitaus meisten Fällen mit der letzteren auch erstere verbunden sein wird. Die Verschiedenheit der Unfallgefahr wird durch die Einschätzung in die verschiedenen Klassen des Gefahrentarifs (§ 35) mit abgestuften Beiträgen zum Ausdruck kommen. Ebso muß innerhalb desselben Bezirks, trotz Verschiedenheit der politischen Verwaltung, die Berufsgenossenschaft eine einheitliche sein. So müssen in Mecklenburg die vorhandenen Gruppen des landesherrlichen Domaniums, des städtischen Besitzes und der Ritterschaft in den Berufsgenossenschaften vereinigt werden. Jedoch ist, nachdem der Landesgesetzgebung für die O r g a n i s i r u n g der Berufsgenossenschaften Spielraum gelassen ist, „durch die Diskussion festgestellt worden, daß es nach der jetzigen Fassung des Gesetzes in Mecklenburg zulässig sein würde, eine Berufsgenossenschaft für das ganze Land zu bilden, diese in 3 Sektionen, für Domanium, Ritterschaft und Landschaft (Städte) zu zerlegen und die B e i t r a g s u m l e g u n g i n j e d e r d i e s e r S e k t i o n e n a b w e i c h e n d v o n d e n b e i d e n a n d e r e n, und den besonderen Verhältnissen der Sektion entsprechend z u o r d n e n, weil für die im § 107a (jetzt § 110) vorgesehene landesgesetzliche Regelung zwar der § 12 (jetzt § 14) bindend sei, von einer dem § 12 genau entsprechenden Gestaltung der S e k t i o n e n aber nach diesem § 107a im Wege der Landesgesetzgebung abgesehen werden könne und für die Bestimmung des Beitragsfußes der Landesgesetzgebung freie Hand gelassen sei." (Komm.-Ber. S. 24.)

Unzulässig sind auch besondere Berufsgenossenschaften für Kunst- und Handelsgärtnerei.

Eine Ausnahme von der Regel, daß die Berufsgenossenschaft alle Betriebe ihres Bezirks umfassen soll, ist nur für Staats- und Reichsbetriebe, insbesondere für die großen Staatsforsten, nachgelassen, §§ 102fg., nachdem schon durch das Ausdehnungsgesetz vom 28. Mai 1885 (R.-G.-Bl. S. 159) für die Staatseisenbahn-, Post- ꝛc. Verwaltungen eine gleiche Exemtion von den Berufsgenossenschaften begründet worden war. Vgl. darüber die allg. Motive.

Eine fernere Ausnahme ergiebt sich aus den Bestimmungen des § 1 Abs. 3 für Betriebe, welche ausschließlich in der Verwaltung eines Haus- oder Ziergartens bestehen, denn diese sind nach § 1 nicht versicherungspflichtig.

Die Zugehörigkeit zur Genossenschaft tritt ex lege ein, vgl. Anm. 2 zu § 44.

[6]) Sitz, vgl. § 44. Nicht die Lage des Grundstücks, sondern der Sitz der Betriebes ist entscheidend; für letztern ist allerdings wiederum die Lage von der erheblichsten, wenn auch nicht alleinigen Bedeutung.

[7]) Unternehmer, also auch das Reich und die Bundesstaaten (vorbehaltlich der Befugniß, die Unfallversicherung in ihren land- und forstw. Betrieben selbständig durchzuführen, §§ 102 fg., vgl. Anm. 5); ebenso Kommunalverbände, Pfarren, Aktiengesellschaften, Handelsgesellschaften, Minderjährige ꝛc., Unternehmer ist nach dem Gesetz Derjenige, dem das ökonomische Ergebniß des Betriebes Vortheil oder Nachtheil bringt, welcher die Wirthschaft ihrem Zwecke gemäß, um den Unternehmergewinn zu erzielen, nutzt. „Diejenigen Personen, welche Arbeiter einstellen, um sich deren Arbeitsleistung unmittelbar anzueignen und zur Erzielung des Unternehmergewinnes zu verwerthen, sollen in korporativer Zusammenfassung auch die mit der Beschäftigung der Arbeiter verbundene Unfallgefahr tragen" (A. N. III. S. 202). Auf das Eigenthum kommt nichts an; Unternehmer ist also, wenn der Betrieb verpachtet ist, der Pächter, nicht der Verpächter (cf. R.-V.-A. und Motive); bei im Nießbrauch befindlichen Anlagen der Nutznießer ꝛc. cf. Erk. d. R.-Ob.-H.-G. vom 7. Okt. 1876 (Entsch. 21. S. 175). Ebensowenig kommt es darauf an, von wem und in welcher Weise die Arbeiter gelöhnt werden, ob direkt durch die Unternehmer oder durch Mittelspersonen, ob in Tagelohn, Stücklohn (Akkord) oder in einer Quote der Einnahme (A. N. I. S. 209, III. S. 182). Mot. S. 55: „Die dem § 9 des Unfallversicherungsgesetzes entnommene Bestimmung, daß als Betriebsunternehmer derjenige gilt, für dessen Rechnung der Betrieb erfolgt, ist auch hier nicht entbehrlich, um einen festen Anhalt für die Entscheidung der Frage zu schaffen, wer als verpflichtetes Subjekt innerhalb der Berufsgenossenschaft anzusehen und heranzuziehen ist. Bei Pacht- und Nießbrauchsverhältnissen erfolgt der Betrieb für Rechnung des Pächters oder Nutznießers. Allerdings sind Verhältnisse denkbar, welche im einzelnen Fall zu Zweifeln darüber Anlaß bieten könnten, ob gewisse Erwerbsthätigkeiten als selbständige „Betriebe" anzusehen sind, z. B. beim Verkauf von Früchten auf dem Halm oder von einzelnen Waldbeständen oder einzelnen Bäumen zum Abhieb. Hier wird die Frage je nach dem Umfang,

Auflösung von Berufsgenossenschaften.

§ 14.

¹) Berufsgenossenschaften, welche zur Erfüllung der ihnen durch (Abs. 1.)

---

der Dauer und den sonstigen thatsächlichen Merkmalen des vorliegenden Rechtsverhältnisses zu entscheiden sein."

Im Allgemeinen wird festzuhalten sein, daß das Gesetz den „Betrieb einer Land- oder Forstwirthschaft" behandelt, und daß diese sich im Allgemeinen aus verschiedenen Phasen zusammensetzt. Der Betrieb eines einzelnen Bestandtheils, z. B. blos einer Ackerbestellung (auch wenn sie nicht etwa im Akkord erfolgt, vgl. oben) oder einer Ernte, eines Holzschlages Seitens eines Käufers kann im Allgemeinen noch nicht als ein Betrieb, in welchem Land- oder Forstwirthschaft gepflegt wird, gelten. Solche Theilunternehmung geht vielmehr zu Lasten des Gesammtbetriebes, von welchem sie abgezweigt ist.

Nach Brentano (vgl. Schönberg's Handbuch der polit. Oekon. 1. Aufl. I. S. 946, sowie Frommer, Die Gewinnbetheiligung) ist Unternehmer derjenige, welcher in seiner Hand vereinigt: a) das Verfügungsrecht über sämmtliche zur Produktion nöthigen Produktionselemente; b) die Bestimmung der so vereinigten Produktionselemente für das bestimmte konkrete Bedürfniß; c) das Risiko, Gewinn und Verlust, die Verantwortung für den wirthschaftlichen Erfolg der Verwendung der Produktionselemente.

Durch die Landesgesetzgebung ist in einigen Bundesstaaten (z. B. Bayern, Baden) zur Erleichterung der nach der Grundsteuer erfolgenden Beitragserhebung (vgl. §§ 15, 33) vorgeschrieben, daß als Unternehmer zunächst derjenige, welcher zur Entrichtung der Grundsteuer verpflichtet ist, angesehen werden soll, bis dieser nachweist, daß ein Anderer (Pächter zc.) „Unternehmer" im Sinne des § 13 sei. An dem Begriff des Unternehmers wird hierdurch nichts geändert, da es sich nur um eine Modalität des Verfahrens handelt.

⁸) veröffentlicht, von dem Reichs-Versicherungsamt bezw. derjenigen Landesbehörde, in deren Hand bei landesgesetzlicher Regelung (§§ 18, 110) die auf die Ausführung des Gesetzes gerichteten Maßregeln gelegt sind, vgl. v. Woedtke, Komm. z. U.-V.-G. Anm. 4 zu § 15.

⁹) unter ihrem Namen. Dadurch sind den Berufsgenossenschaften die Rechte juristischer Personen in der Form beigelegt worden, in welcher dies in neueren Gesetzen vielfach geschehen ist, weil „die Berufsgenossenschaften Träger dauernder Verbindlichkeiten sein sollen."

> „Der allgemeine Gerichtsstand . . . . der Korporationen . . . . wird durch den Sitz derselben bestimmt. Als Sitz gilt, wenn nicht ein Anderes erhellt, der Ort, wo die Verwaltung geführt wird . . . .
>
> Neben dem durch die Vorschriften dieses Paragraphen bestimmten Gerichtsstande ist ein durch Statut oder in anderer Weise besonders geregelter Gerichtsstand zulässig" (§ 19 Civ.-P.-O.).

Zu § 14.

¹) Wegen der Stellung dieses § im System des Gesetzes vgl. Anm. 2 zu

dieses Gesetz auferlegten Verpflichtungen leistungsunfähig[2]) werden, können auf Antrag des Reichs-Versicherungsamts[3]), vorbehaltlich[4]) der Bestimmungen des § 113, von dem Bundesrath aufgelöst[5]) werden. Diejenigen Betriebe, welche die aufgelöste Genossenschaft gebildet haben, sind anderen Berufsgenossenschaften nach deren Anhörung zuzutheilen[6]).

(Abs. 2.) Mit der Auflösung der Genossenschaft gehen deren Rechtsansprüche[7]) und Verpflichtungen[8]), vorbehaltlich[9]) der Bestimmungen der §§ 101, 113, 114, auf das Reich[10]) über.

§ 41 der Vorlage, § 12a d. Komm.-Beschl. Der § 14 entspricht dem § 33 U.-V.-G. Er gilt nicht für die Unfallversicherung in Reichs- und Staatsbetrieben, § 103.

---

§ 9. Während die freiwillige Vereinigung mehrerer Berufsgenossenschaften (wodurch deren bisherige Selbständigkeit fortfällt) durch § 42 geregelt wird, behandelt § 14 nur die zwangsweise Auflösung solcher Berufsgenossenschaften, welche leistungsunfähig geworden sind. Dieser § wird in der Land- und Forstwirthschaft voraussichtlich noch weniger praktische Bedeutung gewinnen, wie in der Industrie (cf. Anm. 10), weil die Land- und Forstwirthschaft wohl immer betrieben werden wird, wenn auch die Besitzer der einzelnen Güter wechseln mögen. Gleichwohl hat auch für die Land- und Forstwirthschaft eine derartige Bestimmung nicht ganz entbehrt werden können; denn mag auch die Möglichkeit, daß eine Berufsgenossenschaft leistungsunfähig wird, noch so fern liegen, so verlangt doch schon das Interesse derjenigen, welche von der Berufsgenossenschaft Renten zu erhalten haben, mit Nothwendigkeit eine Fürsorge für den Fall, daß dies wider Erwarten dennoch eintreten sollte.

Der § 14 spricht den allgemeinen, auch für das Unfallversicherungsgesetz (§ 33) geltenden Grundsatz aus, daß leistungsunfähige Berufsgenossenschaften aufzulösen, und daß die Betriebe, welche die aufgelöste Berufsgenossenschaft gebildet haben, anderen Berufsgenossenschaften zuzuweisen sind. Die Auflösung und Zutheilung erfolgt in der Regel durch den Bundesrath, sofern aber die Berufsgenossenschaft auf Grund landesgesetzlicher Bestimmungen (§ 110) gebildet ist und bei der Zutheilung nur Berufsgenossenschaften desselben Bundesstaates, für welche die Berufsgenossenschaft gebildet worden war, in Frage kommen, durch die Landes-Zentralbehörde des betr. Bundesstaates (§ 113). Der Auflösung muß ein Antrag vorausgehen; denselben stellt in der Regel das Reichs-Versicherungsamt (§ 14), wenn es sich aber um die Auflösung einer Berufsgenossenschaft handelt, welche der Aufsicht eines Landes-Versicherungsamts unterstellt ist, welche sich also nur auf Betriebe eines Bundesstaates, für den ein Landes-Versicherungsamt errichtet ist, erstreckt, dieses Landes-Versicherungsamt (§ 101). Für die bisherigen Verbindlichkeiten der aufgelösten Berufsgenossenschaft tritt in der Regel das Reich ein (§ 14), jedoch mit folgenden Ausnahmen:

a) ein einzelner Bundesstaat hat (wie nach § 33 U.-V.-G.) einzutreten, wenn die aufgelöste Berufsgenossenschaft nur Betriebe dieses Bundesstaates umfaßt und für denselben ein Landes-Versicherungsamt errichtet war (§ 101), so daß auch der Antrag auf Auflösung von diesem Landes-Versicherungsamt gestellt worden ist. Dies gilt auch dann, wenn dieser Bundesstaat von der landesgesetzlichen Regelung (§§ 110fg.) keinen Gebrauch gemacht hat. In diesem Fall kann die Auflösung und Zutheilung sowohl von dem Bundesrath (wenn der betr. Bundesstaat von der landesgesetzlichen Regelung keinen Gebrauch gemacht hat, oder wenn bei der Zutheilung andere Bundesstaaten berührt werden, § 113), wie von der Landes-Zentralbehörde (wenn diese beiden Voraussetzungen des § 113 zutreffen) ausgesprochen worden sein (§ 14);

b) ein einzelner Bundesstaat hat einzutreten, wenn die aufgelöste Berufsgenossenschaft nur Theile dieses Bundesstaates umfaßt, dieser von der landesgesetzlichen Regelung (§ 110) Gebrauch gemacht hat, und die Zutheilung lediglich zu Berufsgenossenschaften, welche nur Betriebe desselben Bundesstaates umfassen, erfolgt (§ 113). In diesen Fällen hat die Landes-Zentralbehörde die Auflösung und Zutheilung auszusprechen, ohne Rücksicht darauf, ob in diesem Bundesstaate ein Landes-Versicherungsamt errichtet worden ist (cf. oben), so daß der Antrag auf Auflösung sowohl von dem Reichs- wie event. von dem betr. Landes-Versicherungsamt ausgegangen sein kann;

c) mehrere Bundesstaaten haben pro rata einzutreten, wenn die aufgelöste Berufsgenossenschaft nur über die Bezirke dieser Bundesstaaten sich erstreckt, einer oder mehrere dieser Bundesstaaten von der landesgesetzlichen Regelung (§ 110) Gebrauch gemacht haben, und die betr. Bundesstaaten vor der Regelung durch den Bundesrath sich zur Bildung der Berufsgenossenschaft zusammengethan haben (§ 114). In diesem Fall erfolgt die Auflösung und Zutheilung, weil mehrere Bundesstaaten betheiligt sind, immer durch den Bundesrath auf Antrag des Reichs-Versicherungsamts.

²) leistungsunfähig. Wann die Leistungsunfähigkeit eintritt, ist Thatfrage, cf. aus den allgem. Motiven d. industr. U.-V.-G.: „die Leistungsunfähigkeit einer Genossenschaft wird nicht bereits anzunehmen sein, wenn einzelne Betriebsunternehmer die aus der Unfallfürsorge ihnen erwachsenden Kosten nicht zu tragen vermögen, oder wenn durch Krisen vorübergehend die Lage der der Genossenschaft angehörigen Industriezweige ungünstig beeinflußt wird. Andererseits wird das Eintreten des Reichs auch nicht davon abhängig gemacht werden dürfen, daß die zwangsweise Beitreibung der Mitgliederbeiträge gegen sämmtliche Betriebsunternehmer wegen Unvermögens derselben nicht hat erfolgen können.“

Im Uebrigen ist bei der gleichartigen Vorschrift des § 33 d. industr.

U.-V.-G., wie aus dem Komm.-Ber. zu demselben S. 36 hervorgeht, weniger an Massenunfälle, als an den völligen Niedergang ganzer Industriezweige gedacht worden, vgl. Anm. 1.

3) Reichs-Versicherungsamt, event. Landes-Versicherungsamt, cf. § 101, sowie oben Anm. 1.

4) vorbehaltlich. Nach § 113 erfolgt die Auflösung unter Umständen durch die Landes-Zentralbehörde, vgl. Anm. 1.

5) aufgelöst. Die Auflösung und Zutheilung erfolgt uno actu.

6) zuzutheilen. Die Zutheilung erfolgt frei von Schulden und Verpflichtungen; erst von dem Augenblick an, in welchem die Zutheilung in's Leben tritt, fallen Unfälle, die in den zugetheilten Betrieben neu eintreten, dem neuen Verbande zu. Die zugetheilten Unternehmer treten in die Rechtsverhältnisse der neuen Berufsgenossenschaft ein, tragen also hinfort zu den Lasten der bisher in dieser Genossenschaft eingetretenen Unfälle ebenso bei, wie die älteren Mitglieder der letzteren. Ein Widerspruch gegen die Zutheilung steht der betheiligten Genossenschaft nicht zu.

7) Rechtsansprüche, z. B. gegen Betriebsunternehmer auf Zahlung rückständiger Beiträge. Erhebliche Vermögensobjekte können, da der Reservefonds verbraucht sein muß, im Uebrigen wohl nicht vorhanden sein und gehen, soweit sie vorhanden sind, in das Eigenthum des Reichs (oder im Fall der §§ 101, 113, 114 in das Eigenthum der betr. Bundesstaaten) über.

8) Verpflichtungen. Das Reich bezw. die betr. Bundesstaaten übernehmen also an Stelle des zahlungsunfähigen Schuldners die Weiterzahlung der Renten (§§ 6, 7).

9) vorbehaltlich. Unter Umständen wird die Garantie von einem oder von mehreren Bundesstaaten, nicht vom Reich geleistet, nämlich wenn Landes-Versicherungsämter errichtet sind, oder wenn die Bundesstaaten es vorgezogen haben, die Bildung und Organisation der Berufsgenossenschaften landesrechtlich zu regeln. Vgl. Anm. 1.

10) auf das Reich. Hierin liegt eine durch die Konkurrenz der Bundesstaaten im Fall der §§ 101, 113, 114 abgeschwächte Garantie des Reichs für die Berufsgenossenschaften, allerdings in einer Beschränkung, daß sie wohl niemals praktisch werden wird. „Die Reichsgarantie hat vorwiegend nur eine theoretische Bedeutung; sie bildet den konsequenten Abschluß des Systems, soll aber, wenn irgend möglich, niemals praktisch werden" (Komm.-Ber. z. U.-V.-G. S. 29); es handelt sich „um eine theoretische Konstruktion einzelner außerordentlicher Fälle; die Vorschrift hat wesentlich dekorative Bedeutung und hat einen realen Werth für die Regel nur darum, weil dadurch auf die Vermeidung unsolider Bildungen hingewirkt wird" (a. a. O. S. 36).

Es handelt sich hierbei also nicht um einen Reichszuschuß als dauernde Einrichtung, sondern lediglich um eine Garantie für einzelne außerordentliche Fälle, wie sie Staaten auch anderen öffentlich-rechtlichen Korporationen nicht

Aufbringung der Mittel.

§ 15.

[1]) Die Mittel zur Deckung der von den Berufsgenossenschaften zu leistenden Entschädigungsbeträge und der Verwaltungskosten werden durch Beiträge aufgebracht, welche auf die Mitglieder [2]) jährlich [3]) umgelegt werden. (Abs. 1.)

Zu anderen Zwecken [4]) als zur Deckung der von der Genossen= (Abs. 2.)

(§ 13 d. Entw. u. d. Komm.-Beschl.) Der § 15 entspricht dem § 10 U.-V.-G. Er gilt nicht für die einer Berufsgenossenschaft nicht angeschlossenen Reichs- und Staatsbetriebe, § 103.

---

werden versagen können, welche durch die Gesetzgebung des betr. Staates in's Leben gerufen sind und öffentliche Pflichten zu übernehmen gehabt haben.

Der Zustimmung des Reichstags bedarf es bei der Uebernahme der Verpflichtungen der aufgelösten Berufsgenossenschaft nicht. „Die Nöthigung, die gewährte Reichshülfe in den Etat einzustellen, wenn auch der Posten nicht verweigert werden könne, werde doch wegen der zu erwartenden Kritik vor einer unberechtigten Anwendung des § 33 (hier § 14) schützen" (Komm.=Ber. z. U.=V.=G. S. 36).

Bei der Berathung des industriellen Unfallversicherungs=Gesetzes ist an dieser Stelle auch in Erwägung gezogen, ob etwa die bisher entstandenen Lasten der aufgelösten Berufsgenossenschaft auf die Gesammtheit der Berufsgenossenschaften statt auf das Reich zu übertragen sein möchten. Man hat hiervon jedoch insbesondere wegen der praktischen Schwierigkeiten und weil zu bezweifeln sei, ob eine rechtliche Grundlage für eine derartige Uebertragung vorhanden wäre, Abstand genommen. (cf. Komm.=Ber. z. U.=V.=G. S. 36).

Zu § 15.

[1]) Mot. S. 55: „§ 13 (jetzt § 15) Absatz 1 enthält das Prinzip des Umlageverfahrens. Die näheren Modalitäten, nach welchen die Umlegung erfolgen soll, ordnet § 76" (jetzt §§ 76 fg.), während ein durch die Kommission eingeschobener § 33 Vorschriften über den Maßstab, welcher der Umlegung der Beiträge zu Grunde gelegt werden soll, enthält. Das industrielle Unfallversicherungsgesetz bestimmt, schon an dieser Stelle (§ 10 a. a. O.) auch über den Maßstab für die Umlegung (Höhe der verdienten Löhne und Gehälter, sowie Gefahrenklassen). Das Umlageprincip ist für alle Berufsgenossenschaften obligatorisch; der Maßstab aber für die Umlegung und das Verfahren bei derselben ist zum Theil freigegeben, § 33, 35, 110.

Das Umlageverfahren steht im Gegensatz zum Kapitaldeckungsverfahren und zum Versicherungs= oder Prämienverfahren. Nach dem Umlageverfahren wird für jedes Rechnungsjahr nur derjenige Betrag aufgebracht, welcher in demselben Jahre aus Anlaß der in diesem Jahre oder früher entstandenen Unfälle baar auszuzahlen gewesen ist. Nach dem Kapitaldeckungs= und nach dem Prämienverfahren wäre dagegen der Kapital=

schaft zu leistenden Entschädigungen und der Verwaltungskosten[5]), zur Gewährung von Prämien[6]) für Rettung Verunglückter und für Abwendung von Unglücksfällen, sowie zur Ansammlung eines Reservefonds (§ 17) dürfen weder Beiträge von den Genossenschaftsmitgliedern erhoben werden, noch Verwendungen aus dem Vermögen der Genossenschaft erfolgen.

(Abs. 3.) Behufs Bestreitung der Verwaltungskosten kann die Berufs-

---

werth der aus den einzelnen Unfällen erwachsenden Last, d. h. derjenige Betrag aufzubringen, welcher nach technischen Grundsätzen mit Zinsen und Zinseszinsen voraussichtlich genügt, um alle aus den Unfällen gegenwärtig und zukünftig sich ergebenden Leistungen zu bestreiten. Das geschieht bei dem Deckungskapitalverfahren dadurch, daß für jeden thatsächlich entstandenen Unfall der Kapitalwerth berechnet und als Kapital aufgebracht wird; bei dem Prämienverfahren aber dadurch, daß die voraussichtliche Gesammtzahl der Unfälle und deren Kapitalwerth veranschlagt und dieser durch gleichbleibende Prämien allmählig angesammelt wird. Nach dem Umlageprincip wird die Last in den ersten Jahren geringer sein und sich demnächst bis zum Eintritt des Beharrungszustandes fortwährend steigern, weil zu den neuen Ausgaben, die jedes Jahres erfordert, die durch die Unfälle der Vorjahre hervorgerufenen Zahlungen an Renten ꝛc. abzüglich der dem Werthe nach geringeren Abgänge hinzutreten; nach dem Kapitaldeckungs- oder dem Prämienverfahren würde dagegen die Last zwar in den ersten Jahren eine höhere sein, sich aber demnächst gleich bleiben. Das Umlageverfahren bedingt hiernach erhebliche Jahresdifferenzen; zur Ausgleichung derselben kann die Ansammlung eines Reservefonds dienen (§ 17). Der Beharrungszustand tritt bei der Industrie erst in 75 Jahren ein, doch wird schon vom 45. Jahre ab die Steigerung nur minimal sein. Aehnlich wird sich die Sache auch in der Land- und Forstwirthschaft stellen. Vgl. über das Anwachsen der Last in der Industrie v. Woedtke, Komm. z. U.-V.-G. Anm. 7 zu § 18 a. a. O.; für die Landwirthschaft vgl. auch Anm. 2 zu § 6.

In den Kommissionsverhandlungen für das industrielle Unfallversicherungsgesetz „erklärten die Vertreter der verbündeten Regierungen, man könnte in Betreff der beiden einander gegenübergestellten Systeme verschiedener Ansicht sein. Ein absolut durchschlagender, jede Gegenrede ausschließender Beweis für den Vorzug des einen oder anderen lasse sich nicht führen, die Regierungen hätten jedoch jetzt ebenso wie in der Vorlage des Jahres 1882 aus guten Gründen sich auf den Boden des Umlageverfahrens gestellt.“ Es wurde hervorgehoben, „dasselbe entspreche am meisten der Gesammtrichtung des Gesetzes, welches die Industrie in ihrer Solidarität für die Betriebsunfälle haftbar macht“; und „empfehle sich durch die außerordentliche Einfachheit des Verfahrens. Man bedürfe nach seiner Einführung keines versicherungstechnigenossenschaft von den Mitgliedern für das erste Jahr einen Beitrag im voraus[7]) erheben. Falls die Landesgesetzgebung oder das Statut hierüber nicht Anderes bestimmen, erfolgt die Aufbringung der hierzu erforderlichen Mittel vorschußweise nach der Zahl der von den Mitgliedern in ihren Betrieben dauernd beschäftigten versicherten Personen. Dabei ist das von den Gemeindebehörden aufzustellende Verzeichniß (§ 34) maßgebend.

---

schen Apparates, keiner weitläufigen Kassenverwaltung; das effektiv Geleistete werde durch die Post liquidirt und demnächst auf die Mitglieder der Berufsgenossenschaften durch die Vorstände umgelegt, ganz ähnlich wie in den Gemeinden die nothwendigen Jahresausgaben auf die Gemeindemitglieder" (Komm.-Ber. z. U.-V.-G. S. 96, 27).

Ueber die vielen Vorzüge, welche dem Umlageprincip im Gegensatz zum Deckungskapitalprincip bei der Unfallversicherung beigemessen werden, vgl. im Einzelnen v. Woedtke, Kommentar z. U.-V.-G. Anm. 1 zu § 10 a. a. O. Dieselben werden in der Hauptsache darin gefunden, daß die Last erst allmählig steigt, so daß der grade gegenwärtig in bedrängter Lage befindlichen Landwirthschaft Zeit bleibt, sich auf diese öffentlich-rechtliche, aber für sie im Wesentlichen neue Last allmählig einzurichten; ferner darin, daß große Kapitalien der produktiven Verwerthung in der Land- und Forstwirthschaft erhalten bleiben und von dieser höher genutzt werden können, als sie bei pupillarischer Festlegung verzinst werden könnten; ferner darin, daß die Verwaltung, welche bei großen Kapitalien naturgemäß mit besonderen Schwierigkeiten und großer Verantwortlichkeit verbunden ist, eine leichtere und für die ehrenamtliche Wahrnehmung geeignetere bleibt. Auch erhebliche finanzielle Vortheile sollen bei dem Umlageverfahren erzielt werden, wenn man für beide Systeme die Gesammtaufwendungen der einzelnen Jahre bis zum Eintritt des Beharrungszustandes nebst ihren Zinsen mit einander vergleicht. Den Ausschlag gab aber wohl für die Wahl des Umlageverfahrens die Rücksicht auf den öffentlich-rechtlichen Charakter der Berufsgenossenschaften als Träger der Versicherungslast. Es entspricht dem Wesen dieser sich fortwährend verjüngenden, dauernden Verbände ebenso wie dem der Kommunalverbände, nicht mehr als die effektiven Bedarfssummen alljährlich umzulegen. Für derartige Verbände, welche vermöge eines gesetzlichen Beitrittszwanges die Garantie fortwährenden Bestandes in sich tragen, ist es nicht erforderlich, nach den Grundsätzen der Versicherungstechnik bemessene Deckungskapitalien oder dementsprechende Prämien zu erheben. Freilich wird bei dem Umlageverfahren ein Theil der Lasten, welche die Gegenwart auferlegt (die Last besteht in der Aufbringung von Renten, welche Jahre lang zu zahlen sind), erst in der Zukunft aufgebracht. Die finanzielle Wirkung dieser jährlichen Steigerung wird aber, solange es sich allein um die Unfallversicherung handelt, einen bedrohlichen Charakter nicht annehmen und hat gegenüber den sonstigen Vortheilen des Umlageverfahrens mit in den Kauf genommen werden müssen.

Wenn im Laufe der Jahre die Mitglieder wechseln, so ist das irrelevant. Treten nämlich die Kinder an die Stelle der Väter, oder wird ein Betrieb anderweitig vererbt, so findet eine Kontinuität der betheiligten Rechtssubjekte statt. Dies gilt auch bei etwaiger Auseinandersetzung mehrerer Geschwister in Beziehung auf den Betrieb, insofern bei der Werthschätzung des letzteren die Unfallversicherungslast nothwendigerweise berücksichtigt werden muß. Wird ein Betrieb verkauft, so äußert sich im Kaufpreis der Werth der auf dem Betriebe ruhenden Last.

Was den Maßstab für die Umlegung der Beiträge anbelangt, so gewährt das Gesetz hierin, wie erwähnt, einige Freiheit, während das Unfallversicherungsgesetz (§ 10, cf. oben) einheitliche, im Einzelnen abweichende Bestimmungen enthält. Zunächst kann die Landesgesetzgesetzgebung das ihr geeignet Erscheinende vorschreiben, § 110. Wo das Reichsgesetz Platz greift, erfolgt die Umlegung als Regel nach der Einschätzung der einzelnen Betriebe in den Gefahrentarif einerseits, und nach dem Umfang der zur Bewirthschaftung der einzelnen Betriebe im Durchschnitt erforderlichen Arbeitsthätigkeit, welcher im voraus abgeschätzt wird, andererseits; maßgebend also ist die Höhe des Risikos, mit welchem jeder Betrieb (nach der Art des Betriebes und nach der Menge der bei dem Betriebe verwendeten der Unfallgefahr unterliegenden Personen) die Berufsgenossenschaft belastet, § 33 Abs. 1. Aber schon das Reichsgesetz läßt Ausnahmen von dieser Regel in doppelter Hinsicht zu: es kann nämlich die Berufsgenossenschaft von der Bildung von Gefahrenklassen Abstand nehmen, sofern dies wegen relativer Gleichheit der Unfallgefahr zulässig erscheint (§ 35 Abs. 6), und sie kann ferner, statt durch Abschätzung des Bedarfs an Arbeitskräften einen Umlagemaßstab neu zu schaffen, einen schon bestehenden Maßstab, nämlich direkte Steuern, insbesondere di Grundsteuer, der Umlegung zu Grunde legen, § 33 Abs. 1.

Diese sämmtlichen Abweichungen von der reichsgesetzlichen Regel — welche nach dem Grundsatz, daß die Beiträge der einzelnen Mitglieder der Berufsgenossenschaft in demselben Verhältniß stehen müssen, in welchem der einzelne Betrieb die Genossenschaft mit seinem Risiko belastet, offenbar die konsequenteste ist — sind durch den Reichstag beliebt worden. Dabei war das an sich berechtigte Bestreben maßgebend, den Verschiedenheiten, welche die Land- und Forstwirthschaft in den einzelnen Theilen des deutschen Reichs aufweist, thunlichst Rechnung tragen und die Schwierigkeiten in der Ausführung des Gesetzes vermindern zu können. Letzteres geschieht allerdings, wenn die immerhin nicht leichte Aufstellung von Gefahrentarifen, die Einschätzung der einzelnen Betriebe in die einzelnen Gefahrenklassen und die Abschätzung des Arbeitsbedarfs vermieden wird. Die Schaffung eines neuen Umlagemaßstabes ist jedenfalls schwieriger und kostspieliger als die Anwendung eines bestehenden Maßstabes. Man hat sich daher für die praktische Durchführung der Unfallversicherung mit solcher einfacheren Regelung einverstanden erklären können, zumal die gegenwärtig bedrängte Lage der Landwirthschaft auf thunlichste Verminderung der Kosten hinweist. Daß aber das soeben erörterte abgekürzte Verfahren theoretisch anfechtbar ist, und praktische Unbilligkeiten zur Folge hat, ergibt sich schon daraus, daß eine volle Gleichheit der Unfallgefahr schwerlich irgendwo besteht (Forstbetriebe sind im Durchschnitt gefährdeter als landwirthschaftliche Betriebe, Betriebe im Gebirge gefährdeter als etwa die Wiesen- und Weidewirthschaften in der Ebene), wenn auch die Gesammtbetriebe (Land- und Forstwirthschaft 2c.) in größeren Gebieten, für welche die Berufsgenossenschaften gebildet werden, mehr oder weniger gleichartig sein mögen. Die Anfechtbarkeit des erleichterten Verfahrens ergibt sich ferner daraus, daß, wie in der allgemeinen Begründung des Gesetzentwurfs erörtert ist, die Unfallgefahr oft gradezu in umgekehrtem Verhältniß zu der Höhe der Grundsteuer steht, da die letztere für Wälder mit hoher Unfallgefahr meist niedriger ist wie für fette Marschen mit minimaler Unfallgefahr. Indessen mögen die Gesammtinteressen eines Kreises von Berufsgenossen über derartige Verschiedenheiten vielleicht hinweghelfen.

Vgl. noch über den Umlagemaßstab folgende Ausführungen des Kommissionsberichts S. 17, 18: Es wurde hervorgehoben, „in vielen Gegenden werde die Grundsteuer einen durchaus angemessenen Maßstab für die Erhebung der Beiträge darbieten und die arbeitsvolle Aufstellung des Katasters, wie es in der Vorlage geplant werde, mit Einschätzung der Einzelbetriebe nach dem Arbeitsbedürfnisse und der Unfallsgefahr entbehrlich machen. Der Verschiedenheit der Gefahr könne man auch bei diesem Systeme durch besondere Zuschläge gerecht werden, vielfach aber, bei gleichartigen Verhältnissen der Landwirthschaft in einem bestimmten Distrikte werde die Bildung von Gefahrenklassen ganz fortfallen können. Wo die Grundsteuer als Maßstab diene, würden die Veranlagungs- und Erhebungskosten nur unbedeutend sein; jedenfalls geringer als die Verwaltungskosten, welche einzelne Berufsgenossenschaften der Industrie zahlen müßten."

Im Gegensatz hierzu wurde die „Grundsteuer als zur Grundlage der Vertheilung der Beiträge durchweg oder doch in vielen Gegenden ungeeignet bezeichnet. Ein Mitglied bekannte sich als Gegner dieser Besteuerungsart überhaupt und erklärte, schon um deswillen nicht in den Vorschlag, sie zum Maßstabe zu nehmen, willigen zu können. Aber auch von anderen Seiten wurde hervorgehoben, daß die Höhe der Grundsteuer keineswegs der Höhe der Belastung der Genossenschaftskasse durch den Einzelbetrieb entspreche. Werthvolle Wiesen und Weiden z. B., wie sie namentlich in den Marschen vorkommen, seien zur Grundsteuer hoch veranlagt, die dort betriebenen Landwirthschaften aber beschäftigten weniger Arbeiter und böten keine hohe Unfallgefahr. Veränderungen des Wirthschaftsbetriebes durch Einführung von Maschinen, welche die Unfallgefahr erheblich erhöhten, fänden in einer Umlage nach dem Grundsteuerfuße keine angemessene Berücksichtigung. In den alten preußischen Provinzen sei die Grundsteuer ursprünglich nur auf die Gemarkungen im Ganzen umgelegt, und die Bonitirung der Grundstücke ohne Rücksicht auf die Eigenthumsgrenzen erfolgt, da man die Absicht gehabt habe, die Unterverteilung innerhalb der Gemarkungen besonders zu regeln. Nachdem man später für diese Untervertheilung doch die ursprüngliche Bonitirung als Maßstab benutzt habe, würde die Erhebung von Grundsteuerzuschlägen für kommunale Zwecke schon vielfach als Ungerechtigkeit empfunden, wie viel mehr werde dies der Fall sein, wenn man die ganze Last der Unfallversicherung nach diesem Maßstabe vertheilen wollte. Für den Fall ferner, daß versicherungspflichtige Betriebe steuerfreie Grundstücke oder solche, die einem anderen Bezirke angehörten, mit bewirthschafteten, sei eine besondere Einschätzung unvermeidlich, daher sei die als so vereinfachend dargestellte Erhebung von gewissen Pfennigen auf jede Mark der in dem Bezirke einer Berufsgenossenschaft erhobenen Grundsteuer in dieser Einfachheit nicht ausführbar.

Es sei überhaupt bedenklich, von Reichs wegen Zuschläge zu einzelstaatlichen Steuern vorzuschreiben, oder hierzu einzuladen."

Zur Widerlegung der Behauptung, daß der in der Vorlage vorgesehene Aufbringungsmodus (nach Gefahrenklassen und dem durchschnittlichen Bedarf an Arbeitskräften) zu schwerfällig und kostspielig sei, wurde „von anderen Kommissionsmitgliedern und den Vertretern der verbündeten Regierungen" ausgeführt, „man überschätze die Schwierigkeiten, welche die Bestimmungen der Vorlage in ihrer Ausführung hervorrufen könnten. Die erste Veranlagung der Betriebe sei ja allerdings eine schwierige und sorgfältige Prüfung erfordernde Arbeit; sei aber diese Arbeit bewältigt, so werde es verhältnißmäßig leicht sein, das einmal Geschaffene im Gange zu halten."

Schließlich einigte man sich auf die oben erörterten, jetzt Gesetz gewordenen Bestimmungen, daß die Einschätzung nach Gefahrenklassen und die Abschätzung nach dem Arbeitsbedarf die reichsgesetzliche Regel bilden, der Landesgesetzgebung aber sowie den Berufsgenossenschaften Modifikationen dieser Grundsätze für die Umlegung freigestellt werden sollen. Die Landesgesetzgebung ist bei solchen Modifikationen an bestimmte Vorschriften des Reichsgesetzes nicht gebunden; die Genossenschaft aber darf nur die Umlegung nach Steuern vorschreiben und (mit Genehmigung des Reichs-Versicherungsamts) die Gefahrenklassen in Fortfall bringen.

Der Unterschied in dem Aufbringungsverfahren nach dem Unfallversicherungsgesetz (für die Industrie) und der Unfallversicherung in der Land- und Forstwirthschaft liegt hiernach darin, daß nach ersterem, entsprechend der Bemessung der Renten nach dem Individualverdienst des Verletzten, die Höhe des thatsächlich gezahlten Lohns, in der Landwirthschaft aber, bei welcher die Rente (wegen der durchschnittlichen Gleichheit des Arbeitslohns innerhalb gewisser Bezirke, vgl. allg. Motive) nach Durchschnittslöhnen bemessen wird, die Zahl der im Durchschnitt erforderlichen Arbeitskräfte und deren Durchschnittslohn die Grundlage der Umlegung bildet, sofern nicht ein anderer Maßstab, insbesondere das Maaß der Steuern, als Grundlage bestimmt wird; ferner darin, daß in der Industrie Gefahrenklassen gebildet werden müssen, während hiervon in der Landwirthschaft unter gewissen Voraussetzungen abgesehen werden kann.

Thatsächlich haben in Preußen durch ihr Statut 3 Genossenschaften Abschätzung nach dem Arbeitsbedarf, die andern 9 die Grundsteuer als Aufbringungsmodus gewählt; in einzelnen Bundesstaaten (z. B. Sachsen, Württemberg, Hessen) ist die Grundsteuer, in anderen Bundesstaaten (z. B. Baden) die Einschätzung nach dem Arbeitsbedarf landesgesetzlich vorgeschrieben.

²) Mitglieder, § 44. Es ist unzulässig und rechtlich unwirksam, wenn der Betriebsunternehmer oder die Berufsgenossenschaft einen Theil der Last den Arbeitern auferlegt, §. 120.

³) jährlich, nach Ablauf eines jeden Rechnungsjahrs (§ 86) d. h. Kalenderjahres, postnumerando.

⁴) Zu anderen Zwecken. „Die Uebernahme anderweiter Verpflichtungen als derjenigen, welche durch diesen Entwurf den Genossenschaften auferlegt worden sind, seitens derselben und die Erhebung von Beiträgen und Zwecken, welche dem Gesetze fremd sind, soll verhindert werden; dagegen fallen Abrundungen, welche sich bei der Erhebung der Beiträge als nothwendig herausstellen, nicht unter das Verbot" (Motive z. U.-V.-G. S. 40). Diese Bestimmung entspricht dem § 29 Abs. 2 des Krankenversicherungsgesetzes, dem § 13 des Hülfskassengesetzes sowie dem § 100b Abs. 1, 2 des Innungsgesetzes v. 18. Juli 1881, und enthält die in Folge des gesetzlichen Beitrittszwanges ganz besonders nothwendige Beschränkung der Beiträge und Leistungen auf das gesetzlich nothwendige Maß. Die Motive zu § 98a Abs. 3 des citirten Gesetzes v. 18. Juli 1881 bemerken unter Hinweis auf den § 100b Abs. 1, 2 desselben: „(hierdurch) soll Vorsorge getroffen werden, daß nicht mit Hülfe einer für bestimmte Zwecke gesetzlich anerkannten Organisation ungesetzliche oder fremdartige Zwecke verfolgt werden können."

Die Beschränkung auf die Entschädigungsbeträge, die Verwaltungskosten (cf. auch § 41), die Prämien und die Ansammlung des Reservefonds hat u. a. auch die Folge, daß außerordentliche Unterstützungen ebenso, wie nach dem Krankenversicherungsgesetz und dem industriellen Unfallversicherungsgesetz, unzulässig sind. Vgl. aber auch Anm. 19 zu § 10.

⁵) Verwaltungskosten. Soweit das Gesetz nicht ausdrücklich Beschränkungen vorsieht, sind die Berufsgenossenschaften in ihrer Verwaltung, und folgeweise auch in der Verwendung ihrer Fonds zu Verwaltungszwecken nicht beschränkt. Bezüglich der Verwaltungskosten für das erste Jahr vgl. Abs. 3.

⁶) Prämien. Bei der Eisenbahnverwaltung hat sich die Aussetzung von Prämien für das Auffinden von Ax- und Schienenbrüchen vortrefflich bewährt; ähnliche Prämien können nur dringend empfohlen werden. Sowohl die Auslobung — Versprechungen von Belohnungen für den Fall, daß die vorgesehe-

§ 16.

(Abs. 1.) [1]) Durch die Landesgesetzgebung, das Statut oder durch Beschluß der Genossenschaftsversammlung[2]), welcher der Genehmigung der Landes-Zentalbehörde[3]) bedarf, kann bestimmt werden, daß Unternehmer[4]) solcher Betriebe, welche mit erheblicher Unfallgefahr nicht verbunden sind und[5]) in welchen ihres geringen Umfanges wegen Lohnarbeiter[6]) nur ausnahmsweise beschäftigt werden, von Beiträgen ganz oder theilweise befreit sein sollen, und in welcher Weise bei der Ermittelung der zu befreienden Unternehmer verfahren werden soll.

(Abs. 2.) Streitigkeiten, welche wegen einer solchen Befreiung zwischen der Berufsgenossenschaft oder ihren Organen einerseits und den Unternehmern andererseits entstehen, werden von der höheren Verwaltungsbehörde[7]) endgültig entschieden.

(§ 13*a* d. Komm.-Beschl.) Im Unfallversicherungsgesetz findet sich solche Bestimmung nicht. Der § 16 gilt nicht für die einer Berufsgenossenschaft nicht zugetheilten Reichs- und Staatsbetriebe.

---

nen nützlichen Handlungen geschehen — als die Gewährung von Belohnungen ohne vorgängiges Versprechen gehört hierher.

[7]) im voraus. Für die Bestreitung der Verwaltungskosten späterer Jahre (Betriebsfonds) dient der Betrag, welcher am Schluß des ersten Jahres und demnächst der folgenden Jahre für die Deckung der im Vorjahre thatsächlich erforderlich gewordenen Aufwendungen an Verwaltungskosten nach Maßgabe des § 75 erhoben wird. Es kann aber auch bei jeder Umlage ein neuer Vorschuß zur Bestreitung an Verwaltungskosten des neuen Jahres erhoben werden, aber nach dem definitiven, nicht nach dem gemäß § 15 für das erste Jahr provisorisch festgesetzten Beitragsverhältniß. Vgl. A. N. III. S. 214. Abrechnung über die Vorschüsse des ersten Jahres ist bei der ersten Umlegung nach Ablauf des ersten Rechnungsjahres zu legen; eine Beibehaltung dieses ersten Vorschusses als eisernen Betriebsfonds unter Ausschluß jeder Abrechnung ist unstatthaft (A. N. II. S. 92), weil der Aufbringungsmodus ein lediglich provisorischer war.

Diese erste Vorschußzahlung nach dem provisorischen Maßstabe der Zahl der von der Gemeindebehörde als dauernd beschäftigt bezeichneten versicherten Personen ist völlig unbedenklich, weil sich durch deren Leistung kein Unternehmer seinem Recht für die endgültige Heranziehung zu den Beiträgen etwas vergibt. (A. N. I. S. 289).

Zu § 16.

[1]) Diese Bestimmung ist durch die Kommission des Reichstags eingefügt. Vgl. Komm.-Ber. S. 25: „Der Vorschlag, eine solche Bestimmung aufzunehmen,

ging von demjenigen Kommissionsmitgliede aus, welches zu § 1 den .... Antrag auf Ausschluß der kleinsten Betriebe von der Wirkung des Gesetzes eingebracht hatte. Zur Begründung wurde angeführt, daß zwar die gegen jenen früheren Antrag erhobenen Bedenken anzuerkennen seien, daß aber mit der Heranziehung der kleinsten Betriebsunternehmer zu den Beiträgen so große, zu dem finanziellen Effekt einer solchen Maßregel völlig außer Verhältniß stehende Umstände verknüpft sein könnten, daß es sich empfehlen dürfte, wenigstens fakultativ deren Freilassung zuzulassen. Dieser Vorschlag fand die Zustimmung der Mehrheit der Kommission."

[2]) durch Beschluß der Genossenschaftsversammlung, „weil man nicht einen derartigen, vielleicht erst durch die Erfahrung einer längeren Verwaltung hervorgerufenen Beschluß an die erschwerten Formen der Statutsänderung (vergleiche § 22 [jetzt § 24] Abs. 4) binden zu sollen glaubte" (Komm. Ber. S. 26). Diese Befugniß darf der Genossenschaftsversammlung auch durch ein Landesgesetz nicht verschränkt werden, § 110.

[3]) Landes-Zentralbehörde, weil „die hier entscheidenden Lokalverhältnisse voraussichtlich den Landeszentralbehörden besser als dem Reichs-Versicherungsamte bekannt sein werden" (a. a. O.). Sobald aber das Statut eine derartige Bestimmung enthält, fällt die Genehmigung der Landes-Zentralbehörde fort.

[4]) Unternehmer, auch wenn sie nach Landesgesetz (§ 1 Abs. 3) oder Statut (§ 2 Abs. 2) für ihre Person der Versicherungspflicht unterliegen, sowie auch dann, wenn sie, ohne der Versicherungspflicht zu unterliegen, von dem durch § 2 Abs. 1 ihnen beigelegten Recht, sich selbst zu versichern, Gebrauch gemacht haben. Ob in allen diesen Fällen die Befreiung eintreten soll, ist durch das Landesgesetz, das Statut, oder den Beschluß der Genossenschaftsversammlung festzustellen.

[5]) und. Für die Befreiung kleiner Betriebsunternehmer von der Beitragspflicht müssen also folgende Voraussetzungen zusammentreffen:

a) der Betrieb muß ohne erhebliche Unfallgefahr sein,
b) er muß einen geringen Umfang haben,
c) in demselben dürfen Lohnarbeiter nur ausnahmweise beschäftigt werden.

Alle diese Voraussetzungen sind relativ zu verstehen. So wird in armen Gegenden, z. B. in Masuren, auch ein Betrieb von 10 Hektaren Sandländereien als ein solcher angesehen werden können, welcher im Vergleich zu anderen Betrieben derselben Gegend einen geringen Umfang hat.

[6]) Lohnarbeiter. Dieser Begriff, welcher in der Unfallversicherung, bei der es auf gelohnte Arbeit sonst nicht ankommt, neu ist, ist hier absichtlich aufgenommen worden. Arbeit von Familienangehörigen, sowie gelegentliche nachbarliche Aushülfe hindert die Befreiung solcher kleiner Betriebsunternehmer nicht.

[7]) höhere Verwaltungsbehörde, § 129.

§ 17.

Durch Landesgesetz [1]) oder [2]) durch das Statut kann [3]) die Ansammlung eines Reservefonds angeordnet werden. Geschieht dies, so ist zugleich darüber Bestimmung zu treffen, unter welchen Voraussetzungen [4]) die Zinsen des Reservefonds für die Deckung der der Genossenschaft obliegenden Lasten zu verwenden sind, und in welchen Fällen der Kapitalbestand des Reservefonds angegriffen werden darf.

(§ 20 d. Vorlage, § 13β d. Komm.-Beschl.) Im Unfallversicherungsgesetz sind die Vorschriften über den Reservefonds in § 18 gegeben. — § 17 gilt nicht für die einer Berufsgenossenschaft nicht angeschlossenen Reichs- und Staatsbetriebe, § 103.

Zu § 17.

[1]) Landesgesetz. Diese Befugniß der Landesgesetzgebung ist erst durch die Kommission des Reichtags beschlossen worden. Vgl. Komm.-Ber. S. 26: „Die Nothwendigkeit, gerade hier außer dem Statut auch der Landesgesetzgebung die Befugniß beizulegen, die Ansammlung eines Reservefonds anzuordnen, wurde insbesondere durch die Ausführung begründet, daß sonst in einem kleineren Bundesstaate, welcher von der Befugniß zur landesgesetzlichen Regelung nach § 107a (jetzt § 110) Gebrauch mache, der Fall eintreten könne, daß eine Berufsgenossenschaft, welche mangels einer hierauf gerichteten statutarischen Vorschrift keinen Resevefonds angesammelt habe, leistungsunfähig werde, und dann die übrigen, vorsichtiger gewesenen, für ihre Vorsicht dadurch gestraft würden, daß sie in Folge des § 107d (jetzt § 113) die Lasten der aufgelösten Genossenschaft mit übernehmen müßten. Seinen Platz unter den „allgemeinen Bestimmungen" erhielt auch dieser Paragraph aus den auf Seite 3 dargelegten Gründen" (vgl. Anm. 2 zu § 9).

[2]) oder. Das Landesgesetz kann die Ansammlung eines Reservefonds nicht verbieten, wohl aber gebieten.

[3]) kann. Mot. S. 58: „Im § 20 (jetzt § 17) ist von der obligatorischen Ansammlung eines Reservefonds in der durch § 18 des Unfallversicherungsgesetzes bestimmten Höhe im Hinblick auf die größere Sicherheit abgesehen worden, welche die land- und forstwirthschaftlichen Genossenschaften hinsichtlich ihrer Dauer und Leistungsfähigkeit bieten. Land- und forstwirthschaftliche Betriebe können wohl ihre Besitzer wechseln, aber niemals völlig aufhören. Die Gefahr von Massenunfällen, wodurch in einem Jahre außergewöhnliche Belastungen, zu deren Erleichterung der Reservefonds vorzugsweise bestimmt ist, hervorgerufen werden, besteht in der Land- und Forstwirthschaft nur in geringem Maße. Es genügt vielmehr dem praktischen Bedürfniß und entspricht der den Genossenschaften im weitesten Umfange zuzugestehenden Selbstverwaltung ihrer Angelegenheiten, wenn die Bildung und die Höhe des Reservefonds der freien Entschließung der Genossenschaftsversammlung überlassen wird. Dadurch wird zugleich verhütet, daß der Land- und Forstwirthschaft über das

II. Bildung und Veränderung der Berufsgenossenschaften.

Bildung der Berufsgenossenschaften.

§ 18.

[1]) Die Berufsgenossenschaften werden auf Grund von Vorschlägen[2]) der Landesregierungen[3]) durch den Bundesrath nach Anhörung des Reichs-Versicherungsamts[4]) gebildet[5]). (Abs. 1.)

Vor Einbringung der Vorschläge sind Vertreter[6]) der unter § 1 fallenden Betriebe, welche zu einer Berufsgenossenschaft vereinigt werden sollen, zu hören[7]). (Abs. 2.)

(§ 14 d. Entw. u. d. Komm.-Beschl.) Dem § 18 entsprechen die § 12 bis 15 U.-V.-G. Derselbe gilt nicht für die einer Berufsgenossenschaft nicht zugetheilten Reichs- und Staatsbetriebe (§ 103) und kann von der Landesgesetzgebung durch andere Bestimmungen ersetzt werden, § 110. Er gilt also insofern nur subsidiär.

Bedürfniß hinaus Betriebskapital entzogen wird, dessen wirthschaftliche Ausnutzung gerade für diesen Berufszweig vielleicht ein noch dringenderes Bedürfniß ist, wie für die Industrie. Man darf zu der Einsicht der Berufsgenossen das Vertrauen hegen, daß sie bei der Prüfung der Frage, ob und in welchem Umfang ein Reservefonds anzusammeln ist, nach Maßgabe der ihnen genau bekannten Verhältnisse des Bezirks das Richtige treffen werden. Deshalb konnte die Entschließung hierüber im § 20 (jetzt § 17) als eine fakultativ im Statut zu regelnde Angelegenheit behandelt werden."

Ein Reservefonds von der Höhe, wie er durch § 18 U.-V.-G. vorgeschrieben worden ist, würde eine außerordentliche Belastung der Landwirthschaft darstellen, da er mit Zinsen schon bei der 12. Umlage das Doppelte der in diesem Jahr aufzubringenden Entschädigungsbeträge erheblich übersteigen würde. Vgl. darüber v. Woedtke, Komm. z. U.-V.-G. Anm. 7 zu § 18 a. a. O.

[4]) unter welchen Voraussetzungen. Dabei werden die Vorschriften in § 18 U.-V.-G. zum Muster genommen werden können, wonach die Zinsen erst nach Ablauf von 11 Jahren und auch dann nur, falls der Bestand des Reservefonds das Doppelte des laufenden Jahresbedarfs übersteigt, zur Deckung der Genossenschaftslasten verwendet werden können, sofern nicht in dringenden Bedarfsfällen das Reichs-Versicherungsamt gestattet, daß die Zinsen und event. auch das Kapital schon früher angegriffen werden dürfen.

Zu § 18.

[1]) Die Träger der Unfallversicherung, die Berufsgenossenschaften als korporative Verbände der Betriebsunternehmer (§ 13), werden in der Industrie nach Industriezweigen auf Grund von Beschlüssen gebildet, welche die Betheiligten in Generalversammlungen zu fassen habe. Die Genehmigung dieser Beschlüsse enthält die Bildung der Berufsgenossenschaft; alsdann beschließt eine

konstituirende Genossenschaftsversammlung über das Statut der Genossenschaft, welches die definitiven Regeln für deren Verwaltung enthält.

In der Land- und Forstwirthschaft vereinfacht sich die Organisation insofern, als es sich nur um örtliche, nicht um begriffliche Vereinigungen handelt; denn die Land- und Forstwirthschaft, die Gewinnung der Bodenerzeugnisse excl. der Mineralien, bildet nur einen einzigen, überall vertretenen Berufszweig, während bei der Industrie eine sehr große Anzahl ungleich vertheilter, und mit einander nicht zusammenhängender Gewerbszweige zu organisiren ist. Es gibt in Deutschland zwar manche Gegenden ohne Industrie, aber keinen Distrikt ohne Landwirthschaft. Für die lediglich örtliche Organisation der Land- und Forstwirthschaft bedarf es keiner Beschlüsse der Betheiligten, deren Herbeiführung mit unverhältnißmäßigen Weitläufigkeiten verbunden sein würde; die bei der Eintheilung der Berufsgenossenschaften in Betracht zu ziehenden Verhältnisse sind der Behörde ausreichend bekannt; nur über etwaige Wünsche der Betheiligten muß sich die Behörde informiren, und dies kann ausreichend durch Anhörung einzelner Vertreter der Betheiligten geschehen. Nach Bildung der Genossenschaften muß dann, wie in der Industie, eine konstituirende Genossenschaftsversammlung das Statut beschließen, welches die definitiven Regeln für die Verwaltung enthält. Es kann also in der Landwirthschaft die erste Staffel, die Generalversammlung der Betriebsunternehmer der einzelnen Bezirke, fortfallen, indem deren Beschlüsse durch behördliche Vorschläge ersetzt werden.

Nach diesen Gesichtspunkten sind die Bestimmungen der §§ 18 fg. des Gesetzes aufgebaut. Die Landesregierungen sollen nach Anhörung einzelner betheiligter Land- und Forstwirthe dem Bundesrath Vorschläge darüber unterbreiten, wie in ihrem Bezirk die Berufsgenossenschaften zu bilden sein möchten; auf Grund dieser Vorschläge soll dann der Bundesrath nach Anhörung des Reichs-Versicherungsamts die Berufsgenossenschaften bilden; dann sollen die Unternehmer desjenigen Bezirks, für welchen die Berufsgenossenschaft gebildet ist, (durch Vertreter) ein Genossenschaftsstatut beschließen, und auf Grund dieses Statuts, welches der Genehmigung bedarf, ihre Angelegenheiten selbst verwalten, in gewissen Grenzen aber befugt sein, die laufende Verwaltung gegen Entschädigung an Behörden der staatlichen Selbstverwaltung zu übertragen. Vgl. über die Bildung der Berufsgenossenschaften Mot. S. 55:

„Wie schon erwähnt, handelt es sich bei der Bildung der Berufsgenossenschaften nur um deren örtliche Abgrenzung. In dieser Beziehung sind die Verhältnisse der Land- und Forstwirthschaft von denen der Industrie wesentlich verschieden. Bei der letzteren handelt es sich darum, gleichartige Betriebe mit gleichartigen Interessen berufsgenossenschaftlich zusammenzufassen, während für den Bereich des Entwurfs die Gleichartigkeit des Berufs von vornherein gegeben ist, so daß es nur darauf ankommt, eine unzweckmäßige örtliche Eintheilung zu vermeiden. Hierüber eine förmliche Beschlußfassung der einzelnen Betriebsunternehmer herbeizuführen, erscheint im Hinblick auf die damit verbundenen Weitläufigkeiten und auf die große Anzahl der einzelnen Betriebe um so mehr entbehrlich, als die bei der Abgrenzung der Berufsgenossenschaften in Frage kommenden Verhältnisse, insbesondere die Leistungsfähigkeit der einzelnen Bezirke und deren wirthschaftliche Zusammengehörigkeit, den Verwaltungsbehörden ohnehin bekannt sind. Immerhin aber wird auch hier der Gefahr einer einseitigen büreaukratischen Abgrenzung der Bezirke durch die Vorschrift zu begegnen sein, daß Vertreter der Betheiligten vorher gehört werden müssen. Dies dürfte aber auch genügen und vor der Einengung durch weitere formale Vorschriften schon um deswillen den Vorzug verdienen, weil dann die Anmeldung der einzelnen Betriebe, wie sie das Unfallversicherungsgesetz (§ 11) für die Beurtheilung der Leistungsfähigkeit der Berufsgenossenschaften vorsehen mußte, und welche hier wegen der großen Anzahl kleinerer Betriebe zu erheblichen Weiterungen führen und schwer durchführbar sein würde, fortfallen kann. Eine nähere Ermittelung über die Zahl und die Betriebsverhältnisse der einzelnen Betriebe wird erst dann erforderlich, wenn es sich um die innere Organisation der Berufsgenossenschaften handelt (§ 31)" (jetzt § 34).

Nach den Beschlüssen des Reichstags tritt aber diese Regelung, soweit es sich um die Bildung der Berufsgenossenschaften und über die Organisation ihrer Verwaltung handelt, nur noch subsidiär und insoweit ein, als nicht landesgesetzlich etwas Anderes vorgeschrieben wird. Das bereits erörterte Bestreben, die Landesgesetzgebung in den Vordergrund zu schieben, hat den Reichstag dahin geführt, dieser bei der Bildung und Organisation der Berufsgenossenschaften fast völlig freie Hand zu lassen. „Nur so werde sofort bei Abgrenzung der Bezirke bereits auf die Verwaltung der Genossenschaftsangelegenheiten durch vorhandene Behörden Rücksicht genommen werden, nur so werde man den großen Verschiedenheiten der landwirthschaftlichen Besitz- und Wirthschaftsverhältnisse in Deutschland wirklich gerecht werden können." (Komm.-Ber. S. 17.)

Eine Erörterung, ob diese Gründe, wenigstens was die Bildung der Berufsgenossenschaften anbelangt, wirklich durchschlagend sind, da ja auch nach § 18 Vorschläge der Landesregierung die Grundlage für die Bildung der Berufsgenossenschaften abgeben, mag hier unterbleiben. Thatsache ist, daß jeder Bundesstaat die Berufsgenossenschaften für seinen Bezirk selbst bilden, und damit die Kompetenz des Bundesraths umgehen kann. Im Einzelnen liegt die Sache nunmehr so:

1. Jeder Bundesstaat kann durch Landesgesetz besondere Vorschriften über die Bildung der Berufsgenossenschaften treffen, § 110. Derartige Landesgesetze müssen aber innerhalb zwei Jahren nach der Verkündung dieses Reichsgesetzes erlassen sein, falls nicht der Bundesrath diese Frist um ein Jahr verlängert, § 115 Abs. 1, 2.
2. Jeder Bundesstaat, mag er landesgesetzliche Bestimmungen über die Bildung und Organisation von Berufsgenossenschaften getroffen

haben oder nicht, ist berechtigt, freiwillig sein Gebiet der Berufsgenossenschaft eines anderen Bundesstaates anzuschließen, falls der letztere

a) für sein Gebiet die landesgesetzliche Regelung gewählt hat, und

b) dem Anschluß zustimmt, oder soweit dies nicht der Fall, durch den Bundesrath zur Zulassung des Anschlusses genöthigt wird,

§ 114. Diese Anschlußbefugniß erlischt, sobald der Bundesrath nach § 18 über das Gebiet des betreffenden Bundesstaates verfügt hat, § 115 Abs. 3.

3. Soweit weder Landesgesetze über die Bildung der Berufsgenossenschaften erlassen, noch freiwillige Anschlüsse an die Gebiete anderer Bundesstaaten beliebt werden, haben die Landesregierungen nach Anhörung von Vertretern der Land- und Forstwirthe ihres Bezirks dem Bundesrath Vorschläge über die Abgrenzung der Berufsgenossenschaften zu machen. Der letztere hört hierüber das Reichs-Versicherungsamt, und bildet dann die Genossenschaften.

Sind die Berufsgenossenschaften gebildet, so muß jedenfalls eine konstituirende Genossenschaftsversammlung das Statut beschließen. Wie dies geschehen und welche Grundsätze für das Statut und die genossenschaftliche Verwaltung gelten sollen, bestimmt dann principaliter wieder das Landesrecht; nur subsidiär gelten die Bestimmungen des Reichsgesetzes.

Thatsächlich sind die Berufsgenossenschaften nur für thüringische Staaten durch den Bundesrath, im Uebrigen allgemein durch Landesgesetz gebildet worden.

2) Vorschläge. Diese müssen thunlichst berücksichtigt werden; sie bilden nicht nur die Unterlage, sondern die Grundlage der Beschlußfassung des Bundesraths.

3) der Landesregierungen, einer jeden Regierung für den Bezirk des betreffenden Bundesstaats und diejenigen Theile benachbarter Bundesstaaten, deren Anschluß Seitens der betreffenden Regierung in Vorschlag gebracht wird. Die Landesregierung steht im Gegensatz zur Landesgesetzgebung, cf. Entsch. d. Preuß. Ob.-Verw.-Ger. VI. S. 271.

4) Reichs-Versicherungsamt, nicht auch Landes-Versicherungsamt, § 101.

5) gebildet. Für die Bildung ist in erster Reihe die unbedingte Leistungsfähigkeit der Berufsgenossenschaft maßgebend. Fälle des § 14 dürfen niemals vorkommen. Danach müssen insbesondere zu kleine Bezirke vermieden werden. Vgl. im Uebrigen die Anm. 1, 4, 5 zu § 13.

6) Vertreter. „Die Auswahl der Vertreter kann den Behörden überlassen bleiben; diese sind dabei nicht auf einzelne Betriebsunternehmer be-

Statut der Berufsgenossenschaft.

§ 19.

[1]) Die Berufsgenossenschaft regelt ihre Angelegenheiten[2]) und ihre Geschäftsordnung durch ein Genossenschaftsstatut[3]), welches durch eine Generalversammlung[4]) (konstituirende Genossenschaftsversammlung) zu beschließen[5]) ist.

(§ 15 d. Entw. u. d. Komm.-Beschl.) Dem § 19 entspricht der erste Satz des § 16 U.-V.-G. Er gilt nicht für die einer Berufsgenossenschaft nicht zugewiesenen Reichs- und Staatsbetriebe.

---

schränkt, sondern können statt deren auch die wirthschaftlichen Verbände hören, sofern dieselben sich als eine geeignete Vertretung der land- und forstwirthschaftlichen Interessen ihres Bezirks darstellen" (Mot. S. 56). Auch über die Zahl der zu hörenden Vertreter befindet die zuständige Behörde. Vgl. im Uebrigen Anm. 1.

[7]) hören, zur Information über die Wünsche der Betheiligten. Diese werden sich insbesondere auf den Umfang der Genossenschaften (Kreise, Regierungsbezirke, Distrikte, Provinzen), auf die Vereinigung von Enklaven 2c. mit den Bezirken der umgrenzenden Bundesstaaten, auf die Vereinigung solcher Bezirke, welche nach ihrer geschichtlichen Entwickelung oder nach ihren wirthschaftlichen Verhältnissen zusammengehören, wenn sie auch im Uebrigen getrennte Verwaltung haben, erstrecken können. Vgl. Anm. 4 zu § 13.

Zu § 19.

[1]) Mot. S. 56: „Den Berufsgenossenschaften soll hinsichtlich der Ordnung ihrer Angelegenheiten, soweit dies mit der Rücksicht auf den Schutz der Minoritäten und mit den Interessen der Versicherten irgend vereinbar ist, auch hier volle Selbstverwaltung gewährt werden. Dazu bedarf es eines Genossenschaftsstatuts. Der Entwurf überträgt die Aufstellung desselben einer Generalversammlung, welche er im Gegensatz zu den späteren auf Grund des Statuts zu berufenden Genossenschaftsversammlungen als „konstituirende Genossenschaftsversammlung" bezeichnet." Die Bestimmung, daß die Berufsgenossenschaft als selbstverwaltende Körperschaft sich selbst ein Statut geben muß (§ 19) und auch nur selbst über Abänderungen desselben beschließen kann (§ 26 Abs. 2 Ziffer 2), ist obligatorisch geblieben und kann auch durch die Landesgesetzgebung nicht geändert werden. Dagegen kann die Bildung der konstituirenden Genossenschaftsversammlung, das Verfahren bei der Beschlußfassung über das Statut und der nothwendige Inhalt des Statuts durch die Landesgesetzgebung abweichend geregelt werden, §§ 20fg., § 110.

[2]) Angelegenheiten, in demselben Sinne zu verstehen, wie in § 16 U.-V.-G. der Ausdruck „ihre innere Verwaltung".

§ 20.

(Abs. 1.) Die konstituirende Genossenschaftsversammlung besteht[1]) aus Vertretern[2]) der Unternehmer der unter § 1 fallenden Betriebe.

(Abs. 2.) Die Gemeindevertretung[3]), oder wo solche nicht besteht[4]), die Gemeindebehörde[5]) bezeichnet aus der Mitte der der Gemeinde angehörigen[6]) Unternehmer oder bevollmächtigten Betriebsleiter[7]) Wahlmänner, deren Zahl[8]) die Landes-Zentralbehörde bestimmt. Die

(§ 16 d. Entw. u. d. Komm.-Beschl.) Vgl. für d. industr. U.-V.-G. § 16 Abs. 1 Satz 2 desselben. § 20 gilt nicht für die einer Berufsgenossenschaft nicht zugewiesenen Reichs- und Staatsbetriebe (§ 103) und kann durch die Landesgesetzgebung abgeändert werden (§ 110), gilt also in diesem Sinne nur subsidiär.

---

[3]) Genossenschaftsstatut. Bei den von den Berufsgenossenschaften eximirten fiskalischen Betrieben treten an die Stelle des Genossenschaftsstatuts Ausführungsvorschriften der Ausführungsbehörden, vgl. §§ 102, 103, 108.

Das Reichs-Vers.-Amt hat Normalstatuten entworfen, und zwar je eins für Berufsgenossenschaften, welche nach dem Reichsgesetz, und welche nach dem Preußischen Ausführungsgesetz vom 20. Mai 1887 (Ges. Sammlg. S. 189) errichtet werden (A. N. III. S. 247).

[4]) Generalversammlung. Diese Bezeichnung führt im Unfallversicherungsgesetz diejenige Versammlung der Betheiligten, welche über die freiwillige Bildung der Genossenschaft beschließt: alle späteren Versammlungen nach Bildung der Genossenschaft führen dort die Bezeichnung „Genossenschaftsversammlung". Hier, wo die Funktionen der Generalversammlung im Sinne des Unfallversicherungsgesetzes fortgefallen sind (vgl. Anm. 1 zu § 18), ist der Ausdruck „Generalversammlung" derjenigen ersten Versammlung der Berufsgenossen beigelegt, welche das die Grundlage der inneren Verwaltung bildende Genossenschaftsstatut beschließt. Der in Klammern beigefügte Ausdruck „konstituirende Genossenschaftsversammlung" dient zur Erklärung. Vgl. Anm. 1.

Die Generalversammlung muß auch da, wo das Landesgesetz von dem Reichsgesetz abweichende Vorschriften enthält, eine wirkliche Vertretung der Berufsgenossen darstellen. Insbesondere müssen darin die Interessen aller Kategorien der in der Berufsgenossenschaft vertretenen land- und forstwirthschaftlichen Betriebe einen zutreffenden Ausdruck finden.

[5]) beschließen. Die Genehmigung steht nach § 24, vorbehaltlich der Beschwerde an den Bundesrath, dem Reichs- (bezw. Landes-) Versicherungsamt (§ 101) zu, sofern nicht durch die Landesgesetzgebung abweichende Bestimmungen getroffen werden, § 110.

Zu § 20.

[1]) besteht. „Während über die Zusammensetzung der späteren Genossenschaftsversammlungen das Statut die erforderlichen Bestimmungen zu treffen

Wahlmänner werden nach Bezirken, welche von den Landes-Zentralbehörden bestimmt werden, zu Wahlversammlungen berufen. Die letzteren wählen aus ihrer Mitte mit einfacher Stimmenmehrheit die Vertreter, aus welchen die konstituirende Genossenschaftsversammlung besteht. Im Uebrigen wird das Wahlverfahren durch eine von der Landes-Zentralbehörde zu erlassende Wahlordnung geregelt, in welcher die Vertreter auf die Wahlbezirke nach der Zahl der Wahlmänner so zu vertheilen sind, daß mindestens ein Vertreter auf je zwanzig Wahlmänner entfällt. Die Landes-Zentralbehörde kann die Bestimmung der Wahlbezirke und den Erlaß der Wahlordnung auch einer anderen Behörde übertragen.

Geht der Bezirk der Genossenschaft über die Grenzen eines (Abs. 3.) Bundesstaates hinaus, so werden die Obliegenheiten der Landes-Zentralbehörde vom Reichs-Versicherungsamt im Einvernehmen mit den Zentralbehörden der betheiligten Bundesstaaten wahrgenommen.

---

hat, muß die Bildung der konstituirenden Genossenschaftsversammlung durch das Gesetz vorgeschrieben werden. Der Entwurf schlägt indirekte Wahl durch Wahlmänner vor" (Mot. S. 57). Die Wahlmänner werden nicht gewählt, sondern von der Gemeinde berufen, müssen aber Land- oder Forstwirthe bezw. Leiter derartiger Betriebe sein. Sie treten ihrerseits bezirksweise zu Wahlversammlungen zusammen. Diese sollen dann aus ihrer Mitte die Vertreter zur konstituirenden Genossenschaftsversammlung wählen. Ein solches Verfahren empfiehlt sich durch seine Einfachheit. Gegen diesen Vorzug wird das Bedenken, daß die Wahlmänner nicht unmittelbar von den Betheiligten, sondern von den Gemeindebehörden gewählt werden sollen, um so mehr zurücktreten müssen, als die Gleichartigkeit der in Frage stehenden Interessen hinlängliche Gewähr dafür bieten dürfte, daß diese Interessen in den solchergestalt zu bezeichnenden Wahlmännern einen zutreffenden Ausdruck finden werden.

[2]) Vertretern. Auch die späteren Genossenschaftsversammlungen bestehen aus Vertretern, § 23 Abs. 1. Mot. S. 57: „Auch die konstituirende Genossenschaftsversammlung kann bei der großen Menge von Betriebsunternehmern unmöglich durch eine Zusammenberufung aller einzelnen Betriebsunternehmer des Bezirks gebildet werden. Sie wird vielmehr aus Vertretern der letzteren bestehen müssen."

[3]) Die Gemeindevertretung nach näherer Bezeichnung der Landes-Zentralbehörde, § 129. Die Bestimmung, daß principiell die Gemeindevertretung, und erst da, wo eine solche nicht besteht, die Gemeindebehörde die Wahlmänner bezeichnen soll, ist von der Reichstagskommission beschlossen. Dabei

ist vorausgesetzt, daß Gemeindevertretungen von den Gemeindemitgliedern gewählte Körperschaften, Gemeindebehörden ausführende, einen Beamtencharakter tragende Organe der Gemeinden bilden. Vgl. Komm.-Ber. S. 26: „Man war der Meinung, daß, wenn auch mit der Vorlage von einer Wahl der Wahlmänner für die konstituirende Genossenschaftsversammlung durch die landwirthschaftlichen Betriebsunternehmer selbst Abstand genommen werden könne, es doch, um den Wahlmännern das Vertrauen der durch sie Vertretenen möglichst zu sichern, richtig sei, dort, wo Gemeindevertretungen neben den einen Beamtencharakter tragenden Gemeindebehörden beständen, die Wahlmänner durch erstere bestimmen zu lassen."

Um den Charakter der Wahl nicht mehr, als unbedingt nöthig, zurücktreten zu lassen, konnte eine direkte Berufung der Vertreter für die Generalversammlung durch die Gemeindebehörden nicht nachgelassen werden.

⁴) wo solche nicht besteht, z. B. in selbständigen Gutsbezirken und Gemarkungen, vgl. § 131.

⁵) Gemeindebehörde nach näherer Bestimmung der Landes-Zentralbehörde, vgl. § 129. In selbständigen Gutsbezirken und Gemarkungen gilt als Gemeindebehörde der Gutsherr bezw. der Gemarkungsberechtigte, § 131.

⁶) angehörigen. Es kommt auf die Zugehörigkeit des Betriebes, nicht auf den Wohnsitz des Unternehmers an.

⁷) bevollmächtigten Betriebsleiter. Vgl. Anm. 6 zu § 29.

⁸) Zahl. Mot. S. 56: „Die nähere Ordnung des Wahlverfahrens, sowie die Bestimmung über die Zahl der von den einzelnen Gemeinden zu berufenden Wahlmänner soll den Landes-Zentralbehörden, oder soweit der Bezirk der Genossenschaft über die Grenzen eines Bundesstaates hinausgeht, im Einvernehmen mit den Zentralbehörden der letzteren dem Reichs-Versicherungsamt mit der Maßgabe überlassen bleiben, daß für die Zahl der Vertreter zur Generalversammlung eine Untergrenze bestimmt wird, welche der Entwurf auf einen Vertreter für je zwanzig Wahlmänner festsetzt. Auf diese Weise werden die berechtigten Interessen und Wünsche der Betheiligten ausreichend zum Ausdruck kommen, ohne daß es einer ängstlichen Abwägung der wirthschaftlichen Bedeutung eines jeden einzelnen Betriebsunternehmers und einer darauf basirten Abstufung des Stimmverhältnisses bedarf. Hierdurch wird insbesondere auch der Gefahr einer Majorisirung der kleineren Besitzer durch die größeren begegnet."

Umgekehrt wird durch die hiernach erforderlichen Ausführungsbestimmungen auch der Gefahr einer Majorisirung der größeren Besitzer durch die kleineren vorgebeugt werden müssen, sofern in dem Bezirk der Genossenschaft der Großgrundbesitz eine hervorragende Bedeutung hat.

§ 21.

Die Berufung der konstituirenden Genossenschaftsversammlung erfolgt, wenn der Bezirk der Genossenschaft über die Grenzen eines Bundesstaates hinausgeht, durch das Reichs-Versicherungsamt, im Uebrigen durch die Zentralbehörde des Bundesstaates, zu welchem der Bezirk der Genossenschaft gehört, oder durch eine von der Zentralbehörde zu bestimmende andere Behörde.

Die Versammlung findet in Gegenwart [1]) eines Beauftragten derjenigen Behörde, welche dieselbe einberufen hat, statt. Der Beauftragte hat die Versammlung zu eröffnen, die Wahl eines aus einem Vorsitzenden, zwei Schriftführern und mindestens zwei Beisitzern bestehenden provisorischen Vorstandes herbeizuführen und, bis dieselbe erfolgt ist, die Verhandlungen zu leiten.

Nach erfolgter Wahl übernimmt der provisorische Vorstand die Leitung der Verhandlung, führt die Geschäfte [2]) bis zur Uebernahme derselben durch den definitiven Vorstand [3]) und beruft erforderlichenfalls die weiteren Genossenschaftsversammlungen. In den Genossenschaftsversammlungen muß der Beauftragte der Behörde auf Verlangen jederzeit gehört werden.

Die Beschlüsse der Genossenschaftsversammlung werden nach Stimmenmehrheit gefaßt. Bei Stimmengleichheit giebt die Stimme des Vorsitzenden den Ausschlag.

(§ 17 d. Entw. u. d. Komm.-Beschl.) Der § 21 entspricht den §§ 14, 16 Abs. 2 U.-V.-G. Er gilt nicht für die einer Berufsgenossenschaft nicht zugewiesenen Reichs- und Staatsbetriebe. Durch die Landesgesetzgebung können anderweite Bestimmungen erlassen werden; § 21 gilt also in diesem Sinne nur subsidiär.

Zu § 21.

[1]) In Gegenwart eines Beauftragten, dessen Aufgabe (abgesehen von der Eröffnung und Leitung der Verhandlungen bis zur Wahl des Vorstandes) vorzugsweise darin bestehen wird, für eine möglichst vollständige Aeußerung der Wünsche der Betheiligten auch für den Fall, daß die Prinzipalanträge nicht genehmigt werden sollten, sowie für eine zweckentsprechende Abstimmung Sorge zu tragen. Zur Erreichung dieses Zwecks ist ihm das Recht, jederzeit in der Generalversammlung gehört zu werden, eingeräumt. Vgl. Mot. z. U.-V.-G. S. 51.

[2]) die Geschäfte 2c. der Berufsgenossenschaft.

[3]) definitiven Vorstand, welcher nach Genehmigung des Statuts auf Grund der Vorschriften des letzteren zu wählen ist.

§ 22.

Das Genossenschaftsstatut [1]) muß Bestimmung treffen:

1. über Namen und Sitz der Genossenschaft;
2. über die Bildung des Genossenschaftsvorstandes [2]) und über den Umfang seiner Befugnisse;
3. über die Bildung des Genossenschaftsausschusses [3]) zur Entscheidung über Beschwerden (§§ 38, 82);
4. über die Zusammensetzung [4]) und Berufung [5]) der Genossenschaftsversammlung, sowie über die Art ihrer Beschlußfassung [6]);
5. über das den Mitgliedern der Genossenschaftsversammlung zustehende Stimmrecht [7]) und die Prüfung ihrer Legitimation [8]);
6. über den Maßstab [9]) für die Umlegung der Beiträge, und sofern nicht die Umlegung nach dem Maßstab von Steuern erfolgt, über das bei der Veranlagung und Abschätzung [10]) zu beobachtende Verfahren [11]) (§§ 33, 37);
7. über das Verfahren bei Aenderungen in der Person [12]) des Unternehmers, sowie bei Betriebsveränderungen [13]) (§§ 47, 48);

(§ 18 d. Entw. u. d. Komm.-Beschl.) Der §§ 22 entspricht dem § 17 U.-V.-G. Er gilt nicht für die einer Berufsgenossenschaft nicht zugewiesenen Reichs- und Staatsbetriebe (§ 103) und kann von der Landesgesetzgebung durch andere Bestimmungen ersetzt werden (§ 110), gilt also in diesem Sinne nur subsidiär.

Zu § 22.

[1]) Das Genossenschaftsstatut „hat vorzugsweise die Aufgabe, die allgemeine Verwaltungsorganisation der Genossenschaft und diejenigen Verhältnisse, welche dauernder Natur sind, zu regeln" (Motive z. U.-V.-G.). Von den Vorschriften über den Inhalt des Statuts industrieller Berufsgenossenschaften (§ 17 U.-V.-G.) weichen die hier gegebenen Vorschriften insofern ab, als die Ziffern 3 und 12 (welche den in der Industrie nicht vorgesehenen Beschwerdeausschuß, sowie das zur Durchführung des gesetzlichen Beitrittsrechts der Unternehmer rc. Erforderliche und die Abzweigung der Betriebsbeamten von den Arbeitern behandeln) neu sind, als ferner nach Ziffer 4 auch über die Zusammensetzung der Genossenschaftsversammlung (welche aus Vertretern der Berufsgenossen bestehen muß, § 23, während in der Industrie eine derartige Zusammensetzung fakultativ ist), Bestimmung zu treffen ist, aus demselben Grunde nach Ziffer 5 auch die Legitimationsprüfung der Mitglieder der Genossenschaftsversammlung geregelt werden, und nach Ziffer 6 über den Umlagemodus, sowie eventuell auch über das Verfahren bei der Abschätzung

8. über die Folgen der Betriebseinstellung [14]), insbesondere über die Sicherstellung der Beiträge der Unternehmer, welche den Betrieb einstellen;
9. über die den Vertretern der versicherten Arbeiter (§ 49) zu gewährenden Vergütungssätze [15]) (§§ 53 Abs. 2, 60 Abs. 1);
10. über die Aufstellung, Prüfung und Abnahme der Jahresrechnung [16]);
11. über die Ausübung der der Genossenschaft zustehenden Befugnisse zum Erlaß von Vorschriften behufs der Unfallverhütung und zur Ueberwachung der Betriebe (§§ 87 ff.);
12. über das bei der Anmeldung und dem Ausscheiden der versicherten Betriebsunternehmer [17]) und anderer [18]) nach § 1 nicht versicherter Personen (§ 2) zu beobachtende Verfahren, sowie über die Ermittelung des Jahresarbeitsverdienstes [19]) der ersteren (§ 3) und darüber, welche in land- und forstwirthschaftlichen Betrieben des betreffenden Genossenschaftsbezirks beschäftigten Personen als Betriebsbeamte (§ 1 Abs. 4) anzusehen sind;
13. über die Voraussetzungen einer Abänderung des Statuts.

(nicht nur bei der Veranlagung) der Betriebe Bestimmung getroffen werden muß. Die Abänderungen gegenüber § 17 U.-V.-G. sind also lediglich durch die Besonderheiten des vorliegenden Gesetzes bedingt.

[2]) Genossenschaftsvorstandes. Die Bildung desselben kann, soweit nach Reichsgesetz organisirt wird, auch dann nicht entbehrt werden, wenn die laufende Verwaltung der Genossenschaft durch Organe der Selbstverwaltung geführt werden soll (§ 26). Denn bei Erlaß des Statuts ist es wohl immer noch zweifelhaft, ob die Uebertragung der laufenden Verwaltung zu Stande kommt, bezw. acceptirt und genehmigt wird, ferner darf nach Reichsgesetz die Uebertragung nur auf Zeit erfolgen und nach Ablauf der Zeit wird daher die Verwaltung durch die Vorstände eintreten, sofern nicht rechtzeitig eine Erneuerung des Vertragsverhältnisses mit den Organen der Selbstverwaltung zu Stande kommt.

Die Abgrenzung der Befugnisse des Vorstandes ist schon um deswillen niemals zu entbehren, weil davon auch für den Fall des Eintritts der Landesgesetzgebung der Umfang abhängt, in welchem die Verwaltung auf andere Behörden übertragen werden darf (§§ 26, 110).

[3]) Genossenschaftsausschusses. Dieser „Beschwerdeausschuß" ist eine Zwischeninstanz zwischen den Genossenschaftsorganen und dem Reichs-Versicherungsamt, behufs Entscheidung von Beschwerden über die Aufnahme in die Genossenschaft und die Veranlagung und Abschätzung des Betriebes einerseits (§ 38) und von Beschwerden über die Beitragsberechnung andererseits (§ 82).

Er soll dazu dienen, einer Ueberlastung des Reichs-Versicherungsamts vorzubeugen, vgl. Anm. 12 zu § 38. Landesgesetzlich kann derselbe beseitigt werden, was z. B. in Preußen geschehen ist.

[4]) Zusammensetzung, d. h. nach welchen Grundsätzen die Vertreter (§ 23 Abs. 1) auf die Mitglieder der Genossenschaft vertheilt werden sollen, wie bei der Wahl der Vertreter verfahren, was hinsichtlich der Wahlberechtigung und der Wählbarkeit (außer dem als obligatorisches Erforderniß vorgeschriebenen Besitz der bürgerlichen Ehrenrechte, § 44 Abs. 5) etwa noch erfordert werden soll ꝛc. Vgl. Mot. S. 57: „Die Bestimmung der Ziffer 4, wonach das Statut auch über die Zusammensetzung der Genossenschaftsversammlung Bestimmungen zu treffen hat, bezieht sich auf die Vorschriften des § 19 (jetzt § 23) Abs. 1, nach welcher auch die späteren Genossenschaftsversammlungen nicht aus den einzelnen Betriebsunternehmern, sondern aus Vertretern derselben bestehen sollen. Dies ist wegen der großen Anzahl der in Betracht kommenden Betriebe hier ebenso erforderlich, wie bei den Generalversammlungen großer Krankenkassen nach §§ 37, 64, 72 des Krankenversicherungsgesetzes. Das Statut muß daher Bestimmung darüber treffen, wie diese Vertreter zu wählen sind.“ Vgl. auch Ziffer 5.

[5]) Berufung, z. B. durch Bekanntmachung in öffentlichen Blättern.

[6]) Art ihrer Beschlußfassung. In der Preuß. Kreisordnung für die östlichen Provinzen (§ 121) findet sich z. B. die Vorschrift, daß eine Versammlung, welche zum zweiten Mal zur Beschlußfassung über denselben Gegenstand berufen wird, ohne Rücksicht auf die Zahl der vertretenen Stimmen beschlußfähig ist, falls bei der Zusammenberufung zur zweiten Versammlung hierauf ausdrücklich hingewiesen ist.

[7]) Stimmrecht. Es braucht also nicht jeder Vertreter eine Stimme zu führen. Das Statut kann über das Stimmrecht selbst, nicht bloß über den Umfang desselben bestimmen. Nach dem Unfallversicherungsgesetz ist dagegen nur die Bestimmung über den Umfang des Stimmrechts zulässig.

[8]) Legitimation, vgl. Anm. 1.

[9]) Maßstab, d. h. ob nach Steuern (event. nach welchen), oder ob nach dem Maßstab des Arbeitsbedarfs und der Unfallgefahr umgelegt werden soll, § 33. Im ersteren Fall muß auch über die Heranziehung der von Entrichtung der Steuer befreiten Unternehmer Bestimmung getroffen werden.

[10]) Veranlagung und Abschätzung, Veranlagung der Betriebe zu den einzelnen Klassen des Gefahrentarifs (§ 35), Abschätzung des Arbeitsbedarfs der einzelnen Betriebe, §§ 36, 37.

[11]) Verfahren. Die Aufstellung des Tarifs und der Klassen desselben soll nach § 35 in der Regel durch die Genossenschaftsversammlung oder den von derselben hiermit beauftragten Ausschuß oder Vorstand erfolgen. „Es bleibt indessen dem freien Ermessen der Genossenschaftsversammlung überlassen, die allgemeinen Grundsätze, nach welchen die Einschätzung in die Gefahrentarife zu bewirken ist, und event. diese Tarife selbst im Statut festzusetzen“

(Motive z. U.=V.=G. S. 52). Obligatorisch hat man dies letztere nicht machen wollen, weil wesentliche Aenderungen des Betriebes auch auf den Grad der Unfallgefahr von Einfluß sind und deshalb von Zeit zu Zeit Abänderungen der Gefahrentarife erforderlich werden, welche dann gleichzeitig die Umständlichkeiten einer Statutenänderung mit sich führen würden, und weil es andererseits „nur ausnahmsweise möglich sein wird, in der das Statut berathenden Genossenschaftsversammlung bereits definitive Beschlüsse über die Bildung der Gefahrenklassen und die Höhe der in denselben zu leistenden Beiträge zu fassen" (a. a. O. S. 52). Man hat sich daher darauf beschränkt, in dieser Beziehung obligatorisch nur Vorschriften über das Verfahren zu fordern. Hierbei wird „insbesondere zu bestimmen sein, von welchen Organen die Einschätzung in die Gefahrentarife vorzunehmen ist (cf. § 35), welche Angaben die Betriebsunternehmer über ihre Einrichtungen und Anlagen zum Zweck der Veranlagung zu machen haben, innerhalb welcher Fristen dieses zu geschehen hat, in welcher Weise die Veranlagung zu bewirken ist, wenn die erwähnten Angaben nicht rechtzeitig gemacht worden sind, welche Betriebsänderungen für die Einschätzung in die Gefahrentarife als bestimmend anzusehen sind und in welchen Fristen dieselben zur Kenntniß der Genossenschaftsorgane gebracht werden müssen" (a. a. O.). Dasselbe gilt hier auch für die Vorschriften über das Verfahren bei der Abschätzung des Arbeitsbedarfs.

[12]) in der Person. Aenderungen in der Person des Unternehmers werden anders wie Betriebseinstellungen behandelt, cf. Ziffer 8, und mit Recht, denn bei Betriebseinstellungen tritt nicht, wie bei einem Wechsel in der Person des Unternehmers, ein anderer Betriebsunternehmer desselben Betriebes an Stelle des Ausscheidenden, sondern der ganze Betrieb scheidet eben aus der Genossenschaft aus.

Aenderungen in der Person des Betriebsunternehmers sollen nach § 47 angezeigt werden; das Statut hat die Modalitäten und die Fristen für diese Anzeige festzusetzen. Ist diese Anzeige nicht erfolgt, so bleibt der ausscheidende Unternehmer neben dem neu eintretenden Unternehmer weiter haftbar, es wird also in diesem Fall für die Folge ein Gesammtschuldverhältniß beider Personen begründet. Dies gilt jedoch nach Entscheidung des R.=V.=A. nicht für die Vergangenheit. Für diese haftet vielmehr ausschließlich der alte Unternehmer; der neue Unternehmer haftet lediglich für diejenige Zeit, von welcher ab er kraft Gesetzes Mitglied der Berufsgenossenschaft geworden ist (A. N. III. S. 352). Auch durch das Statut kann der neue Unternehmer nicht für Reste des alten haftbar erklärt werden (A. N. IV. S. 35). Von dem alten Unternehmer kann eine Sicherstellung seiner Beiträge, wie sie für den Fall der „Betriebseinstellung" gesetzlich vorgesehen ist (Anm. 14), bei Abgabe des Betriebes nur dann gefordert werden, wenn das Statut dies vorschreibt (A. N. III. S. 31); das Normalstatut enthält eine hierauf bezügliche Vorschrift.

[13]) Betriebsveränderungen. „Desgleichen hat das Statut darüber Bestimmung zu treffen, in welcher Weise und innerhalb welcher Fristen die

Betriebsänderungen zur Kenntniß der Genossenschaftsorgane gebracht werden sollen" (Mot. z. U.-V.-G. S. 52).

Die Betriebsveränderungen können sowohl für die Zugehörigkeit zur Genossenschaft, wie für die Umlegung der Beiträge von Bedeutung sein, vgl. § 48. Ersteres ist z. B. der Fall, wenn der Betriebssitz in den Bezirk einer anderen Genossenschaft verlegt wird, indem etwa bei einem Forstbetriebe, welcher sich über mehrere Gemeindebezirke erstreckt, in Folge von Abverkäufen zc. diejenige Gemeinde, in welcher bisher der größte Theil der gemeinsam verwalteten Forstgrundstücke und damit der Sitz des Betriebes belegen war, fortan nur noch einen kleinen Theil dieser Liegenschaften umfaßt, der größere Theil aber und damit der Sitz des Forstbetriebes in dem Bezirk einer anderen Gemeinde belegen sein wird, § 44. Für die Umlegung der Beiträge sind Betriebsveränderungen dann von Bedeutung, wenn sie auf die Einschätzung zu den Gefahrenklassen oder auf den Arbeitsbedarf — sofern nicht etwa lediglich die Grundsteuer den Umlagemaßstab bildet — Einfluß haben, z. B. wenn ein Forstgrundstück, das bisher geschont wurde, abgeholzt, oder urbar gemacht und zum Ackerbau benutzt wird zc.

[14]) Betriebseinstellungen. Eine Betriebseinstellung — im Gegensatz zu einem Wechsel in der Person des Betriebsunternehmers, vgl. Anm. 13 — liegt nur dann vor, wenn die Absicht besteht, den Betrieb dauernd aufzulösen; § 68 Nr. 1 Abs. 1 des Krankenversicherungsgesetzes gebraucht dafür den Ausdruck „Auflösung". Betriebseinstellungen können in der Land- und Forstwirthschaft nur selten vorkommen, weil es sich in den meisten Fällen nur um den Eintritt eines andern Unternehmers in den Betrieb handeln wird. Indessen sind derartige Fälle doch nicht ausgeschlossen und liegen z. B. dann vor, wenn eine in der Nähe einer Stadt belegene Handelsgärtnerei mit Wohnhäusern bebaut wird, oder wenn ein Landwirth aus seinem bisher mit Feldfrüchten bestellten Grundstück einen Steinbruch macht, oder wenn der Betrieb einer Weidefläche als nicht mehr lohnend aufgegeben wird zc.

Da die Mitgliedschaft mit der Einstellung des Betriebes erlischt (cf. §§ 44 45), so kann der Fall eintreten, daß am Schluß eines Rechnungsjahres ein Betrieb nicht mehr versicherungspflichtig ist und deshalb den Vorschriften des Gesetzes (über die Aufbringung der Beiträge zc.) nicht mehr unterliegt, obwohl er während eines Theils dieses Zeitabschnitts noch versicherte Arbeiter beschäftigt hat und folgeweise für diese Zeit noch beitragspflichtig war. Es muß also Vorsorge getroffen werden, daß ein solcher Betrieb nach Verhältniß der Zeit, für welchen der Unternehmer noch Mitglied der Genossenschaft war, zu den Beiträgen herangezogen werden kann (cf. Motive zur 2. Vorlage d. U.-V.-G., R.-T.-Dr.-S. 1882 Nr. 19 S. 73). Für die in Zukunft zahlbaren Beträge derjenigen Renten, welche während der Dauer seiner Mitgliedschaft festgestellt sind, haftet der ausscheidende Betrieb bei rechtzeitiger Anzeige nicht, weil er nur, solange er zur Genossenschaft gehört, an den Jahreslasten partizipirt, und letztere nach dem Umlageprinzip nur in derjenigen Höhe aufzubringen sind, welche die in jedem Jahr zu leistenden Zahlungen erforderlich machen.

Die für den aufgelösten Betrieb pro rata temporis noch zu zahlenden Beiträge des laufenden Jahres, welche erst am Schluß des Rechnungsjahres fällig sind (§§ 75 fg.), werden in der Regel durch Niederlegung einer Kaution sichergestellt werden müssen. Vgl. § 83. Wie im Unfallversicherungsgesetz, so hat man auch hier die näheren Bestimmungen dem Statut überlassen, „um so mehr, als die Höhe der Kaution nicht für alle Berufsgenossenschaften gleichmäßig zu bemessen sein wird, sondern sich nach dem Betrage der voraussichtlich zu zahlenden Beiträge wird richten müssen" (Motive z. U.-V.-G. S. 53). (Der § 42 des Normalstatuts [vgl. Anm. 3 zu § 19] verlangt als Kaution das Doppelte des letztbezahlten Jahresbeitrags, für die Zeit vom Ablauf des letzten Rechnungsjahres bis zur Betriebseinstellung antheilig berechnet.) Die Kautionsbeträge sind im Verwaltungszwangsverfahren beizutreiben (§ 83) und würden im Konkurs ein Vorzugsrecht nach § 54 Nr. 3 der Konkursordnung haben.

„Eröffnet der Unternehmer den Betrieb wieder, so muß er neu eintreten" (Komm.-Ber. z. U.-V.-G. S. 30), d. h. seine Zugehörigkeit zur Genossenschaft beginnt kraft Gesetzes von Neuem, es muß aber neue Anmeldung des Betriebes erfolgen, § 46.

15) Vergütungssätze, um deren angemessene und billige Normirung zu kontroliren (Mot. z. U.-V.-G.).

Die Vergütung besteht in dem Fall des § 53 (für die aus dem Arbeiterstande entnommenen Beisitzer der Schiedsgerichte) in dem Ersatz für entgangenen Arbeitsverdienst und in den baaren Auslagen, in dem Fall des § 60 (für die Bevollmächtigten der Krankenkassen zur Theilnahme an den Unfalluntersuchungen oder für die hierzu von der Gemeindebehörde bestimmten Arbeiter) nur in dem Ersatz für entgangenen Arbeitsverdienst, während in letzterem Falle von einem Ersatz baarer Auslagen (absichtlich) nicht die Rede ist, vgl. Anm. 2 zu § 60. Ebenso in §§ 49 bezw. 54 U.-V.-G. Zu den baaren Auslagen gehören unter anderem die Reisekosten, welche zuweilen, wie im § 30, besonders aufgeführt werden.

Dies gilt aber nur für Arbeiter. Soll den Mitgliedern der Genossenschaften bei Wahrnehmung von Genossenschaftsgeschäften als Mitglieder der Vorstände, als Vertrauensmänner, als Beisitzer des Schiedsgerichts (§§ 30, 53) eine Entschädigung für den ihnen hieraus erwachsenden Zeitverlust zustehen, was zulässig ist, so muß das Statut hierüber Bestimmung treffen (§ 30). Soweit das Statut derartige Bestimmungen nicht enthält, steht den Genossenschaftsmitgliedern nur der Anspruch auf Ersatz baarer Auslagen zu, worunter hier Reisekosten und Diäten zu verstehen sein werden. Die hierfür zu gewährenden Sätze brauchen nicht durch das Statut, sondern können durch die Genossenschaftsversammlung bestimmt werden. Denn bei diesen Bezügen der Mitglieder der Genossenschaft braucht das Reichs-Versicherungsamt die Angemessenheit nicht zu kontroliren; es kann dies der Selbstverwaltung der Berufsgenossen überlassen bleiben.

[16]) Jahresrechnung vgl. §. 26.

[17]) versicherte Betriebsunternehmer, sowohl diejenigen, welche der Versicherungspflicht unterliegen (wenn diese durch die Landesgesetzgebung [§ 1 Abs. 3] oder durch das Statut [§ 2 Abs. 2] begründet ist), als diejenigen, welche sich freiwillig versichert haben, § 2 Abs. 1. Weil das Unfallversicherungsgesetz für die Industrie weder die Versicherungspflicht noch das gesetzliche Versicherungsrecht der Betriebsunternehmer kennt, sondern nur ein durch das Statut zugelassenes Versicherungsrecht der letzteren (§ 2 Abs. 2 U.-V.-G.), so brauchte das Unfallversicherungsgesetz eine nähere Regelung der Modalitäten dieser Versicherung der Betriebsunternehmer als obligatorischen Gegenstand des Statuts nicht zu verlangen. Für die Land- und Forstwirthschaft aber war bezüglich des auf Gesetz beruhenden Versicherungsrechts der Unternehmer nähere Vorschrift zu treffen, insbesondere um den Eintritt in die Versicherung und den Austritt aus derselben zu regeln bezw. zu kontroliren. Das Gesetz überläßt dies mit Rücksicht auf die Verschiedenheit der in den einzelnen Theilen des Reichs bestehenden Verhältnisse der Bestimmung des Statuts, welches ja der Genehmigung unterliegt. Darüber, wie die Renten versicherter Betriebsunternehmer im Fall eines Unfalls, und wie die Jahresbeiträge derselben zu berechnen sind, enthält das Gesetz selbst (in § 6 Abs. 5, bezw. in §§ 78, 80) Bestimmungen, welche aber durch das Statut und bezüglich der Aufbringung der Beiträge auch durch Landesgesetz (vgl. § 110) abgeändert werden können Es scheint sich zu empfehlen, daß die Anmeldungen und Abmeldungen thunlichst nur zum Jahreswechsel zugelassen werden, um die Berechnung der Beiträge (vgl. § 80) nicht zu kompliciren. Jedenfalls kann dies bei der freiwilligen Versicherung geschehen, derart, daß die Versicherung für das ganze Geschäftsjahr, in welchem die Anmeldung erfolgt, und bis zum Ablauf des Geschäftsjahrs, in welchem die Abmeldung erfolgt, als bestehend angenommen wird. Bei der Versicherungspflicht werden, insbesondere soweit Veränderungen in den Einkommensverhältnissen sich ereignen, welche auf die Versicherungspflicht von Einfluß sind, ähnliche Bestimmungen durch das die Verpflichtung begründende Landesgesetz oder Statut zu treffen sein.

Bei der freiwilligen Versicherung kann durch Statut bestimmt werden, daß der Vorstand ermächtigt ist, für freiwillig Versicherte, deren Beiträge nicht beizutreiben sind, die Versicherung für erloschen zu erklären (A. N. IV. S. 36).

[18]) anderer, soweit der Beitritt zur Versicherung für solche Personen gestattet ist (§ 2). Anm. 3, 4 zu § 2 sowie Anm. 17.

[19]) Jahresarbeitsverdienst, insofern von der Höhe desselben (2000 Mark) das gesetzliche Recht der kleineren Betriebsunternehmer, beim Mangel einer entsprechenden landesgesetzlichen Vorschrift selbst der Versicherung freiwillig beizutreten (§ 2 Abs. 1), sowie die Ausführung statutarischer Vorschriften über das Selbstversicherungsrecht größerer Betriebsunternehmer (§ 2 Abs. 1) und die Versicherungspflicht kleinerer Betriebsunternehmer (§ 2 Abs. 2) abhängig ist.

§ 23.

Die Genossenschaftsversammlung besteht [1]) aus Vertretern der versicherungspflichtigen Unternehmer. (Abs. 1.)

Das Statut kann [2]) vorschreiben, daß die Berufsgenossenschaft in örtlich abgegrenzte Sektionen [3]) eingetheilt wird und daß Vertrauensmänner [4]) als örtliche Genossenschaftsorgane eingesetzt werden. Enthält dasselbe Vorschriften dieser Art, so ist darin zugleich über Sitz und Bezirk der Sektionen, über die Zusammensetzung und Berufung der Sektionsversammlungen, sowie über die Art ihrer Be- (Abs. 2.)

(§ 19 des Entw. u. d. Komm.-Beschl.) Der § 23 entspricht dem § 19 U.-V.-G. Er gilt nicht für die einer Berufsgenossenschaft nicht zugewiesenen Reichs- und Staatsbetriebe (§ 103) und kann von der Landesgesetzgebung durch andere Bestimmungen ersetzt werden (§ 110), gilt also in diesem Sinne nur subsidiär.

Es handelt sich hier also um die Frage, nach welchen Grundsätzen ist zu verfahren, um festzustellen, ob der Betriebsunternehmer einen Jahresarbeitsverdienst von 2000 Mark erzielt oder nicht.

Diese dem Statut obligatorisch zugewiesenen Bestimmungen über die Ermittelung des für das Versicherungsrecht maßgebenden Jahresarbeitsverdienstes der Betriebsunternehmer sind nicht zu verwechseln mit den dem Statut fakultativ überlassenen Bestimmungen über die Höhe des Jahresarbeitsverdienstes, welcher bei versicherten Betriebsunternehmern der Berechnung der Rente (§ 6) und der Berechnung des Jahresbeitrags (§§ 78, 80) zu Grunde zu legen ist. Im ersteren Fall handelt es sich um die Ermittelung, ob in concreto ein bestimmter Betrag erreicht wird; im letzteren Falle dagegen handelt es sich um die Bestimmung, welcher Betrag in abstracto als Jahresverdienst gelten soll. Dieser letztere Betrag, welcher für die Rechte und Pflichten der Betriebsunternehmer, falls dieselben versichert sind, von Bedeutung ist, kann durch das Statut bestimmt werden; sofern das Statut aber hierüber nichts enthält, finden die Bestimmungen des Reichsgesetzes — wonach die Rente und die Beiträge für Betriebsunternehmer beim Mangel abweichender Bestimmungen des Statuts nach dem Jahresverdienst der land- und forstwirthschaftlichen Arbeiter zu berechnen sind, — subsidiäre Anwendung. Für die Beurtheilung aber, ob die Unternehmer ein Versicherungsrecht haben, bestimmt das Gesetz selbst ein Jahreseinkommen, überläßt aber dem Statut die nähere Ausführung, wie dieses Jahreseinkommen in concreto berechnet werden soll.

Zu § 23.

[1]) besteht, also obligatorisch (sofern die Landesgesetzgebung nicht abweichende Vorschriften trifft, § 110), wegen der großen Zahl der Betriebsunternehmer, vgl. Anm. 4 zu § 22. Auch die konstituirende Genossenschaftsversammlung (Generalversammlung) besteht mit demselben Vorbehalt aus Vertretern, § 20. Nach § 19 des Unfallversicherungsgesetzes ist die Zusammen-

ſchlußfaſſung, über die Bildung der Sektionsvorſtände und über den Umfang ihrer Befugniſſe[5]), ſowie über die Abgrenzung der Bezirke der Vertrauensmänner, die Wahl der letzteren und ihrer Stellvertreter und den Umfang ihrer Befugniſſe Beſtimmung zu treffen.

(Abſ. 3.) Die Abgrenzung der Bezirke der Vertrauensmänner, ſowie die Wahl der letzteren und ihrer Stellvertreter, kann[6]) von der Genoſſenſchaftsverſammlung dem Genoſſenſchafts- oder Sektionsvorſtande, die Wahl der Sektionsvorſtände den Sektionsverſammlungen übertragen werden.

ſetzung der Genoſſenſchaftsverſammlung aus Vertretern fakultativ. Ueber den Erſatz der baaren Auslagen, Reiſekoſten ꝛc. der Mitglieder der Genoſſenſchaftsverſammlung entſcheidet das Statut, vgl. A. N. III. S. 23.

[2]) kann, alſo wie im Unfallverſicherungsgeſetz fakultativ.

[3]) Sektionen, zum Zweck der Decentraliſation der Verwaltung im Intereſſe einer ſchleunigen und ſachlichen Erledigung der Geſchäfte. Die Motive des Unfallverſicherungsgeſetzes (S. 54) führen unter Hinweis auf die Erfahrungen der freien wirthſchaftlichen Vereine für die Induſtrie aus, daß die räumliche Ausdehnung der Genoſſenſchaften in den überwiegend meiſten Fällen die Einrichtung von Sektionen erforderlich machen wird.

Durch die Einrichtung von Sektionen iſt die Möglichkeit gegeben, unbeſchadet des Einſtehens größerer Verbände für die Unfallaſt den Schwerpunkt der Verwaltung (insbeſondere durch die Feſtſtellung der Unfallentſchädigungen, § 57) in kleinere Kreiſe zu legen; es iſt dann erreicht, was ſo vielfach angeſtrebt worden iſt, nämlich breite unbedingt leiſtungsfähige Schultern für die Uebernahme der Unfallaſt und lokale Verwaltung in den Verbänden.

Die Funktionen der Sektionen und ihrer Vorſteher ſind durch das Statut zu regeln.

Durch das Statut kann auch beſtimmt werden, daß die Verwaltungskoſten der Sektion lediglich auf die Mitglieder derſelben umgelegt werden. Vgl. Anm. 2 zu § 40.

Die Sektionen ſind nach dem Reichsgeſetz, wie auch im Unfallverſicherungsgeſetz für die Induſtrie, für räumlich abgegrenzte Bezirke zu bilden; eine beſondere Organiſation einzelner Betriebsarten (z. B. Wirthſchaften mit Maſchinenbetrieb reſp. Handbetrieb, Wirthſchaften mit bezw. ohne Geſpannhaltung), oder eine Trennung der Landwirthſchaft und Forſtwirthſchaft in beſondere Sektionen iſt im Reichsgeſetz nicht vorgeſehen. Dagegen kann durch landesgeſetzliche Beſtimmung eine derartige abweichende Organiſation der Sektionen angeordnet oder nachgelaſſen werden, vgl. Anm. 5 zu § 13.

[4]) Vertrauensmänner (örtliche Beauftragte, § 62) für enge Bezirke, an Stelle der Sektionen oder neben den Sektionen; im letzteren Fall können die Vertrauensmänner entweder direkt unter den Genoſſenſchaftsvorſtand oder

§ 24.

Das Genossenschaftsstatut bedarf zu seiner Gültigkeit der Genehmigung[1]) des Reichs-Versicherungsamts[2]). (Abs. 1.)

Gegen die Entscheidung desselben, durch welche die Genehmigung versagt wird, findet binnen einer Frist von vier Wochen (Abs. 2.)

(§ 22 der Vorlage u. d. Komm.-Beschl.) Der § 24 entspricht dem § 20 U.-V.-G. Derselbe gilt nicht für die einer Berufsgenossenschaft nicht zugewiesenen Reichs- und Staatsbetriebe (§ 103) und kann durch anderweite Bestimmungen der Landesgesetzgebung ersetzt werden (§ 110), gilt also in diesem Sinne nur subsidiär.

---

zunächst unter den Sektionsvorstand gestellt werden. Die Motive zum Unfallversicherungsgesetz (S. 54) führen aus, daß durch die Einsetzung von Vertrauensmännern sich die Verwaltungskosten vermindern können, daß diesen Organen die Kontrole über die Befolgung der Unfallverhütungsvorschriften (wofür aber auch besondere „Beauftragte" bestellt werden können, § 90), die Mitwirkung bei der Feststellung der Unfälle, sowie die vorläufige Fürsorge für die Verunglückten und deren Hinterbliebene übertragen werden kann. Ueber die Funktionen der Vertrauensmänner hat das Statut Bestimmung zu treffen. In der Person des Vertrauensmanns können auch die Funktionen der Beauftragten (§ 90) vereinigt sein, vgl. Anm. 1 zu § 90. Das Gesetz erwähnt die Vertrauensmänner noch in den §§ 25, 29, 30, 31, 51, 58, 62, 65, 66, 92. Dem Vertrauensmann können statt eines auch mehrere Stellvertreter beigegeben werden, welche letzteren dann für gewöhnlich als Hülfsorgane des Vertrauensmanns auftreten, A. N. I. S. 352.

Es leuchtet ein, daß das Institut der Vertrauensmänner, welches allerdings, wie die Motive (S. 58) wähnen, in der Landwirthschaft nicht dieselbe Bedeutung haben soll wie in der Industrie, einer großen Ausbildung fähig ist und in zahlreichen Fällen dazu benutzt werden kann, die Verbindung zwischen den einzelnen Betriebsunternehmern und größeren Verbänden zu vermitteln. Aehnliche Einrichtungen bestehen schon jetzt in landschaftlichen Creditvereinen, ständischen Feuerversicherungsgesellschaften u. a.

[5]) Umfang ihrer Befugnisse. Ein Requisitionsrecht gegenüber anderen Behörden ist den Vertrauensmännern nicht eingeräumt, § 121.

[6]) kann übertragen werden. Für die erste Organisation wird es sich empfehlen, von dieser Befugniß Gebrauch zu machen, weil die Berufsgenossen zunächst noch schwerlich einen genügenden Ueberblick darüber haben werden, welche Personen sich als Vertrauensmänner eignen und wie die Bezirke abzugrenzen sind.

Zu § 24.

[1]) Genehmigung, behufs Wahrung der öffentlichen Interessen, cf. allg. Mot. z. U.-V.-G. (oben S. 00).

[2]) Reichs-Versicherungsamt, event. Landes-Versicherungsamt, § 101.

nach der Zustellung[3]) an den provisorischen Genossenschaftsvorstand (§ 21) die Beschwerde an den Bundesrath statt.

(Abs. 3.) Wird innerhalb dieser Frist Beschwerde nicht eingelegt oder wird die Versagung der Genehmigung des Statuts vom Bundesrath aufrecht erhalten, so sind[4]) die Vertreter (§ 20) innerhalb vier Wochen zu einer neuen Genossenschaftsversammlung behufs anderweiter Beschlußfassung über das Statut in Gemäßheit des § 21 zu laden. Wird auch dem von dieser Versammlung beschlossenen Statut die Genehmigung endgültig versagt, so wird ein solches von dem Reichs-Versicherungsamt erlassen[5]).

(Abs. 4.) Abänderungen des Statuts bedürfen der Genehmigung des Reichs-Versicherungsamts. Gegen deren Versagung[6]) findet binnen einer Frist von vier Wochen die Beschwerde an den Bundesrath statt.

Veröffentlichung des Namens und Sitzes der Genossenschaft 2c.

§ 25.

(Abs. 1.) Nach endgültiger Feststellung des Statuts hat der Genossenschaftsvorstand[1]) durch den Reichsanzeiger, für die über die Grenzen eines Bundesstaates sich nicht hinaus[2]) erstreckenden Genossen-

(§ 23 d. Entw. u. d. Komm.-Beschl.) Der § 25 entspricht dem § 21 U.-V.-G. Er gilt nicht für die einer Berufsgenossenschaft nicht zugewiesenen Reichs- und Staatsbetriebe (§ 103) und kann durch anderweite Bestimmungen der Landesgesetzgebung ersetzt werden (§ 110), gilt also in diesem Sinne nur subsidiär.

---

[3]) Zustellung, cf. § 131.

[4]) sind. Eine derartige zweite Verhandlung über das Statut muß stattfinden, wenn dem ersten Endwurf endgültig die Genehmigung versagt ist. Weitere Verhandlungen sind nicht ausgeschlossen, aber nicht vorgeschrieben.

„Da das Gesetz erst in Kraft treten kann, wenn . . . (die) . . . . Genossenschaften konstituirt sind, so ist die äußerstenfalls eintretende behördliche Befugniß zum Erlasse des Statuts nicht zu entbehren" (Mot. z. U.-V.-G. S. 55).

[5]) erlassen. Wenn die Genossenschaftsversammlung überhaupt ein Statut zu beschließen sich weigert, so wird die Verwaltung der Genossenschaft auf Grund des § 32 durch das Reichs- (Landes-) Versicherungsamt organisirt.

[6]) Versagung. Der versagende Bescheid muß nach § 131 zugestellt werden.

Zu § 25.

[1]) Genossenschaftsvorstand auf Kosten der Genossenschaft.

[2]) nicht hinaus, also für Genossenschaften, welche nur solche Betriebe

schaften durch das zu den amtlichen Veröffentlichungen der Landes-Zentralbehörde bestimmte Blatt[3]) bekannt zu machen[4]):

1. den Namen und den Sitz der Genossenschaft,
2. die Bezirke der Sektionen und der Vertrauensmänner,
3. die Zusammensetzung des Genossenschaftsvorstandes und der Sektionsvorstände sowie, falls von den Bestimmungen des § 26 Gebrauch gemacht ist, die betreffenden Organe der Selbstverwaltung[5]).

Etwaige Aenderungen sind in gleicher Weise zur öffentlichen Kenntniß zu bringen. (Abs. 2.)

Genossenschaftsvorstände.

§ 26.

[1]) Dem Genossenschaftsvorstande[2]) liegt die gesammte Verwaltung der Genossenschaft ob, soweit nicht einzelne Angelegenheiten (Abs. 1.)

(§ 24 d. Entw. u. d. Komm.-Beschl.) Der § 26 Abs. 1, 2 entspricht dem § 22 Abs. 1, U.-V.-G.; Abs. 3 und 4 des § 26 haben im Unfallversicherungsgesetz keine Analogie. Der § gilt nicht für die einer Berufsgenossenschaft nicht zugewiesenen Reichs- und Staatsbetriebe (§ 103) und kann, jedoch mit Ausschluss von Absatz 2 Ziffer 1 und 2, durch andere Bestimmungen der Landesgesetzgebung ersetzt werden (§ 110). Die Abs. 1 und 2 Ziffer 3, sowie die Abs. 3 und 4 gelten also in diesem Sinne nur subsidiär, während Abs. 2 Ziffer 1 und 2 obligatorisch ist.

---

umfassen, deren Sitz in dem Bezirke eines und desselben Bundesstaates elegen ist, vgl. §§ 13, 44.

[3]) bestimmte Blatt. Nach dem Unfallversicherungsgesetz erfolgen für die Industrie die die Genossenschaftsbildung betreffenden Bekanntmachungen immer durch den Reichsanzeiger. In Preußen ist ebenfalls der Reichs-Anzeiger („Deutscher Reichs- und Königlich Preußischer Staatsanzeiger") das zu den amtlichen Bekanntmachungen der Landesregierung bestimmte Blatt.

[4]) bekannt zu machen. Die Erfüllung dieser Vorschrift kann von dem Reichs- (Landes-) Versicherungsamt nach § 92 bezw. § 97 durch Strafen erzwungen werden.

Aus den Bekanntmachungen entnehmen die höheren Verwaltungsbehörden, welche Personen die Vorstände bilden. Dies ergibt die Unterlage für die von den höheren Verwaltungsbehörden im Fall des § 18 Abs. 3 auszustellenden Bescheinigungen.

[5]) Organe der Selbstverwaltung. Eine Bekanntmachung des Umfangs, in welchem die laufende Verwaltung der Berufsgenossenschaften auf Organe der Selbstverwaltung übergegangen ist (vgl. in § 26 Abs. 3 die Worte: „ganz oder zum Theil"), ist nicht vorgeschrieben.

Zu § 26.

[1]) Der § 26 enthält das in Anm. 1 zu § 13 bereits erörterte Princip, daß

durch Gesetz oder Statut der Beschlußnahme der Genossenschaftsversammlung[3]) vorbehalten oder anderen Organen[4]) der Genossenschaft übertragen sind.

(Abs. 2.) Der Beschlußnahme der Genossenschaftsversammlung müssen[5]) vorbehalten werden:

1. die Wahl der Mitglieder des Genossenschaftsvorstandes[6]),
2. Abänderungen des Statuts,
3. die Prüfung und Abnahme der Jahresrechnung, falls diese nicht einem Ausschusse[7]) der Genossenschaftsversammlung von der letzteren übertragen wird.

---

die Berufsgenossenschaft eine selbstverwaltende Körperschaft sein soll, eigene Vorstände und eine Genossenschaftsversammlung haben muß.

Das Reichsgesetz gestattet aber I. der Genossenschaft, durch eigenen Beschluß der Selbstverwaltung ihrer Angelegenheiten im Wesentlichen sich zu entäußern und die laufende Verwaltung an andere Organe, welche die kommunale oder politische Selbstverwaltung ihres Bezirks führen, abzugeben. Dieser Beschluß hat aber nach dem Reichsgesetz nur dann praktische Folge, wenn das betreffende Organ der Selbstverwaltung, an welche die Berufsgenossenschaft ihre Verwaltung übertragen will, diese Verwaltung auch annimmt, und außerdem die Landes-Zentralbehörde ihre Zustimmung ertheilt. Es muß also ein Vertrag zwischen den Berufsgenossenschaften und den Organen der kommunalen oder politischen Selbstverwaltung geschlossen werden: jeder Kontrahent hat die freie Entschließung, ob oder unter welchen Bedingungen er die Offerte des anderen Theils ablehnen will; die Organe der Selbstverwaltung sind außerdem an die Genehmigung der Landes-Zentralbehörde gebunden. Dieser Vertrag darf nach dem Reichsgesetz nur auf Zeit geschlossen werden, so daß nach Ablauf des Zeitraums von Neuem darüber zu kontrahiren ist, ob die laufende Verwaltung in der Hand der Organe der Selbstverwaltung bleiben, oder ob sie an die Genossenschaft zurückfallen soll; der Vertrag darf ferner nur die laufende Verwaltung, soweit sie den Vorständen zustehen würde, oder einen Theil dieser laufenden Verwaltung, also nicht diejenigen Funktionen umfassen, welche durch Gesetz oder Statut der Beschlußnahme der Genossenschaftsversammlung vorbehalten oder anderen Organen der Genossenschaft (Vertrauensmännern, Bevollmächtigten, besonderen Ausschüssen ꝛc.) übertragen sind (§ 26 Abs. 1). Außerdem gestattet das Reichsgesetz II, der Landesgesetzgebung einen weitreichenden Einfluß auf die Verwaltung der Genossenschaft, und stellt für die Betheiligung der Genossenschaft nur gewisse Untergrenzen auf, die der letzteren jedenfalls verbleiben müssen.

ad I. Es ist von Interesse zu prüfen, welche Befugnisse dort, wo die laufende Verwaltung an Organe der Selbstverwaltung abgegeben wird, wo

Durch Beschluß der Genossenschaftsversammlung kann für einen bestimmten Zeitraum[8]) die Prüfung und Abnahme der Jahresrechnung[9]), sowie die Verwaltung der Genossenschaft[10]), soweit sie den Vorständen[11]) zustehen würde, ganz oder zum Theil an Organe der Selbstverwaltung[12]) mit deren Zustimmung[13]) übertragen werden[14]). Eine solche Uebertragung bedarf der Genehmigung der Landes-Zentralbehörde[15]).

Soweit eine solche Uebertragung stattfindet, gehen die Befugnisse und Obliegenheiten der Organe der Genossenschaft auf die betreffenden Organe der Selbstverwaltung über.

---

aber im Uebrigen die reichsgesetzlichen Bestimmungen Platz greifen, den Genossenschaftsorganen bleiben. In dieser Beziehung ist zu beachten, daß die Bestellung von Vertrauensmännern und Beauftragten im Belieben der Genossenschaft steht; sie kann also davon absehen. Obligatorisch aber ist die Genossenschaftsversammlung; sie bleibt, wenn auch mit geringen Befugnissen, jederzeit neben den Organen der Selbstverwaltung, welche an Stelle des Vorstandes die laufende Verwaltung der Berufsgenossenschaft führen, bestehen. Ihre Befugnisse und Obliegenheiten werden im Wesentlichen durch das Statut bestimmt; das Gesetz selbst aber weist (immer unter der Voraussetzung, daß abändernde Landesgesetze nicht erlassen sind,) der Genossenschaftsversammlung obligatorisch und ohne die Möglichkeit einer Abwälzung zu:

1. die Beschlußfassung, ob kleine Betriebsunternehmer von Beiträgen befreit bleiben sollen, soweit hierüber nicht bereits ein Landesgesetz oder das Statut Bestimmung trifft (§ 16);
2. die Beschlußfassung, ob die Abgrenzung der Bezirke der Vertrauensmänner, die Wahl der letzteren und der Sektionsvorstände den Vorständen bezw. der Sektionsversammlung zustehen soll, und sofern ein solcher Beschluß nicht gefaßt ist, die Abgrenzung der Bezirke und die Wahl der Vertrauensmänner und Sektionsvorstände (§ 23 Abs. 3);
3. die Wahl der Mitglieder des Genossenschaftsvorstandes (§ 26 Abs. 2 Ziffer 1);
4. die Beschlußfassung über Abänderung des Statuts (§ 26 Abs. 2 Ziffer 2);
5. die Beschlußfassung, ob die Prüfung und Abnahme der Jahresrechnung einem Ausschuß der Genossenschaftsversammlung (§ 26 Abs. 2 Ziffer 3), oder einem Organ der Selbstverwaltung (auf Zeit und mit dessen Zustimmung, § 26 Abs. 3) zustehen soll, und sofern ein solcher Beschluß nicht gefaßt ist, die Prüfung und Abnahme der Jahresrechnung (§ 26 Abs. 2 Ziffer 3);
6. die Abschließung und die Erneuerung des Vertrags mit den Selbstverwaltungsbehörden (§ 26 Abs. 3);

7. die Bestrafung von Mitgliedern, welche ohne zulässigen Grund das Amt als Vorstandsmitglied oder Vertrauensmann ablehnen (§ 29 Abs. 3);
8. die Beschlußfassung über die Reisekosten der ehrenamtlichen Organe der Berufsgenossenschaften (§ 30);
9. der Beschluß, daß ein Gefahrentarif nicht aufzustellen sei (§ 35 Abs. 6) sofern ein solcher Beschluß nicht gefaßt wird, die Aufstellung und Abänderung des Gefahrentarifs (§ 35 Abs. 1); oder statt beider die Beschlußfassung, daß über den Verzicht auf Gefahrenklassen, eventuell über die Bildung derselben ein Ausschuß oder der Vorstand befinden soll (§ 35 Abs. 2);
10. die Entgegennahme des Verzeichnisses der in den einzelnen Betrieben vorgekommenen Unfälle und die Bewilligung von Zuschlägen oder Nachlässen bezüglich der Beiträge (§ 35 Abs. 5);
11. Vereinbarungen mit anderen Genossenschaften über gemeinsame Tragung des Risikos (§ 41);
12. die Beschlußfassung über die Abänderung des Bestandes der Genossenschaft (§ 42);
13. die Abänderung der Bestimmungen über die Vermögensauseinandersetzung bei Veränderungen im Bestande der Genossenschaften (§ 43 Abs. 5);
14. die Beschlußfassung über Unfallverhütungsvorschriften (Anm. 1 zu § 87).

Hierzu kommt, daß die Genossenschaftsversammlung selbst darüber zu beschließen hat, ob sie die laufende Verwaltung, oder wieviel von derselben sie abgeben will, und dann ist schließlich nicht zu übersehen, daß die Beschlußfassung über das Genossenschaftsstatut der konstituirenden Genossenschaftsversammlung, also ebenfalls der Selbstbestimmung der Berufsgenossen, zusteht.

Dies also ist die Rechtslage, wie sie dort, wo die reichsgesetzliche Organisation unverändert ins Leben tritt, sich darstellt. Man wird zugestehen müssen, daß dabei selbst in dem Falle, wenn die laufende Verwaltung der Berufsgenossenschaften auf andere Behörden bezw. Organe übergeht, der Berufsgenossenschaft selbst noch recht wichtige und zahlreiche Funktionen verbleiben.

Dem Verlangen, durch Reichsgesetz die Verwaltung der Berufsgenossenschaften direkt den Organen der Selbstverwaltung zu übertragen, oder doch die letzteren zu nöthigen, auf einen desfallsigen Beschluß der Genossenschaftsversammlungen ohne Weiteres die Verwaltung zu übernehmen, hat das Reichsgesetz schon um deswillen nicht entsprechen können, weil dem Reich eine derartige weitgehende Disposition über Selbstverwaltungskörperschaften der einzelnen Bundesstaaten nicht zusteht. Die Analogie der Gemeindekrankenversicherung trifft hier nicht zu. Denn das Krankenversicherungsgesetz hat die Verwaltung der Krankenversicherung zu einer Gemeindelast gemacht, sofern die Gemeinden nicht für die Errichtung von Krankenkassen sorgen, oder soweit ausnahmsweise solche Krankenkassen aus besonderen Gründen nicht errichtet werden können. Die Gemeindekrankenversicherung ist also nach der Intention des Gesetzes nur der Lückenbüßer, ein Nothbehelf, dem sich die Gemeinden im Wesentlichen entziehen können. Wenn in der Praxis die Gemeindekrankenversicherung einen größeren Umfang angenommen hat, als beabsichtigt war, so ist das an dieser Stelle nicht von durchschlagender Bedeutung. Dazu kommt, daß die Gemeindekrankenversicherung für alle Versicherten (einschließlich der zum freiwilligen Beitritt berechtigten Kategorien) gilt, für welche keine Kassen errichtet sind; gegen Krankheit zu versichern aber sind alle Arbeiter; die meisten Kategorien derselben trifft der reichsgesetzliche Versicherungszwang, und die übrigen Kategorien können durch statutarische Bestimmung ebenderselben Körperschaften, deren Organen die Verwaltung der Gemeindekrankenversicherung zufällt, zur Versicherung genöthigt werden. Die Gemeindekrankenversicherung ist also eine universelle Einrichtung für den gesammten Arbeiterstand. Anders liegt die Sache bei der Unfallversicherung für die land- und forstwirthschaftlichen Arbeiter. Eine erzwungene Verwaltung der Berufsgenossenschaften durch Behörden der kommunalen Selbstverwaltung wäre nicht eine subsidiäre, als Nothbehelf eingelegte Einrichtung, von welcher sich die Gemeinden durch Gründung anderer Organisationen befreien könnten; die Berufsgenossenschaft steht vielmehr der Ortskrankenkasse näher als der Gemeindekrankenversicherung, und ist sogar die einzige zugelassene Form der Unfallversicherung. Außerdem participiren an der Unfallversicherung für die Land- und Forstwirthschaft nur die Land- und Forstwirthe, sie ist also keine universelle Einrichtung für die ganze Arbeiterschaft; die den Berufsgenossenschaften für die Land- und Forstwirthschaft parallel stehenden Berufsgenossenschaften für die Industrie aber dürfen die Verwaltung durch Gemeinde- oder andere Organe nicht führen lassen. Die Thatsache endlich, daß die Gemeindekrankenversicherung in einzelnen Theilen Deutschlands gut funktionirt, braucht noch nicht dazu zu nöthigen, das Princip derselben — Verwaltung durch die Gemeinden bezw. weiteren Kommunalverbände ohne Konkurrenz der Betheiligten — auf die Unfallversicherung zu übertragen. Dazu würde vielmehr zunächst der Nachweis erforderlich sein, daß die Selbstverwaltung in Berufsgenossenschaften und Krankenkassen sich nicht bewährt hat, und dieser Beweis ist nicht zu führen. Auch ist ja gerade für die Land- und Forstwirthschaft die Gemeindekrankenversicherung noch selten, weil die Krankenversicherungspflicht bisher selten auf die Arbeiter der Land- und Forstwirthschaft erstreckt worden ist, und es besteht die Besorgniß, daß die gemeinsame (Kreis- rc.) Gemeindekrankenversicherung, welche erst die richtige Parallele zu einer Verwaltung der Berufsgenossenschaften durch Organe der Selbstverwaltung bietet, für die Land-

und Forstwirthschaft wegen der großen Zahl der versicherten Personen nicht durchweg praktisch sein wird.

War hiernach das Reichsgesetz nicht in der Lage, obligatorisch die Organe der kommunalen Selbstverwaltung mit der laufenden Verwaltung der Unfallversicherung in der Land- und Forstwirthschaft zu betrauen, so konnte es doch fakultativ die Heranziehung jener Organe der kommunalen Selbstverwaltung, sofern letztere die Geschäfte übernehmen wollen und nach Lage der dabei in Frage kommenden staatlichen Interessen sie führen dürfen, reichsgesetzlich um so eher gestatten, als die Land- und Forstwirthschaft in großen Bezirken alle anderen Berufszweige weit überwiegt und in diesen Bezirken daher schon jetzt naturgemäß einen überwiegenden Theil der Thätigkeit der kommunalen Selbstverwaltungsorgane in Anspruch nimmt. Das Reichsgesetz lehnt es aber ab, irgendwelchen Zwang oder Druck auf die Organe der Selbstverwaltung zu üben.

ad II. In den einzelnen Bundesstaaten aber können die Verhältnisse anders liegen; hier können die Bedenken gegen eine obligatorische Verwaltung durch Behörden zurücktreten und die Vorzüge einer Anlehnung an bestehende Organe, wozu namentlich die Rücksicht auf Vereinfachung und Verbilligung der Verwaltung gehört, die ersteren weit überwiegen. Aus diesen Gründen hat das Reichsgesetz der Landesgesetzgebung weiten Spielraum in der Verwaltung der Berufsgenossenschaften gelassen und von der Betheiligung der Berufsgenossen an der Verwaltung nur soviel als unbedingt obligatorisch hingestellt, als erforderlich ist, um den berufsgenossenschaftlichen Charakter der Unfallversicherung im Princip zu wahren. Nach § 110 ist nämlich der Landesgesetzgebung die Befugniß eingeräumt, a) die Verwaltung der Berufsgenossenschaften abweichend von den Bestimmungen (einzelner §§) dieses Gesetzes zu regeln, sowie abweichend von den Bestimmungen dieses Gesetzes die Organe zu bezeichnen, durch welche b) die Verwaltung der Berufsgenossenschaften geführt wird und c) die in diesem Gesetz den Vorständen der letzteren übertragenen Befugnisse und Obliegenheiten wahrgenommen werden. Es kann nach den hierüber gepflogenen Verhandlungen des Reichstags und seiner Kommission einem begründeten Zweifel kaum unterliegen, daß hiernach eine Genossenschaftsversammlung mit denjenigen Befugnissen, welche das Reichsgesetz ihr obligatorisch, ohne landesrechtliche Abänderungen zu gestatten, überträgt, bestehen bleiben müsse. Die Befugniß der Landesgesetzgebung, gewisse Materien „abweichend von den betreffenden Bestimmungen des Reichsgesetzes zu regeln" (a), bezieht sich auf materielle Abweichungen. Die Befugniß, „abweichend von den Bestimmungen des Reichsgesetzes die Organe zu bezeichnen, durch welche die Verwaltung der Berufsgenossenschaften geführt wird (b), bezieht sich auf die Benennung und Zusammensetzung der Verwaltungsorgane sowie auf die Einführung weiterer Organe, wobei aber Bedingung bleibt, daß dem Wesen nach ein Vorstand und eine Genossenschaftsversammlung verbleibt und daß dasjenige Organ, welches die Funktionen der

Genossenschaftsversammlung versieht, diejenigen Funktionen ausbüen muß, welche die nicht abänderbaren §§ des Reichsgesetzes der Genossenschaftsversammlung übertragen. Die Befugniß der Landesgesetzgebung endlich, „abweichend von den Bestimmungen dieses Gesetzes die Organe zu bezeichnen, durch welche die in diesem Gesetz den Vorständen der Genossenschaft übertragenen Befugnisse und Obliegenheiten wahrgenommen werden" (c), enthält die Ermächtigung, den gewählten Vorstand, aber auch nur diesen, seiner Funktionen zu entkleiden und an dessen Stelle Behörden zu setzen, die mit der Berufsgenossenschaft an sich nichts zu thun haben.

Belassen aber muß das Landesgesetz eine Genossenschaftsversammlung, wenn es dieselbe auch anders benennt und ihre Zusammensetzung selbst regelt, ohne die Art der Zusammensetzung, wie es nach dem Reichsgesetz der Fall ist (§ 22 Ziffer 4), dem freien Willen der Berufsgenossen zu überlassen; dabei muß aber das Wesen einer Generalversammlung, d. h. einer aus den Betheiligten selbst bestehenden Vertretung, gewahrt bleiben. Belassen ferner muß das Landesgesetz dieser Genossenschaftsversammlung diejenigen Funktionen, welche ihr das Reichsgesetz in solchen Angelegenheiten, die nicht materiell nach ausdrücklicher Ermächtigung des Reichsgesetzes anders geregelt werden dürfen, überträgt.

Hiernach müssen derjenigen Vertretung der Berufsgenossen, welche die Funktionen der Genossenschaftsversammlung haben soll, auch bei landesgesetzlicher Regelung verbleiben, da §§ 16, 26 Abs. 2 Ziffer 1 und 2, §§ 42, 43, 87 nicht zu denen gehören, welche materiell geändert werden dürfen (§ 110):

a) die Beschlußfassung über die Befreiung kleiner Unternehmer von Beiträgen (§ 16) — cf. oben ad 1;

b) die Wahl des Genossenschaftsvorstandes (§ 26 Abs. 2 Ziffer 1) — cf. oben ad 3;

c) die Beschlußfassung über die Abänderung des Statuts (§ 26 Abs. 2 Ziffer 2) — cf. oben ad 4;

d) die Beschlußfassung über die Abänderung des Bestandes der Genossenschaften (§ 42) — cf. oben ad 12;

e) die Abänderung der Bestimmungen über die Vermögensauseinandersetzung bei Veränderungen im Bestande der Genossenschaften (§ 43 Abs. 5) — cf. oben ad 13;

f) die Beschlußfassung über Unfallverhütungsvorschriften (§ 87, siehe Anm. 1 zu demselben) — cf oben ad 14.

Außerdem muß einer konstituirenden Genossenschaftsversammlung verbleiben die Beschlußfassung über das Genossenschaftsstatut, da die Vorschrift des § 19 ebenfalls obligatorisch und der Abänderung durch die Landesgesetzgebung nicht unterworfen ist, § 110. Die Wahl eines Genossenschaftsvorstandes wird freilich ziemlich bedeutungslos sein, wenn die Landesgesetzgebung von ihrer Befugniß, ein anderweites Organ, welches die Vorstandsgeschäfte führen soll, selbst zu bestimmen, Gebrauch macht.

Hiernach kann durch die Landesgesetzgebung das berufsgenossenschaftliche Leben zwar zurückgedrängt, aber niemals ganz beseitigt werden.

Man kann nun übrigens nicht zugeben, daß die Wortfassung des Gesetzes, insbesondere soweit sie sich auf die Vorstandsgeschäfte bezieht, klar und unzweideutig sei. Die intrikaten und vielfach hin- und herwogenden Verhandlungen, welche bei der Berathung des Gesetzentwurfs in den verschiedenen Stadien desselben gerade über diesen Punkt stattgefunden haben, erkären diese Mängel. Dagegen ist die Absicht des Gesetzes klar: es hat der Landesgesetzgebung die Möglichkeit gegeben werden sollen, eine behördliche Verwaltung der landwirthschaftlichen Unfallversicherung eintreten zu lassen, ohne jedoch die Befugniß der Berufsgenossen, hierbei mitzusprechen, völlig zu eliminiren. Demgemäß ist denn auch gerade in diesem Punkt die Auslegung, welche die verschiedenen Landesgesetze dem Reichsgesetz bei der praktischen Durchführung gegeben haben, eine recht verschiedene.

In Preußen hat die (konstituirende oder eine spätere) Genossenschaftsversammlung darüber zu beschließen, ob die Verwaltung, soweit sie den Vorständen zustehen würde, an Organe der Selbstverwaltung übertragen werden soll oder nicht. Durch diese Entschließung wahrt die Genossenschaftsversammlung ihr Wahlrecht rücksichtlich des Genossenschaftsvorstandes; beschließt sie die Abgabe der laufenden Verwaltung, so liegt hierin geradezu ein Verzicht auf die Wahl eines besonderen, aus jedesmal zu wählenden Mitgliedern bestehenden Vorstandes. Vgl. Anm. 8. Wird die Abgabe der laufenden Verwaltung beschlossen, so darf dieselbe nur an den Provinzialausschuß (als Genossenschaftsvorstand) und an den Kreis- bezw. Stadtausschuß (als Sektionsvorstand) erfolgen; diese Organe der kommunalen Selbstverwaltung aber sind event. verpflichtet, die Verwaltung der Berufsgenossenschaft auf Kosten der letzteren zu führen. (Gesetz v. 20. Mai 87, Ges.-S. S. 189). Thatsächlich ist die Uebertragung der laufenden Verwaltung an die Provinzial- bezw. Kreisausschüsse in allen Provinzen Preußens erfolgt.

In Bayern soll die Genossenschaftsversammlung einen Vorstand wählen; derselbe hat bestimmte Befugnisse, insbesondere die Feststellung der Unfallentschädigungen; im Uebrigen wird die Verwaltung der Unfallversicherung durch die Kgl. Regierung geführt, deren Kommissar gleichzeitig den Vorsitz in dem Genossenschaftsvorstand führt.

Im Kgr. Sachsen wählt die Genossenschaftsversammlung den Vorstand nach näherer Bestimmnng des Statuts; staatliche Mitwirkung und Verwaltung findet nicht statt.

In Württemberg wählt, ähnlich wie in Bayern, die Genossenschaftsversammlung einen Vorstand, dessen Vorsitzender jedoch ein von dem

Minister widerruflich bestellter Beamter sein soll. Im Uebrigen verbleibt es bei der Fakultät des § 26 R.-Ges. (Ges. v. 4. März 88 Reg.-Bl. S. 89).

In Baden wählt die Genossenschaftsversammlung den Vorstand; auf Antrag der Genossenschaftsversammlung kann der Vorsitzende des Vorstands durch die Regierung mit den Rechten und Pflichten eines Beamten ernannt werden. Ges. v. 24. März 88 (G.- und V.-Bl. S. 189).

In Hessen wählt die Genossenschaftsversammlung vier Mitglieder des Vorstands, ein fünftes Mitglied (für die fiskalischen Betriebe) wird vom Finanzminister ernannt; den Vorsitzenden ernennt der Minister nach Anhörung der Genossenschaftsversammlung. Ges. v. 4. April 88 (Reg.-Bl. S. 11).

Vgl. im Uebrigen auch Anm. 1 zu § 13.

²) Genossenschaftsvorstand. An die Stelle des Vorstandes und der Genossenschaftsversammlung treten für die einer Genossenschaft nicht zugewiesenen Reichs- und Staatsbetriebe Ausführungsbehörden, § 102.

Die Funktionen des Genossenschaftsvorstandes können auf Zeit an Organe der Selbstverwaltung mit ihrer Zustimmung und mit Genehmigung der Landes-Zentralbehörde übertragen werden, Abs. 3. Durch landesgesetzliche Bestimmung können Behörden oder andere Organe die Vorstandsgeschäfte direkt überkommen oder verpflichtet werden, sie auf Antrag der Genossenschaftsversammlung zu übernehmen. Vgl. Anm. 1.

³) der Genossenschaftsversammlung. Vgl. Anm. 1.

⁴) andere Organe. Als solche bezeichnet das Gesetz, — und zwar vorbehaltlich abweichender Bestimmung der Landesgesetze obligatorisch — nur den Beschwerdeausschuß (§§ 22 Ziffer 3, 38, 82) mit den dort angegebenen Funktionen. Im Uebrigen kennt das Gesetz als „andere Organe" der Genossenschaft die Vertrauensmänner und die Sektionsvorstände (§ 23), Sektionsversammlungen (§ 23), Ausschüsse der Genossenschaftsversammlungen zur Prüfung und Abnahme der Jahresrechnung (§ 26 Abs. 2 Ziffer 3), Ausschüsse des Genossenschaftsvorstandes zur Aufstellung oder Aenderung des Gefahrentarifs (§ 35), Ausschüsse des Genossenschaftsvorstandes oder des Sektionsvorstandes zur Festsetzung der Entschädigungen (§ 62), besondere Kommissionen zu letztgedachtem Zweck (§ 62), Beauftragte (§ 90).

Auch eigene Genossenschaftsbeamte (Geschäftsführer) können, abgesehen von denjenigen, welche als Organe der Selbstverwaltung die laufende Verwaltung der Genossenschaft führen, an der Verwaltung derselben betheiligt werden. Dies ist von der Kommission bei der Berathung des Unfallversicherungsgesetzes als zweifellos bezeichnet worden (Komm.-Ber. z. U.-V.-G. S. 33). Derartige besondere Beamte sind auf Kosten der Genossenschaft zu besolden, vgl. Anm. 2 zu § 30. Nur dürfen in solchem Fall die Vorstände ihre verantwortliche Thätigkeit nicht etwa auf einen büreaukratischen Apparat abwälzen; sie dürfen „den Generalsekretär nicht in den Vordergrund schieben." Auch eine Theilung der Verantwortlichkeit zwischen den Organen der Genossenschaft einerseits und bezahlten Beamten andererseits ist unstatthaft. Ueber die Befugnisse solcher Geschäftsführer vgl. Anm. 1 zu § 28.

[5]) müssen, sc. durch das Statut, im Gegensatz zu den Bestimmungen des Gesetzes. Der Vorbehalt ad 1 und 2 gilt auch für die Landesgesetzgebung, § 110. Vgl. Anm. 1.

[6]) Genossenschaftsvorstandes, vgl. Anm. 1.

[7]) Ausschuß. Hierdurch wird ein alljährliches Zusammentreten der Genossenschaftsversammlung entbehrlich (Mot. S. 59). In der Industrie (§ 22 U.-V.-G.) ist diese Erleichterung nicht gestattet.

Die Prüfung und Abnahme der Jahresrechnung kann auch an Organe der Selbstverwaltung von der Genossenschaftsversammlung übertragen werden, Abs. 3, vgl. Anm. 9.

[8]) für einen bestimmten Zeitraum. Nach Reichsgesetz soll „einer Berufsgenossenschaft nicht gestattet sein, durch einmaligen Beschluß sich ein für allemal der eigenen Verwaltung ihrer Angelegenheiten zu entäußern. Eine solche Befugniß wurde ebenso, wie die Gestattung einer generellen Uebertragung der Obliegenheiten der Genossenschaftsversammlung auf Organe der Selbstverwaltung, von einem großen Theile der Kommissionsmitglieder und der Vertreter der verbündeten Regierungen als unvereinbar mit dem Grundgedanken der berufsgenossenschaftlichen Organisation betrachtet. Doch ist durch den § 107a (jetzt § 110) der Landesgesetzgebung gestattet, von den in § 24 (jetzt § 26) ausgesprochenen Grundsätzen abzuweichen" (Komm.-Ber. S. 27).

[9]) Jahresrechnung. „Durch die Worte „die Prüfung und Abnahme der Jahresrechnung" ist es für zulässig erklärt, durch Beschluß der Genossenschaftsversammlung auch von der Vorschrift der Nr. 3 im zweiten Absatze des Paragraphen abzuweichen. Man wollte dadurch erreichen, daß eine Genossenschaft, welche die Verwaltung ihrer Angelegenheiten auf mehrere Jahre einer Selbstverwaltungsbehörde übertragen hat, nicht gezwungen sein solle, nur für die Prüfung der Jahresrechnung alljährlich eine Genossenschaftsversammlung auszuschreiben, so daß die letztere nur in längeren Perioden, wenn der Vertrag mit den Selbstverwaltungsorganen abläuft oder wenn principielle Beschlüsse zu fassen sind, zusammenzutreten braucht" (Komm.-Ber. S. 27).

[10]) Verwaltung der Genossenschaft, vgl. Anm. 1.

[11]) den Vorständen, d. h. dem Genossenschaftsvorstande und den Sektionsvorständen. Es handelt sich also um die laufende Verwaltung, vgl. Anm. 1. Inwieweit die Verwaltung den Vorständen zusteht, darüber vgl. Abs. 1 dieses Paragraphen.

[12]) Organe der Selbstverwaltung. „Unter den „Organen der Selbstverwaltung" versteht der Entwurf Organe der politischen und kommunalen Verwaltung, z. B. Kreisausschüsse, Magistrate, aber nicht wirthschaftliche Verbände, wie landwirthschaftliche Vereine oder dergl." (Mot. S. 58). Ob auch die „Landschaften" hierher gehören, kann zweifelhaft sein; man dürfte aber die Frage dort, wo solche korporativen Körperschaften für das Kredit-

§ 27.

Die Beschlußfassung der Vorstände kann in eiligen Fällen [1]) durch schriftliche Abstimmung erfolgen. (Abs. 1.)

[2]) Mitglieder [3]) von Selbstverwaltungsbehörden, welche auf Grund des § 26 Absatz 3 die Verwaltung der Genossenschaft (Abs. 2.)

(§ 25 d. Entw. u. d. Komm.-Beschl.) Der § 27 entspricht im Abs. 1 dem § 22 Abs. 2 U.-V.-G.; Abs. 2 hat im Unfallversicherungsgesetz keine Analogie. Der § gilt nicht für die einer Berufsgenossenschaft nicht zugewiesenen Reichs- und Staatsbetriebe (§ 103) und kann durch andere Bestimmungen der Landesgesetzgebung ersetzt werden (§ 110), gilt also in diesem Sinne nur subsidiär.

---

wesen der Land- und Forstwirthe und für die damit zusammenhängende Verwaltung staatlich organisirt sind bezw. als öffentliche Behörden gelten, bejahend beantworten können.

Die Landesgesetzgebung (§ 110) ist in der Bezeichnung der Behörde nicht beschränkt, und kann insbesondere auch Behörden der Staatsverwaltung mit der laufenden Verwaltung der Berufsgenossenschaften betrauen.

[14]) übertragen werden, vgl. Anm. 1. Für die Industrie ist die Möglichkeit, die Verwaltung der Berufsgenossenschaften auf Behörden oder Organe der Selbstverwaltung abzubürden, nicht gegeben. Die Verwaltung durch andere Behörden darf selbstredend nur auf Kosten der Berufsgenossenschaft erfolgen. Darüber, ob diese Kosten jährlich zu liquidiren, oder ob für dieselben ein Pauschquantum zu zahlen ist, muß durch die Vereinbarung, event. durch das Landesgesetz oder die Landesregierung Bestimmung getroffen werden. Vgl. auch § 27 Abs. 2.

[15]) Landes-Zentralbehörde. Sofern in derselben verschiedene Ressorts vertreten sind, wird dasjenige Ressort die Zustimmung zu ertheilen haben, welchem die Aufsicht über die Selbstverwaltung zusteht, nicht dasjenige, welches die Angelegenheiten der Land- und Forstwirthschaft verwaltet. Denn die staatliche Zustimmung wird nicht im Interesse der Landwirthschaft, sondern im Interesse der politischen oder kommunalen Selbstverwaltung verlangt. In Preußen wird also dem Minister des Innern die Zustimmung zustehen.

Zu § 27.

[1]) eilige Fälle. Ebenso § 22 Abs. 2 U.-V.-G. Festsetzungen der Entschädigungen sind immer eilig, § 63. Von der Befugniß, die Beschlußfassung durch schriftliche Abstimmung herbeizuführen, wird insbesondere dann Gebrauch zu machen sein, wenn es sich lediglich um kalkulatorische Maßnahmen, um Bewilligung des Sterbegeldes, der Renten für Personen, die zweifellos ganz invalide sind, 2c. handelt.

[2]) „Zur Verhütung etwaiger Kollisionen war die Bestimmung erforderlich, daß Mitglieder von Selbstverwaltungsbehörden in denjenigen Sachen, in welchen sie als Vorstand der Genossenschaft in erster Instanz Entscheidung

führen, dürfen in Angelegenheiten, an deren Bearbeitung sie in Wahrnehmung der Interessen der Genossenschaft Theil genommen haben, bei der Entscheidung im Verwaltungsstreitverfahren[4]) oder bei der Entscheidung der Aufsichtsbehörde (vergl. § 12) nicht mitwirken.

§ 28.

(Abs. 1.) Die Genossenschaft wird durch ihren Vorstand gerichtlich und außergerichtlich vertreten[1]). Die Vertretung erstreckt sich auch auf diejenigen Geschäfte und Rechtshandlungen, für welche nach den Gesetzen eine Spezialvollmacht erforderlich ist. Durch das Statut

(§ 26 d. Entw. u. d. Komm.-Beschl.) Der § 28 entspricht dem § 23 U.-V.-G. Er gilt nicht für die einer Berufsgenossenschaft nicht zugewiesenen Reichs- und Staatsbetriebe (§ 103) und kann durch anderweite Bestimmungen der Landesgesetzgebung abgeändert werden (§ 110), gilt also in diesem Sinne nur subsidiär.

---

getroffen haben, nicht etwa auch an den Entscheidungen der Aufsichtsbehörde oder im Verwaltungsstreitverfahren, wozu sie in ihrer Eigenschaft als Mitglieder der Selbstverwaltuugsbehörde berufen sein möchten, Theil nehmen dürfen. Solche Kollisionen können insbesondere in den Fällen des § 11 (jetzt § 12) eintreten. Derartige Personen gelten alsdann für behindert und sind durch ihre Stellvertreter oder die nach den Landesgesetzen zu ihrer Ersetzung anderweit berufenen Personen oder Behörden zu ersetzen" (Mot. S. 58).

[3]) Mitglieder, also nicht die ganze Behörde, sondern nur diejenigen Mitglieder derselben, welche grade die den Gegenstand des Angriffs bildende Verfügung für die Genossenschaft erlassen haben. In Preußen wird z. B. ein Landrath, welcher in seiner Eigenschaft als Vorsitzender des die laufende Verwaltung der Sektion führenden Kreisausschusses einer Krankenkasse die Fürsorge für Verletzte über die 13. Woche hinaus übertragen hat (§ 10 Abs. 4) und dann wegen des Ersatzes der hieraus entstehenden Kosten mit der Krankenkasse in Streit geräth (§ 12 Abs. 2), diesen Streit nicht etwa als Aufsichtsbehörde der Krankenkasse selbst enscheiden dürfen, sondern er wird diese Entscheidung seinem Stellvertreter, in der Regel dem Kreisdeputirten, überlassen müssen.

[4]) im Verwaltungsstreitverfahren oder in dem an dessen Stelle tretenden Verfahren nach §§ 20, 21 der Gewerbeordnung.

Zu § 28.

[1]) vertreten. Bezahlte Genossenschaftsbeamte (Geschäftsführer, vgl. Anm. 4 zu § 26), vertreten die Genossenschaft oder Sektion bezw. den Vorstand in seinen gesetzlichen oder statutarischen Befugnissen nicht. Dies geht schon um deswillen nicht, „weil die dem öffentlichen Recht angehörenden ehrenamtlichen Funktionen durch eine Privatvollmacht auf eine außerhalb des Vor-

kann die Vertretung auch einem Mitgliede[2]) oder mehreren Mitgliedern des Vorstandes übertragen werden.

Durch die Geschäfte, welche der Vorstand der Genossenschaft und die Vorstände der Sektionen, sowie die Vertrauensmänner innerhalb der Grenzen ihrer gesetzlichen und statutarischen Vollmacht im Namen der Genossenschaft abschließen, wird die letztere berechtigt und verpflichtet. (Abs. 2.)

Zur Legitimation der Vorstände bei Rechtsgeschäften genügt[3]) die Bescheinigung[4]) der höheren Verwaltungsbehörde[5]), daß die darin bezeichneten Personen den Vorstand bilden. (Abs. 3)

---

standes stehende Person nicht übertragen werden können". Hiernach ist die Thätigkeit solches Geschäftsführers in Wesentlichen beschränkt auf die interne Bearbeitung, welche ihm hinsichtlich aller Angelegenheiten übertragen werden kann, sowie auf die Unterzeichnung derjenigen Korrespondenzen mit Mitgliedern, welche an sich nicht rechtsverbindlicher Natur und nicht durch Gesetz oder Statut ausdrücklich dem Vorstand vorbehalten sind. Dagegen müssen diese letzten Gegenstände, sowie die Begutachtung von Unfallverhütungsvorschriften, die Feststellung von Entschädigungen, die Veranlagung und Abschätzung der Betriebe, die Abschließung von Verträgen mit Aerzten ꝛc., ferner die gesammte Vertretung der Sektion nach außen, insbesondere die Unterzeichnung von Schriftstücken an Behörden, dem ehrenamtlichen Vorstande als solchem verbleiben (A. N. II. S. 341).

[2]) einem Mitgliede. „Durch die dem dritten Satz des § 35 Absatz 1 des Krankenversicherungsgesetzes entsprechende Bestimmung, wonach durch das Statut die Vertretung der Genossenschaft auch einem Mitgliede oder mehreren Mitgliedern des Vorstandes übertragen werden kann, wird nicht eine Abänderung, sondern nur eine Klarstellung des § 23 des Unfallversicherungsgesetzes, in welchem diese Bestimmung fehlt, beabsichtigt" (Mot. S. 59).

[3]) genügt, d. h. es darf nicht mehr gefordert werden, doch kann sich der Richter ꝛc. auch mit anderweiten glaubhaften Nachweisen begnügen.

Wenn Organe der Selbstverwaltung die Geschäfte des Vorstandes führen, so ist eine Bescheinigung über die Eigenschaft als Mitglied der Behörde nicht zu beanspruchen, sofern aus der Form der Urkunde ꝛc. sich ergibt, daß die Behörde als solche für die Berufsgenossenschaft das Rechtsgeschäft abschließt.

[4]) Bescheinigung, vgl. Anm. 4 zu § 25. Dieselbe ist in der Regel gebühren- und stempelfrei, § 122.

[5]) höhere Verwaltungsbehörde, § 129. „Diese Bescheinigung ist naturgemäß von derjenigen höheren Verwaltungsbehörde auszustellen, in deren Bezirk der Vorstand seinen Sitz hat" (Mot. z. U.-V.-G. S. 55).

§ 29.

(Abs. 1.) Wählbar[1]) zu Mitgliedern der Vorstände und zu Vertrauensmännern sind nur[1a]) die Mitglieder der Genossenschaft beziehungsweise deren gesetzliche Vertreter[1b]). Nicht wählbar ist, wer durch gerichtliche Anordnung in der Verfügung über sein Vermögen beschränkt ist oder sich nicht im Besitze der bürgerlichen Ehrenrechte befindet.

(Abs. 2.) Die Ablehnung[2]) der Wahl ist nur aus denselben Gründen zulässig, aus welchen das Amt eines Vormundes abgelehnt werden kann. Eine[3]) Wiederwahl kann abgelehnt werden.

(Abs. 3.) Genossenschaftsmitglieder, welche eine Wahl ohne solchen Grund ablehnen, können auf Beschluß der Genossenschaftsversammlung für die Dauer der Wahlperiode[4]) zu erhöhten Beiträgen[5]) bis zum doppelten Betrage herangezogen werden.

(Abs. 4.) Das Statut kann bestimmen, daß die von den Unternehmern bevollmächtigten Leiter[6]) ihrer[7]) Betriebe zu Mitgliedern der Vorstände und zu Vertrauensmännern gewählt werden können.

(§ 27 d. Entw. u. d. Komm.-Beschl.) Der § 29 entspricht dem § 24 U.-V.-G. Derselbe gilt nicht für die einer Berufsgenossenschaft nicht zugewiesenen Reichs- und Staatsbetriebe (§ 103) und kann durch andere Bestimmungen der Landesgesetzgebung abgeändert werden (§ 110), gilt also in diesem Sinne nur subsidiär.

Zu § 29.

[1]) Wähler. Einer Annahme der Wahl zu den Ehrenämtern der Genossenschaft bedarf es nicht. In der Wahl liegt die gesetzliche Uebertragung des Amts, und es kann daher nur eine etwaige Ablehnung aus den gesetzlichen Gründen in Frage kommen. (A. N. IV. S. 86).

[1a]) nur, vorbehaltlich der nach Abs. 4 dem Statut überlassenen Erweiterung.

[1b]) gesetzliche Vertreter. Dahin gehört auch der Konkursverwalter eines in Konkurs gerathenen versicherungspflichtigen Betriebes. Der Konkursverwalter kann für den letzteren einen Betriebsleiter bestellen, und dann ist auch dieser im Falle des Abs. 4 wählbar. A. N. III. S. 18.

[2]) Ablehnung. Diese Bestimmung gilt auch für die Beisitzer des Schiedsgerichts, § 53. Maßgebend ist das am Wohnsitz des Ablehnenden geltende Recht, A. N. I. S. 290. Für Preußen cf. § 23 der preußischen Vorm.-Ordnung v. 5. Juli 1875 (Ges.-S. S. 431):

„Die Uebernahme einer Vormundschaft können ablehnen:

1. weibliche Personen;
2. wer das sechszigste Lebensjahr überschritten hat;
3. wer bereits mehr als eine Vormundschaft oder Pflegschaft führt;

4. wer an einer die ordnungsmäßige Führung der Vormundschaft hindernden Krankheit leidet;
5. wer nicht in dem Bezirk des Vormundschaftsgerichts seinen Wohnsitz hat;
6. wer nach Maßgabe des § 58 zur Stellung einer Sicherheit angehalten wird;
7. wer fünf oder mehr minderjährige Kinder hat.

Die Führung einer Gegenvormundschaft steht im Sinne der Nr. 3 der Führung einer Vormundschaft oder Pflegschaft nicht gleich.

Das Ablehnungsrecht geht verloren, wenn es nicht bei dem Vormundschaftsgericht vor der Verpflichtung geltend gemacht wird."

Die Führung eines genossenschaftlichen Ehrenamts wird derjenigen einer Vormundschaft gleich geachtet. Wer also Mitglied mehrerer Genossenschaften ist, kann in mindestens zweien derselben zu je einem Ehrenamt rechtsgiltig herangezogen werden (A. N. III. S. 193).

Für Bayern vgl. v. Roth, Bayrisches Civilrecht I. 2. Aufl. S. 645, 646.

Die Weigerung der Annahme eines eingeschriebenen Briefes, durch welchen einem Genossen eine Wahl angezeigt werden soll, steht der Ablehnung nicht gleich. In solchem Falle muß das Benachrichtigungsschreiben durch Vermittelung der zuständigen Aufsichtsbehörde oder unteren Verwaltungsbehörde (§ 121) anderweit zugestellt bezw. dessen Inhalt mitgetheilt werden (A. N. I. S. 364).

[3]) Eine Wiederwahl, d. h. nur eine. Die Wahl muß für eine Wahlperiode angenommen, kann für die unmittelbar darauf folgende nächste Wahlperiode abgelehnt, muß aber nach dem Ablauf der letzteren, also für die dritte Wahlperiode wieder angenommen werden, worauf wiederum eine Ablehnung erfolgen darf.

[4]) Wahlperiode. Die Dauer derselben ist durch das Statut festzusetzen.

[5]) erhöhte Beiträge, welche, wie alle Beiträge, im Verwaltungszwangsverfahren beigetrieben werden, § 83.

[6]) bevollmächtigten Leiter, also nur solche, welche die Geschäftsführung in dem Betriebe besorgen oder doch an derselben Theil nehmen, insbesondere Administratoren, die unmittelbaren Betriebsleiter von Forstbetrieben, wie Oberförster (vgl. § 44 Abs. 3) ꝛc. Der Begriff ist nicht zu eng zu fassen; jedoch sind Inspektoren, welche nur als Beamte nach den Anweisungen des Verwalters handeln, ohne an der Disposition selbst Theil zu nehmen, Aufseher ꝛc. nicht hierher zu rechnen. Die Mitglieder des Aufsichtsraths einer Aktiengesellschaft als solche sind weder Leiter noch selbständige Vertreter des Unternehmens, da ihnen gesetzlich untersagt ist, die Geschäfte der Gesellschaft zu führen (H.-G.-B. Art. 225a in d. Fassung d. Nov. v. 18. Juli 1884) A. N. I. S. 86.

[7]) ihrer. Disponenten ꝛc. von Betrieben anderer Personen können also nicht zu Vorstandsmitgliedern oder Vertrauenspersonen gewählt werden.

§ 30.

[1]) Die Mitglieder der Vorstände und die Vertrauensmänner verwalten ihr Amt als unentgeltliches Ehrenamt[2]), sofern nicht durch das Statut eine Entschädigung für den durch Wahrnehmung der Genossenschaftsgeschäfte ihnen erwachsenden Zeitverlust bestimmt wird. Baare Auslagen werden ihnen von der Genossenschaft ersetzt, und zwar, soweit sie in Reisekosten bestehen, nach festen, von der Genossenschaftsversammlung zu bestimmenden Sätzen[3]).

(§ 28 d. Entw. u. d. Komm.-Beschl.) Der § 30 entspricht dem § 25 U.-V.-G. Er gilt nicht für die einer Berufsgenossenschaft nicht zugewiesenen Reichs- und Staatsbetriebe (§ 103) und kann durch anderweite landesgesetzliche Bestimmungen abgeändert werden (§ 110), gilt also in diesem Sinne nur subsidiär.

Ebensowenig wird man Disponenten eines industriellen Betriebes, welchen ein Land- oder Forstwirth neben der Land- oder Forstwirthschaft und ohne daß derselbe als land- oder forstwirthschaftlicher Nebenbetrieb anzusehen ist (vgl. Anm. 12 zu § 1) betreibt, für wählbar erachten können, da sie mit der Land- oder Forstwirthschaft keinen oder doch nur einen sehr losen Zusammenhang haben.

Zu § 30.

[1]) Diese Bestimmung wird auch für die Mitglieder der Selbstverwaltungsorgane, welche an die Stelle der Vorstände getreten sind (§ 26 Abs. 3), gelten müssen, wogegen auf die Verwaltung der einer Berufsgenossenschaft nicht zugewiesenen Reichs- und Staatsbetriebe (§ 103) die allgemeinen landesrechtlichen Bestimmungen über die Führung eines Reichs- oder Staatsamts Anwendung finden. Ob aber die Mitglieder der Selbstverwaltungsorgane für die Führung der Vorstandsgeschäfte eine gleichartige „Entschädigung für den durch Wahrnehmung der Genossenschaftsgeschäfte ihnen erwachsenden Zeitverlust" annehmen dürfen, hängt von den Bestimmungen des Landesrechts bezw. davon ab, ob die Landes-Zentralbehörde bei Ertheilung der Genehmigung (sofern nach Reichsgesetz organisirt ist,) eine derartige Entschädigung gestattet oder etwa fordert. Es läßt sich annehmen, daß die Gewährung solcher persönlichen Entschädigung (neben den sächlichen Kosten der Geschäftsführung), wodurch die Führung der Genossenschaftsgeschäfte thatsächlich den Charakter eines gegen Remuneration versehenen Nebenamts annehmen würde, die Geneigtheit der Organe der Selbstverwaltung zur Uebernahme dieser Geschäfte nicht vermindern würde.

[2]) unentgeltliches Ehrenamt, entsprechend den regelmäßigen Grundsätzen der Selbstverwaltung. Nur baare Auslagen sollen ersetzt werden. Dies ist die Regel. Von dieser Regel kann aber nach den Beschlüssen der Reichstagskommission zum Unfallversicherungsgesetz das Statut insofern abweichen, als nach Bestimmung des Statuts auch der Zeitverlust, den die Vorstands-

§ 31.

¹) Die Mitglieder der Vorstände, sowie die Vertrauensmänner haften der Genossenschaft für getreue Geschäftsverwaltung²) wie Vormünder³) ihren Mündeln. (Abs. 1.)

Mitglieder der Vorstände, sowie die Vertrauensmänner, welche absichtlich zum Nachtheil der Genossenschaft handeln, unterliegen der Strafbestimmung⁴) des § 266 des Strafgesetzbuchs. (Abs. 2.)

(§ 29 d. Entw. u. d. Komm.-Beschl.) Der § 31 entspricht dem § 26 U.-V.-G. Er gilt nicht für die einer Berufsgenossenschaft nicht zugewiesenen Reichs- und Staatsbetriebe (§ 103) und kann durch anderweite Bestimmungen der Landesgesetzgebung abgeändert werden (§ 110), gilt also in diesem Sinne nur subsidiär.

---

mitglieder ꝛc. im Dienst der Genossenschaft erleiden, soll entschädigt werden können, „damit auch nichtvermögenden aber befähigten Genossenschaftsmitgliedern die Geschäftsführung übertragen werden könne“ (Komm.-Ber. z. U.-V.-G. S. 33). Da das Gesetz eine Beschränkung nicht vorsieht, wird anzunehmen sein, daß die Genossenschaften, weil sie nach § 19 die innere Verwaltung selbst regeln, die Entschädigung für den Zeitverlust auch in einem Pauschquantum, einem fixirten Jahresbetrage, bewilligen können. Ein derart fixirter Betrag trägt aber auch dann nicht den Charakter des Gehalts (als einer Entschädigung für die Mühwaltung, welche mit dem Amt des Vorstandsmitgliedes verbunden ist), sondern nur den Charakter der Entschädigung für den Zeitverlust. Die ehrenamtlichen Organe sind also rechtlich niemals bezahlte Beamte der Genossenschaft.

„Soweit Beamte zur Besorgung der Geschäfte der Berufsgenossenschaft angestellt werden müssen (Sekretäre, Kassenführer), wird denselben selbstverständlich eine Entschädigung gewährt werden können. Die Stellung dieser Beamten und ihr Verhältniß zu den ehrenamtlichen Organen der Genossenschaft wird durch das Statut oder durch besondere Beschlüsse der Genossenschaftsversammlung zu regeln sein“ (Mot. z. U.-V.-G. S. 55).

³) Die Bestimmungen dieses Paragraphen gelten auch für die Beisitzer des Schiedsgerichts, § 53.

Zu § 31.

¹) Diese Bestimmung gilt auch für die Mitglieder von Selbstverwaltungsorganen, welche die Geschäfte des Vorstands führen, während es in den einer Berufsgenossenschaft nicht zugewiesenen Reichs- und Staatsbetrieben (§ 103) auch hier bei den allgemeinen Bestimmungen des Reichs- bezw. Landesrechts bewendet.

²) getreue Geschäftsverwaltung. Demgemäß müssen die Vorstände in denjenigen Fällen, in welchen eine Regreßnahme wegen vorsätzlicher oder schuldhafter Herbeiführung eines Unfalls begründet ist (§§ 116 fg.), von dem Regreß in der Regel Gebrauch machen; wo es ihnen räthlich erscheint, hiervon

§ 32.

Solange die Wahl der gesetzlichen Organe[1]) einer Genossenschaft nicht zu Stande kommt[2]), solange ferner diese Organe die

(§ 30 d. Entw. u. d. Komm.-Beschl.) Der § 32 entspricht dem § 27 U.-V.-G. Er gilt nicht für die einer Berufsgenossenschaft nicht zugewiesenen Reichs- und Staatsbetriebe (§ 103) und kann durch anderweite Bestimmungen der Landesgesetzgebung abgeändert werden (§ 110), gilt also in diesem Sinne nur subsidiär.

Abstand zu nehmen, wird rechtzeitig (§ 117 Abs. 4) die Zustimmung der Genossenschaftsversammlung einzuholen sein (A. N. III. S. 352).

[3]) Vormünder, nach den einschlagenden Bestimmungen der Landesgesetze. Dabei entscheidet das Recht des Domizils des betr. Vorstandsmitglieds 2c. (A. N. I. S. 290). Für Preußen kommen folgende Bestimmungen der Vormundschaftsordnung vom 5. Juli 1875 (G.-S. S. 431) in Betracht:

§ 32. „Der Vormund . . . haftet für die Sorgfalt, welche ein ordentlicher Hausvater auf seine eigenen Angelegenheiten verwendet.

Die Einrede der Theilung unter mehreren Verhafteten ist ausgeschlossen . . . .

§ 39. . . . . Versäumt oder verzögert der Vormund die Anlegung von Geldern, so muß er die anzulegende Summe mit sechs vom Hundert jährlich verzinsen.

§ 40. Der Vormund darf Vermögensgegenstände des Mündels nicht in seinem Nutzen verwenden. Er hat das trotzdem in seinem Nutzen verwendete Geld von der Verwendung an zu verzinsen. Den Zinsfuß bestimmt das Vormundschaftsgericht nach seinem Ermessen auf acht bis zwanzig vom Hundert.

Eine Hypothek oder Grundschuld, welche auf einem Grundstück des Vormundes haftet, darf derselbe für den Mündel nicht erwerben."

Ueber die Haftung der Vormünder nach den bayerischen Partikularrechten vgl. v. Roth, bayerisches Civilrecht, Bd. I. § 98 S. 520fg.

Die Bestimmung, daß Genossenschaftsgelder pupillarisch sicher angelegt werden müssen, findet sich in § 85.

[4]) Strafbestimmung. § 266 Str.-G.-B. lautet, soweit er hier in Betracht kommt:

„Wegen Untreue werden mit Gefängniß, neben welchem auf Verlust der bürgerlichen Ehrenrechte erkannt werden kann, bestraft:

1. Vormünder . . wenn sie absichtlich zum Nachtheile der ihrer Aufsicht anvertrauten Personen oder Sachen handeln . . . .

Wird die Untreue begangen, um sich oder einem Anderen einen Vermögensvortheil zu verschaffen, so kann neben der Gefängnißstrafe auf Geldstrafe bis zu dreitausend Mark erkannt werden."

Zu § 32.

[1]) gesetzliche Organe sind nach dem Reichsgesetz nicht blos die Genossen

Erfüllung ihrer gesetzlichen oder statutarischen Obliegenheiten verweigern, hat das Reichs-Versicherungsamt[3]) die letzteren auf Kosten der Genossenschaft wahrzunehmen oder durch Beauftragte wahrnehmen zu lassen.

Maßstab für die Umlegung der Beiträge.

§ 33.

[1]) Durch das Statut kann, sofern nicht durch die Landesgesetzgebung die Versicherung der Familienangehörigen[2]) des Betriebsunternehmers ausgeschlossen ist (§ 1 Abs. 3), bestimmt werden, daß (Abs. 1.)

(§ 30a d. Komm.-Beschl.) Dieser § hat im Unfall-Versicherungs-Gesetz keine Analogie. Er gilt nicht für die einer Berufsgenossenschaft nicht zugewiesenen Reichs- und Staatsbetriebe (§ 103) und kann durch anderweite landesgesetzliche Bestimmungen ersetzt werden (§ 110), gilt also in diesem Sinne nur subsidiär.

---

schaftsvorstände, Genossenschaftsversammlungen und Beschwerdeausschüsse (§ 22 Ziffer 3), welche das Gesetz obligatorisch vorschreibt, sondern auch die auf Grund dieses Gesetzes fakultativ durch das Statut einzurichtenden Organe, sobald das Statut die Errichtung derselben anordnet, Sektionsvorstände (§ 23), Sektionsversammlungen (§ 23), Vertrauensmänner (§ 23), Ausschüsse (§§ 35, 62), Kommissionen (§ 62), Beauftragte (§ 90), vgl. Anm. 4 zu § 26. Das Reichs-(Landes-) Versicherungsamt wird diesen letzteren Kategorien gegenüber von der Befugniß des § 32 so lange keinen Gebrauch machen, als durch das Statut im Falle einer Renitenz für eine geeignete Wahrnehmung ihrer statutarischen Obliegenheiten Sorge getragen ist und hiernach verfahren wird. Im Uebrigen vgl. § 29 Abs. 3, § 96.

[2]) nicht zu Stande kommt. Bei der ersten Konstituirung einer Genossenschaft tritt nach § 21 bis zur Uebernahme der Geschäfte durch den Vorstand der provisorische Genossenschaftsvorstand, nicht das Reichs-(Landes-)Versicherungsamt, ein, vorausgesetzt natürlich, daß dessen Wahl zu Stande kommt. Ist dies nicht der Fall, so tritt auch an die Stelle dieser provisorischen Organe das Reichs-(Landes-)Versicherungsamt.

[3]) Reichs-Versicherungsamt, eventuell Landes-Versicherungsamt, § 101.

Zu § 33.

[1]) Der § 15 enthält das (obligatorische) Princip, daß die Beiträge zur Berufsgenossenschaft mittels Umlage aufgebracht werden müssen; der § 33 bestimmt den Maßstab, nach welchem die Umlagen ausgeführt werden; §§ 76 fg. ordnen das Verfahren bei Ausführung der Umlage.

Ueber das Umlageprincip und den der Umlage zu Grunde zu legenden Maßstab ist in Anm. 1 zu § 15 ausführlich gehandelt worden. Hier genüge folgendes:

die Beiträge der Berufsgenossen durch Zuschläge [3]) zu direkten Staats- oder Kommunalsteuern [4]) aufgebracht werden. Sofern das Statut eine solche Vorschrift enthält, muß dasselbe auch [5]) darüber Bestimmung treffen, wie solche Mitglieder, welche die der Erhebung zu Grunde gelegte Steuer für ihren gesammten Betrieb oder einen Theil desselben nicht zu entrichten haben [6]), zu den Genossenschaftslasten heranzuziehen sind.

(Abs. 2.) Sofern das Statut die Umlegung nach dem Maßstabe von Steuern nicht vorschreibt, erfolgt die Umlegung der Beiträge nach der Höhe der mit dem Betriebe verbundenen Unfallgefahr [7]) und dem Maß der in den Betrieben durchschnittlich erforderlichen menschlichen Arbeit [8]).

---

a. In erster Reihe kann die Landesgesetzgebung über den Maßstab für die Umlegung der Beiträge und das Verfahren bei deren Umlegung und Erhebung beliebige Bestimmungen erlassen (§ 110).

b. Sofern dies nicht geschieht, darf das Statut (falls nicht durch die Landesgesetzgebung die Versicherungspflicht der Familienangehörigen ausgeschlossen ist) vorschreiben, daß die Beiträge durch Zuschläge zu direkten Steuern aufgebracht werden sollen. Sofern das Statut solche Bestimmungen enthält, muß dasselbe auch die Ausführung dieser Vorschrift regeln (§ 33 Abs. 1). Vgl. Anm. 3.

c. Sofern landesgesetzliche Bestimmungen nicht erlassen sind und das Statut eine Umlegung nach Steuern nicht vorschreibt, erfolgt die Umlegung nach dem Durchschnittsbedarf der einzelnen Betriebe an Arbeitskräften, welcher durch Abschätzung ermittelt wird, einerseits, und nach Gefahrenklassen, zu welchen die einzelnen Betriebe veranlagt werden, andrerseits (§ 33 Abs. 2). Indessen kann mit Genehmigung des Reichs-(Landes-)Versicherungsamts von der Veranlagung zu Gefahrenklassen Abstand genommen werden (§ 35 Abs. 6), so daß dann die Umlegung lediglich nach dem Ergebniß der Abschätzung erfolgt.

Die unter c aufgeführte Umlegung nach *Arbeitsbedürfniß und Gefahr* — entsprechend der für die Industrie obligatorisch vorgeschriebenen Umlegung nach der thatsächlich verwendeten Arbeit und nach der Gefahr — ist die reichsgesetzliche Regel und die theoretisch richtigste Durchführung des Princips, daß ein jeder Genosse in dem Maaße, in welchem er die Genossenschaft mit Risiko (nach der Gefährlichkeit des Betriebes und nach der Zahl der den Unfällen ausgesetzten Personen) belastet, auch zu den Lasten der Genossenschaft heranzuziehen ist. Vgl. darüber Anm. 1 zu § 15 sowie Anm. 2 zu § 35. Der Entwurf kannte nur diesen Maßstab; die zu Ausnahmen führenden Modifikationen sind durch die Reichstagskommission in dem Bestreben, die Durchführung des Gesetzes zu erleichtern und Kosten zu sparen, beliebt worden.

²) Familienangehörigen. Vgl. Anm. 13 zu § 1; insbesondere auch darüber, daß bei der Einschätzung nach Steuern auch die Versicherungspflicht der Betriebsunternehmer selbst rathsam ist und deshalb durch das Statut vorgeschrieben werden sollte. Der Kommissionsbericht sagt unmittelbar vor der in jener Anmerkung abgedruckten Stelle und im Zusammenhang mit derselben, so daß sie hier nochmals wiedergegeben werden muß: „Völlig unhaltbar aber sei — was auch von gegnerischer Seite zugegeben wurde — die Ausschließung der Familienangehörigen von der Versicherung dann, wenn man, wie beabsichtigt, in einzelnen Gegenden die Grundsteuer der Beitragserhebung zu Grunde legen würde. Denn dadurch würde sonst der selbst wirthschaftende Grundbesitzer, welcher vorwiegend oder ausschließlich mit seinen Kindern oder erwachsenen Geschwistern arbeitet, anderen gegenüber überlastet werden."

Man war also allseitig darin einverstanden, daß Umlegung nach Grundsteuern und Befreiung der Familienangehörigen von der Unfallversicherung sich gegenseitig ausschließe. Nichtsdestoweniger darf jetzt die Landesgesetzgebung, weil in § 110 der § 33 ohne Einschränkung für unabänderbar erklärt ist, beides vereinigen. Zwar lag auch zu § 33 „ein Antrag vor, den Eingangsworten noch die Worte „durch die Landesgesetzgebung oder" voranzustellen, doch sah man mit Rücksicht auf § 107a (jetzt § 110) von dieser Aenderung ab" (Komm.-Ber. S. 27). Hierbei scheint indessen lediglich übersehen zu sein, daß die beantragte Einschaltung auch die Landesgesetzgebung an jene Einschränkung gebunden hätte, während die Landesgesetzgebung jetzt von der Einschränkung befreit ist.

In zweiter Lesung im Plenum des Reichstags ist übrigens die landesgesetzliche Ausschließung von Familienangehörigen größerer Unternehmer (über 2000 Mark Jahresarbeitsverdienst) neben Umlegung nach dem Steuerfuß befürwortet. Sten. Ber. 1886 S. 1936.

³) Zuschläge. Das Statut muß dann bestimmen, wie bei Auferlegung dieser Zuschläge verfahren werden soll, und hat darin freie Hand. Insbesondere können auch hierbei Gefahrenklassen gebildet, und ähnlich wie bei Interessentenchausseen die gefährlicheren Betriebe mit einem größeren Zuschlag belastet werden wie die weniger gefährlichen: „Der Verschiedenheit der Gefahr könne man auch bei diesem Systeme durch besondere Zuschläge gerecht werden" (Komm.-Ber. S. 17). Vgl. die Beispiele in Anm. 3 zu § 76.

Eine Umlegung blos nach dem Steuerfuß würde insbesondere auch die Berücksichtigung von Nebenbetrieben, durch welche die Unfallgefahr in der Regel gesteigert wird, unmöglich machen.

Sofern bei Umlegung nach einem Steuerfuße solche Gefahrenklassen gebildet, und nicht etwa durch die Landesgesetzgebung abweichende Vorschriften erlassen werden, sind bei der Aufstellung des Gefahrentarifs und der Veranlagung der Betriebe zu dessen einzelnen Klassen dieselben Bestimmungen zu befolgen, welche durch §§ 35 fg. des Reichsgesetzes für den Fall gegeben worden sind, daß die Beiträge nach der reichsgesetzlichen Regel, d. h. nach Arbeitsbedürfniß und Gefahr, umgelegt werden. Vgl. Anm. 8.

[4]) Steuern. „Die Worte „direkte Staats- oder Kommunalsteuern" sind gewählt, weil es denkbar erschien, daß auch andere Steuern, als die in erster Linie immer ins Auge gefaßte Grundsteuer, zum Maßstabe genommen werden könnten" (Komm.-Ber. S. 27). Wegen der Grundsteuer vgl. im Uebrigen Anm. 1 zu § 15.

[5]) auch, außer den zur Ausführung der Umlegung bezw. wegen event. Bildung von Gefahrenklassen (cf. Anm. 3) sonst noch als erforderlich sich herausstellenden Bestimmungen. Wegen der Beitragserhebung siehe § 77.

[6]) nicht zu entrichten haben. Diese Vorschrift „erschien namentlich um deswillen nöthig, weil der Fall nicht selten eintreten wird, daß Betriebe, deren Sitz sie einer Berufsgenossenschaft zutheilt, die nach der Grundsteuer Beiträge erhebt, solche Grundstücke mit bewirthschaften, welche außerhalb der Bezirks- oder Landesgrenzen, vielleicht unter ganz abweichender Grundsteuerverfassung liegen. (Vergl. das zu § 42 und zu § 12 — jetzt §§ 44 und 13 — Gesagte.)" Komm.-Ber. S. 28.

Außerdem sind solche Grundstücke zu berücksichtigen, welche als Domainen, Pfarrgüter 2c. von Entrichtung der Grundsteuer befreit sind.

[7]) Unfallgefahr: Gefahrentarif, und Veranlagung der Betriebe zu den Gefahrenklassen § 35; menschliche Arbeit: Abschätzung der Betriebe § 36.

[8]) Hieran reihten sich anfänglich noch folgende zwei Sätze: „Zu diesem Zwecke sind Gefahrenklassen zu bilden und die Betriebe nach der Zahl derjenigen Arbeitstage abzuschätzen, welche zur Bewirthschaftung im Jahresdurchschnitt erforderlich sind. Hierbei ist nach folgenden Bestimmungen zu verfahren. (Folgen die §§ 31 bis 36 des Entwurfs.)" (Die §§ 31 bis 36 des Entwurfs sind die nachfolgenden §§ 34 bis 39 des Gesetzes.) Diese beiden Sätze aber, in welche hinter dem Wort „Bestimmungen" unter Fortfall der Klammer demnächst noch die Bezeichnung („§§ 31 bis 36") eingeschaltet worden war, „wurden in zweiter Lesung gestrichen, weil man sich überzeugte, daß sie nur in anderen Worten den schon im vorhergehenden Satze ausgesprochenen Gedanken wiederholten" (Komm.-Ber. S. 27).

Hieraus könnte man folgern, daß die Absicht bestanden hat, die §§ 34 bis 39 nur dann Anwendung finden zu lassen, wenn nicht die Umlegung nach einem Steuerfuß, sondern die Umlegung nach der reichsgesetzlichen Regel (Arbeiterbedarf und Unfallgefahr) beliebt ist. Dies ist aber offenbar nicht die Absicht des Gesetzes. Denn einmal gilt § 38 nach seinem Wortlaut (vgl. Abs. 1 die Worte: „und, sofern die Umlegung nicht nach dem Maßstab von Steuern erfolgt") auch für den Fall des § 33 Abs. 1 (Umlegung nach Steuern); außerdem steht (vgl. Anm. 3) fest, daß auch bei Umlegung nach Steuern das

Gefahrenklassen und Abschätzung.

§ 34.

Jede Gemeindebehörde[1]) hat[2]) für ihren Bezirk nach Bildung der Berufsgenossenschaft binnen einer von dem Reichs-Versicherungsamt zu bestimmenden und öffentlich bekannt zu machenden Frist (Abs. 1.)

(§ 31 d. Entw. u. d. Komm.-Beschl.) Der § 34 lehnt sich an §§ 11, 35 U.-V.-G. an. Er gilt nicht für die einer Berufsgenossenschaft nicht zugewiesenen Reichs- und Staatsbetriebe (§ 103) und kann durch anderweite Bestimmungen der Landesgesetzgebung abgeändert werden (§ 110), gilt also in diesem Sinne nur subsidiär.

Statut die Bildung von Gefahrenklassen anordnen kann. Zur ordnungsmäßigen Ausführung einer solchen Bestimmung des Statuts aber sind die Bestimmungen des § 35 und die darin verordneten Befugnisse des Reichs-Versicherungsamts kaum entbehrlich. Ebenso ist auch die Bestimmung des § 37 Abs. 1 für den Fall, daß die Bildung von Gefahrenklassen und die daraus folgende Veranlagung der Betriebe zu denselben mit der Einschätzung nach einem Steuerfuß kombinirt wird, nicht entbehrlich.

Hieraus muß der Schluß gezogen werden, daß die §§ 34 bis 39 zwar ihre hauptsächlichste, nicht aber ihre einzige Bedeutung für den Fall des § 33 Abs. 2 haben, daß sie vielmehr, wie auch aus dem Marginal („Gefahrenklassen und Abschätzung") folgt und bei unbefangenem Hintereinanderlesen der §§ 33 und 34 aus dem Zusammenhange sich ergibt, überall insoweit Anwendung finden, als nicht ihr Zweck in Folge der Annahme eines anderweiten Umlagemodus fortgefallen ist. Hiernach gilt (immer vorbehaltlich abweichender Bestimmung von Landesgesetzen!)

a) der § 34, soweit es sich um das Verzeichniß der Unternehmer handelt, allgemein, im Uebrigen (wegen des Arbeitsbedarfs) nur insoweit, als letzterer für die Umlegung der Beiträge maßgebend ist;
b) der § 35 im Allgemeinen (vgl. jedoch Anm. 13 zu § 35) überall da, wo nach Bestimmung des Gesetzes oder des Statuts ein Gefahrentarif aufzustellen ist;
c) der § 36 nur da, wo die Abschätzung des Arbeiterbedarfs die Grundlage für die Umlegung der Beiträge bildet;
d) der § 37 überall da, wo Gefahrenklassen gebildet sind und wo (neben denselben oder ohne dieselben) der Arbeiterbedarf abzuschätzen ist;
e) der § 38 allgemein;
f) der § 39 wie § 37.

Zu § 34.

[1]) Gemeindebehörde, § 129, bezw. der Gutsherr oder Gemarkungsberechtigte, § 131. Für Gutskomplexe, welche mehrere Gemeindebezirke umfassen, wird das Verzeichniß auch bezüglich der Arbeitskräfte einheitlich aufgestellt

ein Verzeichniß [3]) sämmtlicher Unternehmer [4]) der unter § 1 fallenden Betriebe aufzustellen und durch Vermittelung der unteren Verwaltungsbehörde [5]) dem Genossenschaftsvorstande zu übersenden. In dem Verzeichniß ist für jeden Unternehmer anzugeben, wieviel [6]) versicherte [7]) männliche und weibliche [8]) Betriebsbeamte und Arbeiter [9]) derselbe dauernd und wieviel versicherte Personen [10]) derselbe vorübergehend im Jahresdurchschnitt beschäftigt [11]); bezüglich der letzteren ist auch [12]) die durchschnittliche Dauer der Beschäftigung anzugeben.

(Abs. 2.) Die Gemeindebehörde ist befugt, die Unternehmer zu einer Auskunft über die vorstehend bezeichneten Verhältnisse innerhalb einer zu bestimmenden [13]) Frist durch Geldstrafen [14]) im Betrage bis zu einhundert Mark anzuhalten. Wird die Auskunft nicht vollständig oder nicht rechtzeitig ertheilt, so hat die Gemeindebehörde bei Aufstellung des Verzeichnisses nach ihrer Kenntniß der Verhältnisse zu verfahren.

---

werden können. In der Industrie ist jeder einzelne Berufsgenosse meldepflichtig, §§ 11, 35 U.-V.-G. Vgl. Anm. 3.

[2]) hat. Es handelt sich hier um eine den Gemeinden durch Gesetz auferlegte Verpflichtung, für deren Erfüllung sie einen Entgelt nicht beanspruchen dürfen. § 121 Abs. 2 greift hier also nicht Platz.

[3]) Verzeichniß. Dasselbe soll (nach dem Entwurf) die Grundlage für das Kataster der Berufsgenossenschaft und für die Umlegung der Beiträge bilden. Zwar ist nach den Beschlüssen des Reichstags ein Kataster nicht mehr unbedingt erforderlich (vgl. Anm. 1 zu § 38); aber die Zugehörigkeit zur Genossenschaft muß doch auf irgend eine Weise festgestellt werden, und zu diesem Zweck ist ein Verzeichniß der Unternehmer nicht zu entbehren. Die Nachweisung des Arbeitsbedarfs aber ist dort, wo statt des Arbeitsbedarfs ein Steuerfuß der Umlegung der Beiträge zu Grunde gelegt wird (§ 33 Abs. 1), entbehrlich; das Verzeichniß braucht dieselbe daher nicht zu enhalten. Vgl. Anm. 8 zu § 33. Es steht zu erwarten, daß die Gemeinden ausdrücklich darauf werden hingewiesen werden, ob für den Bezirk der Berufsgenossenschaft, zn welcher sie gehören, die Nachweisung des Arbeiterbedarfs erforderlich ist oder nicht.

Für das Verzeichniß können wohl überall Auszüge aus der Grundsteuermutterrolle oder der Heberolle für die Personalsteuern, in denen alles wichtige enthalten ist, benutzt werden; es bleibt der Gemeindebehörde überlassen, behufs Aufstellung des Verzeichnisses solche Auszüge sich zu beschaffen. Diese Auszüge selbst aber genügen nicht völlig, sie können eben nur die Grundlage des Verzeichnisses bilden und müssen, bevor sie das Verzeichniß selbst darstellen, von der Gemeindebehörde bearbeitet werden. Denn aus dem Verzeichniß müssen die Unternehmer, welche nach § 1 versicherungspflichtig sind, nicht die Eigenthümer der Grundstücke ersichtlich sein, und es müssen diejenigen aus dem Verzeichniß fortbleiben, welche nicht versicherungspflichtig sind. In ersterer Beziehung müssen also statt der Eigenthümer die Pächter und Nutznießer, soweit diese als Unternehmer anzusehen sind (§ 13 Abs. 2), eingetragen, die Besitzer nicht versicherter Betriebe, die nur Haus- oder Ziergärten umfassen (§ 1 Abs. 5), ausgeschieden werden.

Hat das Verzeichniß, weil nicht nach einem Steuerfuß umgelegt wird, auch den Arbeiterbedarf jedes Grundstückes nachzuweisen, so müssen den Auszügen aus der Heberolle 2c. entsprechende Kategorien zugesetzt werden. Es empfiehlt sich, für die Verzeichnisse Formulare vorzuschreiben, schon zu dem Zweck, damit sie demnächst bei der Feststellung der Mitgliedschaft sowie eventuell für die Eintragung des Ergebnisses der Veranlagung und Abschätzung benutzt, und mit dieser Vervollständigung als das im § 38 vorgeschriebene gemeindeweise Verzeichniß der Genossenschaft verwendet werden können. Hierdurch würden der Genossenschaft Weitläufigkeiten und Kosten erspart werden, ohne daß der Gemeindebehörde Mehrkosten erwachsen. Vgl. Anm. 3 zu § 38. Es empfiehlt sich auch, daß aus dem Formular ersichtlich gemacht wird, ob und wieviel Familienangehörige beschäftigt werden.

4) Unternehmer, § 13 Abs. 2. Vgl. Anm. 3. Nur diejenigen Unternehmer kommen in Frage, welche den Sitz ihres Betriebes in dem Bezirk der betr. Gemeinde haben, vgl. § 42.

5) untere Verwaltungsbehörde, § 129.

6) wieviel — Betriebsbeamte und Arbeiter. Dieser Theil des Verzeichnisses ist nur dann zu fordern, wenn die Genossenschaft nach dem Arbeiterbedarf umlegt, vgl. Anm. 3.

Die Angabe der im Jahresdurchschnitt beschäftigten ständigen und nichtständigen Arbeiter ist eine summarische, und erfolgt auf Grund der der Gemeindebehörde innewohnenden Kenntniß oder auf Grund der seitens der Gemeindebehörde von dem Unternehmer einzuziehenden Auskunft über den thatsächlichen Umfang der Beschäftigung von Arbeitern. Auf Grund dieser thatsächlichen Angabe darüber, wieviel Personen der Unternehmer subjektiv im Durchschnitt einiger Jahre beschäftigt hat, schätzt dann die Genossenschaft durch ihre Organe ab, wieviel Arbeitstage der Betrieb durchschnittlich objektiv gebraucht (§ 36), und diese Schätzung bildet dann die Grundlage für die Beitragserhebung.

Die Gemeindebehörde wird hierbei etwa so verfahren. Ihr ist bekannt, daß ein bäuerlicher Wirth einen Tagelöhner (Hausmann) hat, welcher mit zwei Personen zur Wirthschaft kommen muß. Außerdem ist in seinem Betriebe ein Sohn und eine Tochter in der Wirthschaft ständig beschäftigt; die Ehefrau hat in Bedarfsfällen, etwa an 50 Tagen im Jahr, mitgearbeitet; während der Heuerndte sind in den letzten 3 Jahren etwa jährlich 5 weitere Personen, während der Getreideerndte andere 5, zum Holzfällen im Winter noch 2 Personen beschäftigt worden. Die Dauer der Heuerndte hat nach den Verhältnissen des Hofs etwa 1 Woche, die der Getreideerndte etwa 2 Wochen, die Dauer des Holzfällens etwa 2 Wochen im Durchschnitt betragen. Hiernach hat die Gemeindebehörde in das Verzeichniß einzutragen 4 ständige Arbeiter (3 männliche, 1 weiblicher), 13 vorübergehend beschäftigte Arbeiter mit zusammen 50 + (5 × 6) + (5 × 12) + (2 × 12), insgesammt 164 Arbeitstagen. — Auf Grund dieser Angaben prüft dann das mit der Abschätzung betraute Organ der Genossenschaft, nöthigenfalls nach Anhörung des Unternehmers (§ 37 Abs. 2), ob diese Arbeitsmenge durchschnittlich als erforderlich anzusehen, oder in Folge besonderer vorübergehender Verhältnisse der letzten Jahre (etwa ungewöhnlicher Holzschlag, ungewöhnlich kurze oder lange Dauer der Erndte, Nöthigung, 2 Kinder in der Wirthschaft zu beschäftigen, während die ihnen obliegende Arbeitsmenge von einem Arbeiter bewältigt werden kann ꝛc.) den Bedarf übersteigt bezw. aus entgegengesetzten Gründen hinter dem objektiv zu erwartenden Durchschnittsbedarf zurückbleibt, und schätzt dann, indem es die dauernd beschäftigten Personen mit 300 Arbeitstagen in Rechnung stellt, die „zur Bewirthschaftung des Betriebes im Jahresdurchschnitt erforderliche Zahl von Arbeitstagen" (§ 36), getrennt nach Mannstagen und Frauentagen, ab.

Es läßt sich nicht verkennen, daß die erste Veranlagung hiernach eine erhebliche Arbeitslast mit sich bringt. Es ist dies aber eine einmalige Arbeit, welche nur von Zeit zu Zeit (zuerst nach 2 Jahren, dann von 5 zu 5 Jahren, § 35 Abs. 5 und § 39) zu revidiren ist. Im Uebrigen gilt diese erstmalige Abschätzung dauernd als Grundlage für die Beitragserhebung, bis erhebliche Veränderungen in der Bewirthschaftung des Betriebes eintreten und eine anderweite Abschätzung, oder doch eine anderweite Berechnung des Bedarfs der betreffenden Wirthschaft an Arbeitstagen (§ 48 Abs. 1) erforderlich machen.

[7]) versicherte. Sind Familienangehörige von der Versicherung ausgeschlossen (§ 1 Abs. 3), so müssen sie in dem Verzeichniß unberücksichtigt bleiben.

[8]) männliche und weibliche, weil die Belastung der Berufsgenossenschaft durch Männer bezw. Weiber, deren Durchschnittslohn verschieden ist (vgl. § 6 Abs. 2), nicht gleich ist. Vgl. Anm. 5 zu § 36. Diese Unterscheidung macht das Gesetz übrigens nur bei den dauernd beschäftigten Personen, wo sie sich der Kenntniß der Gemeindebehörden kaum entziehen kann. Bei den vorübergehend Beschäftigten ist der Wechsel zwischen Männern und Frauen von zu viel Zufälligkeiten abhängig und der Unterschied in der Belastung wegen der kürzeren Dauer der Beschäftigung nicht von besonderer Erheblichkeit.

Eine weitere Unterscheidung nach jugendlichen und erwachsenen Personen

§ 35.

Durch die Genossenschaftsversammlung [1]) sind [2]) für die der Genossenschaft angehörenden Betriebe je nach dem Grade der mit denselben verbundenen Unfallgefahr entsprechende Gefahrenklassen [3]) zu (Abs. 1.)

(§ 32 d. Entw. u. d. Komm.-Beschl.) Der § 35 Abs. 1 bis 5 entspricht dem § 28 Abs. 1. bis 3, 5 U.-V.-G. Er gilt nicht für die einer Berufsgenossenschaft nicht zugewiesenen Reichs- und Staatsbetriebe (§ 103) und kann durch anderweite Bestimmungen der Landesgesetzgebung abgeändert werden (§ 110), gilt also in diesem Sinne nur subsidiär.

---

erachtet das Gesetz für entbehrlich, „weil die Belastung (der Berufsgenossenschaften) wegen des Schlußsatzes in § 6 Abs. 2:

> Die für verletzte jugendliche Arbeiter festgesetzte Rente ist vom vollendeten sechszehnten Lebensjahre des Verletzten ab auf den nach dem Arbeitsverdienst Erwachsener zu berechnenden Betrag zu erhöhen,

bei jugendlichen und erwachsenen Arbeitern fast gleich sei" (Komm.-Ber. S. 29). Vgl. Anm. 5 zu § 36.

[9]) Arbeiter, einschließlich der Ehefrau, Kinder und sonstiger Familienangehöriger, sofern deren Versicherung nicht durch Landesgesetzgebung ausgeschlossen ist, vgl. Anm. 7, jedoch ohne Berücksichtigung des selbst versicherten Betriebsunternehmers und anderer in dem Betriebe beschäftigter, nach § 2 versicherter Personen (Anm. 3 zu § 2). Die Arbeitsleistung dieser Personen wird bei der Umlegung der Beiträge den abgeschätzten Tagen hinzugesetzt, vgl. § 80.

[10]) versicherte Personen, vgl. Anm. 8.

[11]) beschäftigt bezw. beschäftigt hat, thatsächlich.

[12]) auch. Läßt sich die Zahl dieser unständigen Arbeiter nicht angeben, so genügt die Zahl der Arbeitstage, welche von solchen Hülfskräften im Jahresdurchschnitt geleistet sind, vgl. auch allg. Motive S. 44. Man hat wohl angenommen, daß die Angabe der Zahl der Personen der Gemeindebehörde die Arbeit erleichtern werde. Vgl. Anm. 6.

[13]) zu bestimmende, von der Gemeindebehörde.

[14]) Geldstrafen als Exekutivstrafen, welche bis zur Erzielung des gewünschten Effekts wiederholt werden dürfen. Beschwerden werden an die vorgesetzte Dienstbehörde zu richten sein. Die Strafen werden wie Gemeindeabgaben beigetrieben, § 130.

Außerdem kann der Genossenschaftsvorstand nachträglich unrichtige Angaben nach § 123, die Unterlassung von Auskunft nach § 124 durch (einmalige) Ordnungsstrafe ahnden.

Zu § 35.

[1]) durch die Genossenschaftsversammlung vorbehaltlich der Delegation auf einen Ausschuß oder den Vorstand, Abs. 2.

[2]) sind, vorbehaltlich der in Abs. 6 erörterten Ausnahme. Diese Aus-

bilden und über das Verhältniß der in denſelben zu leiſtenden Beitragsſätze Beſtimmungen zu treffen (Gefahrentarif).

(Abſ. 2.) Durch Beſchluß der Genoſſenſchaftsverſammlung kann die Aufſtellung und Aenderung des Gefahrentarifs einem Ausſchuſſe oder dem Vorſtande übertragen werden.

(Abſ. 3.) Die Aufſtellung und Abänderung des Gefahrentarifs bedarf der Genehmigung des Reichs-Verſicherungsamts[4]).

(Abſ. 4.) Wird ein Gefahrentarif von der Genoſſenſchaft innerhalb einer vom Reichs-Verſicherungsamt zu beſtimmenden Friſt nicht aufgeſtellt, oder dem aufgeſtellten die Genehmigung verſagt, ſo hat das Reichs-Verſicherungsamt[4]) nach Anhörung[5]) der mit der Aufſtellung beauftragten Organe der Genoſſenſchaft den Tarif ſelbſt feſtzuſetzen[6]).

(Abſ. 5.) Der Gefahrentarif iſt nach Ablauf von längſtens zwei Rechnungsjahren und ſodann mindeſtens von fünf zu fünf Jahren unter Berückſichtigung der in den einzelnen Betrieben vorgekommenen

---

nahme kannte der Entwurf nicht; er beanſpruchte, wie für die Induſtrie, unbedingt die Aufſtellung eines Gefahrentarifs. Vgl. Mot. S. 59: „Ein Gefahrentarif iſt auch hier nicht zu entbehren. Ein Betrieb, in welchem regelmäßig Motoren mit elementaren oder thieriſchen Kräften zur Verwendung gelangen, iſt gefährlicher, als ein Betrieb, in welchem dies niemals oder nur ausnahmsweiſe der Fall iſt. Die im Betriebe von Wieſengütern, deren Aufwuchs jährlich verſteigert wird, beſchäftigten Perſonen ſind nicht annähernd der gleichen Unfallgefahr ausgeſetzt, wie die in einer im Abtrieb begriffenen Forſt in gebirgigen Gegenden mit jähen Abhängen beſchäftigten Waldarbeiter. Beſondere Unfallgefahr in einzelnen Theilen eines Betriebes erhöht das Riſiko, welches der ganze Betrieb der Genoſſenſchaft verurſacht. Es iſt daher eine unabweisbare Forderung der ausgleichenden Gerechtigkeit, daß dieſe Verſchiedenheit in der Gefährlichkeit der Betriebe als weſentlicher Faktor für die Bemeſſung der Beiträge zur Geltung gelange.“

Der Reichstag hat ſich dieſer Auffaſſung nicht angeſchloſſen, vgl. Anm. 12. Beſtimmend war ſchließlich wohl die Erwägung, daß bei der vorausſichtlich geringen Belaſtung der Land- und Forſtwirthſchaft durch die Unfallrenten die mit der Aufſtellung des Gefahrentarifs und mit der Veranlagung der Betriebe in die einzelnen Klaſſen deſſelben, ſowie mit der Berückſichtigung der gelegentlichen Abänderungen der Unfallgefährlichkeit und der laufenden Reviſionen des Tarifs verbundenen Schwierigkeiten und Verwaltungskoſten nicht immer in richtigem Verhältniß zu dem dadurch zu erzielenden Erfolg ſtehen würden. Vgl. Anm. 12.

Die Bildung von Gefahrenklaſſen iſt hiernach in der Land- und Forſt-

Unfälle einer Revision[7]) zu unterziehen. Die Ergebnisse derselben sind mit dem Verzeichnisse[8]) der in den einzelnen Betrieben vorgekommenen, auf Grund dieses Gesetzes zu entschädigenden Unfälle der Genossenschaftsversammlung zur Beschlußfassung über die Beibehaltung oder Aenderung der bisherigen Gefahrenklassen oder Gefahrentarife vorzulegen. Die Genossenschaftsversammlung kann den Unternehmern nach Maßgabe der in ihren Betrieben vorgekommenen Unfälle für die nächste Periode Zuschläge[9]) auflegen oder Nachlässe bewilligen. Die über die Aenderung der bisherigen Gefahrenklassen oder Gefahrentarife gefaßten Beschlüsse bedürfen zu ihrer Gültigkeit der Genehmigung des Reichs-Versicherungsamts; dem-

---

wirthschaft nicht, wie in der Industrie, obligatorisch. Sie kann vielmehr nicht nur durch die Landesgesetzgebung (§ 110), sondern auch von der Genossenschaft selbst ausgeschlossen werden, ist im Uebrigen aber auch dann zulässig, wenn nach Bestimmung des Statuts die Beiträge nach einem Steuerfuß umgelegt werden. In letzterem Fall finden die Bestimmungen des § 35 Anwendung, Anm. 3 und 8 zu § 33. Vgl. jedoch Anm. 13.

Die Bildung von Gefahrenklassen bedeutet, daß das Gesammtrisiko der Genossenschaften auf die Genossen unter Berücksichtigung des sonstigen Beitragsfußes (Arbeiterbedarf oder Steuerfuß, vgl. Anm. 1 zu § 33) nach derjenigen Höhe vertheilt wird, in welcher jeder Einzelne nach der Beschaffenheit seines Betriebes die Gesammtheit gefährdet.

Die Genossenschaft kann dann (vorbehaltlich abweichender landesgesetzlicher Bestimmungen) einen Theil des Gesammtrisikos den Sektionen auflegen (§ 40), kann aber auch mit anderen Genossenschaften zu gemeinsamer Tragung des Risikos zusammentreten (§ 41). Im ersteren Falle muß der Vertheilungsmaßstab auch innerhalb der Sektionen derselbe sein, wie innerhalb der Genossenschaft (§ 40); im Fall des § 41 findet dieser Modus für die Aufbringung des gemeinsam zu tragenden Entschädigungsbetrages nur dann statt, wenn die Genossenschaftsversammlung nicht einen andern Maßstab bestimmt, was ihr freisteht (§ 41).

[3]) Gefahrenklassen. In den Gefahrenklassen werden die Beiträge nach dem Maß der Unfallgefahr verschieden abgestuft (Gefahrentarif), etwa so, daß das Maß der Unfallgefahr für die höchste Gefahrenklasse = 100 gesetzt und dasjenige der übrigen danach in einem Prozentsatz bestimmt wird (Motive zum 2. Entwurf d. U.-V.-G.). Vgl. Beispiel in Anm. 1 zu § 81. Wie für die Industrie, will das Gesetz auch für die Land- und Forstwirthschaft „die größere oder geringere Unfallgefahr für die Leistungen der einzelnen Betriebe zu den Kosten der Unfallversicherung maßgebend sein lassen Es entspricht dies der Billigkeit, da die Unfallgefahr nicht blos in den einzelnen Industriezweigen, sondern auch innerhalb derselben je nach der größeren oder geringeren

selben ist das Verzeichniß [8]) der vorgekommenen Unfälle vorzulegen.

(Abs. 6.) In Genossenschaften, in welchen die einzelnen Betriebe eine erhebliche [10]) Verschiedenheit der Unfallgefahr nicht bieten, kann die Genossenschaftsversammlung, beziehungsweise [11]) der Vorstand oder Ausschuß (Abs. 2) beschließen, daß von der Aufstellung eines Gefahrentarifs Abstand [12]) zu nehmen ist. Der Beschluß bedarf der Genehmigung des Reichs-Versicherungsamts. Diese Genehmigung kann zurückgezogen werden, wenn aus den Verzeichnissen [13]) der in den einzelnen Betrieben vorgekommenen Unfälle (Abs. 5) sich ergiebt, daß die Unfallgefahr in den einzelnen Betrieben eine wesentlich verschiedene [14]) ist.

Vollkommenheit der Betriebseinrichtungen eine verschiedene ist" (Mot. z. U.-V.-G. S. 55). Die Betriebe können in so viel Gefahrenklassen eingetheilt werden, als die Verschiedenheit der Unfallgefahr erforderlich macht. Bei der Eintheilung ist die weitgehendste Individualisirung der Betriebe zulässig; dieselbe wird aber nach objektiven äußerlich erkennbaren Merkmalen zu erfolgen haben, welche scharf genug zu bezeichnen sind, „um den Mitgliedern der Berufsgenossenschaft eine gewisse Kontrolle über die Richtigkeit der Veranlagung der einzelnen Betriebe zu ermöglichen" (a. a. O.). Bei der Einschätzung müssen Nebenbetriebe, welche Einfluß auf die Gefährlichkeit des Hauptbetriebes haben, berücksichtigt werden. Für einen Betrieb, dessen einzelne Theil in verschiedene Gefahrenklassen gehören, empfiehlt sich die Feststellung einer Durchschnittsgefahrenziffer (A. N. I. S. 287). Eine weitergehende Individualisirung nach subjektiven Merkmalen, insbesondere nach der Persönlichkeit des Unternehmers und seiner Betriebsbeamten sowie nach der Sorgsamkeit in Bezug auf die Unfallverhütung erscheint, wie auch in dem Kommissions-Bericht zum Unfallversicherungsgesetz (S. 34) erwähnt ist, nach dem Gesetz nicht zulässig. Wird hierbei berücksichtigt, daß derartige subjektive Momente in hohem Maße unsicher sind, daß in den Persönlichkeiten mehr oder minder häufig ein Wechsel eintritt oder doch möglich ist, so kann es nur als eine im Interesse der Genossenschaft liegende Maßregel angesehen werden, wenn die Berücksichtigung solcher Momente ausgeschlossen ist. Wohl aber können demnächst nach Abs. 5 derartige subjektive Momente Berücksichtigung finden, wenn sie auf die Zahl der Unfälle von Einfluß sind und dann in dieser Zahl zur Erscheinung kommen. Etwa vorgekommene Unbilligkeiten der Einschätzung können durch die im Abs. 6 vorgesehenen Tarifrevisionen demnächst ausgeglichen werden.

Gesichtspunkte für die Aufstellung des Gefahrentarifs siehe in A. N. II. S. 94, IV. S. 201, Gefahrentarife selbst A. N. II. S. 162 fg., 186 fg., speziell für die Landwirthschaft (Hannoversche landwirthschaftliche B.-G.) IV. S. 217.

Gegen die Aufstellung des Tarifs und die Abgrenzung der Gefahrenklassen gegen einander hat der einzelne Betriebsunternehmer kein Rechtsmittel; seine Interessen werden auch in dieser Beziehung von dem Reichs- (Landes-) Versicherungsamt und zwar von Amtswegen wahrgenommen. Diesem mußte die Genehmigung des Tarifs schon um deswillen vorbehalten bleiben, um „die kleinen und weniger gefährlichen Betriebe vor einer zu starken Heranziehung zu den Kosten der Unfallversicherung im Verhältniß zu den größeren und gefährlicheren Betrieben zu schützen" (Mot. z. U.-V.-G. S. 55). Nur gegen seine Einschätzung in die einzelnen Klassen des Gefahrentarifs steht dem Unternehmer ein Rechtsmittel zu (§ 38).

[4]) Reichs-Versicherungsamt, eventuell Landes-Versicherungsamt, § 101.

[5]) nach Anhörung, um den Organen „Gelegenheit zu geben, die von der Behörde erhobenen Anstände zu beseitigen" (Mot. z. U.-V.-G. S. 56).

[6]) selbst festzusetzen, da ohne die Aufstellung eines Gefahrentarifs, sofern dieselbe einmal erfolgen muß, eine korrekte Umlegung der Mitgliederbeiträge nicht möglich ist.

[7]) Revision, „weil die Erfahrungen über den Umfang der Unfallgefahr in den einzelnen ... Betrieben ... noch nicht abgeschlossen sind und niemals absolut sein werden" (Mot. z. U.-V.-G. S. 56), außerdem aber die Unfallgefahr bei Vervollkommnung von Maschinen ꝛc. sich ändert. Diese Revision betrifft nach § 39 auch die Veranlagung der einzelnen Betriebe zu den Klassen des Gefahrentarifs; dies ist hier anders wie bei der Industrie (vgl. v. Woedtke, Komm. z. U.-V.-G. Anm. 7 zu § 28). Wegen neuer Veranlagung in Folge von Betriebsänderungen vgl. § 48.

[8]) Verzeichniß, vgl. Anm. 13.

[9]) Zuschläge, welche als Mehrbeiträge nach § 83 im administrativen Zwangsverfahren beigetrieben werden.

Diese schon von der Reichtagskommission in das Unfallversicherungsgesetz (§ 29 Abs. 4) eingefügten Bestimmungen „bezwecken einmal eine Vermehrung der objektiven Kriterien der Einschätzung und damit eine Steigerung der Individualisirung und sollen dem Reichs-Versicherungsamt seine Aufgabe erleichtern. Sie knüpfen ferner das eigenste Interesse des Unternehmers an die möglichste Verhütung von Unfällen, indem sie der Genossenschaftsversammlung das Recht geben, nach Maßgabe der in den einzelnen Betrieben wirklich vorgekommenen Unfälle Zuschläge aufzuerlegen oder Nachlässe zu bewilligen" (Komm.-Ber. z. U.-V.-G. S. 33).

Die Bestimmung dient also im Wesentlichen zur Korrektur des Gefahrentarifs und darf in der Praxis nicht so angewendet werden, daß sie lediglich eine Belohnung für die thatsächlich bewirkte geringere Belastung der Genossenschaft durch Unfälle, oder eine Bestrafung für den umgekehrten Fall darstellt, sobald nicht die Zahl der Unfälle mit den Betriebseinrichtungen in ursächlichen Zusammenhang steht, sondern vielleicht auf reinen Zufälligkeiten oder höherer Gewalt beruht.

[10]) erheblich, nach diskretionärem Ermessen; vgl. den Ausdruck am Schlusse des Abs. 6: „wesentlich verschieden".

[11]) beziehungsweise. Wenn der Vorstand oder ein Ausschuß mit der Aufstellung des Gefahrentarifs beauftragt ist, Abs. 2, kann dieser den Beschluß wegen Abstandnahme von der Aufstellung des Gefahrentarifs fassen. Der Vorstand oder Ausschuß ist aber nicht behindert, die Beschlußfassung seinerseits der Genossenschaftsversammlung zu überlassen; auch kann das Reichs- (Landes-) Versicherungsamt von deren Zustimmung die Genehmigung abhängig machen.

[12]) Abstand zu nehmen. Diese Bestimmung ist von der Reichstagskommission eingefügt. „Das Bedürfniß zu einer solchen Bestimmung wurde von einem Theile der Kommission lebhaft vertheidigt, die große Erleichterung, welche dadurch für Gegenden mit gleichartigen Verhältnissen geschaffen werde, hervorgehoben und die Wahrscheinlichkeit behauptet, daß derartige Bezirke vorhanden sein würden. Von anderer Seite wurde dem zwar widersprochen, die Verschiedenheit der Unfallsgefahr als überall vorhanden dargestellt und auf die Möglichkeit hingewiesen, daß durch ungerechtfertigtes Absehen von der Bildung der Gefahrenklassen gerade kleine Betriebe überlastet werden könnten. Doch stimmte die Mehrheit der Kommission in zweiter Lesung dem gestellten Antrage, auch mit Rücksicht auf die durch die Forderung einer Genehmigung des Reichs-Versicherungsamtes und den Vorbehalt einer Abänderung auf Grund von Erfahrungen gegegebenen Garantien gegen Mißbrauch zu" (Komm.-Ber. S. 28). Vgl. Anm. 2.

[13]) Verzeichnisse. Diese sind also auch dann zu führen und dem Reichs-Versicherungsamt vorzulegen, wenn nach dem Beschluß der Genossenschaftsversammlung ꝛc. von der Aufstellung des Gefahrentarifs Abstand genommen ist, zumal ein Gefahrentarif auf Grund weiterer Erfahrungen jederzeit eingeführt werden kann (§ 33 Abs. 1, § 35 Abs. 6), A. N. IV. S. 250. Ein einheitliches Formular für die Verzeichnisse ist mit Rücksicht auf die Verschiedenheit der Verhältnisse in den einzelnen Berufsgenossenschaften nicht aufgestellt worden; die letzteren haben daher selbst darüber zu beschließen, wie sie ihr Unfallverzeichniß gestalten wollen. Gesichtspunkte für diese Gestaltung gibt das R.-V.-A. in A. N. IV. S. 251.

[14]) wesentlich verschieden, vgl. Anm. 10.

§ 36.

[1]) Für jeden Unternehmer wird[2]) unter Berücksichtigung der Zahl der in seinem Betriebe beschäftigten Arbeiter und der Dauer ihrer Beschäftigung (§ 34) die Zahl derjenigen Arbeitstage abgeschätzt[3]), welche zur Bewirthschaftung seines Betriebes im Jahresdurchschnitt erforderlich[4]) sind. Dabei sind dauernd beschäftigte Arbeiter mit dreihundert Arbeitstagen in Rechnung zu ziehen, die Arbeitstage weiblicher Personen nach Verhältniß des Jahresarbeitsverdienstes (§ 6 Abs. 3) auf Arbeitstage männlicher Arbeiter zurückzuführen[5]), die Arbeitsleistung von Betriebsbeamten[6]), Betriebsunternehmern[7]) und deren nicht versicherten[8]) Familienangehörigen (§ 1 Abs. 3) aber nicht zu berücksichtigen (vgl. § 80).

(§ 33 d. Entw. u. d. Komm.-Beschl.) Der § 36 hat im Unfallversicherungsgesetz keine Analogie. Er gilt nicht für die einer Berufsgenossenschaft nicht zugewiesenen Reichs- und Staatsbetriebe (§ 103) und kann durch anderweite Bestimmungen der Landesgesetzgebung abgeändert werden (§ 110), gilt also in diesem Sinne nur subsidiär.

Zu § 36.

[1]) Mot. S. 60: „Die Abschätzung der Betriebe nach den zu ihrer Bewirthschaftung im Jahresdurchschnitt erforderlichen Arbeitskräften ist dem Unfallversicherungsgesetz fremd. Sie tritt an die Stelle der im § 71 des letzteren vorgesehenen alljährlichen Nachweisungen, mittelst deren die Betriebsunternehmer die Zahl der von ihnen thatsächlich beschäftigt gewesenen Arbeiter und den Betrag der von diesen bezogenen anrechnungsfähigen Löhne anzugeben haben. Eine Nachweisung dieser Art bleibt für die Land- und Forstwirthschaft nur noch bezüglich der verhältnißmäßig kleinen Zahl der Betriebsbeamten erforderlich (§ 76 Abs. 2) (jetzt § 79 Abs. 1). Für die zahlreichen Arbeiter kann und soll sie, wie bereits oben ausgeführt worden, durch allgemeine Durchschnittsangaben in der Weise ersetzt werden, daß die in jedem Betriebe durchschnittlich erforderliche Zahl von Tagen, an denen zur Bewirthschaftung fremde Arbeit, d. h. die Arbeit versicherter Arbeiter (im Gegensatz zu der Arbeitsleistung des mitarbeitenden Betriebsunternehmers und seiner nicht versicherten Familienangehörigen, d. H.), erforderlich ist, durch die Genossenschaftsorgane abgeschätzt wird." Diese Abschätzung bildet sodann in Verbindung mit der Veranlagung des Betriebes zu einer bestimmten Gefahrenklasse die Grundlage für die Umlegung und Einziehung der Beiträge (§ 76 des Entwurfs) (jetzt § 78).

Vgl. das Beispiel in Anm. 6 zu § 34. Außerdem vgl. Anm. 8 zu § 33.

[2]) wird, obligatorisch, sofern nicht die Landesgesetzgebung etwas anderes vorschreibt oder nach Bestimmung des Statuts die Beiträge nach einem Steuerfuß umgelegt werden (§ 33 Abs. 1).

[3]) abgeschätzt, nicht von Jahr zu Jahr, sondern vorbehaltlich der perio-

dischen Revisionen (§ 39) und erheblicher Betriebsänderungen (§ 48) ein für alle Mal. Vgl. Anm. 3, 4 zu § 48.

[4]) erforderlich, objektiv nach den Verhältnissen der betr. Gegend, ohne Rücksicht auf gelegentliche vorübergehende Veränderungen in der Zahl der thatsächlich verwendeten Arbeitskräfte bezw. Arbeitstage.

[5]) zurückzuführen. „Bei der Abschätzung müssen männliche und weibliche Arbeiter auseinandergehalten werden, da für dieselben der Jahresverdienst, also im Fall eines Unfalls auch die Rente, verschieden festzusetzen ist (§ 6 Abs. 3). Zur Vermeidung von Schwierigkeiten bei der Umlegung, und mit Rücksicht darauf, daß männliche und weibliche Arbeitskräfte oft wechseln, empfiehlt es sich aber, den Bedarf an Arbeitskräften einheitlich festzusetzen, und dabei die veranschlagte Anzahl von Frauentagen auf Mannstage zu reduziren. Der Arbeitstag eines männlichen Arbeiters soll mithin die der Berechnung zu Grunde zu legende Einheit bilden. Das Verhältniß, in welchem der Verdienst männlicher und weiblicher Arbeiter zu einander steht, wird dem wirthschaftlichen Werth entsprechen, den für jeden Besitzer Frauenarbeitstage einerseits und Männerarbeitstage andererseits haben. Dies Verhältniß ist also für die Zurückführung maßgebend. Eine weitere Unterscheidung zwischen jugendlichen und erwachsenen Arbeitern erscheint mit Rücksicht auf die Bestimmung, daß im Fall eines Unfalls den ersteren vom vollendeten sechszehnten Lebensjahre ab Renten nach den für Erwachsene geltenden Sätzen zu gewähren sind (§ 6 Abs. 3), entbehrlich" (Mot. S. 60).

Vgl. Anm. 8 zu § 34. Für den Fall also, daß die Abschätzung 600 Mannstage und 400 Frauentage ergibt, und für den Bezirk, in welchem der betreffende Betrieb belegen ist, der Durchschnittsverdienst männlicher Arbeiter auf 1,50 Mk., der Durchschnittsverdienst weiblicher Arbeiter auf 1,20 Mk. festgesetzt ist (§ 6 Abs. 3), so daß ein Frauentag nur den Werth von $^4/_5$ Mannstagen hat, sind für den betreffenden Betrieb $600 + (^4/_5 \times 400) = 920$ Arbeitstage bei der Umlegung der Beiträge in Rechnung zu stellen.

[6]) Betriebsbeamten, vgl. Anm. 1, sowie § 79 Abs. 1.

[7]) Betriebsunternehmern, vgl. § 80. Dabei handelt es sich nur um den Betriebsunternehmer desjenigen Betriebes, für welchen die Abschätzung erfolgt, nicht etwa auch um Unternehmer anderer Betriebe, die in dem zur Abschätzung gestellten Betriebe als Arbeiter mitarbeiten.

[8]) nicht versicherten, d. h. wenn sie nach Landesrecht nicht versichert sind. „Dabei muß die Arbeit nicht versicherter Familienangehöriger außer Betracht bleiben bezw. von dem objektiven Bedarf an Arbeitstagen abgesetzt werden, weil der Betriebsunternehmer nur für die Arbeit solcher Personen, welche auf Unfallentschädigung Anspruch haben, mit Beiträgen zur Unfallversicherung belastet werden darf" (Mot. S. 60).

§ 37.

¹) Die Veranlagung der Betriebe zu den Gefahrenklassen (§ 35), sowie die Abschätzung der Betriebe (§ 36) liegt nach näherer Bestimmung des Statuts (§ 22) den Organen²) der Genossenschaft ob. (Abs. 1.)

Die Mitglieder der Genossenschaft sind verpflichtet, den Organen derselben auf Erfordern binnen zwei Wochen über ihre Betriebs- und Arbeiterverhältnisse diejenige weitere Auskunft³) zu ertheilen, welche zur Durchführung der Veranlagung und Abschätzung erforderlich ist. (Abs. 2.)

(§ 34 d. Entw. u. d. Komm.-Beschl.) Der § 37 entspricht dem § 28 Abs. 4 Satz 1 U.-V.-G. Er gilt nicht für die einer Berufsgenossenschaft nicht zugewiesenen Reichs- und Staatsbetriebe (§ 103) und kann durch anderweite Bestimmungen der Landesgesetzgebung abgeändert werden (§ 110), gilt also in diesem Sinne nur subsidiär.

§ 38.

¹) Den Gemeindebehörden²) sind seitens der Genossenschaft Verzeichnisse³) mitzutheilen, aus denen sich ergiebt, welche Betriebe der Gemeinde als zur Genossenschaft gehörig erachtet werden, und (Abs. 1.)

(§ 35 d. Entw. u. d. Komm.-Beschl.) Der § 38 lehnt sich an § 28 Abs. 5 Satz 2, sowie an § 37 U.-V.-G. an. Er gilt nicht für die einer Berufsgenossenschaft nicht zugewiesenen Reichs- und Staatsbetriebe (§ 103) und kann durch anderweite Bestimmungen der Landesgesetzgebung abgeändert werden (§ 110), gilt also in diesem Sinne nur subsidiär.

Zu § 37.

¹) Ueber die Geltung dieses § vgl. Anm. 8 zu § 33.

²) Organen. Ueber deren Zusammensetzung vgl. § 38 Abs. 5.

³) Auskunft. Mot. S. 60: „Die Veranlagung zu den Gefahrenklassen und die Abschätzung der Betriebe ist von entscheidender Bedeutung sowohl für die Belastung der einzelnen Genossenschaftsmitglieder, wie für das Gesammtinteresse der Genossenschaft. Mit Rücksicht hierauf ist die im § 34 (jetzt § 37) Abs. 2 vorgesehene Bestimmung nicht zu entbehren, nach welcher die Mitglieder der Genossenschaft verpflichtet sein sollen, den Organen derselben auf deren Erfordern diejenige weitere Auskunft über ihre Betriebs- und Arbeiterverhältnisse zu ertheilen, welche zur Durchführung der Veranlagung und Abschätzung erforderlich ist."

Unrichtige Auskunft kann nach § 123, Nichtertheilung von Auskunft kann nach § 124 von dem Genossenschaftsvorstand durch Geldstrafe geahndet werden. Vgl. Anm. 14 zu § 34.

Zu § 38.

¹) Der § 38, welcher auch bei Umlegung nach einem Steuerfuß (§ 33 Abs. 1) gilt (vgl. Anm. 8 zu § 33), behandelt die Rechtsmittel der Betriebsunternehmer wegen ihrer Heranziehung oder Nichtheranziehung zur Berufsgenossenschaft sowie wegen des Ergebnisses der Veranlagung und Abschätzung

sofern die Umlegung nicht[4]) nach dem Maßstabe von Steuern erfolgt, welches das Ergebniß[5]) der Veranlagung[6]) und Abschätzung der Betriebe ist, und wie viel Arbeiter als dauernd beschäftigt[7]) angenommen sind. Die Gemeindebehörde hat diese Verzeichnisse während zwei Wochen zur Einsicht der Betheiligten auszulegen und den Beginn dieser Frist auf ortsübliche Weise bekannt zu machen.

(Abs. 2.) Binnen einer weiteren Frist von vier Wochen können die Betriebsunternehmer wegen der Aufnahme oder Nichtaufnahme ihrer[8]) Betriebe in die Verzeichnisse, sowie gegen die Veranlagung und Abschätzung ihrer Betriebe bei dem Genossenschaftsvorstande[9]) beziehungsweise dem Genossenschaftsorgane, durch welches die Veranlagung und Abschätzung erfolgt ist, Einspruch[10]) erheben.

(Abs. 3.) Gegen den auf den Einspruch schriftlich zu ertheilenden Bescheid[11]) steht dem Betriebsunternehmer binnen zwei Wochen nach der Zustellung die Beschwerde an den Genossenschaftsausschuß[12]) (§ 22 Ziffer 3) und gegen die Entscheidung[13]) des letzteren binnen gleicher Frist die Berufung an das Reichs-Versicherungsamt[14]) zu.

(Abs. 4.) Der auf den Einspruch erfolgende Bescheid ist vorläufig vollstreckbar.

(Abs. 5.) Die Mitglieder des Genossenschaftsausschusses dürfen bei der ersten Veranlagung und Abschätzung der Betriebe nicht mitwirken[15]).

---

ihrer Betriebe. Um die einzelnen Unternehmer land- und forstwirthschaftlicher Betriebe davon in Kenntniß zu setzen, ob die Berufsgenossenschaft ihre Zugehörigkeit annimmt, und in welchem Maaße sie zu den Beiträgen herangezogen werden sollen, hat die Berufsgenossenschaft für jede in ihrem Bezirk belegene Gemeinde ein Verzeichniß derjenigen Betriebe aufzustellen, welche sie zur Berufsgenossenschaft herangezogen hat. Dies Verzeichniß hat gleichzeitig das Ergebniß der Veranlagung und Abschätzung jedes einzelnen Betriebes der betr. Gemeinde zu enthalten, soweit eine solche stattgefunden hat und nicht etwa wegen Annahme eines Steuerfußes als alleinigen Umlagemaßstabes (§ 33) entbehrlich war; in letzterem Falle wird das Verzeichniß die von der Berufsgenossenschaft festgesetzte Höhe der von den einzelnen Betrieben entrichteten, der Beitragserhebung zu Grunde zu legenden Steuern enthalten. Die öffentliche Auslegung dieses Verzeichnisses ersetzt die für die Industrie vorgeschriebene Uebersendung von Mitgliedscheinen und Benachrichtigung über das Ergebniß der Veranlagung zn den Gefahrenklassen für jeden einzelnen Betriebsunternehmer. Während der Auslegungszeit, deren Beginn ortsüblich bekannt gemacht wird, kann jeder Gemeindeangehörige durch Einsicht in das Verzeichniß sich davonüberzeugen, ob er für ein Mitglied der Genossenschaft gehalten wird oder nicht, und im ersteren Fall, wie sein Betrieb abgeschätzt und veranlagt ist. Sofern er durch das Ergebniß sich beschwert fühlt, kann er zunächst Einspruch bei dem betr. Genossenschaftsorgan, demnächst Beschwerde bei dem Beschwerdeausschuß der Genossenschaft (§ 22 Ziffer 3) und schließlich Berufung bei dem Reichs-(Landes-)Versicherungsamt einlegen, welches endgültig entscheidet (§ 92 Abs. 1).

Dies Verfahren ist, sofern es nicht durch die Landesgesetzgebung abgeändert wird, obligatorisch und der Abänderung durch statutarische Bestimmung nicht unterworfen.

Bemerkenswerth ist insbesondere, daß hier das für die Industrie getrennte Verfahren wegen Feststellung der Zugehörigkeit zur Genossenschaft und wegen Feststellung der Veranlagung zu den Gefahrenklassen in ein Verfahren zusammengezogen, und die kostspielige und weitläufige Ausschreibung und Zustellung von Mitgliedscheinen vermieden ist. Das hat natürlich eine erhebliche Vereinfachung und Ersparniß zur Folge. Für die Land- und Forstwirthschaft erschien eine solche Vereinfachung möglich, weil die Zugehörigkeit zur Genossenschaft nur in seltenen Fällen zweifelhaft sein kann. In Zusammenhang hiermit steht es, daß die ausdrückliche Vorschrift, die Berufsgenossenschaft müsse ein Kataster führen, aus welchem die Mitgliedscheine gewissermaßen Auszüge darstellen, hier fehlt. Wenn auch die Annahme, daß ein Genossenschaftskataster entbehrlich sein möchte, schon um deswillen bedenklich ist, weil bei der Genossenschaft doch eine Nachweisung darüber vorhanden sein muß, welche Betriebe und Betriebsunternehmer Mitglieder derselben sind (vgl. Anm. 3 zu § 34), so kann es doch der Genossenschaft überlassen bleiben, wie sie sich diese Uebersicht verschaffen will. Es steht z. B. nichts entgegen, daß die — in Folge der Beschwerden berichtigten — Verzeichnisse für die einzelnen Gemeinden (§§ 34 Abs. 1, 38 Abs. 1) lose aneinandergeheftet werden, und daß dann diese Sammlung als Kataster gilt. Vgl. hierüber den Komm.-Ber. S. 30:

„Es ist (damit) die Vorschrift, daß die Genossenschaft unter allen Umständen ein eigenes Kataster aufstellen muß, aufgegeben. Man glaubte dies unbedenklich thun zu können, weil, wenn die in der Diskussion ausgesprochene Ansicht, ein solches Kataster sei nirgends zu entbehren, sich als richtig herausstellen sollte, auch ohne gesetzlichen Zwang eine jede Genossenschaft ein Kataster aufstellen würde. Auch wurde von anderer Seite behauptet, eine Katasteraufstellung sei namentlich dort, wo man nach der Grundsteuer die Beiträge erhebe, unnöthig, man könne dort das Grundsteuerkataster benutzen und habe nur etwa nöthig, wegen der ausgeschlossenen Haus- und Ziergärten und kleinen Betriebe und wegen der von der politischen Grenze durchschnittenen Betriebe ein Zusatz- und Ergänzungskataster aufzustellen."

²) Gemeindebehörden, § 121, sowie die selbständigen Gutsherren und Gemarkungsberechtigten, § 123.

³) Verzeichnisse. Hierzu können die von der Gemeindebehörde aufgestellten Verzeichnisse (§ 34) benutzt werden, vgl. Anm. 3 zu § 34. Vgl. auch Anm. 8.

⁴) nicht oder nicht lediglich, vgl. Anm. 6.

⁵) das Ergebniß. (Es ist) „den Betriebsunternehmern Gelegenheit zu geben, die Abschätzung und Veranlagung ihrer Betriebe kennen zu lernen und ihre Einwendungen gegen diese Grundlagen ihrer Beitragsleistung zur Geltung zu bringen. Hierzu wird ein Anlaß besonders in solchen Fällen vorliegen, in welchen der Unternehmer zu einer Auskunft nicht aufgefordert worden ist oder seine Angaben nicht berücksichtigt worden sind. Der § 35 des Entwurfs (jetzt § 38) enthält in dieser Beziehung im Anschluß an § 28 Absatz 4 des Unfallversicherungsgesetzes die erforderlichen Bestimmungen" (Mot. S. 60). Die Angaben müssen so sein, daß der Betriebsunternehmer die Richtigkeit kontroliren kann. Insbesondere muß wegen der Reduktion (§ 36) die Zahl der Mannstage von der Zahl der Frauentage gesondert angegeben werden.

[6]) der Veranlagung. Die Verzeichnisse werden dies Ergebniß auch dann zu enthalten haben, wenn die Umlegung nach einem Steuerfuß in Verbindung mit einem Gefahrentarif erfolgt, Anm. 3, 8 zu § 33.

[7]) dauernd beschäftigt. Ohne diese Angaben würde der Betriebsunternehmer keine Möglichkeit haben, die Annahme der Genossenschaft über die Zahl der erforderlichen Arbeitstage zu prüfen. Wird aber die Zahl der als dauernd beschäftigt angenommenen Personen mitgetheilt, so kann der Betriebsunternehmer nicht nur die Richtigkeit dieser Annahme prüfen, sondern auch berechnen, wieviel Arbeitstage man sonst noch in Anschlag gebracht hat, da für jeden dauernd beschäftigten Arbeiter 300 Arbeitstage anzusetzen waren (§ 36). Dabei wird der Betriebsunternehmer die Reduktion auf Mannstage berücksichtigen müssen (vgl. Anm. 5).

[8]) ihrer. Es darf nie der Betriebsunternehmer A sich darüber beschweren, daß B nicht aufgenommen oder unrichtig veranlagt ist. Die Beschwerde bezieht sich immer nur auf den eigenen Betrieb. Sollte ein versicherungspflichtiger Betrieb aus Versehen nicht aufgenommen sein, so kann dies natürlich und muß auch zur Kenntniß der Genossenschaft gebracht und die Omission nachträglich beseitigt werden, cf. Anm. 1 zu § 45. Dies ist aber keine Beschwerde im Sinne des Gesetzes und an das hier vorgesehene Verfahren nicht gebunden.

[9]) Der Genossenschaftsvorstand erhält nach § 34 die Verzeichnisse der Gemeinden über die versicherungspflichtigen Unternehmer, wird also auch in der Regel über die Zugehörigkeit der Betriebe zur Genossenschaft befinden. Jedenfalls ist es zweckmäßig, daß er, wenn diese Zugehörigkeit bestritten wird, ebenso wie dies in der Industrie geschieht (vgl. § 37 Abs. 3 U.-V.-G.) und wie es für die Prüfung der Zugehörigkeit neu eröffneter Betriebe durch § 46 ausdrücklich vorgeschrieben ist, über diese Grundlage befindet. Es steht jedoch nach § 26 Abs. 1 nichts im Wege, daß die Beschlußfassung über die Zugehörigkeit zur Genossenschaft durch das Statut einem andern Organ, etwa dem Sektionsvorstand oder demjenigen Organ, welchem die Veranlagung und Abschätzung obliegt, übertragen wird. Dann ist auch die event. Beschwerde an dieses anderweite Organ zu richten, mit Rücksicht auf den Wortlaut des Ge-

setzes aber auch eine an den Genossenschaftsvorstand eingereichte Beschwerde innerhalb der Beschwerdefrist zuzulassen. Dasselbe gilt bei Veranlagung und Abschätzung, welche ein niederes Genossenschaftsorgan, etwa der Sektionsvorstand, vorgenommen hat. Auch für die Industrie hat das R.-V.-A. die Einschiebung einer Beschwerde gegen Verfügungen des Sektionsvorstandes an den Genossenschaftsvorstand als Zwischeninstanz für zulässig und praktisch erklärt, A. N. III. S. 152.

Ein besonderes Verfahren, wie der Fall behandelt werden soll, wenn ein objektiv versicherungspflichtiger Betrieb oder Nebenbetrieb von der Genossenschaft nicht für versicherungspflichtig gehalten, also zur Genossenschaft nicht herangezogen wird, und der Betreffende sich hierbei beruhigt (vgl. § 37 Abs. 5 U.-V.-G.), kennt das Gesetz für die zur Zeit der Genossenschaftsbildung bestehenden Betriebe nicht (wegen später neu eröffneter Betriebe vgl. § 46). Dieser Fall wird auch aus begreiflichen Gründen sehr selten vorkommen, und event. doch auf irgend eine Weise zur Kenntniß des R.-V.-A. kommen, welches dann die Aufnahme auf Grund des § 96 jederzeit bewirken kann. Unfälle in solchen Betrieben müssen nach § 64 Abs. 4 unter allen Umständen entschädigt werden.

Die wichtigsten bei derartigen absichtlichen Auslassungen vorkommenden Fragen werden sich darum drehen, ob ein mit einem landwirthschaftlichen Betriebe verbundener industrieller Betrieb (Mühle, Brennerei u. A.) als landwirthschaftlicher Nebenbetrieb zur land- oder forstwirthschaftlichen Berufsgenossenschaft, oder als „Fabrik" zu der betreffenden industriellen Berufsgenossenschaft gehört. In diesem Falle hat, wenn die landwirthschaftliche Genossenschaft die Zugehörigkeit verneint und der Unternehmer sich dabei beruhigt, letzterer oder eventuell die untere Verwaltungsbehörde nach § 35 Absatz 1, § 36 Abs. 3 d. industr. U.-V.-G. diesen Betrieb bei der industriellen Berufsgenossenschaft anzumelden bezw. derselben zu überweisen. Die Zugehörigkeit des Betriebes wird dann ev. im Beschwerdeweg nach § 37 Abs. 4, 5 U.-V.-G. bezw. § 101 Abs. 3 d. landw. U.- u. K.-V.-G. von dem Reichs-Versicherungsamt festgestellt. Für diese wichtigeren Fälle ist also gesorgt.

Im Uebrigen, insbesondere wegen der Rechtsfolge irrthümlicher Zuweisung von Betrieben bezw. Nebenbetrieben zu unrichtigen Genossenschaften, oder wegen gleichzeitiger Inanspruchnahme desselben Betriebes oder Nebenbetriebes Seitens mehrerer (landw. und industr.) Genossenschaften, vgl. Anm. 14 sowie Anm. 2 zu § 44.

Es empfiehlt sich, daß die Genossenschaft bei der Mittheilung der Verzeichnisse die Stelle, bei welcher Beschwerden einzulegen sind, bezeichnet und daß diese Angabe ebenfalls öffentlich ausgelegt wird.

10) Einspruch, ähnlich dem Reklamationsverfahren bei der Steuereinschätzung.

11) Bescheid, welcher nach § 132 zugestellt werden muß, weil von der Zustellung eine Beschwerdefrist abhängt. Der Bescheid ist vorläufig vollstreckbar. Abs. 4.

[12]) Genossenschaftsausschuß „zur Entscheidung über Beschwerden" (§ 22 Ziffer 3), ein vorbehaltlich abweichender Bestimmungen der Landesgesetze obligatorisches Genossenschaftsorgan, dessen Bildung durch das Statut geregelt werden muß. Seine gesetzlichen Funktionen beschränken sich auf die Entscheidung dieser Beschwerden über die Zugehörigkeit zur Genossenschaft sowie über die Veranlagung und Abschätzung, außerdem aber auf die Entscheidung von Beschwerden über die Höhe von Genossenschaftsbeiträgen (§ 82). Das Gesetz erwähnt diese Ausschüsse im Uebrigen nur noch in den §§ 127, 128, um ihnen Geheimhaltung von Betriebsgeheimnissen anzuempfehlen.

Dieser Genossenschaftsausschuß soll zur Erleichterung des Reichs-(Landes-) Versicherungsamt dienen. Vgl. darüber Mot. S. 61: „Daß bei der voraussichtlich großen Zahl von Beschwerden die Entscheidung über dieselben nicht füglich ohne Zwischeninstanz dem Reichs- oder Landes-Versicherungsamt übertragen werden kann, wurde schon früher hervorgehoben. Es soll daher gegen das Ergebniß der Veranlagung und Abschätzung zunächst der Einspruch bei demjenigen Genossenschaftsorgan, durch welches dieselbe erfolgt ist, und gegen dessen schriftlichen Bescheid die Beschwerde an den hierfür zu bildenden besonderen Genossenschaftsausschuß stattfinden. Erst gegen die Entscheidung des letzteren soll die Berufung an das Reichs-Versicherungsamt gestattet sein."

Man nimmt an, daß durch die Vorinstanzen die Sache so geklärt wird, daß nicht mehr viel Beschwerden, und dann nur solche über principiell wichtige Fragen, an das Reichs-Versicherungsamt gelangen werden, vgl. allg. Motive (oben S. 54). In Preußen ist dieser „Beschwerdeausschuß" landesgesetzlich beseitigt. Vgl. Anm. 8 i. f.

[13]) Die Entscheidung des Genossenschaftsausschusses muß ebenfalls nach § 132 zugestellt werden. Vgl. Anm. 11.

[14]) Reichs-Versicherungsamt, event. Landes-Versicherungsamt § 101. Das letztere muß aber die Akten an das Reichs-Versicherungsamt zur Entscheidung abgeben, wenn sich bei der Verhandlung herausstellt, daß die Aufnahme oder Nichtaufnahme des Betriebes, oder die Berücksichtigung eines Betriebstheils (Nebenbetrieb) bei der Veranlagung oder Abschätzung mit Meinungsverschiedenheiten darüber zusammenhängt, ob der Betrieb oder der Betriebstheil zu der in Rede stehenden, oder zu einer unter der Aufsicht eines anderen Landes-Versicherungsamts oder des Reichs-Versicherungsamts stehenden anderen Berufsgenossenschaft (landwirthschaftlichen oder industriellen) gehört. Vgl. Anm. 1 ad a) zu § 95, sowie § 101 Abs. 2. Hierdurch wird ein positiver Kompetenzkonflikt vermieden, welcher in dem Falle eintreten könnte, daß sowohl eine landwirthschaftliche wie auch gleichzeitig eine unter der Aufsicht eines anderen Versicherungsamts stehende industrielle Berufsgenossenschaft eine neben einer Landwirthschaft betriebene Anstalt (Brennerei, Molkerei, Mühle 2c.) für sich reklamirt, indem die landwirthschaftliche Berufsgenossenschaft dieselbe für einen landwirthschaftlichen Nebenbetrieb, die industrielle Berufsgenossenschaft aber die Anstalt für eine „Fabrik" erklärt. Zu einer Berufsgenossenschaft

§ 39.

[1]) In denjenigen Terminen, in welchen der Gefahrentarif zu revidiren ist (§ 35 Abs. 5), ist auch die Veranlagung und die Abschätzung der Betriebe einer Revision[2]) zu unterziehen. Hierbei ist in derselben Weise[3]) wie bei der ersten Veranlagung und Abschätzung zu verfahren[4]).

(§ 36 d. Entw. u. d. Komm.-Beschl.) Der § 39 hat im Unfallversicherungsgesetz keine Analogie. Er gilt nicht für die einer Berufsgenossenschaft nicht zugewiesenen Reichs- und Staatsbetriebe (§ 103) und kann durch anderweite Bestimmungen der Landesgesetzgebung abgeändert werden (§ 110), gilt also in diesem Sinne nur **subsidiär**.

---

kann ein und derselbe Betrieb oder Nebenbetrieb nur gehören. Die Entscheidung des Versicherungsamts ist endgültig, § 92.

„Die .... Entscheidungen des Reichs-Versicherungsamts .... wirken ex tunc, da die Betriebsunternehmer kraft des Gesetzes Mitglieder der für sie bestimmten Genossenschaft werden, und es nur darauf ankommt, daß konstatirt werde, welcher Genossenschaft sie beim Inkrafttreten des Gesetzes bezw. beim Beginn der Versicherungspflicht angehörten" (Mot. z. U.-V.-G. S. 60). Auf diesen Zeitpunkt wird also die Entscheidung zurückbezogen.

[15]) **nicht mitwirken.** Mot. S. 61: „Die Bestimmung des Entwurfs, daß die Mitglieder des zur Entscheidung über die Beschwerden berufenen Genossenschaftsausschusses bei der Veranlagung und Abschätzung der Betriebe nicht mitwirken dürfen, ist erforderlich, um eine Gewähr für die Unparteilichkeit der Entscheidungen dieses Ausschusses zu bieten und denselben auch in den Augen der Beschwerdeführer vertrauenswürdig erscheinen zu lassen."

Zu § 39.

[1]) Ueber die Geltung des § vgl. auch Anm. 8 zu § 33.

[2]) **Revision.** „Die Veranlagung und Abschätzung der Betriebe ist eine umfangreiche und nicht immer leichte Aufgabe, deren befriedigende Lösung nicht ausschließlich von dem guten Willen und der Intregität der betheiligten Genossenschaftsorgane, sondern auch von genauer Orts- und Sachkenntniß und namentlich von den unter der Herrschaft des Gesetzes zu machenden Erfahrungen abhängen wird. Es empfiehlt sich daher, periodische Revisionen vorzusehen, welche zweckmäßig mit den Revisionen des Gefahrentarifs zu verbinden sind (§ 36) (jetzt § 39). In der Zwischenzeit kann die Veranlagung und Abschätzung eine Abänderung nur erfahren, wenn Aenderungen im Betriebe eintreten, welche für dessen Gefährlichkeit oder für die Durchschnittszahl der in demselben verwendeten Arbeitstage Versicherter von Bedeutung sind. Aenderungen auf dieser Grundlage sind im § 46 des Entwurfs (jetzt § 48), entsprechend dem § 39 des Unfallversicherungsgesetzes, vorgesehen und können sowohl von Amtswegen wie auf Antrag erfolgen" (Mot.).

[3]) **in derselben Weise,** §§ 36 bis 38. Zur Aufstellung eines neuen

Theilung des Risikos.

§ 40.

(Abs. 1.) Durch das Statut[1]) kann vorgeschrieben werden, daß die Entschädigungsbeträge[2]) bis zu fünfzig Prozent[3]) von den Sektionen zu tragen sind[4]), in deren Bezirken die Unfälle eingetreten sind.

(Abs. 2.) Die hiernach den Sektionen zur Last fallenden Beträge sind auf die Mitglieder derselben nach Maßgabe der für die Genossenschaft zu leistenden Beiträge umzulegen.

(§ 37 d. Entw. u. d. Komm.-Beschl.) Der § 40 entspricht dem § 29 U.-V.-G. Derselbe gilt nicht für die einer Berufsgenossenschaft nicht zugewiesenen Reichs- und Staatsbetriebe (§ 103) und kann durch anderweite Bestimmungen der Landesgesetzgebung abgeändert werden (§ 110), gilt also in diesem Sinne nur subsidiär.

Verzeichnisses ist die Gemeindebehörde auf Grund des § 34 nicht verpflichtet. Wird ein solches neues Verzeichniß zum Zweck der Revisionen verlangt, so kann dies nur auf Grund des § 121 gegen Kostenerstattung geschehen.

[4]) zu verfahren. Auch die zum Zweck der Revisionen verlangte Auskunft der Betriebsunternehmer (§ 37) steht unter den Strafbestimmungen der §§ 123, 124.

Zu § 40.

[1]) Durch das Statut, also nur mit Genehmigung des Reichs-(Landes-) Versicherungsamts, § 24 Abs. 1. „Die Ertheilung dieser Genehmigung wird von der Leistungsfähigkeit der Sektionen in Bezug auf die ihnen daraus erwachsenden Lasten und von dem Maße der zu tragenden Gefahr abhängen" (Motive z. U.-V.-G. S. 56).

[2]) Entschädigungsbeträge einschließlich der etwaigen Zuschläge zum Reservefonds (§ 17), A. N. III. S. 40. Durch das Statut können den Sektionen ihre eigenen Verwaltungskosten ganz auferlegt werden. Vgl. Anm. 5 zu § 76, Anm. 1 zu § 90. In diesem Sinne gelten als Verwaltungskosten der Sektion alle Auslagen, welche durch die Existenz der Sektion und ihrer Organe (Vertrauensmänner) und durch die in eigener Zuständigkeit erfolgende Thätigkeit dieser Organe erwachsen, dagegen nicht die Kosten einer Thätigkeit, welche diese Organe lediglich als Beauftragte des Genossenschaftsvorstandes entwickeln. Im Fall des § 62 Abs. 1 Ziffer 1 hat also die Sektion die Kosten dieser Festsetzung und der vorgängigen Untersuchung, soweit letztere nicht von der Ortspolizeibehörde übernommen werden, selbst zu übernehmen, (A. N. II. S. 11), ebenso die Rechtsanwaltskosten für Vertretung der Sektion vor dem Schiedsgericht (A. N. III. S. 32). In der Genossenschaftsrechnung sind derartige Verwaltungskosten der Sektionen nur summarisch nach Titeln aufzuführen (A. N. II. S. 82).

[3]) fünfzig Prozent, „um eine übermäßige Belastung der Sektionen schon durch das Gesetz zu verhindern" (Motive z. U.-V.-G.).

Gemeinsame Tragung des Risikos.

§ 41.

Vereinbarungen von Genossenschaften, die von ihnen zu leistenden Entschädigungsbeträge ganz oder zum Theil gemeinsam zu tragen, sind zulässig. Derartige Vereinbarungen[1]) bedürfen zu ihrer Gültigkeit der Zustimmung der betheiligten Genossenschaftsversammlungen, sowie der Genehmigung des Reichs-Versicherungsamts[2]). Dieselben dürfen nur mit dem Beginn eines neuen Rechnungsjahres[3]) in Wirksamkeit treten. (Abs. 1.)

Die Vereinbarung hat sich darauf zu erstrecken, in welcher Weise der gemeinsam zu tragende Entschädigungsbetrag auf die betheiligten Genossenschaften zu vertheilen ist. (Abs. 2.)

Ueber die Vertheilung des auf eine jede Genossenschaft entfallenden Antheils an der gemeinsam zu tragenden Entschädigung unter die Mitglieder der Genossenschaft entscheidet die Genossenschaftsversammlung. Mangels einer anderweiten Bestimmung[4]) erfolgt die Umlage dieses Betrages in gleicher Weise, wie die der von der Genossenschaft zu leistenden Entschädigungsbeträge. (Abs. 3.)

(§ 38 des Entw. u. d. Komm.-Beschl.) Der § 41 entspricht dem § 30 U.-V.-G. Er gilt nicht für die einer Berufsgenossenschaft nicht zugewiesenen Reichs- und Staatsbetriebe (§ 103) und kann durch anderweite Bestimmungen der Landesgesetzgebung abgeändert werden (§ 110), gilt also in diesem Sinne nur subsidiär.

---

[4]) zu tragen sind. Durch eine solche Uebertragung wird insbesondere das Interesse der Sektionen „an einer sparsamen und gewissenhaften Verwaltung sowie an der Verhütung von Unfällen und demgemäß an der sorgsameren Beaufsichtigung der Betriebsanlagen gefördert. Träger der Versicherung bleiben aber auch in diesen Fällen die Berufsgenossenschaften. Sie haften demgemäß für die Quote, welche den einzelnen Sektionen etwa auferlegt wird" (Motive z. U.-V.-G. S. 56). Diese Haftung ist subsidiarisch. Den Postverwaltungen gegenüber ist die Theilung des Risikos einflußlos.

Zu § 41.

[1]) Derartige Vereinbarungen lassen die berufsgenossenschaftliche Gliederung unberührt und fallen lediglich unter den Gesichtspunkt der Rückversicherung. „Auf diese Weise wird die Vertheilung des Risikos auf weitere und engere Kreise, auf welche vielfach in Interessentenkreisen Werth gelegt worden ist, ermöglicht" (Motive z. U.-V.-G. S. 56).

Auf die Verhaftung der einzelnen Genossenschaften, insbesondere den Postverwaltungen gegenüber, ist ein derartiges Arrangement einflußlos. Die Anweisung des zu zahlenden Entschädigungsbetrages erfolgt also auch hier

Abänderung des Bestandes der Berufsgenossenschaften.

§ 42.

Nach erfolgtem Abschlusse der Organisation der Berufsgenossenschaften sind Aenderungen [1]) in dem Bestande der letzteren mit dem Beginn eines neuen Rechnungsjahres [3]) unter nachstehenden Voraussetzungen zulässig:

1. Die Vereinigung mehrerer Berufsgenossenschaften erfolgt auf übereinstimmenden Beschluß der Genossenschaftsversammlungen [2]) mit Genehmigung des Bundesraths [4]).
2. Das Ausscheiden einzelner [5]) örtlich abgegrenzter Theile aus einer Genossenschaft und die Zutheilung derselben zu einer anderen Genossenschaft erfolgt auf Beschluß der betheiligten Genossenschaftsversammlungen mit Genehmigung des Bundesraths. Die Genehmigung kann versagt werden, wenn durch das Ausscheiden die Leistungsfähigkeit

(§ 39 d. Entw. u. d. Komm.-Beschl.) Der § 42 entspricht dem § 31 U.-V.-G. Er gilt nicht für die einer Berufsgenossenschaft nicht zugewiesenen Reichs- und Staatsbetriebe, § 103. Abänderung durch Landesgesetzgebung ist **nicht** zulässig.

---

durch den Vorstand derjenigen Genossenschaft, welcher der betreffende Betrieb angehört.

[2]) Reichs-Versicherungsamt, eventuell Landes-Versicherungsamt, § 101.

[3]) Rechnungsjahr, § 86.

[4]) Mangels einer anderweiten Bestimmung. Nur in besonderen Ausnahmefällen wird von der Regel abzuweichen und ein besonderer Modus für die Untervertheilung des Antheils an der gemeinsam zu tragenden Entschädigung vorzuschreiben sein.

Zu § 42.

[1]) Aenderungen. Durch die erste Abgrenzung der Berufsgenossenschaften (§ 18) ist die Beweglichkeit der Organisation nicht beschränkt. Vielmehr ist auch für die Folge der Freiheit der Bewegung ein möglichst weiter Spielraum gelassen, und im Anschluß an die gleichartigen Bestimmungen für die Industrie den Interessenten selbst die Initiative zu etwaigen Aenderungen im Bestande der Genossenschaften überlassen, die behördliche Genehmigung bezw. Anordnung aber auf diejenigen Fälle beschränkt, in „denen entweder eine Verständigung derselben nicht erzielt wird, oder Fürsorge dafür zu treffen ist, daß bei den beabsichtigten Veränderungen die Interessen der bei denselben Betheiligten angemessen gewahrt werden. Hierdurch ist zugleich die Möglichkeit geboten, Wünschen der Betriebsunternehmer, welche bei der ersten Bildung der Berufs-

einer der betheiligten Genossenschaften in Bezug auf die ihr obliegenden Pflichten gefährdet wird.

3. Wird die Vereinigung mehrerer Genossenschaften oder das Ausscheiden einzelner örtlich abgegrenzter Theile aus einer Genossenschaft und die Zutheilung derselben zu einer anderen Genossenschaft auf Grund eines Genossenschaftsbeschlusses beantragt, dagegen von der anderen betheiligten Genossenschaft abgelehnt, so entscheidet auf Anrufen der Bundesrath.

4. Anträge auf Ausscheidung einzelner örtlich abgegrenzter Theile aus einer Genossenschaft und Bildung einer besonderen Genossenschaft für dieselben sind zunächst der Beschlußfassung der Genossenschaftsversammlung zu unterbreiten und sodann dem Bundesrath zur Entscheidung vorzulegen.

Wird die Genehmigung ertheilt, so erfolgt die Beschlußfassung über das Statut für die neue Genossenschaft nach Maßgabe[6]) der Bestimmungen in den §§ 19 bis 25.

---

genossenschaften keine Berücksichtigung gefunden haben, Rechnung zu tragen" (Motive z. U.B.-G. S. 57).

Derartige Veränderungen können in 3 Fällen vorkommen:

a) es werden mehrere Genossenschaften mit einander vereinigt, § 42 Nr. 1, 2, § 43 Abs. 1, 5;

b) oder es treten einzelne örtliche Theile aus einer Genossenschaft in eine andere über, § 42 Nr. 2, 3, § 43 Abs. 2, 4 bis 6;

c) oder es treten derartige einzelne Theile aus einer Genossenschaft aus und bilden eine neue Genossenschaft, § 42 Nr. 4, § 43 Abs. 3 bis 6.

Wenn in Folge der Aenderungen Betriebe eines Bundesstaates an die Berufsgenossenschaft eines anderen Bundesstaates angeschlossen werden, für welchen eine landesrechtliche Organisation nach §§ 110 fg. stattgefunden hat, so finden die landesgesetzlichen Bestimmungen des letzteren auch auf die angeschlossenen Betriebe des ersteren entsprechende Anwendung. Vgl. Anm. zu § 113.

[2]) mit dem Beginn eines neuen Rechnungsjahres, so daß die Aenderungen mit diesem Zeitpunkt in's Leben treten. Ueber das Rechnungsjahr vgl. § 86.

[3]) Genossenschaftsversammlungen. Die Beschlußfassung kann einem andern Organ der Berufsgenossenschaft nicht übertragen werden. Vgl. Anm. 1 zu § 26.

§ 43.

(Abs. 1.) [1]) Werden mehrere Genossenschaften zu einer Genossenschaft vereinigt, so gehen mit dem Zeitpunkte, zu welchem die Veränderung in Wirksamkeit tritt[2]), alle Rechte und Pflichten der vereinigten Genossenschaften auf die neugebildete Genossenschaft über.

(Abs. 2.) Wenn einzelne örtlich abgegrenzte Theile aus einer Genossen-

(§ 40 d. Entw. u. d. Komm.-Beschl.) Der § 43 entspricht dem § 32 U.-V.-G. Derselbe ist auf die einer Berufsgenossenschaft nicht zugewiesenen Reichs- und Staatsbetriebe analog anzuwenden.

---

[4]) Bundesrath. An dessen Stelle tritt die Landes-Zentralbehörde, wenn bei der Veränderung nur Betriebe desselben Bundesstaats betheiligt sind und dieser Bundesstaat von der Ermächtigung des § 110, die Organisation ꝛc. der Berufsgenossenschaften landesrechtlich zu regeln, Gebrauch gemacht hat, § 112.

Die genehmigende Behörde hat hier, wie bei Abänderungen des Bestandes industrieller Berufsgenossenschaften, insbesondere die Aufgabe, die Minoritäten zu schützen (vgl. Komm.-Ber. z. U.-V.-G. S. 34).

Der Bundesrath (bezw. die Landes-Zentralbehörde) tritt hier nur auf Anrufen ein; Anordnungen desselben wegen Abänderung bestehender Berufsgenossenschaften sind nicht zugelassen.

Die Vorbereitung der betreffenden Beschlüsse des Bundesraths und der Landes-Zentralbehörde liegt dem Reichs-Versicherungsamt ob, § 98 Abs. 1 litt. a, § 101 Abs. 1, Anm. 1 ad I 15 zu § 95.

[5]) einzelner . . . Theile. Ebenso wie bei der ersten Bildung von Berufsgenossenschaften, so ist auch in der Folgezeit die Bildung besonderer Berufsgenossenschaften für einzelne Betriebsarten (z. B. Großwirthschaft im Gegensatz zum Kleinbetrieb) unstatthaft.

Unter „einzelnen örtlich abgegrenzten Theilen" sind nicht etwa auch einzelne Betriebe zu verstehen, welche etwa auf Grund von Aenderungen des Betriebssitzes oder, weil sie an den Staat übergegangen sind und in Folge dessen unter Ausführungsbehörden (§ 102) treten (vgl. Anm. 4 sub Nr. 9 zu § 103), aus der Genossenschaft ausscheiden. Bei diesen vollzieht sich die Ausscheidung bezw. der Uebertritt kraft Gesetzes (§ 44), ohne besondere Beschlüsse der Genossenschaftsversammlungen, ohne Genehmigung, und anscheinend ohne Vermögensauseinandersetzung zwischen den bei der Veränderung betheiligten Genossenschaften, § 48. Wenigstens enthält das Gesetz in dieser letzteren Beziehung keine besonderen Vorschriften. Anm. 1 zu § 109.

[6]) nach Maßgabe; es ist also ein provisorischer Vorstand zu wählen ꝛc.

Zu § 43.

[1]) Der § 43 behandelt die Rechtswirkungen der im § 42 erörterten Fälle von Veränderungen in dem Bestande der Genossenschaften.

schaft ausscheiden und einer anderen Genossenschaft angeschlossen werden, so sind von dem Eintritt dieser Veränderung ab die Entschädigungsansprüche, welche gegen die erstere Genossenschaft aus den in Betrieben der ausscheidenden Genossenschaftstheile eingetretenen Unfällen erwachsen sind, von der Genossenschaft zu befriedigen, welcher die Genossenschaftstheile nunmehr angeschlossen sind.

Scheiden einzelne örtlich abgegrenzte Theile[3]) aus einer Genossenschaft unter Bildung einer neuen Genossenschaft aus, so sind von dem Zeitpunkte der Ausscheidung ab die Entschädigungsansprüche, welche gegen die erstere Genossenschaft aus den in Betrieben der ausscheidenden Genossenschaftstheile eingetretenen Unfällen erwachsen sind, von der neugebildeten Genossenschaft zu befriedigen. (Abs. 3.)

Insoweit zufolge des Ausscheidens von örtlich abgegrenzten Theilen Entschädigungsansprüche auf andere Genossenschaften übergehen, haben die letzteren Anspruch auf einen entsprechenden[4]) Theil des Reservefonds und des sonstigen Vermögens derjenigen Genossenschaft, aus welcher die Ausscheidung stattfindet. (Abs. 4.)

Die vorstehenden Bestimmungen können durch übereinstimmenden Beschluß der betheiligten Genossenschaftsversammlungen[5]) abgeändert oder ergänzt werden. (Abs. 5.)

Streitigkeiten, welche in Betreff der Vermögensauseinandersetzung zwischen den betheiligten Genossenschaften entstehen, werden mangels Verständigung derselben über eine schiedsgerichtliche[6]) Entscheidung von dem Reichs-Versicherungsamt[7]) entschieden. (Abs. 6.)

---

[2]) in Wirksamkeit tritt. Dieser Zeitpunkt muß in dem übereinstimmenden Beschluß der Genossenschaften angegeben sein, cf. Anm. 2 zu § 42.

Bis zum Ablauf des ersten Rechnungsjahres muß dann, sofern nicht etwa lediglich nach einem Steuersatz umgelegt wird, der Gefahrentarif aufgestellt und genehmigt und die Veranlagung und Abschätzung der Betriebe erfolgt sein (§ 38), damit die Umlegung der im ersten Jahre für die neue Genossenschaft vorgeschossenen Beträge rechtzeitig erfolgen kann.

[3]) einzelne Theile, vgl. Anm. 5 zu § 42.

[4]) entsprechenden, nach dem Kapitalwerth der Gesammtlasten der alten Genossenschaft im Verhältniß zu dem Kapitalwerth der von der neuen Genossenschaft zu übernehmenden Lasten. Der Kapitalwerth ist nach technischen Grundsätzen zu berechnen.

[5]) Genossenschaftsversammlungen, vgl. Anm. 3 zu § 43.

[6]) schiedsrichterliche Entscheidung. Auch hier ist der freien Ver-

III. Mitgliedschaft. Betriebsveränderungen.

Mitgliedschaft.

§ 44.

(Abs. 1.) [1]) Mitglied der Genossenschaft ist [2]) jeder Unternehmer [3]) eines unter § 1 fallenden Betriebes, dessen Sitz [4]) in dem Bezirke der Genossenschaft belegen ist.

(Abs. 2.) [5]) Eine Gesammtheit von Grundstücken eines [6]) Unternehmers, für deren landwirthschaftlichen Gesammtbetrieb [7]) gemeinsame Wirthschaftsgebäude bestimmt sind, gilt im Sinne dieses Gesetzes als ein einziger Betrieb. Als Sitz [4]) eines landwirthschaftlichen Betriebes, welcher sich über die Bezirke mehrerer Gemeinden erstreckt, gilt diejenige Gemeinde, in deren Bezirk die gemeinsamen Wirthschaftsge-

(§ 42 d. Entw. u. d. Komm.-Beschl.) Der § 44 Abs. 1 und 5 entspricht dem § 34 Abs. 1 Satz 1 bezw. § 34 Abs. 2 U.-V.-G. Die Absätze 2 bis 4 des § 44 haben im Unfallversicherungsgesetz keine Analogie. Der § 44 gilt nicht für die einer Berufsgenossenschaft nicht zugewiesenen Reichs- und Staatsbetriebe, § 103.

---

ständigung der Berufsgenossen voller Spielraum gelassen. Bei der schiedsgerichtlichen Entscheidung ist aber nicht an das bei der Entschädigung für Betriebsunfälle fungirende Schiedsgericht der §§ 50ff. zu denken. Das Reichs- (eventuell Landes-) Versicherungsamt wird auch dann eintreten müssen, wenn der Schiedsvertrag außer Kraft getreten ist; vgl. darüber, sowie über das Verfahren 2c. die §§ 851ff. der Civ.-Proz.-Ordn.

[7]) Reichs-Versicherungsamt, eventuell Landes-Versicherungsamt, § 101.

Zu § 44.

[1]) Die bisherigen Bestimmungen behandelten die Konstituirung, die Verfassung und die Veränderung der Genossenschaften; die folgenden Vorschriften regeln die Rechtsverhältnisse der Mitglieder innerhalb der Genossenschaften.

[2]) ist. Die Mitgliedschaft tritt ex lege ein (§ 45), sobald objektiv die Voraussetzungen für die Zugehörigkeit vorliegen. Die Heranziehung zu den Beiträgen und zu den Wahlen 2c. ist nur eine Folge der Zugehörigkeit, nicht eine Voraussetzung für dieselbe; die Mitgliedschaft besteht dennoch, wenn auch die Heranziehung zu den Rechten und Pflichten der Genossenschaft unterblieben ist. Zur Feststellung der Zugehörigkeit dienen im industriellen Unfallversicherungsgesetz die Verhandlungen über das Genossenschaftskataster, hier die Auslegung der von der Genossenschaft aufgestellten Verzeichnisse der beitragspflichtigen Betriebe in den einzelnen Gemeinden, § 38.

a) Die Genossenschaft nimmt in diese Verzeichnisse diejenigen Betriebe auf, welche sie für zugehörig erachtet, und berücksichtigt diejenigen Nebenbetriebe, welche sie nicht als „Fabriken", sondern als landbäude belegen sind. Dabei entscheiden diejenigen Wirthschaftsgebäude, welche für die wirthschaftlichen Hauptzwecke des Betriebes bestimmt sind. Die betheiligten Gemeinden und Unternehmer können sich über einen anderen Betriebssitz einigen.

[5]) Mehrere forstwirthschaftliche Grundstücke eines Unternehmers, (Abs. 3.) welche derselben unmittelbaren Betriebsleitung (Revierverwaltung) unterstellt sind, gelten als ein einziger Betrieb. Forstwirthschaftliche Grundstücke verschiedener[8]) Unternehmer gelten als Einzelbetriebe, auch wenn sie zusammen derselben Betriebsleitung unterstellt sind. Als Sitz[4]) eines forstwirthschaftlichen Betriebes, welcher sich über

---

oder forstwirthschaftliche Nebenbetriebe, also als zur Genossenschaft gehörig ansieht, bei der Veranlagung und Abschätzung. Ob diese Annahmen der Genossenschaft objektiv zutreffend sind oder nicht, kann auf Beschwerde durch das Reichs-Versicherungsamt festgestellt werden, § 38 Abs. 3.

Sind die von einer landw. Genossenschaft als landw. Nebenbetriebe in Anspruch genommenen Mühlen ꝛc. schon in einer industriellen Berufsgenossenschaft, so hat die erstere Genossenschaft unter Achtung des Besitzstandes zunächst eine Einigung mit der letzteren zu versuchen, wobei dem Unternehmer und der unteren Verwaltungsbehörde Gelegenheit zur Aeußerung zu geben ist. Wird Einverständniß nicht erzielt, so ist nach Analogie des § 38 Abs. 3 die Entscheidung des R.-V.-A. einzuholen (A. N. II. S. 229).

b) Etwaige versehentliche Omissionen können von der Genossenschaft jederzeit berichtigt werden, cf. Anm. 7 zu § 38.

c) Wenn die Genossenschaft (irrthümlich) der Meinung ist, ein Betrieb oder Nebenbetrieb gehöre nicht zu ihr, sondern zu einer anderen Genossenschaft, und dies nicht etwa durch den Unternehmer im Beschwerdewege (§ 38 Abs. 2, 3) richtig gestellt wird, so wird die Zugehörigkeit wegen der einzelnen Nebenbetriebe auf dem Wege der §§ 35 Abs. 1, 36 Abs. 3, 37 Abs. 4, 5 U.-V.-G. bezw. § 101 Abs. 3 d. landw. U.- u. K.-V.-G. zum Austrag gebracht, vgl. Anm. 9 zu § 38; wegen der Hauptbetriebe ist, wenn der Fall überhaupt praktisch werden sollte, spätestens dann eine endgültige Entscheidung zu erwarten, wenn in solchen Betrieben ein zu Entschädigungsansprüchen führender Unfall sich ereignet, vgl. §§ 64 Abs. 4, 67 Abs. 1, außerdem §§ 59 Abs. 4, 62 Abs. 1 U.-V.-G.

d) Die Zugehörigkeit eines später neu entstehenden Betriebes ist nach § 46 festzustellen.

e) Darüber, ob bei einem, einer Genossenschaft zugewiesenen Betriebe in Folge von Betriebsänderungen die Zugehörigkeit zur Genossenmehrere Gemeindebezirke erstreckt, gilt diejenige Gemeinde, in deren Bezirke der größte Theil[9]) der Forstgrundstücke belegen ist, sofern nicht die betheiligten Gemeinden und der Unternehmer sich über einen anderen Betriebssitz einigen.

(Abs. 4.) Ueber die Zugehörigkeit gemischter, theils land=, theils forstwirthschaftlicher Betriebe zur Genossenschaft entscheidet der Hauptbetrieb.

(Abs. 5.) Wahlberechtigt und wahlfähig[10]) sind die Mitglieder der Genossenschaft nur dann, wenn sie sich im Besitze der bürgerlichen Ehrenrechte[11]) befinden.

---

schaft sich ändert, oder ob in Folge von Veränderungen ein bisher industrieller Betrieb zu einem landwirthschaftlichen Nebenbetrieb wird oder umgekehrt und ob dadurch eine Veränderung für die Umlegungsgrundlagen herbeigeführt wird, ist nach § 48 Entscheidung zu treffen.

Vgl. auch Anm. 1 zu § 45.

Stellt sich demnächst heraus, daß ein Betrieb oder Nebenbetrieb zu Unrecht einer Genossenschaft zugewiesen war, vielmehr bei richtiger Anwendung der gesetzlichen Bestimmungen einer anderen Genossenschaft hätte zugewiesen werden müssen, so muß zwar diejenige Genossenschaft, welche den Betrieb zu Unrecht aufgenommen hatte, die in dem Betriebe vorgekommenen Unfälle solange entschädigen, als der Irrthum nicht redressirt, und der betr. Betrieb nicht in die für ihn rechtlich zuständige andere Genossenschaft überwiesen ist (A. N. II. S. 55). Dies kann aber, sobald die Zugehörigkeit einmal endgültig, wenn auch zu Unrecht, geschehen ist, nicht durch einfache Streichung, sondern nur in Uebereinstimmung sämmtlicher Betheiligter oder durch Entscheidung des R.=V.=A. erreicht werden (A. N. I. S. 365, II. S. 55). — Sobald aber letzteres geschehen ist, hat die neue Genossenschaft diese bisherigen Entschädigungen zu übernehmen, zumal ihr ja auch die Beiträge des betr. Betriebes fortan zufließen. Dieser Fall ist daher ähnlich zu behandeln wie Fälle des § 43. Bei Ueberweisungen in Folge von Betriebsveränderungen findet dagegen ein solcher Uebergang der aus dem betr. Betriebe bisher erwachsenen Entschädigungen nicht statt (A. N. III. S. 39, 378). Vgl. Anm. 7 zu § 48.

[3]) Unternehmer, vgl. Anm. 7 zu § 13. Die versicherten Arbeiter und Beamten sind nicht Mitglieder. Bei den Krankenkassen ist es umgekehrt.

[4]) Sitz. Der Sitz des Betriebes, nicht die örtliche Lage seiner Grenzen entscheidet über die Zugehörigkeit zur Genossenschaft, auch wenn einzelne Theile des Betriebes im Ausland bezw. in einem anderen Bundesstaat belegen sind.

[5]) Mot. S. 61: „Im § 42 (jetzt § 44) sind die für größere land= und forstwirthschaftliche Betriebe erforderlichen Anhaltepunkte für die Beurtheilung der Frage gegeben, inwieweit Komplexe von Grundstücken als ein einheitlicher

Betrieb, und welche Gemeinde als Sitz des Betriebes anzusehen sei, wenn sich der letztere über mehrere Gemeindebezirke erstreckt. In der Landwirthschaft entscheidet in beiden Beziehungen die Lage der Wirthschaftsgebäude, sofern nicht eine anderweite Vereinbarung der Betheiligten stattfindet. In der Forstwirthschaft dagegen entscheidet über die Zusammengehörigkeit mehrerer Forstgrundstücke desselben Unternehmers die gemeinsame Verwaltung dieser Grundstücke, die unmittelbare Leitung des Forstbetriebes durch die Revierverwaltung, mag diese, wie es bei kleineren Forstbetrieben die Regel ist, in der Hand des Besitzers liegen oder durch besondere Oberförster oder Förster erfolgen. Für den Sitz eines Forstbetriebes, von welchem bei der Unfallversicherung insbesondere die Zugehörigkeit zur Genossenschaft, bei der Krankenversicherung (§ 126) (jetzt § 134) und in den Fällen des § 9 (jetzt § 10) unter Umständen die Entscheidung der Frage abhängt, welche Gemeinde zur Gewährung der Fürsorge für die ersten 13 Wochen nach der Erkrankung bezw. dem Unfall verpflichtet ist, kann dagegen der Sitz der Revierverwaltung um deswillen nicht entscheidend sein, weil dieser beliebig gewählt und oft in Gemeinden aufgeschlagen wird, in deren Bezirk Theile der zur Revierverwaltung gehörigen Forstgrundstücke überhaupt nicht belegen sind. Hier bleibt vielmehr nur übrig, vorbehaltlich abweichender Vereinbarungen der Betheiligten die örtliche Lage des Hauptgrundstücks entscheiden zu lassen."

[6]) eines Unternehmers. Jeder Unternehmer hat — sofern nicht etwa mehrere Personen ideelle Miteigenthümer eines landwirthschaftlichen Betriebes sind, und dann in ihrer Gesammtheit als ein Unternehmer gelten — einen besonderen Betrieb mit besonderem Sitz.

[7]) landwirthschaflicher Gesammtbetrieb, Körnerbau, Pferdezucht, Molkerei, Wiesennutzung 2c.

Sind auf einem Güterkomplex die Scheunen für den ganzen Betrieb auf dem Vorwerk A, die Pferdeställe auf dem Vorwerk B, die Schäferei auf dem Vorwerk C, so gelten diese 3 Vorwerke als ein einziger Betrieb. Sind aber die Wirthschaften dieser 3 Vorwerke derart getrennt, daß das Vorwerk A die Scheunen, Viehställe, Schäferei 2c. nur für die bei diesem Vorwerk bewirthschafteten Aecker, das Vorwerk B und das Vorwerk C gleichfalls sämmtliche zur Bewirthschaftung derselben dienenden Gebäude enthalten, so stellt jedes dieser 3 Vorwerke im Sinne des Gesetzes einen besonderen Betrieb dar. Auf das Wohngebäude des Unternehmers oder Verwalters kommt es nicht an.

In dem Fall, daß die 3 Vorwerke A, B, C für einzelne oder sämmtliche Wirthschaftszwecke gemeinsame Wirthschaftsgebäude haben, also als ein einziger Betrieb gelten, und doch im Bezirk verschiedener Gemeinden liegen, fragt es sich, in welcher Gemeinde bezw. auf welchem Vorwerk denn nun der Sitz dieses Gesammtbetriebes liegt. In dieser Hinsicht bestimmt das Gesetz, daß die Belegenheit der gemeinsamen Wirthschaftsgebäude über den Sitz des Betriebes entscheidet. Sind nun die gemeinsamen Wirthschaftsgebäude nur auf einem Vorwerk (A) belegen, während die Gebäude der anderen Vorwerke nur bestimmten Sonderzwecken dieser betreffenden Vorwerke dienen, so ist es klar, daß das erstere Vorwerk (A), weil es allein Wirthschaftsgebäude, die mehreren Vorwerken gemein sind, enthält, als Sitz des Gesammtbetriebes gilt. Wenn aber sowohl die Wirthschaftsgebäude des Vorwerks A wie die Wirthschaftsgebäude der Vorwerke B und C für alle drei Vorwerke bestimmt sind — indem z. B. A die Molkerei für das ganze Gut und die Viehställe, B die Scheunen für die Ackerwirthschaft, C die Schäferei für das ganze Gut enthält, so soll dasjenige Vorwerk als Sitz des Gesammtbetriebes gelten, auf welchem die Gebäude für den wirthschaftlichen Hauptzweck des Guts stehen. Welches dieser wirthschaftliche Zweck sei, ist quaestio facti. In der Regel werden die Gebäude für die Ackerwirthschaft maßgebend sein; basirt aber das Gut ausschließlich auf der Molkerei oder Schäferei, so ist die Lage der für diese Hauptzwecke bestimmten Gebäude entscheidend. Hierbei wird es häufig, da objektive Merkmale nicht immer vorhanden sein werden, auf die individuelle Auffassung des Betriebsunternehmers ankommen. Ein Betrieb, dessen Grundstücke in verschiedenen Gemarkungen belegen sind, der aber nur *eine* Hoflage hat, hat seinen Sitz natürlich in derjenigen Gemeinde, in welcher die Hoflage sich befindet.

Die Frage nach dem Sitz eines Betriebes ist, soweit es sich um die Unfallversicherung handelt, nur für die Zugehörigkeit zur Berufsgenossenschaft oder Sektion, also hauptsächlich nur für Grenzbetriebe, und außerdem für die Verpflichtungen der Gemeindebehörde zur Aufstellung und Auslegung der Verzeichnisse (§§ 34, 38) von Bedeutung. Wichtiger ist sie für die Krankenversicherung (§ 134) und für die Fürsorge während der ersten 13 Wochen nach dem Unfall eines nicht gegen Krankheit versicherten Arbeiters (§ 10), weil der Sitz des Betriebes „im Zweifel" als Beschäftigungsort gilt.

Bei der Verschiedenheit der Verhältnisse gibt das Gesetz die Möglichkeit, daß bei einem land- oder forstwirthschaftlichen Betriebe, welcher sich über mehrere Gemeindebezirke erstreckt, bei welchem also der Sitz des Betriebes festgestellt werden muß, von der gesetzlichen Regel abgewichen werden kann und die Betheiligten sich über den Ort, welcher als Sitz des Betriebes gelten soll, einigen dürfen. Die Bestimmungen des Gesetzes über den Sitz eines land- oder forstwirthschaftlichen Betriebs gelten also in diesem Sinne nur subsidiär und insoweit, als eine anderweite Vereinbarung nicht getroffen wird.

[8]) *verschiedener Unternehmer.* Diese Bestimmung versteht sich eigentlich von selbst; sie läßt aber den Gegensatz zu dem vorangestellten Satz schärfer hervortreten. Hiernach sind insbesondere die unter gemeinsame Leitung gestellten Forstbetriebe der Kommunen in der Provinz Hessen-Nassau verschiedene Betriebe.

[9]) *der größte Theil,* vgl. Anm. 4.

[10]) *wahlberechtigt und wahlfähig.* Die analoge Bestimmung in § 34 des Unfallversicherungsgesetzes lautet für die Industrie: „Stimmberechtigt ist jedes Mitglied der Genossenschaft, sofern es sich im Besitz der bürgerlichen

§ 45.

Die Mitgliedschaft beginnt¹) für die Unternehmer der unter § 1 fallenden Betriebe, welche zur Zeit der Bildung der Genossenschaft bestehen, mit diesem Zeitpunkte²), für die Unternehmer später eröffneter³) Betriebe mit dem Zeitpunkte der Eröffnung⁴) des Betriebes.

(§ 43 Satz 1 d. Entw., § 43 d. Komm.-Beschl.) Der § 45 entspricht dem § 34 Absatz 1 Satz 2 U.-V.-G. Er gilt nicht für die einer Berufsgenossenschaft nicht zugewiesenen Reichs- und Staatsbetriebe, § 103.

Ehrenrechte befindet." Vgl. über die Abweichungen Mot. S. 62: „Eine Stimmberechtigung der einzelnen Genossenschaftsmitglieder als solche kommt nach der ganzen Konstruktion des Entwurfs nicht in Frage, es handelt sich nur um Wählbarkeit und Wahlberechtigung", sowie die Ausführung des Komm.-Ber. S. 30, daß „man ein Bedürfniß dazu, außerdem auch reichsgesetzlich jedes Mitglied der Genossenschaft für wahlfähig zu erklären, nicht anerkannte".

Man muß hiernach annehmen, daß durch Landesgesetz oder Statut die Wahlfähigkeit und Wählbarkeit der Berufsgenossen noch von anderen Voraussetzungen abhängig gemacht werden kann.

¹¹) bürgerliche Ehrenrechte. Personen, welche nicht im Besitz derselben sind, können sich „in der Ausübung eines Rechts, welches sie nicht besitzen, durch Andere nicht vertreten lassen" (Motive z. U.-V.-G.).

Zu § 45.

¹) beginnt. „Jeder an sich versicherungspflichtige Betriebsunternehmer wird kraft des Gesetzes Mitglied derjenigen Genossenschaft, zu welcher er nach Maßgabe der Abgrenzung der letzteren . . . . gehört" (Mot. z. U.-V.-G. S. 51). Die Anwendung dieses Grundsatzes auf den einzelnen Fall wird durch die Verhandlungen über die Aufnahme der einzelnen Betriebe in die von den Gemeinden auszulegenden Verzeichnisse (§ 38), über die Feststellung des Beitragsfußes für den einzelnen Betrieb (§ 38), über die Zuweisung neuer Betriebe (§ 46) und über die Rechtswirkungen von Betriebsveränderungen (§ 48) konstatirt. Anm. 2 zu § 44. Die Beitragspflicht beginnt mit der Zugehörigkeit. Bei irrthümlicher Auslassung einzelner Betriebe ist deren Zugehörigkeit auf den Beginn der Versicherungspflicht zurückzudatiren, woraus die Verpflichtung zur Nachzahlung desjenigen Betrages folgt, welcher in den bereits verflossenen Jahren an Beiträgen hätte gezahlt werden müssen. Freilich wird sich diese Nachforderung nicht immer ausführen lassen.

Die Erhebung von Eintrittsgeldern ist nach Maßgabe des § 15 unzulässig. Denn neu entstehende Betriebe sind auf Grund des Gesetzes Mitglieder der für den betr. Betriebssitz bestehenden Genossenschaft. Die Erhebung von Eintrittsgeld würde sich daher als eine auf die Eröffnung neuer Betriebe von Konkurrenten gelegte Steuer darstellen, und eine solche kennt das Gesetz nicht.

²) mit diesem Zeitpunkt, also sobald der Bundesrath (oder im Fall

§ 46.

[1]) Von der Eröffnung eines neuen Betriebes hat die Gemeindebehörde[2]) durch Vermittelung der unteren Verwaltungsbehörde[3]) dem Genossenschaftsvorstande Kenntniß zu geben. Derselbe hat die Zugehörigkeit zur Genossenschaft zu prüfen. Wird die Zugehörigkeit anerkannt, so ist nach §§ 37 und 38[4]) zu verfahren. Wird die Zugehörigkeit abgelehnt, so hat der Genossenschaftsvorstand der unteren Verwaltungsbehörde hiervon Mittheilung zu machen. Diese hat sodann die Entscheidung des Reichs-Versicherungsamts[5]) einzuholen.

(§ 43 Satz 2 d. Entw., § 43a d. Komm.-Beschl.) Der § 46 entspricht den §§ 36, 37 U.-V.-G. Er gilt nicht für die einer Berufsgenossenschaft nicht zugewiesenen Reichs- und Staatsbetriebe, § 103, und kann durch anderweite Bestimmungen der Landesgesetzgebung abgeändert werden (§ 110), gilt also in diesem Sinne nur subsidiär.

---

landesgesetzlicher Regelung (§ 110) die betr. andere Behörde) die Berufsgenossenschaft für den betr. Bezirk gebildet hat, § 18.

[3]) später eröffneter, z. B. in Folge von Parzellirung, oder wenn auf einem abgelassenen See, auf einem bisher wüsten Gebiet, einem erschöpften, ehemals zur Ziegelei-Berufsgenossenschaft gehörigen Torfmoor rc. ein neuer landwirthschaftlicher Betrieb begründet wird, ebenso bei Eröffnung neuer Kunst- und Handelsgärtnereien rc.

[4]) Zeitpunkt der Eröffnung. Derartige Unternehmer, deren Betriebe erst später versicherungspflichtig werden, treten, sobald dieser Zeitpunkt eintritt, in die sämmtlichen Rechtsverhältnisse und Verbindlichkeiten der Genossenschaft ein, participiren also insbesondere auch an der Belastung aus früheren Unfällen. Ueber die Zuweisung zur Genossenschaft bestimmt § 46.

Zu § 46.

[1]) „An die Stelle der im § 35 des Unfallversicherungsgesetzes vorgesehenen Betriebsanmeldung tritt aus den zu § 31 (jetzt § 34) erörterten Gründen die Verpflichtung der Gemeindebehörde zur Anzeige, wenn in ihrem Bezirk Betriebe (etwa durch Parzellirung) neu entstehen oder versicherungspflichtig werden. Einer besonderen Verpflichtung der Unternehmer, Auskunft über ihre Betriebsverhältnisse zu ertheilen, bedarf es hier nicht, weil die Thatsache der Versicherungspflicht sich der Wahrnehmung der Gemeindebehörde nicht entziehen kann und die Arbeiterverhältnisse bei der demnächst erforderlichen Veranlagung und Abschätzung des Betriebes ohnehin zu ermitteln sind" (Mot. S. 62).

[2]) Gemeindebehörde § 129, event. die Gutsherren und Gemarkungsberechtigten in selbständigen Gutsbezirken und Gemarkungen, § 131.

[3]) untere Verwaltungsbehörde, § 129.

[4]) nach §§ 37, 38. Es ist also dem Unternehmer (durch ein der Gemeindebehörde zuzusendendes und von derselben zur Kenntniß des Unternehmers zu

§ 47.

Jeder Wechsel[1]) in der Person desjenigen, für dessen Rechnung der Betrieb erfolgt, ist von dem Unternehmer binnen einer durch das Statut festzusetzenden Frist dem Genossenschaftsvorstande anzuzeigen[2]). Ist die Anzeige von dem Wechsel nicht erfolgt, so werden die auf die Genossenschaftsmitglieder umzulegenden Beiträge von dem bisherigen Unternehmer bis für dasjenige Rechnungsjahr einschließlich forterhoben, in welchem die Anzeige geschieht, ohne daß dadurch der neue Unternehmer von der auch ihm gesetzlich[3]) obliegenden Verhaftung für die Beiträge entbunden ist.

(§ 45 d. Entw. u. d. Komm.-Beschl.) Der § 47 entspricht dem § 37 Abs. 8 U.-V.-G. Er gilt nicht für die einer Berufsgenossenschaft nicht zugewiesenen Reichs- und Staatsbetriebe (§ 103) und kann durch anderweite Bestimmungen der Landesgesetzgebung abgeändert werden (§ 110), gilt also in diesem Sinne nur subsidiär

§ 48.

In Betreff der Anmeldung[1]) von Aenderungen in dem Betriebe, welche für die Zugehörigkeit[2]) desselben zur Genossenschaft (Abs. 1.)

(§ 46 d. Entw. u. d. Komm.-Beschl.) Der § 48 entspricht den §§ 38, 39 U.-V.-G. Er gilt nicht für die einer Berufsgenossenschaft nicht zugewiesenen Reichs- und Staatsbetriebe (§ 103). Der Abs. 1 kann durch anderweite Bestimmungen der Landesgesetze abgeändert werden (§ 110), gilt also in diesem Sinne nur subsidiär.

---

bringendes Nachtragsverzeichniß) von der Heranziehung zur Genossenschaft und von dem Ergebniß der Veranlagung und Abschätzung, soweit eine solche stattzufinden hatte, Mittheilung zu machen.

5) Reichs-Versicherungsamt, event. Landes-Versicherungsamt, § 101.

Zu § 47.

1) Wechsel, durch Erbgang, Kauf, Pacht 2c.

2) anzuzeigen. Strafbestimmungen in §§ 123, 124.

3) gesetzlich, weil er nach § 44 Mitglied der Genossenschaft ist. Das hier zum Ausdruck gebrachte System der doppelten Verhaftung ist dem preußischen Gebäudesteuergesetz entlehnt. Selbstverständlich ist der Beitrag für den Betrieb nur einmal zu entrichten. Ist die Anzeige rechtzeitig erfolgt, so hat der Vorstand den Jahresbeitrag nach Verhältniß der Zeitdauer zu vertheilen; ist die Anzeige nicht rechtzeitig erfolgt, so erscheinen für die Folgezeit der frühere und der jetzige Unternehmer als Correalschuldner. Ist der Wechsel durch Ableben des früheren Unternehmers eingetreten, so haften für die Folgezeit neben demjenigen, der den Betrieb angetreten hat, die Miterben nach den Bestimmungen des Erbrechts. Im Uebrigen vgl. Anm. 12 zu § 22.

Zu § 48.

1) Anmeldung. Unterlassene oder nicht rechtzeitige oder falsche Anmeldung macht strafbar, §§ 123, 124. Bei der Frage, ob und in welchem

oder für die Umlegung der Beiträge[3]) (§ 16, 33, 35, 36) von Bedeutung ſind, ſowie in Betreff des weiteren Verfahrens hat das Genoſſenſchaftsſtatut[4]) (§ 22) Beſtimmung zu treffen.

(Abſ. 2.) [5]) Gegen die auf die Anmeldung der Aenderung oder von Amtswegen ergehenden Beſcheide[6]) der zuſtändigen Genoſſenſchaftsorgane ſteht dem Betriebsunternehmer binnen einer Friſt von zwei Wochen die Beſchwerde[7]) an das Reichs-Verſicherungsamt[8]) zu.

Umfange eine Strafe auferlegt werden ſoll, wird zu berückſichtigen ſein, ob der Unternehmer nach den Umſtänden (z. B. dann, wenn er die Grundſätze für die Einſchätzung in den Gefahrentarif kannte, oder wenn der Tarif die Klaſſen dergeſtalt ſcharf abgrenzt, daß ihre Merkmale leicht erkennbar ſind), wiſſen mußte, daß die Aenderungen für die Einſchätzung in den Gefahrentarif von Bedeutung ſind.

Iſt die Anzeige unterblieben, ſo werden die Vorſtände bei den Reviſionen der Betriebe, die ihnen nach § 90 zuſtehen, die erforderliche Kenntniß von den Aenderungen gewinnen und dann von Amtswegen einſchreiten können.

[2]) für die Zugehörigkeit. Dieſe in der Induſtrie weit häufigeren Fälle regelt das induſtrielle Unfallverſicherungsgeſetz in § 38 ſelbſt, während für die Landwirthſchaft das Nähere dem Statut überlaſſen iſt. Derartige Aenderungen können in der Landwirthſchaft im Allgemeinen nur dann vorkommen, wenn der Sitz eines Betriebes in den Bezirk einer anderen Genoſſenſchaft verlegt wird (§ 44), wenn eine Kunſt und Handelsgärtnerei fortan nur noch als Haus- oder Ziergarten verwendet wird oder umgekehrt (§ 1 Abſ. 6).

[3]) für die Umlegung der Beiträge. Für die Abſchätzung iſt eine Aenderung des Betriebes nur dann als weſentlich anzuſehen, wenn die Vermehrung oder Verminderung der Arbeitskräfte nicht ganz unbedeutend iſt, denn die Abſchätzung kann ihrem Begriff nach immer nur eine näherungsweiſe ſein. Wichtig für die Umlegung der Beiträge iſt in den meiſten Fällen der Beginn oder die Einſtellung von Nebenbetrieben, bezw. die Umgeſtaltung einer bisher zu einer induſtriellen Berufsgenoſſenſchaft gehörigen Brennerei, Mühle ꝛc. zu einem landwirthſchaftlichen Nebenbetrieb. Vgl. § 1 Abſ. 2, ſowie Anm. 8 zu § 38, Anm. 2 zu § 44.

[4]) Genoſſenſchaftsſtatut, „weil das hierbei einzuſchlagende Verfahren den Verhältniſſen der einzelnen Berufsgenoſſenſchaften angepaßt werden muß“ (vgl. Mot. z. U.-V.-G. S. 61).

Dort iſt insbeſondere darauf hingewieſen, daß das Statut auch darüber Vorkehrungen treffen muß, ob probeweiſe aufgeſtellte Maſchinen, ſowie regelmäßiger Wechſel in dem Betriebe je nach den Jahreszeiten, welche für die Veranlagung zum Gefahrentarif einige Bedeutung haben, angemeldet werden ſollen.

IV. Vertretung der Arbeiter.

Vertretung der Arbeiter.

§ 49.

[1]) Zum Zweck der Theilnahme[2]) an den Entscheidungen der (Abs. 1.) Schiedsgerichte[3]), an den Unfalluntersuchungen[4]) und an den Ver-

(§ 47 Abs. 1, § 48 Abs. 3 d. Entw., § 47 d. Komm.-Beschl.) Der § 49 entspricht den §§ 41 fg. U.-V.-G.

---

[5]) Der Abs. 2 ist obligatorisch, vergl. § 110.

[6]) Bescheid, wegen dessen Zustellung vergl. § 132.

[7]) die Beschwerde wegen der in Folge der Aenderung des Betriebes beschlossenen Aenderung in den bisherigen Unterlagen für die Umlegung „hat naturgemäß die aufschiebende Wirkung, so daß erst mit dem Tage der Entscheidung die von dem Reichs-Versicherungsamt etwa beschlossene Aenderung der Gefahrenklasse in Kraft tritt" (Motive z. U.-V.-G. S. 62).

Darüber, wann die Veränderung in der Zugehörigkeit zur Berufsgenossenschaft eintritt, enthält das Gesetz keine Bestimmung. Man wird daher annehmen müssen, daß die Aenderung der Zugehörigkeit von dem Tage an eingetreten ist, mit welchem der Betrieb geändert wurde, weil die Zugehörigkeit zur Genossenschaft kraft Gesetzes eintritt, sobald deren Voraussetzungen vorliegen, § 34. Eine Vermögensüberweisung hat in diesen Fällen ebensowenig wie in den gleichartigen Fällen der Industrie stattzufinden, weil sie nicht vorgeschrieben ist, der Fall entspricht nicht dem § 43, sondern ist ähnlich wie eine Betriebseinstellung zu behandeln, cf. § 22 Anm. 14 (A. N. III. S. 378). Der Uebertritt in die neue Genossenschaft erfolgt ohne Mitnahme von Rechten oder Lasten; bei der neuen Genossenschaft tritt der Betrieb in alle Rechte und Pflichten derselben ein. Anders ist es bei Redressirung von Irrthümern, welche bei der Zutheilung der Betriebe zu Genossenschaften stattgefunden haben, vgl. Anm. 9 zu § 38; Anm. 2 zu § 44.

[8]) Reichs-Versicherungsamt, event. Landes-Versicherungsamt, § 101. Doch hat dasselbe die Sache an das Reichs-Versicherungsamt abzugeben, wenn sich bei der Verhandlung herausstellt, daß wegen der Wirkungen der Betriebsänderung — Zugehörigkeit eines Betriebes oder Nebenbetriebes zu einer anderen landwirthschaftlichen bezw. zu einer industriellen Berufsgenossenschaft — die Interessen anderer, unter der Aufsicht eines anderen Versicherungsamts stehendet Berufsgenossenschaften mitbetheiligt sind, vgl .Anm. 1 ad e) zu § 95. Auch hier wird durch die Uebertragung der Entscheidung auf das Reichs-Versicherungsamt einem positiven Kompetenzkonflikt zweier Versicherungsämter vorgebeugt, vgl. Anm. 13 zu § 38.

Zu § 49.

[1]) Wie für die Industrie, so sind auch für die Land- und Forstwirthschaft Vertreter der Arbeiter (vgl. Anm. 6) zu bestellen, welche in gewisser Weise an der

handlungen des Reichs-Versicherungsamts[5]) werden Vertreter der Arbeiter[6]) berufen[7]). Die Berufung erfolgt nach Maßgabe der §§ 51, 59, 95.

(Abs. 2.) Zur Vertretung der Arbeiter sind nur zu berufen männliche, großjährige[8]), auf Grund dieses Gesetzes versicherte[9]) Personen, welche in Betrieben der Genossenschaftsmitglieder[10]) beschäftigt sind, sich im Besitze der bürgerlichen Ehrenrechte befinden und nicht durch richterliche Anordnung in der Verfügung über ihr Vermögen beschränkt sind.

Verwaltung der Unfallversicherung betheiligt werden. „Die Theilnahme an gewissen, das Interesse der Arbeiter vorzugsweise berührenden Verwaltungsgeschäften, welche Vertretern der industriellen Arbeiter durch das Unfallversicherungsgesetz gewährt worden ist, kann auch den land- und forstwirthschaftlichen Arbeitern nicht versagt werden“ (Mot. S. 62).

Das Gesetz weist den Vertretern dieser Arbeiter zu:

a) die Theilnahme an den Verhandlungen der Schiedsgerichte (§§ 51 fg.);
b) die Betheiligung im Reichs-(Landes-)Versicherungsamt (§§ 95, 100);
c) die Theilnahme an den Unfalluntersuchungs-Verhandlungen (§ 59).

Bei der letzterwähnten Funktion (c) heißen die Vertreter der Arbeiter speziell auch „Bevollmächtigte“ (der Krankenkassen); an ihre Stelle treten, sofern wahlberechtigte Krankenkassen nicht vorhanden sind, Beauftragte der Gemeindebehörden.

Die Bestellung dieser Personen erfolgt in verschiedener Weise. Die Arbeitervertreter im Reichs- und in den Landes-Versicherungsämtern (b) werden vom Bundesrath bezw. der Landes-Zentralbehörde berufen (§ 95 Abs. 2, § 100 Abs. 1 Ziffer 9). Die Beisitzer der Schiedsgerichte (a) und die „Bevollmächtigten“ (c) werden von den Vorständen von Krankenkassen gewählt, oder sofern wahlberechtigte Krankenkassen nicht vorhanden sind, durch die Obrigkeit ernannt (§ 51 Abs. 4, 5, § 59).

Aber auch in letzterer Beziehung bestehen Verschiedenheiten. Bei der Wahl der Schiedsgerichtsbeisitzer sind nur betheiligt die Vorstände von Orts- oder Betriebs-Krankenkassen, welche im Bezirk der Genossenschaft oder Sektion ihren Sitz haben und welchen mehr als 10 versicherte land- und forstwirthschaftliche Arbeiter angehören, aber auch nur dann, wenn in dem betr. Bezirk die Krankenversicherungspflicht für land- und forstwirthschaftliche Arbeiter eingeführt ist. Die Wahl erfolgt für vierjährige Perioden für den ganzen Genossenschafts- oder Sektionsbezirk. Sofern solche Krankenkassen in dem betr. Bezirk nicht bestehen, werden die Schiedsgerichtsbeisitzer durch die Vertretungen der zur Sektion gehörigen Gemeinden oder weiteren Kommunalverbände berufen (§ 51 Abs. 4, 5). Bei der Wahl der Bevollmächtigten zu den Unfalluntersuchungen sind die Vorstände aller Krankenkassen mit mehr als 10 versicherten land- und forstwirthschaftlichen Arbeitern betheiligt; die Wahl erfolgt für zweijährige Perioden für den Bezirk einer oder mehrerer Ortspolizeibehörden. In Ermangelung wahlberechtigter Kassen bezeichnet die Gemeindebehörde des Orts, an welchem der Unfall sich ereignet hat, von Fall zu Fall einen bei den Verhandlungen zuzuziehenden Arbeiter.

Diese Bestimmungen sind, soweit sie sich auf die Bevollmächtigten für die Theilnahme an den Unfalluntersuchungsverhandlungen (oben ad c) beziehen, den betr. Bestimmungen des Unfallversicherungsgesetzes für die Industrie (§ 45 a. a. O.) angepaßt, unterscheiden sich aber, soweit sie sich auf die Vertretung der Arbeiter im engeren Sinne (oben ad a und b) beziehen, von den betr. Bestimmungen des Unfallversicherungsgesetzes für die Industrie (§ 41, § 47 Abs. 4 bis 6, §§ 79, 81, 87 Abs. 3, 4, § 93 Abs. 2 a. a. O.) sehr erheblich. Dies erhellt aus Folgendem.

Nach dem Unfallversicherungsgesetz für die Industrie tritt zu den Funktionen der Arbeitervertreter im engeren Sinne (oben ad a und b) noch die wichtige Funktion der Theilnahme an den Berathungen über Unfallverhütungsvorschriften hinzu. Dort sollen ferner dieselben Kategorien von Krankenkassen, welche auch für die Land- und Forstwirthschaft wahlberechtigt sind, jedoch einschließlich der Knappschaftskassen, durch Vorstandsmitglieder die Vertreter der Arbeiter wählen, und diese so gewählten Vertreter der Arbeiter wählen dann ihrerseits als Wahlmänner die Beisitzer der Schiedsgerichte sowie die Mitglieder des Reichs-Versicherungsamts und der Landes-Versicherungsämter. Hiernach werden also Vertreter der Arbeiter

a) behufs Theilnahme an den Schiedsgerichten für die Land- und Forstwirthschaft durch direkte Wahl von Kassenvorstandsmitgliedern gewählt (event. behördlich berufen), für die Industrie mittels indirekter Wahl durch gewählte Arbeitervertreter gewählt (event. behördlich berufen);

b) behufs Betheiligung am Reichs-Versicherungsamt und den Landes-Versicherungsämtern in der Land- und Forstwirthschaft behördlich berufen, in der Industrie mittels indirekter Wahl durch gewählte Arbeitervertreter gewählt;

c) zur Theilnahme an den Unfalluntersuchungsverhandlungen sowohl in der Land- und Forstwirthschaft wie in der Industrie durch direkte Wahl von Kassenvorstandsmitgliedern gewählt, event. in ersterer behördlich von Fall zu Fall bestellt;

d) zur Betheiligung an der Berathung und Begutachtung von Unfallverhütungsvorschriften in der Land- und Forstwirthschaft gar nicht herangezogen, in der Industrie durch direkte Wahl von Kassenvorstandsmitgliedern gewählt.

Die Regierungsvorlage kannte alle diese Abweichungen nicht, schloß sich vielmehr hinsichtlich der Bestimmungen über die Vertreter der Arbeiter eng an die betr. Bestimmungen des Unfallversicherungsgesetzes an. Die Abweichungen verdanken ihre Entstehung den Beschlüssen der Reichtagskommission. Was zunächst die Wahl der Mitglieder des Reichs-Versicherungsamts anbelangt, so wurde erwogen, ein Wahlverfahren, aus welchem 2 Personen mit 4 Stellvertretern von etwa 7 Millionen unter das vorliegende Gesetz fallender Personen zu wählen seien, biete „in der That nur den Schein eines Wahlverfahrens und einer wirklichen Vertretung. Glaube man diese beiden Arbeiter im Reichs-Versicherungsamte behalten zu müssen, so sei es doch richtiger, sie durch eine geeignete Zentralinstanz berufen zu lassen, und als solche sei der Bundesrath anzusehen" (Komm.-Ber. S. 35). Eine Heranziehung der Arbeiter zu der Berathung und Begutachtung von Unfallverhütungsvorschriften sei in der Land- und Forstwirthschaft (nach Ansicht der Mehrheit der Kommissionsmitglieder) entbehrlich: „Die Unfallverhütungsvorschriften hätten bei der Landwirthschaft nicht annähernd dieselbe Bedeutung, wie bei der Industrie, weil bei dieser der Maschinenbetrieb, auf den allein sie in erheblichem Umfange anwendbar seien, eine weit größere Rolle spiele, als bei der Landwirthschaft. Ob die Arbeiter im Einzelfalle ihren Einfluß zu Gunsten einzuführender Vorsichtsmaßregeln geltend machen würden, sei mindestens zweifelhaft, da ja jede Sicherheitsvorkehrung die Bedienung der Maschinen für den Arbeiter unbequemer zu machen pflege" (a. a. O.); man hielt daran fest, daß Vertreter der Arbeiter „in den meisten Fällen bei ihrem Gutachten geneigt sein würden, die durch Vorrichtungen zur Verhütung von Unfällen stets eintretende Arbeitserschwerung höher anzuschlagen, als die Verringerung der gerade von ihnen im Vertrauen auf die eigene Besonnenheit leicht unterschätzten Gefahr" (a. a. O. S. 38). Demgemäß beseitigte die Kommission die Hinzuziehung von Arbeitern zu der Berathung und Begutachtung von Unfallverhütungsvorschriften, nahm dafür allerdings auch den Genossenschaften die für die Industrie gegebene Befugniß, durch derartige Bestimmungen unvorsichtige Arbeiter zur Strafe zu ziehen. Nach Beseitigung dieser beiden Funktionen der Arbeitervertreter (im engeren Sinne, opp. Bevollmächtigten zu den Unfalluntersuchungen) blieb nur noch eine Funktion für dieselben übrig, nämlich die Wahl der Beisitzer der Schiedsgerichte. Auch diese wollte die Kommission nicht wählen, sondern von Kommunalbehörden berufen lassen, wollte also den jetzt als Ausnahme und subsidiär hingestellten Modus zur ausnahmslosen Regel machen. Dabei ging man davon aus, daß die Berufung bei dem Mangel von Krankenkassen für die Land- und Forstwirthschaft in der Praxis doch die Regel bilden werde; lediglich um der seltenen Ausnahmen willen seien die weitläufigen Bestimmungen über ein Wahlverfahren und die Weitläufigkeiten eines solchen Wahlverfahrens selbst entbehrlich. Bei der dritten Lesung des Gesetzentwurfs im Plenum aber drang die in das Gesetz übergegangene andere Auffassung durch, nach welcher die Schiedsgerichtsbeisitzer zunächst durch Wahl von Krankenkassenvorständen, und nur wo eine solche Wahl wegen Mangels Wahlfähiger oder aus anderen Gründen nicht zu Stande komme, durch be hördliche Berufung bestellt werden sollen. Eine indirekte Wahl der Schiedsgerichtsbeisitzer durch von den Kassenvorständen gewählte Wahlmänner wurde jedoch, weil für diese eine Funktion zu weitläufig, nicht beliebt. „Die Theilnahme von Arbeitern an den Unfalluntersuchungen (§ 50 der Vorlage, § 59a der Kommissionsbeschlüsse) wurde von keiner Seite bemängelt" (Komm.-Ber. S. 34).

Ueber die Bedeutung der Arbeitervertretung vgl. aus den Motiven z. U.-V.-G. S. 63: „In diesen Vertretern finden die Versicherten eine berufsmäßige Vertretung, welche ihre in den Rahmen des vorliegenden Gesetzes fallenden Interessen zu wahren geeignet ist. Bei der .... Untersuchung der Unfälle, bei der Festsetzung der Entschädigungen und sogar bei der Handhabung der Aufsicht in letzter Instanz greifen diese Vertreter .... mitthätig ein. Auf diese Weise ist auch den Arbeitern eine zur positiven Mitarbeit an gemeinnützigen Aufgaben erziehende Selbstverwaltungsthätigkeit eröffnet worden."

²) Theilnahme, vgl. Anm. 1. Die Arbeitervertreter in der Industrie wählen erst ihrerseits die Beisitzer der Schiedsgerichte.

³) Schiedsgerichte, d. h. der in §§ 50fg. behandelten.

⁴) Unfalluntersuchungen, §§ 57fg.

⁵) des Reichs-Versicherungsamts (§ 95) sowie der Landes-Versicherungsämter, § 100.

⁶) Vertreter der Arbeiter. Nur die Beisitzer des Schiedsgerichts (sowie die für die Zuziehung zu den Unfalluntersuchungen ernannten Personen § 59 Abs. 3) müssen unter allen Umständen dem „Arbeiterstande" (opp. Betriebsbeamte) angehören, § 51 Abs. 4. Die gewählten Bevollmächtigten für die Unfalluntersuchungen, sowie die berufenen Mitglieder des Reichs- (Landes-) Versicherungsamts können dagegen auch Betriebsbeamte sein. (Aehnlich ist es nach den Bestimmungen des Unfallversicherungsgesetzes für die Industrie.) Betriebsunternehmer sind zu allen Funktionen der Arbeitervertreter wählbar, sofern sie gleichzeitig berufsmäßige Arbeiter in land- oder forstwirthschaftlichen Betrieben sind (Abs. 2). Vgl. Anm. 11 zu § 51.

Die „Vertreter der Arbeiter" wahren auch das Interesse aller anderen Versicherten (vgl. Anm. 13 zu § 51), insbesondere also auch das Interesse solcher versicherten Betriebsunternehmer, welche nicht selbst Arbeiter sind.

⁷) berufen, theils durch Wahl, theils durch Ernennung, vgl. Anm. 1. Die Berufung erlischt, wenn die Voraussetzungen ihrer Zulässigkeit in der Person des Berufenen fortfallen, z. B. wenn der Berufene nachträglich zu einer Beschäftigung übertritt, in welcher er nicht auf Grund dieses Gesetzes versichert ist (etwa ein Brennknecht, der bisher in einem landwirthschaftlichen Nebenbetriebe beschäftigt war, demnächst aber in eine fabrikmäßig betriebene Brennerei übertritt und in Folge dessen fortan in der Brennereiberufsgenossenschaft versichert ist), oder zu einer Beschäftigung, in welcher er überhaupt nicht versichert

V. Schiedsgerichte.

Schiedsgerichte.

§ 50.

(Abs. 1.) [1]) Für jeden[2]) Bezirk einer Berufsgenossenschaft oder, sofern dieselbe in Sektionen getheilt ist, einer Sektion wird ein Schiedsgericht[3]) errichtet.

(Abs. 2.) Der Bundesrath kann anordnen, daß statt eines Schiedsgerichts deren mehrere nach Bezirken gebildet werden.

(Abs. 3.) Der Sitz[4]) des Schiedsgerichts wird von der Zentralbehörde des Bundesstaates, zu welchem der Bezirk desselben gehört, oder sofern der Bezirk über die Grenzen eines Bundesstaates hinausgeht[5]), im Einvernehmen mit den betheiligten Zentralbehörden von dem Reichs-Versicherungsamt bestimmt.

(§ 51 d. Entw. u. d. Komm.-Beschl.) Der § 50 entspricht dem § 46 U.-V.-G.

---

ist (indem er etwa den Beruf als landwirthschaftlicher Arbeiter aufgibt, Betriebsunternehmer wird und als solcher in der betreffenden Berufsgenossenschaft weder versicherungspflichtig ist noch von dem Recht der Selbstversicherung Gebrauch macht, § 1 Abs. 3, § 2); oder, sofern es sich um Beisitzer des Schiedsgerichts handelt, wenn er zu einer Beschäftigung übergeht, in welcher er unzweifelhaft Funktionen von Betriebsbeamten wahrnimmt (A. N. II. S. 127); ferner wenn der Berufene nachträglich die bürgerlichen Ehrenrechte einbüßt, zum Verschwender erklärt wird 2c. Vgl. auch Anm. 3 zu § 51.

[8]) großjährige. Die Großjährigkeit beginnt mit der Vollendung des 21. Lebensjahres, Ges. v. 17. 2. 75 (R.-G.-Bl. S. 71).

[9]) versicherte, auch nach § 2. Das Gesetz braucht durchweg die Bezeichnung „versicherte Personen", während das Unfallversicherungsgesetz weniger präcise von den „versicherungspflichtigen" Personen spricht.

[10]) in den Betrieben der Genossenschaftsmitglieder. Bei den einer Berufsgenossenschaft nicht zugewiesenen fiskalischen Betrieben (cf. § 102) giebt es keine Genossenschaftsmitglieder, sondern nur einzelne Betriebsverwaltungen. Da § 49 auf diese Betriebe „entsprechende" Anwendung finden soll, (vgl. Anm. 1 zu § 102), so sind auch die in den Reichs- und Staatsverwaltungen beschäftigten Personen unzweifelhaft wählbar.

Zu § 50.

[1]) Die Bildung von Schiedsgerichten als Beschwerdeinstanz wegen Feststellung der Unfallentschädigungen ist der Unfallversicherungsgesetzgebung eigenthümlich. Nur der erste Entwurf des industriellen Unfallversicherungsgesetzes von 1871 kannte dies Institut noch nicht, sah vielmehr vor, daß die Feststellung der Unfallentschädigungen in erster Instanz durch die (damals beabsichtigte) Reichsversicherungsanstalt, in den weiteren Instanzen im Rechts-

wege erfolgen solle. „Der Natur der Sache nach konnte aber gegen die Entscheidung einer dem Streit der Privatinteressen entrückten und die Bürgschaft voller Unbefangenheit in sich tragenden Reichsbehörde, der Arbeitnehmer unbedenklicher auf den kostspieligen, zeitraubenden und schwierigen Rechtsweg verwiesen werden, als gegenwärtig, wo die erste Feststellung durch die Vertreter der zahlungspflichtigen Interessenten erfolgt. Innerhalb des Systems und auf dem Boden des gegenwärtigen Entwurfs würde die Verweisung der streitigen Entschädigungsansprüche der Arbeitnehmer auf den Rechtsweg den Grundgedanken der Vorlage nicht entsprechen" (Motive zum zweiten Entwurf des industr. U.-V.-G. von 1882). Gegenwärtig unterliegen in allen Gesetzen über Unfallversicherung die Ansprüche verletzter Versicherter und ihrer Hinterbliebenen auf Unfallentschädigung

zunächst der Feststellung durch die Organe der Berufsgenossenschaft,
in erster (Berufungs-)Instanz der Entscheidung des Schiedsgerichts,
in zweiter (Rekurs-)Instanz, sofern eine solche überhaupt nachgelassen ist, der Entscheidung des Reichs-(Landes-)Versicherungsamts.

Wenn hier von nur zwei Instanzen gesprochen wird, so erklärt sich dies daraus, daß die Feststellung durch die Genossenschaftsorgane gewissermaßen die Handlung einer Partei darstellt. An sich hat der Verletzte, sofern nicht in einzelnen Fällen das Urtheil des Schiedsgerichts ungültig ist, drei Stellen, welche über seine Ansprüche entscheiden (Genossenschaftsorgane, Schiedsgericht, Reichs-Versicherungsamt). „Reichsbehörden", denen die Portofreiheit zustände, sind die Schiedsgerichte nicht, „da ihre Mitglieder als solche weder vom Kaiser oder in dessen Namen ernannt werden, noch seinen Befehlen Folge zu leisten verpflichtet sind, noch auch die Rechtsprechung der Schiedsgerichte im Namen des Reichs geübt wird". Schreiben des Reichs-Postamts v. 1. April 1886, A. N. II. S. 72. Vgl. Anm. 18 zu § 51.

[2]) jeden. Die Bezirke des Schiedsgerichts decken sich mit den Bezirken der Genossenschaftssektionen, schließen sich also enge an die Organisation der Genossenschaft selbst an, jedoch mit der Maßgabe, daß der Bundesrath die Vermehrung der Schiedsgerichte soweit anordnen kann, als das Bedürfniß (leichter Erreichbarkeit) erfordert. Denn leicht erreichbar müssen die Schiedsgerichte sein: „namentlich bei den von den Genossenschaftsorganen gar nicht oder nur theilweise anerkannten Invaliditätsfällen werden die Arbeiter das größte Gewicht darauf legen, vor dem Schiedsgerichte ihre Sache persönlich zu vertreten und sich den Schiedsrichtern vorzustellen" (Motive z. U.-V.-G. S. 66).

Bei den den Genossenschaften nicht zugewiesenen fiskalischen Betrieben wird ein Schiedsgericht mindestens für den Geschäftsbereich einer jeden Ausführungsbehörde, also ebenfalls für jeden Organisationsbezirk, errichtet, § 105.

[3]) Schiedsgericht. Die Funktionen der Schiedsgerichte ergeben sich aus § 67: sie bilden die erste und mit Rücksicht auf die Untersuchung der thatsächlichen Verhältnisse besonders wichtige Berufungsinstanz bei Feststellung der Entschädigungen aus Anlaß eines Unfalls, sowohl, was deren Höhe, als was

§ 51.

(Abs. 1.) Jedes Schiedsgericht besteht aus einem ständigen Vorsitzenden und aus vier[1]) Beisitzern.

(§ 52 in Verbindung mit § 48 Abs. 1, 2, § 49 Abs. 1 des Entwurfs; § 52 d. Komm. Beschl.) Der § 51 entspricht dem § 47 in Verbindung mit §§ 42, 43 U.-V.-G. Vgl. für die einer Berufsgenossenschaft nicht zugewiesenen Reichs- und Staatsbetriebe den § 105.

---

den Entschädigungsanspruch im Princip (letzteres mit der Ausnahme des § 68 Abs. 2) anbetrifft. Die Schiedsgerichte haben also ganz besondere Bedeutung „für die verunglückten Arbeiter oder deren Hinterbliebene, um zu ihrem Recht zu gelangen, wenn sie mit den Feststellungen der Genossenschaftsorgane nicht zufrieden sind" (Motive z. U.-V.-G. S. 66).

Das Schiedsgericht hat den Charakter eines dauernd fungirenden Spezialgerichtshofs, nicht die Bedeutung eines auf Grund eines Schiedsvertrages für einen einzelnen Fall gebildeten Schiedsgerichts im Sinne der §§ 851 fg. der Civilprozeßordnung. Anders bei der Entscheidung vermögensrechtlicher Streitigkeiten bei Abänderung des Bestandes der Genossenschaften, § 43.

[4]) Der Sitz ist an einen Ort zu legen, „an welchem ein zur Uebernahme des Vorsitzes geeigneter Staats- oder Kommunalbeamter vorhanden ist" (Motive z. U.-V.-G. S. 66). In der Industrie fällt der Sitz des Schiedsgerichts wohl ausnahmslos zusammen mit dem Sitz der Sektion, für deren Bezirk es besteht. Dies scheint durchweg auch in der Land- und Forstwirthschaft der Fall zu sein; insbesondere ist es so in Preußen, wo jeder landräthliche Kreis eine Sektion bildet und bei jeder Sektion das Schiedsgericht seinen Sitz in der Kreisstadt hat. Doch hat es sich aus praktischen Gründen nicht allgemein durchführen lassen, für jedes Schiedsgericht nun auch am selben Orte den Vorsitzenden zu ernennen. In Preußen hat man sich vielmehr aus praktischen Gründen und in der Erwägung, daß eine direkte Vorschrift des Gesetzes nicht entgegensteht, genöthigt gesehen, vielfach mehrere land- und forstwirthschaftliche, örtlich auseinanderfallende Schiedsgerichte einem an anderem Orte wohnhaften Beamten zu unterstellen, insbesondere einem Mitgliede der betr. Provinzialregierung, welcher also die verschiedenen Schiedsgerichte von seinem dienstlichen Wohnsitz aus leitet und zur Abhaltung der Termine ꝛc. Rundreisen zu unternehmen hat.

[5]) hinausgeht. Bei der Beurtheilung, ob der Bezirk eines Schiedsgerichts (Genossenschaftssektion ꝛc.) über die Grenzen eines Bundesstaats hinausgeht, ist nach der auch hier anwendbaren Auslegung, welche der Gesetzgeber den §§ 5, 6 des Ausdehnungsgesetzes (v. 28. Mai 1855, R.-G.-Bl. S. 159) in den Motiven gegeben hat, sowie nach §§ 13 Abs. 1, 44 Abs. 1 des vorliegenden Gesetzes nicht der räumliche Umfang der einzelnen zur Genossenschaft bez. zum Schiedsgericht gehörigen Betriebe, sondern die Belegenheit des Betriebssitzes maßgebend.

Zu § 51.

[1]) vier Beisitzern, und zwar nach der Zweckbestimmung und Natur des

Der Vorsitzende wird aus der Zahl der öffentlichen[2]) Beamten, mit Ausschluß der Beamten derjenigen Betriebe, welche unter dieses Gesetz fallen, von der Zentralbehörde des Landes, in welchem der Sitz des Schiedsgerichts belegen ist, ernannt. Für den Vorsitzenden ist in gleicher Weise ein Stellvertreter zu ernennen, welcher ihn in Behinderungsfällen vertritt. (Abs. 2.)

Zwei Beisitzer werden von der Genossenschaft oder, sofern die Genossenschaft in Sektionen getheilt ist, von der betheiligten Sektion gewählt[3]). Wählbar sind die Genossenschaftsmitglieder und die von denselben bevollmächtigten Leiter[4]) ihrer Betriebe, sofern sie sich im Besitze der bürgerlichen Ehrenrechte befinden, weder[5]) dem Vorstande der Genossenschaft, noch dem Vorstande der Sektion, noch den Vertrauensmännern angehören und nicht durch richterliche Anordnung in der Verfügung über ihr Vermögen beschränkt sind. (Abs. 3.)

Die beiden anderen[6]) Beisitzer werden, wenn in dem Bezirke[7]) einer Genossenschaft oder[8]) einer Sektion die Krankenversicherungspflicht[9]) für land- oder forstwirthschaftliche Arbeiter[10]) eingeführt ist, aus der Zahl der den Bestimmungen des § 49 Absatz 2 genügenden, dem Arbeiterstande[11]) angehörenden Personen seitens der Vorstände (Abs. 4.)

Schiedsgerichts, insbesondere um die Unparteilichkeit seiner Entscheidung zu sichern, aus einer gleichen Anzahl von Arbeitgebern und Arbeitnehmern.

„Im Wege der Ausführungsbestimmungen wird dafür zu sorgen sein, daß Namen und Wohnort der gewählten Beisitzer und Stellvertreter zur Kenntniß der Zentralbehörde, welche den Vorsitzenden ernennt, gelangen, damit diese die im § 48 (vgl. hier § 52) vorgesehene Bekanntmachung zu erlassen und den Vorsitzenden mit den nöthigen Mittheilungen zu versehen in der Lage ist" (Motive z. U.-V.-G. S. 67).

[2]) öffentlichen, Staats- und Kommunal-Beamten, cf. Anm. 4 zu § 50. Die Leitung des Schiedsgerichts durch einen unbetheiligten öffentlichen Beamten ist eine „Verstärkung der Bürgschaften für die Unparteilichkeit und Selbständigkeit des Schiedsgerichts" (Motive z. U.-V.-G., vgl. auch Anm. 5), die um so mehr wiegt, als der Vorsitzende von der Genossenschaft eine Vergütung nicht erhalten darf, cf. § 54.

[3]) gewählt. „Kommt bei einem Beisitzer eine der Voraussetzungen seiner Wählbarkeit in Wegfall, übernimmt z. B. ein von der Genossenschaft gewählter Beisitzer eines der im § 47 Abs. 3 (hier § 51 Abs. 3) erwähnten Genossenschaftsämter, oder hört ein von den Vertretern der Arbeiter gewählter Beisitzer auf, zu der Zahl der Versicherten zu gehören, so erlischt das Mandat und die Stellvertreter rücken in der Reihenfolge ihrer Wahl in die Stelle des Ausscheiden-

derjenigen Orts- und Betriebskrankenkassen [12]) [13]), welche in dem Bezirke der Genossenschaft beziehungsweise Sektion ihren Sitz haben und welchen mindestens zehn [14]) in Betrieben der Genossenschaftsmitglieder [15]) beschäftigte, nach § 1 versicherte Personen angehören, unter Ausschluß der Arbeitgeber [16]) gewählt. Das Wahlverfahren [17]) wird durch ein Regulativ geregelt, welches das Reichs-Versicherungsamt oder, sofern der Bezirk der Genossenschaft oder Sektion nur solche Betriebe umfaßt, deren Sitz innerhalb desselben Bundesstaates belegen ist, die Landes-Zentralbehörde oder die von dieser zu bestimmende andere Behörde erläßt. Das Wahlverfahren leitet ein Beauftragter [18]) derjenigen Behörde, von welcher das Regulativ erlassen ist.

---

den ein" (Motive z. U.-V.-G. S. 66). Ebenso A. N. IV S. 207. Ersatzwahlen haben also für ausscheidende Beisitzer, solange als Stellvertreter vorhanden sind, nicht stattzufinden. (A. N. II. S. 205). Ein Erlöschen des Mandats erfolgt auch bei der Einstellung des Betriebes (A. N. II S. 127). cf. Anm. 7 zu § 49, sowie Anm. 3 zu § 54.

„In welcher Weise die Genossenschaft, oder sofern die Genossenschaft in Sektionen getheilt ist, die Sektion die Wahl der Beisitzer vollziehen soll, wird durch das Statut zu regeln sein" (Motive z. U.-V.-G. S. 66). Wegen Annahme der Wahl und Wahrnehmung des Amts als Schiedsgerichtsbeisitzer vgl. Anm. 2 zu § 53.

Bei den einer Genossenschaft nicht zugewiesenen fiskalischen Betrieben werden diese aus dem Stande der Arbeitgeber zu bestellenden Beisitzer des Schiedsgerichts nicht gewählt (denn es fehlt dort an einer wahlfähigen Mehrheit von Genossenschaftsmitgliedern und an einer Genossenschaft oder Sektion, welche die Wahl vornehmen könnte), sondern von der Ausführungsbehörde ernannt, § 102. Sie dürfen der Ausführungsbehörde nicht angehören, vgl. Anm. 5.

[4]) Leiter ihrer Betriebe. Ihre Wahlfähigkeit hängt in diesem Falle nicht davon ab, ob das Statut ihre Wählbarkeit zu Mitgliedern des Vorstandes ausgesprochen hat, § 29 Abs. 4. cf. im Uebrigen Anm. 6, 7 zu § 29.

[5]) weder rc., weil die Genossenschaftsorgane mit der ersten Feststellung der Entschädigungsansprüche betraut sind (§§ 62 fg.), und „jede aus der Betheiligung an den Verhandlungen möglicher Weise sich ergebende Voreingenommenheit oder Einwirkung fern zu halten ist" (Motive z. U.-V.-G. S. 66).

[6]) andere Beisitzer. Darüber, daß die Beisitzer des Schiedsgerichts aus dem Arbeiterstande hier direkt durch Vorstandsmitglieder von Krankenkassen, für die Industrie indirekt durch gewählte Arbeitervertreter gewählt werden, vgl. Anm. 1 zu § 49. Die Bestimmungen über die Wahl dieser

Befinden sich in dem Bezirke der Genossenschaft beziehungsweise Sektion keine[19]) Orts- oder Betriebskrankenkassen[12]), bei denen die Voraussetzungen des Absatzes 4 zutreffen, so werden die daselbst bezeichneten beiden Beisitzer von Seiten der Vertretungen[20]) der betheiligten[21]) Gemeinden[22]) oder weiteren Kommunalverbände[23]) nach näherer Bestimmung[24]) der Landes-Zentralbehörde berufen. Das hierbei zu beobachtende Verfahren wird durch ein in Gemäßheit der Bestimmungen des Absatzes 4 zu erlassendes Regulativ[25]) geregelt. (Abs. 5.)

Schiedsgerichtsbeisitzer sind im Uebrigen den Bestimmungen des Unfallversicherungsgesetzes über die Wahl der Arbeitervertreter, welche auch dort für die Wahl der Beisitzer maßgebend sind, nachgebildet worden.

⁷) in dem Bezirk, nicht für den Bezirk. Es genügt also, daß eine einzige zum Bezirk der Berufsgenossenschaft bezw. Sektion gehörige Gemeinde die Krankenversicherungspflicht für ihren Bezirk statutarisch eingeführt hat. Die für diese Gemeinde errichtete Krankenkasse für land- und forstwirthschaftliche Arbeiter wählt dann, wenn ihr mindestens zehn Mitglieder (land- und forstw. Arbeiter) angehören, allein die Beisitzer des für den ganzen Sektionsbezirk errichteten Schiedsgerichts. Bei den einer Berufsgenossenschaft nicht zugewiesenen fiskalischen Betrieben (§ 102) können hierbei nur diejenigen statutarischen Bestimmungen berücksichtigt werden, welche für die Gemeinden gelten, in denen derartige Reichs- oder Staatsbetriebe belegen sind. Vgl. Anm. 9.

⁸) oder, je nachdem das Schiedsgericht, um dessen Zusammensetzung es sich handelt, für den Bezirk einer ganzen Genossenschaft oder für den Bezirk einer Sektion derselben errichtet ist, d. h. je nachdem die Genossenschaft selbst in Sektionen eingetheilt ist oder nicht, vgl. § 50 Abs. 1.

⁹) Krankenversicherungspflicht, sei es nach Maßgabe des Reichs-Krankenversicherungsgesetzes vom 15. Juni 1883 mit den aus den §§ 133 fg. des vorliegenden Gesetzes sich ergebenden Abweichungen, oder sei es auf Grund eines Landesgesetzes (vgl. § 133), sofern nur das letztere Orts- oder Betriebs- (Fabrik-) Krankenkassen im Sinne der §§ 16, 59 des Reichs-Krankenversicherungsgesetzes kennt.

Eine Wahl von Arbeitervertretern hat also in denjenigen Sektionen stattzufinden, in welchen (vgl. Anm. 7) auf Grund statutarischer Bestimmung von Gemeinden oder weiteren Kommunalverbänden (§ 2 Abs. 1 Ziffer 6 K.-V.-G. v. 15. Juni 1883) oder auf Grund landesgesetzlicher Bestimmung (§ 133) für land- und forstwirthschaftliche Arbeiter des Bezirks (vgl. Anm. 9) die Krankenversicherungspflicht eingeführt, und für die Versicherten Orts- oder Betriebs-Krankenkassen eingerichtet sind. Dagegen genügt es nicht, daß land- und forstwirthschaftliche Arbeiter auf Grund der ihnen gesetzlich zustehenden Berechtigung (§ 19 Abs. 1 und 3, vgl. § 26 Abs. 4 Ziffer 5 bezw. § 75 K.-V.-G.)

(Abs. 6.) Für jeden Beisitzer ist ein erster und ein zweiter Stellvertreter zu bestellen[26]), welche ihn in Behinderungsfällen zu vertreten haben.

(Abs. 7.) Die Amtsdauer der Beisitzer und Stellvertreter währt vier Jahre. Alle zwei Jahre scheidet die Hälfte der Beisitzer und ihrer Stellvertreter aus. Die erstmalig Ausscheidenden werden durch das Loos bestimmt, demnächst entscheidet das Dienstalter. Scheidet ein Beisitzer während seiner Amtsdauer aus, so treten für den Rest die Stellvertreter nach ihrer Reihenfolge für ihn ein. Ausscheidende Beisitzer und Stellvertreter können wieder[27]) bestellt werden[28]).

---

freiwillig, ohne versicherungspflichtig zu sein, einer Krankenkasse beigetreten sind; ebensowenig, wenn zwar Versicherungspflicht besteht, aber keine Krankenkassen, sondern nur Gemeindekrankenversicherungen (§§ 4 fg. K.-V.-G.) eingerichtet sind, vgl. Anm. 13.

[10]) für — Arbeiter, für alle oder für einen Theil bezw. einzelne Kategorien, z. B. nur für die landwirthschaftlichen Arbeiter, oder nur für Instleute, oder nur für Forstarbeiter 2c.

[11]) dem Arbeiterstande. Betriebsbeamte (§ 1 Abs. 4) sind also nicht wählbar. Dieselbe Bestimmung ist durch den Reichstag in das industrielle Unfallversicherungsgesetz eingefügt (cf. Sten. Ber. 1884 S. 922). Vgl. auch Anm. 6 zu § 49.

Die Wählbarkeit dieser Beisitzer der Schiedsgerichte ist nur dadurch bedingt, daß die Gewählten:

a) dem Arbeiterstande angehören, auch wenn sie selbst gleichzeitig Betriebsunternehmer sind (§ 51),
b) auf Grund dieses Gesetzes versichert,
c) männlich, großjährig, im Besitz der bürgerlichen Ehrenrechte und im Besitz der Verfügungsfähigkeit über ihr Vermögen,
d) in Betrieben von Mitgliedern der betreffenden Genossenschaft bezw. Sektion beschäftigt

sein müssen. Dagegen ist nicht erforderlich, daß die Gewählten auch Mitglieder einer wahlberechtigten Krankenkasse sind, wie es für die industrielle Unfallversicherung durch § 47 Abs. 4 des Unfallversicherungsgesetzes verlangt wird. Vgl. Anm. 3 zu § 54.

[12]) Betriebs-Krankenkassen d. h. Betriebs- (Fabrik-) Krankenkassen (§ 59 K.-V.-G.) für land- und forstwirthschaftliche Betriebe, welche letzteren eben keine Fabriken sind.

[13]) Krankenkassen. Auch nach dem industriellen Unfallversicherungsgesetz wählen die Vorstände der sog. Zwangskassen — und zwar wie hier ohne Betheiligung der im Vorstande vertretenen Arbeitgeber — die Vertreter der Arbeiter: „Das Gesetz über die Krankenversicherung der Arbeiter vom 15. Juni 1883 bietet in der durch dasselbe geschaffenen organischen Gliederung der Ar-

beiter eine geeignete Grundlage für die Zusammensetzung der . . . Arbeitervertretung . . . Die aus freier Wahl der Arbeiter hervorgegangenen Vorstandsmitglieder derjenigen Orts- und Betriebs- (Fabrik-) Krankenkassen . . ., welchen die in den Betrieben der Genossenschaftsmitglieder beschäftigten versicherten Personen angehören, werden in dem Entwurf dazu ausersehen", die Vertreter der Arbeiter zu wählen (Mot. z. U.-V.-G. S. 63).

Da die berechtigten Kassen hier ausdrücklich genannt sind, so ist die Gemeindekrankenversicherung, welche sonst in der Unfallversicherung den Krankenkassen gleichsteht, nicht wahlberechtigt, zumal dieselbe als Kommunaleinrichtung einen „Vorstand" und „Kassenmitglieder" überhaupt nicht hat. Dasselbe gilt für die Industrie &c. Ebensowenig, wie die Gemeindekrankenversicherung, sind die eingeschriebenen oder auf Grund landesrechtlicher Vorschriften errichteten Hülfskassen ohne Beitrittszwang (§ 75 K.-V.-G.) berechtigt, an der Wahl sich zu betheiligen. Die Motive zum Unfallversicherungsgesetz sagen hierüber (S. 64): „An der Wahl auch die Vorstände der eingeschriebenen freien Hülfskassen zu betheiligen, erscheint unthunlich. Der Bestand der letzteren ist, weil auf der Freiwilligkeit der Mitglieder beruhend, unsicher; die Größe der Kassenbezirke, die Unterschiede in der Organisation, sowie die Verschiedenartigkeit in der Berufsstellung der Kassenmitglieder schließen die Hineinziehung dieser Kassen als solche in die für die Unfallversicherung vorgesehene Organisation aus. Es kommt hinzu, daß die Durchführung der Wahlen zu den Vertretern der Arbeiter bei der Betheiligung der freien Kassen in manchen Fällen unverhältnißmäßig erschwert werden würde. Während bei der Beschränkung der Wahl auf die Orts-, Betriebs- (Fabrik-) und Knappschaftskassen die Anzahl der den einzelnen Kassen angehörenden Mitglieder, welche in Betrieben der betreffenden Genossenschaft beschäftigt sind, aus den Büchern des Kassenvorstandes direkt festgestellt wird, bedürfte es bei der Hineinziehung der freien Kassen einer Befragung der einzelnen Betriebsunternehmer oder der einzelnen Betriebsarbeiter, ob die letzteren freien Kassen angehören und wo deren Vorstände ihren Sitz haben. Kurz es würden unabsehbare Weiterungen erforderlich werden, welche nicht einmal die Gewähr zu bieten vermöchten, zu einem befriedigenden Ergebnisse zu kommen. Ueberdies liegt kein ausreichender Grund vor, die eingeschriebenen freien Kassen an der Wahl zu betheiligen. Denn die Mitglieder der letzteren haben auf die Theilnahme an den gesetzlich geordneten Kassen verzichtet und den Zusammenhang mit ihren Arbeitgebern selbst um den Preis, die Kassenbeiträge allein zu bezahlen, aufgegeben. Es beruht die Einrichtung (der Vertreter der Arbeiter) auf Gedanken, welchen die freien Kassen widerstreben.

Nichtsdestoweniger werden die Interessen der Mitglieder der eingeschriebenen freien Kassen, soweit dieselben durch die Vorlage berührt werden, durch (die Vertreter der Arbeiter) mitgewahrt. Die letzteren vertreten gleichmäßig alle innerhalb der Berufsgenossenschaft beschäftigten Arbeiter und sind dazu kraft des Gesetzes legitimirt."

Sie vertreten also auch die Interessen derjenigen Versicherten, welche Mitglieder der Gemeindekrankenversicherung und sonstiger nicht wahlberechtigter Kassen sind (z. B. solcher Kassen, denen weniger als 10 Versicherte angehören).

Fehlt es an einem Vorstande (z. B. wenn die Aufsichtsbehörde gemäß § 45 des Krankenversicherungsgesetzes eingetreten ist), oder will der Vorstand von dem Wahlrecht keinen Gebrauch machen, so ruht die Wahlberechtigung für die betreffende Kasse (A. N. II. S. 4).

Reisekosten rc. dürfen den Kassenvorstandsmitgliedern aus Anlaß der Wahl nicht gewährt werden. Das vorliegende Gesetz, wie das Unfallversicherungsgesetz gewährt solche Entschädigung nur den gewählten Vertretern selbst; und aus dem Vermögen der Krankenkassen dürfen derartige Ausgaben nicht gemacht werden (§§ 29, 64 K.-V.-G.), da sie nicht zu den Verwaltungskosten der Krankenkassen gerechnet werden können. Es wird sich daher ein thunlichst umfangreicher Gebrauch der Schriftlichkeit bei der Abstimmung empfehlen.

[14]) mindestens zehn. „Durch die Beschränkung der Wahlberechtigung auf diejenigen Orts- rc. Kassen, welchen mindestens zehn in den Betrieben der Genossenschaftsmitglieder beschäftigte versicherte Personen angehören, sollen im Interesse der Vereinfachung des Wahlgeschäfts diejenigen Ortskassen ausgeschlossen werden, denen nur vereinzelte Arbeiter aus der betreffenden Berufsgenossenschaft angehören; bei Betriebs- (Fabrik-) und Knappschaftskassen dürfte jene Beschränkung kaum jemals praktisch werden" (Mot. z. U.-V.-G. S. 64).

[15]) in den Betrieben der Genossenschaftsmitglieder. Bei den einer Berufsgenossenschaft nicht zugewiesenen fiskalischen Betrieben (§ 102) gibt es keine Genossenschaftsmitglieder, sondern nur einzelne Betriebsverwaltungen. Da § 51 auf diese Betriebe „entsprechende" Anwendung finden soll (cf. Anm. 1 zu § 102), so kommen bei ihnen solche Kassen in Frage, welchen mindestens 10 in dem Geschäftsbereich der betreffenden Ausführungsbehörde beschäftigte versicherte Personen angehören.

[16]) Arbeitgeber, d. h. diejenigen Arbeitgeber, welche im Kassenvorstand vertreten sind, §§ 38, 64 K.-V.-G. Das Unfallversicherungsgesetz spricht an der analogen Stelle (§ 42) präciser von den „Vertretern der Arbeitgeber".

[17]) Wahlverfahren sowie die Vertheilung der zu wählenden Personen auf die wahlberechtigten Kassen, vgl. 43, 47 Abs. 4 U.-V.-G. Für die einer Berufsgenossenschaft nicht zugewiesenen Reichs- und Staatsbetriebe wird das Regulativ durch die für den Erlaß der Ausführungsvorschriften zuständige Behörde erlassen, §§ 105, 108.

[18]) Beauftragter. Die mit der Leitung der Wahlen vom Reichs-Versicherungsamt Beauftragten genießen für ihre desfalsige Korrespondenz die Portofreiheit, weil derartige Postsendungen reine Reichs-Dienstangelegenheiten betreffen. Die Sendungen müssen aber mit der Bezeichnung: „Reichs-Dienstsache" versehen sein. Soweit die Durchführung der Unfallver-

sicherung den Landesbehörden und deren Organen oder den Berufsgenossenschaften obliegt, kann deren Korrespondenz als Reichs-Dienstsache nicht angesehen werden und der Portofreiheit nicht theilhaft werden, es müßte denn sein, daß der andere Theil eine Reichsbehörde ist und die Sendung ausschließlich ein von dieser wahrzunehmendes Interesse des Reichsdienstes betrifft. Die Postsendungen der Beauftragten der Landes-Zentralbehörde genießen hiernach die Portofreiheit im Allgemeinen nicht.

Ueberhaupt „kann die Korrespondenz in Unfallversicherungsangelegenheiten nur dann als portofreie Reichs-Dienstsache angesehen werden, wenn sie die den Reichsbehörden oder deren Organen in dieser ihrer Eigenschaft übertragene Durchführung der gesetzlichen Vorschriften über die Unfallversicherung betrifft, und wenn dieselbe lediglich in dem von der Behörde vertretenen Interesse des Reichsdienstes ergeht". Schreiben des Reichs-Postamts v. 1. April 1886, mitgetheilt A. N. II. S. 72. Vgl. Anm. 1 zu § 50. Portoerleichterungen für Drucksachen im Massenversandt sind den Berufsgenossenschaften gewährt durch Abänderung der Postordnung v. 8. März 1879, erfolgt durch den Staatssecretair des Reichs-Postamts am 16. Januar 1886. Vgl. dieselbe A. N. III. S. 3.

19) keine. Auch im Geltungsbereich des industriellen Unfallversicherungsgesetzes kommen Fälle vor, in welchen in dem Bezirk einer Berufsgenossenschaft oder Sektion keine wahlberechtigten Krankenkassen vorhanden sind, so daß die Wahl von Arbeitervertretern und demgemäß auch die Wahl der in der Industrie von den Arbeitervertretern zu wählenden Beisitzer der Schiedsgerichte aus dem Arbeiterstande nicht zu Stande kommen kann. Derartige Fälle haben sich insbesondere in der Schornsteinfeger-Berufsgenossenschaft ereignet. Dort hilft man sich mit der dem § 53 Abs. 4 des vorliegenden Gesetzes entsprechenden Bestimmung des § 49 Abs. 4 des Unfallversicherungsgesetzes, wonach die Beisitzer der Schiedsgerichte aus dem Arbeiterstande, wenn und solange die (indirekte) Wahl nicht zu Stande kommt, von der unteren Verwaltungsbehörde ernannt werden sollen. Dort aber hat man es mit einer seltenen Ausnahme zu thun, welche die Ernennung durch Behörden rechtfertigt — hier dagegen wird der Fall, daß die Schiedsgerichtsbeisitzer aus dem Arbeiterstande nicht gewählt werden können, voraussichtlich häufig eintreten, weil die Krankenversicherungspflicht für die Land- und Forstwirthschaft für jetzt nur in geringem Maße besteht und es deshalb an wahlberechtigten Kassen vielfach fehlt. Man hat es daher für die Land- und Forstwirthschaft vorgezogen, beim Mangel wahlberechtigter Krankenkassen, aber auch nur in diesem Fall, die zu den Verhandlungen des Schiedsgerichts zuzuziehenden Arbeiter durch alle betheiligten Gemeindevertretungen, welche den Versicherten doch näher stehen, als die unteren Verwaltungsbehörden, nach Mehrheitsbeschlüssen ermitteln, statt einfach durch eine Staatsbehörde oktroyiren zu lassen. In allen anderen Fällen eines Nichtzustandekommens der Wahl aber verbleibt es auch in der Land- und Forstwirthschaft bei der Bestimmung des U.-V.-G., daß der unteren Verwaltungsbehörde die Ernennung zusteht, § 53 Abs. 4.

§ 52.

Der Name und Wohnort des Vorsitzenden, sowie der Mitglieder des Schiedsgerichts und der Stellvertreter derselben ist von der Landes-Zentralbehörde (§ 51 Abs. 2) in dem zu deren amtlichen Veröffentlichungen bestimmten Blatte öffentlich bekannt zu machen.

(§ 53 d. Entw. u. d. Komm.-Beschl.) Der § 52 entspricht dem § 48 U.-V.-G.

---

[20]) Vertretungen, § 129. Wo Vertretungen der Gemeinden nicht bestehen, werden die Funktionen von den Gemeindebehörden wahrgenommen.

[21]) betheiligte, deren Betriebe zur Berufsgenossenschaft oder Sektion gehören.

[22]) Gemeinden, oder selbständigen Gutsbezirken und Gemarkungen, § 131.

[23]) weitere Kommunalverbände, § 129.

[24]) nach näherer Bestimmung. Dieselbe hat sich darauf zu erstrecken, ob den Gemeinden oder den weiteren Kommunalverbänden die Berufung zustehen soll. Diese Bestimmung erläßt jede Landes-Zentralbehörde für ihren Bezirk. Gehören dann zum Bezirk der Berufsgenossenschaft oder der Sektion bezw. des Schiedsgerichts, für welchen die Berufung erfolgt, Gebietstheile verschiedener Bundesstaaten, so regelt das Reichs-Versicherungsamt in dem von ihm zu erlassenden Wahlregulativ, wie viel Stimmen die Wahlkörper des einen Bundesstaats und wie viel Stimmen die Wahlkörper des andern Bundesstaats bei der Berufung führen sollen. Letzteres wird aber kaum vorkommen, da die an fremde Berufsgenossenschaften angeschlossenen Bundesstaaten (bezw. Theile solcher) — nur an Preußische Berufsgenossenschaften haben bisher derartige Anschlüsse stattgefunden — besondere Sektionen und Schiedsgerichtsbezirke bilden.

[25]) Regulativ, vgl. Anm. 17, 24. Die Leitung der Berufungsverhandlungen richtet sich ebenfalls nach den Bestimmungen des Abs. 4.

[26]) zu bestellen, in derselben Weise wie die Bestellung der Beisitzer selbst erfolgt, d. h. durch Wahl (Abs. 4) oder Berufung (Abs. 5).

[27]) wieder, um die Kontinuität der Entscheidungen zu wahren.

[28]) Ueber die Ablehnung des Amts, sowie darüber, daß es sich nach dem Reichsgesetz um ein Ehrenamt handelt, für dessen Wahrnehmung Entschädigungen nur beschränkt zulässig sind, vgl. § 29 Abs. 2 und § 30, welche nach § 53 Abs. 2 auf die Beisitzer des Schiedsgerichts Anwendung finden, sowie § 53 Abs. 2 selbst und § 111 Ziffer 1.

Zu § 52.

Das zu den amtlichen Veröffentlichungen der Landes-Zentralbehörde in Preußen bestimmte Blatt ist der „Reichs- und Königlich Preußische Staats-Anzeiger".

§ 53.

Der Vorsitzende und dessen Stellvertreter, die Beisitzer und deren Stellvertreter sind mit Beziehung auf ihr Amt zu beeidigen [1]). (Abs. 1.)

Auf das Amt der Beisitzer des Schiedsgerichts finden die Bestimmungen der §§ 29 Absatz 2 und 30 Anwendung [2]). Die aus der Zahl der Versicherten berufenen Beisitzer erhalten [3]) nach den (Abs. 2.)

(§ 54 d. Entw. u. d. Komm.-Beschl.) Der § 53 entspricht dem § 49 U.-V.-G. Wegen landesgesetzlicher Bestimmungen vgl. § 111 Ziffer 1; bezüglich der einer Berufsgenossenschaft nicht zugewiesenen Reichs- und Staatsbetriebe vgl. § 105.

Zu § 53.

[1]) beeidigen. Das Nähere hierüber ist durch Kais. Verordnung (§ 54) geregelt. Vgl. Anm. 6 zu § 54. Eine Eidesformel ist nicht vorgeschrieben; das R.-V.-A. schlägt eine passende Formel vor (A. N. IV. S. 284).

[2]) Anwendung. Das Amt ist also (vorbehaltlich abweichender Bestimmung von Landesgesetzen, cf. Anm. 3 i. f.) ein Ehrenamt, dessen Wahrnehmung erzwungen werden kann, vgl. Anm. 1 zu § 29, Anm. 28 zu § 51, sowie Anm. 3.

[3]) erhalten. Beide Kategorien von Beisitzern erhalten kraft des Gesetzes (vorbehaltlich abweichender Bestimmung von Landesgesetzen, cf. unten), Ersatz für baare Auslagen (Reisekosten, Zehrgelder) und zwar aus der Genossenschaftskasse, § 54 Abs. 5. Die Beisitzer aus dem Stande der Versicherten erhalten außerdem kraft des Gesetzes Ersatz für den entgangenen Arbeitsverdienst; die Beisitzer aus dem Stande der Unternehmer können eine Entschädigung für den entgangenen Zeitverlust nur dann erhalten, wenn das Statut dies vorsieht. Die Höhe der den Beisitzern aus dem Stande der Versicherten zustehenden Bezüge bestimmt das Statut; die Höhe der den Beisitzern aus dem Stande der Arbeitgeber gebührenden Sätze bestimmt die Genossenschaftsversammlung durch einfachen der Abänderung unterworfenen Beschluß, cf. Anm. 15 zu § 22. Es erscheint zulässig, den Ersatz für baare Auslagen und entgangenen Arbeitsverdienst, bez. für baare Auslagen und Zeitverlust in ungetrennter Summe oder doch derart festzusetzen, daß neben einer pauschalisirten Entschädigung nur noch Reisekosten (nach Maßgabe der Entfernungen) gewährt werden. Dies ist in der Industrie fast durchweg geschehen.

Der § 111 schreibt vor, daß die Landesgesetzgebung, wenn sie von der Befugniß des § 110 Gebrauch macht, über die Ablehnung des Amts als Schiedsgerichtsbeisitzer und über die den letzteren zu gewährenden Vergütungen ihrerseits Bestimmung zu treffen hat.

[4]) Genossenschaftsstatut. Bei den einer Berufsgenossenschaft nicht zugewiesenen fiskalischen Betrieben werden die den Beisitzern aus dem Stande der Arbeitnehmer zustehenden Vergütungssätze durch das Regulativ festgesetzt, § 105.

[5]) Festsetzung, d. h. die Anwendung der festgestellten Sätze auf den

durch das Genoſſenſchaftsſtatut[4]) zu beſtimmenden Sätzen Erſatz für den ihnen in Folge ihrer Theilnahme an den Verhandlungen entgangenen Arbeitsverdienſt. Die Feſtſetzung[5]) des Erſatzes, ſowie der baaren Auslagen erfolgt durch den Vorſitzenden.

(Abſ. 3.) Die Behörde, welche das im § 51 Abſatz 4 und 5 vorgeſehene Regulativ erlaſſen hat, iſt berechtigt[6]), die Uebernahme und die Wahrnehmung der Obliegenheiten des Amts eines Beiſitzers oder Stellvertreters durch Geldſtrafen bis zu fünfhundert Mark gegen die ohne geſetzlichen Grund[7]) ſich Weigernden zu erzwingen. Die Geldſtrafen fließen zur Genoſſenſchaftskaſſe[8]).

(Abſ. 4.) Verweigern die Gewählten gleichwohl ihre Dienſtleiſtung, oder kommt eine Wahl nicht zu Stande, ſo hat, ſolange und ſoweit dies der Fall iſt, die untere Verwaltungsbehörde[9]), in deren Bezirk der Sitz des Schiedsgerichts belegen iſt, die Beiſitzer aus der Zahl der Arbeitgeber und Arbeitnehmer zu ernennen[10]).

---

einzelnen Fall (Feſtſtellung der Entfernungen und der Reiſe- und Verhandlungstage). Der Vorſitzende ſetzt alſo die von den Empfangsberechtigten aufgeſtellte Liquidation feſt und weiſt dieſelbe zur Zahlung an. Ueber die Zuläſſigkeit einer Beſchwerde ſagt das Geſetz nichts. Da ſich das letztere aber durchweg an das Unfallverſicherungsgeſetz anlehnt, und dieſes gegen die Feſtſetzung derartiger Bezüge „generell" die Beſchwerde zuläßt (vgl. § 44 Abſ. 4 U.-V.-G. in Verbindung mit den Motiven zu § 55 a. a. O., v. Woedtke, Kommentar z. U.-V.-G. III. Aufl. Anm. 4 zu § 55), ſo wird auch hier die Beſchwerde geſtattet ſein. Die Beſchwerde ſteht ſowohl dem Beiſitzer, wie der Berufsgenoſſenſchaft zu und iſt durch Vermittelung des Vorſitzenden an das Reichs-Verſicherungsamt zu richten (A. N. II. S. 253). Die Beſchwerde hat keine aufſchiebende Wirkung; die Genoſſenſchaft darf alſo die Zahlung der angewieſenen Beträge, welche ihr obliegt, nicht verzögern, wenngleich ſie Beſchwerde einlegen will (§ 54 Abſ. 5).

[6]) berechtigt, nicht verpflichtet.

[7]) ohne geſetzlichen Grund, cf. Anm. 2, 3 zu § 29.

[8]) zur Genoſſenſchaftskaſſe, weil die „Genoſſenſchaft die ganzen Koſten des Schiedsgerichts, mit Ausnahme der etwaigen Remuneration des Vorſitzenden trägt" (Mot. z. U.-V.-G. S. 66). Bei den einer Berufsgenoſſenſchaft nicht zugewieſenen fiskaliſchen Betrieben trägt die Koſten das Reich bezw. der Staat; ihm fließen alſo auch die Strafen zu.

[9]) untere Verwaltungsbehörde, § 129, jedoch vorbehaltlich des in § 51 Abſ. 5 für die Berufung der Beiſitzer aus dem Stande der Arbeitnehmer für den Fall, daß wahlberechtigte Krankenkaſſen nicht vorhanden ſind, vorgeſchriebenen anderweiten Ermittelungsverfahrens. Vgl. Anm. 19 zu § 51.

Verfahren vor dem Schiedsgericht.

§ 54.

Der Vorsitzende beruft das Schiedsgericht und leitet[1]) die Verhandlungen[1a]) desselben. Das Schiedsgericht ist befugt, denjenigen Theil des Betriebes, in welchem der Unfall vorgekommen ist, in Augenschein zu nehmen sowie Zeugen und Sachverständige[1b]) — auch eidlich[2]) — zu vernehmen. (Abs. 1.)

Das Schiedsgericht ist nur beschlußfähig[3]), wenn außer dem Vorsitzenden eine gleiche Anzahl[4]) von Arbeitgebern und Arbeitnehmern, und zwar mindestes je einer als Beisitzer mitwirken. (Abs. 2.)

(§ 55 d. Entw. u. d. Komm.-Beschl.) Der § 54 entspricht dem § 50 U.-V.-G.

---

[10]) zu ernennen, damit im Interesse der Entschädigungsberechtigten trotz der Renitenz eine schiedsgerichtliche Entscheidung ermöglicht werde. Die Ernennung bezieht sich nach Anm. 9 im Wesentlichen nur auf den Fall der Renitenz.

Zu § 54.

[1]) leitet. Der Vorsitzende kann die Verhandlungen des Schiedsgerichts in zweckentsprechender Weise selbständig vorbereiten, insbesondere schon vor der ersten mündlichen Verhandlung Akten einfordern, Auskunft einholen, auch die von den Parteien benannten Zeugen und Sachverständigen schon zur ersten mündlichen Verhandlung, also ohne vorgängigen Beweisbeschluß des Schiedsgerichts selbst, laden (A. N. IV. S. 236).

[1a]) Verhandlungen. Die Verhandlungen des Schiedsgerichts zielen auf Ergründung materieller Wahrheit ab. Bei Erhebung des Beweises ist also das Schiedsgericht an die Anträge der Parteien nicht gebunden; es gilt vielmehr freie Beweiserhebung sowie freie Beweiswürdigung (A. N. IV. S. 236). Vgl. jedoch Anm. 2. Zum Zweck der Beweisaufnahme kann das Schiedsgericht auch das persönliche Erscheinen des Verletzten anordnen. In diesem Falle handelt es sich um einen Theil des Beweisverfahrens, was für die Kostenfrage von Bedeutung ist, vgl. Anm. 7. Die Kostenerstattung kann in solchen Fällen bei der Ladung des Verletzten in Aussicht gestellt werden, auch kann sich unter Umständen ein Benehmen mit der Berufsgenossenschaft wegen Gewährung eines Kostenvorschusses an den unvermögenden Verletzten empfehlen (A. N. IV. S. 252).

[1b]) Zeugen und Sachverständige. Nach § 17 V. über das Verfahren vor den Schiedsgerichten v. 2. November 1885 (R.-G.-Bl. S. 279) finden über die Verpflichtung, sich als Zeuge oder Sachverständiger vernehmen zu lassen, im Allgemeinen die Bestimmungen der Civilproceßordnung, über die Sätze und die Festsetzung, also auch die Anweisung der Gebühren für die Vernommenen die Bestimmungen der Gebührenordnung für Zeugen ꝛc.

(Abs. 3.) Die Entscheidungen[5]) des Schiedsgerichts erfolgen nach Stimmenmehrheit.

(Abs. 4.) Im Uebrigen wird das Verfahren vor dem Schiedsgericht durch Kaiserliche Verordnung[6]) mit Zustimmung des Bundesraths geregelt.

(Abs. 5.) Die Kosten[7]) des Schiedsgerichts, sowie die Kosten[7]) des Verfahrens vor demselben trägt die Genossenschaft[8]).

(Abs. 6.) Dem Vorsitzenden des Schiedsgerichts und dessen Stellvertreter darf eine Vergütung[9]) von der Genossenschaft nicht gewährt werden.

---

v. 30. Juni 1878 (R.-G.-Bl. S. 173) Anwendung. Das Schiedsgericht (bezw. dessen Vorsitzender) setzt den Betrag fest; die Beschwerde ist nach Maßgabe der §§ 531 bis 538 der Civilprozeßordnung (welche in § 17 der Gebührenordnung angezogen sind) durch Einreichung einer Beschwerdeschrift, und zwar, von dringenden Fällen abgesehen, regelmäßig bei dem betr. Schiedsgericht selbst, einzulegen. Letzteres kann der Beschwerde durch Beschluß Folge geben, andernfalls muß es die Sache dem R.-V.-A. zur Entscheidung vorlegen (A. N. II S. 253). Die Beschwerde hat in der Regel keine aufschiebende Wirkung, § 17 Abs. 3 V. v. 2. November 1885, § 17 Abs. 3 d. Gebührenordnung v. 30. Juni 1878, § 535 C.-P.-O.; die Genossenschaft muß also für sofortige Zahlung sorgen. Ihr bleibt überlassen, ob dies durch Begründung besonderer Zahlstellen am Sitze des Schiedsgerichts (der Sektion), oder durch Ueberweisung eigener Vorschüsse an die Schiedsgerichts-Vorsitzenden, oder wie sonst, geschehen soll. Vgl. A. N. III. S. 6.

Das Schiedsgericht hat auch Requisitionsbefugniß, § 121.

[2]) auch eidlich, wegen der Bedeutung der zur Entscheidung stehenden Streitfälle. Eideszuschiebung Seitens einer Partei oder Auferlegung des (Erfüllungs- oder Reinigungs-) Eides Seitens des Schiedsgerichts ist unzulässig (A. N. IV. S. 237).

[3]) beschlußfähig. „Durch die hinsichtlich der Beschlußfähigkeit getroffene Bestimmung soll verhütet werden, daß eine schiedsrichterliche Entscheidung anders als unter gleichmäßiger Theilnahme der den Arbeitgebern und Arbeitern entnommenen Beisitzer ergehen kann" (Mot. z. U.-V.-G. S. 67).

Die Beschlußfähigkeit setzt voraus, daß bei den Mitwirkenden die Voraussetzungen für ihre Wählbarkeit ꝛc. noch fortdauern, vgl. Anm. 7 zu § 49, Anm. 3 zu § 50. Die Schiedsgerichtsvorsitzenden sind daher angewiesen, die Personalien der Beisitzer und ihrer Stellvertreter im Auge zu behalten, bei gegebener Veranlassung die Frage nach der Berechtigung derselben, als Mitglied des Schiedsgerichts zu fungiren, auch von Amtswegen zu prüfen und behufs eventueller Feststellung, vorbehaltlich der Zuständigkeit in Streitfällen (§ 97), das Weitere zu veranlassen. Zu diesem Zweck sollen die Vorstände und Vertrauensmänner den Schiedsgerichtsvorsitzenden regelmäßig über alle Thatsachen, welche diese Berechtigung der Beisitzer und Stellvertreter betreffen, Mittheilung machen und diese Mittheilung auf alle Fälle erstrecken, welche hinsichtlich der Fortdauer dieser Befähigung zu irgend einem Zweifel Veranlassung geben (A. N. II. S. 127).

[4]) gleiche Anzahl. Sollte eine ungleiche Anzahl von Arbeitgebern und Arbeitnehmern erscheinen, so hat eine Stimmenthaltung stattzufinden, vgl. § 15 V. v. 2. 11. 85 (s. Anm. 6).

[5]) Entscheidungen, Rekurs an das Reichs-(Landes-) Versicherungsamt, vgl. § 68, „dessen Zusammensetzung für eine unparteiische Entscheidung die erforderliche Gewähr bietet" (Motive z. U.-V.-G.). Die Verhandlungen, Urkunden und Entscheidungen sind gebühren- und stempelfrei, § 122.

Die Urtheile müssen den Parteien zugestellt werden. Dies kann auch auf anderem Wege als durch die Post geschehen, jedoch muß dann stets die Thatsache und das Datum der Zustellung in den Akten urkundlich glaubhaft und unzweideutig ersichtlich gemacht werden, sei es durch Quittung des Empfängers, sei es durch Behändigungs- (nicht Absendungs-) Vermerk einer in ihrer amtlichen Eigenschaft erkennbar gemachten Person (A. N. IV. S. 238).

Eine Belehrung über Rechtsmittel bei der Zustellung von Urtheilen der Schiedsgerichte ist nicht vorgeschrieben und nicht zweckmäßig, weil der Rekurs nicht allgemein zulässig ist und über die Zulässigkeit im einzelnen Falle das R.-V.-A., nicht das Schiedsgericht entscheidet (A. N. IV. S. 238).

[6]) Kais. Verordnung, weil die Einzelbestimmungen über das Verfahren lediglich Ausführungsbestimmungen sind. Durch Artikel III der Kais. Verordnung v. 13. November 1887 (Reichs-Gesetzbl. S. 523) ist bestimmt, daß die Kais. Verordnung v. 2. November 1885 über das Verfahren vor den auf Grund des Unfallversicherungsgesetzes errichteten Schiedsgerichten (Reichs-Gesetzbl. S. 279) auf das Verfahren vor den zur Ausführung des vorliegenden Gesetzes v. 5. Mai 1886 errichteten Schiedsgerichten entsprechende Anwendung findet. Die Verordnung ist im Anhang abgedruckt.

[7]) Kosten, einschließlich der Gebühren ꝛc. für die Beisitzer, vgl. Anm. 3 zu § 53, sowie der Gebühren für die Zeugen und Sachverständigen, Anm. 1b. Aehnlich ist es wegen der Kosten des Verfahrens vor dem Reichs-Versicherungsamt, Anm. 1 zu § 99. Ueber die Portokosten des Schiedsgerichts vgl. Anm. 1 zu § 50, Anm. 18 zu § 51. Die „Kosten des Schiedsgerichts" sind die Kosten der Gerichtshaltung (z. B. Gebühren der Beisitzer, Lokalmiethe, Bureau- und Expeditionsdienst ꝛc., A. N. I. S. 222); die „Kosten des Verfahrens vor demselben" sind die Proceßkosten. Diese beiden Arten von Kosten trägt also immer die Genossenschaft, eine Erstattung derselben ist ausgeschlossen (A. N. IV S. 237); doch erscheint es fraglich, ob sich diese Verpflichtung auch auf frivol oder gar dolose verursachte Zeugengebühren erstreckt. Die den Parteien erwachsenen außergerichtlichen Kosten (Anwalts-, eigene Reisekosten ꝛc.) können nach § 18 V. v. 2. November 1885, welcher sich nur auf solche Extrajudizialien bezieht (A. N. IV S. 237), durch Entscheidung des Schiedsgerichts dem unterliegenden Gegner auf-

erlegt werden (vgl. A. N. III. S. 18), aber nur auf Antrag, welcher vor der Urtheilsfällung zu stellen ist (A. N. III. S. 17, 51; IV. S. 276); andernfalls hat jede Partei ihre eigenen Extrajudizialien selbst zu tragen (A. N. IV. S. 276). Der Unterliegende trägt also seine eigenen Extrajudizialien jederzeit selbst; die obsiegende Berufsgenossenschaft braucht dem unterliegenden Versicherten die dem letzteren entstandenen Anwalts- oder Reisekosten nicht zu erstatten. Eine Entscheidung des Schiedsgerichts, welche solche Erstattung an den Unterliegenden gleichwohl vorschreiben sollte, wäre irrthümlich (vgl. A. N. IV. S. 252). Nur in einem Falle können auch dem unterliegenden Versicherten die durch sein Erscheinen vor dem Schiedsgericht entstandenen Kosten sowie die Versäumniß von der obsiegenden Berufsgenossenschaft zu vergüten sein, nämlich dann, wenn der Versicherte nicht lediglich als Partei zur Wahrnehmung seiner Rechte, sondern auf Grund einer ausdrücklichen Anordnung des Schiedsgerichts erschienen ist, welches im Wege des Beweisverfahrens sein Erscheinen zu den Zweck vorgeschrieben hat, um durch eigene Anschauung von dem Zustande des Verletzten ein Urtheil über dessen Erwerbsunfähigkeit zu erlangen. Dann handelt es sich nicht mehr um Extrajudizialien, sondern um Kosten des Beweisverfahrens (A. N. IV. S. 253). Vgl. Anm. 1a.

Entscheidungen des Schiedsgerichts über die Kostenerstattung sind Zubehör der Entscheidung über die Hauptsache und nur in Verbindung mit der Hauptsache, nicht aber selbständig, mittelst Rekurses anfechtbar. Ist der zu erstattende Betrag der Extrajudizialien seiner Höhe nach nicht von dem Schiedsgericht, sondern demnächst von dem Vorsitzenden im Wege der Dekretur festgesetzt, so ist gegen diese Verfügung Beschwerde an das Schiedsgericht gestattet; eine weitere Beschwerde findet nicht statt (A. N. III. S. 134, IV. S. 237).

Rechtsanwaltskosten für Vertretung einer Partei vor dem Schiedsgericht (ebenso auch vor dem R.-V.-A.) sind nach freiem Ermessen und nach der von dem Anwalt zweckentsprechend verwendeten Zeit von Fall zu Fall festzusetzen; die Gebührenordnung für Rechtsanwälte v. 7. Juli 1879 (R.-G.-Bl. S. 176) findet keine Anwendung. Die Sätze sind im Allg. niedriger zu bemessen. A. N. III. S. 167, IV. S. 237.

[8]) Genossenschaft, bei den einer Genossenschaft nicht zugewiesenen fiskalischen Betrieben das Reich oder der Bundesstaat, § 102.

Die Kosten der Gerichtshaltung und des Verfahrens (cf. Anm. 7) dürfen nicht den Sektionen auferlegt werden, sind vielmehr einheitlich auf sämmtliche Genossenschaftsmitglieder umzulegen (A. N. II. S. 2); anders aber die Extrajudizialien, vgl. Anm. 2 zu § 40.

[9]) Vergütung; hierdurch „wird die Möglichkeit ausgeschlossen, dem Vorsitzenden des Schiedsgerichts und dessen Stellvertreter irgend welche Vergütung aus Genossenschaftsmitteln zu gewähren. Dies erschien nothwendig, um ihre Unabhängigkeit zu wahren" (Mot. z. U.-V.-G. S. 67).

Hiernach dürfen dem Vorsitzenden und seinem Stellvertreter auch keine Reise- und Zehrkosten aus Genossenschaftsmitteln vergütet werden. Soweit den zu Schiedsgerichts-Vorsitzenden ernannten öffentlichen Beamten nach den

VI. Feststellung und Auszahlung der Entschädigungen.

Anzeige und Untersuchung der Unfälle.

§ 55.

[1]) Von jedem[2]) in einem versicherten Betriebe vorkommenden Unfall, durch welchen eine in demselben beschäftigte[3]) Person getödtet wird oder eine Körperverletzung erleidet, welche eine Arbeitsunfähigkeit von mehr als drei Tagen[4]) oder den Tod zur Folge hat[5]), ist von dem Betriebsunternehmer bei der Ortspolizeibehörde[6]) schriftlich oder mündlich[7]) Anzeige[8]) zu erstatten. (Abs. 1.)

Dieselbe muß binnen zwei Tagen nach dem Tage erfolgen, an welchem der Betriebsunternehmer von dem Unfalle Kenntniß erlangt hat. (Abs. 2.)

(§ 56 d. Entw. u. d. Komm.-Beschl.) Der § 55 entspricht dem § 51 U.-V.-G.

---

betreffenden dienstpragmatischen Bestimmungen Reisekosten und Diäten zustehen, müssen diese von der Landesregierung getragen werden und sind in Preußen im Allgemeinen auf die Reisekosten- und Diätenfonds der Regierungen zu verrechnen. Richter erhalten als Schiedsgerichts-Vorsitzende Diäten und Reisekosten nicht nach Maßgabe der für richterliche Geschäfte in Parteisachen, sondern nach den für allgemeine Staatsbeamte geltenden Sätzen.

Auch Remunerationen dürfen den Schiedsgerichts-Vorsitzenden aus Staats- oder Reichsmitteln gewährt werden.

Zu § 55.

[1]) Die §§ 55, 56 regeln das Unfallmeldewesen, die §§ 57 bis 61 die polizeiliche Untersuchung der Unfälle.

„Für die einfache und sichere Feststellung der den Betheiligten aus der Unfallversicherung erwachsenden Entschädigungsansprüche ist es wichtig, daß die einzelnen Unfälle, welche einen Entschädigungsanspruch zur Folge haben, nicht erst durch die Erhebung des letzteren, sondern sobald als thunlich zur Kenntniß der Organe der Genossenschaft gelangen. Das Unfallmeldewesen hat außerdem nicht nur das statistische Material zu schaffen, welches für die fortschreitende Vervollkommnung der Eintheilung der Betriebe in Gefahrenklassen von Werth ist, sondern auch den Genossenschaftsvorständen und den Gewerbeaufsichtsbehörden die Kenntniß der Unfallursachen zu vermitteln, deren sie für ihre auf Verminderung der Unfälle gerichtete Thätigkeit bedürfen" (Mot. z. U.-V.-G. S. 67).

[2]) von jedem, „ohne Rücksicht darauf, ob die Entschädigung voraussichtlich von den Krankenkassen (der Gemeinde-Krankenversicherung) zu leisten oder nach diesem Gesetz zu behandeln sein wird" (Mot. z. U.-V.-G. S. 67).

[3]) eine in demselben beschäftigte Person, ohne Rücksicht auf deren Versicherung (cf. auch Anm. 1). Die Anzeige ist also auch zu erstatten, wenn

(Abs. 3.) Für den Betriebsunternehmer kann derjenige[9]), welcher zur Zeit des Unfalls den Betrieb oder den Betriebstheil, in welchem sich der Unfall ereignete, zu leiten hatte, die Anzeige erstatten; im Falle der Abwesenheit oder Behinderung des Betriebsunternehmers ist er dazu verpflichtet.

(Abs. 4.) Das Formular[10]) für die Anzeige wird vom Reichs-Versicherungsamt[11]) festgestellt.

(Abs. 5.) Die Vorstände der unter Reichs- oder Staatsverwaltung stehenden Betriebe haben die im Absatz 1 vorgeschriebene Anzeige der vorgesetzten Dienstbehörde[12]) nach näherer Anweisung derselben zu erstatten.

---

von dem Unfall nicht versicherte Betriebsbeamte mit einem Jahreseinkommen von mehr als 2000 Mark betroffen worden sind.

[4]) von mehr als 3 Tagen. Die ganz geringfügigen Unfälle, — und als solche bezeichnet das Gesetz diejenigen, welche gar keine Arbeitsunfähigkeit oder nur eine solche bis zu drei Tagen zur Folge haben, — würden im Verhältniß zu ihrer geringen Bedeutung zu viel Schreibwesen verursachen. Selbstverständlich bleiben die etwaigen Ansprüche der Beschädigten aus dem Krankenversicherungsgesetz ꝛc. unberührt; es fällt nur die Anzeige von dem Unfall und die polizeiliche Untersuchung desselben fort.

[5]) zur Folge hat. Mit voller Sicherheit lassen sich die voraussichtlichen Folgen auch geringfügiger Unfälle nicht vorher übersehen; in ihrer praktischen Anwendung aber wird diese Bestimmung zu Schwierigkeiten kaum führen, da der Unternehmer oder dessen Vertreter den Unfall, welcher gegen die ursprüngliche Annahme ernstere Folgen gehabt hat, nachträglich anzumelden haben wird, sobald er erfährt, daß die Arbeitsunfähigkeit länger dauert. Die Anzeigefrist läuft in solchem Fall erst vor dem letzteren Zeitpunkt ab. Es ergiebt sich dies aus den Motiven z. U.-V.-G. (S. 68), welche ausführen, daß die Frist so kurz wie nur möglich habe bemessen werden müssen, und deshalb auf zwei Tage von dem Tage an festgestellt worden sei, „an welchem der Verpflichtete von dem Eintritt der die Verpflichtung bedingenden Thatsache Kenntniß erhält"; die Verpflichtung wird aber nach Abs. 1 bedingt durch die Thatsache, daß die Arbeitsunfähigkeit länger als 3 Tage dauert.

Verspätete Anzeige ist straffällig, § 124 Abs. 2. Bei Verhängung der Strafe wird der Vorstand zu erörtern haben, ob die Verhältnisse eine sofortige Anzeige des Unfalls verlangt haben oder ob der Verpflichtete nach der Sachlage annehmen konnte, daß die Anzeige nicht erforderlich sein werde.

[6]) Ortspolizeibehörde, zum Zweck der thatsächlichen Feststellung und zu Zwecken der Unfallstatistik. Vgl. Abs. 5.

„Welche Behörden in den einzelnen Bundesstaaten die den Ortspolizeibehörden in diesem Gesetze zugewiesenen Funktionen zu übernehmen haben, bestimmen die zuständigen Centralbehörden, ohne hierbei auf diejenigen Behörden beschränkt zu sein, welche nach der Behördenorganisation des Landes als die Ortspolizeibehörden anzusehen sind" (Motive z. U.-V.-G. S. 68). cf. § 129.

Zuständig ist diejenige Ortspolizeibehörde, in deren Bezirk der Unfall sich ereignet hat.

[7]) oder mündlich. „Diese Vorschrift ist für ländliche Verhältnisse erforderlich und wird auch in geschäftlicher Hinsicht begründeten Bedenken nicht unterliegen" (Mot. S. 63).

[8]) Anzeige auf vorgeschriebenem Formular, vgl. Anm. 10. Mündliche Anzeigen sind auf diesem vorgeschriebenen Formular zu protokolliren. Zu weiteren Mittheilungen über den Verlauf des Unfalls sind die Betriebsunternehmer nicht verpflichtet, ebensowenig zur Vorlegung ärztlicher Atteste über die voraussichtliche Dauer der Erwerbsunfähigkeit. Diese Folgen hat vielmehr die Ortspolizeibehörde selbst zu kontroliren (A. N. I. S. 363).

[9]) kann derjenige. „Da die Anzeige oft am zweckmäßigsten nicht von dem Unternehmer selbst, welcher zur Zeit des Unfalls den Betrieb oder den betreffenden Theil desselben zu leiten hatte, erstattet wird, und da Vorsorge getroffen werden muß, daß die Anzeige auch dann nicht unterbleibt, wenn der Betriebsunternehmer durch Abwesenheit oder aus anderen Gründen an der Erstattung derselben verhindert ist, so soll der bezeichnete Betriebsleiter die Anzeige für den Unternehmer erstatten können und dazu verpflichtet sein, wenn der Unternehmer behindert oder abwesend ist" (Mot. z. U.-V.-G. S. 68).

Wer als Leiter des Betriebes oder Betriebstheiles anzusehen ist, und ob der Fall der Abwesenheit oder Behinderung des Betriebsunternehmers vorliegt, ist thatsächliche Frage. cf. Anm. 6, 7 zu § 29.

[10]) Formular, da Form und Inhalt nach den Bedürfnissen der Unfallversicherung eingerichtet werden müssen.

Das für die Industrie vorgeschriebene Formular (Bek. d. R.-V.-A. v. 11. Sept. 1885 [A. N. I. S. 222], vgl. die Erläuterungen dazu in A. N. I. S. 286 gilt auch für die Land- und Forstwirthschaft (Bek. d. R.-V.-A. v. 23. März 1888, A. N. IV. S. 199). Das Formular ist in dem vorgeschriebenen Format in den Buchhandlungen und an anderen bei der Ortspolizeibehörde zu erfragenden Stellen zu haben, und wird in der Anlage abgedruckt.

[11]) Reichs-Versicherungsamt ohne Konkurrenz des Landes-Versicherungsamts.

[12]) vorgesetzten Dienstbehörde. „Auch von den Unfällen, welche sich in den unter Verwaltung von Reichs- und Staatsbehörden stehenden Betrieben ereignen, soll von den Vorständen Anzeige an die vorgesetzte Dienstbehörde erstattet werden. Es erscheint aber gerathen, den letzteren nähere Bestimmungen über die Erstattung der Anzeige vorzubehalten" (Mot. z. U.-V.-G. S. 68). Welche Behörde als „Vorstand" im Sinne dieser Bestimmung anzusehen ist, wird die betriebsleitende bezw. die Centralbehörde bestimmen.

§ 56.

Die Ortspolizeibehörden[1]), im Falle des § 55 Absatz 5 die Betriebsvorstände[2]), haben über die zur Anzeige gelangenden Unfälle ein Unfallverzeichniß[3]) zu führen.

(§ 57 d. Entw. u. d. Komm.-Beschl.) Der § 56 entspricht dem § 52 U.-V.-G.

§ 57.

Jeder zur Anzeige gelangende[1]) Unfall, durch welchen eine versicherte Person getödtet ist oder eine Körperverletzung erlitten hat, die voraussichtlich den Tod oder eine Erwerbsunfähigkeit[2]) von mehr als dreizehn Wochen zur Folge haben wird[3]), ist von der Orts-

(§ 58 d. Entw. u. d. Komm.-Beschl.) Der § 57 entspricht dem § 53 U.-V.-G.

Zu § 56.

[1]) Ortspolizeibehörden, vgl. Anm. 6 zu § 55.

[2]) Betriebsvorstände, vgl. Anm. 12 zu § 55.

[3]) Unfallverzeichniß. „Die Vorschrift des § 62 (hier § 56) soll Sicherheit dafür gewähren, daß das die Betriebsunfälle betreffende statistische Material stets vollständig und bereit gehalten wird" (Mot. z. U.-V.-G. S. 68).

Der Begriff des Unfallverzeichnisses im Gegensatz zu bloßen Anzeigelisten bedingt die Eintragung des weiteren Verlaufs der Sache (Tod, Dauer der Arbeitsunfähigkeit). Die Ortspolizeibehörden haben zum Zweck dieser Eintragungen die Sache weiter zu verfolgen. Vgl. auch Anm. 8 zu § 55, Anm. 3 zu § 57.

Für das Unfallverzeichniß sind von den Landesregierungen nach Benehmen mit dem Reichs-Versicherungsamt im Wesentlichen übereinstimmende Formulare und Vorschriften erlassen worden. Vgl. für Preußen die Bekanntmachung v. 7. Nov. 1885 (Reichs-Anzeiger für 1885 Nr. 266 I. Beilage), welcher auch für die Land- u. Forstw. Geltung beigelegt ist. Dieselbe ist nebst Formular in der Anlage abgedruckt.

Zu § 57.

[1]) zur Anzeige gelangende. Die Behörde ist aber nicht an die Anzeige gebunden, sondern kann kraft ihrer amtlichen Stellung auch bei den auf andere Weise zu ihrer Kenntniß gelangten Unfällen ex officio einschreiten.

[2]) Erwerbsunfähigkeit im Sinne des § 6, also ohne Rücksicht darauf, ob dieselbe eine vorübergehende, völlige oder theilweise ist (ebenso A. N. II. S. 82).

[3]) zur Folge haben wird. Vgl. §§ 6, 7. Für andere geringere Unfälle erfordert dies Gesetz die polizeiliche Untersuchung nicht, da die Unfallversicherung als solche bei geringfügigeren Verletzungen nicht betheiligt ist. Um aber ein Urtheil darüber zu gewinnen, ob der Unfall voraussichtlich den Tod

polizeibehörde[4]) sobald wie möglich[5]) einer Untersuchung[6]) zu unterziehen, durch welche festzustellen[7]) sind:

1. die Veranlassung und Art des Unfalls,
2. die getödteten oder verletzten Personen,
3. die Art der vorgekommenen Verletzungen,
4. der Verbleib der verletzten Personen,
5. die Hinterbliebenen der durch den Unfall getödteten Personen, welche nach § 7 einen Entschädigungsanspruch erheben können.

---

oder eine Erwerbsunfähigkeit von mehr als 13 Wochen zur Folge haben wird, ist der Verlauf der Sache, auf welchen die Anzeige des Unternehmers sich nicht zu erstrecken hat, von der Ortspolizeibehörde von Amtswegen und selbstständig zu verfolgen. Vgl. auch Anm. 3 zu § 56.

[4]) Ortspolizeibehörde, cf. § 61 sowie Anm. 6 zu § 55.

„Für die Untersuchung der Unfälle (§§ 53, 54), welche voraussichtlich einen Entschädigungsanspruch auf Grund dieses Gesetzes zur Folge haben werden, bedarf es einer außerhalb der Parteien stehenden Instanz. Da die Genossenschaft selbst Partei ist, so liegt es am nächsten, die Feststellung des Unfalls der Ortspolizeibehörde zu übertragen. Sie hat die Autorität des öffentlichen Amts für sich, ist dem Ort des Unfalls nahe, in der Regel mit den Personen und Betrieben bekannt und zu schleunigem Eingreifen jederzeit in der Lage" (Mot. z. U.-V.-G. S. 68).

Zuständig und zur Führung der Untersuchung verpflichtet (A. N. II. S. 292) ist im Allg. (cf. § 61) diejenige Behörde, an welche die Anzeige (§ 55) erstattet ist. In Folge dieser gesetzlichen Verpflichtung besteht denn auch kein Anspruch der untersuchenden Ortspolizeibehörden auf Erstattung der durch die Unfalluntersuchung erwachsenen Kosten Seitens der Berufsgenossenschaft gemäß § 121 (A. N. III. S. 52). Dies gilt jedoch nur dann, wenn die gesetzlichen Voraussetzungen für die Unfalluntersuchung wirklich vorlagen, d. h. wenn der Unfall den Tod oder eine mehr als 13 wöchentliche Erwerbsunfähigkeit voraussichtlich zur Folge hat. Waren diese Folgen nicht vorauszusehen, und wird die Ortspolizeibehörde dennoch um Vornahme der Untersuchung unter Bezugnahme auf § 121 von der Genossenschaft ersucht, so muß sie zwar dem Ersuchen Folge leisten, kann dann aber Erstattung der Kosten beanspruchen. Die Frage, ob der Unfall derartige Folgen voraussichtlich haben wird, ist von Fall zu Fall zu prüfen. Die Genossenschaften sollen bei ihren Erklärungen genau angeben, ob sie die Erledigung kostenlos oder kostenpflichtig erwarten (Rundschreiben d. R.-V.-A. v. 11. Januar 1888). Vgl. A. N. IV. S. 232.

Nur bei Reichs- oder Staatsbetrieben wird die zur Führung der Untersuchung berufene Behörde von der vorgesetzten Dienstbehörde jedesmal besonders bestellt, § 61.

[5]) sobald wie möglich, also, falls die Bedeutung des Unfalls von vorn herein feststeht, alsbald nach der Anzeige; falls aber die längere Dauer der Erwerbsunfähigkeit (über 13 Wochen hinaus) erst später wahrscheinlich oder gewiß wird, spätestens alsdann, wenn die Ueberzeugung von dieser Bedeutung des Unfalls gewonnen worden ist.

[6]) Untersuchung. Die Unfalluntersuchung ist keine wesentliche Voraussetzung für die Erlassung des Feststellungsbescheides der Berufsgenossenschaft, auch keine nothwendige Erkenntnißquelle für die Beurtheilung des Unfalls und der Entschädigungspflicht. Die Genossenschaft kann zwar ev. durch Beschwerde bei der Dienstaufsichtsbehörde auf Einleitung und Durchführung der Untersuchung dringen, braucht aber nicht deren Durchführung abzuwarten, namentlich dann nicht, wenn alle für die Rentenfestsetzung erheblichen Thatsachen ohnedies feststehen (A. N. II S. 206). Andrerseits ist die Unfalluntersuchung sehr geeignet, um im Interesse der Genossenschaft wie des Verletzten allerlei Zweifel aufzuklären und hierdurch späteren Streitigkeiten, event. kostspieligen Beweisaufnahmen im Rekursverfahren vorzubeugen. Es liegt also namentlich im Interesse der Genossenschaft, von ihrem Rechte zur Theilnahme an den Untersuchungsverhandlungen umfassenden Gebrauch zu machen und durch geeignete Anregungen (vgl. auch § 58 Abs. 2) auf die vollständige Aufklärung des Sachverhalts hinzuwirken. (Rundschreiben d. R.-V.-A. v. 11. Januar 1888).

Im Uebrigen bleibt es der Ortspolizeibehörde überlassen, wie sie ihrer Aufgabe, die Unfalluntersuchung zu führen und dabei das Erforderliche „festzustellen", gerecht werden will. Die Genossenschaften dürfen sich also eine Leitung dieser Untersuchungsverhandlungen nicht anmaßen. Genügt ihnen das Verfahren der Ortspolizeibehörde nicht, so steht ihnen die Beschwerde bei der der Ortspolizeibehörde vorgesetzten Dienstbehörde zu. Andrerseits können die Genossenschaften zwar auch bei den Unfalluntersuchungen ebenso wie aus anderen Anlässen, nicht nur Anregungen geben, sondern auch Anträge stellen, z. B. Vernehmung bestimmt bezeichneter Zeugen, Ausgrabung einer Leiche ꝛc. Die Folge eines solchen Vorgehens würde aber sein, daß die Ortspolizeibehörde die beantragten Maßnahmen nicht mehr auf ihre Kosten als Theil der ihr obliegenden Unfalluntersuchung durchführt, sondern dieselben als Akt der Rechtshülfe (§ 121), gerichtet auf die Sicherung bestimmter Beweise, auf Verantwortung und Kosten der beantragenden Genossenschaft vornimmt (A. N. III S. 336).

[7]) festzustellen sind. „Die Untersuchung soll nicht nur diejenigen Thatsachen feststellen, welche zur Vervollständigung des statistischen Materials dienen oder für die Thätigkeit der Aufsichtsbehörden eine Bedeutung haben, sondern hauptsächlich auch diejenigen Verhältnisse thunlichst klarlegen, welche für die demnächstige Feststellung der Entschädigungsansprüche in Betracht kommen" (Mot. z. U.-V.-G. S. 68). Vgl. aber Anm. 6.

§ 58.

An den Untersuchungsverhandlungen können theilnehmen[1]: Vertreter der Genossenschaft[2], der Bevollmächtigte[3]) der[4]) Krankenkasse oder der von der Gemeindebehörde bezeichnete Arbeiter (§ 59), sowie der Betriebsunternehmer, letzterer entweder in Person oder durch einen Vertreter[5]. Zu diesem Zweck ist dem Genossenschaftsvorstande[6], dem Bevollmächtigten der Krankenkasse oder dem von der Gemeindebehörde bezeichneten Arbeiter (§ 59) und dem Betriebsunternehmer von der Einleitung[7]) der Untersuchung rechtzeitig Kenntniß zu geben. Ist die Genossenschaft in Sektionen getheilt, oder sind von der Genossenschaft Vertrauensmänner bestellt, so ist die Mittheilung von der Einleitung der Untersuchung an den Sektionsvorstand[8]) beziehungsweise an den Vertrauensmann zu richten. (Abs. 1.)

Außerdem sind, soweit thunlich, die sonstigen Betheiligten[9]) und auf Antrag und Kosten der Genossenschaft Sachverständige zuzuziehen. (Abs. 2.)

(§ 59 d. Entw. u. d. Komm.-Beschl.) Der § 58 entspricht dem § 54 U.-V.-G. Wegen der Landesgesetzgebung vgl. § 111 Ziffer 2.

Wegen Ergänzung dieser Feststellungen, welche zur Festsetzung der Entschädigung etwa nöthig erscheinen sollte, vgl. Anm. 1 zu § 62.

Die durch Vernehmung von Zeugen und Sachverständigen erwachsenen Kosten hat die Genossenschaft nur dann zu tragen, wenn Sachverständige „auf ihren Antrag" vernommen sind (A. N. II. S. 4). Die zur Feststellung der Existenz von Hinterbliebenen etwa erforderlichen (Pfarr-, Standesamts- 2c.) Atteste hat die Ortspolizeibehörde (ohne Kostenerstattung durch die Berufsgenossenschaften) zu beschaffen; derartige Atteste sind nach § 122 gebührenfrei (A. N. II. S. 12, IV. S. 232).

Zu § 58.

[1]) können theilnehmen. „Um allen hierbei in Frage kommenden Interessen gerecht zu werden, soll den Betheiligten, d. i. der Genossenschaft und den Entschädigungsberechtigten, Gelegenheit gegeben werden, sich bei den Untersuchungsverhandlungen vertreten zu lassen und von dem Ergebniß derselben Kenntniß zu nehmen" (Mot. z. U.-V.-G. S. 69).

„Ein Mitglied der Kommission vermißte eine ausdrückliche Bestimmung darüber, daß bei den Untersuchungsverhandlungen auch ein Vertreter des Beschädigten beizuziehen sei. Regierungsseitig wurde letzteres unter Hinweis auf die Motive sowie die §§ 53 und 54 Abs. 2 (hier 57 und 58 Abs. 2) als selbstverständlich bezeichnet. Man einigte sich dahin, zu Protokoll zu nehmen, daß

§ 59.

(Abs. 1.) [1]) Die Vorstände der Krankenkassen, welchen [2]) mindestens zehn in den Betrieben der Genossenschaftsmitglieder beschäftigte versicherte Personen angehören, wählen alle zwei Jahre aus der Zahl der

(§ 50 d. Entw., § 59a d. Komm.-Beschl.) Der § 59 entspricht dem § 45 U.-V.-G.

Noch zu § 58.

nach der Auffassung der verbündeten Regierungen der Beschädigte oder dessen Vertreter regelmäßig zu den Verhandlungen beigezogen werden sollte" (Komm.-Ber. z. U.-V.-G. S. 43). Vgl. Anm. 6 zu § 57.

Es genügt die Einladung. Ob derselben Folge geleistet wird oder werden kann (z. B. bei Abwesenheit, Krankheit rc.), ist ohne Bedeutung.

[2]) der Genossenschaft, welche wegen ihrer Vertretung öffentliche Behörden oder Organe anderer Genossenschaften requiriren kann, § 121. Vgl. auch Anm. 5.

[3]) Bevollmächtigte, im Interesse des Verletzten oder seiner Hinterbliebenen, aber auch im Interesse der betheiligten Krankenkassen.

[4]) der Krankenkasse, welcher der Verletzte angehört.

[5]) Vertreter, welcher sich event. zu legitimiren hat.

[6]) Genossenschaftsvorstand, bei den einer Berufsgenossenschaft nicht zugewiesenen fiskalischen Betrieben die Ausführungsbehörde, § 102. Ueber die Vertretung der Genossenschaft bei den Unfalluntersuchungen soll die Landesgesetzgebung, wenn sie von der Befugniß zur landesrechtlichen Organisation Gebrauch macht, Bestimmung treffen, § 111 Ziffer 2.

[7]) Einleitung. Die Untersuchung wird in einem zu diesem Zweck von der Polizeibehörde anzuberaumenden Termin geführt. Von diesem ist den Betheiligten „rechtzeitig", d. h. thunlichst frühzeitig, Kenntniß zu geben. Jedoch kann in dieser Beziehung eine bestimmte Direktive (wie lange vorher die Termine mitzutheilen sind) nicht gegeben werden, da die Natur der Unfalluntersuchungen oft sofortige Verhandlungen erheischt (z. B. wenn es sich um Feststellung des objektiven Thatbestandes an Ort und Stelle, um Vernehmung schwer verletzter Personen rc. handelt). Vgl. A. N. II. S. 17.

[8]) an den Sektionsvorstand rc., also immer nur an ein, und zwar an dasjenige Genossenschaftsorgan, welches der Behörde am nächsten ist. „Diese Bestimmung hat lediglich praktische Gründe. Glaubt der Vertrauensmann bezw. der Sektionsvorstand bei schwierigeren und wichtigeren Fällen, z. B. Massenunfällen, daß der Genossenschaftsvorstand zur Untersuchung hinzuzuziehen sei, so bleibt es ihm überlassen, denselben zu benachrichtigen. Welche Folge die benachrichtigte Stelle der ihr von Seiten der Ortspolizeibehörde zugehenden Mittheilung zu geben hat, wird sie nach der inneren Verfassung der Genossenschaft zu ermessen haben" (Mot. z. U.-V.-G. S. 69).

[9]) die sonstigen Betheiligten, vgl. Anm. 1.

Kassenmitglieder zum Zweck der Theilnahme an den Unfalluntersuchungen (§ 58) für den Bezirk einer oder mehrerer[3]) Ortspolizeibehörden[4]) je einen Bevollmächtigten und zwei Ersatzmänner[5]), deren Name und Wohnort den betheiligten Ortspolizeibehörden mitzutheilen ist.

Die dem Vorstande der Kasse angehörenden Vertreter der Arbeitgeber nehmen an der Wahl nicht theil. (Abs. 2.)

Zu § 59.

[1]) Auch zur Theilnahme an den Unfalluntersuchungen (§ 58) sind Vertreter der Arbeiter berechtigt, cf. Anm. 1 zu § 49. Es sind dies aber nicht dieselben Vertreter, welche als Beisitzer der Schiedsgerichte fungiren und nach § 51 von Krankenkassen gewählt oder in deren Ermangelung von den betheiligten Gemeindevertretungen durch Mehrheitsbeschlüsse berufen werden; zur Theilnahme an den Unfalluntersuchungen werden vielmehr besondere Vertreter der Arbeiter bestellt, deren Auswahl in mehrfacher Beziehung (wie auch im U.-V.-G.) abweicht. Die Abweichungen haben insbesondere in dem Bestreben ihren Grund, an den Unfalluntersuchungsverhandlungen, an welchen der Verletzte sowie seine Hinterbliebenen, außerdem aber auch die für die ersten dreizehn Wochen zur Fürsorge berufene Krankenkasse ein besonderes Interesse haben, solche Vertreter der Arbeiter zu betheiligen, welche die Verhältnisse, unter denen der Unfall sich ereignet hat, sowie die Lage der von dem Unfall betroffenen Personen aus eigener Erfahrung kennen und dabei womöglich mit dem Verunglückten Genossen einer und derselben Krankenkasse waren.

Die Abweichungen bestehen insbesondere in Folgendem:

a) Wahlberechtigt sind hier (§ 59) die Vorstände aller Kategorien von Krankenkassen, einschl. der Hülfskassen ohne Beitrittszwang, sofern sie in den Rahmen der durch das Krankenversicherungsgesetz geschaffenen organischen Gliederung der Arbeiter, welche die Grundlage für die Vertretung der Arbeiter bildet, fallen, d. h. sofern sie den Bedingungen des § 75 K.-V.-G. genügen (A. N. I. S. 289) —, dort (§ 51) nur die Vorstände von Orts- und Betriebs-Krankenkassen;

b) die Wahlberechtigung ist hier (§ 59) nicht daran gebunden, daß die Krankenversicherungspflicht für den betreffenden Bezirk eingeführt ist;

c) wählbar sind hier (§ 59) nur (gegen Unfall versicherte) Mitglieder einer wählenden Kasse, dort (§ 51) ist die Kassenmitgliedschaft nicht Bedingung (vgl. Anm. 8);

d) die Wahlperiode beträgt hier (§ 59) zwei, dort (§ 51) vier Jahre;

e) die Wahl erfolgt hier für den Bezirk einer oder mehrerer Ortspolizeibehörden, dort für den Bezirk einer Genossenschaft oder Sektion;

(Abs. 3.) Wenn ein in Gemäßheit dieser Bestimmungen gewählter Bevollmächtigter oder Ersatzmann nicht vorhanden ist, so bezeichnet die Gemeindebehörde[6]) des Ortes, an welchem der Unfall sich ereignete, auf Ersuchen[7]) der für die Untersuchung zuständigen[8]) Behörde einen Arbeiter, welcher an den Untersuchungsverhandlungen theilnehmen kann.

(Abs. 4.) Hierbei[9]) sind die Bestimmungen des § 49 zu beachten.

---

im Uebrigen hier (§ 59) seitens jeder Kasse für die Untersuchungen bei Verletzung ihrer Kassenmitglieder, dort (§ 51) für die Interessen aller Versicherten;

f) die Gewählten erhalten, wenn sie in Thätigkeit treten, hier nur Ersatz für den entgangenen Arbeitsverdienst nach den von dem Genossenschaftsstatut bestimmten Sätzen (§ 60), dort außerdem (nach den von dem Genossenschaftsstatut aufgestellten Sätzen) Reisekosten sowie Ersatz für sonstige baare Auslagen, § 53 Abs. 2.

Eine Kasse, welcher von mehreren Berufsgenossenschaften (sei es für land- und forstwirthschaftliche oder sei es für industrielle Betriebe) mindestens je 10 Arbeiter angehören, ist für jede dieser Berufsgenossenschaften wahlberechtigt. Kassen mit weniger als 10 in der betr. Sektion versicherten Mitgliedern, sowie die Gemeindekrankenversicherung sind auch hier nicht wahlberechtigt (A. N. I. S. 215, 371). Jeder Kassenvorstand ist für den ganzen Kassenbezirk nur an dem Orte wahlberechtigt, an welchem die Kasse ihren Sitz hat; örtliche Verwaltungsstellen sind nicht wahlberechtigt, und können nur insofern berücksichtigt werden, als für ihre resp. Bezirke von dem Kassenvorstande besondere Bevollmächtigte gewählt werden dürfen (A. N. I. S. 289).

[2]) welchen — angehören, vgl. Anm. 13 zu § 51.

[3]) einer oder mehrerer, nach Wahl der Kassenvorstände.

[4]) Ortspolizeibehörde (cf. Anm. 6 zu § 55), da diese die Unfall-Untersuchungen zu führen haben.

Bei den unter Reichs- oder Staatsverwaltung stehenden Betrieben werden nun aber die Unfall-Untersuchungen keineswegs ausschließlich von der Ortspolizeibehörde geführt; die betreffende Untersuchungsbehörde wird vielmehr von der vorgesetzten Dienstbehörde der betreffenden fiskalischen Verwaltung bestimmt, § 55 Abs. 5, § 61. Bei den einer Berufsgenossenschaft nicht zugewiesenen fiskalischen Betrieben (§ 102) werden daher die Kassen die Wahl dieser Vertreter der Arbeiter nicht für den Bezirk einzelner Ortspolizeibehörden, sondern für den Bezirk von Dienstbehörden (die ja auch über einen oder mehrere Ortspolizeibezirke sich erstrecken) vorzunehmen, und die Namen der Gewählten an die Dienstbehörden mitzutheilen haben. Das Nähere wird durch die Ausführungsvorschriften zu regeln sein, § 108. Bei den in einer Berufsgenossenschaft stehenden fiskalischen Betrieben (§ 109) muß es den die

Untersuchung führenden Behörden überlassen bleiben, wegen des erwählten Bevollmächtigten der Krankenkasse mit der Ortspolizeibehörde sich in Verbindung zu setzen.

5) und zwei Ersatzmänner. Die Reihenfolge, in welcher diese Personen zur Thätigkeit berufen sind, wird hier nicht bestimmt, anders wie in § 51. Es ist also auch eine Vertheilung der Funktionen unter die Vertreter und Ersatzmänner mit gegenseitiger Substitution zulässig (A. N. I. S. 216).

6) die Gemeindebehörde, § 129; event. der Gutsherr oder Gemarkungsberechtigte, § 131.

7) auf Ersuchen, d. h. von Fall zu Fall, so oft eine Untersuchung zu führen ist.

8) zuständige Behörde, im Allgemeinen die Ortspolizeibehörde, unter Umständen aber auch eine staatliche Betriebsbehörde, vgl. Anm. 4, Anm. 4 zu § 57, § 61.

9) hierbei, d. h. bei den Wahlen und bei den Berufungen, denn die Bestimmung, daß die Vorschriften des § 49 (über die Wählbarkeit) zu beachten sind, steht in einem besonderen Absatz des §.

Wählbar sind also nur:

a) Kassenmitglieder (Anm. 1 Ziffer c), welche
b) männlich und großjährig, im Besitz der bürgerlichen Ehrenrechte und im Besitz der Verfügungsfähigkeit über ihr Vermögen sind,
c) in dem Betriebe eines zu der betreffenden Berufsgenossenschaft, für welche die Wahl erfolgt, gehörigen Unternehmers beschäftigt, und
d) gegen Unfall auf Grund des vorliegenden Gesetzes versichert sind.

Sofern der betreffende Vertreter der Arbeiter zu ernennen ist, fällt das erste Erforderniß (a) für seine Befähigung fort.

Für die Industrie besteht der ausdrückliche Hinweis auf die Vorschriften für die Wählbarkeit anderer Arbeitervertreter nicht. Es ist daher in der Industrie nicht ausgeschlossen, daß dieselbe Person zum Bevollmächtigten der Krankenkasse für alle Genossenschaften bestellt werden dürfe, für welche die betreffende Kasse wahlberechtigt ist; das Reichs-Versicherungsamt jedoch hat dies mit Recht nicht als wünschenswerth bezeichnet (A. N. I. S. 216 Ziffer 6). Für die Land- und Forstwirthschaft ist eine solche gemeinsame Funktion ausdrücklich ausgeschlossen; das Princip, daß der an den Unfallunterfuchungen betheiligte Arbeiter dem Verletzten thunlichst nahe stehen soll, ist dadurch noch prägnanter hervorgehoben, um so mehr, als grade in der weitverzweigten Landwirthschaft nur ein landwirthschaftlicher Arbeiter einem andern landwirthschaftlichen Arbeiter hinsichtlich des Berufs wirklich nahe steht.

§ 60.

(Abs. 1.) Dem Bevollmächtigten der Krankenkasse oder dem von der Gemeindebehörde bezeichneten Arbeiter (§ 59), welcher an der Untersuchung des Unfalls theilgenommen hat, wird nach den durch das Genossenschaftsstatut[1]) zu bestimmenden Sätzen für den entgangenen Arbeitsverdienst[2]) Ersatz[3]) geleistet. Die Festsetzung[4]) erfolgt durch die Ortspolizeibehörde[5]).

(Abs. 2.) Von dem über die Untersuchung aufgenommenen Protokoll, sowie von den sonstigen Untersuchungsverhandlungen ist den Betheiligten auf ihren Antrag Einsicht und gegen Erstattung der Schreibgebühren Abschrift zu ertheilen.

(§ 60 d. Entw. u. d. Komm.-Beschl.) Der § 60 entspricht dem § 55 U.-V.-G. Wegen der einer Berufsgenossenschaft nicht zugewiesenen Reichs- und Staatsbetriebe vgl. § 105, wegen anderweiter landesgesetzlicher Bestimmungen vgl. § 111 Ziffer 3.

Zu § 60.

1) Genossenschaftsstatut. Bei den einer Genossenschaft nicht zugewiesenen fiskalischen Betrieben tritt an dessen Stelle das Regulativ, § 105 Abs. 2. Sofern die Landesgesetzgebung die Organisation ꝛc. der Berufsgenossenschaften geregelt hat (§ 110), soll sie auch über den Ersatz des entgangenen Arbeitsverdienstes Bestimmung treffen, § 111 Ziffer 3.

2) für den entgangenen Arbeitsverdienst, nicht aber auch für Reisekosten. Der Grund für diese einschränkende Bestimmung liegt darin, daß die Krankenkassen genöthigt werden sollen, solche Personen zu Bevollmächtigten zu bestellen, die am Ort des Unfalls oder in möglichster Nähe desselben ihren Wohnsitz haben, und denen demgemäß die persönlichen Verhältnisse des Verletzten und seiner Hinterbliebenen, sowie die technischen Einrichtungen desjenigen Betriebes, in welchem der Unfall sich ereignet hat, bekannt sind. Außerdem aber soll auch ein gewerbsmäßiges Umherreisen vermieden werden. cf. Komm.=Ber. z. U.=V.=G. S. 44. Ein Vorschlag, die Wählbarkeit zum Beauftragten der Krankenkasse vom Beschäftigungsort abhängig zu machen, ist abgelehnt worden. Vgl. auch Anm. 1 zu § 59.

Bei Bevollmächtigten, denen in Folge der Theilnahme an den Unfalluntersuchungen ein Arbeitsverdienst nicht entgeht, indem sie etwa mit festem Gehalt angestellt sind, kann auch ein Ersatz dieses ihnen nicht entgangenen Arbeitsverdienstes nicht stattfinden (A. N. II. S. 17).

3) Ersatz. Dem Vertreter der Genossenschaft ist nach § 30 Ersatz für baare Auslagen, sowie, falls das Statut dies zuläßt, Vergütung für die Zeitversäumniß zu gewähren, falls er zu den Vorständen oder zu den Vertrauensmännern gehört. Ist dies nicht der Fall, so werden die Organe der Genossenschaft nach Anm. 5 zu § 15 entsprechenden Ersatz bewilligen dürfen.

4) Festsetzung. cf. Anm. 5 zu § 53. „Gegen die Festsetzung ist die (im

§ 61.

Bei den im § 55 Absatz 5 bezeichneten Betrieben bestimmt die vorgesetzte Dienstbehörde[1]) diejenige Behörde[2]), welche die Untersuchung nach den Bestimmungen der §§ 57 und 58 vorzunehmen und die Vergütung für den Bevollmächtigten der Krankenkasse oder den von der Gemeindebehörde bezeichneten Arbeiter (§ 59) festzusetzen[3]) hat.

(§ 61 d. Entw. u. d. Komm.-Beschl.) Der § 61 entspricht dem § 56 U.-V.-G.

Entscheidung der Vorstände.

§ 62.

Die Feststellung[1]) der Entschädigungen[2]) für die durch Unfall verletzten Versicherten[3]) und für die Hinterbliebenen der durch Unfall getödteten Versicherten erfolgt[4]): (Abs. 1.)

(§ 62 d. Entw. u. d. Komm.-Beschl.) Der § 62 entspricht dem § 57 U.-V.-G. Derselbe ist für die einer Berufsgenossenschaft nicht zugewiesenen Reichs- und Staatsbetriebe durch die besondere Bestimmung des § 106 ersetzt; Bundesstaaten, welche im Wege der Landesgesetzgebung die Organisation etc. der Berufsgenossenschaften anderweit geregelt haben (§ 110), sollen auch das Organ, welches die Entschädigung festzusetzen hat, bestimmen (§ 111 Ziffer 4).

---

§ 44) generell vorgesehene Beschwerde zulässig" (Mot. z. U.-V.-G. S. 69), welche hier an die der Ortspolizeibehörde vorgesetzte Dienstbehörde zu richten ist (A. N. III. S. 324). Dieselbe entscheidet endgültig.

[5]) Ortspolizeibehörde, cf. Anm. 4 zu § 59, Anm. 6 zu § 55. Bei Unfällen, die sich in Reichs- oder Staatsbetrieben ereignen, tritt an die Stelle der betreffenden Ortspolizeibehörde diejenige Behörde, welche die den ersteren vorgesetzte Dienstbehörde bestimmt, § 61.

Zu § 61.

[1]) vorgesetzte Dienstbehörde, auf Anzeige des Betriebsvorstandes, § 55 Abs. 5. „Aus Gründen der Disciplin und der Ressortverhältnisse" ist diese Bestimmung getroffen (Mot. z. U.-V.-G. S. 68).

[2]) diejenige Behörde. Die vorgesetzte Dienstbehörde „kann also auch die Ortspolizeibehörde mit der Untersuchung betrauen" (Mot. z. U.-V.-G. S. 68).

[3]) festzusetzen, cf. Anm. 4 zu § 60. Die Beschwerde geht an die beauftragte Staatsbehörde rc.

Zu § 62.

[1]) Feststellung. Mot. z. U.-V.-G. S. 69: „Die Feststellung der Entschädigungen soll ohne weiteren Antrag der Berechtigten durch die dazu berufenen Organe der Genossenschaften von Amtswegen eingeleitet werden, und zwar

1. sofern die Genossenschaft in Sektionen eingetheilt ist, durch den Vorstand der Sektion [5]), wenn es sich handelt
   a) um den Ersatz der Kosten des Heilverfahrens [6]),
   b) um die für die Dauer einer voraussichtlich vorübergehenden [7]) Erwerbsunfähigkeit zu gewährende Rente,
   c) um den Ersatz der Beerdigungskosten [8]);
2. in allen übrigen [9]) Fällen durch den Vorstand der Genossenschaft.

Das Genossenschaftsstatut kann bestimmen, daß die Feststellung der Entschädigungen in den Fällen der Ziffern 1 und 2 durch einen Ausschuß [10]) des Sektionsvorstandes oder durch eine besondere Kommission oder durch örtliche Beauftragte (Vertrauensmänner) und in den Fällen der Ziffer 2 auch durch den Sektionsvorstand oder durch einen Ausschuß [10]) des Genossenschaftsvorstandes zu bewirken ist.

Vor der Feststellung der Entschädigung ist dem Entschädigungsberechtigten durch Mittheilung der Unterlagen [11]), auf Grund deren dieselbe zu bemessen ist, Gelegenheit zu geben [12]), sich binnen einer Frist [13]) von einer Woche zu äußern [14]).

---

unverzüglich, sobald die Thatsachen, welche die Art und den Umfang des Entschädigungsanspruchs bedingen, feststehen (§ 58) (hier § 65). In den meisten Fällen wird für diese Feststellung bereits durch die nach §§ 53 und 54 (hier §§ 57, 58) vorgenommene Untersuchung die erforderliche Grundlage gewonnen sein; soweit dieselbe der Ergänzung bedarf, können die Organe anderer Genossenschaften oder die Polizeibehörden wegen der erforderlichen Ermittelungen in Anspruch genommen werden (§ 98)" (hier §. 121). Die Unfalluntersuchung ist aber, wie schon in Anm. 6 zu § 57 bemerkt wurde und hier wegen der Wichtigkeit der Sache wiederholt werden muß, keine wesentliche Voraussetzung für die Erlassung des Feststellungsbescheides der Berufsgenossenschaften, auch keine nothwendige Erkenntnißquelle für die Beurtheilung des Unfalls und der Entschädigungspflicht (A. N. II. S. 205). Außerdem ist die Feststellung zu beschleunigen, vgl. §. 63. Hiermit steht in Zusammenhang, daß das für die Feststellung der Entschädigung zuständige Organ der Genossenschaften bezw. der Vorsitzende dieser Organe, sobald ein Entschädigungsanspruch (innerhalb der Karenzzeit oder später) erhoben oder von Amtswegen geprüft werden muß, diese Feststellung auf geeignete Weise auch seinerseits derart vorbereiten soll, daß thunlichst schon mit Beginn der 14. Woche dem Verletzten die in § 62 Abs. 3 vorgeschriebene Mittheilung gemacht werden kann (Rundschreiben d. R.-V.-A. v. 11. 1. 88).

Die Feststellung und Anweisung der Entschädigungen darf nur dann von vorn herein auf einen kalendermäßig bestimmten Endtermin beschränkt werden, wenn der Endtermin des Bezugsrechts zweifellos oder sonst kalendermäßig feststeht, z. B. Vollendung des funfzehnten Jahres eines rentenberechtigten Kindes, § 7 Ziffer 2a (A. N. II. S. 55), oder wenn zur Zeit der Erlassung des Feststellungsbescheides der Endtermin des Bezugsrechts bereits eingetreten war. Im Uebrigen ist eine Beschränkung des Bezugsrechts auf eine bestimmte Zeit durchaus unzulässig, und führt zu zahlreichen Weiterungen, wie in wiederholten Bescheiden des R.-V.-A. ausgesprochen ist. Vgl. insbesondere A. N. III. S. 351. Feststellungen sollen vielmehr in der Regel in folgender Form bewirkt werden:

„vom . . ten . . . 18 . . bis zur Beendigung des Heilverfahrens“ (wenn vorher das Maaß der Erwerbsunfähigkeit nicht übersehen werden kann), bzw.

„vom . . ten . . . 18 . . an bis auf Weiteres und zwar für die Dauer Ihrer (voraussichtlich vorübergehenden) (gänzlichen, theilweisen) Erwerbsunfähigkeit“.

(Rundschreiben d. R.-V.-A. v. 11. Januar 88). Vgl. auch Anm. 8 zu § 64.

Ein formeller Bescheid (§ 66) ist bei allen vor die Genossenschaft gelangenden, in einem derselben zugehörigen Betriebe erfolgten Unfällen unentbehrlich. In demselben ist die Entschädigungspflicht entweder anzuerkennen oder abzulehnen. Einfache Verweisung an die untere Verwaltungsbehörde ist nur dann zulässig, wenn für denjenigen Betrieb (oder Nebenbetrieb), in welchem der Unfall erfolgt war, die Mitgliedschaft zur landw. Berufsgenossenschaft nicht feststeht, § 64 Abs. 4 (A. N. II. S. 125, III. S. 28). Ein formeller Bescheid muß die Berufungsklausel enthalten (§ 67 Abs. 4), ebenso die im § 66 vorgeschriebenen Hinweise. Auch empfiehlt es sich, in den Bescheid den wesentlichen Inhalt des § 4 der V. v. 2. Nov. 85 (s. Anh.) aufzunehmen und daneben die Empfangsberechtigten darauf hinzuweisen, daß sie ihren Rechten durch Erhebung einer geringeren Rente als der, die sie beansprucht haben, nichts vergeben (Rundschreiben d. R.-V.-A. v. 11. Jan. 88). Ein formeller Bescheid wird nicht ertheilt in den Fällen des § 63 Abs. 4; wegen Unterbringung in ein Krankenhaus vgl. Anm. 3 zu § 8.

Es ist im Interesse der Versicherten und der Genossenschaft zu vermeiden, daß dieselbe Sache wegen Fehlens der nöthigen Unterlagen von den früheren Instanzen in die Vorinstanzen zurückgewiesen werden muß. Zu dem Zweck ist es in solchen Fällen, in denen das Genossenschaftsorgan den Anspruch schlechtweg abgelehnt hatte, ohne das Maaß der Entschädigung festzustellen, erforderlich, daß das Genossenschaftsorgan, sobald gegen den ablehnenden Bescheid Berufung eingelegt wird, die Unterlagen für die event. Feststellung der Höhe der Entschädigung schleunig beschafft und dem Schiedsgericht zugehen läßt, damit dann dieses und event. das R.-V.-A. in der Lage ist, event. seinerseits den Betrag der Entschädigung festsetzen zu können. Letzteres ist sehr wohl zulässig;

dem Einwande, daß hierdurch dem Betheiligten eine Instanz entzogen werde, ist damit zu begegnen, daß nicht die theoretische Frage, ob sich ein Betriebsunfall ereignet hat, sondern die konkrete Frage des geldwerthen Rentenanspruchs einer bestimmten Person der eigentliche Gegenstand der vom Entschädigungsberechtigten beantragten Entscheidung ist (Rundschr. d. R.-V.-A. v. 11. Januar 88).

[2]) Entschädigungen. Die Existenz eines Entschädigungsanspruchs ist lediglich davon abhängig, daß der Unfall „bei dem Betriebe" eines unter den § 1 fallenden Unternehmens vorgekommen ist, daß der Verletzte zu den „in" dem Betriebe beschäftigten versicherten (§§ 1, 2) Personen gehört, und daß eine Beschädigung vorliegt, für welche nach §§ 6, 7 Ersatz zu leisten ist; der Anspruch fällt bei dem Vorhandensein dieser Erfordernisse nur dann fort, wenn der Verletzte den Unfall vorsätzlich herbeigeführt hat, § 5.

[3]) verletzten Versicherten, soweit dieselben von den Berufsgenossenschaften Entschädigung zu beziehen haben, also soweit die Folgen der Verletzung über 13 Wochen hinaus währen.

Man beachte: die Feststellung des Unfalls, welcher das Eintreten der Berufsgenossenschaft zur Folge hat, die Feststellung seiner Ursachen sowie die Ermittelung der entschädigungsberechtigten Personen erfolgt nach § 57 durch die Behörden gleich nach Eintritt des Unfalls, bezw. sobald sich herausstellt, daß der Unfall voraussichtlich das Eintreten der Genossenschaft zur Folge haben wird. Die Feststellung der von der Berufsgenossenschaft zu leistenden Entschädigung erfolgt dagegen nach §§ 62, 63 im Anschluß an jene Untersuchungen (vgl. Anm. 1) durch die Organe der Genossenschaft „sobald als möglich", wenn auch zunächst nur vorläufig.

[4]) erfolgt. „Der § 57 (hier § 62) weist die Feststellung der Entschädigung in den weniger wichtigen und eiligeren Fällen den Sektionsvorständen, in den übrigen Fällen den Genossenschaftsvorständen zu. Dies entspricht dem Aufbau der Organisation auch für den Fall, wenn durch das Statut ein Theil der Last den Sektionen übertragen wird (§ 29) (hier § 40).

Dabei ist indessen vorgesehen, daß es der Genossenschaft unbenommen bleibt, durch das Statut die Feststellung der Entschädigungen je nach den besonderen Verhältnissen der Genossenschaft auch anderweitig zu regeln. Soweit bei dieser Regelung die Interessen der Genossenschaft in Frage kommen, ist es ihre Sache, dieselben zu wahren; soweit die Interessen der Arbeiter dabei betheiligt sind, enthält der § 58 (hier § 63) die gegen etwaige Verzögerungen gebotenen Kautelen. Uebrigens bietet die Nothwendigkeit der Genehmigung des Statuts und die Aufsicht des Reichs-Versicherungsamts die Gewähr, daß die Interessen der Arbeiter durch die Bestellung der mit der Feststellung der Entschädigungen betrauten Organe und deren Geschäftsführung nicht gekränkt werden. In materieller Hinsicht aber haben die Arbeiter und deren versorgungsberechtigte Hinterbliebene das Rechtsmittel der Berufung an das Schiedsgericht" (Mot. z. U.-V.-G. S. 69).

Die für die Feststellung (kraft Gesetzes oder Statuts) zuständigen Genossenschaftsorgane vertreten hierbei die Genossenschaft kraft eigenen Rechts und selbständig; ihre innerhalb der gesetzlichen oder statutarischen Zuständigkeit verbleibenden Entscheidungen unterliegen also nicht der Nachprüfung höherer Genossenschaftsorgane (A. N. I. S. 370). Dieselben Organe vertreten die Genossenschaft auch in dem demnächstigen Verfahren vor dem Schiedsgericht, jedoch kann das letztere auch Erklärungen höherer Organe der Genossenschaft berücksichtigen (A. N. III. S. 11).

Stellt sich demnächst heraus, daß ein unzuständiges Genossenschaftsorgan die Feststellung getroffen hat, so darf das Schiedsgericht nicht materiell entscheiden, sondern muß die Sache behufs anderweiter Feststellung an das zuständige Genossenschaftsorgan verweisen. (Diesen Satz hat das R.-V.-A. für den Fall aufgestellt, daß ein Sektionsvorstand eine Rente wegen vorübergehender Erwerbsunfähigkeit bewilligt hatte, diese Festsetzung aber mit der Behauptung angefochten war, daß es sich um dauernde Erwerbsunfähigkeit handele, für welche statutenmäßig der Sektionsvorstand nicht zuständig war (A. N. III. S. 9).

Für die einer Genossenschaft nicht zugewiesenen fiskalischen Betriebe haben die in den Absätzen 1 und 2 dieses § geordneten Zuständigkeiten der Genossenschaftsorgane keine Bedeutung. Für sie erfolgt „die Feststellung der Entschädigung durch die in den Ausführungsvorschriften (der Centralbehörde) zu bezeichnende Behörde“ (§ 106).

Aehnlich ist es in dem Fall, wenn die Landesgesetzgebung die Organisation zc. der Berufsgenossenschaften anderweit geregelt hat (§ 110); dann soll nämlich die Landesgesetzgebung „über das Organ, welches die Entschädigung festzustellen hat, Bestimmung treffen“ (§ 111 Ziffer 4). Natürlich kann die Landesgesetzgebung dieses wiederum dem Statut überlassen oder ausdrücklich bestimmen, daß es bei den in § 62 geordneten Zuständigkeiten lediglich bewendet.

[5]) der Sektion, der Genossenschaft, d. h. derjenigen Sektion, welche zur Leistung der Entschädigung verpflichtet ist, auch wenn sich dieselbe bei dem Ermittelungsverfahren durch andere Genossenschaften zc. hat vertreten lassen, vgl. Anm. 2 zu § 121. Wegen der durch die Festsetzungen der Sektionen und ihrer Organe verursachten Kosten vgl. Anm. 7 zu § 54.

[6]) Heilverfahren. Die Ausübung der den Genossenschaften in § 10 Abs. 4 eingeräumten Befugniß steht, sofern es sich um voraussichtlich vorübergehende Erwerbsunfähigkeit handelt, den Sektionsvorständen zu. Denselben kann diese Befugniß durch das Statut auch für andere Fälle übertragen werden, cf. Anm. 1.

[7]) voraussichtlich vorübergehend ist eine Erwerbsunfähigkeit dann, wenn sie in absehbarer, nicht zu langer Zeit (längstens binnen einigen Monaten) beseitigt sein wird. Nur für solche kleineren Fälle glaubte man den Rekurs gegen die Entscheidungen der Schiedsgerichte versagen zu können, § 68. Die Abgrenzung der Zeitbauer, welche eine Erwerbsunfähigkeit wäh-

ren kann, um als „vorübergehend" zu gelten, ist Sache der betheiligten Genossenschaftsorgane; zweckmäßig ist es die Dauer von sechs Monaten nach dem Unfall als Grenze für die „vorübergehende" Erwerbsunfähigkeit zu vereinbaren. Ob im konkreten Fall die Erwerbsunfähigkeit in diesem Sinne „voraussichtlich" vorübergehend sei, d. h. weniger als sechs Monate betragen wird, darüber ist im Allg. ärztliches Gutachten entscheidend (A. N. III. S. 137). Der Umstand allein, daß das Ende der Erwerbsunfähigkeit in ferner Zukunft wahrscheinlich ist, genügt nicht (A. N. III. S. 202). Wird es streitig, oder ist der (Sektions-)Vorstand bedenklich, ob eine Erwerbsunfähigkeit in obigem Sinne „voraussichtlich vorübergehend" ist, so ist die Sache an dasjenige Genossenschaftsorgan abzugeben, welches über den weiterreichenden Anspruch zu entscheiden hat (A. N. III. S. 9, 137). Gegen die Feststellung — nach Anm. 1 soll in den Feststellungsbescheid ein Vermerk aufgenommen sein, falls die Rente für „voraussichtlich vorübergehende" Erwerbsunfähigkeit bewilligt ist — stehen dann die gewöhnlichen Rechtsmittel, insbesondere auch darüber, ob es sich wirklich um eine „voraussichtlich vorübergehende" Erwerbsunfähigkeit handelt, zu.

„Sollte ein und derselbe Unfall zunächst dem Sektionsvorstande (Vertrauensmann) und demnächst dem Genossenschaftsvorstande Veranlassung zur Feststellung einer Entschädigung geben, z. B. wenn sich herausstellt, daß ein Verletzter nach beendigtem Heilverfahren dauernd invalide geworden ist, so wird der Genossenschaftsvorstand weder zu Gunsten, noch zu Ungunsten des Verletzten an die Unterlagen, z. B. die Lohnhöhe, gebunden sein, auf welche der Sektionsvorstand rc. seine Entscheidung gegründet hat (Mot. z. U.-V.-G. S. 70).

[8]) Ersatz der Beerdigungskosten. Der Ersatz hat nach den Bestimmungen des § 11 in der Regel an die Krankenkasse zu dem von ihr geleisteten Betrage, zur Höhe des geschuldeten Ueberschusses an die Hinterbliebenen des Verletzten selbst zu erfolgen, soweit nicht in besonderen Fällen zwischen den Organen der Unfallversicherung und den Vorständen der Krankenkassen eine anderweite Vereinbarung stattfindet.

[9]) in allen übrigen, d. h. den schwereren Fällen, (Festsetzung der Rente bei voraussichtlich nicht vorübergehender Erwerbsunfähigkeit (cf. Anm. 7), sowie der Renten der Hinterbliebenen).

[10]) Ausschuß von mindestens zwei Personen (A. N. III. S. 19), etwa am Sitze des Vorstandes. Dadurch wird bei Feststellung der Entschädigungen ein Zusammenwirken aller Vorstandsmitglieder, die vielleicht entfernt wohnen, entbehrlich (vgl. A. N. II. S. 13). Von Errichtung und Besetzung derartiger Ausschüsse (und Kommissionen) haben die Genossenschaften den Vorsitzenden sämmtlicher betheiligten Schiedsgerichte Mittheilung zu machen (A. N. III. S. 215). Die Feststellungsbescheide solcher besonderen Ausschüsse müssen von allen Mitgliedern derselben vollzogen werden; doch kann das zur Einsetzung dieses Ausschusses berufene Genossenschaftsorgan beschließen, daß nur ein Mit-

glied zu vollziehen braucht. Hiervon ist dem Schiedsgerichtsvorsitzenden Mittheilung zu machen (A. N. III. S. 377).

[11]) die Unterlagen, welche der Entschädigung zu Grunde gelegt werden sollen, sind (nach den Motiven z. U.-V.-G. S. 70) insbesondere die in Ansatz gebrachte Lohnhöhe, der anerkannte Grad der Invalidität, die Anzahl der Hinterbliebenen.

[12]) Gelegenheit zu geben, aus Zweckmäßigkeitsgründen, vgl. Anm. 14. Eine bindende Bedeutung für die demnächstige Feststellung hat die Mittheilung nicht; dieselbe ist lediglich als ein formfreies Vorbereitungsverfahren anzusehen, welches aber vorgeschrieben ist und deshalb stattfinden muß. Diese Mittheilung kann der Vorsitzende des Feststellungsorgans (welchem überhaupt die Vorbereitung obliegt, vgl. Anm. 1) selbst bewirken. Es empfiehlt sich, dem Verletzten dabei mitzutheilen, „man beabsichtige, auf Grund der betr. Unterlagen dem Feststellungsorgan vorzuschlagen, eine Rente von . . . M. zu bewilligen. Damit ist dem Verletzten ausreichende „Gelegenheit gegeben", die mitgetheilten Unterlagen in thatsächlicher Beziehung zu prüfen und sich über die Tragweite zu unterrichten, welche das Feststellungsorgan den Unterlagen für die Bemessung der Höhe der Rente voraussichtlich beilegen wird. Der Empfangsberechtigte ist berechtigt, aber nicht verpflichtet, sich zu äußern; äußert er sich, so kann die Aeußerung zur Grundlage weitergehender „Verhandlungen" zwischen ihm und der Genossenschaft gemacht werden, und derartige Vereinbarungen sind ja der erklärte Zweck dieser Verhandlungen (vgl. Anm. 14). Aeußert sich der Empfangsberechtigte nicht, so knüpfen sich an dieses Schweigen gleichwohl keine Rechtsfolgen. Das Feststellungsorgan selbst ist an die von seinem Vorsitzenden dem Entschädigungsberechtigten „mitgetheilten" Unterlagen insbesondere insoweit nicht gebunden, wie sich dieselben lediglich als ein Urtheil oder eine Schätzung des Vorsitzenden darstellen; doch werden die Vorsitzenden bald so viel praktischen Blick sich erwerben, daß ihr Urtheil in der Regel zutreffend sein wird. Schon bei „Mittheilung der Unterlagen" oder noch früher hat der Vorsitzende die Abstimmungsliste vorzubereiten oder den Termin zur Feststellungssitzung anzuberaumen, so daß spätestens in der 15. Woche die Sitzung abzuhalten bezw. schriftlich abgestimmt werden kann. Der betr. Beschluß ist in den Akten in der Wortfassung zu entwerfen und von allen Mitwirkenden zu unterschreiben (Rundschreiben d. R.-V.-A. v. 11. Januar 1888).

Ein förmlicher Bescheid muß auch im Falle der Einigung erfolgen (A. N. III. S. 136). Vgl. Anm. 1a zu § 66.

[13]) Frist. Die Normirung einer nur kurzen Frist erscheint geboten, um die Festsetzung der Entschädigung nicht ungebührlich zu verzögern. Eine solche Verzögerung würde die Interessen der Verletzten schwerer schädigen, als die gegenwärtig vorliegende Möglichkeit, daß die letzteren (z. B. durch Krankheit) behindert sein können, in der vorgeschriebenen Frist ihre Erklärung abzugeben. Uebrigens kann die Behörde die Frist erstrecken.

§ 63.

(Abs. 1.) [1]) Sind versicherte Personen in Folge des Unfalls getödtet, so haben die im § 62 bezeichneten Genossenschaftsorgane [2]) sofort [3]) nach Abschluß der Untersuchung (§§ 57 bis 61) oder, falls der Tod erst später eintritt, sobald [3]) sie von demselben Kenntniß erlangt haben, die Feststellung [4]) der Entschädigung vorzunehmen.

(Abs. 2.) Sind versicherte Personen in Folge des Unfalls körperlich verletzt [5]), so ist sobald als möglich [6]) die ihnen zu gewährende Entschädigung festzustellen.

(Abs. 3.) Für diejenigen verletzten Personen, für welche noch nach Ablauf von dreizehn Wochen eine weitere ärztliche Behandlung behufs Heilung der erlittenen Verletzungen nothwendig ist, hat sich die Feststellung [4]) zunächst mindestens auf die bis zur Beendigung des

(§ 63 d. Entw. u. d. Komm.-Beschl.) Der § 63 entspricht dem § 58 U.-V.-G.

---

[14]) sich . . zu äußern, „um durch vorgängige Verhandlungen unter den Betheiligten die Sachlage klar zu stellen und unnöthigen Verhandlungen vor den Schiedsgerichten vorzubeugen" (Mot. z. U.-V.-G. S. 70).

Zu § 63.

[1]) cf. Anm. 1 zu § 62.

[2]) Genossenschaftsorgane, bez. Behörden, vgl. Anm. 4 zu § 62.

[3]) sofort . . . sobald, cf. Anm. 1 zu § 27.

[4]) Feststellung. Darüber ist den Empfangsberechtigten ein schriftlicher, nach § 132 zuzustellender Bescheid zu ertheilen, § 66. Ueber die Form und die Vorbereitung der Feststellung vgl. Anm. 1 und 12 i. f. zu § 62.

[5]) verletzt, d. h. derart, daß sie nach §§ 6, 7 Ansprüche an die Berufsgenossenschaften geltend zu machen haben.

[6]) sobald als möglich, d. h. spätestens sofort nach beendigter Untersuchung, eventuell vorläufig, cf. Abs. 4.

[7]) zu erstrecken. Der Zusatz beruht auf Beschlüssen der Reichstagskommission und ist bestimmt, die Möglichkeit eines Vakuums auszuschließen. Falls die Genossenschaft von der Befugniß Gebrauch macht, die fernere Fürsorge für den Verletzten bis zur Beendigung des Heilverfahrens ganz oder theilweise der Krankenkasse zu übertragen (§ 10 Abs. 4), hat sich die Festsetzung auf die Ueberweisung an die Krankenkasse bezw. auf die Fortgewährung der ärztlichen Fürsorge bei der Krankenkasse sowie auf dasjenige zu erstrecken, was den Verletzten außer den Bezügen aus der Krankenkasse etwa noch von der Berufsgenossenschaft selbst an (Rente) zu leisten ist.

[8]) der Absätze 2 und 3, analog auch bei Entschädigung der Hinterbliebenen Getödteter (A. N. III. S. 19).

[9]) bis zur definitiven. Wenn solche rechtzeitig möglich ist, so bedarf es selbstverständlich einer vorläufigen Festsetzung nicht.

Heilverfahrens zu leistenden Entschädigungen zu erstrecken[7]). Die weitere Entschädigung ist, sofern deren Feststellung früher nicht möglich ist, nach Beendigung des Heilverfahrens unverzüglich zu bewirken.

In den Fällen der Absätze 2 und 3[8]) ist bis zur definitiven[9]) (Abs. 4.) Feststellung der Entschädigung noch vor Beendigung des Heilverfahrens vorläufig[10]) eine Entschädigung zuzubilligen.

§ 64.

Entschädigungsberechtigte, für welche die Entschädigung nicht (Abs. 1.) von Amtswegen[1]) festgestellt ist, haben ihren Entschädigungsanspruch bei Vermeidung des Ausschlusses vor Ablauf von zwei Jahren[2])

(§ 64 d. Entw. u. d. Komm.-Beschl.) Der § 64 entspricht dem § 59 U.-V.-G. Der Absatz 4 desselben gilt nicht für die einer Berufsgenossenschaft nicht zugewiesenen Reichs- und Staatsbetriebe (§ 103), und ist für diese durch die besondere Bestimmung des § 107 ersetzt. Wegen besonderer landesgesetzlicher Bestimmungen vgl. § 111 Ziffer 4.

---

[10]) vorläufig, d. h. in allen Fällen, in denen die Ansprüche auf Rente 2c. an sich anerkannt werden, aber dem Betrage nach noch nicht sofort festgestellt werden können (A. N. III. S. 20). Vgl. Anm. 12 zu § 62. Es handelt sich hier um einen Nothbehelf für einzelne Fälle zur Vermeidung des Vakuums. Gegen derartige vorläufige Feststellungen findet kein Rechtsmittel statt, weil es keine „Bescheide" im Sinne des Gesetzes sind (A. N. III. S. 357). Derartige vorläufige Entschädigungen sind daher mittelst einfachen Schreibens zu eröffnen und gleichzeitig mitzutheilen, daß es sich nur um eine vorläufige und überschlägliche Entschädigung bezw. um eine Abschlagszahlung unter Vorbehalt demnächstiger Verrechnung auf die endgültig festzustellenden Bezüge handele. Im Uebrigen ist die vorläufige Entschädigung in der Höhe zu bemessen, daß sie der voraussichtlichen endgültigen Rente wenigstens annähernd entspricht (Rundschreiben d. R.-V.-A. v. 11. Januar 1888).

Zu § 64.

[1]) nicht von Amtswegen, cf. Anm. 1 zu § 62. Dies kann vorkommen:

a) wenn ein in einem versicherungspflichtigen Betriebe vorgekommener Unfall nicht angemeldet und auch nicht auf andere Weise zur amtlichen Kenntniß gelangt ist;

b) wenn ein solcher Unfall zwar angemeldet, die Feststellung der Entschädigung aber unterblieben ist, z. B. um deswillen, weil eine mehr als dreizehnwöchentliche Arbeitsunfähigkeit (§ 57) nicht hat vorausgesehen werden können, und bei Ablauf von 13 Wochen die Heilung anscheinend thatsächlich eingetreten war;

c) wenn bei dem Feststellungsverfahren Entschädigungsberechtigte nicht ermittelt oder unberücksichtigt geblieben sind, indem etwa ein den

nach dem Eintritt des Unfalls[3]) bei dem zuständigen Vorstande[4]) anzumelden.

(Abs. 2.) Nach Ablauf dieser Frist ist der Anmeldung nur dann[5]) Folge zu geben, wenn zugleich glaubhaft bescheinigt[6]) wird, daß die Folgen des Unfalls erst später bemerkbar geworden sind oder daß der Entschädigungsberechtigte von der Verfolgung seines Anspruchs durch außerhalb seines Willens liegende Verhältnisse abgehalten worden ist.

(Abs. 3.) Wird der angemeldete Entschädigungsanspruch anerkannt, so ist die Höhe der Entschädigung sofort festzustellen[7]); anderenfalls ist der Entschädigungsanspruch durch schriftlichen Bescheid abzulehnen[8]).

(Abs. 4.) [9]) Ereignete sich der Unfall, in Folge dessen der Entschädigungsanspruch erhoben wird, in einem Betriebe, dessen Zugehörigkeit zu einer Genossenschaft nicht feststeht[10]), so hat die Anmeldung

---

Anspruch begründendes Verwandtschaftsverhältniß nicht anerkannt wurde;

d) wenn ein Unfall in einem Betriebe vorgekommen ist, der, obwohl versicherungspflichtig, einer Berufsgenossenschaft überhaupt nicht zugewiesen worden ist.

[2]) vor Ablauf von zwei Jahren. Der Entwurf des Unfallversicherungsgesetzes hatte nur ein Jahr in Aussicht genommen. Es handelt sich hier um eine Frist für die Geltendmachung aller nicht von Amtswegen festgestellten Ansprüche; die Frist ist vorbehaltlich der Bestimmungen des Abs. 2 eine Präklusivfrist. Die Frist beginnt, wie nach § 8 des Haftpflichtgesetzes und Art. 908 d. H.-G.-B., mit dem Eintritt des Ereignisses (Verletzung, § 64; demnächstiger Tod, § 70) ohne Rücksicht auf die Kenntniß des Berechtigten von seinem Anspruch; sie beginnt mit diesem Zeitpunkt also auch für denjenigen Verletzten, welcher anscheinend keine Nachtheile für seine Gesundheit erlitten oder doch wegen der Carenzzeit von 13 Wochen keinen Anspruch gegen die Berufsgenossenschaft erhalten hat, und bei dem sich dauernde Nachtheile aus der Verletzung erst später herausstellen.

Diese Folgen sind insofern gemildert worden, als nach den in das Gesetz übergegangenen Beschlüssen der Reichstagskommission zum Unfallversicherungsgesetz ausnahmsweise auch nach Ablauf jener Präklusivfrist die Anmeldung unter gewissen Umständen zulässig sein soll. Nach Ablauf von zwei Jahren aber hat der Verletzte bereits bei der Anmeldung seines Anspruchs glaubhafte Bescheinigungen beizubringen (d. h. durch schriftliche Urkunden wahrscheinlich zu machen), und zwar entweder darüber, daß die Verletzung und deren Folgen mit einem Betriebsunfall zusammenhängen und erst

des Entschädigungsanspruchs bei der unteren Verwaltungsbehörde[11]) zu erfolgen, in deren Bezirk der Betrieb belegen ist. Dieselbe hat den Entschädigungsanspruch mittelst Bescheides zurückzuweisen[8]), wenn sie den Betrieb, in welchem der Unfall sich ereignet hat, für nicht unter § 1 fallend[12]) erachtet; anderenfalls hat sie die Genossenschaft, welcher der Betrieb angehört, nach Maßgabe der § 44 und 45 festzustellen und, nachdem diese Feststellung erfolgt ist, den angemeldeten Entschädigungsanspruch dem zuständigen Vorstande zur weiteren Veranlassung zu überweisen, auch dem Entschädigungsberechtigten hiervon schriftlich Nachricht zu geben. Der Genossenschaftsvorstand ist befugt, gegen die von der unteren Verwaltungsbehörde getroffene Feststellung binnen einer Woche nach der Ueberweisung Widerspruch[13]) zu erheben. Sofern dies geschieht, hat die untere Verwaltungsbehörde die Entscheidung des Reichs-Versicherungsamts[14]) einzuholen.

---

später, d. h. nach Ablauf der zwei Jahre, bemerkbar geworden sind, oder darüber, daß er von der Verfolgung seines Anspruchs durch außerhalb seines Willens liegende Verhältnisse (z. B. längere Abwesenheit) abgehalten worden ist.

Während also das Haftpflichtgesetz die Verfolgung eines Entschädigungsanspruchs nach Ablauf von zwei Jahren ausschließt, wird dieselbe nach dem Unfallversicherungsgesetz nur erschwert. Hierin liegt eine gewichtige Konzession an die Empfangsberechtigten. Andererseits konnte aber von der Festsetzung einer Frist für die Anmeldung im Interesse der Genossenschaften nicht Abstand genommen werden, weil der Zusammenhang zwischen dem Unfall und den angeblich später auftretenden Folgen desselben um so schwerer zu erkennen sein wird, je später hierüber Erhebungen angestellt werden, und weil die Berufsgenossenschaft ein erhebliches Interesse daran hat, daß nicht erst nach Ablauf längerer Zeit Nachforschungen für längst vergangene Fälle gegen sie erhoben werden. Die Berufsgenossenschaft muß gegen frivole Ansprüche, welche ja kostenlos erhoben werden können, geschützt werden (Komm.-Ber. z. U.-V.-G. S. 41).

Darüber, wann die Frist endigt, vgl. Anm. 3 zu § 132.

Mit dem Tage, an welchem die Frist abläuft, muß die Anmeldung bei der zuständigen Instanz eingegangen sein. Ein Ruhen der Frist während derjenigen Zeit, in welcher das einer unzuständigen Behörde eingereichte Schriftstück an die zuständige Behörde abgegeben wird, kennt das Gesetz nicht.

[3]) nach dem Eintritt des Unfalls. War der Tod erst später eingetreten, so läuft die Präklusivfrist für die Geltendmachung aller nicht von

Amtswegen geprüften Entschädigungsansprüche von Hinterbliebenen erst von dem Tode des Verletzten an, § 70.

[4]) Vorstand, bei den einer Genossenschaft nicht zugewiesenen fiskalischen Betrieben die in den Ausführungsvorschriften bezeichnete, zur Feststellung der Entschädigung berufene Behörde, § 102.

In Bundesstaaten, in welchen von der Befugniß des § 110, die Organisation rc. der Berufsgenossenschaften landesgesetzlich zu regeln, Gebrauch gemacht ist, muß „das Organ, bei welchem der Entschädigungsanspruch anzumelden ist und welches die Entschädigung festzustellen und hierüber den Bescheid zu ertheilen hat", durch Landesgesetz bezeichnet werden, § 111 Ziffer 4.

[5]) nur dann, cf. Anm. 3.

[6]) bescheinigt, cf. Anm. 3.

[7]) festzustellen, nach Maßgabe der §§ 62, 63. Gleichzeitig wird der Vorstand eventuell über die Bestrafung des mit der Anzeige säumigen Unternehmers (§ 124 Abs. 2) zu befinden und der Ortspolizeibehörde zur Berichtigung des Unfallverzeichnisses (§ 56) Mittheilung zu machen haben.

[8]) festzustellen . . . abzulehnen . . . zurückzuweisen; wegen der Form, der in den Bescheid aufzunehmenden Belehrungen und wegen der Zustellung (gegen Posteinlieferungs-, nicht gegen Rückschein, A. N. III. S. 27) vgl. Anm. 12 zu § 62 sowie §§ 67, 132. Das Genossenschaftsorgan darf die Verhandlung und Bescheidung nicht ablehnen, wenn es die Entschädigungsverpflichtung um deswillen bestreitet, weil der Unfall nicht „bei dem Betriebe" eingetreten sei, muß dann vielmehr einen formellen ablehnenden Bescheid erlassen, gegen welchen die Rechtsmittel (Berufung an das Schiedsgericht rc.) gegeben sind (A. N. II. S. 158, I. S. 371). Vgl. auch Anm. 1 zu § 62, sowie Anm. 10.

[9]) Auf die einer Berufsgenossenschaft nicht zugewiesenen fiskalischen Betriebe findet Abs. 4 dieses § keine Anwendung. Wenn dort die zur Feststellung der Entschädigung berufene Behörde (§ 106) die Entschädigung um deswillen ablehnt, weil der Betrieb oder derjenige Theil der Verwaltung, in welchem der Unfall sich ereignet hat, nicht unter das Gesetz fällt, so bedarf es nur einer Bestimmung über das hiergegen zustehende Rechtsmittel. Dieses wird durch § 107, analog dem § 64 Abs. 4, in der Beschwerde an das Reichs- (Landes-) Versicherungsamt, ohne daß ein Umweg über ein Genossenschaftsorgan nöthig wäre, gegeben.

[10]) nicht feststeht. Mitgliedscheine, an welche der analoge § 59 Abs. 4 des Unfallversicherungsgesetzes anknüpft, werden in der Land- und Forstwirthschaft nicht ertheilt. Die Zugehörigkeit der einzelnen Betriebe zu den landw. Berufsgenossenschaften ist aber nach deren Veranlagung und Abschätzung, eventuell nach der sonstigen Heranziehung zu den Beiträgen, die Zugehörigkeit zu anderen Berufsgenossenschaften nach dem Mitgliedschein festzustellen. Mot. z. U.-V.-G. S. 70: „Ebenso kann der Fall vorkommen, daß Entschädigungsansprüche aus Anlaß eines Unfalls erhoben werden, welcher sich in einem einer Genossenschaft nicht zugewiesenen Betriebe ereignete. Wird ein solcher An-

§ 65.

Die Mitglieder der Genossenschaften sind verpflichtet, auf Er=

(§ 65 d. Entw. u. d. Komm.-Beschl.) Der § 65 entspricht dem § 60 U.-V.-G.

spruch innerhalb der für alle nicht von Amtswegen geprüften" (bezw. festgestellten) „Ansprüche geltenden Präklusivfrist von (.... zwei Jahren ....) erhoben, so wird die untere Verwaltungsbehörde festzustellen haben, ob der Betrieb, in dem der Unfall sich ereignet hat, unter den § 1 fällt oder nicht. Im letzteren Falle muß der Anspruch abgewiesen, im ersteren Falle die Zuweisung des Betriebes zu einer Genossenschaft nachträglich bewirkt und demnächst das ordentliche Entschädigungsverfahren eingeleitet werden .... Wenn eine Genossenschaft die von der unteren Verwaltungsbehörde angenommene Zugehörigkeit des Betriebes zu ihr bestreitet, (hat) schließlich das Reichs-Versicherungsamt die Frage auf Betreiben der unteren Verwaltungsbehörde zu entscheiden. Weist die untere Verwaltungsbehörde den Verletzten oder dessen Hinterbliebene um deswillen ab, weil sie den Betrieb für nicht versicherungspflichtig erachtet, so kann dem Verletzten oder seinen Hinterbliebenen die Beschwerde an das Reichs-Versicherungsamt nicht verschränkt werden (§ 62)" (hier § 67).

Die ganze Vorschrift bezieht sich nur auf solche Betriebe, welche überhaupt „noch keiner der bestehenden (landw. oder industr.) Berufsgenossenschaften zugewiesen sind". Handelt es sich dagegen im konkreten Fall um die Frage, ob ein Unfall bei einem landw. Betriebe oder einem industriellen Betriebe (welche verschiedenen Berufsgenossenschaften angehören) sich zugetragen hat, oder ob überhaupt ein Unfall „bei dem Betriebe" vorliegt, so ist nicht dieser § 64 Abs. 4 anzuwenden, sondern die Frage ist selbständig von dem damit befaßten Genossenschaftsorgane bezw. von den höheren Instanzen zu entscheiden. A. N. III. S. 210. Vgl. Anm. 8.

11) untere Verwaltungsbehörde, § 129. Bei landesgesetzlicher Regelung (§ 110) vgl. Anm. 4.

12) nicht unter § 1 fallend. In diesem Falle findet die Beschwerde an das Reichs- (Landes-) Versicherungsamt statt, § 67 Abs. 1.

13) Widerspruch. Auf diese Weise wird die Sache, wie nach § 37 des Unfallversicherungsgesetzes, in höchster Instanz zum Austrag gebracht.

14) Reichs-Versicherungsamt, eventuell Landes-Versicherungsamt, § 101. Das letztere hat aber unter Umständen die Sache an das Reichs-Versicherungsamt abzugeben, wenn es sich herausstellt, daß der qu. Betrieb einer unter der Aufsicht eines anderen Versicherungsamts stehenden anderen Berufsgenossenschaft anzugehören scheint. Vgl. § 101 Abs. 2, sowie Anm. 1 ad f) zu § 75. Hierdurch ist der Möglichkeit eines negativen Kompetenzkonflikts vorgebeugt.

Zu § 65.

Die Bedeutung dieses § beschränkt sich in der Land- und Forstwirthschaft

fordern der Behörden und Vorstände (Ausschüsse derselben, besondere Kommissionen, Vertrauensmänner) (§ 62) binnen einer Woche diejenigen Lohn- und Gehaltsnachweisungen zu liefern, welche zur Feststellung der Entschädigung erforderlich sind.

§ 66.

[1]) Ueber die Feststellung der Entschädigung hat[1a]) der Vorstand[2]) (Ausschuß, Vertrauensmann), welcher dieselbe vorgenommen hat, dem Entschädigungsberechtigten einen schriftlichen Bescheid[3]) zu ertheilen[4]), aus welchem die Höhe der Entschädigung und die Art ihrer Berechnung zu ersehen ist. Bei Entschädigungen für erwerbsunfähig gewordene Verletzte ist namentlich anzugeben, in welchem Maaße die Erwerbsunfähigkeit angenommen worden ist.

(§ 66 d. Entw. u. d. Komm.-Beschl.) Der § 66 entspricht dem § 61 U.-V.-G. Darüber, dass durch Landesgesetzgebung ein anderes Organ die hier verordneten Funktionen überkommen kann, vgl. § 111 Ziffer 4.

---

auf verletzte Betriebsbeamte, für welche die Rente nach Maßgabe des individuellen Verdienstes berechnet wird, während bei Arbeitern Durchschnittssätze zu Grunde gelegt werden, § 6 Abs. 2, 3.

Bei Berechnung des Jahresverdienstes sind feste Naturalbezüge mit in Rechnung zu bringen, § 3.

Ungehorsam ist strafbar nach § 124; unrichtige Angaben unterliegen der Strafbestimmung des § 123. Die Angaben können durch Beauftragte der Genossenschaften kontrolirt werden, § 90.

Zu § 66.

[1]) „Als Abschluß der Verhandlungen ist dem Entschädigungsberechtigten ein schriftlicher Bescheid zu ertheilen, welcher alle für die Berechnung der Höhe der Entschädigung maßgebend gewesenen Faktoren angiebt.

Auf Grund dieses Bescheides ist der Entschädigungsberechtigte in der Lage, zu prüfen, ob er bei der Festsetzung der Höhe der Entschädigung sich beruhigen, oder die schiedsgerichtliche Entscheidung anrufen will.

Außer diesem Bescheide empfängt der Entschädigungsberechtigte seitens der Genossenschaft eine Bescheinigung über die ihm zustehenden Bezüge unter Angabe der mit der Auszahlung beauftragten Postanstalt und der Zahlungstermine (§ 69). Auf Grund dieses Berechtigungsausweises kann er unbeschadet einer etwaigen Berufung an das Schiedsgericht die festgestellten Beträge erheben" (Mot. z. U.-V.-G. S. 71), da die Berufung keine aufschiebende Wirkung hat, § 67 Abs. 4. Auch vergiebt sich der Berechtigte nichts, wenn er zunächst die ihm zugebilligte geringere Rente erhebt, vgl. Anm. 1 zu § 62. Wegen etwaiger Wiedereinziehung gezahlter Beträge in Folge der späteren Entscheidungen vgl. Anm. 3 zu § 69.

Berufung gegen die Entscheidung der Behörden und Genossenschaftsorgane.

§ 67.

Gegen den Bescheid der unteren Verwaltungsbehörde[1]), durch (Abs. 1.) welchen der Entschädigungsanspruch aus dem Grunde abgelehnt wird, weil der Betrieb, in welchem der Unfall sich ereignet hat, für nicht unter § 1 fallend erachtet wird (§ 64 Abs. 4), steht dem Verletzten und seinen Hinterbliebenen die Beschwerde an das Reichs-Versicherungsamt[2]) zu. Dieselbe ist binnen vier Wochen[3]) nach der Zustellung des ablehnenden Bescheides bei[3a]) der unteren Verwaltungsbehörde[1]) einzulegen.

Gegen den Bescheid, durch welchen der Entschädigungsanspruch (Abs. 2.) aus einem anderen als dem vorbezeichneten Grunde abgelehnt wird

(§ 67 d. Entw. u. d. Komm.-Beschl.) Der § 67 entspricht dem § 62 U.-V.-G. Für die einer Berufsgenossenschaft nicht zugewiesenen Reichs- und Staatsbetriebe (§ 102) gilt § 67 Abs. 1 nicht (§ 103), und ist durch die analoge Bestimmung des § 107 ersetzt.

[1a]) hat, also obligatorisch. Ein Verzicht auf förmlichen Bescheid ist unzulässig (A. N. III. S. 136). Vgl. auch Anm. 1 und 12 i. f. zu § 62.

[2]) Vorstand. Wegen der Staats- und Reichsbetriebe und wegen anderweiter Bestimmung des mit der Bescheidung betrauten Organs durch die Landesgesetzgebung vgl. Anm. 4 zu § 64, bezw. §§ 102, 111 Ziffer 4.

[3]) Bescheid. Ueber den weiteren Inhalt des Bescheides vgl. § 67 Abs. 4 sowie Anm. 1 i. f. zu § 62. Ein solcher formeller Bescheid ist auch nothwendig, wenn die Genossenschaft auf Grund des § 8 freie Kur und Verpflegung in einem Krankenhause gewähren, oder wenn sie nach § 72 Ausländer durch Kapital abfinden will (A. N. III. S. 18).

Durch diesen Feststellungsbescheid wird für die Entschädigungsberechtigten ein selbständiges Recht begründet, welches der einseitigen Einwirkung des Genossenschafts- oder Sektionsvorstandes bezw. Vertrauensmanns auch dann, wenn der Bescheid offenbar falsch ist, entzogen ist. Den Berechtigungsausweis (§ 69) muß vielmehr der Genossenschaftsvorstand lediglich auf Grund dieses Feststellungsbescheides ausstellen. Jedoch können dabei Schreibfehler, Rechenfehler und ähnliche offenbar formelle Unrichtigkeiten des Feststellungsbescheids, eventuell unter entsprechender Benachrichtigung der Betheiligten, berichtigt werden (§ 290 C.-Pr.-O.). Wird dieser Feststellungsbescheid nicht im schiedsgerichtlichen Verfahren angefochten, so bleibt er zu Gunsten des Entschädigungsberechtigten solange in Kraft, als nicht auf Grund des § 70 eine anderweite Feststellung wegen „Veränderung der Verhältnisse" erfolgt. A. N. II. S. 74.

[4]) ertheilen. Der Bescheid ist nach § 132 zuzustellen, weil von der Zustellung der Lauf der Berufungsfrist beginnt, § 67 Abs. 2.

Zu § 67.

[1]) untere Verwaltungsbehörde, § 129. In den einer Berufsge-

(§ 64 Abs. 3), sowie gegen den Bescheid, durch welchen die Entschädigung festgestellt wird (§ 66), findet die Berufung[3b]) auf schiedsrichterliche Entscheidung statt.

(Abs. 3.) Die Berufung ist bei Vermeidung des Ausschlusses binnen vier Wochen[3]) nach der Zustellung des Bescheides bei dem Vorsitzenden desjenigen Schiedsgerichts[4]) (§ 51) zu erheben, in dessen Bezirk der Betrieb, in welchem der Unfall sich ereignet hat, belegen ist.

(Abs. 4.) Der Bescheid muß[5]) die Bezeichnung der für die Berufung zuständigen Stelle beziehungsweise des Vorsitzenden des Schiedsgerichts, sowie die Belehrung über die einzuhaltenden Fristen enthalten.

(Abs. 5.) Die Berufung hat keine[6]) aufschiebende Wirkung.

---

nossenschaft nicht zugewiesenen fiskalischen Betrieben (§ 102) entscheidet darüber, ob der Betrieb, in welchem der Unfall sich ereignete, unter § 1 fällt, die zur Feststellung der Entschädigung berufene Behörde. Gegen ihren ablehnenden Bescheid finden nach § 107 dieselben Rechtsmittel in derselben Frist statt, wie hier nach Abs. 1 des § 67; nur werden dieselben dort bei dem judex ad quem eingelegt.

[2]) Reichs-Versicherungsamt, eventuell Landes-Versicherungsamt, § 101. Letzteres aber hat ebenso wie im Fall des § 64 (cf. Anm. 14 zu § 64) unter Umständen die Akten an das Reichs-Versicherungsamt zur Entscheidung abzugeben.

[3]) binnen vier Wochen. Das R.-V.-A. hat grundsätzlich anerkannt, daß die Wiedereinsetzung in den vorigen Stand wegen Versäumung einer Frist auf Grund von Naturereignissen (z. B. Liegenbleiben des Postzuges in Folge Schneefalls) zulässig sei, daß aber die einschlagenden Bestimmungen der Civilprozeßordnung über das Verfahren, die Fristen 2c. an sich und ohne Weiteres nicht in Betracht kommen (A. N. III. S. 134).

Ueber Beginn und Ablauf der Frist vgl. Anm. 3 zu § 132, sowie Anm. 2 i. f. zu § 64.

[3a]) bei. Vgl. Anm. 1.

[3b]) Berufung, auch in den Fällen der §§ 8 und 72, vgl. Anm. 3 zu § 66. Die Berufung steht ev. auch der Krankenkasse zu, vgl. Anm. 7 zu § 11.

[4]) Vorsitzenden des Schiedsgerichts, § 52.

[5]) muß. Die Bestimmung wurde im Interesse der Arbeiter auf Beschluß der Reichstagskommission in das Unfallversicherungsgesetz aufgenommen und ist sodann in das vorliegende Gesetz, weil dieses an das erstere sich anlehnt, lediglich übernommen. Derartige Belehrungen hatte auch § 29 des früheren Preußischen Kompetenzgesetzes v. 26. Juni 1876 sowohl für die Verwaltungsbehörden wie für die Verwaltungsgerichte vorgeschrieben, während sie in dem späteren

Organisationsgesetze v. 26. Juli 1880 und dem Landesverwaltungsgesetz v. 30. Juli 1883 wieder in Fortfall gekommen sind, weil „der Werth dieser Belehrungspflicht nach den gemachten Erfahrungen ein problematischer" sei. (Vgl. Mot. zu §§ 59—61 d. Organ.-G.)

Es fragt sich:

a) welche Folgen hat eine Unterlassung der Belehrung? Wir möchten dafür halten, daß hierdurch der Bescheid selbst nicht nichtig wird, einmal, weil das Gesetz selbst dies nicht vorsieht, sodann, weil die Belehrung für die Betheiligten nur eine Erleichterung darstellt, während sie auch ohne dieselbe schon aus den gesetzlichen Bestimmungen (deren Unkenntniß nach allgemeiner Rechtsregel nicht entschuldigt) über die Berufungsfrist 2c. unterrichtet sein müßten. Aehnlich für das frühere Preußische Verwaltungsrecht: von Brauchitsch, Organisationsgesetze, I. Aufl., S. 225 (Anm. 4 zu § 29 Komp.-Ges.). Das Reichs-Versicherungsamt scheint dagegen „vorbehaltlich der Entscheidung in Einzelfällen" anzunehmen, daß die Unterlassung der Belehrung den Bescheid nichtig macht, „so daß er nicht als ein Bescheid im Sinne des Gesetzes anzusehen, vielmehr geeigneten Falls nach erfolgter Ergänzung gemäß § 67 Abs. 4 nachträglich von Neuem zuzustellen ist, und daß dann die Berufungsfrist erst von der Zustellung des ergänzten Bescheides an zu laufen beginnt", daß jedoch die Bedenken „gegenstandslos" werden, der Bescheid also in Kraft bleibt, wenn trotz des Fehlens der Belehrung doch rechtzeitig die Berufung bei dem zuständigen Schiedsgerichtsvorsitzenden eingelegt worden sei (A. N. II. S. 125).

Es muß abgewartet werden, ob das Reichs-Versicherungsamt diesen Standpunkt dann festhalten wird, wenn es sich um die verwaltungsgerichtliche Entscheidung eines konkreten Falls, also um Rechtsprechung, nicht wie in dem citirten Rundschreiben (welches dazu bestimmt ist, den Organen der Genossenschaft die Beachtung der gesetzlichen Vorschriften einzuschärfen) um Verwaltungsgrundsätze handelt. Einstweilen tritt das Bedenken entgegen, daß ein Bescheid, welchem die vorgeschriebene Belehrung fehlt, nicht in dem einen Fall wirksam, in dem andern Fall nichtig sein kann, je nach der Folge, welche dieser Mangel gehabt hat. Ein mit einem bestimmten Mangel behafteter Bescheid dürfte entweder in allen Fällen nichtig, oder in allen Fällen gültig sein.

b) Welche Folgen hat eine irrige Belehrung? Die Antwort dürfte aus ähnlichen Gründen, wie ad a, dahin lauten müssen, daß an den gesetzlichen Bestimmungen durch irrige Belehrung nichts geändert wird. Zum Schutz der Betheiligten gegen derartige Irreführungen gab § 29 Preuß. Komp.-Ges. den angerufenen Behörden die Befugniß, die Frist für gewahrt zu erklären, sobald nur die in der Belehrung irrig

Entscheidung des Schiedsgerichts. Rekurs an das Reichs-Versicherungsamt.

§ 68.

(Abs. 1.) Die Entscheidung des Schiedsgerichts ist dem Berufenden [1]) und demjenigen Genossenschaftsorgane [1a]), welches den angefochtenen Bescheid erlassen hat, zuzustellen [2]). Gegen die Entscheidung steht in den Fällen des § 62 Ziffer 2 [3]) dem Verletzten oder dessen Hinterbliebenen, sowie dem Genossenschaftsvorstande [4]) binnen einer Frist von vier Wochen [4a]) nach [4b]) der Zustellung der Entscheidung der Rekurs an das Reichs-Versicherungsamt [5]) zu. Derselbe hat keine aufschiebende Wirkung [6]).

(Abs. 2.) Bildet in dem Falle des § 7 Ziffer 2 die Anerkennung oder Nichtanerkennung des Rechtsverhältnisses zwischen dem Getödteten

(§ 68 d. Entw. u. d. Komm.-Beschl.) Der § 68 entspricht dem § 63 U.-V.-G.

---

angegebene Frist gewahrt sei. Eine derartige Bestimmung kennt das vorliegende Reichsgesetz zwar nicht, jedoch wird man dieselbe vielleicht analog anwenden können. Uebrigens dürfte bei der Einfachheit der hier in Frage kommenden Fristen und Instanzen ein Irrthum in der Belehrung kaum vorkommen.

[6]) keine, damit der Verletzte oder seine Hinterbliebenen wenigstens den von den Vorständen (Vertrauensmännern ꝛc.) nach § 66 festgesetzten Betrag alsbald erheben können. Dies ist unbedenklich, weil die verpflichtete Genossenschaft ihrerseits sich bereit erklärt hat, diesen Betrag zu leisten. „Daß die Zahlungsanweisung (§ 69) (hier § 74) rechtzeitig ertheilt wird, kann nöthigenfalls durch das Reichs-Versicherungsamt im Aufsichtswege erzwungen werden" (Mot. z. U.-V.-G. S. 72). Vgl. Anm. 6 zu § 68.

Zu § 68.

[1]) dem Berufenden. Ihm persönlich darf, braucht aber nicht der Bescheid zugestellt zu werden, wenn er einen vorschriftsmäßig bestellten Vertreter hat. Durch die Zustellung an die Partei selbst wird in allen Fällen die Rekursfrist gewahrt (A. N. II. S. 37). Im Uebrigen muß die Zustellung, sofern es sich um proceßunfähige Personen, insbesondere Minderjährige, handelt, an den gesetzlichen Vertreter nach den Bestimmungen des Landrechts, in Preußen an den Vater oder Vormund, erfolgen (A. N. III. S. 135). Bei mehreren Berufenden ist jedem eine Ausfertigung des Bescheides zuzustellen (A. N. III. S. 38).

[1a]) Genossenschaftsorgan, vgl. Anm. 4 zu § 64.

[2]) zuzustellen, § 132. Hier wünscht das R.-V.-A. einen Rückschein (A. N. III. S. 27).

[3]) in den Fällen des § 62 Ziffer 2. Für die Entschädigungsberech-

und dem die Entschädigung Beanspruchenden die Voraussetzung des Entschädigungsanspruchs, so kann das Schiedsgericht[7]) den Betheiligten aufgeben[8]), zuvörderst die Feststellung des betreffenden Rechtsverhältnisses im ordentlichen Rechtswege[9]) herbeizuführen. In diesem Falle ist die Klage bei Vermeidung des Ausschlusses des Entschädigungsanspruchs binnen einer vom Schiedsgericht zu bestimmenden, mindestens auf vier Wochen[10]) zu bemessenden Frist nach der Zustellung des hierüber ertheilten Bescheides des Schiedsgerichts zu erheben.

Nach erfolgter rechtskräftiger Entscheidung des Gerichts hat das Schiedsgericht[11]) auf erneuten Antrag[12]) über den Entschädigungsanspruch zu entscheiden. (Abs. 3.)

---

tigten ist also eine Berufung gegen die Entscheidungen des Schiedsgerichts nicht gegeben, wenn es sich um die Feststellung der Beerdigungskosten, um den Ersatzanspruch für die Kosten des Heilverfahrens nach Ablauf der ersten 13 Wochen, und um die Feststellung der Rente bei vorübergehender Erwerbsunfähigkeit (cf. Anm. 7 zu § 62) nach Ablauf der ersten 13 Wochen handelt. Diese kleineren Fälle sollen bald endgültig erledigt werden, damit das Verfahren nicht etwa noch schwebt, wenn die Arbeitsfähigkeit schon wieder erlangt ist. Ebenso darf der Rekurs nicht ausschließlich wegen des Kostenpunkts erhoben werden, vgl. Anm. 7 zu § 54 (A. N. II. S. 206). Dagegen ist eine weitere Instanz gegeben:

a) den Verletzten gegen die Feststellung der Renten im Falle einer voraussichtlich nicht vorübergehenden (Anm. 7 zu § 61), völligen oder theilweisen Erwerbsunfähigkeit (für die Zeit nach Ablauf der ersten 13 Wochen);

b) den Hinterbliebenen gegen die Feststellung ihrer Renten.

Die Genossenschaft hat in den ersteren Fällen gar keine, in den letzteren Fällen nur eine Beschwerde-Instanz. Darüber, ob ein Fall voraussichtlich vorübergehender oder nicht vorübergehender Erwerbsunfähigkeit vorliegt, die Sache also appellabel ist oder nicht, entscheidet im Streitfall das über seine Kompetenz selbst entscheidende Reichs- (Landes-) Versicherungsamt. Vgl. Anm. 4 zu § 62.

Im Uebrigen ist die Entscheidung über die voraussichtliche Dauer der Invalidität von geringer Bedeutung, weil die Rente nicht von der Dauer, sondern von dem Maaß der Invalidität abhängt, und nach § 70 jede wesentliche Aenderung in den Verhältnissen, welche für die Feststellung der Entschädigung maßgebend gewesen sind, eine anderweite Feststellung der letzteren zur Folge hat. Demgemäß darf der eine Rente zubilligende Bescheid der Genossenschaftsorgane im Allgemeinen nicht auf Zeit gestellt werden. Anm. 1 zu § 62.

[4]) Genossenschaftsvorstand, bezw. für die unter das Ausdehnungsgesetz fallenden, einer Genossenschaft nicht zugewiesenen fiskalischen Betriebe die Ausführungsbehörde, § 102. Nur der Genossenschaftsvorstand, nicht dasjenige andere Organ, welches die Genossenschaft in der betr. Sache bisher vertreten hat, ist zur Einlegung des Rekurses befugt (A. N. III. S. 11).

[4a]) von vier Wochen. Ueber den Lauf der Frist vgl. Anm. 1, sowie Anm. 3 zu § 67 und Anm. 2 zu § 64.

Innerhalb dieser Frist muß auch die Rekursbegründung eingehen; auf Berücksichtigung verspätet eingehender Schriften hat die Partei keinen Anspruch (A. N. II. S. 291). Nur binnen derselben Frist darf ein Anschlußrekurs (§§ 482fg., 518 C.-P.-O.) eingelegt werden (A. N. III. S. 37).

[4b]) nach der Zustellung, auch vor derselben, sobald nur die Entscheidung verkündet ist (A. N. III. S. 37).

[5]) Reichs-Versicherungsamt, eventuell Landes-Versicherungsamt, § 101, nicht der Richter, weil diese sachverständigen Administrativbehörden mit richterlichen Funktionen (analog dem Bundesamt für das Heimathwesen und dem Oberverwaltungsgericht) für die hier vorkommenden, meist thatsächliche Fragen betreffenden Entscheidungen geeigneter sind wie die ordentlichen Gerichte, vor welchen das Verfahren außerdem vermuthlich kostspieliger sein würde. (Vgl. Anm. 1 zu § 50). Auf dem Gebiet der Armenpflege hat man mit analogen Instituten günstige Erfahrungen gemacht. Vgl. Komm.-Ber. z. U.-V.-G. S. 45. Uebrigens wird das Reichs- (Landes-) Versicherungsamt in Streitfällen dieser Art um zwei richterliche Beamte verstärkt, § 98 Abs. 3, § 101 Abs. 5. Das Landes-Versicherungsamt hat zur Vermeidung eines negativen Kompetenzkonflikts die Akten an das Reichs-Versicherungsamt zur Entscheidung abzugeben, wenn sich bei den Verhandlungen Zweifel darüber herausstellen, ob der betreffende Betrieb nicht zu einer anderen, einem andern Versicherungsamt unterstellten landwirthschaftlichen oder industriellen Berufsgenossenschaft gehört, § 101 Abs. 2, sowie Anm. 1 ad b) zu § 95.

[6]) keine aufschiebende Wirkung. cf. Anm. 6 zu § 67. Es wird also einstweilen die durch das Schiedsgericht festgestellte Entschädigung gezahlt, auch wenn das Genossenschaftsorgan seinerseits den Anspruch überhaupt verneint hatte und gegen das Urtheil des Schiedsgerichts Rekurs einzulegen beabsichtigt (Rundschreiben d. R.-V.-A. v. 11. Januar 1888). Hat das Schiedsgericht nur ausgesprochen, daß eine Entschädigung im Princip zustehe, ohne deren Höhe festzusetzen (vgl. Anm. 1 i. f. zu § 62), so muß die Genossenschaft ihrerseits diesen Betrag auch dann festsetzen und zur Auszahlung bringen, wenn sie Rekurs einlen will. Andernfalls würde die Bestimmung des Gesetzes, daß der Rekurs keine aufschiebende Wirkung habe, zum Nachtheil des Versicherten umgangen werden (A. N. III. S. 207).

[7]) das Schiedsgericht, wohl auch das Reichs- (Landes-) Versicherungsamt, falls erst vor diesem die betreffende Frage aufgeworfen wird, oder falls

erst dieses die richterliche Entscheidung über das Rechtsverhältniß für wünschenswerth erachtet. Vgl. A. N. III. S. 9.

8) kann aufgeben, mittels Bescheides, der nach § 132 zuzustellen ist. „Nur in einem Falle mußte dem Schiedsgericht die Befugniß beigelegt werden, die Kläger auf den Rechtsweg zu verweisen, dann nämlich, wenn es sich um die Anerkennung oder Nichtanerkennung des die Voraussetzung eines Entschädigungsanspruchs bildenden Rechtsverhältnisses zwischen dem Getödteten und dem die Entschädigung Beanspruchenden (§ 7 Ziffer 2), also z. B. um die Rechtsgültigkeit einer Ehe handelt. Die Fälle, in welchen das Vorhandensein eines solchen Rechtsverhältnisses streitig ist, werden nur selten vorkommen. Liegt aber ein solcher Fall vor, so wird die Möglichkeit zu gewähren sein, über diese präjudizielle Rechtsfrage die Entscheidung der ordentlichen Gerichte herbeizuführen. Dagegen soll die nach Entscheidung der Rechtsfrage erforderliche Feststellung der Entschädigung auch in Fällen dieser Art dem Schiedsgericht vorbehalten bleiben" (Motive z. U.-V.-G. S. 72). Praktisch angewendet ist diese Vorschrift in einem Falle, wo es sich um die Frage handelte, ob Brautkindern die Rechte der ehelichen Kinder zukommen, A. N. III. S. 9.

9) im ordentlichen Rechtswege. § 568 Civ.-Proceß-Ordnung: „Für die Rechtsstreitigkeiten, welche die Trennung, Ungültigkeit oder Nichtigkeit einer Ehe, oder die Herstellung des ehelichen Lebens zum Gegenstand haben (Ehesachen), ist das Landgericht, bei welchem der Ehemann seinen allgemeinen Gerichtsstand hat, ausschließlich zuständig".

10) auf vier Wochen. Vgl. Anm. 4a). „Die Präklusivfristbestimmung im Absatz 2 ist nothwendig, damit die Sache in absehbarer Zeit zum Abschluß gebracht wird. Dagegen erscheint es nicht erforderlich, auch noch für den Fall, wenn der Entschädigungsberechtigte mit seiner gerichtlichen Klage durchgedrungen ist, eine Präklusivfrist zu bestimmen, innerhalb welcher der Antrag auf Festsetzung der Entschädigung zu erheben ist" (Mot. z. U.-V.-G. S. 72), weil offenbar der durch den Spruch des Richters für entschädigungsberechtigt Erklärte nicht säumen wird, die Feststellung der Höhe der Entschädigung herbeizuführen.

11) Schiedsgericht, eventuell das Reichs- (Landes-) Versicherungsamt, cf. Anm. 7.

12) auf erneuten Antrag. Das Gesetz sagt nicht, ob der Antrag auch von der Genossenschaft gestellt werden kann. Bei dem Interesse aber, welches die letztere an dem Abschluß des Verfahrens hat, dessen Kosten ihr zur Last fallen, wird ihr die Befugniß, den Antrag zu stellen, nicht versagt werden können.

Berechtigungsausweis

§ 69.

(Abs. 1.) [1]) Nach erfolgter Feststellung der Entschädigung (§ 62) ist dem Berechtigten von Seiten des Genossenschaftsvorstandes[2]) eine Bescheinigung[3]) über die ihm zustehenden Bezüge unter Angabe[4]) der mit der Zahlung beauftragten Postanstalt (§ 74) und der Zahlungstermine auszufertigen.

(Abs. 2.) Wird in Folge des schiedsgerichtlichen Verfahrens der Betrag der Entschädigung geändert[5]), so ist dem Entschädigungsberechtigten ein anderweiter Berechtigungsausweis zu ertheilen.

(§ 69 d. Entw. u. d. Komm.-Beschl.) Der § 69 entspricht dem § 64 U.-V.-G.

Zu § 69.

[1]) Vgl. die Anm. zu § 66.

[2]) Genossenschaftsvorstandes, an dessen Stelle bei den einer Genossenschaft nicht zugewiesenen fiskalischen Betrieben die Ausführungsbehörde, § 102.

[3]) Bescheinigung. Diesen „Berechtigungsausweis" (vgl. Ueberschrift und Absatz 2) hat, ebenso wie die Zahlungsanweisung an die Post, immer der Genossenschaftsvorstand zu ertheilen, wenn auch die Feststellung einem anderen Organ obgelegen hat, § 62. Vgl. Anm. 4 zu § 74. Beanstandung oder Nachprüfung der von den Sektionsvorständen ꝛc. innerhalb ihrer Zuständigkeit getroffenen Feststellungen steht dem Genossenschaftsvorstande dabei nicht zu (vgl. Anm. 4 zu § 57). Wegen des Formulars für den Berechtigungsausweis (es wird Benutzung des für die Zahlungsanweisung an die Post vorgeschriebenen Formulars [§ 74] empfohlen), vgl. A. N. I. S. 354.

[4]) Angabe. „In dem Berechtigungsausweis, dessen Absendung an die Entschädigungsberechtigten gleichzeitig mit der Uebersendung der Zahlungsanweisung an die obere Postbehörde (§ 74) zu bewirken ist, erfolgt die Angabe der mit der Zahlung beauftragten Postanstalt durch den Hinweis, daß die Zahlung durch diejenige Postanstalt werde geleistet werden, zu deren Bezirk der Wohnort (die Wohnung) des Empfangsberechtigten gehört. Von der Nennung des Namens dieser Postanstalt ist mit Rücksicht auf die Möglichkeit von Veränderungen in den Bezirken der Postanstalten abzusehen." § 4 der Geschäftsanweisung des R.-V.-A., betr. die Auszahlungen durch die Post, v. 27. September 1885 (A. N. I. S. 224).

[5]) geändert. „In dem Falle, wenn die erstere Feststellung der Genossenschaftsorgane durch die schiedsgerichtliche Entscheidung abgeändert wird, bedarf es einer anderweiten Benachrichtigung der Post seitens der Genossenschaft, sowie der Ausstellung eines anderweiten Berechtigungsausweises für den Empfangsberechtigten. Dasselbe ist der Fall, wenn auf erhobenen Rekurs das Reichs-Versicherungsamt die Festsetzung des Schiedsgerichts ändert.

Veränderung der Verhältnisse.

§ 70.

Tritt in den Verhältnissen, welche für die Feststellung der Entschädigung[1]) maßgebend gewesen sind, eine wesentliche Veränderung[2]) ein, so kann eine anderweite[3]) Feststellung derselben auf Antrag oder von Amtswegen erfolgen. (Abs. 1.)

(§ 70 d. Entw. u. d. Komm.-Beschl.) Der § 70 entspricht dem § 65 U.-V.-G.

In dem Falle, wenn der in einer früheren Instanz festgestellte und bereits zur Anweisung gelangte Entschädigungsbetrag später rechtsgültig ermäßigt wird, muß das Zuvielgezahlte wieder eingezogen werden. Die hieraus möglicherweise sich ergebende Inkonvenienz erscheint indessen gegenüber den Vortheilen des im Entwurf vorgeschlagenen Verfahrens äußerst gering" (Motiv z. U.-V.-G. S. 72).

Zu § 70.

[1]) für die Feststellung der Entschädigung, d. h. für die Entschädigungsberechtigung oder für die Höhe der festgesetzten Entschädigung. Die Veränderungen der Verhältnisse sollen nach einer neuesten Entscheidung des Reichs-Vers.-Amts nur dann berücksichtigt werden, wenn sie sich auf den Unfall beziehen. Dagegen sollen Veränderungen der Verhältnisse in Folge solcher Ereignisse, welche mit dem Unfall keinen Zusammenhang haben, sondern einen neuen Grund der Erwerbsunfähigkeit darstellen (z. B. selbständig sich entwickelnde Krankheit; auch Strafhaft soll hierhin gehören) die Anwendung des § 70 nicht begründen. (A. N. IV. S. 298). Vgl. Anm. 4 zu § 6.

[2]) wesentliche Veränderung. Die Feststellung, ob eine Veränderung „wesentlich" sei, ist Sache der Beurtheilung des Einzelfalls; es lassen sich für diese Beurtheilung nur allgemeine, keineswegs erschöpfende Anhaltepunkte geben. Die Motive (z. U.-V.-G.) erwähnen: (theilweise oder völlige) „Wiedergewinnung der Erwerbsfähigkeit, Eintritt völliger Erwerbsunfähigkeit bei einem nach scheinbarer Heilung der Verletzung für nur theilweis erwerbsunfähig Erachteten, nachträglicher Eintritt des Todes eines Verletzten u. s. w." Im Allgemeinen wird jede Veränderung als wesentlich anzusehen sein, welche auf das Maaß der Erwerbsfähigkeit, soweit dieselbe durch den Unfall beeinträchtigt war (vgl. Anm. 1), von nicht unerheblichem Einfluß ist. Die Aenderung muß den Zustand des Verletzten, d. h. seine Erwerbsfähigkeit betreffen; Aenderung des Arbeitgebers und der Arbeitsgelegenheit im Allgemeinen, bezw. des bisherigen Arbeitsverhältnisses sind für sich allein nicht zu berücksichtigen (A. N. II. S. 251). Die bloße Voraussetzung, daß eine Veränderung der Verhältnisse eintreten werde, mag sie auch auf einem ärztlichen Gutachten, daß der Verletzte wieder erwerbsfähig werden werde, beruhen, genügt nicht zur Begründung eines Feststellungsbescheides nach

(Abs. 2.) Ist der Verletzte, für welchen eine Entschädigung auf Grund des § 6 festgestellt war, in Folge der Verletzung gestorben, so muß der Antrag auf Gewährung einer Entschädigung für die Hinterbliebenen, falls deren Feststellung nicht von Amtswegen erfolgt ist, bei Vermeidung des Ausschlusses, vor Ablauf von zwei Jahren[4]) nach dem Tode des Verletzten bei dem zuständigen Vorstande[5]) angemeldet werden. Nach Ablauf dieser Frist ist der Anmeldung nur dann Folge zu geben, wenn zugleich glaubhaft bescheinigt wird, daß der Entschädigungsberechtigte von der Verfolgung seines Anspruchs durch außerhalb seines Willens liegende Verhältnisse abgehalten worden ist. Im Uebrigen finden auf das Verfahren die Vorschriften der §§ 62 bis 69 entsprechende Anwendung.

(Abs. 3.) Eine Erhöhung[6]) der im § 6 bestimmten Rente kann nur für die Zeit nach Anmeldung des höheren Anspruchs gefordert werden.

(Abs. 4.) Eine Minderung[6]) oder Aufhebung[6]) der Rente tritt von dem Tage ab in Wirksamkeit, an welchem der dieselbe aussprechende Bescheid (§ 66) den Entschädigungsberechtigten zugestellt ist.

---

§ 70. (A. N. III. S. 351.) Vgl. Anm. 1 zu § 62. Eine zu berücksichtigende Veränderung der Verhältnisse hat das R.-V.-A. auch dann anerkannt, wenn die Erwerbsunfähigkeit, sobald der Fall in seinen Folgen abgeschlossen ist, für die Zukunft sich anders herausstellt, als bei der Rentenfestsetzung mit Rücksicht auf die Nothwendigkeit, die durch den Unfall veränderten Funktionen der Gliedmaßen zunächst einzuüben, für die Uebergangszeit vorläufig angenommen war (A. N. III. S. 352, IV. S. 299).

[3]) anderweitige Feststellung, also eine Wiederaufnahme des Entschädigungsverfahrens, welche sowohl dem Verpflichteten wie dem Berechtigten freisteht. Auch bei dem neuen Ermittelungsverfahren kann die Genossenschaft andere Genossenschaften oder Behörden um Vertretung requiriren, § 121.

Es bedarf bei derartigen anderweiten Feststellungen eines formellen, der Berufung auf schiedsrichterliche Entscheidung unterliegenden Bescheides des zuständigen Genossenschaftsorgans (A. N. II. S. 292). Tritt aber die Veränderung (z. B. erhebliche Besserung des anfänglich angenommenen Zustandes laut ärztlichen Attestes) zu einer Zeit ein, zu welcher die Rechtsmittel gegen die urspr. Feststellung noch schwebten (z. B. während des Rekursverfahrens), so kann diese Veränderung auch bei diesem Verfahren selbst berücksichtigt werden (d. h. von den höheren Instanzen), sofern dies beantragt und die Veränderung festgestellt wird (A. N. III. S. 209). In solchen Fällen bedarf es also keines formellen Abänderungsbescheides Seitens der Genossenschaft. Wird aber ein solcher von der Genossenschaft während des Rekursverfahrens erlassen, so sind hiergegen event.

die Rechtsmittel besonders einzulegen. Der Verletzte soll hierauf hingewiesen werden (Rundschr. d. R.-V.-A. v. 11. Januar 1888).

Bei Bescheiden auf Grund des § 70 bedarf es nicht nothwendig der vorgängigen Mittheilung der Unterlagen, wie sie für die Fälle des § 62 Abs. 3 vorgeschrieben ist, wenngleich eine solche Mittheilung oft zweckmäßig sein kann. Dagegen sind dem Empfangsberechtigten spätestens in dem betr. formellen Bescheide genau die Thatsachen (auch die Beweismittel) mitzutheilen, welche die wesentliche Veränderung begründen sollen, damit der Berechtigte in den Stand gesetzt werde, sich sachgemäß zu vertheidigen (Rundschr. d. R.-V.-A. v. 11. Januar 1888).

„Die Fälle des Heranwachsens der Kinder über das fünfzehnte Lebensjahr hinaus oder des vorzeitigen Todes derselben, desgleichen die Fälle der Wiederverheirathung der Wittwe werden ohne eigentliche Wiederaufnahme des Entschädigungsverfahrens im Wege der Berechnung auf Grund der früher festgestellten Unterlagen und nach Maßgabe des § 7 durch die Organe der Genossenschaft erledigt. Ein Streit wird in solchen Fällen kaum entstehen. Eventuell steht aber auch hier den Entschädigungsberechtigten die Berufung an das Schiedsgericht offen" (Mot. z. U.-V.-G. S. 73). cf. auch Anm. 6, sowie Anm. 3 zu § 66.

[4]) vor Ablauf von zwei Jahren. cf. Anm. 2, 3 zu § 64. Die Vorlage des U.-V.-G. sah auch hier eine Präklusivfrist von nur einem Jahr vor.

[5]) zuständigen Vorstande § 62 Abs. 1 Ziffer 2, Abs. 2. Wegen der einer Genossenschaft nicht zugewiesenen fiskalischen Betriebe und wegen der landesgesetzlichen Bestimmung des betr. Organs vgl. Anm. 4 zu § 62.

[6]) Erhöhung — Minderung — Aufhebung. Für die Erhöhung der Rente entscheidet also der Zeitpunkt der Anmeldung des höheren Anspruchs; für die Minderung oder Aufhebung entscheidet dagegen die Zustellung desjenigen Bescheides, welcher die Minderung 2c. ausspricht (§ 66), letzteres auch dann, wenn die Rente ausdrücklich unter der auflösenden Bedingung: „für die Dauer der Erwerbsunfähigkeit" bewilligt war (A. N. III. S. 11). Ob dies auch im Fall der Simulation gelten würde, hat das R.-V.-A. dahingestellt sein lassen. Wegen des Instanzenzuges finden die allgemeinen Bestimmungen Anwendung.

Die Festsetzung des Termins, mit welchem die Aenderung in Kraft treten soll, war zur Vermeidung von Streitigkeiten erforderlich. Bei einer Erhöhung der Rente sollen Nachforderungen ausgeschlossen werden, welche für die Zeit, von welcher ab die nachtheilige Veränderung eingetreten ist, bis zur Anmeldung dieser Veränderung etwa erhoben werden könnten; bei einer Ermäßigung oder Aufhebung der Rente muß der Rentenempfänger gegen Rückzahlungen thunlichst geschützt werden, welche für die Zeit bis zum Erlaß des die Ermäßigung aussprechenden Bescheides etwa verlangt werden könnten. Derartige Rückzahlungen werden den Rentenempfänger in der Regel höchst empfindlich treffen. Etwaige Ueberzahlungen dürfen nur in angemessenen Beträgen durch Kürzung

Fälligkeitstermine.

§ 71.

(Abs. 1.) Die Kosten des Heilverfahrens (§ 6 Ziffer 1) und die Kosten der Beerdigung (§ 7 Ziffer 1) sind binnen acht Tagen¹) nach ihrer Feststellung (§ 62) zu zahlen²).

(Abs. 2.) Die Entschädigungsrenten der Verletzten und der Hinterbliebenen der Getödteten sind in monatlichen Raten im voraus³) zu zahlen. Dieselben werden auf volle fünf Pfennig für den Monat nach oben abgerundet.

(§ 71 d. Entw. u. d. Komm.-Beschl.) Der § 71 entspricht dem § 66 U.-V.-G.

---

von den Restanten eingezogen werden (A. N. IV. S. 198). Vgl. Anm. 5 zu § 69.

Darüber, ob Verhältnisse eintreten, welche eine Minderung oder Aufhebung der Rente bedingen, werden die Berufsgenossenschaften eine fortlaufende Kontrole einrichten. Hierzu sind insbesondere die Vertrauensmänner geeignet. Die Genossenschaften sind aber nach § 121 auch befugt, zu diesem Zweck sich der Mitwirkung der Staats- und Kommunalbehörden, sowie der Organe anderer Berufsgenossenschaften zu bedienen.

Zu § 71.

¹) binnen acht Tagen, weil „die Zahlung dieser zur Bestreitung des dringlichsten Bedürfnisses erforderlichen Kosten thunlichst bald erfolgen, eine kleine Frist zwischen der Festsetzung und der Zahlung aber schon um deswillen liegen muß, weil erst die Anweisung an die Zahlstelle (§ 69) (hier § 74) ausgestellt und bei der letzteren eingegangen sein muß" (Motive z. U.-V.-G. S. 73).

Die Zahlungsanweisung muß also so schleunig wie nur möglich nach erfolgter Feststellung des Betrages ausgestellt werden. Insbesondere müssen die Vertrauensmänner, welchen die Feststellung etwa obliegt, unverzüglich diese Feststellung bewirken und dieselbe an den Genossenschaftsvorstand behufs Ausstellung der Zahlungsanweisung einsenden (§ 11 Gesch.-Anw. d. R.-V.-A. betr. die Auszahlungen durch die Post, v. 27. Sep. 1885 (A. N. I. S. 224). Die Zahlung soll — im Interesse der Versicherten, weil die vielen Zahlstellen der Post den Empfangsberechtigten die größtmöglichste Bequemlichkeit gewähren, also keineswegs im Interesse der Post, welcher vielmehr durch das Auszahlungsgeschäft eine erhebliche Belastung erwächst — immer durch die Post erfolgen (§ 74).

Sofortige Abschlagszahlungen durch ein Genossenschaftsorgan (z. B. wenn im Fall der Noth Sterbegelder durch den Vertrauensmann sofort nach der Feststellung vorschußweise gezahlt werden) sind zuläßig, begründen aber zwischen dem Empfänger und dem zahlenden Genossenschaftsorgan (z. B. Vertrauensmann) nur ein Privatrechtsverhältniß, „dessen Abwickelung in der Weise wird erfolgen können, daß der Entschädigungsberechtigte sich damit einverstanden

Ausländische Entschädigungsberechtigte.

§ 72.

Die Genossenschaft[1]) kann Ausländer[2]), welche dauernd das Reichsgebiet verlassen, durch eine Kapitalzahlung[3]) für ihren Entschädigungsanspruch abfinden[4]).

(§ 72 d. Entw. u. d. Komm.-Beschl.) Der § 72 entspricht dem § 67 U.-V.-G.

---

erklärt, daß in der Post-Zahlungsanweisung die Auszahlung „zu Händen" des Vorschießenden vorgesehen wird" (A. N. II. S. 55).

[2]) zu zahlen. An wen die Auszahlung erfolgen muß, wenn der Verletzte minderjährig ist, richtet sich nach den bürgerlichen Gesetzen des Domizils des Empfangsberechtigten. Als Regel sind die Zahlungen an den Vormund zu leisten (A. N. II. S. 56).

[3]) in monatlichen Raten im voraus. „Die Vorauszahlung der Entschädigungsrenten entspricht der Alimentennatur der letzteren; die Zahlungsperioden waren im Interesse der Berechtigten kurz zu bemessen, jedoch durfte auch die durch allzuhäufige Zahlungen eintretende Geschäftsbelastung der Zahlstellen nicht unberücksichtigt bleiben" (Mot. z. U.-V.-G. S. 73).

„Die Bestimmung gilt nur für den Fall, daß dem Entschädigungsberechtigten der Anspruch auf die Rente für den betr. ganzen Monat überhaupt noch zusteht oder doch zustehen kann. Steht das Gegentheil schon vorher fest, legt z. B. ein hinterbliebenes vaterloses Kind während des fraglichen Monats sein 15. Lebensjahr zurück, so hat auch die Zahlungsanweisung an die Post sich auf den entsprechenden Betrag zu beschränken" (A. N. II. S. 55).

Zu § 72.

[1]) Genossenschaft, im Allg. nach § 26 durch den Vorstand, bei den einer Genossenschaft nicht zugewiesenen fiskalischen Betrieben das Reich, bez. der Bundesstaat durch die Ausführungsbehörde, § 102.

[2]) Ausländer (cf. Anm. 15 zu § 7) können abgefunden werden, wenn die Genossenschaft von ihrer entsprechenden Befugniß Gebrauch macht und eine Vereinbarung über die Höhe der Abfindung zu Stande kommt. Nur der Genossenschaft steht das Wahlrecht zu. Kommt eine Vereinbarung über die Höhe der Abfindung nicht zu Stande, so hat die Berufsgenossenschaft ihren Beschluß, daß und durch welchen Betrag sie abfinden will, durch einen der Berufung im schiedsrichterlichen Verfahren unterliegenden Feststellungsbescheid (§ 66) dem Rentenempfänger zu eröffnen (A. N. III. S. 18). Erachten die höheren Instanzen (Schiedsgericht, R.-Vers.-Amt) das Abfindungskapital nicht für ausreichend, so dürfen sie nur den Abfindungsbescheid aufheben und den früheren Rechtszustand (Gewährung der Rente) wiederherstellen; dagegen dürfen sie nicht die Abfindung ihrerseits anderweit bemessen, weil dadurch das allein der Berufsgenossenschaft zustehende Wahlrecht, gegen ein ihr angemessen erscheinendes Kapital abzufinden, beschränkt werden würde (A. N. IV. S. 299).

Unpfändbarkeit der Entschädigungsforderungen.

§ 73.

[1]) Die den Entschädigungsberechtigten auf Grund dieses Gesetzes zustehenden Forderungen können mit rechtlicher Wirkung[2]) weder verpfändet, noch auf Dritte übertragen[3]), noch für andere als die im § 749 Absatz 4 der Civilprozeßordnung[4]) bezeichneten Forderungen der Ehefrau und ehelichen Kinder und die des ersatzberechtigten Armenverbandes[5]) gepfändet werden.

(§ 73 d. Entw. u. d. Komm.-Beschl.) Der § 73 entspricht dem § 68 U.-V.-G.

Die B.-G. hat in solchen Fällen zu prüfen, ob sie (durch einen neuen Bescheid) eine anderweit bemessene Abfindung gewähren will.

Kehrt der Abgefundene demnächst gleichwohl zurück, so kann er, falls er wegen Bedürftigkeit die Armenpflege in Anspruch nehmen muß, ausgewiesen werden.

[3]) Kapitalzahlung. Die Bestimmung, daß, falls die Genossenschaft von ihrem Rechte Gebrauch machen wolle, der dreifache Betrag der Jahresrente als Entschädigung zu zahlen sei, ist von der Reichstagskommission bei der Berathung des U.-V.-G. gestrichen worden. Es entscheidet jetzt Vereinbarung oder formelle Entscheidung vorbehaltlich der Berufung und des Rekurses.

[4]) abfinden. Die Vorlage z. U.-V.-G. wollte außerdem die Berechtigung zum Bezuge der Entschädigung ruhen lassen, solange der Berechtigte nicht im Inlande wohne; die Kommission des Reichstags hat für das U.-V.-G. diese Bestimmung fallen lassen. Bei dem gegenwärtigen Gesetz ist man hierauf nicht wieder zurückgekommen. Vgl. auch Anm. 2 zu § 74.

Zu § 73.

[1]) „Die hier eingeräumten Rechtswohlthaten sollen verhindern, daß die Entschädigungen dem Berechtigten entzogen und zu Zwecken verwendet werden, für welche sie nicht bestimmt sind" (Mot. z. U.-V.-G. S. 73).

Die Vorschrift entspricht einer ähnlichen Bestimmung im Krankenversicherungsgesetz (§ 56), sowie im Hülfskassengesetz (§ 10). Aus den Motiven des letzteren ist zu erwähnen: „Die Unterstützung hat in der Hauptsache den Zweck, für die Zeit der Arbeitsunfähigkeit an die Stelle des durch eigene Arbeitskraft erworbenen Unterhalts zu treten. Wie das Gesetz, betr. die Beschlagnahme des Arbeits- oder Dienstlohns, vom 21. Juni 1869 diesen Unterhalt dem Erwerber ungeschmälert erhalten will, so ist folgerichtig auch jene Unterstützung vor einer Schmälerung zu bewahren."

[2]) mit rechtlicher Wirkung. Dergl. Handlungen und Rechtsgeschäfte sind also nichtig; die Kasse, welche auf Grund solcher Rechtsgeschäfte an einen Dritten zahlt, wird durch die Zahlung von ihrer Verpflichtung, an den Versicherten zu zahlen, nicht befreit und muß event. noch einmal zahlen, cf. Anm. 3 zu § 121.

Auszahlung durch die Post.

§ 74.

[1]) Die Auszahlung[2]) der auf Grund dieses Gesetzes zu leistenden Entschädigungen wird auf Anweisung[3]) des Genossenschaftsvorstandes[4]) vorschußweise[5]) durch die Postverwaltungen[6]) und zwar in der Regel durch diejenige Postanstalt, in deren Bezirk der Entschädigungsberechtigte zur Zeit des Unfalls seinen Wohnsitz hatte, bewirkt. (Abs. 1.)

Verlegt der Entschädigungsberechtigte seinen Wohnsitz, so hat er die Ueberweisung der Auszahlung der ihm zustehenden Entschädigung an die Postanstalt seines neuen Wohnortes bei dem Vorstande, von welchem die Zahlungsanweisung erlassen worden ist, zu beantragen. (Abs. 2.)

(§ 74 d. Entw. u. d. Komm.-Beschl.) Der § 74 entspricht dem § 69 U.-V.-G.

---

[3]) übertragen, vgl. aber Anm. 1 zu § 71 wegen Erstattung von Abschlagszahlungen.

[4]) nach § 749 Abs. 4 der Civilprozeßordnung, „ist die Pfändung ohne Rücksicht auf den Betrag zulässig, wenn sie zur Befriedigung der Ehefrau und der ehelichen Kinder des Schuldners wegen solcher Alimente beantragt wird, welche für die Zeit nach Erhebung der Klage und für das diesem Zeitpunkt vorausgehende letzte Vierteljahr zu entrichten sind."

[5]) ersatzberechtigten Armenverbandes (cf. § 11), wenn derselbe einen Arbeiter, der auf Grund eines Unfalls Entschädigungsrenten bezieht, im Fall der Bedürftigkeit unterstützt hat und zur Höhe des Geleisteten die Unfallrente, welche der Unterstützte zu beanspruchen hat, mit Beschlag belegt.

Auch Gemeinden, welche Hülfsbedürftige zu unterstützen haben, gelten im Sinne dieses Paragraphen als Armenverbände, voraussichtlich auch wohl die Betriebsunternehmer und Kassen, welche die den Armenverbänden obliegende Verpflichtung kraft gesetzlicher Vorschrift erfüllt haben (§ 11 Abs. 2).

Zu § 74.

[1]) „Zur Vermeidung hoher Verwaltungskosten muß der Bedarf der Berufsgenossenschaften an besoldeten Beamten möglichst gering bemessen und die Abwickelung der Auszahlungsgeschäfte in einer den Bedürfnissen der Arbeiter möglichst entgegenkommenden Weise sichergestellt werden. Die Einrichtung von Zahlstellen der einzelnen Genossenschaften würde den Apparat derselben unverhältnißmäßig vergrößern und für die Rentenempfänger wegen der räumlichen Entfernungen manche Unzuträglichkeiten im Gefolge haben, während die Postverwaltungen das Zahlungsgeschäft in der für alle Betheiligten bequemsten Weise zu erledigen im Stande sind.

Die Zahlung der festgesetzten Entschädigungen soll demnach auf Anweisung der Genossenschaftsvorstände vorschußweise durch die Postverwaltung, in der Regel durch dasjenige Postamt, in dessen Bezirk der Entschädigungsberechtigte zur Zeit des Unfalls seinen Wohnsitz gehabt hat, bewirkt werden.

Die Verstärkung der Betriebsfonds, deren die Postverwaltungen zur Leistung der Vorschüsse etwa bedürfen werden, wird durch Ueberweisung der erforderlichen Summen aus Reichsmitteln zu bewirken sein. (cf. Anm. 6.)

Eine Vergütung seitens der Genossenschaften für den entstehenden Zinsverlust ist ebensowenig in Aussicht genommen, wie eine von den ersteren zu leistende Entschädigung der Postverwaltungen für die Belastung derselben mit dem Auszahlungsgeschäfte" (Mot. z. U.-V.-G. S. 74).

Man hat dabei angenommen, daß letzteres bei der großen Zahl der Postämter eine erhebliche Vermehrung der Arbeitslast derselben nicht verursachen werde; „nur bei den Centralstellen und Oberpostdirektionen werde allenfalls eine Mehrarbeit eintreten, welche eine Vermehrung der Beamten erheischen könne" (Komm.-Ber. z. U.-V.-G. S. 48). Thatsächlich soll indessen die Mehrbelastung der Post, welche durch das Auszahlungsgeschäft entsteht, nicht unerheblich sein.

Was die Erstattung des durch die Verauslagung der Entschädigungen den Postverwaltungen entstehenden Zinsverlustes anbelangt, so ist es „der Reichs- und Staatsanstalten nicht würdig, mit den Berufsgenossenschaften in relativ geringfügige Zinsberechnungen einzutreten, wo es sich einzig darum handelt, den Interessen der Arbeiter auf die einfachste und bequemste Weise gerecht zu werden" (Komm.-Ber. z. U.-V.-G. S. 48).

[2]) Auszahlung. Ueber die Auszahlungen hat das R.-V.-A. im Einvernehmen mit den Zentralpostbehörden die „Geschäftsanweisung für die Vorstände der Berufsgenossenschaften, betr. die Auszahlungen durch die Post", vom 27. September 1885 (A. N. I. S. 224) erlassen. Diese hat durch die Bek. v. 24. Juli 1887 (A. N. IV. S. 3) einige Aenderungen erlitten. Diese Vorschriften gelten auch für die Unfallversicherung in der Land- und Forstwirthschaft; doch soll in den Formularen die Bezugnahme auf die betr. §§ des U.-V.-G. fortgelassen werden, und am Kopf der Zahlungsanweisung sowie in den Quittungen die Ordnungsnummer der betr. Berufsgenossenschaft (für die Land- und Forstwirthschaft: L. 1 bis 48) eingetragen werden. Bek. v. 29. März 1888 (A. N. IV. S. 210). Die „Geschäftsanweisung" in der in Folge der Abänderungen geltenden Gestalt ist im Anhang abgedruckt.

Der Anweisung sind zahlreiche Formulare zu Zahlungsanweisungen und Quittungen beigegeben, deren Verwendung das R.-V.-A. für obligatorisch erklärt hat, derart, daß Abweichungen seitens der einzelnen Genossenschaften unzulässig sind; höchstens können geringe handschriftliche Ergänzungen gestattet werden, wenn sich die Nothwendigkeit derartiger geringer Abänderungen bei dem Gebrauch ergiebt (A. N. II. S. 86).

Bei Krankenkassenvorständen, welche Renten für die Berufsgenossenschaft verauslagt haben und nunmehr die Auslagen erstattet erhalten, kann von einer Bescheinigung der Unterschrift abgesehen werden, so daß die einfache Unterschrift des Kassenvorstandes genügt (A. N. III. S. 27).

„Auf Zahlungen in das Ausland finden die Bestimmungen der § 69 des Unfallversicherungsgesetzes bez. der diesseitigen Geschäftsanweisung v. 27. Sept. 1885 keine Anwendung. Derartige Zahlungen sind von Seiten der Berufsgenossenschaft unmittelbar in geeigneter Weise zu bewirken" (A. N. II. S. 56). Auch Arzthonorar, Verwaltungskosten, Beamtengehälter &c. sind nicht vorschußweise von der Post, sondern direkt aus der Genossenschafts- bezw. Sektionskasse zu zahlen (A. N. III. S. 208).

Wegen der Auszahlung an die gesetzlichen Vertreter der Empfangsberechtigten bezw. an Vormünder vgl. Anm. 7 zu § 8 bezw. Anm. 2 zu § 71.

[3]) Anweisung. Wegen Rechtzeitigkeit derselben vgl. Anm. 6 zu § 67.

[4]) Genossenschaftsvorstandes. „Wenngleich die Feststellung der Entschädigungen nach § 57 (hier § 62) auch durch Sektionsvorstände, Ausschüsse oder Vertrauensmänner soll erfolgen können, so überträgt doch der Entwurf die Ausstellung der Anweisungen auf die Post im Interesse der Sicherheit und Uebersichtlichkeit nur den Genossenschaften selbst" (Mot. z. U.-V.-G. S. 74). Der Genossenschaftsvorstand hat aber nicht die Befugniß zur Nachprüfung oder Beanstandung der vom Sektionsvorstand &c. innerhalb seiner Befugnisse getroffenen Feststellung, A. N. I. S. 370. Die Landesgesetzgebung kann andere Organe bestimmen, § 110.

Bei den einer Berufsgenossenschaft nicht zugewiesenen fiskalischen Betrieben tritt an Stelle des Genossenschaftsvorstandes die Ausführungsbehörde, § 102.

[5]) vorschußweise. Die Erstattung erfolgt nach Maßgabe der §§ 76 fg. nach Ablauf des für alle Genossenschaften vom Bundesrath gleichmäßig festgesetzten Rechnungsjahres (§ 86) durch die Genossenschaftsvorstände (vgl. Anm. 4).

[6]) Postverwaltungen, d. h. die Reichspostverwaltung, sowie die Postverwaltungen von Bayern und Württemberg, deren Betriebsfonds, soweit es sich um die Leistung der Vorschüsse handelt, event. aus Reichsmitteln verstärkt werden sollen, vgl. Anm. 1 und Komm.-Ber. z. U.-V.-G. S. 48.

Zwischen dem Reichskanzler und den Regierungen von Bayern und Württemberg ist vereinbart, daß in diesen Bundesstaaten die Postbehörden sich vor der Auszahlung der einzelnen Entschädigungen in den Besitz der erforderlichen Deckungsmittel setzen sollen. Diese Deckungsmittel sind den Postbehörden durch Vermittelung der Reichshauptkasse von den Reichsbankanstalten zur Verfügung zu stellen. Die Erstattung erfolgt demnächst im folgenden Rechnungsjahr seitens derselben Postanstalten, nachdem die letzteren auf ihre Liquidationen die vorgeschossenen Beträge von den Berufsgenossenschaften zurück erhalten haben, §§ 76 fg. Der bez. Postverkehr ist als „Reichs-Dienstsache" portofrei.

Liquidationen der Post.

§ 75.

[1]) Binnen acht Wochen nach Ablauf jedes Rechnungsjahres[2]) haben die Zentral=Postbehörden[3]) den einzelnen Genossenschaftsvorständen[4]) Nachweisungen der auf Anweisung der Vorstände geleisteten Zahlungen zuzustellen und gleichzeitig die Postkassen zu bezeichnen, an welche die zu erstattenden Beträge einzuzahlen sind.

(§ 75 d. Entw. u. d. Komm.-Beschl.) Der § 75 entspricht dem § 70 U.-V.-G.

Der gesammte Verkehr (Anweisung, Erstattung) rücksichtlich des Auszahlungsgeschäfts erfolgt durch die obere Postbehörde, in deren Bezirk die Berufsgenossenschaft ihren Sitz hat, und zwar im Reichspostgebiet durch die Ober=Postdirektion, in Bayern durch das Ober=Postamt, in Württemberg durch die Generaldirektion der Posten und Telegraphen zu Stuttgart. Diese Behörden veranlassen die Weiterbeförderung an die zahlenden Postanstalten (§ 5 d. Anw. v. 27. September 1885, vgl. Anm. 2).

Zu § 75.

[1]) „Jede Genossenschaft wird bei den Zentral=Postverwaltungen ihr Vorschußkonto haben, welches im Wege direkter Korrespondenz jährlich abgewickelt wird. Der Vermittelung einer Reichs=Zentralstelle (wie sie in der zweiten Vorlage des U.=V.=G. vorgesehen war) bedarf es nicht mehr, denn die Genossenschaften werden allein die gesammte Last tragen, während nach der früheren Vorlage eine Vertheilung derselben auf das Reich, auf die Gefahrenklassen und auf die verschiedenen Genossenschaften und Verbände erforderlich war. Besteht eine Theilung des Risikos zwischen der Genossenschaft und der Sektion oder zwischen mehreren Genossenschaften (§§ 29 und 30) (hier §§ 40, 41), so ist dies lediglich eine bei der Umlage des Jahresbedarfs auf die Mitglieder (§ 71) (hier §§ 76 fg.) zum Austrag kommende innere Angelegenheit der Genossenschaft. Die Post hält sich an die Genossenschaft, von welcher sie die Zahlungsanweisungen in Händen hat. Damit ist nicht ausgeschlossen, daß ein Theil des Vorschußkontos dieser Genossenschaft durch eine andere Genossenschaft oder durch Sektionen, welche für Rechnung der zahlungspflichtigen Genossenschaft Einzahlungen machen, beglichen wird" (Mot. z. U.=V.=G. S. 74).

[2]) Rechnungsjahr, § 86.

[3]) Zentral=Postbehörden, Anm. 6 zu § 74.

[4]) Genossenschaftsvorständen, cf. Anm. 4 zu § 74.

Umlage- und Erhebungsverfahren.

§ 76.

[1]) [2]) [3]) Die von den Zentral-Postverwaltungen zur Erstattung liquidirten Beträge sind von dem Genossenschaftsvorstande gleichzeitig mit den Verwaltungskosten [4]) und den etwaigen Rücklagen zum Reservefonds [5]) unter Berücksichtigung der auf Grund der §§ 40 und 41 etwa vorliegenden Verpflichtungen oder Berechtigungen nach dem festgestellten Vertheilungsmaßstabe auf die Genossenschaftsmitglieder umzulegen und von denselben einzuziehen.

(§ 76 Abs. 1 d. Entw., § 76 d. Komm.-Beschl.) Der § 76 entspricht dem § 71 Abs. 1 U.-V.-G. Er gilt nicht für die einer Berufsgenossenschaft nicht zugewiesenen fiskalischen Betriebe (§ 103) und kann durch anderweite Bestimmungen der Landesgesetzgebung (§ 110) abgeändert werden, gilt also in diesem Sinne nur subsidiär.

Zu § 76.

[1]) Die Bestimmungen über das Umlage- und Erhebungsverfahren gehören zu denjenigen, welche für die Land- und Forstwirthschaft wesentlich einfacher haben gestaltet werden können wie für die Industrie. Während in der letzteren a) jeder Unternehmer nach dem Schluß eines jeden Rechnungsjahres eine genaue Nachweisung der in diesem Jahr von ihm beschäftigten Personen und der von diesen bezogenen anrechnungsfähigen Löhne und Gehälter einreichen, b) die Genossenschaft jedem Unternehmer einen Auszug aus der Heberolle übersenden und ihn dadurch von der Höhe des auf ihn entfallenen Betrages speziell in Kenntniß setzen muß, worauf dann wieder c) jeder einzelne Unternehmer seinen Beitrag der Genossenschaft einzusenden hat, fallen in der Land- und Forstwirthschaft diese jährlichen Nachweisungen (soweit von einem Unternehmer nicht etwa Betriebsbeamte beschäftigt sind), und ebenso allgemein die Mittheilung von Auszügen aus der Heberolle an die einzelnen Genossenschaftsmitglieder sowie die Uebersendung der Einzelbeiträge durch die einzelnen Berufsgenossen fort. An die Stelle der Jahresnachweisungen tritt vielmehr der bereits im voraus festgestellte und event. nur wegen der Betriebsbeamten noch zu ergänzende Vertheilungsmaßstab (Grundsteuer — Abschätzung), an die Stelle der Mittheilung an die einzelnen Genossenschaftsmitglieder ein Auszug für jeden Gemeindebezirk im Ganzen, aus dem jeder Betheiligte den auf ihn entfallenden Betrag entnehmen kann, und an die Stelle der zahlreichen Einzelsendungen von Beiträgen die Einsendung des gesammten in der Gemeinde aufgebrachten Betrages durch die Gemeindebehörde. Für das Beschwerdeverfahren gibt das vorliegende Gesetz außerdem noch eine Zwischeninstanz, den Beschwerdeausschuß (§ 22 Ziffer 3). Der Landesgesetzgebung bleibt überlassen, dies Verfahren noch mehr zu vereinfachen, was insbesondere durch Aufgeben des Beschwerdeausschusses (so in Preußen ꝛc.) mehrfach geschehen ist.

Vgl. Mot. d. Gesetzentwurfs, welche eine Umlegung nach den Steuern noch nicht kennen, S. 63:

„Die hier vorgesehenen Bestimmungen, durch welche das Umlage- und Erhebungsverfahren im Anschluß an das Unfallversicherungsgesetz, aber wesentlich einfacher als in diesem, geregelt, für die Beschwerden über die Festsetzung der Beiträge aber eine Zwischeninstanz eingeschoben wird, haben zum Theil schon früher ihre Begründung gefunden. Die Zahl der der Umlegung zu Grunde zu legenden Arbeitstage steht auf Grund der Abschätzung im voraus fest. Als Lohn ist für jeden Arbeitstag eines Arbeiters oder einer auf Grund des § 2 von dem Betriebsunternehmer versicherten Person der dreihundertste Theil des nach § 6 ermittelten durchschnittlichen Jahresarbeitsverdienstes für erwachsene männliche Arbeiter zu Grunde zu legen (§ 33) (jetzt § 36). Hierbei kann, weil es sich um Durchschnittszahlen handelt, darüber hinweggegangen werden, daß dieser Jahresarbeitsverdienst möglicherweise nicht ausschließlich in dem Betriebe der beitragspflichtigen Unternehmer erworben worden ist, sondern auch durch anderweite Erwerbsthätigkeit erzielt sein kann. Für versicherte Betriebsunternehmer kommt derjenige Betrag in Ansatz, welcher nach § 6 Abs. 5 bei Berechnung der Renten derselben zu Grunde zu legen ist. Hiernach bedarf es weitläufiger und schwieriger Nachweisungen Seitens der einzelnen Unternehmer im Allgemeinen nicht. Nur für die Betriebsbeamten hat der Betriebsunternehmer noch alljährlich besondere, dem § 71 des Unfallversicherungsgesetzes entsprechende Nachweisungen einzureichen; diese können aber, weil die Zahl der Betriebsbeamten nur gering sein wird, eine nennenswerthe Mühwaltung nicht verursachen und werden insbesondere die kleineren Landwirthe, in deren Wirthschaften Betriebsbeamte nicht vorhanden sind, nicht treffen.

Durch die Einsendung der oft geringen Beiträge würde der einzelne Unternehmer über die Gebühr belastet werden. Der Entwurf schlägt daher in Anlehnung an § 13 des preußischen Klassen- und Einkommensteuergesetzes vom 1. Mai 1851 (Gesetz-Samml. S. 193) vor, die Einsammlung und Abführung der Beiträge aller zu einer Gemeinde gehörigen Genossenschaftsmitglieder der Gemeindebehörde zu übertragen und die Gemeinde für die vollständige Einzahlung der Beiträge haftbar zu machen. Letzteres ist unbedenklich, da der Gemeinde nach § 78 (jetzt § 83) die administrative Zwangsbeitreibung der Beiträge zusteht. In Berücksichtigung der bei der Berathung des früheren Entwurfs in der Reichstagskommission gefaßten Beschlüsse gesteht aber der Entwurf (§ 76) (jetzt § 82) den Gemeindebehörden für die ihnen hieraus erwachsende Mühewaltung einen Anspruch auf Vergütung zu. Die Höhe derselben zu bestimmen, kann den Landes-Zentralbehörden überlassen bleiben; sie wird in der Regel in einem Prozentsatz der erhobenen Beträge bestehen können."

²) Das Abwickelungsgeschäft wird sich etwa in folgender Weise vollziehen. Binnen 8 Wochen nach dem Ablauf des Rechnungsjahrs laufen bei jeder

Berufsgenossenschaft von den Zentralpostbehörden die Nachweisungen darüber ein, wie hoch sich die für die betr. Berufsgenossenschaft geleisteten Vorschüsse belaufen (§ 75). Diese Vorschüsse werden addirt, die im abgelaufenen Rechnungsjahr erwachsenen Verwaltungskosten (§ 76), sowie erforderlichenfalls ein Vorschuß für die Verwaltungskosten des neuen Jahrs, und der für den Reservefonds (§ 17) etwa zuzuschlagende Betrag werden zugeschlagen, und auf diese Weise wird der Betrag festgestellt, welcher durch Umlage von den Berufsgenossen aufzubringen ist.

Der Maßstab für diese Umlage steht im Allgemeinen von vornherein fest: es ist (als reichsgesetzliche Regel) die Zahl der für jeden Betrieb erforderlichen Arbeitstage und die Einschätzung in die Gefahrenklassen (§ 33 Abs. 2, § 35 Abs. 1, § 36), oder die Zahl der Arbeitstage allein (§ 33 Abs. 2, § 35 Abs. 6), oder die Grundsteuer (§ 33 Abs. 1), oder die Grundsteuer in Verbindung mit einer Einschätzung in Gefahrenklassen (Anm. 3 zu § 33).

In den beiden letzteren Fällen bedarf es keiner weiteren Unterlagen, sofern nicht noch besondere Vorschriften des Statuts (oder der Landesgesetzgebung) zu beachten sind; es wird vielmehr lediglich das Aufkommensoll als Zuschlag zur Grundsteuer event. unter Berücksichtigung der Gefahrenklassen ausgeschrieben.

In den beiden ersteren Fällen aber steht zunächst nur die Zahl der für Arbeiter zu veranschlagenden Arbeitstage (§§ 36, 38), die Zahl der selbstversicherten Unternehmer und anderer nach § 1 nicht versicherten Personen, — denn über deren An- und Abmeldung hat das Statut als obligatorischen Bestandtheil Vorschriften getroffen (§ 22 Ziffer 12), auf Grund deren die Genossenschaft die Zahl der hiernach versicherten Unternehmer ꝛc. kennt — der Geldwerth der einzelnen Arbeitstage bezw. der Versicherungswerth für die Versicherung der Betriebsunternehmer ꝛc. (§ 80) sowie die Veranlagung zu den Gefahrenklassen (§ 35) fest; freilich ist dies weitaus das Meiste, es fehlt aber noch die Nachweisung der beschäftigt gewesenen Betriebsbeamten. Diese Nachweisung kann durch einen Voranschlag nicht ersetzt werden, weil die Thatsache, ob Betriebsbeamte beschäftigt und wie hoch sie werden gelohnt werden, in der Regel sich nicht vorher übersehen läßt. Die Nachweisung muß von dem betr. Unternehmer binnen 6 Wochen nach dem Ablauf des Rechnungsjahres eingehen, wird also bereits vorliegen und revidirt sein, wenn die Frist für die Nachweisungen der Zentralpostbehörden verstrichen ist.

Auf Grund dieser Unterlagen wird dann nach Maßgabe der Vorschriften des § 80 die Umlage ermittelt und ausgeschrieben. Dabei wird der auf jeden Unternehmer entfallende Betrag in eine Heberolle eingetragen (§ 81). Aus dieser sind Auszüge an die einzelnen Gemeinden zu senden, welche dort öffentlich ausgelegt werden. Den auf die einzelnen Unternehmer repartirten Betrag hat die Gemeinde bei eigener Verantwortung und unbeschadet des Rechts jedes Unternehmers, gegen die Beitragsberechnung Widerspruch zu erheben, einzuziehen und an den Genossenschaftsvorstand abzuführen (§ 82). Letzterer führt die eingehenden Beträge an die einzelnen von den Zentralbehörden bezeichneten Postkassen ab. Dies soll binnen drei Monaten nach Eingang der Liquidationen durchgeführt sein (§§ 75, 84); für das ganze Abwickelungsgeschäft ist also auch hier ein Zeitraum von 5 Monaten gegeben, welcher vollständig hinreicht, zumal das Material für die Umlegung in der Hauptsache längst vorhanden und festgestellt ist.

³) Die Rechnungen bei der Umlegung mögen folgende Beispiele (salvo errore in calculo) veranschaulichen.

Eine Genossenschaft soll insgesammt 5000 Mark aufbringen.

a. Der Aufbringungsmodus ist Abschätzung ohne Gefahrenklassen (§§ 36, 35 Abs. 6).

Auf Grund der Abschätzung steht fest, daß für die versicherten Arbeiter

Unternehmer	A mit	3 000	Mannsarbeitstagen,
"	B "	5 070	"
"	C "	500	"
"	D "	600	"
die sämmtlichen übrigen x Unternehmer mit zusammen		1 000 000	"

in Ansatz zu bringen sind. Der Durchschnittsjahreslohn für männliche Arbeiter soll im Bezirk des Unternehmers A 550 Mark, im Bezirk des Unternehmers B 600 Mark, im Bezirk des Unternehmers C und D 630 Mark, und im Bezirk der übrigen Genossenschaftsmitglieder durchschnittlich 570 Mark betragen. Zu Gelde gerechnet, repräsentiren also

bei A	3 000	Tage	(550 × 3 000 : 300) =	5 500	Mark Lohnwerth,
" B	5 070	"	(600 × 5 070 : 300) =	10 140	" "
" C	500	"	(630 × 500 : 300) =	1 050	" "
" D	600	"	(630 × 600 : 300) =	1 260	" "
bei den übrigen x	1 00 000	"	(570 × 1 000 000 : 300) =	1 900 000	" "

Auf Grund der Nachweisungen über versicherte Betriebsbeamte und auf Grund der Selbstversicherung der Unternehmer ꝛc. ergiebt sich ferner beispielsweise, daß B einen Beamten mit 1000 Mark Jahresverdienst beschäftigt hat, sowie daß C und D selbst versichert waren, wofür nach der Regel der durchschnittliche Verdienst der Arbeiter, hier also je 630 Mark, anzusetzen ist, ferner daß bei den übrigen x Unternehmern für versicherte Betriebsbeamte und für die eigene Versicherung der Unternehmer noch 30000 Mark Lohnwerth hinzuzusetzen sind. Hiernach kommen in Rechnung:

bei A		5 500	Mark,
" B	10140 + 1000 =	11 140	"
" C	1050 + 630 =	1 680	"
" D	1260 + 630 =	1 890	"
bei den übrigen x	1 900 000 + 30 000 =	1 930 000	"
	Summa	1 950 210	Mark.

Vertheilt man diese Gesammtsumme auf den aufzubringenden Betrag von 5000 Mark, so entfallen auf jede Mark Lohnwerth $\frac{5000}{1\,950\,210}$ Mark, oder etwas mehr als 0,256 Pf. Beitrag; also participiren etwa

Unternehmer A mit	5500 × 0,256 Pf.	=	14,08 Mark	Beitrag,
" B "	11140 × 0,256 "	=	29,18 "	"
" C "	1680 × 0,256 "	=	4,30 "	"
" D "	1890 × 0,256 "	=	4,83 "	"
die übrigen x zusammen "	1930000 × 0,256 "	=	4940,80 "	"
	Summa		4993,19 Mark	Beitrag.

b. Der Aufbringungsmodus ist Abschätzung mit Gefahrenklassen (§§ 33 Abs. 2, 35 Abs. 1, 36); es seien 3 Gefahrenklassen mit dem Verhältniß von 100 : 80 : 35 gebildet. Die Zahlen der in Rechnung zu ziehenden Mannsarbeitstage und des unter Zuziehung des Verdienstes von Betriebsbeamten und des Jahresarbeitsverdienstes selbstversicherter Unternehmer in Ansatz zu bringenden Lohnwerths werden ebenso gefunden wie im Beispiel a, und sollen dasselbe Ergebniß geliefert haben. Unternehmer A gehöre zur ersten, Unternehmer B zur zweiten, Unternehmer C und D zur dritten Klasse; die übrigen x seien in die 3 Klassen mit bezw. 250000, 100000 und 1580000 Mark vertheilt. Danach ergibt sich:

		auf Einheiten gebracht:
1. in der Gefahrenklasse 100:		
für Unternehmer A . .	(5500 Mark);	100 × 5500 = 550000
" die übrigen in diese Klasse veranlagten Unternehmer zusammen . .	(250000 ");	100 × 250000 = 25000000
2. in der Gefahrenklasse 80:		
für Unternehmer B . .	(11140 ");	80 × 11140 = 891200
" die übrigen in diese Klasse veranlagten Unternehmer zusammen . .	(100000 ");	80 × 100000 = 8000000
3. in der Gefahrenklasse 35:		
für Unternehmer C . .	(1680 ");	35 × 1680 = 58800
" " D . .	(1890 ");	35 × 1890 = 66150
" die übrigen in diese Klasse veranlagten Unternehmer zusammen . .	(1580000 ");	35 × 1580000 = 55300000
	Summa 1950210 Mark.	89866150

Auf diese 89866150 Einheiten jene 5000 Mark vertheilt, ergiebt auf die Einheit nicht ganz 0,0056 Pfennig. Hiernach haben etwa aufzubringen:

in Gefahrenklasse 100:

Unternehmer A . .	550000 × 0,0056 =	30,80 Mark,
die übrigen zusammen	25000000 × 0,0056 =	1400,00 "

in Gefahrenklasse 80:				
Unternehmer B . .	891 200 × 0,0056	=	49,91	„
die übrigen zusammen	8 000 000 × 0,0056	=	448,00	„
in Gefahrenklasse 35:				
Unternehmer C . .	58 800 × 0,0056	=	3,29	„
„ D . .	66 150 × 0,0056	=	3,70	„
die übrigen zusammen	55 300 000 × 0,0056	=	3096,80	„
	Summa		5032,50	Mark.

c. Der Aufbringungsmodus ist Zuschlag zur Grundsteuer ohne Gefahrenklassen (§ 33). Man summirt entweder die Grundsteuer der sämmtlichen einzelnen Genossenschaftsmitglieder (soweit sie nach § 16 beitragspflichtig sind), oder man subtrahirt von dem ganzen Grundsteuersoll des Genossenschaftsbezirks die Steuerbeträge für diejenigen Grundstücke, deren Besitzer nach §§ 1 oder 16 nicht beitragspflichtig sind; zu dieser Summe zählt man den fingirten Steuerbetrag für diejenigen Grundstücke, deren Unternehmer zwar beitragspflichtig, aber nicht grundsteuerpflichtig sind, hinzu (§ 33 Abs. 1). Nunmehr berechnet man, wieviel Pfennige Beitrag auf die Mark Grundsteuer zu entrichten sind. Also:

Grundsteuersoll des Genossenschaftsbezirks	500 000	Mark,
davon ab Grundsteuer der nicht Beitragspflichtigen .	2 000	„
	498 000	Mark,
dazu fingirte Grundsteuer der nicht Steuerpflichtigen	6 000	„
	504 000	Mark.

Auf diesen Betrag 5000 Mark aufzubringender Beitrag vertheilt, ergibt pro Mark Grundsteuer 0,992 Pf. Genossenschaftsbeitrag. Also entrichten an Beitrag

Genossenschaftsmitglied A mit	120	Mark	Grundsteuer	1,19	Mark,
„ C „	800	„	„	7,93	„
„ F „	10	„	„	0,10	„
die übrigen x mit zusammen	503 070	„	„	4990,39	„
			Summa	4999,61	Mark.

d. Der Aufbringungsmodus ist Zuschlag zur Grundsteuer mit Gefahrenklassen (Anm. 3 zu § 33). Es seien 3 Gefahrenklassen mit dem Verhältniß von 100 : 60 : 30 gebildet. Aufzubringen sind wieder 5000 Mark. Hier ist festzustellen, wieviel Grundsteuer innerhalb jeder Gefahrenklasse gezahlt wird; die Ermittelung geschieht dann ähnlich wie im Beispiel b nach Einheiten.

1. in der Gefahrenklasse 1000 zahlen:			auf Einheiten gebracht:		
Unternehmer A . .	120 Mk.	Grundsteuer.	100 ×	120 =	12 000
„ B . .	600 „	„	100 ×	600 =	60 000
die übrig. x zusamm.	15 000 „	„	100 ×	15 000 =	1 500 000

§ 77.

Erfolgt die Umlegung nach dem Maaßstabe von Steuern (§ 33 Abs. 1), so ist der Berechnung die betreffende Steuer für

(§ 76a d. Komm.-Beschl.) Der § 77 ist im Unfallversicherungsgesetz ohne Analogie. Er gilt nicht für die einer Berufsgenossenschaft nicht zugewiesenen Reichs- und Staatsbetriebe (§ 103) und kann durch anderweite Bestimmungen der Landesgesetzgebung abgeändert werden (§ 110), gilt also in diesem Sinne nur subsidiär.

---

2. in der Gefahrenklasse 60 zahlen:			
Unternehmer C . .	800 Mk.	„	60 × 800 = 48000
„ D . .	180 „	„	60 × 180 = 10800
die übrig. y zusamm.	100000 „	„	60 × 100000 = 6000000
3. in der Gefahrenklasse 30 zahlen:			
Unternehmer E . .	80 Mk.	„	30 × 80 = 2400
„ F . .	10 „	„	30 × 10 = 300
„ G . .	6 „	„	30 × 6 = 180
die übrig. z. zusamm.	387204 „	„	30 × 387204 = 11616120
Summa	504000 Mk.		19249800

Auf diese 19249800 Einheiten jene 5000 Mark vertheilt, ergiebt auf die Einheit 0,26 Pf. Beitrag. Hiernach haben aufzubringen:

1. in der Gefahrenklasse 100:			
Unternehmer A . . .	12000 × 0,26 Pf.	=	3,12 Mark,
„ B . . .	60000 × 0,26 „	=	15,60 „
die übrigen x zusammen	1500000 × 0,26 „	=	390,00 „
2. in der Gefahrenklasse 80:			
Unternehmer C . . .	48000 × 0,26 „	=	12,48 „
„ D . . .	10800 × 0,26 „	=	2,81 „
die übrigen y zusammen	6000000 × 0,26 „	=	1560,00 „
3. in der Gefahrenklasse 30:			
Unternehmer E . . .	2400 × 0,26 „	=	0,62 „
„ F . . .	300 × 0,26 „	=	0,08 „
„ G . . .	180 × 0,26 „	=	0,05 „
die übrigen z zusammen	11616120 × 0,26 „	=	3019,19 „
		Summa	5003,95 Mark.

Bei jedem Unternehmer sind die Beiträge auf volle Pfennig abzurunden.

In den Fällen der §§ 40, 41 werden sich diese Rechnungen entsprechend kompliciren.

[4]) Verwaltungskosten. Hierbei „kommt es darauf an, ob etwa nach dem Statut diejenigen der Sektionen lediglich auf die Mitglieder der letzteren umzulegen sind" (Mot. z. U.-V.-G. S. 74). Vgl. Anm. 2 zu § 40.

[5]) Reservefonds, falls ein solcher anzusammeln ist, § 17.

Zu § 77.

Der § 77 gilt nur für die Umlegung nach einem Steuerfuß, die §§ 78 bis

denjenigen Zeitabschnitt zu Grunde zu legen, für welchen die Umlegung erfolgt.

§ 78.

Werden die Beiträge nach dem Maaßstabe der mit den Betrieben verbundenen Unfallgefahr und der in den Betrieben verwendeten Arbeit umgelegt (§ 33 Abs. 2), so ist die Veranlagung in die Gefahrenklasse[1]) (§ 35), im Uebrigen für Arbeiter und versicherte[2]) Familienangehörige die Abschätzung der Betriebe (§ 36), für Betriebsbeamte eine besondere jährlich aufzustellende Nachweisung der von denselben thatsächlich[3]) bezogenen Löhne und Gehälter (§ 79), für versicherte Betriebsunternehmer deren Jahresarbeitsverdienst (§ 6 Abs. 4) zu Grunde zu legen.

(§ 76b d. Komm.-Beschl.) Der § 78 ist im Unfallversicherungsgesetz ohne Analogie; vgl. jedoch § 10 a. a. O. Er gilt nicht für die einer Berufsgenossenschaft nicht zugewiesenen Reichs- und Staatsbetriebe (§ 103) und kann durch anderweite Bestimmungen der Landesgesetzgebung abgeändert werden, § 110, gilt also in diesem Sinne nur subsidiär.

§ 79.

(Abs. 1.) [1]) Zu diesem Zweck hat[2]) jedes Mitglied der Genossenschaft, welches im Laufe des verflossenen Rechnungsjahres[3]) versicherte Betriebsbeamte beschäftigt hat, binnen sechs Wochen nach Ablauf des Rechnungsjahres dem Genossenschaftsvorstande eine Nachwei-

(§ 76 Abs. 2, 3 d. Entw., § 76b d. Komm.-Beschl.) Der § 79 entspricht dem § 71 Abs. 2, 3 U.-V.-G. Er gilt nicht für die einer Berufsgenossenschaft nicht zugewiesenen Reichs- und Staatsbetriebe (§ 103) und kann durch anderweite Bestimmungen der Landesgesetzgebung abgeändert werden (§ 110), gilt also in diesem Sinne nur subsidiär.

---

80 gelten nur für die Umlegung nach Abschätzung des Arbeiterbedarfs, die §§ 81 fg. dagegen für beide Umlegungsmethoden.

Zu § 78.

[1]) Gefahrenklassen, sofern die Aufstellung eines Gefahrentarifs nicht etwa unterblieben ist, § 35 Abs. 6.

[2]) versicherte, auch sofern auf Grund des § 1 Abs. 3 durch die Landesgesetzgebung die Versicherungspflicht der Familienangehörigen ausgeschlossen ist, und die letzteren freiwillig versichert sind (§ 2), vgl. § 80.

[3]) thatsächlich, weil auch die Renten verunglückter Betriebsbeamter nach ihrem thatsächlichen Lohn berechnet werden (§ 6 Abs. 4) und die Beiträge nach der Höhe des Risikos, mit welchem jeder Betrieb die Genossenschaft belastet, bemessen werden sollen.

Zu § 79.

[1]) Vgl. Anm. zu § 77.

fung[4]) desjenigen Betrages einzureichen, welchen jeder Betriebsbeamte im abgelaufenen Rechnungsjahre an Gehalt oder Lohn (§ 3) thatsächlich bezogen hat.

Für Genossenschaftsmitglieder, welche mit der rechtzeitigen Einsendung der Nachweisung im Rückstande sind, erfolgt die Feststellung der letzteren durch den Genossenschafts- beziehungsweise Sektionsvorstand auf Vorschlag des etwa bestellten Vertrauensmannes. (Abs. 2.)

§ 80.

[1]) Bei der Berechnung der Beiträge wird in der Art verfahren, daß für jeden Arbeitstag eines Arbeiters oder einer anderen nach § 2 versicherten Person, welche nicht Betriebsbeamter ist, der dreihundertste Theil[2]) des nach § 6 für den Sitz des Betriebes ermittelten durchschnittlichen Jahresarbeitsverdienstes für erwachsene männliche[3]) Arbeiter, für jeden versicherten Betriebsunternehmer derselbe Jahresarbeitsverdienst, sofern nicht[4]) durch das Statut hiervon abweichende Bestimmungen getroffen sind, sowie für jeden Betriebsbeamten der in dem Betriebe von ihm thatsächlich[5]) bezogene Verdienst in Ansatz gebracht wird[6]). Dabei ist der die Höhe von täglich vier Mark, das Jahr zu dreihundert Arbeitstagen gerechnet, übersteigende Betrag des Jahresarbeitsverdienstes nur mit einem Drittheil zur Anrechnung zu bringen.

(§ 76 Abs. 4 d. Entw., § 76c d. Komm.-Beschl.) Der § 80 ist im Unfall-Versicherungs-Gesetz ohne Analogie. Er gilt nicht für die einer Berufsgenossenschaft nicht zugewiesenen Reichs- und Staatsbetriebe (§ 103) und kann durch anderweite Bestimmungen der Landesgesetzgebung abgeändert werden (§ 110), gilt also in diesem Sinne nur subsidiär.

---

[2]) hat, ohne besondere Aufforderung. Versäumniß macht straffällig, § 124; auch muß sich der Säumige den betr. Feststellungen des Vorstandes unterwerfen (§ 79 Abs. 2).

[3]) Rechnungsjahr, § 86.

[4]) Nachweisung. Ueber die Kontrole dieser Nachweisungen vgl. § 90. Unrichtige thatsächliche Angaben sind strafbar, § 123. Für die Nachweisungen wird zweckmäßig (von dem Genossenschaftsvorstand) ein Formular vorzuschreiben sein.

Zu § 80.

[1]) Vgl. Anm. zu § 77.

[2]) der dreihundertste Theil, als Lohnwerth eines Arbeitstags. Die nach Durchschnittssätzen berechnete Lohnhöhe muß maßgebend sein, weil für Betriebsbeamte der wirklich verdiente, bei mehr als 4 Mark täglich event. zu

§ 81.

(Abs. 1.) Auf dieser[1]) Grundlage wird von dem Genossenschaftsvorstande der Betrag berechnet[2]), welcher auf jeden Unternehmer zur Deckung des Gesammtbedarfs entfällt, und die Heberolle aufgestellt.

(Abs. 2.) Den Gemeindebehörden[3]) sind bezüglich der dem Gemeindebezirke angehörenden[4]) Genossenschaftsmitglieder Auszüge aus der Heberolle mit der Aufforderung[5]) zuzustellen, die Beiträge einzuziehen[6]) und in ganzer Summe binnen vier Wochen an den Genossenschaftsvorstand einzusenden. Die Gemeindebehörden haben hierfür von der Berufsgenossenschaft eine Vergütung[7]) zu beanspruchen, deren Höhe[8]) von den Landes-Zentralbehörden festzusetzen ist.

(Abs. 3.) Die Gemeinde haftet[9]) für diejenigen Beiträge, bei denen sie den wirklichen Ausfall oder die fruchtlos erfolgte Zwangsvollstreckung nicht nachweisen kann, und muß sie vorschußweise mit einsenden.

(§ 76 Abs. 5 bis 7 d Entw., § 76d d. Komm.-Beschl.) Der § 18 entspricht dem § 72 Abs. 1, 2 Satz 1 U.-V.-G. Er gilt nicht für die einer Berufsgenossenschaft nicht zugewiesenen Reichs- und Staatsbetriebe (§ 103) und kann durch anderweite Bestimmungen der Landesgesetzgebung abgeändert werden (§ 110), gilt also in diesem Sinne nur subsidiär.

---

reduzirende (§ 6 Abs. 4, § 80 Satz 2) Lohn hinzutritt und die Vertheilung nur nach einheitlichen Grundlagen erfolgen kann. Wenn diese Nachweisungen nicht hinzuträten, könnte die Repartition einfacher blos nach der Zahl der Arbeitstage erfolgen, so daß für jeden (abgeschätzten) Arbeitstag der Beitrag berechnet wird.

[3]) erwachsene männliche, weil die Frauenarbeitstage in der Abschätzung auf Mannstage zurückgeführt sind (§ 36), und die Arbeitstage jugendlicher Arbeiter wie Arbeitstage Erwachsener zu berechnen sind. Denn für jugendliche Arbeiter wird die Rente im Fall der Verletzung vom 16. Lebensjahr ab wie für Erwachsene gewährt; für die Zwischenzeit aber ist der Unterschied in der Belastung zu gering, als daß eine mit Weitläufigkeiten verknüpfte Berücksichtigung dieser geringen Differenz nöthig erschiene.

[4]) sofern nicht, analog der Grundlage für die Rentenberechnung, § 6 Abs. 5.

[5]) thatsächlich, wie bei § 6 Abs. 4, vgl. Anm. 3.

[6]) in Ansatz gebracht wird, um die Beiträge in Uebereinstimmung mit dem Risiko zu bringen, mit welchem jeder Betrieb in Folge der Zahl und des die Grundlage der Renten bildenden Verdienstes der darin beschäftigten Versicherten die Genossenschaft belastet. Vgl. Anm. 3 zu § 78.

Zu § 81.

[1]) dieser, d. h. entweder gemäß § 77 oder gemäß §§ 78 bis 80. Vgl. Anm. zu § 77.

§ 82.

Der Auszug aus der Heberolle (§ 81) muß diejenigen Angaben[1]) enthalten, welche die Zahlungspflichtigen in den Stand setzen, die Richtigkeit der angestellten Beitragsberechnung zu prüfen. Die Gemeindebehörde[2]) hat den Auszug während zwei Wochen zur Einsicht der Betheiligten auszulegen und den Beginn dieser Frist auf ortsübliche Weise bekannt zu machen. (Abs. 1.)

Binnen einer weiteren[3]) Frist von zwei Wochen kann der Betriebsunternehmer, unbeschadet der Verpflichtung zur vorläufigen Zahlung, gegen die Beitragsberechnung bei dem Genossenschaftsvorstande Einspruch[4]) erheben. Durch diesen Einspruch kann die nach §§ 35 und 36 erfolgte Veranlagung und Abschätzung nicht angefochten werden. Auf das weitere Verfahren finden die Vorschriften des § 38 Absatz 3 und 4 entsprechende Anwendung[5]). (Abs. 2.)

Tritt in Folge des erhobenen Widerspruchs oder der erhobenen Beschwerde eine Herabminderung des Beitrags ein, so ist der Ausfall bei dem Umlageverfahren des nächsten Rechnungsjahres zu decken. (Abs. 3.)

(§ 77 d. Entw. u. d. Komm.-Beschl.) Der § 82 entspricht dem § 72 Abs. 2 Satz 2, § 73 U.-V.-G. Er gilt nicht für die einer Berufsgenossenschaft nicht zugewiesenen Reichs- und Staatsbetriebe (§ 103) und kann durch anderweite Bestimmungen der Landesgesetzgebung abgeändert werden, (§ 110), gilt also in diesem Sinne nur subsidiär.

---

[2]) berechnet. Vgl. die Beispiele in Anm. 3 zu § 76.

[3]) Gemeindebehörden, § 129, bezw. den selbständigen Gutsherren und Gemarkungsberechtigten, § 131.

[4]) angehörenden, d. h. nicht sofern sie ihren Wohnsitz im Gemeindebezirk haben, sondern sofern der Betrieb den Sitz im Gemeindebezirk hat, vgl. § 42.

[5]) Aufforderung, vgl. Mot. in Anm. 1 zu § 76.

[6]) einzuziehen, § 83. Vgl. Mot. in Anm. 1 zu § 76.

[7]) Vergütung nach Analogie der für die Einziehung von Landessteuern vorgeschriebenen Hebegebühren. Eine weitere Kostenerstattung tritt nicht ein; § 121 Abs. 2 greift hier ebenso wie bei § 34 nicht Platz. Vgl. Anm. 2 zu § 34.

[8]) Höhe. In Preußen ist die Höhe auf 4% der eingezogenen Summe festgesetzt, Ziffer 20 der Preuß. Ausf.-Anw. v. 4. Juni 1887.

[9]) haftet, vgl. Mot. in Anm. 1 zu § 76.

Zu § 82.

[1]) diejenigen Angaben, also den aufzubringenden Gesammtbetrag, Antheilsquote, Gefahrenklasse, Grundsteuer bezw. Zahl der zur Berechnung gekommenen Arbeitstage ꝛc. „Das Statut wird in dieser Hinsicht weitere Ausführungsbestimmungen treffen können" (Mot. z. U.-V.-G. S. 75). Auch die Höhe der

§ 83.

(Abs. 1.) Rückständige[1]) Beiträge[2]), sowie die im Falle einer Betriebseinstellung etwa zu leistenden Kautionsbeträge (§ 22 Ziffer 8) werden in derselben Weise beigetrieben, wie Gemeindeabgaben. Dasselbe gilt von den Strafzuschlägen in dem Falle der Ablehnung von Wahlen (§ 29 Abs. 3).

(§ 78 d. Entw. u. d. Komm.-Beschl.) Der § 83 entspricht dem § 74 U.-V.-G. Er gilt nicht für die einer Berufsgenossenschaft nicht zugewiesenen Reichs- und Staatsbetriebe (§ 103) und kann durch anderweite Bestimmungen der Landesgesetzgebung abgeändert werden (§ 110), gilt also in diesem Sinne nur subsidiär.

---

etwa in Rechnung gebrachten Zuschläge oder Nachlässe ist zu berücksichtigen, §§ 29 Abs. 3, 35 Abs. 5, 87 Abs. 1.

[2]) Gemeindebehörde, cf. Anm. 3 zu § 81.

[3]) weiteren, d. h. nach Ablauf der Offenlegungsfrist.

[4]) Einspruch, nach Analogie des bei Steuereinschätzungen üblichen Verfahrens zunächst bei dem Veranlagungsorgan. Ebenso nach § 38 Abs. 2 bezüglich der Veranlagung und Abschätzung.

[5]) Anwendung. Es muß also der Genossenschaftsvorstand auf den Widerspruch schriftlichen Bescheid ertheilen und diesen nach § 132 dem Betriebsunternehmer zustellen. Letzterer kann gegen den Bescheid binnen zwei Wochen nach der Zustellung Beschwerde an den Genossenschaftsausschuß zur Entscheidung von Beschwerden (§ 22 Ziffer 3) und gegen diesen Bescheid, der also gleichfalls nach § 132 zuzustellen ist, Berufung an das Reichs- bezw. Landes-Versicherungsamt einlegen, bei dessen Entscheidung es bewendet.

Nach § 38 Abs. 4, welcher ebenfalls anwendbar sein soll, ist der auf den Einspruch erfolgende Bescheid vorläufig vollstreckbar. Trotzdem ist der Unternehmer nach § 82 Abs. 2 ähnlich wie nach dem industriellen Unfallversicherungsgesetz (§ 73 Abs. 1) verpflichtet, schon sofort nach Ablauf der Offenlegungsfrist oder der von der Gemeindebehörde etwa bewilligten weiteren Zahlungsfrist (vorbehaltlich der späteren Erstattung) Zahlung zu leisten, denn das Recht, Einspruch zu erheben, besteht nur „unbeschadet der Verpflichtung zur vorläufigen Zahlung". Der umgelegte Beitrag ist also nach Ablauf der Offenlegungsfrist ein rückständiger und als solcher nach § 83 mittels des Verwaltungszwangsverfahrens beizutreiben. Die Bezugnahme auf § 38 Abs. 4 hat hiernach nur die Bedeutung, daß der Betriebsunternehmer, welcher bereits Zahlung geleistet hat, wie die Gemeindebehörde, welche die Zahlung abgeführt hat, nach erhaltenem günstigen Bescheide des Genossenschaftsvorstandes die sofortige Rückgabe des zuviel gezahlten Betrages verlangen kann, selbst wenn der Widerspruch nur theilweise Erfolg gehabt hat und noch weitere Beschwerden an die höheren Instanzen beabsichtigt werden.

Zu § 83.

[1]) Rückständige. „Das öffentliche Interesse an der Unfallversicherung

Uneinziehbare Beiträge fallen der Gesammtheit[3]) der Berufs- (Abs. 2.)
genossen zur Last. Sie sind der Gemeinde, welche sie vorgeschossen hat (§ 81 Abs. 3), zu erstatten, vorschußweise aus dem Betriebsfonds oder erforderlichenfalls aus dem Reservefonds der Berufsgenossenschaft zu decken und bei dem Umlageverfahren des nächsten Rechnungsjahres zu berücksichtigen.

---

und der Karakter der Unfallversicherungsgenossenschaften als öffentlicher Korporationen rechtfertigt es, für Rückstände an Beiträgen, Kautionsbeträgen und Strafzuschlägen die Zwangsbeitreibung im Verwaltungswege zuzulassen" (Mot. z. U.-V.-G. S. 75).

Die Zwangs-Beitreibung ist verschieden von der Einziehung der Beiträge, § 81. Sie liegt gegenüber den der Gemeinde angehörenden Berufsgenossen der Gemeindebehörde, gegenüber dieser aber, wenn sie die Beiträge nicht rechtzeitig und voll abführt (§ 81 Abs. 3), der Berufsgenossenschaft ob; letztere hat dann die Hülfe der Kommunalaufsichtsbehörde in Anspruch zu nehmen. Die Kautionsbeträge bei Betriebseinstellungen hat die Berufsgenossenschaft direkt gegen den Schuldner beizutreiben. Bei der Zwangsbeitreibung dürfen nur etwaige baare Auslagen der die Zwangsvollstreckung bewirkenden Behörde, aber keine Hebegebühren für dieselben von der Berufsgenossenschaft beansprucht werden. Die Gebühren der Vollstreckungsbeamten sind von dem Schuldner gleichzeitig mit der beizutreibenden Summe einzuziehen und aus dem beigetriebenen Gesammtbetrage derart vorweg zu berichtigen, daß nur der übrig bleibende Rest an die Berufsgenossenschaft abgeführt wird. Können nicht einmal die Gebühren der Vollstreckungsbeamten von dem Schuldner beigetrieben werden, so hat die Genossenschaft dieselben nur dann zu tragen, wenn die Vollstreckungsbeamten nach ihren Anstellungsverträgen gegenüber der Gemeinde Anspruch auf Erstattung solcher Ausfälle haben, die Gemeinde also in Folge dieser Erstattung „baare Auslagen" gehabt hat (A. N. IV. S. 222).

In gleicher Weise erfolgt die Beitreibung sämmtlicher nach Maßgabe dieses Gesetzes auferlegten Strafen, § 130.

[2]) Beiträge. Dahin gehören auch die Zuschläge in den Fällen des § 35 Abs. 5 und des § 87 Abs. 1.

Alle diese Beiträge haben, wie bereits mehrfach anerkannt worden ist, im Konkurse des Unternehmers als Forderungen öffentlicher Verbände das Vorzugsrecht nach § 54 Nr. 3 der Konkursordnung. Ueber dieses Vorzugsrecht hat aber der Richter, nicht das Reichs-Versicherungsamt, zu befinden. Die Berufsgenossenschaften haben daher in dem Konkurse ihre Forderungen an den Gemeinschuldner gemäß §§ 126 fg. K.-O. anzumelden, über den Betrag der Forderung nöthigenfalls die Entscheidung des R.-V.-A. herbeizuführen, das von ihnen beanspruchte Vorrecht im Prüfungstermin (§§ 129 fg. K.-O.) geltend zu machen und event. die Feststellung des Vorrechts gemäß § 134 Abs. 2 a. a. O. gegen die Bestreitenden durch Erhebung der Klage im ordent-

Abführung der Beträge an die Postkassen.

§ 84.

(Abs. 1.) Die Genossenschaftsvorstände [1]) haben die von den Zentral-Postbehörden liquidirten Beträge [2]) innerhalb drei Monaten nach Empfang der Liquidationen an die ihnen bezeichneten Postkassen abzuführen.

(Abs. 2.) Gegen Genossenschaften, welche mit der Erstattung der Beträge im Rückstande bleiben, ist auf Antrag der Zentral-Postbehörden von dem Reichs-Versicherungsamt [3]), vorbehaltlich [4]) der Bestimmungen der §§ 14, 113, 114, das Zwangsbeitreibungsverfahren [5]) einzuleiten.

(Abs. 3.) Das Reichs-Versicherungsamt ist befugt, zur Deckung der Ansprüche der Postverwaltungen zunächst über bereite Bestände der Genossenschaftskassen [6]) zu verfügen. Soweit diese nicht ausreichen, hat dasselbe das Beitreibungsverfahren gegen die Mitglieder der Genossenschaft einzuleiten und bis zur Deckung der Rückstände durchzuführen.

(§ 79 d. Entw. u. d. Komm.-Beschl.) Der § 84 entspricht dem § 75 U.-V.-G. Die Abs. 2 und 3 gelten nicht für die einer Berufsgenossenschaft nicht zugewiesenen Reichs- und Staatsbetriebe, § 103.

---

lichen Verfahren zu betreiben (A. N. II. S. 128). Dieses Vorzugsrecht besteht übrigens nur für die Abgaben und Leistungen aus dem letzten Jahr vor der Eröffnung des Konkursverfahrens.

3) der Gesammtheit, nach dem für die übrigen Genossenschaftslasten geltenden Vertheilungsmaßstab.

Zu § 84.

1) Genossenschaftsvorstände, bei den einer Genossenschaft nicht zugewiesenen fiskalischen Betrieben die Ausführungsbehörde, § 102.

2) Beträge, ohne Zinsen, vgl. Anm. 1 zu § 74.

3) Reichs-Versicherungsamt, eventuell Landes-Versicherungsamt, § 101.

4) vorbehaltlich derjenigen Fälle, in welchen eine Berufsgenossenschaft leistungsunfähig geworden ist und in Folge dessen aufgelöst werden muß. In diesem Fall ist ein Zwangsbeitreibungsverfahren (auch gegen die einzelnen Genossen) nicht einzuleiten; die Schulden der Berufsgenossenschaft übernimmt vielmehr der betreffende Bundesstaat, wenn die Berufsgenossenschaft über dessen Bezirk nicht hinausgeht, und dieser Bundesstaat für die in seinem Gebiet belegenen Berufsgenossenschaften ein Landes-Versicherungsamt errichtet hat (§ 101), oder die aufzulösende Berufsgenossenschaft auf Grund landesrechtlicher Bestimmungen gebildet ist und die betreffenden Betriebe an Berufsgenossenschaften desselben Bundesstaates überwiesen werden sollen (§ 113); oder diejenigen Bundesstaaten gemeinschaftlich, welche sich, nachdem sie sämmtlich oder nachdem einer von ihnen die Organisation der Berufsgenossenschaften landesgesetzlich geregelt hat, zu gemeinsamen Berufsgenossenschaften zusammengeschlossen haben (§ 114); oder in allen andern Fällen das Reich (§ 14).

Rechnungsführung.

§ 85.

[1]) Die Einnahmen und Ausgaben der Genossenschaften sind von allen den Zwecken der letzteren fremden Vereinnahmungen und Verausgabungen gesondert[2]) festzustellen und zu verrechnen; ebenso sind die Bestände gesondert zu verwahren. Verfügbare Gelder dürfen nur in öffentlichen Sparkassen[3]) oder wie Gelder bevormundeter[4]) Personen angelegt werden. (Abs. 1.)

Sofern[5]) besondere gesetzliche Vorschriften über die Anlegung der Gelder Bevormundeter nicht bestehen, kann die Anlegung der verfügbaren Gelder in Schuldverschreibungen, welche von dem Deutschen Reich, von einem deutschen Bundesstaate oder dem Reichslande Elsaß-Lothringen mit gesetzlicher Ermächtigung ausgestellt (Abs. 2.)

(§ 80 d. Entw. u. d. Komm.-Beschl.) Der § 85 entspricht dem § 76 U.-V.-G. Er gilt nicht für die einer Berufsgenossenschaft nicht zugewiesenen Reichs- und Staatsbetriebe (§ 103); auch sollen durch die Landesgesetzgebung, sofern diese von der Befugniss des § 110 Gebrauch gemacht hat, besondere Bestimmungen über die Rechnungsführung erlassen werden, § 111 Ziffer 5.

---

[5]) Zwangsbeitreibungsverfahren. „Soweit eine Genossenschaft mit der Abführung der Beiträge an die Postverwaltung im Rückstande bleibt, unterliegt sie dem Zwangsbeitreibungsverfahren, welches auf Antrag der Postverwaltung durch das Reichs-Versicherungsamt in der Weise auszuführen ist, daß zunächst über die bei der Genossenschaftskasse etwa vorhandenen disponiblen Mittel (z. B. Kautionsbeträge von eingestellten Betrieben, Reservefonds) verfügt wird. Soweit solche nicht vorhanden oder zur Deckung des beizutreibenden Betrags nicht ausreichend sind, wird das Fehlende direkt ohne Vermittelung der Vorstände von den Mitgliedern beigetrieben.

Das Reichs-Versicherungsamt wird übrigens in einem solchen Falle eine Vertheilung des Rückstandes auf die Mitglieder nach dem bestehenden Vertheilungsmaßstabe eintreten lassen" (Mot. z. U.-V.-G. S. 75).

[6]) Genossenschaftskassen. In dem Komm.-Ber. (z. U.-V.-G.) S. 48 wird konstatirt, „daß diese dem Reichs-Versicherungsamt eingeräumte Befugniß nicht dahin gehe, auch über bereite Bestände dritter Genossenschaften zu verfügen".

Zu § 85.

[1]) Vgl. die vom R.-V.-A. genehmigten und in den Amtl. Nachr. IV. S. 249 veröffentlichten „Bestimmungen über die Kassen- und Rechnungsführung der Hannoverschen landwirthschaftlichen Berufsgenossenschaft."

[2]) gesondert. Ein Kontokurrentverkehr mit einem Bankinstitut ist sonach unzulässig. Dagegen kann ein Bankinstitut als Geschäfts- und Kassenführer der Berufsgenossenschaft fungiren, wenn die Einnahmen und Ausgaben der Genossenschaft von allen übrigen Geldern der Bank gesondert festgestellt und verrechnet und die Bestände gesondert verwahrt werden. Die disponiblen

sind, oder in Schuldverschreibungen, deren Verzinsung von dem Deutschen Reich, von einem deutschen Bundesstaate oder dem Reichslande Elsaß-Lothringen gesetzlich garantirt ist, oder in Schuldverschreibungen, welche von deutschen kommunalen Korporationen (Provinzen, Kreisen, Gemeinden ꝛc.) oder von deren Kreditanstalten ausgestellt und entweder seitens der Inhaber kündbar sind, oder einer regelmäßigen Amortisation unterliegen, erfolgen. Auch können die Gelder bei der Reichsbank verzinslich angelegt werden.

Vermögensbestände (Effekten) können einem Privatbankinstitut als depositum zur Verwahrung übergeben werden (A. N. I. S. 372). Auch die Reichsbank (Komtoir für Werthpapiere) in Berlin (aber nicht deren Zweiganstalten) nimmt unter gewissen, die Legitimation der deponirenden Vorstandsmitglieder betreffenden Bedingungen offene Depots auf den Namen von Berufsgenossenschaften an (A. N. IV. S. 278).

[3]) öffentliche Sparkassen sind solche, welche unter staatlicher Autorität errichtet, also von der zuständigen Behörde genehmigt sind.

[4]) wie die Gelder bevormundeter Personen. Hierüber entscheidet das Landesrecht, und zwar (nach den Motiven z. U.-V.-G. S. 76) das Partikularrecht desjenigen Bundesstaats, „in welchem das über die Anlegung der Gelder verfügende Genossenschaftsorgan seinen Sitz hat".

§ 39 der Preußischen Vormundschaftsordnung vom 5. Juli 1875 (G.-S. S. 431) lautet:

„Gelder, welche zu laufenden oder zu anderen durch die Vermögensverwaltung begründeten Ausgaben nicht erforderlich sind, hat der Vormund im Einverständniß mit dem Gegenvormund in Schuldverschreibungen, welche von dem Deutschen Reiche oder von einem Deutschen Bundesstaate mit gesetzlicher Ermächtigung ausgestellt sind, oder in Schuldverschreibungen, deren Verzinsung von dem Deutschen Reiche oder von einem Deutschen Bundesstaate gesetzlich garantirt ist, oder in Rentenbriefen der zur Vermittelung der Ablösung von Renten in Preußen bestehenden Rentenbanken, oder in Schuldverschreibungen, welche von Deutschen kommunalen Korporationen (Provinzen, Kreisen, Gemeinden ꝛc.), oder von deren Kreditanstalten ausgestellt und entweder seitens der Inhaber kündbar sind oder einer regelmäßigen Amortisation unterliegen, oder auf sichere Hypotheken oder Grundschulden zinsbar anzulegen.

„Gelder, welche in dieser Weise nach den obwaltenden Umständen nicht angelegt werden können, sind bei der Reichsbank oder bei öffentlichen, obrigkeitlich bestätigten Sparkassen zinsbar zu belegen.

„Eine Hypothek oder Grundschuld ist für sicher zu erachten, wenn sie bei ländlichen Grundstücken innerhalb der ersten zwei Drittheile des durch ritterschaftliche, landschaftliche, gerichtliche oder Steuertaxe,

§ 86.

Ueber die gesammten Rechnungsergebnisse¹) eines Rechnungsjahres ist nach Abschluß desselben alljährlich dem Reichstag²) eine vom Reichs-Versicherungsamt³) aufzustellende Nachweisung vorzulegen. (Abs. 1.)

Beginn und Ende des Rechnungsjahres wird für alle Genossenschaften übereinstimmend⁴) durch Beschluß des Bundesraths festgestellt. (Abs. 2.)

(§ 81 d. Entw. u. d. Komm.-Beschl.) Der § 81 entspricht dem § 77 U.-V.-G.

---

bei städtischen innerhalb der ersten Hälfte des durch Taxe einer öffentlichen Feuerversicherungs-Gesellschaft oder durch gerichtliche Taxe zu ermittelnden Werthes, oder wenn sie innerhalb des fünfzehnfachen Betrages des Grundsteuerreinertrages der Liegenschaften zu stehen kommt.

„Sicheren Hypotheken stehen im Sinne dieser Vorschriften die mit staatlicher Genehmigung ausgegebenen Pfandbriefe und gleichartigen Schuldverschreibungen solcher Kreditinstitute gleich, welche durch Vereinigung von Grundbesitzern gebildet, mit Korporationsrechten versehen sind und nach ihren Statuten die Beleihung von Grundstücken auf die im dritten Absatz angegebenen Theile des Werthes derselben zu beschränken haben".

Für Bayern kommen verschiedene Partikularrechte in Betracht; vgl. darüber v. Roth, bayrisches Civilrecht, Bd. I. § 96.

⁵) Sofern. Dieser Absatz ist entsprechend dem § 40 des Krankenversicherungsgesetzes hinzugefügt worden, weil in einzelnen Theilen des Deutschen Reiches, so in der Rheinpfalz, gesetzliche Bestimmungen über die Anlegung von Geldern Bevormundeter nicht bestehen. Die Bestimmung ist also höchst subsidiär; sie ist der Preußischen Vormundschaftsordnung (cf. Anm. 3) nachgebildet, aber mit Rücksicht auf die praktischen Bedürfnisse der betheiligten Länder gekürzt. Insbesondere ist die Anlegung in Rentenbriefen und Pfandbriefen, als in jenen Ländern unpraktisch, und die Anlegung in Hypotheken und Grundschuldbriefen um deswillen ausgeschlossen worden, weil für jene Gegenden eine reichsgesetzliche Fixirung der Grenze der pupillarischen Sicherheit von Hypotheken unausführbar ist. Vgl. den Komm.-Ber. zum Krankenversicherungsgesetz, R.-T.-Dr.-S. 1883 Nr. 211 S. 59.

Zu § 86.

¹) Rechnungsergebnisse, welche von den einzelnen Berufsgenossenschaften und Ausführungsbehörden dem R.-V.-A. jährlich mitzutheilen sind. Für die Aufstellung dieser Rechnungsergebnisse hat das R.-V.-A. Formulare vorgeschrieben und mit ausführlichen Erläuterungen veröffentlicht. Für die Rechnungsergebnisse des Jahres 1888 und der folgenden Jahre gelten neue Formulare, durch welche die älteren Formulare z. Th. modifizirt sind. Vgl. die jetzt geltenden Vorschriften in A. N. IV. S. 260.

²) dem Reichstag, wegen des Interesses, welches der Reichstag an den finanziellen Ergebnissen der Unfallversicherung schon im Hinblick auf die (durch § 14) eingeführte eventuelle Reichsgarantie hat (Mot. z. U.-V.-G. S. 76).

VII. Unfallverhütung. Ueberwachung der Betriebe durch die Genossenschaften.

Unfallverhütungsvorschriften.

§ 87.

(Abſ. 1.) [1]) Die Genoſſenſchaften ſind befugt[2]), für den Umfang[3]) des Genoſſenſchaftsbezirks oder[3]) für beſtimmt abzugrenzende Theile deſſelben oder für beſtimmte Induſtriezweige[4]) oder Betriebsarten[5]) über die von den Mitgliedern zur Verhütung von Unfällen in ihren Betrieben zu treffenden Einrichtungen[6]) Vorſchriften zu erlaſſen und darin die Zuwiderhandelnden mit Zuſchlägen[7]) bis zum doppelten Betrage ihrer Beiträge oder, ſofern eine Einſchätzung[7]) in Gefahrenklaſſen ſtattgefunden hat und der Betrieb des Zuwiderhandelnden nicht in der höchſten Gefahrenklaſſe ſich befindet, mit Einſchätzung des Betriebes in eine höhere Gefahrenklaſſe[8]) zu bedrohen[9]).

(Abſ. 2.) Für die Herſtellung der vorgeſchriebenen Einrichtungen iſt den Mitgliedern eine angemeſſene[10]) Friſt zu bewilligen.

(Abſ. 3.) Dieſe Vorſchriften bedürfen der Genehmigung[11]) des Reichs=Verſicherungsamts[12]).

(Abſ. 4.) Die genehmigten Vorſchriften ſind den höheren Verwaltungsbehörden[13]), auf deren Bezirke ſie ſich erſtrecken, durch den Genoſſenſchaftsvorſtand mitzutheilen.

(§§ 82, 83 Abs. 2 d. Entw., § 82 d. Komm.-Beschl.) Der § 87 entspricht den §§ 78, 79 Abs. 2 U.-V.-G. Er gilt nicht für die einer Berufsgenossenschaft nicht zugewiesenen Reichs- und Staatsbetriebe (§ 103).

---

[3]) Reichs=Verſicherungsamt. Die Landes=Verſicherungsämter treten für dieſe Funktion nicht an die Stelle des Reichs=Verſicherungsamts, § 101.

[4]) übereinſtimmend, weil die vorgeſehene Verbindung des Kaſſen= und Rechnungsweſens mit der Poſtverwaltung ſonſt nicht durchführbar ſein würde (Mot. z. U.=V.=G. S. 76).

Das Rechnungsjahr iſt, wie in der Unfallverſicherung für die Induſtrie, das Kalenderjahr (vom 1. Januar bis 31. Dezember). Bek. d. Reichskanzlers v. 2. November 1887 (Centr.=Bl. f. d. D. R. S. 545).

Zu § 87.

[1]) Unfallverhütungsvorſchriften kennt das U.=V.=G. für die Induſtrie in zweierlei Bedeutung: a) Vorſchriften über die von den Mitgliedern zur Verhütung von Unfällen in ihren Betrieben zu treffenden Einrichtungen, b) Vor=

Dem Antrage auf Ertheilung der Genehmigung ist die gutachtliche Aeußerung der Vorstände derjenigen Sektionen, für welche die Vorschriften Gültigkeit haben sollen, oder, sofern die Genossenschaft in Sektionen nicht eingetheilt ist, des Genossenschaftsvorstandes beizufügen. (Abs. 5.)

---

schriften über das von den Versicherten zur Verhütung von Unfällen in den Betrieben zu beobachtende Verhalten. Bei dem Erlaß beider Kategorien von Vorschriften sollen Arbeitervertreter mitwirken.

Während der Entwurf des Unfallversicherungsgesetzes für die Land- und Forstwirthschaft gleichartige Bestimmungen enthielt, ist von der Reichstagskommission die zweite Kategorie von Unfallverhütungsvorschriften, sowie die Mitwirkung von Arbeitervertretern gestrichen worden. Man beabsichtigte ursprünglich, die Befugniß zum Erlaß von Unfallverhütungsvorschriften überhaupt zu streichen, indem man der Meinung war, daß derartige Vorschriften „bei der Landwirthschaft ohne Bedeutung seien" (Komm.-Ber. S. 37), oder doch „nicht annähernd von derselben Bedeutung wie bei der Industrie, weil bei dieser der Maschinenbetrieb, auf den allein sie in erheblichem Umfange anwendbar seien, eine weit größere Rolle spiele als bei der Landwirthschaft" (a. a. O. S. 35). Schließlich aber glaubte man doch, daß die „Berufsgenossenschaften, welche in Folge der Unfälle zahlen müssen, geneigt und geeignet sein würden, zweckmäßige Einrichtungen zur Verminderung der Gefahr zu befördern" (a. a. O. S. 38), und beschloß daher, die erstere Kategorie von Unfallverhütungsvorschriften, nämlich

Vorschriften über die von den **Mitgliedern** zur Verhütung von Unfällen in ihren Betrieben zu treffenden Einrichtungen,

zu gestatten, aber auch nur diese Kategorie, und ohne Mitwirkung von Arbeitervertretern. „Man hielt daran fest, daß eine Betheiligung der Arbeiter bei dem Erlasse solcher Vorschriften entbehrt werden könne, da sie in den meisten Fällen bei ihrem Gutachten geneigt sein würden, die durch Vorrichtungen zur Verhütung von Unfällen stets eintretende Arbeitserschwerung höher anzuschlagen, als die Verringerung der gerade von ihnen im Vertrauen auf die eigene Besonnenheit leicht unterschätzten Gefahren" (a. a. O. S. 38), und beseitigte „in Folge dessen auch die Nr. 2 im § 82 der Vorlage und denjenigen Theil des § 84 der Vorlage, welcher sich auf die Bestrafung unvorsichtiger Arbeiter bezieht", also die Befugniß zum Erlaß von Vorschriften über das von den Versicherten zur Verhütung von Unfällen zu beobachtende Verhalten. Hiernach können in der Land- und Forstwirthschaft zwar die Unternehmer zur Anbringung von Sicherheitsvorkehrungen, nicht aber die Arbeiter zu einem geeigneten vorsichtigen Verhalten von der Berufsgenossenschaft angehalten werden; wohl aber kann dies letztere von den einzelnen Arbeitgebern durch entsprechende Bestimmungen des Arbeitsvertrages geschehen, vgl. Anm. 9.

Zu einer eingehenden Kritik dieser Bestimmungen ist hier nicht der Ort.

Nur sei erwähnt, daß Unfallverhütungsvorschriften in der Land- und Forstwirthschaft allerdings eine geringere Rolle spielen mögen wie in der Industrie, daß sie aber doch keineswegs allein für den Maschinenbetrieb Bedeutung haben. Der Fuhrwerksbetrieb bezw. die Art, Zugthiere anzuspannen, Hemmvorrichtungen, die Sicherung der Böden, Speicher und Luken (grade bei dem Herunterfallen aus Bodenluken ereignen sich sehr viel Unfälle), die Befestigung bösartiger Stiere in den Ställen, die Vorkehrungen beim Baumfällen und Wurzelroden im Walde u. a. bieten reichlich Anlaß, Unfallverhütungsvorschriften zu erlassen. Die Wirksamkeit solcher Vorschriften wird aber beeinträchtigt, wenn nicht auch die Arbeiter durch Strafen genöthigt werden können, sie zu befolgen und die von den Unternehmern angeordneten oder angebrachten Vorkehrungen zu benutzen. Vgl. darüber v. Woedtke, Komm. z. U.-V.-G. 3 Aufl. Anm. 9 zu § 78, sowie unten die Anm. 9 zum vorliegenden §.

Ueber das Princip, den Berufsgenossenschaften die Befugniß zum Erlaß von Unfallverhütungsvorschriften zu geben, vgl. aus den Motiven zum industr. Unfallversicherungsgesetz (S. 76).

„Bei der auf Gegenseitigkeit beruhenden Regelung der Unfallversicherung hat nicht nur jede Genossenschaft, sondern auch jedes einzelne Mitglied derselben ein Interesse daran, daß in den Betrieben der Genossenschaftsmitglieder möglichst wenig Unfälle vorkommen. Dieses Interesse ist gesetzlich zu schützen. Dasselbe bietet zugleich die geeignetste Grundlage für die der genossenschaftlichen Organisation anzupassende systematische Regelung der zur Verhütung von Unfällen zu ergreifenden Maßregeln. Von diesem Gesichtspunkte aus legt der Entwurf den Genossenschaften die Befugniß bei, für ihre Mitglieder Vorschriften über die von ihnen zur Verhütung von Unfällen zu treffenden Einrichtungen zu erlassen und an deren Nichterfüllung gewisse Nachtheile zu knüpfen.

Auf diese Weise wird voraussichtlich zugleich die gewerbliche Selbstverwaltung auf einem Gebiete fruchtbar gemacht, auf welchem die staatliche Verwaltung, wie sie in den §§ 120 und 139b der Gewerbeordnung geregelt ist, aus dem Grunde mit großen Schwierigkeiten zu kämpfen hat, weil die Frage, wie weit mit Vorschriften der hier in Rede stehenden Art und mit deren Durchführung gegangen werden kann, ohne in ungerechtfertigt störender Weise in die freie Bewegung der Industrie einzugreifen, in vielen Fällen zu erheblichen Zweifeln Veranlassung giebt.

Bei den Organen der Genossenschaften werden die den Mitgliedern derselben beiwohnende genaue Kenntniß der Verhältnisse und Bedürfnisse der von ihnen vertretenen Industriezweige auf der einen Seite und das Interesse an der Verhütung der Unfälle auf der anderen Seite voraussichtlich dahin führen, daß die zu erlassenden Schutzvorschriften die richtige Mitte zwischen zu großer Milde und zu großer Strenge innehalten. Dies läßt sich um so mehr erwarten, als es bei der Beschränkung der Verbindlichkeit der zu erlassenden Vorschriften auf die Mitglieder der Genossenschaft möglich sein wird, bei der Abfassung derselben mit der erforderlichen Berücksichtigung der besonderen Verhältnisse jedes einzelnen Industriezweiges vorzugehen und den Fehler zu großer Allgemeinheit, welcher den auf gesetzlichem Wege erlassenen Vorschriften leicht anhaftet, zu vermeiden."

²) Die Genossenschaften sind befugt. Ueber die Ausübung dieser Befugnisse soll das Genossenschaftsstatut Bestimmungen enthalten, § 22 Ziffer 11. Es handelt sich aber immer um eine den Genossenschaftsversammlungen gesetzlich übertragene Beschlußfassung, denn die Genossenschafts- und Sektionsvorstände haben neben dem Antrag auf Genehmigung der beschlossenen Unfallverhütungsvorschriften noch ein Gutachten abzugeben, § 87 Abs. 5, und das wäre entbehrlich, wenn sie selbst derartige Vorschriften erlassen dürften. Vgl. auch A. N. II. S. 64, sowie das Rundschreiben des R.-V.-A., betr. das bei dem Erlaß von Unfallverhütungsvorschriften zu beobachtende Verfahren, A. N. III. S. 145. Wegen Ueberwachung der Ausführung s. § 90. Neben der Befugniß der Genossenschaften bleibt die Befugniß der Landesbehörde zum Erlaß von Unfallverhütungsvorschriften bestehen, § 89.

³) für den Umfang . . . oder. Die Befugniß der Genossenschaften bezieht sich nicht auf individuelle Vorschriften für einzelne Betriebe, sondern nur auf generelle Verfügungen für einen Komplex gleichartiger Betriebe (Komm.-Ber. z. U.-V.-G. S. 50). Ungenügende Einrichtungen in einzelnen Betrieben können nur zu einer Einschätzung in höhere Gefahrenklassen bezw. zur Anzeige bei den Polizeibehörden behufs Abstellung führen (cf. auch § 35 Abs. 5), ihre Beseitigung kann aber von der Genossenschaft nicht beansprucht werden, sofern nicht entsprechende Unfallverhütungsvorschriften erlassen sind (A. N. II. S. 81).

⁴) Industriezweige, wie sie bei Nebenbetrieben (§ 1 Abs. 2) auch in der Land- und Forstwirthschaft vorkommen können.

⁵) Betriebsarten. Hierbei ist „an die Form und die Mittel, in und mit denen der Betrieb sich vollzieht, gedacht worden, also an Dampfbetrieb im Gegensatz zum Handbetrieb, an den Betrieb mit Centrifugen (Trockenschleudern), Treibriemen, Aufzügen u. s. w.: Betriebsarten, welche bei verschiedenen Industriezweigen vorkommen" (Mot. z. U.-V.-G. S. 76).

⁶) zu treffenden Einrichtungen, cf. Anm. 1. Die Anordnungen sollen sich hiernach nur auf erprobte und bewährte Vorkehrungen richten.

Das R.-V.A. führt (A. N. II. S. 63) aus, daß die Unfallverhütungsvorschriften für die Betriebsunternehmer sich in folgende Kategorien theilen lassen:

1) in Vorschriften, welche die Einrichtung der Betriebsanlagen als solcher betreffen, und welche
   a) theils allgemeiner Natur sind, wie Sicherung der Treppen, Fahrstühle, Luken, Gruben 2c., schützende Einfriedigung von Schwung- oder Zahnrädern, von Transmissionsriemen u. a.

b) theils spezieller Natur sind, indem sie sich den einzelnen Arbeitsmaschinen und Apparaten bez. Arbeitsthätigkeiten anschließen, wie Vorschriften zur Sicherung der Gerüste u. a.

2) in Vorschriften, welche den Unternehmer zur Ausrüstung der Arbeiter mit gewissen Schutzmitteln (z. B. Hand- oder Fußbekleidungsstücken) verpflichten, oder ihm gewisse Verhaltungsmaßregeln (z. B. Beschränkung der Verwendung jugendlicher Arbeiter auf ungefährliche Verrichtungen) auferlegen oder ihn dafür verantwortlich machen, daß die zum Schutz der Arbeiter vorhandenen Einrichtungen zu gegebener Zeit auch wirklich in Benutzung genommen werden oder genommen werden können, z. B. daß die vorhandenen Lampen bei eintretender Dunkelheit angezündet, die Ausgänge nicht versperrt werden u. a.

Vergl. einzelne von industr. Berufsgenossenschaften erlassene Unfallverhütungsvorschriften in A. N. II. S. 190, 207, 232, 256, 259, III. S. 33 u. a.

[7]) Zuschläge, Einschätzung, durch den Genossenschaftsvorstand, § 88.

[8]) in eine höhere Gefahrenklasse. Dies ist nach den Motiven z. U.=V.=G., in welchem eine Einschätzung in Gefahrenklassen obligatorisch ist, „angemessener, als die Bedrohung mit Strafzuschlägen, da dem Betriebsunternehmer unter Umständen die Mittel fehlen können, den erlassenen Vorschriften alsbald zu entsprechen, während die unterlassene Befolgung der Schutzvorschriften die Gefährlichkeit des Betriebes steigert und somit Anlaß bietet, denselben in eine höhere Gefahrenklasse einzureihen" (Mot. S. 77).

Nur wo die Veranlagung zu einer höheren Gefahrenklasse nicht möglich ist, weil der Betrieb schon in der höchsten Gefahrenklasse steht, oder weil Gefahrenklassen überhaupt nicht gebildet sind (§ 33 Abs. 1, § 35 Abs. 6), mußte das Gesetz die Möglichkeit von Zuschlägen vorsehen. Dieselben haben aber nicht den Charakter einer Strafe, sondern sind eine Korrektur für die (fehlende oder unzutreffende) Eintheilung der Gefahrenklassen und decken die erhöhte Unfallgefahr ähnlich wie die Zuschläge im Falle des § 35 Abs. 5. Wegen Beitreibung der Zuschläge vgl. Anm. 1 zu § 83.

[9]) bedrohen. Die Betriebsunternehmer sind berechtigt, ihrerseits die Befolgung der Unfallverhütungsvorschriften Seitens ihrer Arbeiter durch Strafandrohung zu sichern: sie können aber keine öffentlich-rechtlichen Strafen, sondern nur Konventionalstrafen (Geldstrafen, Entlassung aus der Arbeit) für die Uebertretung androhen. Man kann sogar für zulässig halten, daß die Genossenschaft durch eine von ihr erlassene Unfallverhütungsvorschrift die Betriebsunternehmer nöthigt, durch entsprechende Bestimmungen des Arbeitsvertrages die Benutzung der angedrohten Vorkehrungen und die Befolgung der vorgeschriebenen Anordnungen Seitens der Versicherten zu sichern. Eine solche Maßregel würde im Interesse der Genossenschaft liegen, weil nach Lage der Sache nur dadurch der Zweck der Unfallverhütungsvorschriften,

§ 88.

Die Festsetzung[1]) von Zuschlägen sowie die höhere Einschätzung (§ 87) erfolgt durch den Vorstand der Genossenschaft. Hiergegen findet binnen zwei Wochen nach der Zustellung die Beschwerde an das Reichs-Versicherungsamt[2]) statt.

(§ 84 d. Entw. u. d. Komm.-Beschl.) Der § 88 entspricht dem § 80 U.-V.-G. Er gilt nicht für die einer Berufsgenossenschaft nicht zugewiesenen Reichs- und Staatsbetriebe, § 103.

§ 89.

Die von den Landesbehörden[1]) für bestimmte Betriebsarten[2]) zur Verhütung von Unfällen zu erlassenden Anordnungen sollen, sofern nicht Gefahr im Verzuge ist, den betheiligten Genossenschaftsvorständen[3]) oder[4]) Sektionsvorständen zur Begutachtung nach Maßgabe des § 87 vorher mitgetheilt[5]) werden.

(§ 85 d. Entw. u. d. Komm.-Beschl.) Der § 89 entspricht dem § 81 U.-V.-G. Er gilt nicht für die einer Berufsgenossenschaft nicht zugewiesenen Reichs- und Staatsbetriebe, § 103.

---

die Unfälle zu vermindern, in befriedigendem Maaße wird erreicht werden können.

[10]) angemessene. Nach den allgemeinen Motiven des Unfallversicherungsgesetzes soll hierbei sowohl die Leistungsfähigkeit der einzelnen Betriebsunternehmer wie die Lage des ganzen Erwerbszweiges berücksichtigt werden.

[11]) Genehmigung. Dies beruht „auf der Bedeutung, welche die von den Genossenschaften zu erlassenden Vorschriften für die (Gewerbe-)Polizei und die Weiterentwickelung des Gewerberechts haben, sowie auf der Erwägung, daß die Möglichkeit eines unzweckmäßigen oder unbilligen Gebrauches der Befugnisse zum Erlassen derartiger Vorschriften keineswegs ausgeschlossen ist" (Mot. z. U.-V.-G. S. 78).

[12]) Reichs-Versicherungsamt, eventuell Landes-Versicherungsamt, § 101.

[13]) höhere Verwaltungsbehörden, § 129.

Zu § 88.

[1]) Festsetzung. Zustellung gemäß § 132.

[2]) Reichs-Versicherungsamt, eventuell Landes-Versicherungsamt, § 101.

Zu § 89.

[1]) Landesbehörden, wenn auch, wie die Motive zum Unfallversicherungsgesetz ausführen, in Zukunft nur noch selten derartige staatliche Anordnungen werden erforderlich werden. Solche werden insbesondere dann noch zu erlassen sein, wenn die Genossenschaften einem dringenden Bedürfniß zum Erlaß derartiger Anordnungen nicht entsprechen.

Ueberwachung der Betriebe.

§ 90.

(Abs. 1.) Die Genossenschaften sind befugt, durch Beauftragte[1]) die Befolgung der zur Verhütung von Unfällen erlassenen Vorschriften zu überwachen[2]), von den Einrichtungen der Betriebe, soweit[3]) sie für die Zugehörigkeit zur Genossenschaft oder für die Einschätzung in den Gefahrentarif von Bedeutung sind, Kenntniß zu nehmen und behufs Prüfung der von den Betriebsunternehmern auf Grund gesetzlicher oder statutarischer Bestimmungen eingereichten Arbeiter- und Lohnnachweisungen diejenigen[3]) Geschäftsbücher und Listen einzusehen, aus welchen die Zahl der beschäftigten Arbeiter und Beamten und die Beträge der verdienten Löhne und Gehälter ersichtlich werden.

(§ 86 d. Entw. u. d. Komm.-Beschl.) Der § 90 entspricht dem § 82 U.-V.-G. Er gilt nicht für die einer Berufsgenossenschaft nicht zugewiesenen Reichs- und Staatsbetriebe (§ 103).

---

[2]) Betriebsarten (Anm. 5 zu § 87), also nur bei generellen Vorschriften, nicht schon dann, wenn polizeiliche Anordnungen zur Verhütung von Unfällen für einen oder für einzelne spezielle Betriebe, in welchen gefahrdrohende Zustände bestehen, erlassen werden sollen. In letzteren Fällen ist, wie die Motive zum Unfallversicherungsgesetz (S. 79) ausdrücklich hervorheben, die vorherige Anhörung der Genossenschaften nicht erforderlich.

[3]) den betheiligten Genossenschaftsvorständen. „Dabei geht der Entwurf von dem Gesichtspunkte aus, daß den Genossenschaften ein möglichst weiter Einfluß auf die Regelung der sie berührenden Angelegenheiten einzuräumen ist" (Mot. z. U.-V.-G. S. 79).

[4]) oder, d. h. ebenso wie in § 87 Abs. 5, sofern die Genossenschaft in Sektionen eingetheilt ist.

[5]) mitgetheilt. Auch hier sieht das Gesetz von der für die Industrie (§ 81 U.-V.-G.) angeordneten Heranziehung von Arbeitervertretern ab, aus demselben Grunde wie § 87, weil nämlich Arbeitervertreter voraussichtlich gegen derartige vielleicht nützliche aber für die Arbeiter beschwerliche Unfallverhütungsvorschriften sein, und deren Erlaß aus Bequemlichkeitsgründen hintertreiben würden.

Zu § 90.

[1]) Beauftragte. Die Funktionen als Beauftragter (§ 90) und als Vertrauensmann (§ 93) werden häufig in einer Hand zu vereinigen sein; vorgeschrieben aber ist solche Vereinigung nicht. Sofern eine Weigerung stattfindet, besteht eine gesetzliche Nöthigung, die Stelle eines Beauftragten als Ehrenamt zu vergeben oder anzunehmen, nicht; auch ist die Wählbarkeit der

Die Betriebsunternehmer sind verpflichtet, den als solchen legitimirten[4]) Beauftragten der betheiligten Genossenschaft auf Erfordern den Zutritt zu ihren Betriebsstätten während der Betriebszeit zu gestatten und die bezeichneten Bücher und Listen an Ort und Stelle zur Einsicht vorzulegen. Sie können hierzu, vorbehaltlich der Bestimmungen des § 91, auf Antrag der Beauftragten von der unteren Verwaltungsbehörde[5]) durch Geldstrafen[6]) im Betrage bis zu dreihundert Mark angehalten werden. (Abs. 2.)

Beauftragten nicht abhängig von den Voraussetzungen für die Wählbarkeit der Vorstandsmitglieder, Vertrauensmänner rc. Die Beauftragten brauchen daher insbesondere nicht Mitglieder der Genossenschaft zu sein (A. N. I. S. 352). Die Honorirung der Beauftragten ist Sache der Berufsgenossenschaft, kann aber unter Umständen als Theil der Verwaltungskosten den Sektionen auferlegt werden (A. N. II. S. 73). Vgl. Anm. 2 zu § 40.

Wenn auch die Ernennung besonderer Beauftragter für spezielle Fälle nicht ausgeschlossen erscheint, so behandelt das Gesetz diese Organe doch mehr als eine ständige Einrichtung; sie sollen auf Verschwiegenheit vereidigt (§ 92), ihr Name und ihr Wohnsitz sollen der Staatsbehörde mitgetheilt werden (§ 93). „In der Kommission und bei den Vertretern der verbündeten Regierungen herrschte Einverständniß darüber, daß die Berufsgenossenschaften befugt seien, ein ständiges Organ zu kreiren, welches, soweit es nicht im einzelnen Falle ausgeschlossen wird, ein- für allemal die in § 82 (hier § 90) vorgesehenen Funktionen ausübt" (Komm.-Ber. z. U.-V.-G. S. 51). Die gegen Besoldung angestellten Beauftragten werden insbesondere als Revisionsingenieure bezeichnet. Vgl. Anm. 2 i. f. zu § 91.

[2]) überwachen, auf Kosten der Genossenschaft, vorbehaltlich eventueller theilweiser Regreßnahme gegen die Unternehmer, § 94. Vgl. Anm. 1.

[3]) soweit . . . diejenigen. Die Revisionsbefugniß der Beauftragten erstreckt sich nur soweit, als die Interessen der Genossenschaft in Frage kommen. Das Recht, sämmtliche Betriebsanlagen und Geschäftsbücher in Augenschein zu nehmen, steht ihnen nicht zu. Sollten im Einzelfall über den Umfang der Revisionsbefugniß Zweifel entstehen, so entscheiden darüber zunächst die Organe der Genossenschaft, eventuell das Reichs- (Landes-) Versicherungsamt, §§ 97, 101. In dieser einschränkenden Bestimmung liegt neben den schweren Strafbestimmungen der §§ 127, 128 ein ausreichender Schutz gegen unberechtigtes Eindringen in Betriebsverhältnisse.

[4]) legitimirten. Wie die Legitimation zu führen sei, wird der Genossenschaftsvorstand zu bestimmen haben.

[5]) untere Verwaltungsbehörde, § 129.

[6]) Geldstrafen; wohin dieselben fließen, bestimmen die Zentralbehörden, § 129.

§ 91.

[1]) [2]) Befürchtet der Betriebsunternehmer die Verletzung eines Betriebsgeheimnisses oder die Schädigung seiner Geschäftsinteressen in Folge der Besichtigung des Betriebes durch den Beauftragten der Genossenschaft, so kann[3]) derselbe die Besichtigung durch andere Sachverständige beanspruchen. In diesem Falle hat er dem Genossenschaftsvorstande, sobald er den Namen des Beauftragten erfährt, eine entsprechende Mittheilung zu machen und einige[4]) geeignete Personen zu bezeichnen, welche auf seine Kosten[5]) die erforderliche Einsicht in den Betrieb zu nehmen und dem Vorstande die für die Zwecke der Genossenschaft nothwendige Auskunft über die Betriebseinrichtungen zu geben bereit sind. In Ermangelung einer Verständigung zwischen dem Betriebsunternehmer und dem Vorstande entscheidet auf Anrufen des letzteren das Reichs-Versicherungsamt[6]).

(§ 87 d. Entw. u. d. Komm.-Beschl.) Der § 91 entspricht dem § 83 U.-V.-G. Er gilt nicht für die einer Berufsgenossenschaft nicht zugewiesenen Reichs- und Staatsbetriebe (§ 103).

Zu § 91.

[1]) Die Bestimmungen dieses § haben für die Land- und Forstwirthschaft weit geringere Bedeutung wie für die Industrie, weil Betriebsgeheimnisse in der ersteren ungleich seltener sind wie in der letzteren. Sie können jedoch auch in der Land- und Forstwirthschaft vorkommen, z. B. wenn es sich um neue Erfindungen an landwirthschaftlichen Maschinen, oder um eine besondere Fütterungsmethode rc. handelt. Es erschien daher geboten, die betreffenden Bestimmungen des Unfallversicherungsgesetzes hier zu übernehmen.

[2]) Bei der Beaufsichtigung der Betriebe durch Beauftragte der Genossenschaft „verlangt, wie von dem preußischen Volkswirthschaftsrath mit Recht hervorgehoben worden ist, der Fall eine besondere Behandlung, wenn ein Betriebsunternehmer im Interesse der Wahrung von Fabrikgeheimnissen oder aus Konkurrenzrücksichten den Eintritt eines Beauftragten der Genossenschaft in seinen Betrieb zu gestatten sich weigert. In solchem Falle soll der Betriebsunternehmer seinen Widerspruch gegen die Persönlichkeit des Beauftragten bei dem Vorstande der Genossenschaft geltend machen, daneben aber dem Vorstande einige andere geeignete Personen bezeichnen, welche auf seine Kosten die erforderliche Einsicht in den Betrieb zu nehmen und dem Vorstande die für die Zwecke der Genossenschaft nothwendige Auskunft über die Betriebseinrichtungen zu geben bereit sind“ (Motive z. U.-V.-G. S. 79). Diese „geeigneten Personen“ müssen Sachverständige, brauchen aber nicht Mitglieder der Genossenschaft (Konkurrenten) zu sein. „Dem Wunsch, durch das Gesetz die Kontrole direkt den Fabrikinspektoren bezw. Gewerberäthen zu übertragen, ge-

gen deren Diskretion ebenso wenig Zweifel bestände wie gegen ihre Sachkenntniß, . . . stehen erhebliche, staatsrechtliche Bedenken entgegen. Man könne nicht durch Reichsgesetz vorschreiben, daß Staatsbeamte in den Dienst der Berufsgenossenschaften treten sollten, abgesehen davon, daß die Fabrikinspektoren zur Zeit völlig außer Stande sein würden, diese Verpflichtungen zu übernehmen" (Komm.-Ber. z. U.-V.-G. S. 51).

Wenn hiernach Fabrikinspektoren und ähnliche Beamte auch nicht generell die Kontrolbeamten der Genossenschaft sein dürfen, so wird doch nichts entgegenstehen, daß sie in einzelnen besonderen Fällen auf Wunsch eines Unternehmers die Funktionen des Sachverständigen übernehmen. In Einzelfällen ist in der Industrie sogar die Bestellung von Fabrikinspektoren zu Beauftragten von der Aufsichtsbehörde zugelassen worden. Vgl. die Uebersicht über die bei den Berufsgenossenschaften bisher (bis April 1888) angestellten Beauftragten A. N. IV. S. 254.

³) kann beanspruchen. Er braucht also dem Vorstande nicht etwa den achweis zu führen, daß bei der Zulassung des designirten Beauftragten Betriebsgeheimnisse verletzt oder Konkurrenten gefördert werden könnten; der Ausdruck einer desfallsigen Befürchtung genügt, und der Vorstand ist verpflichtet, auf eine solche Befürchtung in jedem Falle Rücksicht zu nehmen. Dagegen ist der Vorstand nicht verpflichtet, die von dem Unternehmer bezeichneten Personen mit der Revision zu beauftragen, falls er die Qualifikation oder Vertrauenswürdigkeit derselben glaubt anzweifeln zu sollen; es ist vielmehr in solchem Falle die Sache dem Reichs- (Landes-) Versicherungsamt vorzutragen und dessen Entscheidung anzurufen, falls eine Verständigung über die Revisoren nicht zu erzielen sein sollte. Erachtet dann das Reichs- (Landes-) Versicherungsamt die Bedenken des Genossenschaftsvorstandes gegen die von den Unternehmern vorgeschlagenen Sachverständigen für begründet, so wird es seinerseits eine geeignete Persönlichkeit als Sachverständigen ernennen, welcher dann die Besichtigung auf Kosten des Unternehmers vorzunehmen hat.

Die Ablehnungsbefugniß des Unternehmers bezieht sich nur auf die Besichtigung des Betriebes, nicht auf die Einsicht der Geschäftsbücher und Listen, da es sich nach § 90 bei den Geschäftsbüchern und Listen nur um die Zahl der beschäftigten Personen und die Beträge der verdienten Löhne handelt und jeder Unternehmer es in der Hand hat, andere Notizen, die er nicht offen legen will, in diese Bücher nicht einzutragen. Eine billige Rücksichtnahme auf Wünsche der Unternehmer ist aber auch hierbei nicht ausgeschlossen.

Die von dem Unternehmer angebotenen Mittelspersonen (Sachverständigen) stehen, wenn sie von dem Vorstand zugelassen worden sind, den Beauftragten im Sinne des § 92 gleich, und sind wie diese auf Verschwiegenheit zu beeidigen.

⁴) einige, unter denen dem Vorstand die Wahl zusteht.

⁵) auf seine Kosten, „weil für die Heranziehung dieser Vertrauenspersonen lediglich das Interesse und der Wille des Unternehmers entscheidend ist", (Motive z. U.-V.-G. S. 79). Diese Bestimmung dürfte eine gar zu ausgiebige Ausnutzung jener Ablehnungsbefugniß verhindern.

§ 92.

Die Mitglieder der Vorſtände der Genoſſenſchaften, ſowie deren Beauftragte (§§ 90 und 91) und die nach § 91 ernannten Sachverſtändigen haben über die Thatſachen, welche durch die Ueberwachung und Kontrole der Betriebe zu ihrer Kenntniß kommen, Verſchwiegenheit[1]) zu beobachten und ſich der Nachahmung[2]) der von den Betriebsunternehmern geheim gehaltenen, zu ihrer Kenntniß gelangten Betriebseinrichtungen und Betriebsweiſen, ſolange als dieſe Betriebsgeheimniſſe ſind, zu enthalten. Die Beauftragten der Genoſſenſchaften und Sachverſtändigen ſind hierauf von der unteren Verwaltungsbehörde[3]) ihres Wohnortes zu beeidigen[4]).

(§ 88 d. Entw. u. d. Komm.-Beschl.) Der § 92 entspricht dem § 84 U.-V.-G. Er gilt nicht für die einer Berufsgenossenschaft nicht zugewiesenen Reichs- und Staatsbetriebe § 103.

§ 93.

(Abſ. 1.) Namen und Wohnſitz der Beauftragten ſind von dem Genoſſenſchaftsvorſtande den höheren Verwaltungsbehörden[1]), auf deren Bezirke ſich ihre Thätigkeit erſtreckt, anzuzeigen.

(Abſ. 2.) Die Beauftragten ſind verpflichtet, den nach Maßgabe des § 139b der Gewerbeordnung beſtellten ſtaatlichen Aufſichtsbeamten auf ihr Erfordern über ihre Ueberwachungsthätigkeit und deren Ergebniſſe Mittheilung zu machen, und können dazu von dem Reichs-Verſicherungsamt[2]) durch Geldſtrafen[3]) bis zu einhundert Mark angehalten werden.

(§ 89 d. Entw. u. d. Komm.-Beschl.) Der § 93 entspricht dem § 85 U.-V.-G. Er gilt nicht für die einer Berufsgenossenschaft nicht zugewiesenen Reichs- und Staatsbetriebe, § 103.

---

[6]) Reichs-Verſicherungsamt, eventuell Landes-Verſicherungsamt, § 101.

Zu § 92.

[1]) Verſchwiegenheit. Strafandrohung vgl. §§ 127, 128.

[2]) Nachahmung. Strafandrohung § 128.

[3]) untere Verwaltungsbehörde, § 129.

[4]) beeidigen. Eidesnorm vgl. A. N. I. S. 365.

Zu § 93.

[1]) höhere Verwaltungsbehörde, § 129.

[2]) Reichs-Verſicherungsamt, event. Landes-Verſicherungsamt, § 101.

[3]) Geldſtrafen. Wohin dieſelben fließen, beſtimmen die Zentralbehörden, § 129.

§ 94.

Die durch die Ueberwachung und Kontrole der Betriebe entstehenden Kosten gehören zu den Verwaltungskosten der Genossenschaft [1]). Soweit dieselben in baaren Auslagen bestehen, können sie durch den Vorstand der Genossenschaft dem Betriebsunternehmer auferlegt [2]) werden, wenn derselbe durch Nichterfüllung der ihm obliegenden Verpflichtungen zu ihrer Aufwendung Anlaß gegeben hat. Gegen die Auferlegung der Kosten findet binnen zwei Wochen nach Zustellung des Beschlusses die Beschwerde an das Reichs-Versicherungsamt [3]) statt. Die Beitreibung derselben erfolgt in derselben Weise, wie die der Gemeindeabgaben.

(§ 90 d. Entw. u. d. Komm.-Beschl.) Der § 94 entspricht dem § 86 U.-V.-G. Er gilt nicht für die einer Berufsgenossenschaft nicht zugewiesenen Reichs- und Staatsbetriebe, § 103.

VIII. Aufsichtsführung.

Reichs-Versicherungsamt.

§ 95.

[1]) Die Genossenschaften [2]) unterliegen in Bezug auf die Befolgung dieses Gesetzes der Beaufsichtigung [3]) des Reichs-Versicherungsamts [4]) (§ 87 des Unfallversicherungsgesetzes). (Abs. 1.)

(§ 91 d. Entw. u. d. Komm.-Beschl.) Der § 95 entspricht dem § 87 U.-V.-G. Der Abs. 1 gilt nicht für die einer Berufsgenossenschaft nicht zugewiesenen Reichs- und Staatsbetriebe, § 103.

Zu § 94.

[1]) Genossenschaft, d. h. die Kosten dürfen nicht (vorbehaltlich der Ausnahmen im Satz 2 des Textes) dem Betriebsunternehmer oder Dritten, wohl aber den Sektionen auferlegt werden (A. N. II. S. 73), vgl. Anm. 1 zu § 90.

[2]) auferlegt, müssen aber spezifizirt, dürfen also nicht in Form einer in Höhe der Auslagen festgesetzten summarischen Geldstrafe auferlegt werden (A. N. II. S. 276).

[3]) Reichs-Versicherungsamt, event. Landes-Versicherungsamt § 101.

Zu § 95.

[1]) Auch in der Land- und Forstwirthschaft steht die Unfallversicherung ebenso, wie in der Industrie, unter der Leitung des Reichs-Versicherungsamts (§ 95), sofern nicht in einzelnen Bundesstaaten Landes-Versicherungsämter errichtet sind (§ 101), auf welche dann die Mehrzahl der Befugnisse des Reichs-Versicherungsamts übergeht. Das Reichs-(Landes-)Versicherungsamt ist die höchste Instanz in Streitigkeiten, welche sich auf die Unfallversicherung

(Abs. 2.) Dem Reichs=Versicherungsamt treten vier nichtständige Mitglieder hinzu, von welchen zwei von den Genossenschaftsvorständen [5]) aus ihrer Mitte [6]) gewählt und zwei als [7]) Vertreter der Arbeiter durch den Bundesrath [8]) aus den im § 49 Absatz 2 bezeichneten Personen berufen werden.

(Abs. 3.) Diese nichtständigen Mitglieder sind zu denjenigen Verhandlungen des Reichs=Versicherungsamts, bei denen es sich um Angelegenheiten der dem gegenwärtigen Gesetze unterliegenden Genossenschaften [9]) handelt, statt der nach § 87 [10]) des Unfallversicherungsgesetzes von den Genossenschaftsvorständen und den Vertretern der Arbeiter gewählten nichtständigen Mitglieder, und wenn es sich um allgemeine Angelegenheiten handelt, neben diesen Mitgliedern zuzuziehen [11]).

(Abs. 4.) Die Wahl durch die Genossenschaftsvorstände erfolgt mitttelst schriftlicher Abstimmung unter Leitung des Reichs=Versicherungsamts nach relativer Stimmenmehrheit; bei Stimmengleichheit entscheidet das Loos. Das Stimmenverhältniß der einzelnen Wahlkörper [12]) bestimmt der Bundesrath unter Berücksichtigung der Zahl der versicherten Personen.

(Abs. 5.) Die Amtsdauer der nichtständigen Mitglieder währt vier Jahre. Für jedes nichtständige Mitglied sind ein erster und ein zweiter Stellvertreter zu bestellen, welche dasselbe in Behinderungsfällen zu vertreten haben. Scheidet [13]) ein solches Mitglied während seiner Amtsdauer aus, so haben für den Rest derselben die Stellvertreter nach ihrer Reihenfolge als Mitglieder einzutreten.

---

beziehen — nur im Fall des § 24 entscheidet der Bundesrath. Das Reichs=(Landes=)Versicherungsamt führt außerdem die Aufsicht über die Berufsgenossenschaften, auch wenn Organe der Selbstverwaltung deren Geschäfte führen (§ 26 Abs. 2), oder wenn durch die Landesgesetzgebung anderweite Bestimmungen über die Organe und die Verwaltung der Berufsgenossenschaften getroffen sind (§ 110). Nur die Ausführungsbehörden, welche in den einer Berufsgenossenschaft nicht zugewiesenen Reichs= und Staatsbetrieben die Geschäfte der Unfallversicherung führen, unterstehen zwar der Rechtsprechung, aber nicht der Aufsicht des Reichs=(Landes=)Versicherungsamts, sondern allein der Aufsicht ihrer vorgesetzten Dienstbehörden.

„Das Reichs=Versicherungsamt ist eine mit selbständigen Entscheidungs= und Zwangsbefugnissen ausgerüstete Reichsbehörde, welche unbeschadet gewisser dem Bundesrath übertragener Funktionen die Durchführung des Ge=

setzes in organisatorischer, administrativer, verwaltungsgerichtlicher und disziplinarischer Beziehung in letzter Instanz in der Hand hat. Eine oberste Reichsbehörde wie das Reichsamt des Innern, das Reichsjustizamt und das Reichsschatzamt ist das Reichs-Versicherungsamt indessen nicht. Aehnlich wie die „Reichskommission" und das „Bundesamt für das Heimathwesen" gehört das Reichs-Versicherungsamt zum Ressort des Reichsamts des Innern, dessen geschäftlicher Aufsicht es untersteht.

Das Gesetz gewährt Niemandem und namentlich auch der erwähnten Aufsichtsbehörde nicht die Befugniß, in die Instanzentscheidungen des Reichs-Versicherungsamts einzugreifen, oder statt seiner selbst zu entscheiden.

Das Reichs-Versicherungsamt ist berufen, die vom Bundesrath in Ausführung des Gesetzes zu fassenden Beschlüsse vorzubereiten" (Komm. Ber. z. U.-V.-G. S. 52).

Ueber die rechtliche Stellung des Reichs-Versicherungsamts und die Frage, welcher Beaufsichtigung dasselbe bei Ausübung seiner Befugnisse unterliegt, sind folgende Ausführungen aus den Verhandlungen des Reichstags von Bedeutung (Sten. Ber. für 1884 S. 937/8).

Ein Abgeordneter führte aus:

„Was die rechtliche Stellung des Reichs-Versicherungsamtes weiter betrifft, so ist dieses Amt das erste, bei welchem wir eine solche Vermischung der verschiedenen Funktionen finden: einerseits richterliche Funktionen, andererseits verwaltungsrichterliche und endlich rein administrative Funktionen. Ein solches Amt haben wir bis jetzt noch nicht. Das Gesetz läßt nicht klar ersehen, wie die Stellung dieses Amtes eigentlich sein soll, inwieweit es unterstellt sein soll der Verantwortung und Leitung des Reichskanzlers, inwieweit es unabhängig dasteht. Allerdings ist uns in der Kommission erklärt worden, daß bezüglich der Instanzentscheidung das Amt unabhängig dastehe; ich würde aber dem Herrn Vertreter der verbündeten Regierungen verpflichtet sein, wenn er hier feststellen wollte, was unter Instanzentscheidung eigentlich hat verstanden sein sollen. Ich fürchte allerdings, es wird doch immer eine Zweifelhaftigkeit bleiben; wir werden immer nicht recht wissen, wann das Amt eigentlich als administratives Amt anzusehen, wann es als rechtsprechendes Amt zu betrachten ist. Das ist um so bedenklicher, weil heute schon wiederholentlich gesagt ist — und das ist auch in der Kommission bereits ausgesprochen worden —, daß das Amt mit dieser Funktion demnächst noch andere verbinden wird, nämlich die Aufsicht über das ganze Versicherungswesen. Es wird ferner, wenn die Unfallversicherung auf weitere Kreise ausgedehnt wird, auch mit diesen noch zu thun haben. Endlich wird ihm auch die Invalidenversorgung demnächst zu Theil werden. Das Amt wird also von großer Bedeutung werden, und darum ist es von besonderer Wichtigkeit, daß wir hier seine Kompetenz klarstellen."

Hierauf entgegnete der Regierungskommissar, Direktor im Reichsamt des Innern H. Bosse:

„Ich habe es nur damit zu thun, Ihnen eine Antwort zu geben auf die Frage, was unter Instanzentscheidungen zu verstehen ist und in welcher Weise die Aufsicht über das demnächstige Reichs-Versicherungsamt geregelt werden soll. Es ist von dem Herrn Abgeordneten das Reichs-Versicherungsamt ganz richtig als eine gemischte Behörde bezeichnet worden. Es ist eine Behörde, die theils administrative, theils aber auch Aufgaben der Rechtsprechung hat. Entsprechend dieser Vereinigung verschiedener Funktionen, wie wir sie auch bei anderen Selbstverwaltungsbehörden finden, die ebenfalls verwaltungsrichterliche Aufgaben neben administrativen haben, wird sich auch demnächst die Aufsicht verschieden gestalten, und wird die Aufsicht über das Reichs-Versicherungsamt einen verschiedenen Inhalt haben, einen positiven nach der Seite der administrativen Aufgaben und einen negativen nach der Seite der Aufgaben der Rechtsprechung. Diese negative Aufgabe der Aufsichtsinstanz des Herrn Reichskanzlers oder des Reichsamtes des Innern wird darauf gerichtet sein, daß in Bezug auf die Rechtsprechung und auf die verwaltungsgerichtlichen Entscheidungen des Reichs-Versicherungsamtes die Aufsichtsinstanz dahin zu wirken hat, daß das Versicherungsamt seine Rechtsprechung in verfassungsmäßiger Unabhängigkeit auszuüben in der Lage und im Stande sein wird. Eine materielle Einwirkung auf die Art, wie die Rechtsprechung und die verwaltungsgerichtliche Thätigkeit des Reichs-Versicherungsamtes geübt wird, wird Niemandem zustehen. Nun muß ich aber doch bemerken, daß die Rechtsprechung, die Judikatur des Reichs-Versicherungsamtes keineswegs allein in der Entscheidung auf Rekurse gegen die Entscheidungen der Schiedsgerichte besteht, wie vorher der Herr Abgeordnete Eberty anzunehmen schien, sondern es ist eine ganze Reihe derartiger verwaltungsgerichtlicher Funktionen, die, in den einzelnen Paragraphen zerstreut, dem Reichs-Versicherungsamte übertragen werden. So hat es zu entscheiden über die Beschwerden in Betreff der Zugehörigkeit eines Betriebes zu einer bestimmten Genossenschaft und die Streitigkeiten, die sich daran knüpfen können; so hat es zu entscheiden über Beschwerden wegen Einschiebung der Betriebe in die Gefahrentarife; ferner über Beschwerden der Arbeiter wegen der ihnen zugebilligten Entschädigungen und der Betriebsunternehmer wegen der Höhe der ihnen von der Genossenschaft auferlegten Jahresbeiträge, ferner über Beschwerden gegen Entscheidungen der unteren Verwaltungsbehörden, durch welche die Entschädigung für Unfälle, welche sich nicht in katastrirten Betrieben ereignen, abgelehnt werden, endlich über Beschwerden in Betreff der Person der Betriebsrevisoren, sowie über Beschwerden über die Auflegung von Kosten im Falle selbstverschuldeter Revisionen. Kurz, es ist eine ganze Reihe von gerichtlichen Entscheidungen, die dem Reichs-Versicherungsamt obliegen werden, und in dieser Beziehung wird Niemand das Recht haben, in die Thätigkeit und Befugnisse des Reichs-Versicherungsamtes einzugreifen."

Das Reichs-Versicherungsamt charakterisirt sich hiernach als eine Behörde höchster Instanz.

Das Reichs-Versicherungsamt tritt bezüglich der ihm überwiesenen Funktionen an die Stelle der sonst zuständigen Landesbehörden. Freilich wird es „die Mitwirkung der Landesbehörden nicht entbehren können und darauf angewiesen sein, mit diesen Hand in Hand die dem Wohle der arbeitenden Klassen dienenden Zwecke des Gesetzes zu fördern. Der Entwurf beruht auf der Annahme eines harmonischen Zusammenwirkens der Landesbehörden mit dem Reichs-Versicherungsamt (Mot. z. U.-V.-G. S. 80).

„Bei der Zusammensetzung des Reichs-Versicherungsamts ist lediglich die Rücksicht maßgebend gewesend, die Behörde unabhängig und vertrauenswürdig zu gestalten. Dasselbe soll in der Weise gebildet werden, daß es ein verwaltungsgerichtliches Gepräge trägt. Deshalb soll auch aus der Mitte des Bundesraths eine Anzahl von Mitgliedern des Reichs-Versicherungsamts gewählt werden. Der Bundesrath erhält dadurch unmittelbare Fühlung mit den Verhältnissen, auf deren Gestaltung und Regelung ihm ein maßgebender Einfluß zusteht" (Mot. z. U.-V.-G. S. 80). Auch treten bei der Entscheidung über die besonders wichtigen vermögensrechtlichen Streitigkeiten in den Fällen der §§ 43, 68 zwei richterliche Beamte hinzu. Im Uebrigen besteht das Reichs-Versicherungsamt aus ständigen Mitgliedern, d. h. aus Berufsbeamten, deren Ernennung „nach Analogie der Ernennung der ständigen Mitglieder des Patentamts (§ 13 des Patentgesetzes vom 25. Mai 1877, Reichs-Gesetzbl. S. 501) auf Vorschlag des Bundesraths durch den Kaiser auf Lebenszeit erfolgt" (Mot. z. U.-V.-G. S. 80), ferner aus zwei von den industriellen Berufsgenossenschaften und zwei von den Vertretern der Arbeiter für die industriellen Berufsgenossenschaften gewählten Mitgliedern, welchen fortan für die Land- und Forstwirthschaft zwei weitere Vertreter der (land- und forstwirthschaftlichen) Berufsgenossenschaften, sowie zwei von dem Bundesrath aus der Zahl der in der Land- und Forstwirthschaft versicherten Personen gewählte Personen hinzutreten. Diese Vertreter der Land- und Forstwirthschaft sollen „für diejenigen Fälle, in denen Angelegenheiten land- und forstwirthschaftlicher Betriebe verhandelt werden, statt der von den industriellen Unternehmern und Arbeitern gewählten Mitglieder zu der Berathung und Beschlußfassung zugezogen werden, nnd bei Berathungen und Beschlußfassungen allgemeiner Art neben den übrigen Mitgliedern des Reichs- bezw. Landes-Versicherungsamts zur Mitwirkung berufen sein" (Mot. S. 64). Einen weiteren Zuwachs hat das R.-V.-A. durch das Seeunfallversicherungsgesetz v. 13. Juli 1887 (R.-G.-Bl. S. 324) erhalten, indem auch je zwei Rheder bezw. versicherte Seeleute oder befahrene Schifffahrtskundige der Behörde als nichtständige Mitglieder hinzutreten sollen.

Im Einzelnen besteht hiernach das Reichs-Versicherungsamt aus

a) ständigen Mitgliedern, nämlich:

1) einem vom Kaiser auf Vorschlag des Bundesraths auf Lebenszeit ernannten Präsidenten (§ 87 Abs. 2 U.-V.-G.), (z. Z. H. Präsident Bödiker);

2) mehreren (z. B. acht) ebenso ernannten höheren Berufsbeamten (§ 87 Abs. 2 U.-V.-G.), von denen einer als ständiger Stellvertreter des Präsidenten fungirt. Diesen ständigen Mitgliedern kann mit Genehmigung des Reichskanzlers von dem Präsidenten ein Theil der Präsidialbefugnisse übertragen werden (§ 27 d. Allerh. Verordnung v. 5. Aug. 1885, betr. die Formen und den Geschäftsgang des Reichs-Versicherungsamts, R.-G.-Bl. S. 255), wovon inzwischen Gebrauch gemacht ist;

b) nichtständigen Mitgliedern, nämlich:

3) vier Bevollmächtigten zum Bundesrath (§ 87 Abs. 3 U.-V.-G.), (z. B. aus Bevollmächtigten für Bayern, Königreich Sachsen, Baden und Großherzogthum Sachsen);

4) zwei von den industriellen Berufsgenossenschaften aus den Vorstandsmitgliedern derselben gewählten Personen, § 87 Abs. 3 U.-V.-G. (zur Zeit die Herren Kommerzienrath Haßler in Augsburg, Vorstandsmitglied der süddeutschen Textil-B.-G., und Fabrikdirektor Martius in Berlin (chemische Industrie);

5) zwei von den industriellen Arbeitervertretern aus ihrer Mitte gewählten Personen, § 87 Abs. 3 U.-V.-G. (zur Zeit die Herren Vorarbeiter Starck in München (Arbeitervertreter der Süddeutschen Eisen- und Stahl-B.-G.), und Hutmacher Kaempfe in Bamberg, (Arbeitervertreter der Bekleidungsindustrie-B.-G.);

6) zwei von den Vorständen der land- und forstwirthschaftlichen Berufsgenossenschaften aus ihrer Mitte zu wählenden Mitgliedern (§ 95 Abs. 2 l. U. u. K.-V.-G.);

7) zwei von dem Bundesrath aus versicherten land- und forstwirthschaftlichen Arbeitern oder Betriebsbeamten zu berufenden Personen (§ 95 Abs. 2 l. U. u. K.-V.-G.).

8) und 9) je zwei Vertretern der Rheder und der Versicherten aus der seemännischen Bevölkerung.

Die Wahl der unter 6 bis 9 aufgeführten Kategorien hat noch nicht stattgefunden. Dazu treten

10) mehrere für die Dauer der zur Zeit der Ernennung von ihnen bekleideten Reichs- oder Staatsämter vom Kaiser auf Wahl des Bundesraths ernannte richterliche Beamte (§ 90 Abs. 3 U.-V.-G., § 98 Abs. 3 l. U. u. K.-V.-G., § 7 Abs. 2 der citirten Verordnung v. 5. Aug. 1885; in der Fassung der Verordnung v. 13. Novbr. 1887) als Beisitzer; zur Zeit bekleiden dies Amt vier Preußische Kammergerichtsräthe; eine Anzahl richterlicher Hülfskräfte dienen zur Entlastung dieser Beisitzer.

Für die unter 5 bis 9 aufgeführte Kategorien sind für jedes Mitglied je zwei Stellvertreter bestellt bez. zu bestellen. In gemeinschaftlichen („allgemeinen") die Unfallversicherung betreffenden Angelegenheiten wirken die sämmtlichen Kategorien zusammen; in Angelegenheiten, welche nur die industriellen

Berufsgenossenschaften betreffen, scheiden die (land- und forstwirthschaftlichen) Kategorien 6 und 7, in Angelegenheiten dagegen, welche nur die land- und forstwirthschaftlichen Berufsgenossenschaften betreffen, die (industriellen) Kategorien 4 und 5 aus, § 95 Abs. 3 l. U. u. K.-V.-G.

Die übrigen Büreau- 2c. Beamten des Reichs-Versicherungsamts werden vom Reichskanzler ernannt, § 87 Abs. 5 U.-V.-G.

Der Sitz des Reichs-Versicherungsamts ist Berlin (§ 87 Abs. 2 U.-V.-G.). Die Geschäftsräume desselben befinden sich daselbst in dem Grundstück des Reichs Wilhelmsplatz Nr. 2.

Der Geschäftskreis des Reichs-Versicherungsamts besteht, soweit es sich um Angelegenheiten der land- und forstwirthschaftlichen Berufsgenossenschaften handelt und nicht aus landesgesetzlichen Bestimmungen (§ 110) sich Abweichungen ergeben, in folgenden Obliegenheiten:

I. in organisatorischer Beziehung.

(L. a.*) 1. Begutachtung der Vorschläge der Landesregierungen über die Bildung von Berufsgenossenschaften, § 18.

(L. a.) 2. Bestimmung der Zahl der von den Gemeinden zu bezeichnenden Wahlmänner für die Bildung der konstituirenden Genossenschaftsversammlung; Bestimmung der Wahlbezirke, nach welchen diese Wahlmänner zur Wahl der Mitglieder der konstituirenden Genossenschaftsversammlung zusammentreten, und Vertheilung dieser die konstituirende Genossenschaftsversammlung bildenden Vertreter der Berufsgenossen auf die einzelnen Wahlbezirke, sowie der Erlaß der Wahlordnung — alles für den Fall, daß der Bezirk der betreffenden Berufsgenossenschaft über die Grenzen eines Bundesstaates hinausgeht. Das Reichs-Versicherungsamt hat seine desfallsigen Obliegenheiten im Einvernehmen mit den Zentralbehörden der betheiligten Bundesstaaten wahrzunehmen, § 20.

(L. a.) 3. Berufung der konstituirenden Genossenschaftsversammlung und Leitung ihrer Verhandlungen durch Beauftragte — sofern der Bezirk der Genossenschaft über die Grenzen eines Bundesstaates hinausgeht und demgemäß auch die Zusammensetzung der konstituirenden Genossenschaftsversammlung dem Reichs-Versicherungsamt obgelegen hat (vgl. ad 2), § 21.

(L. a.) 4. Entwerfung von Normalstatuten für die Genossenschaften, als Ausfluß der Verpflichtung

(L. a.) 5. zur Genehmigung der Genossenschaftsstatuten und ihrer Abänderungen, vorbehaltlich der Beschwerde an den Bundesrath wegen versagter Genehmigung (§ 24),

---

*) Ueber die Bedeutung dieser Bezeichnung siehe S. 387 bei a.

eventuell Oktroyirung des Statuts, wogegen eine Beschwerde nicht statthaft ist (§ 24);

(L. a.*) 6. Bestimmung und öffentliche Bekanntmachung der Frist, binnen welcher die Gemeindebehörden die Verzeichnisse der Betriebsunternehmer ihres Bezirks einzureichen haben, § 34;

(L. a.) 7. Genehmigung der Abstandnahme von der Aufstellung eines Gefahrentarifs und Widerruf dieser Genehmigung, § 35 Abs. 6;

(L. a.) 8. sofern Gefahrentarife zu bilden sind, die Bestimmung einer Frist für deren Aufstellung, die Genehmignng des Tarifs und der Beschlüsse über Abänderungen desselben, sowie dieser Abänderungen selbst, event. Oktroyirung des Tarifs, § 35 Abs. 3 bis 5;

(L. a.) 9. Genehmigung der Bildung von Rückversicherungsverbänden, § 41;

(L=*) 10. Bestimmung des Sitzes der Schiedsgerichte, sofern deren Bezirke über die Grenzen eines Bundesstaates hinausgehen, nach Benehmen mit den betheiligten Landes-Zentralbehörden,

sowie Vorbereitung der Beschlüsse des Bundesraths über die Vermehrung der Schiedsgerichte, §§ 50, 98;

(L=) 11. Erlaß des Regulativs für die Wahl bezw. Berufung der Arbeiter-Beisitzer des Schiedsgerichts einschließlich der Vertheilung der Stimmen auf die wahlberechtigten Kassen bezw. Kommunalverbände, sowie Leitung dieser Wahlen durch Beauftragte, — alles für den Fall, daß der Bezirk des Schiedsgerichts über die Grenzen eines Bundesstaates hinausgeht, § 51 Abs. 4, 5;

(L=) 12. Feststellung des Formulars für die Unfallanzeigen, § 55;

(L=) 13. Leitung der Wahl von zwei nichtständigen Beisitzern des Reichs-Versicherungsamts aus der Zahl der land- und forstwirthschaftlichen Genossenschaftsvorstände, § 95;

ferner bezüglich der Abänderung bestehender Genossenschaften:

(L=) 14. Stellung des Antrags bei dem Bundesrath (bezw. der Landes-Zentralbehörde) auf Auflösung leistungsunfähiger Berufsgenossenschaften, §§ 14, 113;

(L=) 15. Vorbereitung der Beschlüsse des Bundesraths (bezw. der Landes-Zentralbehörde) über die Genehmigung von Abänderungen des Bestandes der Berufsgenossenschaften, §§ 42, 112, 98;

außerdem:

(L=) 16. die Entwerfung der Kais. Verordnung über das Verfahren vor den Schiedsgerichten (§ 54) sowie

(L=) 17. die Entwerfung der Kais. Verordnung über die Formen des Verfahrens und den Geschäftsgang des Reichs-Versicherungsamts, § 98.

II. in administrativer Beziehung:

(L=) 1. Die Entscheidung von Zweifeln darüber, welche Betriebszweige als

---

*) Vgl. Anm. *) auf S. 383.

land- oder forstwirthschaftliche Betriebe oder Nebenbetriebe anzusehen sind, § 1 Abs. 5;

(L. a.*) 2. Wahrnehmung der Geschäfte renitenter Genossenschaftsorgane auf Kosten der Genossenschaft, § 32;

(L. a.) 3. Entgegennahme des Verzeichnisses der vorgekommenen Unfälle, § 35 Abs. 5;

(L=) 4. Durchführung des Zwangsbeitreibungsverfahrens gegen säumige Genossenschaften, § 84;

(L=) 5. alljährliche Aufstellung der Rechnungsergebnisse für den Reichstag, § 86, und im Zusammenhange damit

(L=) 6. Führung einer umfassenden Unfallstatistik;

(L=) 7. Genehmigung von Unfallverhütungsvorschriften, § 87;

(L=) 8. Beaufsichtigung des gesammten Geschäftsbetriebes der Berufsgenossenschaften (§ 95), deren Organe revidirt werden können, zur Offenlegung ihrer Bücher verpflichtet sind rc., § 96, und im Zusammenhange damit

(L=) 9. der Erlaß umfassender Anweisungen und Reglements;

(L=) 10. Entgegennahme der Mittheilungen über die Ernennung von Ausführungsbehörden für die einer Berufsgenossenschaft nicht zugewiesenen Reichs- und Staatsbetriebe, § 102.

III. Auf verwaltungsgerichtlichem Gebiet hat das Reichs-Versicherungsamt endgültig zu entscheiden:

(L. a.) 1. Beschwerden wegen der Veranlagung der Betriebe zu den Gefahrenklassen und wegen der Abschätzung der Betriebe, § 38, auch in Folge von Revisionen, § 39;

(L=) 2. vermögensrechtliche Streitigkeiten der Genossenschaften im Falle von Bestandsveränderungen, § 43;

(L. a.) 3. Meinungsverschiedenheiten zwischen der unteren Verwaltungsbehörde und den Genossenschaften über die Zugehörigkeit neu entstehender Betriebe zu den Genossenschaften, § 46;

(L=) 4. Beschwerden über die bei Betriebsänderungen von den Genossenschaftsorganen beliebte Zuweisung zu anderen Genossenschaften oder Aenderungen in den Grundlagen für die Umlegung der Beiträge (Veranlagung zu den Gefahrenklassen, Abschätzung), § 48;

(L. a.) 5. Beschwerden der Arbeiterbeisitzer der Schiedsgerichte wegen der ihnen zugebilligten Entschädigungen, § 53;

(L=) 6. Meinungsverschiedenheiten zwischen der unteren Verwaltungsbehörde und den Genossenschaften über die Zugehörigkeit von Betrieben, welche die Genossenschaft nicht aufgenommen hat, im Fall eines in solchen Betrieben sich ereignenden Unfalls, § 64 Abs. 4;

*) Vgl. Anm. *) auf S. 383.

(L=) 7. Beschwerden gegen die Entscheidungen der unteren Verwaltungsbehörden, durch welche die Entschädigungsansprüche bei Unfällen, die sich in nicht zugewiesenen Betrieben ereignet haben, abgewiesen werden, weil der Betrieb nicht unter § 1 falle, § 67,

sowie Beschwerden über gleichartige Entscheidungen der zuständigen Betriebsbehörden für die einer Berufsgenossenschaft nicht zugewiesenen Reichs- und Staatsbetriebe, § 107;

(L=) 8. Rekurse gegen die Entscheidungen der Schiedsgerichte, § 68;

(L. a.) 9. Beschwerden der Betriebsunternehmer wegen der Berechnung der Jahresbeiträge, § 82;

(L=)10. Beschwerden der Betriebsunternehmer wegen Festsetzung von Zuschlägen zu den Beiträgen oder Veranlagung in eine höhere Gefahrenklasse wegen Uebertretung der Unfallverhütungsvorschriften, § 88;

(L=)11. Rekusationsbeschwerden in Betreff der Person der Betriebsrevisoren, § 91;

(L=)12. Beschwerden gegen die Auferlegung von Kosten im Falle selbstverschuldeter Revisionen, § 94;

(L=)13. Streitigkeiten in Betreff der Rechte und Pflichten der Inhaber der Genossenschaftsämter, wegen der Auslegung der Statuten und in Betreff der Gültigkeit von Wahlen, § 97.

IV. Die Exekutiv- bezw. Disciplinarstrafgewalt des Reichs-Versicherungsamts zeigt sich in der Befugniß desselben,

(L=) 1. gegen renitente Schiedsgerichtsbeisitzer Geldstrafen bis zu 500 Mark auszusprechen, sofern der Bezirk des Schiedsgerichts über das Gebiet eines Bundesstaates hinausreicht, § 53;

(L=) 2. die Beauftragten der Genossenschaften (Betriebsrevisoren) zur Erfüllung der im § 93 ihnen auferlegten Verpflichtung gegenüber den staatlichen Fabrikaufsichtsbeamten durch Geldstrafen bis zu 100 Mark anzuhalten, § 93;

(L=) 3. die Vorstandsmitglieder, Vertrauensmänner und Beamten der Genossenschaften zur Vorlegung ihrer Bücher ꝛc., sowie zur Befolgung der gesetzlichen und statutarischen Vorschriften durch Geldstrafen bis zu 1000 Mark anzuhalten, §§ 96, 97;

(L=) 4. über Beschwerden gegen die Strafverfügungen der Genossenschaftsvorstände zu entscheiden, §§ 98, 126.

Alle diese Zuständigkeiten hat aber das Reichs-Versicherungsamt nur insoweit, als nicht

a) die Landesgesetzgebung von dem ihr reichsgesetzlich eingeräumten Recht, die Organisation ꝛc. der Berufsgenossenschaften anderweit zu regeln, Gebrauch gemacht und dabei die betr. Funktionen des R.-V.-A. in Fortfall gebracht hat, § 110 — die bei solcher abweichenden landesgesetzlichen Regelung auszuscheidenden Befugnisse des Reichs-Versicherungsamts sind in der vorstehenden Nachweisung am Rande mit

(L. a.) bezeichnet worden, während die Bezeichnung (L =) andeutet, daß eine Abänderung durch Landesgesetz nicht statthaft ist;

b) ausschließlich Angelegenheiten von Berufsgenossenschaften innerhalb eines Bundesstaates in Frage stehen, für welchen ein Landes-Versicherungsamt errichtet ist, soweit nicht das Reichsgesetz auch bei dem Bestehen von Landes-Versicherungsämtern einzelne Funktionen dem Reichs-Versicherungsamt ausdrücklich vorbehalten hat.

Letzteres ist in doppelter Beziehung der Fall. Es sind nämlich (vgl. A. N. IV. S. 247) für diejenigen Berufsgenossenschaften, welche der Aufsicht eines Landes-Versicherungsamts unterstellt sind (also nur Betriebe eines solchen Bundesstaates umfassen, für welchen ein Landes-Versicherungsamt errichtet ist), dem Reichs-Versicherungsamt trotzdem reichsgesetzlich vorbehalten:

1. gewisse Zuständigkeiten unter allen Umständen, und zwar — abgesehen von den Fällen unter I. 1 (§ 18, Mitwirkung bei der Bildung von Berufsgenossenschaften) in welchen die Zuständigkeit des R.-V.-A. dadurch beseitigt werden kann, daß die Bildung der Berufsgenossenschaften durch Landesgesetz abweichend geregelt wird — in folgenden, der Abänderung durch die Landesgesetzgebung nicht unterworfenen Fällen der obigen Zusammenstellung:

a) I. 10 (§§ 50, 98, betr. die Errichtung von Schiedsgerichten),
b) I. 12 (§ 55, Feststellung des Formulars für die Unfallanzeigen),
c) I. 13 (§ 95, Leitung der Wahl nichtständiger Beisitzer des R.-V.-A),
d) I. 15—17 (§§ 42, 54, 98, 112, Vorbereitung gewisser Maßregeln des Bundesraths 2c.),
e) II. 1 (§ 1 Abs. 5, Entscheidung von Zweifeln darüber, welche Betriebszweige als landw. Betriebe oder Nebenbetriebe anzusehen sind),
f) II. 5, 6 (§ 86, Aufstellung der Rechnungsergebnisse und Führung der Unfallstatistik),
g) II. 10 (§ 102, betr. die Ernennung von Ausführungsbehörden).

2. andere Zuständigkeiten nur insoweit, als bei gewissen Entscheidungen das Interesse anderer Berufsgenossenschaften, die einem anderen Landes-Versicherungsamt oder dem Reichs-Versicherungsamt unterstellt sind, mitbetheiligt ist, und zwar in folgenden Fällen:

a) §§ 38, 39 (oben Ziffer III 1): Entscheidung von Beschwerden wegen Aufnahme oder Nichtaufnahme von Betrieben in die Verzeichnisse der Genossenschaftsmitglieder, sofern sich bei den Verhandlungen darüber ergiebt, daß die Aufnahme von der unter der Aufsicht eines Landes-Versicherungsamts stehenden Genossenschaft um deswillen verweigert wird, weil der Betrieb einer anderen — landwirthschaftlichen oder industriellen — nicht unter die Kompetenz desselben Landes-Versicherungsamts fallenden Berufsgenossenschaft angehöre, oder sofern sich ergiebt, daß die Aufnahme von der Genossenschaft bewirkt wurde, ob-

25*

wohl der Unternehmer seiner Meinung nach einer anderen, landwirthschaftlichen oder industriellen, nicht unter die Kompetenz desselben Landes-Versicherungsamts fallenden Berufsgenossenschaft angehört; ferner die Entscheidung von Beschwerden über die Veranlagung und Abschätzung der Betriebe, wenn sich Meinungsverschiedenheiten darüber ergeben, ob ein Theil des Betriebes, insbesondere ein Nebenbetrieb, zu einer der Kompetenz eines anderen Versicherungsamts gehörenden anderen landwirthschaftlichen oder industriellen Berufsgenossenschaft gehört, und ob der Nebenbetrieb deshalb bei der Veranlagung und Abschätzung des Hauptbetriebes berücksichtigt werden muß oder nicht;

b) § 41 (oben Ziffer I 9); Genehmigung von Rückversicherungsverbänden mehrerer unter die Kompetenz verschiedener Versicherungsämter fallenden Genossenschaften;

c) § 43 (oben Ziffer III 2): Entscheidung von Streitigkeiten über die Vermögensauseinandersetzung bei Bestandsveränderungen, wenn die betheiligten Genossenschaften unter die Kompetenz verschiedener Versicherungsämter fallen;

d) § 46 (oben Ziffer III 3): Entscheidung über die Zugehörigkeit eines neuen Betriebes zu einer Genossenschaft, unter denselben Voraussetzungen wie bei dem § 38 (vgl. a);

e) § 48 (oben Ziffer III 4): Entscheidung über die Wirkung von Betriebsveränderungen auf die Zugehörigkeit zur Genossenschaft, oder auf die Veranlagung und Abschätzung, unter denselben Voraussetzungen wie bei §§ 38, 46 (vgl. a und d);

f) § 64 (oben Ziffer III 6): Entscheidung über die Zugehörigkeit eines, einer Genossenschaft bisher nicht zugewiesenen Betriebes, in welchem demnächst ein auf Grund des § 1 des Gesetzes zu entschädigender Unfall sich ereignet, unter denselben Voraussetzungen wie bei §§ 38, 46, 48 (vgl. a, d, e);

g) § 67 (oben Ziffer III 7): Entscheidung von Beschwerden über Bescheide der unteren Verwaltungsbehörde, welche einen Entschädigungsanspruch in einem, einer Berufsgenossenschaft nicht zugewiesenen Betriebe um deswillen ablehnt, weil dieser Betrieb nicht unter § 1 falle; ebenso

h) in den ähnlichen Fällen des § 107 (vgl. oben Ziffer III 7 Abs. 2);

i) § 68 (oben Ziffer III 8): Entscheidung von Rekursbeschwerden gegen die Entscheidungen der Schiedsgerichte, wenn diese den Anspruch um deswillen ablehnen, weil nicht die in Anspruch genommene Berufsgenossenschaft, sondern eine andere unter der Kompetenz eines an deren Versicherungsamts fallende Berufsgenossenschaft zur Entschädigung verpflichtet sei.

Diese zuletzt erwähnten 9 Fälle, in denen das Reichs-Versicherungsamt auch in Angelegenheiten von Berufsgenossenschaften, welche im Uebrigen der Kompetenz eines Landes-Versicherungsamts unterliegen, dann entscheidet, wenn dabei Interessen einer anderen, unter der Aufsicht eines anderen Landes- oder unter der Aufsicht des Reichs-Versicherungsamts stehenden Berufsgenossenschaft mitbetheiligt sind, entsprechen den gleichartigen Bestimmungen der §§ 30, 32 37, 38, 62, 63 des Unfallversicherungsgesetzes. Daß auch in den Fällen der §§ 62, 63 des Unfallversicherungsgesetzes (Entscheidungen gegen ablehnende Bescheide der unteren Verwaltungsbehörde und der Schiedsgerichte, wenn dieselben annehmen, daß der Betrieb, in welchem der Unfall sich ereignet hat, einer anderen, nicht unter die Zuständigkeit des betreffenden Landes-Versicherungsamts fallenden Berufsgenossenschaft angehört,) die Entscheidung vom Reichs- statt von dem betreffenden Landes-Versicherungsamt zu treffen sei, ist (als Novelle zum Unfallversicherungsgesetz) erst in § 101 Absatz 3 des vorliegenden Gesetzes angeordnet worden.

Diese Fälle sollen insbesondere die Möglichkeit ausschließen, daß bei der Aufnahme der Betriebe in die Genossenschaften oder bei den Verhandlungen über die Entschädigung Verunglückter zwei verschiedene Versicherungsämter sich für unzuständig erklären, indem jedes ausführt, der betreffende Betrieb oder Nebenbetrieb gehöre zu einer der Zuständigkeit des anderen Versicherungsamts unterstellten Berufsgenossenschaft. Bei solchem negativen Kompetenzkonflikt zweier Versicherungsämter würde der betreffende Verletzte gegen den Willen des Gesetzes leer ausgehen. „Es könne leicht der Fall vorkommen, daß ein zweifellos versicherter Arbeiter durch entgegenstehende Entscheidungen der obersten Instanzen für einen erlittenen Unfall nichts erhalte. Es könne z. B. in der Praxis zweifelhaft sein, ob das Keltern der Weintrauben in einem bestimmten Falle unter den Begriff der Landwirthschaft oder unter den des Kellereigewerbes falle. Wenn nun in einer Gegend die landwirthschaftliche Berufsgenossenschaft einem Landes-Versicherungsamte unterstellt sei, während das Kellereigewerbe zu einer dem Reichs-Versicherungsamte unterstellten Reichs-Berufsgenossenschaft gehöre, und es verunglücke ein Arbeiter bei dem Keltern der Trauben, so sei es wohl denkbar, daß sein Anspruch auf Entschädigung von beiden obersten Instanzen endgültig abgewiesen werde, weil das Landes-Versicherungsamt den Keltereibetrieb nicht zur Landwirthschaft, das Reichs-Versicherungsamt aber denselben nicht zum Kellereigewerbe rechne. In solchem Falle erhalte . . . (bisher) . . . der Verunglückte nichts, weil jeder der beiden endgültig entscheidenden Behörden nur die Kompetenz zustehe, hinsichtlich der ihr unterstellten Berufsgenossenschaft zu entscheiden, daß gegen sie der Verletzte einen Anspruch nicht habe, weil der Behörde aber die Befugniß nicht beiwohne, zugleich festzustellen, daß der Anspruch gegen die andere, ihr nicht unterstellte Berufsgenossenschaft begründet sei" (Komm.-Ber. S. 40). Ein solcher negativer Kompetenzkonflikt kann nach den Bestimmungen des Gesetzes jetzt nicht mehr vorkommen. Aber auch ein positiver Kompetenzkonflikt, welcher dadurch sich ergeben könnte, daß zwei verschiedene Berufsgenossenschaften denselben Betrieb oder Nebenbetrieb für sich reklamiren und zu Beiträgen heranziehen, wird fortan vermieden. Dagegen besteht noch jetzt die Möglichkeit, daß ein Versicherungsamt eine Person für versichert, oder einen Unfall als „bei dem Betriebe" eingetreten erklärt und daher Unfallentschädigungen zuspricht, während in ganz gleichen Fällen ein anderes Versicherungsamt anderer Meinung ist und Unfallentschädigungen ablehnt. Um auch solchen, gewiß unerwünschten, divergirenden Entscheidungen abzuhelfen, hätte man eine gemeinschaftliche höchste Instanz für derartige Principalfragen schaffen müssen. Anträge aber, dem Reichs-Versicherungsamt oder dem Reichsgericht diese Funktionen zu übertragen, sind von der Reichstagskommission abgelehnt worden. „Das Reichs-Versicherungsamt sei nicht geeignet, weil man dadurch die Landes-Versicherungsämter herabsetze. Man würde damit eine Unterordnung der Landes-Versicherungsämter unter das Reichs-Versicherungsamt schaffen, die nicht zugestanden werden könne. Hätte man aus dem Reichs-Versicherungsamte eine solche Revisionsinstanz schaffen wollen, so würde man für die Landes-Versicherungsämter sicher eine einfachere Organisation zugelassen haben, als sie in § 93 des Unfallversicherungsgesetzes v. 6. Juli 1884 vorgeschrieben sei; jetzt paßten die vorgeschlagenen Paragraphen in das System der Gesetzgebung nicht hinein" (Komm.-Ber. S. 40). Das Reichsgericht aber sei um deswillen nicht zu benutzen, weil es dem ganzen Aufbau der Unfallversicherung widerspricht, grundlegende Fragen derselben der Jurisdiktion einer richterlichen Behörde zu übertragen und dadurch das verwaltungsgerichtliche Gepräge der Rechtsprechung in dieser Materie zu beeinträchtigen. „Die Eigenartigkeit dieser Materie mache es nothwendig, die Entscheidungen letzter Instanz den Behörden zu belassen, denen überhaupt die Ausführung der Unfallversicherung übertragen sei" (Komm.-Ber. S. 41). Es wird hiernach einstweilen abgewartet werden müssen, ob derartige divergirende Entscheidungen — welche übrigens nach der Tendenz des Gesetzes nicht vorkommen sollen, da die Landes-Versicherungsämter bereit sein sollen, sich nach den vom Reichs-Versicherungsamt ihnen zugehenden Renseignements zu richten, vgl. Anm. 1 zu § 100 — später die Schaffung einer gemeinsamen Instanz, etwa eines aus Vertretern des Reichs-Versicherungsamts und der einzelnen Landes-Versicherungsämter kombinirten Verwaltungsgerichtshofs, doch noch erforderlich machen werden.

Im Uebrigen vgl. über die Landes-Versicherungsämter Anm. 1 zu § 100.

²) Genossenschaften, nicht die Ausführungsbehörden bezüglich der einer Berufsgenossenschaft nicht zugewiesenen Reichs- und Staatsbetriebe, § 103. Diese unterliegen vielmehr der Beaufsichtigung ihrer dienstpragmatischen Vorgesetzten. Wohl aber unterstehen auch diese Ausführungsbehörden der rechtsprechenden Thätigkeit des Reichs- bezw. Landes-Versicherungsamts.

³) Beaufsichtigung, cf. Anm. 2.

⁴) Reichs-Versicherungsamt, soweit nicht nach § 92 U.-V.-G. Landes-Versicherungsämter gebildet sind, § 100.

⁵) Genossenschaftsvorstände. Zu den wahlfähigen Vorständen gehören auch die Ausführungsbehörden der einer Genossenschaft nicht zugewie-

senen fiskalischen Betriebe, § 102. Gemeint sind natürlich nur die Vorstände der unter dieses Gesetz fallenden land- und forstwirthschaftlichen Berufsgenossenschaften.

Soweit die Funktionen dieser Vorstände von Organen der Selbstverwaltung wahrgenommen werden (§ 26), geht auch das Wahlrecht und die Wählbarkeit auf diese Organe der Selbstverwaltung über, § 26 Abs. 4. Dasselbe gilt von den auf Grund des § 110 durch die Landesgesetzgebung zur Verwaltung der Genossenschaftsgeschäfte berufenen anderen Behörden.

Wahlberechtigt und wahlfähig sind die Vorstände 2c. aller landw. Genossenschaften einschl. derjenigen, welche unter der Kompetenz eines Landes-Versicherungsamts fallen. Denn auch bezüglich der letzteren verbleiben dem Reichs-Versicherungsamt gewisse Aufgaben, vgl. Anm. 1 (S. 287), so daß jene ein Interesse an den letzteren haben. A. N. IV. S. 247.

[6]) aus ihrer Mitte. Die Vertreter der land- und forstwirthschaftlichen Genossenschaften im Reichs-Versicherungsamt müssen hiernach Vorstandsmitglieder von Genossenschaften, also nach § 29 verfügungsfähige, im Besitz der bürgerlichen Ehrenrechte befindliche Mitglieder einer Genossenschaft bezw. deren gesetzliche Vertreter, oder von den Unternehmern bevollmächtigte Leiter ihrer Betriebe, oder Mitglieder von „Ausführungsbehörden" (§ 103), oder Mitglieder einer die Geschäfte der Berufsgenossenschaft führenden anderen Behörde sein (cf. Anm. 5).

[7]) als. Es brauchen nicht Arbeiter zu sein, vielmehr können auch andere „männliche, großjährige, auf Grund dieses Gesetzes versicherte Personen, welche in Betrieben der Genossenschaftsmitglieder beschäftigt sind, sich im Besitz der bürgerlichen Ehrenrechte befinden und nicht durch richterliche Anordnung in der Verfügung über ihr Vermögen beschränkt sind", also insbesondere Betriebsbeamte sowie selbstversicherte Betriebsunternehmer, falls letztere nur gleichzeitig landwirthschaftliche Arbeiter sind, berufen werden.

[8]) Bundesrath, vgl. Anm. 1 zu § 49.

[9]) Genossenschaften, auch bei Entscheidungen über Betriebsunfälle in den einer Berufsgenossenschaft nicht zugewiesenen Reichs- und Staatsbetrieben, § 102.

[10]) nach § 87. Vgl. Anm. 1.

[11]) zuzuziehen. Solange die Wahl bezw. die Berufung noch nicht erfolgt ist, also jedenfalls solange, bis die sämmtlichen land- und forstwirthschaftlichen Berufsgenossenschaften konstituirt sind und ihre Vorstände gewählt haben, werden die Angelegenheiten der landwirthschaftlichen Berufsgenossenschaften von den übrigen Mitgliedern des Reichs-Versicherungsamts allein wahrgenommen. Die Theilnahme der industriellen Mitglieder und Arbeiter erscheint dabei nicht ausgeschlossen.

[12]) Wahlkörper, d. h. Berufsgenossenschaften, Ausführungsbehörden.

[13]) scheidet — aus, vgl. Anm. 7 zu § 49.

Zuständigkeit.

§ 96.

(Abs. 1.) Die Aufsicht[1]) des Reichs-Versicherungsamts[2]) über den Geschäftsbetrieb der Genossenschaften hat sich auf die Beobachtung der gesetzlichen und statutarischen Vorschriften zu erstrecken. Alle Entscheidungen[3]) desselben sind endgültig, soweit in diesem Gesetze nicht ein Anderes bestimmt[4]) ist.

(Abs. 2.) Das Reichs-Versicherungsamt ist befugt, jederzeit eine Prüfung der Geschäftsführung der Genossenschaften vorzunehmen.

(§ 92 d. Entw. u. d. Komm.-Beschl.) Der § 96 entspricht dem § 88 U.-V.-G. Er gilt nicht für die einer Berufsgenossenschaft nicht zugewiesenen Reichs- und Staatsbetriebe, § 103.

Zu § 96.

[1]) Aufsicht. Hieraus folgt, daß wegen Verletzung der gesetzlichen und statutarischen Vorschriften über die Organe der Genossenschaften bei dem Reichs-Versicherungsamt Beschwerde geführt werden kann. Regierungsseitig ist konstatirt worden, „daß unter den „gesetzlichen Vorschriften" die Summe der durch das neue Gesetz gegebenen Funktionen zu verstehen sei. Es könne also beispielsweise das Reichs-Versicherungsamt nicht die Wahlen beeinflussen, sondern nur die Gültigkeit der auf Grund dieses Gesetzes vorgenommenen Wahlen prüfen" (Komm.-Ber. z. U.-V.-G. S. 53). Wegen der fiskalischen Betriebe vgl. Anm. 2 zu § 95.

[2]) Reichs-Versicherungsamt, eventuell Landes-Versicherungsamt, § 101.

[3]) Entscheidungen aller Art, soweit das Gesetz dem Reichs-Versicherungsamte Entscheidungsbefugniß beilegt, also nicht blos bei Rekursen, sondern auch in administrativer Beziehung, vgl. Anm. 1 (S. 380).

[4]) nicht ein Anderes bestimmt ist, wie im § 24. Diese Bestimmung „erscheint nothwendig, um einen weiteren Instanzenzug an den Bundesrath oder an den Reichskanzler, dessen Aufsicht die Behörde verfassungsmäßig unterliegt, von vornherein auszuschließen" (Mot. z. U.-V.-G. S. 81).

[5]) Vorstandsmitglieder, auch Mitglieder derjenigen Behörden, auf welche (auf Grund des § 26 oder des § 110) die Befugnisse und Obliegenheiten der Vorstände übergegangen sind.

[6]) Geldstrafen. Dieselben tragen den Charakter von Exekutivstrafen, können also bis zur Erzielung des gewünschten Erfolges wiederholt werden. Wohin dieselben fließen und wie sie beigetrieben werden sollen, sagt das Gesetz ebensowenig wie das Unfallversicherungsgesetz. Es kann aber keinem Zweifel unterliegen, daß sie in die Reichskasse (zumal das Reich die Kosten des Reichs-Versicherungsamts trägt), und soweit die Strafen von Landes-Versicherungsämtern ausgesprochen sind, in die Landeskassen fließen. Daß die Strafen wie Gemeindeabgaben beizutreiben sind, bestimmt § 130.

Die Vorstandsmitglieder [5]), Vertrauensmänner und Beamten (Abs. 3.) der Genossenschaften sind auf Erfordern des Reichs-Versicherungsamts zur Vorlegung ihrer Bücher, Beläge und ihrer auf den Inhalt ihrer Bücher bezüglichen Correspondenzen, sowie der auf die Festsetzungen der Entschädigungen und Jahresbeiträge bezüglichen Schriftstücke an die Beauftragten des Reichs-Versicherungsamts oder an das letztere selbst verpflichtet. Dieselben können hierzu durch Geldstrafen [6]) bis zu eintausend Mark angehalten werden.

§ 97.

Das Reichs-Versicherungsamt [1]) entscheidet, unbeschadet der Rechte Dritter, über Streitigkeiten, welche sich auf die Rechte und Pflichten der Inhaber der Genossenschaftsämter [2]), auf die Auslegung der Statuten und die Gültigkeit der vollzogenen Wahlen [3]) beziehen. Dasselbe kann die Inhaber der Genossenschaftsämter zur Befolgung der gesetzlichen und statutarischen Vorschriften durch Geldstrafen [4]) bis zu eintausend Mark anhalten.

(§ 93 d. Entw. u. d. Komm.-Beschl.) Der § 97 entspricht dem § 89 U.-V.-G. Er gilt nicht für die einer Berufsgenossenschaft nicht zugewiesenen Reichs- und Staatsbetriebe, § 103.

Zu § 97.

1) Reichs-Versicherungsamt, eventuell Landes-Versicherungsamt, § 101.

2) Genossenschaftsämter, einschließlich der Ehrenämter, insbesondere des Amts als Vorstandsmitglied oder Vertrauensmann. Auch das Amt der Beauftragten gehört hierher. Unerheblich ist, ob die Genossenschaftsämter von Berufsgenossen, oder ob sie (wie im Falle der §§ 26, 110) von Organen der Selbstverwaltung oder von anderen öffentlichen Beamten wahrgenommen werden.

3) Wahlen, also sämmtlicher nach diesem Gesetz vorzunehmender Wahlen, einschließlich der Wahlen zu Beisitzern des Schiedsgerichts (§ 51), zu Bevollmächtigten der Krankenkassen (§ 59), zu Mitgliedern des Reichs-Versicherungsamts (§ 95). Nach der Vorlage sollte diese Befugniß, Streitigkeiten über die Gültigkeit von Wahlen zu entscheiden, dem Reichs-Versicherungsamt auch rücksichtlich der einer Berufsgenossenschaft nicht zugewiesenen Reichs- und Staatsbetriebe zustehen, denn § 99 der Vorlage (jetzt § 103) setzte für diese Betriebe den ganzen Inhalt des § 97 des Gesetzes außer Kraft, während § 101 Abs. 3 der Vorlage die auf jene Betriebe allein anwendbare Bestimmung des § 97 wegen der Wahlen als besondere Vorschrift ausdrücklich wiederherstellte (ebenso § 3, § 5 Abs. 3 des Ausdehnungsgesetzes vom 28. Mai 1885). Nachdem die Kommission aber die Befugniß der Krankenkassenvorstände zur

Geschäftsgang.

§ 98.

(Abs. 1.) Die Beschlußfassung des Reichs-Versicherungsamts[1]) ist durch die Anwesenheit von mindestens fünf Mitgliedern (einschließlich des

(§ 94 d. Entw. u. d. Komm.-Beschl.) Der § 98 entspricht dem § 90 U.-V.-G. Er gilt nicht für die einer Berufsgenossenschaft nicht zugewiesenen Reichs- und Staatsbetriebe, § 103.

Noch zu § 97.

Wahl von Arbeitervertretern bezw. von Beisitzern der Schiedsgerichte gestrichen hatte (vgl. Anm. 1 zu § 49), glaubte sie, in Konsequenz dieser Streichung („die Abänderungen [zu Abschnitt IX] bezweckten, eine Uebereinstimmung mit dem übrigen Gesetzesinhalt, soweit dieser durch die Kommissionsbeschlüsse modifizirt ist, herbeizuführen", Komm.-Ber. S. 41) und weil bei den einer Berufsgenossenschaft nicht zugewiesenen Reichs- und Staatsbetrieben Wahlen zu Genossenschaftsorganen nicht vorkommen können, die betreffende Bestimmung des § 101 Abs. 3 der Vorlage entbehren zu können, und strich dieselbe gleichfalls. Als man dann in letzter Stunde, bei der dritten Lesung des Gesetzes im Reichstag, die Befugniß der Krankenkassenvorstände zur Wahl von Beisitzern der Schiedsgerichte wiederherstellte, wurde es versäumt, nun auch jene Bestimmung für die einer Berufsgenossenschaft nicht zugewiesenen Reichs- und Staatsbetriebe wiederherzustellen, und es verblieb vielmehr bei der jetzigen Bestimmung des § 103 des Gesetzes, wonach § 97 seinem ganzen Inhalt nach auf die einer Berufsgenossenschaft nicht zugewiesenen Reichs- und Staatsbetriebe keine Anwendung findet.

Hiernach haben über die Gültigkeit von Wahlen der Krankenkassenvorstände für die in Rede stehenden Reichs- und Staatsbetriebe nicht, wie nach dem Ausdehnungsgesetz vom 28. Mai 1885 rücksichtlich der Staatseisenbahn-, Post- und Militairbetriebe vorgesehen ist, das Reichs- bezw. das Landes-Versicherungsamt, sondern die Aufsichtsbehörden der betreffenden Krankenkassen zu entscheiden, also a) bei Orts-Krankenkassen für eine Gemeinde von mehr als 10000 Einwohnern unter Oberaufsicht der höheren Verwaltungsbehörde die Gemeindebehörde, im Uebrigen die Seitens der Landesregierungen bestimmte Behörde (§ 44 K.-V.-G.), und zwar in Preußen im Allgemeinen die Kommunalaufsichtsbehörde (vgl. Nr. 4 der zur Ausführung des Krankenversicherungsgesetzes erlassenen Anweisung vom 26. November 1883): b) bei den ausschließlich für Betriebe des Reichs oder des Staates errichteten Betriebs-Krankenkassen die den Verwaltungen dieser Betriebe vorgesetzten Dienstbehörden, § 84 K.-V.-G. Andere Wahlen kommen für die Unfallversicherung in diesen Betrieben nach wie vor nicht in Betracht.

[4]) Geldstrafen, d. h. Exekutivstrafen, vgl. Anm. 6 zu § 96. Wegen Verletzung des Gebots der Verschwiegenheit vgl. §§ 127, 128. Wegen Beitreibung der vom Reichs- (Landes-) Versicherungsamt auferlegten Strafen und darüber, wohin dieselben fließen, gilt das in Anm. 6 zu § 96 Gesagte.

Vorsitzenden), unter denen sich je ein Vertreter der Genossenschaftsvorstände[2]) und der Arbeiter[2]) befinden müssen, bedingt, wenn es sich handelt

a) um die Vorbereitung der Beschlußfassung des Bundesraths[3]) bei der Genehmigung von Veränderungen des Bestandes der Genossenschaften (§ 42), bei der Auflösung einer leistungsunfähigen Genossenschaft (§ 14), bei der Bildung von Schiedsgerichten (§ 50);

b) um die Entscheidung vermögensrechtlicher Streitigkeiten bei Veränderungen des Bestandes der Genossenschaften (§ 43);

c) um die Entscheidung auf Rekurse gegen die Entscheidungen der Schiedsgerichte (§ 68);

d) um die Genehmigung von Vorschriften zur Verhütung von Unfällen (§ 87);

e) um die Entscheidung auf Beschwerden gegen Strafverfügungen der Genossenschaftsvorstände (§ 126).

Solange die Vertreter der Genossenschaftsvorstände nicht gewählt und Vertreter der Arbeiter nicht berufen sind, genügt die Anwesenheit von fünf anderen[4]) Mitgliedern (einschließlich des Vorsitzenden). (Abs. 2.)

In den Fällen zu b und c erfolgt die Beschlußfassung unter Zuziehung von zwei richterlichen Beamten. (Abs. 3.)

Im Uebrigen werden die Formen des Verfahrens und der Geschäftsgang des Reichs-Versicherungsamts durch Kaiserliche Verordnung[5]) unter Zustimmung des Bundesraths geregelt. (Abs. 4.)

Zu § 98.

[1]) Reichs-Versicherungsamts. An dessen Stelle tritt in den Fällen b—e dieses §, sowie in dem Falle des § 14 (siehe unter litt. a dieses §) das Landes-Versicherungsamt, aber nicht in den übrigen Fällen der litt a, vgl. Anm. 3.

[2]) Genossenschaftsvorstände — Arbeiter sc. für die land- und forstwirthschaftlichen Berufsgenossenschaften. Vgl. Anm. 1, 5, 7 zu § 95.

[3]) des Bundesraths, oder im Fall der §§ 14, 112, d. h. bei Auflösung und bei Bestandsveränderungen von Berufsgenossenschaften, welche ausschließlich Betriebe desselben Bundesstaates umfassen, der Landes-Zentralbehörde. Bei der Vorbereitung der Beschlußfassung des Bundesraths oder der Landes-Zentralbehörde wegen Abänderung des Bestandes von Genossenschaften (§ 42), und bei der Vorbereitung der Beschlußfassung des Bundesraths über die Ver-

Kosten.

§ 99.

(Abs. 1.) Die Kosten des Reichs-Versicherungsamts und seiner Verwaltung[1]) trägt das Reich.

(Abs. 2.) Die nichtständigen Mitglieder erhalten für die Theilnahme an den Arbeiten und Sitzungen des Reichs-Versicherungsamts eine nach dem Jahresbetrage festzusetzende Vergütung[2]), und diejenigen, welche außerhalb Berlin wohnen, außerdem Ersatz der Kosten der Hin- und Rückreise[3]) nach den für die vortragenden Räthe der obersten Reichsbehörden geltenden Sätzen (Verordnung vom 21. Juni 1875, Reichs-Gesetzbl. S. 249)[4]). Die Bestimmungen im § 16 des Gesetzes, betreffend die Rechtsverhältnisse der Reichsbeamten, vom 31. März 1873 (Reichs-Gesetzbl. S. 61) finden auf sie keine Anwendung[5]).

(§ 95 d. Entw. u. d. Komm.-Beschl.) Der § 99 entspricht dem § 91 U.-V.-G.

---

mehrung von Schiedsgerichten (§ 50) übertragen dieses Gesetz und das industrielle Unfallversicherungsgesetz die Funktionen des Reichs-Versicherungsamts nicht dem Landes-Versicherungsamt, falls ein solches für die Genossenschaften des betreffenden Bundesstaates etwa in Frage kommen sollte. Das Landes-Versicherungsamt wird indessen vorkommendenfalls wohl zugezogen werden. Erst wenn es sich um die Rechtswirkungen genehmigter Bestandsveränderungen handelt (§ 43), beginnt die Zuständigkeit des Landes-Versicherungsamts, § 101.

Hieran kann auch durch die Landesgesetzgebung nichts geändert werden, §§ 110 bis 113.

[4]) anderen. Vgl. Anm. 11 zu § 95.

[5]) Kaiserliche Verordnung. Durch Art. II. der Kais. Verordnung v. 13. November 1887 (R.-G.-Bl. S. 523) ist bestimmt, daß die Kais. Verordnung v. 5. August 1885 (R.-G.-Bl. S. 255) über die Formen des Verfahrens und den Geschäftsgang des Reichs-Versicherungsamts mit den in Art. I der ersteren Verordnung vorgeschriebenen Abänderungen auch für die Durchführung des landw. Unfallversicherungsgesetzes gelten soll. Dieselbe ist in der jetzt geltenden Fassung im Anhang abgedruckt.

Zu § 99.

[1]) Verwaltung. Auch das Verfahren vor dem Reichs-Versicherungsamt ist nach §§ 19, 20 der Allerh. Verordnung v. 5. Mai 1885 (vgl. Anm. 5 zu § 98) kostenfrei, um dem Recht suchenden Arbeiter das Verfahren nicht zu vertheuern; die baaren Auslagen des Reichs-Versicherungsamts trägt das Reich, von den den Parteien erwachsenen Kosten kann derjenige Betrag, „welcher zur zweckentsprechenden Wahrung der Ansprüche und Rechte noth-

Landes-Versicherungsämter.

§ 100.

Werden in den einzelnen Bundesstaaten für das Gebiet und (Abs. 1.) auf Kosten derselben von den Landesregierungen Landes-Versicherungsämter[1]) errichtet (§§ 92, 93 des Unfallversicherungsgesetzes)[2]),

(§ 96 d. Entw. u. d. Komm.-Beschl.) Der § 100 entspricht dem § 93 Abs. 1, 2 U.-V.-G.

Noch zu § 99.

wendig gewesen ist" (§ 19 Abs. 2 a. a. O.), dem Unterliegenden auferlegt werden. Auch das Verfahren vor dem Schiedsgericht ist für den Verletzten in gleichem Umfange kostenfrei (vgl. § 18 Abs. 2 d. Allerh. Verordnung über das Verfahren vor den auf Grund des Unfallversicherungsgesetzes errichteten Schiedsgerichten, v. 2. November 1885, R.-G.-Bl. S. 279); die Kosten des Verfahrens vor dem Schiedsgericht trägt die Berufsgenossenschaft, § 54 Abs. 5. Vgl. Anm. 7 zu § 54.

[2]) Vergütung. Dieselbe beträgt nach dem Reichshaushalts-Etat je 1500 Mark.

[3]) Kosten der Hin- und Rückreise, also bei Reisen auf Eisenbahnen oder Dampfschiffen 13 Pf. für den Kilometer, sowie 3 Mark für jeden Zu- und Abgang, bei Reisen auf Landwegen 2c. 60 Pf. für den Kilometer. Tagegelder, welche die Verordnung vom 21. Juni 1875 (§§ 1, 4, 6) von den Fuhrkosten getrennt behandelt, werden nicht gewährt: die fixirte Vergütung deckt dieselben.

[4]) Auf die in Funktion tretenden Stellvertreter der nichtständigen Mitglieder finden diese Vorschriften nicht Anwendung. Denselben werden auf Anordnung des Reichskanzlers Reisekosten nebst Entschädigung für Ab- und Zugang wie den nichtständigen Mitgliedern selbst, außerdem für die Dauer der Einberufung einschl. der Reisetage 15 M. tägliche Diäten gewährt.

[5]) keine Anwendung. Diese Bestimmung ist zur Vermeidung von Mißverständnissen aufgenommen (Mot. z. U.-V.-G. S. 81), damit die nichtständigen Mitglieder des Reichs-Versicherungsamts nicht etwa durch diese ihre Stellung hinsichtlich ihres Gewerbebetriebes 2c. Beschränkungen erleiden. Die Bestimmung entspricht dem § 13 des Patentgesetzes vom 25. Mai 1877. Der § 16 des Ges. v. 31. März 1873, dessen Vorschriften hiernach auf die nichtständigen Mitglieder keine Anwendung finden, lautet:

> „Kein Reichsbeamter darf ohne vorgängige Genehmigung der obersten Reichsbehörde ein Nebenamt oder eine Nebenbeschäftigung, mit welcher eine fortlaufende Remuneration verbunden ist, übernehmen oder ein Gewerbe betreiben. Dieselbe Genehmigung ist zu dem Eintritt eines Reichsbeamten in den Vorstand, Verwaltungs- oder Aufsichtsrath einer jeden auf Erwerb gerichteten Gesellschaft erforderlich. Sie darf jedoch nicht ertheilt werden, sofern die Stelle mittelbar oder unmittelbar mit einer Remuneration verbunden ist.
>
> Die ertheilte Genehmigung ist jederzeit widerruflich . . . ."

so finden hinsichtlich der Zusammensetzung derselben die Bestimmungen des § 95 mit folgenden Maßgaben Anwendung:

1. An der Wahl der aus der Mitte der Genossenschaftsvorstände zu wählenden nichtständigen Mitglieder nehmen nur die Vorstände derjenigen Genossenschaften theil, welche Betriebe, deren Sitz im Gebiete eines anderen Bundesstaates belegen ist, nicht umfassen. Die Wahl erfolgt unter Leitung des Landes-Versicherungsamts. Das Stimmenverhältniß der einzelnen Wahlkörper wird unter Berücksichtigung der Zahl der in den betreffenden Genossenschaften versicherten Personen von der Landesregierung bestimmt. Solange eine Wahl nicht zu Stande gekommen ist, werden Vertreter der Betriebsunternehmer von der Landes-Zentralbehörde ernannt.
2. Die Berufung der Vertreter der Arbeiter erfolgt durch die Landes-Zentralbehörde.

(Abs. 2.) Die den nichtständigen Mitgliedern zu gewährende Vergütung wird durch die Landesregierung geregelt.

Zu § 100.

[1]) Landes-Versicherungsämter. Schon durch das Unfallversicherungsgesetz sind neben dem Reichs-Versicherungsamt für solche Berufsgenossenschaften, deren Bezirk sich nicht über das Gebiet eines Bundesstaats hinaus erstreckt, Landes-Versicherungsämter durch den Reichstag zugelassen worden, welche für die ihnen unterstellten Genossenschaften unter Aufsicht der Landesregierung wesentliche aber nicht sämmtliche (cf. Anm. 1 zu § 95, S. 387) Funktionen des Reichs-Versicherungsamts wahrzunehmen haben, hierbei aber nach der Tendenz des Gesetzes in sachlicher Uebereinstimmung mit dem letzteren bleiben sollen.

Die Frage, ob Landes-Versicherungsämter zugelassen werden sollen, war, wie sich aus den parlamentarischen Verhandlungen über das Unfallversicherungsgesetz ergiebt, nach praktischen, nicht nach politischen Rücksichten zu beantworten; man hat sie damals zugelassen, weil sonst das Zustandekommen des Gesetzes gefährdet erschien. Für die Errichtung ist (nach dem Komm.-Ber. z. U.-V.-G. S. 54) geltend gemacht worden, daß eine Centralisirung der obersten Instanz in Sachen der Unfallversicherung eine Erweiterung der Reichskompetenz enthalten würde; „zwar würden den Einzelstaaten keine Kompetenzen genommen, die sie bisher besessen hätten, denn die ganze Materie werde erst jetzt gesetzlich geregelt, wohl aber würden Kompetenzen auf das Reich übertragen, welche nach der Natur der Sache den Einzelstaaten zufallen müßten.“ Auch sprächen Zweckmäßigkeitsgründe für die Landes-Versicherungsämter, denn das Reichs-

Versicherungsamt sei ohnehin überlastet und es sei besser, diejenigen dem Reichs-Versicherungsamt zugedachten Funktionen, welche dasselbe ohne Vermittelung der Landesbehörden gar nicht ausüben könne, von vorn herein einer Behörde zu übertragen, welche auf Grund eigener Kenntniß entscheiden könne. Dies gelte namentlich für die Genehmigung der Statuten der Genossenschaften, weil denselben nothwendigerweise thatsächliche Erhebungen vorausgehen müßten, und von der Beaufsichtigung der Genossenschaften, welche zweckmäßig von einer den örtlichen Verhältnissen näher stehenden Behörde geführt würde. „Dabei würden den Landes-Versicherungsämtern die erforderlichen Renseignements vom Reichs-Versicherungsamt zugehen können, und die ersteren würden ohne Weiteres bereit sein, sich danach zu richten." Hierdurch ist der Wille des Gesetzgebers dahin ausgesprochen, daß die generellen Gesichtspunkte für die Ausführung der Unfallversicherung nach wie vor von dem Reichs-Versicherungsamt als centraler Reichsbehörde aufzustellen sind; wenn dasselbe auch keine Anweisungen zu ertheilen hat, da ihm die Landes-Versicherungsämter nicht subordinirt sind, so werden die letzteren doch die ihnen von dort aus zugehenden Ausführungen beachten müssen und nicht eine Praxis üben dürfen, welche der des Reichs-Versicherungsamts zuwiderläuft.

Die Bemühungen, bei Gelegenheit des vorliegenden Gesetzes in dem Reichs-Versicherungsamt oder dem Reichsgericht eine Central-Revisionsinstanz für Rechtsverletzungen zu schaffen, sind gescheitert; dagegen ist in Folge der Bestimmungen der Abs. 2 bis 4 des vorliegenden § 100 die Möglichkeit positiver oder negativer Kompetenzkonflikte zwischen einem Landes-Versicherungsamt und dem Reichs- oder einem anderen Landes-Versicherungsamt für beseitigt zu erachten. Vgl. Anm. 1 zu § 95.

Die Landes-Versicherungsämter werden erst durch die Unfallversicherung für die Land- und Forstwirthschaft besondere Bedeutung gewinnen, da erst in Folge dieses Gesetzes „Berufsgenossenschaften, welche nur solche Betriebe umfassen, deren Sitz im Gebiete des betreffenden Bundesstaates belegen ist", in größerer Zahl entstanden sind. Für die Industrie giebt es zur Zeit — abgesehen von Preußen, welches nach den darüber wiederholt von maßgebender Stelle abgegebenen Erklärungen ein Landes-Versicherungsamt nicht errichten wird — nur 6 Berufsgenossenschaften, welche über das Gebiet eines und desselben Bundesstaates nicht hinausgreifen. Es bestehen nämlich auf Grund des Unfallversicherungsgesetzes (vom 6. Juli 1884) nur 2 Berufsgenossenschaften für ausschließlich Bayerische Betriebe (Bayerische Holz-B.-G. Nr. 33, Bayerische Baugewerks-B.-G. Nr. 53); 2 Berufsgenossenschaften für ausschließlich Königlich Sächsische Betriebe (Sächsische Textil-B.-G. Nr. 26, Sächsische Holz-B.-G. Nr. 31); 1 Berufsgenossenschaft für ausschließlich Württembergische Betriebe (Württembergische Baugewerks-B.-G. Nr. 52); 1 Berufsgenossenschaft für Elsaß-Lothringen (Elsaß-Lothringische Textil-B.-G. Nr. 24). Außerdem ist auf Grund des Ausdehnungsgesetzes vom 28. Mai 1885 in fiskalischen, einer Berufsgenossenschaft nicht zugewiesenen Betrieben eine auf das Gebiet einzelner Bundesstaaten beschränkte Unfallversicherung eingetreten, so für Bayern die Unfallversicherung in den Betrieben der Staats-Eisenbahn-, Heeres-, Post- und Telegraphenverwaltungen, den fiskalischen Binnenschiffahrtsbetrieben (vgl. A. N. II. S. 75); für Königreich Sachsen die Unfallversicherung in den Betrieben der Staats-Eisenbahn- und der Heeresverwaltung sowie den fiskalischen Baggerei-, Binnenschifffahrts-, Flößerei-, Prahm- und Fährbetrieben; für Württemberg die Unfallversicherung in den Betrieben der Heeresverwaltung, der Post- und Telegraphenverwaltung, den fiskalischen Binnenschiffahrts-, Flößerei-, Prahm- und Fährbetrieben (vgl. A. N. a. a. O.). Die landw. Berufsgenossenschaften sind nun aber fast durchweg auf das Gebiet eines einzelnen Bundesstaates beschränkt. Demgemäß ist seit dem Inkrafttreten dieses Gesetzes die Möglichkeit zur Errichtung von Landes-Versicherungsämtern vermehrt, und von der gesetzlichen Befugniß zur Errichtung solcher Behörden in weiterem Umfange Gebrauch gemacht worden. Derartige Behörden bestehen jetzt für Bayern, Kgr. Sachsen, Württemberg, Baden, Hessen, Mecklenburg-Schwerin, Mecklenburg-Strelitz. Im Interesse der legislatorischen Einheit des Reichs, für welche die Gemeinsamkeit der Verwaltung der Unfallversicherung ein nicht unwichtiges Bindeglied gewesen sein würde, ist die Vermehrung von Landes-Versicherungsämtern wohl nicht zu wünschen.

Die Landes-Versicherungsämter unterstehen der geschäftlichen Aufsicht der Landesregierungen und werden auf Kosten des betr. Bundesstaates errichtet. Wird eine dem Landes-Versicherungsamt unterstellte Berufsgenossenschaft leistungsunfähig, so tritt an die Stelle der Reichsgarantie die Garantie des betreffenden Bundesstaates. In der Zusammensetzung sind die Landes-Versicherungsämter dem Reichs-Versicherungsamt nachgebildet; nur fehlen die Mitglieder des Bundesraths.

Nach dem vorliegenden Gesetz kann ein Bundesstaat ein Landes-Versicherungsamt errichten, ohne von der Befugniß des § 110 wegen landesgesetzlicher Regelung gewisser Materien der Unfallversicherung Gebrauch zu machen. Thatsächlich haben aber diejenigen Bundesstaaten, welche ein Landes-Versicherungsamt errichtet haben, auch die landesgesetzliche Regelung (§ 110) eintreten lassen. Umgekehrt kann ein Bundesstaat gewisse Materien dieses Gesetzes landesrechtlich regeln (§ 110), ohne ein Landes-Versicherungsamt zu errichten, und dies ist vielfach geschehen. In letzteren Fällen bildet auch für die landesrechtlich geregelten Materien der Unfallversicherungsgesetzgebung das Reichs-Versicherungsamt die höchste Instanz.

Darüber, daß die Zuständigkeit des Landes-Versicherungsamts insoweit erlischt, als der betreffende Bundesstaat genöthigt wird, Betriebe eines anderen Bundesstaates in seine Berufsgenossenschaften hineinzunehmen, vgl. Anm. 5 zu § 114.

[2]) Die §§ 92, 93 des Unfallversicherungsgesetzes vom 6. Juli 1884 (Reichs-Gesetzbl. S. 69) lauten wie folgt, wobei die für die land- und forstwirthschaft-

liche Unfallversicherung in Gemäßheit der §§ 100, 101 des vorliegenden Gesetzes fortfallenden Bestimmungen jener §§ durch kleinen Druck hervorgehoben sind:

§ 92.

In den einzelnen Bundesstaaten können für das Gebiet und auf Kosten derselben Landes-Versicherungsämter von den Landesregierungen errichtet werden.

Der Beaufsichtigung des Landes-Versicherungsamts unterstehen diejenigen Berufsgenossenschaften, welche sich nicht über das Gebiet des betreffenden Bundesstaates hinaus erstrecken. In den Angelegenheiten dieser Berufsgenossenschaften gehen die in den §§ 16, 18, 20, 27, 28, 30, 32, 33, 37, 38, 39, 40, 62, 63, 73, 75, 78, 80, 83, 85, 86, 88, 89, 106 dem Reichs-Versicherungsamt übertragenen Zuständigkeiten auf das Landes-Versicherungsamt über.

Soweit jedoch in den Fällen der §§ 30, 32, 37 und 38 eine der Aufsicht des Reichs-Versicherungsamts unterstellte Berufsgenossenschaft mitbetheiligt ist, entscheidet das Reichs-Versicherungsamt.

Treten für eine der im Absatz 2 genannten, der Aufsicht eines Landes-Versicherungsamts unterstellten Berufsgenossenschaften die Voraussetzungen des § 33 ein, so gehen die Rechtsansprüche und Verpflichtungen auf den betreffenden Bundesstaat über.

§ 93.

Das Landes-Versicherungsamt besteht aus mindestens drei ständigen Mitgliedern, einschließlich des Vorsitzenden, und aus vier nichtständigen Mitgliedern.

Die ständigen Mitglieder werden von dem Landesherrn des betreffenden Bundesstaates auf Lebenszeit ernannt; die nichtständigen Mitglieder werden von den Genossenschaftsvorständen derjenigen Genossenschaften, welche sich nicht über das Gebiet des betreffenden Bundesstaates hinaus erstrecken, und von den Vertretern der versicherten Arbeiter (§ 41) aus ihrer Mitte mittelst schriftlicher Abstimmung unter Leitung des Landes-Versicherungsamts gewählt. Das Stimmenverhältniß der einzelnen Wahlkörper bestimmt die Landesregierung unter Berücksichtigung der Zahl der in den betreffenden Genossenschaften versicherten Personen. Im Uebrigen finden die Bestimmungen des § 87 über die Wahl, die Amtsdauer und die Stellvertretung dieser nichtständigen Mitglieder gleichmäßig Anwendung. Solange eine Wahl der Vertreter der Genossenschaftsvorstände und der Arbeiter nicht zu Stande kommt, werden Vertreter der Betriebsunternehmer und der Versicherten von der Landes-Zentralbehörde ernannt.

Die Beschlußfassung des Landes-Versicherungsamts in den im § 90 unter b bis e bezeichneten Angelegenheiten ist durch die Anwesenheit von drei ständigen und zwei nichtständigen Mitgliedern bedingt, zu welchen in den Fällen zu b und c außerdem zwei richterliche Beamte zuzuziehen sind.

Die Formen des Verfahrens und der Geschäftsgang bei dem

§. 101.

(Abs. 1.) Der Beaufsichtigung des Landes-Versicherungsamts unterstehen diejenigen Berufsgenossenschaften [1]), welche nur solche Betriebe umfassen, deren Sitz im Gebiete des betreffenden Bundesstaates belegen ist. In den Angelegenheiten dieser Berufsgenossenschaften gehen die in den §§ 14, 24, 32, 34, 35, 38, 39, 41, 43, 46, 48, 64, 67, 68, 82, 84, 87, 88, 91, 93, 94, 96, 97, 107, 126 dem Reichs-Versicherungsamt übertragenen Zuständigkeiten [2]) auf das Landes-Versicherungsamt über.

(Abs. 2.) Soweit jedoch in den Fällen der §§ 38, 41, 43, 46, 48, 64, 67, 68 eine der Aufsicht eines anderen Landes-Versicherungsamts oder des Reichs-Versicherungsamts unterstellte Berufsgenossenschaft mitbetheiligt [3]) ist, entscheidet das Reichs-Versicherungsamt.

(Abs. 3.) Unter den gleichen Voraussetzungen ist das Reichs-Versicherungsamt zuständig für Entscheidungen auf Grund der §§ 30, 32, 37, 38, 62, 63 des Unfallversicherungsgesetzes [4]).

(Abs. 4.) Das Landes-Versicherungsamt hat in derartigen Fällen (Absatz 2 und 3) die Akten an das Reichs-Versicherungsamt zur Entscheidung abzugeben.

(§ 97 d. Entw. u. d. Komm.-Beschl.) Der § 101 entspricht dem § 92 Abs. 2 bis 4, § 93 Abs. 3, 4 U.-V.-G.

Landes-Versicherungsamt, sowie die den nichtständigen Mitgliedern zu gewährende Vergütung werden durch die Landesregierung geregelt.

Darüber, welche Funktionen dem Reichs-Versicherungsamt auch neben einem Landes-Versicherungsamt verbleiben, vgl. Anm. 2 zu § 95.

Zu § 101.

[1]) Berufsgenossenschaften. Die Beaufsichtigung der Unfallversicherung in fiskalischen Betrieben, welche einer Berufsgenossenschaft nicht zugewiesen sind (§ 102), steht einem Versicherungsamt überhaupt nicht, sondern den dienstpragmatischen Vorgesetzten der Ausführungsbehörde zu, vgl. Anm. 2 zu § 95.

[2]) Zuständigkeiten. Vgl. Anm. 1 zu § 95.

[3]) mitbetheiligt. Bei der vom Gesetzgeber gewollten „entsprechenden" Anwendung dieses § auf die in Anm. 1 bezeichneten fiskalischen Betriebe (vgl. Anm. 1 a. E. zu § 102) gilt diese Bestimmung auch für die letzteren, obwohl sie der Beaufsichtigung eines Versicherungsamts überhaupt nicht unterstehen.

„Der Sinn des Wortes „mitbetheiligt" im § 97 (jetzt § 101) Absatz 2 wurde im Laufe der Diskussion ohne Widerspruch dahin festgestellt, daß auch

Treten für eine der im Absatz 1 genannten, der Aufsicht eines Landes-Versicherungsamts unterstellten Berufsgenossenschaften die Voraussetzungen des § 14 ein, so gehen die Rechtsansprüche und Verpflichtungen auf den betreffenden Bundesstaat über. (Abs. 5.)

Die Beschlußfassung des Landes-Versicherungsamts in den im § 98 unter b bis e bezeichneten Angelegenheiten ist durch die Anwesenheit von drei ständigen und zwei nichtständigen Mitgliedern bedingt, zu welchen in den Fällen zu b und c außerdem zwei richterliche Beamte zuzuziehen sind. (Abs. 6.)

IX. Reichs- und Staatsbetriebe.

Reichs- und Staatsbetriebe.

§ 102.

[1]) Für Betriebe, welche für Rechnung [2]) des Reichs oder eines Bundesstaates [3]) verwaltet werden, tritt bei Anwendung dieses Gesetzes an die Stelle [4]) der Berufsgenossenschaft das Reich beziehungsweise der Staat. Die Befugnisse und Obliegenheiten der Genossenschaftsversammlung und des Genossenschaftsvorstandes werden

(§ 98 d. Entw. u. d. Komm.-Beschl.) Der § 102 entspricht dem § 2 Abs. 1, 3 des Ausdehnungsgesetzes v. 28 Mai 1885.

---

der Fall, in welchem ein Landes-Versicherungsamt einen Betrieb als zu einer seiner Aufsicht nicht unterstellten Berufsgenossenschaft gehörig erachtet, davon miterfaßt werden soll, so daß auch in diesem Falle die Abgabe der Akten an das Reichs-Versicherungsamt stattzufinden hat" (Komm.-Ber. S. 41).

[4]) des Unfallversicherungsgesetzes. Diese Bestimmung enthält eine Novelle zum Unfallversicherungsgesetz in zweifacher Hinsicht: sie fügt zu den im § 92 Abs. 3 U.-V.-G. genannten Fällen, in denen die Entscheidung trotz des Bestehens eines Landes-Versicherungsamts dem Reichs-Versicherungsamt zustehen soll, die wichtigen Fälle der §§ 62, 63 U.-V.-G. (Rekurs gegen die Entscheidungen der Schiedsgerichte und gegen die eine Entschädigung ablehnenden Bescheide der unteren Verwaltungsbehörden) hinzu, und begründet die Kompetenz des Reichs-Versicherungsamts in den Fällen dieser §§ nicht nur dann, wenn ein Landes-Versicherungsamt und das Reichs-Versicherungsamt, sondern auch dann, wenn zwei Landes-Versicherungsämter einander gegenüberstehen.

Zu § 102.

[1]) Das Gesetz, betr. die Ausdehnung der Unfall- und Krankenversicherung, vom 28. Mai 1885 (Reichs-Gesetzbl. S. 159) läßt bei den großen fiskalischen Betrieben der Post- und Telegraphen-, Heeres- und Marineverwaltungen sowie

durch Ausführungsbehörden[5]) wahrgenommen, welche für die Heeresverwaltungen von der obersten Militärverwaltungsbehörde[6]) des Kontingents, im Uebrigen für die Reichsverwaltungen vom Reichskanzler, für die Landesverwaltungen von der Landes-Zentralbehörde zu bezeichnen[7]) sind. Dem Reichs-Versicherungsamt[8]) ist mitzutheilen[9]), welche Behörden als Ausführungsbehörden bezeichnet worden sind.

---

bei den Staats- und Reichs-Eisenbahnbetrieben, außerdem bei solchen für Rechnung des Reichs- oder eines Bundesstaates verwalteten Baggerei-, Binnenschiffahrts-, Flößerei-, Prahm- und Fährbetrieben, welche das Reich bezw. der Bundesstaat einer Berufsgenossenschaft nicht zugewiesen wissen will, die Unfallversicherung durch das Reich bezw. den Bundesstaat, für dessen Rechnung diese Betriebe verwaltet werden, für eigene Rechnung besorgen. Das Gleiche, und zwar mit der für die letzterwähnten kleineren fiskalischen Betriebe durch das Ausdehnungsgesetz nachgelassenen Möglichkeit, durch rechtzeitige Erklärung die Zuweisung dieser Betriebe zu Berufsgenossenschaften herbeizuführen, sieht das gegenwärtige Gesetz für die land- und forstwirthschaftlichen Reichs- und Staatsbetriebe vor, während der Entwurf diese Ausnahme von der Regel des § 13 nur für die Staatsforstbetriebe in Aussicht genommen hatte. Diese Erweiterung erfolgte, „weil man der Meinung war, daß zwar die Staatsforstbetriebe die zahlreichsten, aber doch nicht die einzigen Fälle von versicherungspflichtigen Betrieben bilden, welche für Staats- oder Reichsrechnung betrieben werden, daß aber die für besondere Behandlung der Staatsforstbetriebe sprechenden Gründe auch für andere Staats- oder Reichsbetriebe, z. B. die Remontedepots zutreffen" (Komm.-Ber. S. 41).

In der allgemeinen Begründung des Entwurfs ist ausgeführt, daß „die in der Begründung (des Ausdehnungsgesetzes) für die direkte Uebertragung der Unfallversicherung auf die dort bezeichneten Reichs- und Staatsverwaltungen angeführten Umstände im Wesentlichen auch bei den Staatsforstbetrieben vorliegen". Diese Gründe sind nach den Motiven des Ausdehnungsgesetzes insbesondere die, daß die Vereinigung zu Berufsgenossenschaften für diese Reichs- und Staatsbetriebe weder der historischen Entwickelung noch dem praktischen Bedürfniß entspreche, letzteres insbesondere um deswillen nicht, weil die qu. Reichs- und Staatsbetriebe „einen vollkommen ausgebildeten Apparat von Verwaltungsorganen besitzen, welche auch die Ausführung der Unfallversicherung ohne jede Schwierigkeit übernehmen können. Gegen die administrative Leistungsfähigkeit dieser seit langen Jahren bestehenden Organisationen kann ein Zweifel nicht erhoben werden. Ein Bedürfniß, neben der bestehenden Behördenorganisation dieser Verwaltungen noch den ganzen Apparat der Unfallversicherungsorganisation, die Genossenschaftsversammlungen, Genossenschaftsvorstände, Sektionsvorstände, Ausschüsse und die Vertrauensmänner für die einzelnen Ortsbezirke, in Thätigkeit treten zu lassen, ist nicht vorhanden. . . . . Die Zutheilung der bezeichneten Verwaltungen an die zu bildenden Genossenschaften . . . erscheint . . . auch nicht nothwendig, denn sowohl das Reich, wie die betheiligten Bundesstaaten bieten für die dauernde Erfüllung der ihnen aus der Unfallversicherung erwachsenden Lasten volle Gewähr" (a. a. O. S. 10).

Wie bei den durch das Ausdehnungsgesetz betroffenen, oben erwähnten fiskalischen Betrieben, so „lehnt sich die Unfallversicherung auch im Bereich der fiskalischen land- und forstwirthschaftlichen Betriebe materiell durchweg an die grundlegenden Bestimmungen über die Unfallversicherung an. Dies gilt insbesondere von dem Umfang, der Feststellung und der Auszahlung der Entschädigungen und von der hierbei erforderlichen Mitwirkung eines Schiedsgerichts, des Reichs- oder eines Landes-Versicherungsamts und der Post. Ferner kommen zur Anwendung die Bestimmungen über die Zusammensetzung des Schiedsgerichts, über die Berufung und die Befugnisse der Vertreter der Arbeiter, über die Beseitigung der Entschädigungsansprüche, welche in Veranlassung eines Unfalls gegen die Arbeitgeber nach bisherigem Rechte erhoben werden konnten, über das Verhältniß zu anderweiten Unterstützungsverpflichteten (Krankenkassen, Armenverbänden, dritten Personen) und zu älteren Versicherungsverträgen, über das Verbot vertragsmäßiger Beschränkungen der gesetzlichen Bestimmungen, über die Rechtshülfe und über die Gebühren- und Stempelfreiheit. Dasselbe gilt von dem Verhältniß des Reichs-Versicherungsamts zu den Landes-Versicherungsämtern.

„Dagegen ist eine Reihe anderer Bestimmungen des Entwurfs auf die Organisation der Staatsforstbetriebe nicht anwendbar. Dahin gehören insbesondere die Bestimmungen über die Bildung, Veränderung*) und Auflösung der Berufsgenossenschaften, über das Statut**) derselben und über die Bildung von Gefahrenklassen, welche nur für die Ausgleichung der verschiedenen Risiken bei einer Mehrheit von Unternehmern einen Sinn haben. Dahin gehören ferner die Vorschriften über die Ansammlung von Reservefonds, welche hier einestheils nicht nothwendig, anderentheils aber auch um deswillen nicht zulässig sind, weil die Steuerkraft nur für die laufenden Bedürfnisse, nicht im voraus für zukünftige Ausgaben angestrengt werden darf, ferner die Vorschriften über die Mitgliedschaft in den Berufsgenossenschaften und über die Betriebsveränderungen. Unanwendbar sind auch die Bestimmungen über die Beaufsichtigung der Unternehmer durch die Genossenschaften und über die Beauf-

*) vorbehaltlich des in den Kommissionsverhandlungen ausdrücklich als anwendbar bezeichneten und deshalb in dem Text des Gesetzes ausdrücklich hervorgehobenen § (43) über die vermögensrechtlichen Folgen von Veränderungen des Bestandes von Genossenschaften. Für das vorliegende Gesetz handelt es sich dabei insbesondere um die Fälle, wenn Reichs- oder Staatsbetriebe nachträglich aus Genossenschaften ausscheiden, um unter Ausführungsbehörden gestellt zu werden, oder umgekehrt.

**) An die Stelle des Genossenschaftsstatuts treten die Ausführungsvorschriften, § 102.

sichtigung der letzteren durch das Reichs- oder Landes-Versicherungsamt. Die Landesbehörden, denen die Unfallfürsorge als Theil ihrer sonstigen Obliegenheiten hier übertragen wird, unterliegen vielmehr auch hierin der dienstpragmatischen Beaufsichtigung durch die vorgesetzten Behörden.

„Aber auch diejenigen Bestimmungen des vorliegenden Gesetzentwurfs, welche hiernach grundsätzlich in Geltung bleiben sollen, erfordern immerhin gewisse Modifikationen insoweit, als sie die Bildung von Berufsgenossenschaften zur Voraussetzung haben. Die durch den Wegfall dieser Voraussetzung bei den Staats(forst)betrieben bedingten Aenderungen ergeben sich aus den §§ 100 bis 106 des Entwurfs (jetzt §§ 103 bis 109 des Gesetzes), während alle übrigen Vorschriften desselben ohne Weiteres entsprechende Anwendung finden sollen, soweit deren Anwendbarkeit nicht durch besondere Bestimmung oder durch die Natur der Sache ausgeschlossen ist" (Mot. S. 65).

²) für Rechnung. Es kommt auch hier darauf an ob das Reich bezw. der Bundesstaat „Betriebsunternehmer" im Sinne des § 13 ist. Das Eigenthum ist auch hier nicht entscheidend. Hiernach fallen fiskalische Ländereien, welche das Reich bez. der Bundesstaat verpachtet hat (wie Domainen, vgl. Anm. 3), oder deren Nießbrauch Privaten zusteht (Dienstländereien der Forstbeamten ꝛc.), sowie solche Privatbetriebe, welche das Reich bezw. der Bundesstaat zwar verwaltet, aber nicht für eigene Rechnung führt, in die Berufsgenossenschaften, während Privatbetriebe, welche das Reich oder der Bundesstaat (etwa als Pächter) für eigene Rechnung führt, während der Dauer dieses Verhältnisses dort ausscheiden und auch bez. der Unfallversicherung unter der Verwaltung der fiskalischen Behörden bleiben. Vgl. Anm. 2 zu § 109.

³) des Reichs oder eines Bundesstaates. Hauptsächlich kommen Staatsforstbetriebe in Betracht, im Uebrigen noch die selbstverwalteten Remontedepots, fiskalische Weinbergsbetriebe, Gestütverwaltungen, fiskalische Parkanlagen ꝛc; Domainen nur dann, wenn sie der Staat in Regie bewirthschaftet. Vgl. Anm. 2 zu § 109.

Die Motive (S. 65) heben mit Beziehung auf die Staatsforstbetriebe noch hervor, daß es unerheblich sei, „ob die Einnahmen ganz oder theilweise dem Landesherrn zufließen oder zu anderen Zwecken zu verwenden sind. Wem das Eigenthum an diesen Forsten zusteht, kommt für die Zwecke des Entwurfs nicht in Betracht. Es kommt lediglich darauf an, ob der Staat mit seiner zweifellosen Leistungsfähigkeit das Risiko des Betriebes und seiner Verwaltung trägt. Weiter zu gehen und auch anderen Forstbetrieben eine Ausnahmestellung einzuräumen, für welche diese Voraussetzung nicht zutrifft, liegt ein ausreichender Anlaß nicht vor."

Hiernach sind insbesondere Chatullgüter, sowie die Betriebe der Kirchen ꝛc. von den Berufsgenossenschaften nicht eximirt.

⁴) an die Stelle, sofern nicht die im § 109 vorbehaltene Erklärung

rechtzeitig abgegeben und dadurch der Anschluß an Berufsgenossenschaften herbeigeführt ist.

⁵) Ausführungsbehörden. „Die Ausführung wird bestimmten Behörden zu übertragen sein, welche ein für allemal bezeichnet sein müssen, um einestheils die Einheitlichkeit und Kontinuität der Ausführung sicher zu stellen, anderntheils den Versicherten keinen Zweifel über die Stelle zu lassen, an welche sie sich bei Wahrnehmung ihrer Rechte zunächst zu halten haben" (Mot. z. A.-G. S. 12).

Die Auswahl zwischen den verschiedenen Dienstbehörden in den verschiedenen Instanzen wird durch das Gesetz nicht beschränkt. An sich können die Funktionen der Vorstände unter mehrere Behörden vertheilt werden. Da aber das Gesetz von dem Bezirk der Ausführungsbehörde spricht und anordnet (§ 105), daß für den Bezirk jeder Ausführungsbehörde ein Schiedsgericht zu errichten ist, so wird im Allgemeinen als Ausführungsbehörde doch immer nur eine Dienstbehörde bezeichnet werden können, welcher, wie dem Genossenschaftsvorstand der Berufsgenossenschaften (vgl. § 26), alle Funktionen für die Unfallversicherung zufallen, soweit nicht einzelne derselben durch besondere Bestimmungen abgezweigt und anderen Behörden übertragen sind. Diese letzteren haben dann eine ähnliche Stellung wie die Sektionsvorstände (§ 23) der Berufsgenossenschaften. Ebenso, wie die Funktionen dieser Sektionsvorstände durch das Genossenschaftsstatut bestimmt werden (§ 23), wird die Uebertragung einzelner Funktionen für die Unfallversicherung auf andere Dienstbehörden durch die Ausführungsvorschriften zu erfolgen haben, welche an die Stelle des Genossenschaftsstatuts treten. Ausdrücklich ist dies für die Zuständigkeit zur Festsetzung der Entschädigungen (§ 62) vorgeschrieben durch § 106.

Für diejenigen Dienstbehörden, welche hiernach im Allgemeinen die Verwaltung der Unfallversicherung (statt der Genossenschaftsvorstände) zu führen haben, ist der Ausdruck „Ausführungsbehörde" technisch.

⁶) oberste Militärverwaltungsbehörde des Kontingents. Der Ausdruck ist technisch und findet sich auch in andern Reichsgesetzen, z. B. V. v. 20. Mai 1880 (R.-G.-B. S. 113); Gesetz über die Ausdehnung der Unfall- und Krankenversicherung vom 28. Mai 1885 (R.-G.-Bl. S. 159).

⁷) zu bezeichnen. Die Bezeichnung der Ausführungsbehörden steht den bezüglichen Zentralbehörden zu, welche außerdem nach § 108 die „Ausführungsvorschriften" sowie das einen Theil derselben darstellende „Regulativ" erlassen (§ 105).

⁸) Reichs-Versicherungsamt, auch wohl dem für den betr. Bundesstaat etwa errichteten Landes-Versicherungsamt, obwohl § 101 eine derartige Bestimmung nicht enthält.

⁹) mitzutheilen. „Selbstverständlich muß auch das Reichs-Versicherungsamt, dessen Instanzbefugnisse — abgesehen von der hier wegfallenden Beauf-

§ 103.

[1]) Soweit das Reich beziehungsweise der Staat in Gemäßheit des § 102 an die Stelle der Berufsgenossenschaft tritt, finden die §§ 13 bis 42[2]), 44 bis 48, 64 Absatz 4, 65, 67 Absatz 1, 76 bis 83, 84 Absatz 2 und 3, 85, 87, 88 bis 94, 95 Absatz 1, 96, 97[3]), 98 Absatz 1 lit. a, d, e, 123 bis 128 keine Anwendung[4]).

(§ 99 d. Entw. u. d. Komm.-Beschl.) Der § 103 entspricht dem § 3 A.-G.

---

sichtigung der Genossenschaften — unberührt bleiben, die Ausführungsbehörde kennen" (Mot. d. A.-G. S. 12).

Hieraus und aus dem in Anm. 5 citirten Satz der Motive d. A.-G. ergiebt sich, daß alle Betheiligten, insbesondere also auch die Versicherten selbst, von der Bezeichnung der Ausführungsbehörden Kenntniß erhalten sollen. Es wird also für eine geeignete Veröffentlichung Sorge getragen werden müssen.

Zu § 103.

[1]) Vgl. Anm. 1 zu § 102.

[2]) § 42, vgl. Note*) bei Anm. 1 zu § 102.

[3]) § 97, vgl. Anm. 3 zu § 97.

[4]) keine Anwendung. Es sind also bei der Unfallversicherung in den einer Berufsgenossenschaft nicht zugewiesenen Reichs- und Staatsbetrieben folgende, für die Unfallversicherung durch Berufsgenossenschaften getroffene Bestimmungen entsprechend anzuwenden:

1. § 1. (Beschränkung der gesetzlichen Versicherungspflicht auf die in den Betrieben beschäftigten Arbeiter und auf solche Betriebsbeamte, deren Jahresarbeitsverdienst 2000 Mark nicht übersteigt, vorbehaltlich der besonderen Bestimmungen für die Reichs- und Staatsbeamten, § 104; Zugehörigkeit der Nebenbetriebe; Bestimmung des Begriffs „Betriebsbeamter" durch die Ausführungsvorschriften);
2. § 2, soweit er sich nicht auf Betriebsunternehmer bezieht (Versicherung anderer, nicht unter § 1 fallender in den Betrieben beschäftigter Personen, sowie Erstreckung der Versicherungspflicht auf höher gelohnte Betriebsbeamte, § 104);
3. §. 3. Ermittelung des Jahresarbeitsverdienstes der Betriebsbeamten.
4. § 4. Ausschluß der Reichsbeamten und der mit Gehalt und Pensions; berechtigung angestellten Staatsbeamten, ferner Ausschluß anderer Staatsbeamten, falls für diese durch Landesgesetz gleichartige Fürsorge getroffen ist (§ 104);
5. §§ 5 bis 8, soweit sie sich nicht auf Betriebsunternehmer beziehen (Gegenstand der Versicherung und Umfang der Entschädigung);
6. § 9 (Gewährung der Rente in Naturalien, sofern die Ausführungsbestimmungen dies zulassen, § 104);

7. §§ 10, 12 (Fürsorge für die Karenzzeit von 13 Wochen und Ueberweisung an Krankenkassen nach Ablauf der ersten 13 Wochen);
8. § 11 (Verhältniß zu Krankenkassen, Armenverbänden ꝛc.);
9. § 43 (vermögensrechtliche Folgen bei dem Eintritt von Reichs- bezw. Staatsverwaltungen in die Genossenschaften oder bei dem Austritt aus letzteren), jedoch nicht bei dem gelegentlichen Uebergang einzelner Betriebe oder Theile aus Staatshänden in Privathände ꝛc. Vgl. Anm. 5 zu § 42, Anm. 1 zu § 109;
10. § 49 (Vertretung der Arbeiter);
11. §§ 50 bis 54 (Schiedsgerichte) mit den aus § 105 sich ergebenden Abänderungen;
12. §§ 55 bis 61 (Anzeige und Untersuchung der Unfälle) mit der aus § 105 sich ergebenden Abänderung;
13. §§ 62 bis 66 (Feststellung der Entschädigungen in erster Instanz) mit der Maßgabe, daß die Zuständigkeit hierzu durch die Ausführungsvorschriften bestimmt wird (§ 106) und daß die untere Verwaltungsbehörde über Entschädigungsansprüche nicht befindet (§ 107);
14. § 67 Abs. 2 bis 5 (Berufung an das Schiedsgericht), während der erste Absatz des § 67 durch die analoge Bestimmung des § 107 ersetzt ist;
15. § 107 (an Stelle des § 67 Abs. 1), und § 68 (Rekurs an das Reichs-Landes-) Versicherungsamt);
16. §§ 69 bis 73 (Berechtigungsausweis, Veränderungen in den Verhältnissen des Entschädigten, Fälligkeitstermine, Abfindung von Ausländern, Unpfändbarkeit ꝛc. der Entschädigungen);
17. §§ 74, 75, 84 Abs. 1 (Vermittelung der Renten-Zahlungen durch die Post);
18. § 86 (Rechnungsergebnisse, Unfallstatistik, Rechnungsjahr);
19. § 95 Abs. 2 bis 5 (Betheiligung an der Zusammensetzung des Reichs-Versicherungsamts);
20. § 98 Abs. 1 litt. b, c; Abs. 2 bis 4 (Entscheidung des Reichs-(Landes-) Versicherungsamts über die vermögensrechtliche Auseinandersetzung mit Berufsgenossenschaften (vgl. Ziffer 9), sowie bei Rekursen der Schiedsgerichte);
21. § 99 (Kosten des Reichs-Versicherungsamts);
22. §§ 100, 101 (Landes-Versicherungsämter);
23. §§ 116 bis 119 (Haftpflicht der Betriebsunternehmer und Betriebsbeamten; Regreßpflicht derselben und Dritter);
24. §§ 120 bis 122 (Verbot vertragsmäßiger Beschränkungen; Rechtshülfe, Gebühren- und Stempelfreiheit);
25. §§ 129, 130 (zuständige Landesbehörden, Verwaltungsexekution);
26. § 131 (Verpflichtungen selbständiger Gutsbezirke und Gemarkungen);
27. § 132 (Zustellungen).

§ 104.

(Abs. 1.) Die Erstreckung[1]) der Versicherungspflicht auf Betriebsbeamte mit einem zweitausend Mark übersteigenden Jahresarbeitsverdienste (§ 2 Abs. 2) kann durch die Ausführungsvorschriften erfolgen, soweit diese Beamten nicht nach § 4 von der Anwendung dieses Gesetzes ausgeschlossen[2]) sind.

(Abs. 2.) Den Ausführungsvorschriften bleibt auch die Bestimmung überlassen, ob und inwieweit die Renten[3]) nach Maßgabe des § 9 in Naturalleistungen gewährt werden sollen.

(§ 100 d. Entw. u. d. Komm.-Beschl.) Der § 104 entspricht dem § 4 A.-G.

§ 105.

(Abs. 1.) Für den Bezirk jeder Ausführungsbehörde[1]) ist mindestens[2]) ein Schiedsgericht (§ 50) zu errichten. Die im § 51 Abs. 3 bezeichneten Beisitzer[3]) werden von der Ausführungsbehörde ernannt.

(§§ 101 Abs. 2 und 102 d. Entw., § 102 d. Komm.-Beschl.) Der § 105 entspricht den §§ 5 Abs. 2 und 6 A.-G.

Vgl. im Uebrigen die Anmerkungen zu den einschlagenden einzelnen Bestimmungen der vorhergehenden Paragraphen.

Zu § 104.

1) Erstreckung. „Der § 2 Abs. 1 (jetzt § 2 Abs. 2) überläßt die Erstreckung der Versicherungspflicht auf Betriebsbeamte mit einem den Jahresbetrag von 2000 Mark übersteigenden Einkommen dem Genossenschaftsstatut. Ein solches fehlt hier. An die Stelle desselben sollen vielmehr Ausführungsvorschriften der obersten Dienstbehörden treten (§ 106) (jetzt 108). Diesen Ausführungsbestimmungen war daher auch die erwähnte Erstreckung der Versicherungspflicht zu überlassen. Dabei wird, um Mißverständnisse auszuschließen, ausdrücklich darauf hingewiesen, daß die (Reichsbeamten und die) gegen festes Gehalt und Pensionsberechtigung angestellten . . . Staatsbeamten nach § 4 des Entwurfs von demselben ausgeschlossen sind" (Mot. S. 66).

2) ausgeschlossen. Darüber, daß alle in land- und forstw. Betrieben beschäftigten Beamten des Reichs sowie diejenigen Staats- und Kommunalbeamten, für welche durch dienstpragmatische Spezialgesetze die Unfallfürsorge geregelt ist, aus der Unfallversicherung, d. h. den Berufsgenossenschaften oder dem Geltungsbereich der Ausführungsbehörde ausscheiden, vgl. Anm. 1 zu § 4.

3) Renten. Diesen Absatz hat die Reichstagskommission hinzugefügt.

Zu § 105.

1) Ausführungsbehörde, § 102. Mot. S. 66: „Die Bezirke, für welche Schiedsgerichte errichtet werden müssen, sind nach § 51 des Entwurfs

Das Regulativ [4]) (§ 51 Abs. 4 und 5) wird durch die für den Erlaß der Ausführungsvorschriften zuständige Behörde erlassen. In demselben sind die Sätze für die den Vertretern der Arbeiter zu gewährende Vergütung (§§ 53 Abs. 2 und 60) festzustellen. (Abs. 2.)

§ 106.

Die Feststellung der Entschädigungen [1]) (§ 62) erfolgt durch die in den Ausführungsvorschriften [2]) zu bezeichnende Behörde [3]).

(§ 103 d. Entw. u. d. Komm.-Beschl.) Der § 106 entspricht dem § 7 A.-G.

(jetzt § 50) die Genossenschafts- oder Sektionsbezirke. An deren Stelle tritt hier naturgemäß der Bezirk der nach § 98 (jetzt § 102) zu bestimmenden Ausführungsbehörden. Im Uebrigen bewendet es bei den Bestimmungen des § 51" (jetzt § 50).

[2]) mindestens. Die Vermehrung der Schiedsgerichte (§ 51 Abs. 2) liegt auch hier dem Bundesrath nach Vorbereitung seiner Beschlüsse durch das Reichs-Versicherungsamt ob, nicht der Ausführungs- oder Zentralbehörde, auch nicht dem Landes-Versicherungsamt. Vgl. Anm. 1 zu § 95.

[3]) Beisitzer. „(Außerdem aber) mußte über die Berufung der aus den Kreisen der Arbeitgeber zu entnehmenden Beisitzer der Schiedsgerichte (§ 52 Abs. 3) (jetzt § 51 Abs. 3) besondere Bestimmung getroffen werden, weil eine Mehrheit von Genossenschaftsmitgliedern, aus denen nach § 52 (jetzt § 51) diese Beisitzer entnommen werden sollen, sowie eine Genossenschaft oder Sektion, welche die Wahl vornehmen könnte, hier nicht besteht. Die Berufung dieser die Interessen des Arbeitgebers repräsentirenden Beisitzer des Schiedsgerichts wird der Ausführungsbehörde überlassen, welche allein im Stande ist, hier die Interessen der versichernden Verwaltung wahrzunehmen. An der Bestimmung im § 52 Absatz 2, nach welcher der Vorsitzende des Schiedsgerichts ein bei den Staatsforstbetrieben" (also jetzt ein bei der Verwaltung des betreffenden Reichs- oder Staatsbetriebes, d. H.) „nicht betheiligter öffentlicher Beamter sein muß, ist auch hier festzuhalten" (Mot. S. 66).

[4]) Regulativ. „Das im § 49 (jetzt § 51) angeordnete Regulativ wird hier nicht füglich von dem Reichs-Versicherungsamt, sondern sachgemäß nur von den Landes-Zentralbehörden erlassen werden können, welche für den Erlaß der Ausführungsvorschriften zuständig sind (§ 106) (jetzt § 108). Denn thatsächlich bildet dieses Regulativ einen Theil der Ausführungsvorschriften. In demselben ist zugleich die Höhe der den Vertretern der Arbeiter zuzubilligenden Vergütungssätze festzustellen. Dies letztere mußte im § 101 (jetzt § 105) ausdrücklich erwähnt werden, weil die Voraussetzung des § 54 (jetzt § 53) Abs. 2 (das Genossenschaftsstatut) hier fortfällt" (Mot. S. 66).

Zu § 106.

[1]) Entschädigungen. „Da Genossenschafts- oder Sektionsvorstände

§ 107.

[1]) Gegen den Bescheid [2]) der zuständigen Behörde [3]), durch welchen ein Entschädigungsanspruch aus dem Grunde abgelehnt wird, weil der Betrieb [4]), in welchem der Unfall sich ereignet hat, für nicht unter § 1 fallend erachtet wird, steht dem Verletzten und seinen Hinterbliebenen die Beschwerde an das Reichs-Versicherungsamt [5]) zu. Die Beschwerde ist bei demselben [6]) binnen vier Wochen nach der Zustellung [7]) des ablehnenden Bescheides einzulegen.

(§ 104 d. Entw. u. d. Komm.-Beschl.) Der § 107 entspricht dem § 8 A.-G.

---

und Genossenschaftsstatuten, auf welche § 62 bezüglich der Feststellung der Entschädigung für die durch einen Betriebsunfall Verletzten verweist, hier nicht bestehen, so sind über die Behörde, welche diese Feststellungen vornehmen soll, besondere Bestimmungen erforderlich. Der Entwurf überläßt die Bezeichnung dieser Behörde den Ausführungsvorschriften" (Mot. S. 66).

[2]) Ausführungsvorschriften, § 108.

[3]) Behörde. Vgl. Anm. 5 zu § 102.

Zu § 107.

[1]) „Die Bestimmung des § 104 (jetzt § 107) entspricht dem § 67 Abs. 1 und ist unentbehrlich, weil für den Fall, daß die zur Feststellung der Entschädigung berufene Behörde die Entschädigung um deswillen ablehnt, weil derjenige Theil des Staatsforstbetriebes, in welchem der Unfall sich ereignet hatte, nicht unter dies Gesetz falle, ein Rechtsmittel gegeben werden muß. Die einschlagenden Bestimmungen des Entwurfs sind hier nicht ohne Weiteres anwendbar .... Der Entwurf nimmt im § 64 für diesen Fall die Vermittelung der unteren Verwaltungsbehörde in Anspruch, weil, wenn ein Betrieb nicht für versicherungspflichtig erachtet und deshalb einer Berufsgenossenschaft nicht zugetheilt ist, eine Instanz fehlt, welche zunächst über den Entschädigungsanspruch zu befinden hat. Für die in den Staatsforstbetrieben vorkommenden Unfälle bedarf es eines solchen Umwegs nicht, weil für die ganze Verwaltung einschließlich desjenigen Bestandtheils, dessen Versicherungspflicht in Frage steht, Dienstbehörden vorhanden sind. Dabei ist es zweckmäßig, die Beschwerde direkt bei dem Reichs-Versicherungsamt einlegen zu lassen, weil die Behörde, gegen deren Bescheid die Beschwerde sich richtet, hier selbst Partei und nicht, wie die bei den Berufsgenossenschaften zur Entscheidung berufene untere Verwaltungsbehörde, unbetheiligt ist" (Mot. S. 66).

[2]) Bescheid. Derselbe ist nach § 132 zuzustellen, weil sich an die Zustellung eine Frist knüpft, deren Versäumung Rechtsnachtheile nach sich zieht.

[3]) zuständigen Behörde, d. h. der nach §§ 106, 108 zur Feststellung der Entschädigungen durch die Ausführungsvorschriften bestimmten Behörde, vgl. Anm. 1.

§ 108.

Die zur Durchführung der Bestimmungen der §§ 102 bis 107 erforderlichen Ausführungsvorschriften werden für die Heeresverwaltungen von der obersten Militärverwaltungsbehörde des Kontingents, im Uebrigen für die Reichsverwaltungen vom Reichskanzler, für die Landesverwaltungen von der Landes-Zentralbehörde erlassen.

(§ 105 d. Entw. u. d. Komm.-Beschl.) Der § 108 entspricht dem § 10 A.-G.

§ 109.

Die Bestimmungen der §§ 102 bis 108 finden auf Betriebe der im § 102 bezeichneten Art keine Anwendung[1]), insoweit[2]) die Reichs- beziehungsweise Landesregierung vor der Bildung[3]) der Berufsgenossenschaften für den betreffenden Bezirk erklärt, daß solche Betriebe den Betriebsgenossenschaften angehören sollen.

(§ 106 d. Entw. u. d. Komm.-Beschl.) Der § 109 entspricht einer gleichartigen Bestimmung in § 2 Abs. 2 A.-G.

---

4) der Betrieb oder derjenige Theil der Verwaltung, in welchem der Unfall sich ereignet hat, vgl. Mot. in Anm. 1.

5) Reichs-Versicherungsamt, eventuell Landes-Versicherungsamt, § 101. Auch in den Fällen des § 107 wird das Landes-Versicherungsamt die Akten zur Entscheidung an das Reichs-Versicherungsamt abzugeben haben, wenn sich bei der Verhandlung der Sache ergibt, daß eine, einem anderen Versicherungsamt unterstellte fiskalische Verwaltung oder Berufsgenossenschaft als mitbetheiligt zu erachten ist, § 101 Abs. 4. Zwar sind an dem citirten Orte nicht die Fälle des § 107, aber doch die Fälle der §§ 64, 67 ausdrücklich aufgeführt, und diese letzteren behandeln (vgl. Anm. 1) materiell durchaus gleichartige Angelegenheiten; nur die untere Instanz ist verschieden.

6) bei demselben, vgl. Mot. in Anm. 1.

7) Zustellung, § 132.

Zu § 108.

Ausführungsvorschriften. „Zur Durchführung der in den §§ 98 bis 105 getroffenen Bestimmungen werden, wie sich aus dem Vorstehenden ergiebt, Ausführungsbestimmungen erforderlich werden, welche an die Stelle des Genossenschaftsstatuts treten. Es empfiehlt sich, den Erlaß derselben den (Landes-) Zentralbehörden zu übertragen" (Mot. S. 67).

Zu § 109.

1) keine Anwendung. „In einem späteren Stadium als bei der Einbringung der Vorschläge für die Bildung der Berufsgenossenschaften soll die Erklärung, daß Staatsforstbetriebe den Berufsgenossenschaften angehören sollen,

X. Landesgesetzliche Regelung.

Landesgesetzliche Regelung.

§ 110.

[1]) Die Landesgesetzgebung ist befugt [2]), die Abgrenzung der Berufsgenossenschaften, deren Organisation und Verwaltung, das Verfahren bei Betriebsveränderungen, den Maßstab für die Umlegung der Beiträge und das Verfahren bei deren Umlegung und Erhebung, abweichend von den Bestimmungen der §§ 18, 20 bis 25, 26 Absatz 1, 2 Ziffer 3, Absatz 3 und 4, 27 bis 41, 46, 47, 48 Absatz 1, 76 bis 83 zu regeln, sowie abweichend von den Bestimmungen dieses Gesetzes die Organe zu bezeichnen, durch welche die Verwaltung der Berufsgenossenschaften geführt wird und die in diesem Gesetze den Vorständen [3]) der Letzteren übertragenen Befugnisse und Obliegenheiten wahrgenommen werden.

(§ 107a d. Komm.-Beschl.) Im U.-V.-G. ohne Analogie.

---

nicht mehr abgegeben werden können. Diese Einschränkung ist erforderlich, um die Organisation der letzteren nicht zu stören. Ein späteres Ausscheiden von Staats(forst)betrieben aus Berufsgenossenschaften ist nur unter den Voraussetzungen der §§ 39 und 40 des Entwurfs (jetzt §§ 42, 43) zulässig" (Mot. S. 67). Vgl. Anm. 5 zu § 93, Anm. 4 sub 9 zu § 103.

Werden auf Grund der §§ 42, 43 später fiskalische Betriebe aus Berufsgenossenschaften herausgezogen, so ist bez. der Organisation in den ersteren wiederum nach §§ 102 fg. zu verfahren.

[2]) insoweit. Es können also einzelne Kategorien fiskalischer Betriebe den Berufsgenossenschaften angeschlossen, andere von denselben eximirt werden. In Preußen ist z. B. die Erklärung dahin abgegeben werden, daß vorübergehende Staatsbetriebe der landwirthschaftlichen Verwaltung (d. h. solche ihrer Natur nach dauernd zum Betriebe durch Dritte bestimmte Flächen (Domainen, Dienstländereien), welche aus irgend einem Anlaß vorübergehend für Staatsrechnung verwaltet werden) den Berufsgenossenschaften angehören sollen. Vgl. Just Komm. Anm. 3 zu § 102.

[3]) Bildung, § 18.

Zu § 110.

[1]) Ueber die Gründe, welche zur Aufnahme der §§ 110 bis 115 geführt haben, und über die Bedeutung der der Landesgesetzgebung eingeräumten Befugnisse vergleiche die Ausführungen in Anm. 1 zu § 13, Anm. 1 zu § 15, Anm. 1 zu § 18, Anm. 1 zu § 26, Anm. 1 zu § 33.

1. Die §§ 110 bis 113, 115 gestatten binnen bestimmter Fristen (§ 115) die principale Regelung gewisser Formalien der Unfallversicherung durch die

Landesgesetzgebung, so daß die reichsgesetzlichen Bestimmungen erst in Kraft treten, wenn entsprechende Landesgesetze binnen der in § 115 gesetzten Fristen nicht erlassen bezw. nicht durchgeführt sind. Die materiellen Bestimmungen über die Unfallversicherung, insbesondere die Höhe der Entschädigungen, der Beginn derselben, die Uebernahme der Entschädigungslast durch die Betriebsunternehmer, welche zu diesem Zwecke in Berufsgenossenschaften zu vereinigen sind, die Aufbringung der Beiträge durch Umlagen, die Berufung an Schiedsgerichte unter Mitwirkung Versicherter, der Rekurs an das Reichs- (Landes-) Versicherungsamt, sowie die Auszahlung der Entschädigungen durch die Post sind zwingendes Reichsrecht geblieben.

Diese Regelung bietet viel Aehnlichkeit mit der Unfallversicherung in den einer Berufsgenossenschaft nicht zugewiesenen Reichs- und Staatsbetrieben. Während aber bei letzteren von einer Berufsgenossenschaft überhaupt abgesehen ist, muß bei jenen die Grundlage der Versicherung doch die Berufsgenossenschaft bilden, wenn auch die laufende Verwaltung an andere Organe bezw. an Behörden abgegeben werden darf, welche aber dann, soweit es sich um die Geschäfte der Unfallversicherung handelt, unter die Aufsicht des Reichs- (Landes-) Versicherungsamts fallen.

Von dieser Befugniß, gewisse Formalien der Unfallversicherung in der Land- und Forstwirhschaft durch eigene Landesgesetze abweichend zu regeln, hat die Mehrzahl der Deutschen Bundesstaaten Gebrauch gemacht. Nur in einzelnen thüringischen Staaten ist lediglich nach dem Reichsgesetz organisirt.

2. Abgesehen von den in den §§ 110 fg. nachgelassenen Befugnissen der Landesgesetzgebung, die Organisation der Berufsgenossenschaften pp. selbst zu regeln, wird in § 114 den Regierungen der einzelnen Bundesstaaten weiter die Befugniß eingeräumt, das ganze Gebiet der letzteren oder Theile derselben den Berufsgenossenschaften eines anderen Bundesstaates anzuschließen; der anschließende Bundesstaat hat sich dann aber der Gesetzgebung desjenigen Bundesstaates, an welchen der Anschluß erfolgt, rücksichtlich der Unfallversicherung zu unterwerfen. Durch diese Anschluß-Befugniß soll insbesondere Vorsorge getroffen werden, daß auch in kleineren Bundesstaaten, welche für sich allein eine leistungsfähige Berufsgenossenschaft nicht zu bilden vermögen, eine berufsgenossenschaftliche Regelung möglich wird; denn ohne eine solche Bestimmung würden die größeren Bundesstaaten sich absondern können, so daß für die kleineren Staaten Gelegenheit zu geeigneter Anlehnung, wie sie bei der reichsgesetzlichen Organisation durch die Vorschrift, daß die Berufsgenossenschaften durch den Bundesrath gebildet werden (§ 18), ermöglicht wird, nicht mehr bliebe. Von dieser Anschlußbefugniß haben Waldeck, Lübeck und Oldenburg Gebrauch gemacht, welche ihr Gebiet bezw. Theile ihres Gebiets an land- und forstwirthschaftliche Berufsgenossenschaften Preußens angeschlossen haben.

3. Unabhängig von dieser der Landesgesetzgebung eingeräumten Organisationsbefugniß und von der der Landesverwaltung übertragenen Anschlußbe-

§ 111.

[1]) Macht die Landesgesetzgebung von der Befugniß des § 110 Gebrauch, so hat[2]) dieselbe

1. über die Befugniß zur Ablehnung des Amts eines Beisitzers des Schiedsgerichts und über die diesen Beisitzern zu gewährenden Vergütungen (§ 53 Abs. 2),

(§ 107b d. Komm.-Beschl.) Im U.-V.-G. ohne Analogie.

---

fugniß gibt das Reichsgesetz der Landesgesetzgebung noch mehrfach das Recht, in gewisse Materien der Unfallversicherung regelnd einzugreifen. Diese letzteren Befugnisse treten meist neben gleichartige dem Statut übertragene Rechte; nur über den Umfang der Versicherung kann das Landesgesetz Bestimmungen treffen, welche dem Statut entzogen sind. Diese Berechtigungen der Landesgesetzgebung sind im Einzelnen:

a) ohne Konkurrenz des Statuts:

die Bestimmung, daß Familienangehörige des Betriebsunternehmers der Versicherungspflicht nicht unterliegen sollen (§ 1 Abs. 3); vgl. darüber Näheres in Anm. 13 zu § 1.

b) neben dem Statut:

1. die Begründung der Versicherungspflicht von Betriebsunternehmern, § 1 Abs. 3 in Verbindung mit § 2 Abs. 2. Hier geht die Befugniß der Landesgesetzgebung weiter wie die Befugniß des Statuts;
2. die Aufbringung der Verwaltungskosten des ersten Betriebsjahres, § 15 Abs. 3;
3. die Befreiung kleiner Betriebsunternehmer von Beiträgen, § 16;
4. die Anordnung eines Reservefonds, § 17.

Bei diesen Anordnungen sind die Landesgesetzgebungen an die Fristen des § 115 nicht gebunden.

[2]) befugt. Ueber die Dauer dieser Befugniß vgl. § 115.

Die Landesgesetzgebung kann von diesen Befugnissen im vollen Umfang oder nur theilweise Gebrauch machen.

Ueber den Unterschied der drei Kategorien von Befugnissen, welche § 110 erwähnt (gewisse Materien abweichend von den speziell aufgeführten §§ des Reichsgesetzes zu regeln; abweichend von den Bestimmungen des Reichsgesetzes die Verwaltungsorgane der Berufsgenossenschaften zu bezeichnen; die Befugnisse der Vorstände auf andere Organe zu übertragen), vgl. Anm. 1 zu § 26.

[3]) Vorständen. Wegen der den Genossenschaftsversammlungen zu belassenden Funktionen vgl. Anm. 1 zu § 26.

Zu § 111.

[1]) Die Verhandlungen des Reichstags geben keinen genügenden Aufschluß über die Motive des § 111. Offenbar hat man der Analogie der §§ 103 fg.

2. über die Vertretung der Berufsgenossenschaften bei den Untersuchungsverhandlungen (§ 58),
3. über den dem Bevollmächtigten der Krankenkasse oder dem von der Gemeindebehörde bezeichneten Arbeiter zu gewährenden Ersatz für entgangenen Arbeitsverdienst (§ 60),
4. über das Organ, bei welchem der Entschädigungsanspruch anzumelden ist (§ 64) und welches die Entschädigung festzustellen und hierüber den Bescheid zu ertheilen hat (§§ 62, 66),
5. über die Rechnungsführung der Berufsgenossenschaften (§ 85),

sowie darüber Bestimmung zu treffen,

6. welche Personen außer den in Gemäßheit der §§ 90 und 91 ernannten Beauftragten und Sachverständigen den Bestimmungen der §§ 127 und 128 unterliegen.

---

folgen, und zunächst (in § 110) diejenigen §§ aufführen wollen, welche (sofern die Landesgesetzgebung dies bestimmt) ganz geändert werden bezw. ohne Anwendung bleiben sollten, demnächst aber diejenigen §§ anschließen wollen, bei welchen man nur gewisse Modifikationen für erforderlich hielt, Modifikationen, welche ihren Grund in den abweichenden Bestimmungen der Landesgesetze (§ 110) finden werden. Vgl. Anm. 2 i. f. zu § 102. Hierbei ist man insbesondere den Bestimmungen des § 22 über den obligatorischen Inhalt des Statuts gefolgt, ein §, welcher von der Landesgesetzgebung abgeändert werden kann, aber viele Punkte enthält, deren Regelung unumgänglich ist.

Bezüglich der einzelnen Bestimmungen des § 111 ist Folgendes zu bemerken. Die Landesgesetzgebung soll, wenn sie überhaupt in Thätigkeit getreten ist, regeln:

1. Die Befugniß zur Ablehnung des Amts eines Beisitzers des Schiedsgerichts.

Die Bildung und die Funktionen des Schiedsgerichts (§§ 50 fg.) sind im Ganzen nicht abänderbar. Wegen der Ablehnung des Amts als Beisitzer des Schiedsgerichts aber verweist § 53 Abs. 2 zurück auf §§ 29 Abs. 2, 30, und diese können von der Landesgesetzgebung durch andere Vorschriften ersetzt werden. Es muß also, sofern letzteres geschehen ist, Bestimmung darüber getroffen werden, nach welchen Gesichtspunkten die Beisitzer des Schiedsgerichts zur Ablehnung berechtigt sein sollen, insbesondere, ob auch unter der Herrschaft des Landesrechts die rücksichtlich der Vorstandsmitglieder, für die sie gegeben sind, abgeänderten Bestimmungen des § 29 Abs. 2 auf die Beisitzer des Schiedsgerichts Anwendung finden sollen.

2. Die Entschädigung der Beisitzer des Schiedsgerichts.

a) Wegen der Entschädigung der Schiedsgerichtsbeisitzer aus dem Kreise der Berufsgenossen weist § 53 Abs. 2 zurück auf den abänderbaren § 30, wonach die Genossenschaftsämter im Allgemeinen unbesoldete Ehrenämter sein, und nur baare Auslagen erstattet werden sollen. Disponirt nun das Landesgesetz in letzterer Beziehung anders und wird dadurch § 30 außer Kraft gesetzt, so muß darüber Bestimmung getroffen werden, ob es bei dieser reichsgesetzlichen Regel wenigstens für die Arbeitgeber-Beisitzer des Schiedsgerichts bewenden soll oder nicht.

b) Was die Schadloshaltung der Beisitzer des Schiedsgerichts aus dem Arbeiterstande anbetrifft, so gehört die Regelung dieser Vergütung nach Reichsgesetz zum obligatorischen Inhalt des Genossenschaftsstatuts, § 22 Ziffer 9. Das Landesgesetz kann den obligatorischen Inhalt des Genossenschaftsstatuts anderweit regeln, muß dann aber jedenfalls Bestimmungen über die Schadloshaltung der Arbeiter treffen.

3. Die Vertretung der Genossenschaft bei den Untersuchungs-Verhandlungen (§ 58),

weil Sektionsvorstände und Vertrauensmänner nach Landesrecht vielleicht nicht vorhanden sind, eine Mittheilung aber an den Genossenschaftsvorstand vielleicht schon um deswillen nicht empfehlenswerth ist, weil dieser dann erst seinerseits die unterstellten Organe würde deputiren müssen. Es empfahl sich, die direkte Benachrichtigung der durch das Landesgesetz etwa bestimmten lokalen Organe der Genossenschaft zu ermöglichen. Hierzu aber bedurfte es insoweit einer Abänderung des im Uebrigen nicht abänderbaren § 58.

4. Die Schadloshaltung des zu den Unfalluntersuchungen zugezogenen Arbeiters, § 60. Vgl. oben ad 2b.

5. Das Organ zur Feststellung der Entschädigungen (§§ 62, 64, 66), weil die betr. Bestimmungen des Reichsgesetzes vielleicht nicht passen werden, wenn das Landesgesetz abweichende Bestimmungen über die innere Organisation bezw. über die Verwaltung der Berufsgenossenschaften getroffen hat.

6. Die Rechnungsführung der Berufsgenossenschaften (§ 85), weil man anscheinend der Meinung gewesen ist, daß bei einer Verwaltung der Berufsgenossenschaften durch Staatsbehörden auch eine weniger strenge Sonderung der verschiedenen Vermögensbestände zulässig erscheinen könnte.

§ 112.

Bei Abänderung des Bestandes von Berufsgenossenschaften (§ 42) tritt, falls nur solche Betriebe betheiligt sind, deren Sitz [1]) im Gebiete desselben Bundesstaates belegen ist, an die Stelle des Bundesraths die Zentralbehörde dieses Bundesstaats, sofern derselbe von der Befugniß [2]) des § 110 Gebrauch gemacht hat.

(§ 107c d. Komm.-Beschl.) Im U.-V.-G. ohne Analogie.

§ 113.

Die Auflösung einer Berufsgenossenschaft wegen Leistungsunfähigkeit (§ 14) und die Zutheilung der zu derselben gehörigen Betriebe zu anderen Berufsgenossenschaften erfolgt durch die Landes-Zentralbehörde, wenn die aufzulösende Berufsgenossenschaft auf Grund landesgesetzlicher Bestimmungen (§ 110) gebildet ist und diejenigen Berufsgenossenschaften, welchen Betriebe der aufgelösten Berufsgenossenschaft zugetheilt werden sollen, nur solche Betriebe umfassen, deren Sitz im Gebiete des betreffenden Bundesstaats belegen ist. (Abs. 1.)

In diesem Falle [1]) gehen die Rechtsansprüche und Verpflichtungen der aufgelösten Genossenschaft auf diesen Bundesstaat über. (Abs. 2.)

(§ 107d d. Komm.-Beschl.) Im U.-V.-G. ohne Analogie.

7. Die Unterstellung derjenigen Organe, durch welche die Verwaltung der Berufsgenossenschaften geführt werden soll, unter die Strafbestimmungen der §§ 127, 128.

[2]) hat. Bei der Wortfassung des Gesetzes werden die auf Grund des § 110 erlassenen Landesgesetze, auch wenn durch dieselben an den Bestimmungen der dort aufgeführten §§ des Reichsgesetzes nur wenig geändert wird, dennoch über die sämmtlichen Punkte des § 111 sich verbreiten müssen, wobei sie natürlich nur zu bestimmen brauchen, daß es bei den betr. Vorschriften des Reichsgesetzes sein Bewenden behalte.

Zu § 112.

[1]) Sitz, § 44.

[2]) Befugniß. Gemeint ist offenbar allein die im § 110 gegebene Befugniß, die Abgrenzung der Berufsgenossenschaften abweichend von den Bestimmungen des § 18 zu regeln. Die anderweiten in § 110 nachgelassenen Anordnungen interessiren hier nicht.

Zu § 113.

[1]) In diesem Falle. Nach dem Wortlaut muß angenommen werden,

§ 114.

(Abs. 1.) Die Bundesstaaten[1]) sind berechtigt, ihr Gebiet oder Theile desselben der Berufsgenossenschaft[2]) eines anderen Bundesstaates, welcher von der im § 110 eingeräumten Befugniß Gebrauch gemacht hat[3]), mit dessen Zustimmung[4]) anzuschließen. In diesem Falle gelten für die Berufsgenossenschaft die landesgesetzlichen[5]) Bestimmungen desjenigen Bundesstaats, an welchen der Anschluß erfolgt ist, falls aber auch der anschließende Bundesstaat von der Befugniß des § 110 Gebrauch gemacht hat, die Bestimmungen

(§ 107c d. Komm.-Beschl.) Im U.-V.-G. ohne Analogie.

---

daß ein Bundesstaat, welcher nach §§ 18, 110 eine leistungsunfähig gewordene Berufsgenossenschaft selbst organisirt hat, die Garantie für dieselbe nur dann tragen soll, wenn auch die Bestandtheile dieser aufgelösten Berufsgenossenschaft innerhalb einer Berufsgenossenschaft desselben Bundesstaates verbleiben. Beschließt aber der Bundesrath die Zuweisung dieser Bestandtheile zu Berufsgenossenschaften eines anderen Bundesstaats, so tritt die Reichsgarantie ein. Dies ist um so weniger bedenklich, als der Bundesrath in solchen Fällen meist in der Lage sein wird, die Auflösung der Berufsgenossenschaft und die Vertheilung der zu derselben gehörigen Betriebe abzulehnen, übrigens aber die ganzen Bestimmungen über die Auflösung leistungsunfähiger Berufsgenossenschaften in der Land- und Forstwirthschaft noch mehr blos theoretische Bedeutung haben, wie in der Industrie, da die Einstellung der Land- und Forstwirthschaft als solcher in ganzen Bezirken kaum vorkommen kann, cf. Anm. 1 zu § 14.

Hat der betr. Bundesstaat, dessen Berufsgenossenschaft aufgelöst wird, ein Landes-Versicherungsamt errichtet, so bewendet es bei der Bestimmung des § 101 Abs. 5. In diesem Fall hat also der Bundesstaat für die bisherigen Leistungen der Berufsgenossenschaft auch dann aufzukommen, wenn die Betriebe der aufgelösten Genossenschaft in Genossenschaften anderer Bundesstaaten einverleibt werden. Erfolgt nach Auflösung die Zutheilung der Betriebe zu Berufsgenossenschaften eines anderen Bundesstaates, welcher von der Befugniß des § 110 Gebrauch gemacht hat, so findet die Bestimmung des § 114, daß solche Landestheile fortan dem Recht desjenigen Bundesstaates, an dessen Berufsgenossenschaften der Anschluß stattfindet, folgen, entsprechende Anwendung, zumal in beiden Fällen der Anschluß durch den Bundesrath erzwungen werden kann, vgl. § 114 Abs. 2.

Zu § 114.

[1]) Bundesstaaten. Die hier gegebene Berechtigung stellt eine Verwaltungsmaßregel dar und bezweckt insbesondere, den einzelnen Bundesstaaten, welche für sich selbst eine leistungsfähige Berufsgenossenschaft nicht bilden können, oder eine solche Bildung aus Zweckmäßigkeitsgründen nicht wünschen,

desjenigen Bundesstaates, in welchem sich der Sitz der Berufsgenossenschaft befindet. Der Sitz der Berufsgenossenschaft ist im letzteren Falle durch Vereinbarung[6]) der Landesregierungen zu bestimmen. Wird eine derartige Berufsgenossenschaft durch den Bundesrath wegen Leistungsunfähigkeit aufgelöst (§ 14), so gehen deren Rechtsansprüche und Verpflichtungen nach dem Maßstabe[7]) der im letzten Rechnungsjahre gezahlten Beiträge auf die betheiligten Bundesstaaten über.

Kommt eine Einigung nicht zu Stande, so entscheidet[8]) auf Anrufen[9]) der Bundesrath. (Abs. 2.)

---

während die Nachbarstaaten auf Grund des § 110 sich abschließen, die Möglichkeit eines Anschlusses an die letzteren im Wege von Vereinbarungen oder im Wege der Nöthigung durch den Bundesrath zu eröffnen. Vgl. Anm. 1 zu § 101. Die Berechtigung besteht aber ohne Rücksicht darauf, ob der anschließende Theil etwa auch seinerseits Bestimmungen auf Grund des § 110 erlassen hat; nur muß er diese, soweit sie mit dem Rechte des anderen Bundesstaates, an den der Anschluß erfolgt, nicht übereinstimmen, dem letzteren unterordnen, sofern der Sitz der gemeinsamen Berufsgenossenschaft in das Gebiet des letzteren verlegt wird.

Ueber die Dauer der Berechtigung vgl. § 115 Abs. 3.

2) der Berufsgenossenschaft oder mehreren Berufsgenossenschaften.

3) Gebrauch gemacht hat, vgl. Anm. 2 zu § 112. Andernfalls tritt § 18 ein, sofern nicht etwa der anschließende Theil selbst von der Befugniß des § 110 Gebrauch gemacht hat. Im letzteren Fall muß er auf die Anschlußbefugniß verzichten und eine Berufsgenossenschaft für sich selbst bilden.

4) Zustimmung, welche eventuell durch den Bundesrath ergänzt wird, Abs. 2.

5) landesgesetzliche, aber nicht die durch das Reichsgesetz fest begrenzte, der Abänderung durch Landesgesetz nicht unterworfene Kompetenz des Landes-Versicherungsamts. Diese Zuständigkeit fällt vielmehr fort, sobald einer an sich unter die Zuständigkeit eines Landes-Versicherungsamts fallenden Berufsgenossenschaft aus irgend einem Grunde, sei es auf Grund des § 42, oder der §§ 14, 113, oder des § 114, Betriebe, die ihren Sitz in dem Gebiet eines anderen Bundesstaates haben, zugetheilt worden sind.

6) Vereinbarung. Kommt eine solche nicht zu Stande, so bestimmt der Bundesrath den Sitz der Genossenschaft, bei welcher Theile mehrerer Bundesstaaten, die sämmtlich von der Befugniß des § 110 Gebrauch gemacht haben, betheiligt sind, Abs. 2.

7) nach dem Maaßstabe, d. h. in demjenigen Verhältniß, in welchem die

§ 115.

(Abs. 1.) Die im § 110 eingeräumte Befugniß erlischt, soweit in einem Bundesstaate innerhalb zwei Jahren nach dem Tage der Verkündung dieses Gesetzes landesgesetzliche Bestimmungen nicht erlassen sind oder innerhalb eines weiteren Jahres die Organisation nicht durchgeführt ist.

(Abs. 2.) Der Bundesrath kann diese Fristen auf Ansuchen um je ein Jahr verlängern.

(Abs. 3.) Die im § 114 eingeräumte Berechtigung dauert so lange, als nicht der Bundesrath das betreffende Gebiet gemäß § 18 einer Berufsgenossenschaft angeschlossen hat.

(§ 107f d. Komm.-Beschl.) Im U.-V.-G. ohne Analogie.

XI. Schluß- und Strafbestimmungen.

Haftpflicht der Betriebsunternehmer und Betriebsbeamten.

§ 116.

(Abs. 1.) [1]) Die nach Maßgabe dieses Gesetzes versicherten Personen und deren Hinterbliebene können einen Anspruch auf Ersatz [1a]) des in Folge eines Unfalls [2]) erlittenen Schadens [3]) nur [4]) gegen diejenigen Betriebsunternehmer, Bevollmächtigten [5]) oder Repräsentanten, Betriebs- oder Arbeiteraufseher geltend machen, gegen welche [6]) durch strafgerichtliches [7]) Urtheil festgestellt worden ist, daß sie den Unfall vorsätzlich [8]) herbeigeführt haben.

(§ 108 d. Entw. u. d. Komm.-Beschl.) Der § 116 entspricht in den ersten beiden Absätzen dem § 95 U.-V.-G.; der dritte Absatz ist neu.

---

letztjährigen Beiträge der betr. Betriebe des einen Bundesstaates zu den letztjährigen Beiträgen der betr. Betriebe des anderen Bundesstaates gestanden haben. Auch hier entscheidet eventuell der Bundesrath, Abs. 2.

[8]) entscheidet, in allen Meinungsverschiedenheiten, die sich aus den Bestimmungen des Abs. 1 ergeben, vgl. Anm. 4, 6, 7.

[9]) Anrufen. Von wem der Bundesrath angerufen wird, ist gleichgültig.

Zu § 116.

[1]) Die Vorschriften der §§ 116 bis 119 behandeln die Haftung der nach sonstigem bürgerlichen Recht entschädigungspflichtigen Personen für die durch Unfall hervorgerufenen Nachtheile und setzen die Grundsätze des Haftpflichtgesetzes vom 7. Juni 1871 (soweit sie für die einen Nebenbetrieb der Forst- und Landwirthschaft bildenden Eisenbahnen in Betracht kommen können, vgl. Anm. 12 zu § 1), sowie die sonstigen gesetzlichen Bestimmungen des Lan-

In diesem Falle beschränkt sich der Anspruch auf den Betrag[9]), um welchen die den Berechtigten nach den bestehenden gesetzlichen Vorschriften gebührende Entschädigung diejenige übersteigt, auf welche sie nach diesem Gesetze Anspruch haben. (Abs. 2.)

[10]) Die auf landesgesetzlichen[11]) Bestimmungen beruhenden Ansprüche eines Verletzten auf Ersatz des in Folge des Unfalls erlittenen Schadens für die Dauer der ersten dreizehn Wochen[12]) nach dem Unfalle bleiben vorbehalten, wenn nicht durch die Landesgesetzgebung[13]) oder[14]) durch statutarische Bestimmung[15]) eine den Vorschriften der §§ 6 und 7 des Krankenversicherungsgesetzes[16]) vom 15. Juni 1883 (Reichs-Gesetzbl. S. 73) beziehungsweise der §§ 137 ff. dieses Gesetzes mindestens gleichkommende Fürsorge für den Verletzten und seine Angehörigen getroffen ist oder der Verletzte auf Grund des § 136 dieses Gesetzes[17]) von der Krankenversicherungspflicht befreit ist. (Abs. 3.)

---

desrechts über Schadenersatz 2c., den die Unternehmer bei Betriebsunfällen ihren Arbeitern zu leisten hatten, für diejenigen Personen, welche der Wohlthaten der Unfallversicherung in vollem Maaße theilhaftig geworden sind, außer Kraft (vgl. unten die Motive). Während aber das Unfallversicherungsgesetz diese Außerkraftsetzung für alle Unfälle und für die ganze Zeit, in welcher die Unfälle nachtheilige Folgen hinterlassen, also auch für die kleineren Unfälle und die ersten 13 Wochen bei größeren Unfällen anordnet, weil auch während der ersten 13 Wochen für den Verletzten durch die Krankenversicherung oder durch die in Ausnahmefällen an deren Stelle tretenden gleichartigen Leistungen des Unternehmers (§ 5 Abs. 10 U.-V.-G.) ausreichend gesorgt ist — beschränkt das vorliegende Gesetz diese Außerkraftsetzung auf diejenigen Fälle und diejenige Zeit, in welcher die Berufsgenossenschaften oder die Krankenversicherung einzutreten haben. Dagegen bleiben die Ersatzansprüche für die ersten 13 Wochen insoweit bestehen, als mangels der Krankenversicherung der Nothbehelf des § 10 — freie ärztliche Behandlung und Arznei Seitens der Gemeinden — Platz greift. Denn dieser Nothbehelf kann, wie die Kommission angenommen hat, nicht als ausreichende Fürsorge gelten (vgl. Komm.-Ber. S. 12).

Hiernach stellt sich die Sache wie folgt.

A. Wenn (durch Landesgesetzgebung oder statutarische Bestimmung) die Krankenversicherungspflicht eingeführt ist:

Der Unternehmer oder dessen Betriebsbeamter 2c. ist dem verletzten Versicherten oder seinen Hinterbliebenen nur dann noch regreßpflichtig (und zwar auf die Differenz gegen die Entschädigung aus der Unfall- und Krankenfürsorge), wenn er den Unfall durch Vorsatz im strafrechtlichen Sinne, also durch ein dolose verübtes Verbrechen oder Vergehen herbeigeführt hat (§ 116); den Krankenkassen und Berufsgenossenschaften dagegen nicht nur in diesem Fall, sondern immer dann, wenn er kriminell wegen Vorsatzes oder Fahrlässigkeit für denselben verantwortlich ist, § 117. Im Fall des Vorsatzes haftet also der Unternehmer für das Ganze, und zwar zur Höhe der nach dem Krankenversicherungsgesetz und dem vorliegenden Unfallversicherungsgesetz gewährten Kranken- und Unfallentschädigung den Krankenkassen und Berufsgenossenschaften, zur Höhe des Restes dem Verletzten und dessen Hinterbliebenen. Die Regreßpflicht im Prinzip, d. h. die Frage, ob dolus oder (im letzteren Fall) vertretbares Verschulden vorliegt, muß durch den Strafrichter festgestellt werden, falls nicht die strafrechtliche Verfolgung aus Gründen, die in der Person des Haftpflichtigen liegen, unmöglich ist, § 118; der Civilanspruch betrifft nur noch die Höhe des Regresses.

Es haftet immer nur derjenige (Unternehmer oder Beauftragte 2c.), dem der Vorsatz oder das kriminell zu vertretende Verschulden selbst zur Last fällt; es haftet also jeder nur für die Folgen seiner eigenen Handlungen, einschl. der Anstiftung und Beihülfe. Die Haftbarkeit des Unternehmers für die Nachlässigkeit 2c. seiner Bevollmächtigten 2c. fällt fort.

Dritte Personen bleiben in vollem Maaße nach den bisherigen Gesetzen verantwortlich und sind (ebenso wie die Unternehmer bei dolus) theils den Krankenkassen und Genossenschaften, theils den Verletzten und deren Hinterbliebenen regreßpflichtig, § 119.

Dem Fall, daß ein Verletzter auf Grund der (landesgesetzlichen oder statutarischen) Krankenversicherungspflicht für die Dauer der ersten 13 Wochen gesichert ist und in Folge dessen die Regreßansprüche gegen den Unternehmer oder dessen Beamte im Allg. verliert, steht der Fall gleich, daß ein Versicherter von der Krankenversicherungspflicht befreit ist, weil er von seinem Arbeitgeber gleichwerthige Leistungen im Fall der Krankheit (auch der durch Unfall herbeigeführten Krankheit) erhält, § 136.

B. Der Verletzte war nicht krankenversicherungspflichtig, war auch nicht auf Grund des § 136 dieses Gesetzes von der Krankenversicherungspflicht befreit.

Die unter A näher dargelegten Rechtswirkungen treten alsdann nur für die Zeit nach Ablauf der ersten 13 Wochen nach dem Unfall, d. h. mit dem regelmäßigen Beginn der Entschädigungspflicht der Berufsgenossenschaften (§ 6 Abs. 1) ein. Bis dahin aber, d. h. in allen Fällen, in welchen die Folgen der Verletzung vor Ablauf der ersten 13 Wochen beseitigt sind, sowie bei allen schwereren Verletzungen während der ersten 13 Wochen nach dem Unfall verbleibt es bei den bisherigen landesgesetzlichen Ersatzansprüchen des Verletzten gegen den Betriebsunternehmer und dessen Beamte. Leisten die Ersatzpflichtigen freie ärztliche Behandlung und Arznei nicht, so ist diese von der Gemeinde zu gewähren (§ 10), welche ihrerseits gegen die Ersatzpflichtigen wegen ihrer Aufwendungen Regreß nehmen kann. Vgl. auch Anm. 1 zu § 10.

Mit anderen Worten:

A. Ein krankenversicherungspflichtiger land- und forstwirthschaftlicher Arbeiter, sowie ein solcher, welcher zwar an sich krankenversicherungspflichtig ist, aber von seinem Arbeitgeber das Nöthige erhält und deshalb von der Versicherungspflicht befreit ist (§ 136), erhält im Falle eines Unfalls:

a) während der ersten 13 Wochen die Krankenentschädigung von einer Krankenkasse (bezw. im Fall des § 136 von seinem Arbeitgeber), §§ 6, 7 K.-V.-G., §§ 11, 136 des vorliegenden Gesetzes;

b) nach Ablauf der ersten 13 Wochen Unfallentschädigung von der Berufsgenossenschaft (§§ 5, 6, 8);

c) während dieser ganzen Zeit (a+b) von dem Unternehmer oder dessen Betriebsbeamten nichts weiter, sofern nicht einer derselben den Unfall vorsätzlich herbeigeführt hat und dieserhalb strafrechtlich verurtheilt ist; in diesem Fall hat der Schuldige die Differenz gegen den wirklichen Schaden ihm zu zahlen (§ 116 Abs. 1, 2);

d) während dieser ganzen (a+b) Zeit von Dritten, d. h. anderen Personen, welche nicht Unternehmer des betreffenden Betriebes oder Beamte dieses Betriebes sind, den vollen Schaden nach bisherigem Recht, worauf sich aber der Verletzte dasjenige, was er schon aus der Krankenversicherung oder der Unfallversicherung erhält, anrechnen lassen muß (§ 119).

B. Ein nicht gegen Krankheit versicherter, auch nicht unter § 136 fallender land- und forstwirthschaftlicher Arbeiter erhält im Fall der Verletzung:

a) während der ersten 13 Wochen volle Fürsorge von dem Unternehmer nach Maßgabe seiner landesrechtlichen Verpflichtungen, insbesondere also auf Grund der Gesindeordnungen oder auf Grund civilrechtlicher Haftpflicht wegen Verschuldens (§ 116 Abs. 3);

sofern solche Verpflichtungen nicht bestehen oder der Fürsorgepflichtige säumig ist, freien Arzt und Arznei von der Beschäftigungsgemeinde (§ 10);

b) nach Ablauf der ersten 13 Wochen Unfallentschädigung von der Berufsgenossenschaft (§§ 5, 6, 8);

c) während der letzteren Zeit von dem Unternehmer nur noch im Fall des dolus das plus, wie bei Ac;

d) von Dritten Entschädigung wie bei Ad.

C. Ein land- und forstwirthschaftlicher Arbeiter, welcher freiwillig Krankenversicherung eingegangen ist, hat die gesammten Ansprüche des Versicherungspflichtigen (A), und behält außerdem vorbehaltlich der Bestimmungen des § 57 des Krankenversicherungsgesetzes während der ersten 13 Wochen die landesrechtlichen Entschädigungsansprüche gegen den Unternehmer (B a), kann aber bei Säumniß des letzteren nicht etwa noch Ansprüche an die Gemeinde erheben, §§ 10, 116. Vgl. Anm. 13.

D. Der land- und forstwirthschaftliche Beamte steht, sofern er gegen Unfall versichert ist, im Allgemeinen ebenso wie der Arbeiter, nur hat er, falls er krankenversicherungspflichtig ist, auf die subsidiäre Hülfe der Gemeinde (B a) während der ersten 13 Wochen zu verzichten. Es bleibt ihm freiwillige Krankenversicherung überlassen.

Für land- und forstwirthschaftliche Beamte, welche (wegen zu hohen Verdienstes, vgl. § 1 Abs. 1, § 2 Abs. 1, 2) nicht gegen Unfall versichert sind, bleiben die civilrechtlichen Schadensersatzansprüche in vollem Umfang bestehen.

E. Tritt in Folge des Unfalls der Tod ein, so sind
   a) die Ansprüche während der ersten 13 Wochen erledigt,
   b) die Ansprüche der Hinterbliebenen an die Berufsgenossenschaft nach § 7 zu beurtheilen, wogegen sich
   c) die Ansprüche der Hinterbliebenen gegen die Betriebsunternehmer und gegen Dritte nach B c, d richten.

Ueber die Aufhebung der Haftpflicht für Versicherte lassen sich die Motive des Unfallversicherungsgesetzes vom 6. Juli 1884 — wobei aber nicht übersehen werden darf, daß hier die Aufhebung rücksichtlich derjenigen begründet wird, für welche die Krankenversicherung besteht, so daß die Ausführungen auf solche Verletzte, für welche diese Fürsorge während der ersten 13 Wochen nicht stattfindet, nur beschränkt Anwendung finden — wie folgt aus:

„Neben der Sicherung der Arbeiter gegen die wirthschaftlichen Folgen der Unfälle verfolgt der Entwurf das Ziel, alle Streitigkeiten zwischen Arbeitgebern und Arbeitern über Entschädigungsansprüche, welche den letzteren aus Unfällen erwachsen, zu beseitigen, und zu dem Ende alle Entschädigungsansprüche, welche in Veranlassung eines Unfalls gegen den Arbeitgeber nach bisherigem Rechte (Gemeines Recht, Haftpflichtgesetz vom 7. Juni 1871, Code civil u. s. w.) erhoben werden konnten, aufzuheben. Die Berechtigung hierzu liegt in dem Ersatz, welchen die Arbeitgeber für die ihnen nach dem bisher geltenden Rechte zustehenden, in ihrer Realisirung höchst unsicheren Entschädigungsansprüche dadurch erhalten sollen, daß ihnen für jeden aus einem Unfall entstehenden Schaden selbst in dem Falle eigenen Verschuldens eine zwar begrenzte, aber vollkommen sichere Entschädigung gewährt wird. Zur Erreichung des gedachten Zieles ist es unerläßlich, auch für die ersten dreizehn Wochen der in Folge eines Unfalls eingetretenen Erwerbsunfähigkeit, für welche nicht eine Entschädigung nach Maßgabe dieses Gesetzes, sondern Krankenunterstützung, und zwar in der Regel unter Mitheranziehung der Arbeitgeber gewährt werden soll, einen Entschädigungsanspruch gegen den Arbeitgeber nicht mehr zuzulassen, da andernfalls nicht nur die Unfälle, welche nur eine Erwerbsunfähigkeit bis zu dreizehn Wochen zur Folge haben, sondern rücksichtlich der ersten dreizehn Wochen der Erwerbsunfähigkeit auch alle übrigen Unfälle nach wie vor zu einer Quelle von Streitigkeiten werden würden*). Es soll mithin den Krankenkassen nicht die Möglichkeit verbleiben, auf Grund des Haftpflichtgesetzes u. s. w. wegen der Fürsorge für die ersten 13 Wochen von dem Betriebsunternehmer Deckung zu verlangen. Die §§ 57 Abs. 4, 65 Abs. 5 und 73 Abs. 1 des Krankenkassengesetzes werden somit in ihrer Anwendbarkeit beschränkt.

Von diesen Grundprinzipien macht der Entwurf eine doppelte Ausnahme: einmal durch § 92 (hier § 116 d. Ges.) zu Gunsten des Beschädigten und seiner Hinterbliebenen für den Fall, daß der Betriebsunternehmer laut strafgerichtlichen Urtheils den Unfall vorsätzlich herbeigeführt hat. In diesem Falle sollen die Entschädigungsberechtigten in ihren Ansprüchen nicht beschränkt werden. Sie erhalten zwar auch dann die nach §§ 5 und 6 (hier §§ 5 bis 7) bemessene Entschädigung, sie sollen aber außerdem die Differenz zwischen der letzteren und der nach den bestehenden gesetzlichen Vorschriften zu leistenden Entschädigung von dem Betriebsunternehmer zu fordern berechtigt sein.

Die zweite Ausnahme von der Regel wird durch § 93 (hier § 11 d. Ges.) statuirt. Hiernach soll der Betriebsunternehmer gegenüber den Genossenschaften und Krankenkassen, zu denen auch die Gemeindekrankenversicherung gehört, für alle Aufwendungen, welche sie in Folge eines Unfalls zu machen verpflichtet waren, regreßpflichtig sein, wenn durch strafgerichtliches Urtheil festgestellt worden ist, daß er den Unfall vorsätzlich oder durch Fahrlässigkeit mit Außerachtlassung derjenigen Aufmerksamkeit, zu welcher er vermöge seines Amtes, Berufes oder Gewerbes besonders verpflichtet ist (vgl. §§ 222 und 230 des Strafgesetzbuchs), herbeigeführt hat. Liegt ein solches strafgerichtliches Urtheil vor, so ist damit ein erkennbares Kriterium für die Regreßpflicht des Betriebsunternehmers gegeben. Das „grobe Verschulden", welches nach der früheren Vorlage diese Regreßpflicht begründen sollte, ist ein unsicherer Rechtsbegriff; das Vorhandensein groben Verschuldens würde im Wege des Prozesses jedesmal erst dargethan werden müssen. Nach den Bestimmungen des Entwurfs dagegen werden die Civilprozesse über die Regreßpflicht als solche abgeschnitten, indem die Entscheidung der Regreßfrage, vorbehaltlich eines nachfolgenden Civilprozesses über die Höhe des Schadenersatzes, durch die Feststellungen des Strafrichters unmittelbar getroffen wird.

*) Dieser Mißstand besteht für die Land- und Forstwirthschaft noch, soweit Krankenversicherung nicht eingeführt ist.

Außer dem Betriebsunternehmer kommen aber in gleicher Weise die Bevollmächtigten und Repräsentanten desselben, die Betriebs= und Arbeitsaufseher, in Betracht. In den Berathungen des preußischen Volkswirthschaftsraths wurde mit Recht hervorgehoben, daß diese einerseits nicht schlechter gestellt werden dürften, als der Betriebsunternehmer, und daß der Unternehmer andererseits keine persönliche, wenn auch nur moralische Verantwortlichkeit für deren Handlungen weiter übernehmen könne, als daß er mit seinen Berufsgenossen seine Arbeiter gegen alle Unfälle versichere. Der Entwurf behandelt daher die Unternehmer und deren Bevollmächtigte ꝛc., zu denen namentlich auch die Betriebsbeamten in staatlichen und anderen Werken gehören, völlig auf gleichem Fuße, er läßt ferner alle diese Personen nur für ihre eigenen Handlungen haften, indem jegliche Haftpflicht des Betriebsunternehmers für seine Bevollmächtigten beseitigt wird. Letzteres rechtfertigt sich mit Rücksicht auf die durchgreifende, auf Kosten der Unternehmer erfolgende Versicherung der Arbeiter. Jene weitergehende Haftpflicht der Betriebsunternehmer für ihre Bevollmächtigten wurde als ein Nothbehelf zu einer Zeit ausgesprochen, in welcher es eine Versicherung auf Kosten der Betriebsunternehmer noch nicht gab. Auf dem Boden der Vorlage bedarf es dieses Nothbehelfs nicht mehr."

Diejenigen Personen, welche der Wohlthaten der öffentlich=rechtlichen Unfallversicherung theilhaft werden und bei einem Betriebsunfall eine jederzeit sichere Entschädigung in der durch das Gesetz fixirten Höhe erhalten, haben als Aequivalent ihre unsicheren, vielleicht aber weitergehenden Ansprüche aus dem Civilrecht Preis zu geben, damit dessen Anwendbarkeit und die durch die Anwendung desselben hervorgerufenen Nachtheile auf ein Minimum reduzirt werden.

[1a]) Anspruch auf Ersatz, sc. im Wege des Civilprocesses, wie sich aus den Motiven (cf. Anm. 1, Seite 427 und 428 oben) ergibt und auch kürzlich durch das Reichsgericht anerkannt ist.

[2]) in Folge eines Unfalls, d. h. wenn derselbe nach Eintritt der Wirksamkeit dieses Gesetzes sich ereignet hat. Vgl. Anm. 3 zu § 143.

[3]) Schadens, d. h. des im Einzelfall erlittenen vollen, nach den Vorschriften des geltenden Civilrechts zu bemessenen Schadens an Leib und Leben, auf welchen dann dasjenige, was aus der Unfall= und Krankenversicherung erlangt ist, angerechnet wird.

Nach § 231 Str.=G.=B. „kann in allen Fällen der Körperverletzung auf Verlangen des Verletzten neben der Strafe auf eine an denselben zu erlegende Buße bis zum Betrage von 6000 Mark erkannt werden. Eine erkannte Buße schließt die Geltendmachung eines weiteren Entschädigungsanspruches aus." Das Recht auf Unfallfürsorge als einer aus öffentlich=rechtlichen Gründen von Genossenschaften, nicht von dem schuldigen Unternehmer ꝛc., gewährten Versorgung kann nicht als Entschädigungsanspruch im Sinne des Strafgesetzbuches gelten, da der letztere nur gegen denjenigen gewährt sein kann, der für den Unfall verantwortlich ist, und da die Buße nur ein pauschalisirtes Aequivalent für diesen Entschädigungsanspruch ist, um die schwierige Begründung desselben entbehrlich zu machen. Die Unfallentschädigung als solche wird also dadurch nicht verwirkt, daß ein Verletzter von demjenigen, der für den Unfall kriminell haftbar gemacht ist, eine Buße beansprucht und zugesprochen erhält. Wohl aber wird durch die Buße derjenige Schadensanspruch verwirkt, den ein Verletzter auf Grund des § 116 noch gegen den schuldigen Unternehmer auf das Mehr erheben kann. Es kann also außer der Unfallrente und Krankenentschädigung nur entweder die Buße nach § 231 Str.-G.-B. oder die höhere Entschädigung nach § 116 Abs. 2 dieses Gesetzes bezogen und dem Unternehmer 2c. auferlegt werden.

[4]) nur, vorbehaltlich der Bestimmungen des Abs. 3. Wer auf Grund dieses Gesetzes gegen Unfall versichert ist und demgemäß von derjenigen Genossenschaft (bez. Reich, Staat), in deren Betrieben er den Unfall erlitten hat, die gesetzliche Unfallentschädigung und außerdem während der ersten Zeit die Krankenfürsorge erhält, ist mit allen anderen Ansprüchen an den Unternehmer und die Beamten des betreffenden Betriebes abgefunden, soweit nicht § 116 weitere Forderungen zuläßt. Entschädigungsansprüche gegen Dritte, d. h. andere Personen als die Unternehmer und die Beamten desjenigen Betriebes, in dessen Dienst der Unfall erlitten ist, bleiben nach Maßgabe des § 119 unberührt.

[5]) Bevollmächtigten, zu denen namentlich auch die Betriebsbeamten gehören, cf. Anm. 1. „Die Frage, ob ein regreßpflichtig gewordener Bevollmächtigter 2c. in der Lage ist, gegen den Betriebsunternehmer seinerseits wiederum Regreß zu nehmen, namentlich wenn er in dessen direktem Auftrage gehandelt hat, als er den Unfall herbeiführte, ist außerhalb des Rahmens dieses Gesetzes nach dem geltenden allgemeinen Rechte zu entscheiden“ (Mot. z. U.-V.-G. S. 82). Es handelt sich überall um die Bevollmächtigten 2c. desjenigen Betriebes, in dem der Verunglückte beschäftigt war.

[6]) gegen welche. Der Anspruch richtet sich also nur gegen denjenigen, welcher strafrechtlich verfolgt ist; die Haftbarkeit des Unternehmers für die Handlungen seiner Beamten ist fortgefallen, cf. Anm. 1.

[7]) strafgerichtlich, cf. Anm. 1, Ausnahme in § 118.

[8]) vorsätzlich. Ueber den Begriff der Vorsätzlichkeit in strafrechtlicher Beziehung vgl. Oppenhoff, Str.-G.-B. Anm. 1—4 zu § 59. Danach bedeutet Vorsatz den Willen, eine Handlung zu begehen, und zwar muß der Wille sich darauf richten, das ins Auge gefaßte konkrete Objekt zu treffen, oder der Thäter muß bei der gewollten Handlung sich wenigstens dessen bewußt gewesen sein, daß seine Handlung das konkrete Objekt treffen werde. Vgl. auch Anm. 26 zu § 5.

[9]) auf den Betrag. „In welcher Weise in den Fällen des § 92 (hier § 116) die den Beschädigten zustehende Entschädigung festgestellt werden soll, ob als Rente oder als Kapitalzahlung, hängt von dem Klageantrage

und dem richterlichen Ermessen ab" (Mot. z. U.-V.-G. S. 83, cf. § 117 Abs. 3).

[10]) Die in Absatz 3 vorgesehene Ausnahme von der Regel des Absatz 1 beruht auf Beschlüssen der Reichstagskommission.

[11]) landesgesetzlichen. Reichsgesetzliche Bestimmungen sind hier nicht erwähnt, offenbar in der Annahme, daß solche nicht in Frage kommen können. Dennoch ist ein Fall denkbar, daß ein nicht gegen Krankheit, aber nach diesem Gesetz gegen Unfall Versicherter aus Reichsgesetzen Entschädigungsansprüche gegen Unternehmer ꝛc. hat, nämlich der Fall, daß auf einer als Nebenbetrieb unter dieses Gesetz fallenden Feldeisenbahn ein Arbeiter, dessen Beschäftigung ihrer Natur nach eine vorübergehende oder durch den Arbeitsvertrag im voraus auf einen Zeitraum von weniger als einer Woche beschränkt war und der in Folge dessen nicht krankenversicherungspflichtig war, von einem Betriebsunfall betroffen wird.

Wegen der landesgesetzlichen Bestimmungen vgl. Anm. 8 zu § 10.

[12]) der ersten dreizehn Wochen, nur für diese Dauer, weil unter den im Text angegebenen Voraussetzungen die bloße Gewährung von Arzt und Arznei seitens der Beschäftigungsgemeinde (§ 10) nicht als eine so ausreichende Fürsorge angesehen werden kann, daß es sich rechtfertigen ließe, die bisherigen civilrechtlichen Schadensersatzansprüche ihretwegen zu beseitigen. Vgl. Anm. 1.

[13]) Landesgesetzgebung, welche berechtigt ist, für diejenigen Klassen, die reichsgesetzlich von der obligatorischen Krankenversicherungspflicht nicht betroffen sind, eine landesgesetzliche Krankenversicherung einzuführen.

[14]) oder. Nach dem Wortlaut genügt es nicht, daß der betreffende Arbeiter von seiner Berechtigung, freiwillig der Gemeindekrankenversicherung beizutreten (§ 4 Abs. 2 K.-V.-G.), Gebrauch gemacht hat, sondern es muß auf eine oder die andere Art eine Versicherungspflicht begründet sein, bei welcher allein die Mitwirkung des Arbeitgebers zur Krankenversicherung besteht.

[15]) statutarische Bestimmung von Gemeinden oder weiteren Kommunalverbänden, durch welche auf Grund des Krankenversicherungsgesetzes, also reichsgesetzlich, die Krankenversicherungspflicht für land- und forstwirthschaftliche Arbeiter des betreffenden Bezirks eingeführt werden darf, § 2 K.-V.-G.

[16]) Die §§ 6 und 7 des Krankenversicherungsgesetzes lauten:

§ 6.

Als Krankenunterstützung ist zu gewähren:

1. vom Beginn der Krankheit ab freie ärztliche Behandlung, Arznei, sowie Brillen, Bruchbänder und ähnliche Heilmittel;
2. im Falle der Erwerbsunfähigkeit, vom dritten Tage nach dem Tage der Erkrankung ab für jeden Arbeitstag ein Krankengeld in Höhe der Hälfte des ortsüblichen Tagelohnes gewöhnlicher Tagearbeiter.

Die Krankenunterstützung endet spätestens mit dem Ablauf der dreizehnten Woche nach Beginn der Krankheit.

§ 117.

[1]) [2]) Diejenigen Betriebsunternehmer, Bevollmächtigten oder (Abs. 1.) Repräsentanten, Betriebs- oder Arbeiteraufseher, gegen welche durch strafgerichtliches Urtheil festgestellt worden ist, daß sie den Unfall vorsätzlich oder durch Fahrlässigkeit [3]) mit Außerachtlassung derjenigen Aufmerksamkeit, zu der sie vermöge ihres Amtes, Berufes oder Gewerbes besonders verpflichtet [4]) sind, herbeigeführt haben, haften [4a]) für alle Aufwendungen, welche in Folge des Unfalls auf Grund dieses Gesetzes oder des Gesetzes, betreffend die Krankenversicherung der Arbeiter, vom 15. Juni 1883 (Reichs-Gesetzbl. S. 73) von den

(§ 109 d. Entw. u. d. Komm.-Beschl.) Der § 117 entspricht dem § 96 U.-V.-G.

Die Gemeinden sind ermächtigt, zu beschließen, daß bei Krankheiten, welche die Betheiligten sich vorsätzlich oder durch schuldhafte Betheiligung bei Schlägereien oder Raufhändeln, durch Trunkfälligkeit oder geschlechtliche Ausschweifungen zugezogen haben, das Krankengeld gar nicht oder nur theilweise gewährt wird, sowie daß Personen, welche der Versicherungspflicht nicht unterliegen und freiwillig der Gemeinde-Krankenversicherung beitreten, erst nach Ablauf einer auf höchstens sechs Wochen vom Beitritte ab zu bemessenden Frist Krankenunterstützung erhalten.

Das Krankengeld ist wöchentlich postnumerando zu zahlen.

§ 7.

An Stelle der in § 6 vorgeschriebenen Leistungen kann freie Kur und Verpflegung in einem Krankenhause gewährt werden, und zwar:

1. für diejenigen, welche verheirathet oder Glieder einer Familie sind, mit ihrer Zustimmung, oder unabhängig von derselben, wenn die Art der Krankheit Anforderungen an die Behandlung oder Verpflegung stellt, welchen in der Familie des Erkrankten nicht genügt werden kann,
2. für sonstige Erkrankte unbedingt.

Hat der in einem Krankenhause Untergebrachte Angehörige, deren Unterhalt er bisher aus seinem Arbeitsverdienste bestritten hat, so ist neben der freien Kur und Verpflegung die Hälfte des in § 6 festgesetzten Krankengeldes zu leisten.

[17]) auf Grund des § 136, weil diese Befreiung nur dann eintritt, wenn dem Verletzten die Leistungen der Krankenversicherung anderweit gesichert sind.

Zu § 117.

[1]) cf. die Anm. zu § 116. Während § 116 das Verhältniß der Unternehmer und seiner Beamten zu dem Verletzten regelt, ordnet § 117 das

Genossenschaften [5]), Gemeinden [6]) (§ 10 Abs. 1) oder Krankenkassen [6]) gemacht worden sind.

(Abs. 2.) In gleicher Weise haftet als Betriebsunternehmer [8]) eine Aktiengesellschaft, eine Innung oder eingetragene Genossenschaft für die durch ein Mitglied ihres Vorstandes, sowie eine Handelsgesellschaft, eine Innung oder eingetragene Genossenschaft für die durch einen der Liquidatoren herbeigeführten Unfälle.

(Abs. 3.) Als Ersatz für die Rente kann in diesen Fällen deren Kapitalwerth [9]) gefordert werden.

(Abs. 4.) Der Anspruch verjährt in achtzehn Monaten von dem Tage, an welchem das strafrechtliche Urtheil rechtskräftig geworden ist.

Verhältniß des Unternehmers und seiner Beamten zu den Berufsgenossenschaften und Krankenkassen.

[2]) Ueber das Verhältniß der im § 117 geordneten Regreßpflicht der Betriebsbeamten zu ihrer bisherigen Verantwortlichkeit, und darüber, daß die vorliegenden Bestimmungen die Betriebsbeamten wesentlich günstiger stellen, vgl. für den Geltungsbereich des Unfallversicherungsgesetzes (§ 96) A. N. I. S. 123.

[3]) Fahrlässigkeit. Ueber den strafrechtlichen Begriff der Fahrlässigkeit vgl. Oppenhoff, Str.-G.-B. Anm. 22—26 zu § 59. Hiernach kommt es auf die demnächst eingetretene für den Thatbestand wesentliche Folge, insbesondere darauf an, ob nach dem Maß von Aufmerksamkeit, welches der Unternehmer rc. kraft seines Amts, Berufs oder Gewerbes anzuwenden verpflichtet war, die Möglichkeit der demnächst eingetretenen Folge eine so nahe liegende war, daß er sie hätte berücksichtigen und demgemäß sein Thun und Lassen hätte einrichten müssen. Nach der in den Kommissionsverhandlungen z. U.-V.-G. hervorgetretenen Meinung wird eine strafrechtliche Verfolgung bez. Verurtheilung auf Grund der in § 96 U.-V.-G. bez. in dem entsprechenden § 117 dieses Gesetzes bezeichneten Voraussetzungen weit seltener eintreten, als eine civilrechtliche Inanspruchnahme wegen „groben Verschuldens". Die Unternehmer sind also jetzt günstiger gestellt, als wenn man sie für das civilrechtliche grobe Verschulden haftbar machen wollte (Komm.-Ber. z. U.-V.-G. S. 58). Immerhin involvirt die Bestimmung einen wesentlichen Antrieb zur Verhütung von Unfällen und ergänzt die anderen hierauf abzielenden Vorschriften des Gesetzes in zweckentsprechender Weise.

[4]) besonders verpflichtet sind. Der Begriff ist den §§ 222, 230 Str.-G.-B. entnommen.

[4a]) haften, sc. im Wege des Civilprocesses, vgl. Anm. 1a zu § 116.

[5]) Genossenschaften, im Fall des § 102 vom Reich bezw. dem Staat.

[6]) Gemeinden. Diesen haften die civilrechtlich Regreßpflichtigen auch nach Maßgabe des § 10 ohne Rücksicht auf kriminelle Verurtheilung. Die Einschiebung der Gemeinden in den § 117 beruht auf einem Beschlusse der Reichs-

§ 118.

Die in den §§ 116 und 117 bezeichneten Ansprüche können, auch ohne daß die daselbst vorgesehene Feststellung durch strafgerichtliches Urtheil stattgefunden hat, geltend gemacht werden, falls diese Feststellung wegen des Todes oder der Abwesenheit des Betreffenden oder aus einem anderen in der Person desselben liegenden Grunde nicht erfolgen kann.

(§ 110 d. Entw. u. d. Komm.-Beschl.) Der § 118 entspricht dem § 97 U.-V.-G.

---

tagskommission „in Folge der jetzigen Fassung des § 9" (jetzt § 10), wie der Komm.-Ber. S. 43 anführt. Hierdurch wird unter Umständen der Regreßanspruch der Gemeinden erleichtert werden.

7) Krankenkassen, einschließlich der Gemeindekrankenversicherung, wie in den Motiven zu § 96 U.-V.-G., welchem dieser § lediglich nachgebildet ist, ausdrücklich konstatirt wird.

8) als Betriebsunternehmer. „Wenn der § 93 (hier § 117) ferner vorschreibt, daß eine Aktiengesellschaft rc. für die durch ein Mitglied des Vorstandes, und eine Handelsgesellschaft rc. für die durch einen der Liquidatoren herbeigeführten Unfälle als Betriebsunternehmer rc. der Genossenschaft gegenüber haftet, so hat diese Bestimmung neben der Vorschrift, daß auch die Bevollmächtigten, Repräsentanten rc., zu denen jene Vorstandsmitglieder und Liquidatoren gleichfalls gehören, persönlich haftbar sind, noch die besondere Bedeutung, daß die Genossenschaften oder Krankenkassen sich wegen der durch die genannten Vorstandsmitglieder rc. herbeigeführten Unfälle" (sc. sobald die kriminelle Verantwortlichkeit der Vorstandsmitglieder rc. festgestellt ist) „auch direkt an die Aktiengesellschaft rc. halten können und nicht erst die Vorstandsmitglieder und Liquidatoren persönlich" (sc. auf die Höhe des im Prinzip bereits anerkannten Schadensersatzes) „zu belangen brauchen. Ob die in dieser Weise in Anspruch genommene Aktiengesellschaft rc. gegen das Vorstandsmitglied rc. Regreß nehmen kann, richtet sich nach dem geltenden allgemeinen Rechte" (Mot. z. U.-V.-G. S. 83).

9) Kapitalwerth. Vgl. Anm. 9 zu § 116. Hier „schreibt der Entwurf ausdrücklich vor, daß die Erlegung des Kapitalwerths an Stelle der Rente gefordert werden könne, damit die Erfüllung der Verpflichtung sich nicht durch eine längere Reihe von Jahren hindurchzieht" (Mot. z. U.-V.-G. S. 83).

Zu § 118.

Wegen dieser Ausnahme von dem Erforderniß krimineller Feststellung der Haftverpflichtung vgl. Mot. z. U.-V.-G. in Anm. 1 zu § 116.

Haftung Dritter.

§ 119.

Die Haftung dritter[1]), in den §§ 116 und 117 nicht bezeichneter Personen, welche den Unfall vorsätzlich herbeigeführt oder durch Verschulden[2]) verursacht haben[3]), bestimmt sich nach den bestehenden gesetzlichen Vorschriften. Jedoch geht[4]) die Forderung der Entschädigungsberechtigten an den Dritten[5]) auf die Genossenschaft[6]) insoweit über, als die Verpflichtung der letzteren zur Entschädigung durch dieses Gesetz begründet ist.

(§ 111 d. Entw. u. d. Komm.-Beschl.) Der § 119 entspricht dem § 98 U.-V.-G.

Verbot vertragsmäßiger Beschränkungen.

§ 120.

Den Berufsgenossenschaften[1]) sowie den Betriebsunternehmern ist untersagt[2]), die Anwendung der Bestimmungen dieses Gesetzes

(§ 112 d. Entw. u. d. Komm.-Beschl.) Der § 120 entspricht dem § 99 U.-V.-G.

Zu § 119.

[1]) dritter, vgl. Anm. 4 zu § 116.

[2]) Verschulden, im civilrechtlichen Sinne.

[3]) verursacht haben. Dies sind nur Beispiele; auch anderweite Haftpflicht Dritter, z. B. der Eisenbahnverwaltungen aus § 1 des Haftpflichtgesetzes gegenüber ihren Passagieren, ist aufrecht erhalten.

[4]) geht über. Die Berufsgenossenschaft (cf. Anm. 6) erhält also gegen Dritte (cf. Anm. 1) denselben Regreßanspruch, den die Krankenkassen und die Gemeindekrankenversicherung nach § 57 Abs. 4 K.-V.-G. haben, und für die Verletzten wird ein mehrfacher Bezug derjenigen Entschädigungen, die sie bereits aus der Unfallversicherung erhalten, ausgeschlossen.

[5]) den Dritten, d. h. jeden Dritten (cf. Anm. 1), welcher aus irgend einem Grunde entschädigungspflichtig ist, ohne Beschränkung auf solche, welche den Unfall „vorsätzlich oder durch Verschulden verursacht haben".

[6]) Genossenschaft, bei den einer Genossenschaft nicht zugewiesenen fiskalischen Betrieben auf das Reich bez. den Staat, für dessen Rechnung der Betrieb geführt wird, § 102.

Zu § 120.

[1]) Berufsgenossenschaften, im Fall des § 102 Reich bezw. Staat.

[2]) ist untersagt. „Die hier gegebene Vorschrift verhütet, daß die Genossenschaften oder die Betriebsunternehmer, die ihnen durch das Gesetz auferlegten Verpflichtungen den Versicherten aufbürden" (Mot. z. U.-V.-G. S. 83). Die Vorschriften des Gesetzes haben mithin nicht einen dispositiven, der Abänderung durch den Willen der Betheiligten fähigen, sondern einen absoluten prohibitiven Charakter derart, daß jedes Paktiren gegen die wesentlichen Be-

zum Nachtheil der Versicherten durch Verträge (mittelst Reglements oder besonderer Uebereinkunft) auszuschließen[3]) oder zu beschränken. Vertragsbestimmungen, welche diesem Verbote zuwiderlaufen, haben keine rechtliche Wirkung[4]).

Rechtshülfe.

§ 121.

[1]) Die öffentlichen Behörden[2]) sind verpflichtet[3]), den im Vollzuge dieses Gesetzes an sie ergehenden Ersuchen des Reichs-Versicherungsamts[4]), anderer öffentlicher Behörden, sowie der Genossenschafts- und Sektionsvorstände[5]) und der Schiedsgerichte[5]) zu entsprechen und den bezeichneten Vorständen auch unaufgefordert alle (Abs. 1.)

(§ 113 d. Entw. u. d. Komm.-Beschl.) Der § 21 entspricht dem § 101 U.-V.-G.

---

stimmungen des Gesetzes rechtlich wirkungslos ist. Der Grund für diese Bestimmung liegt in der Nothwendigkeit, Fürsorge zu treffen, daß das Gesetz auch wirklich seinen Zweck, den Arbeitern auskömmliche Entschädigung im Fall von Betriebsunfällen zu gewähren, erreicht. Gleiche Bestimmungen enthält Art. 423 H.-G.-B., Pr. G. v. 3. Mai 1869 (G.-S. S. 665), § 5 des Haftpflichtgesetzes v. 7. Juni 1871 (R.-G.-B. S. 207), § 80 des Krankenversicherungsgesetzes v. 15. Juni 1883 (R.-G.-B. S. 73).

[3]) auszuschließen, nicht nur im voraus, sondern auch nachträglich, etwa durch Vergleich über die Höhe der Entschädigung.

[4]) keine rechtliche Wirkung. Die im § 82 K.-V.-G. für ähnliche Fälle vorgesehene Straffälligkeit ist hier nicht aufgenommen.

Die hier aufgeführten Vertragsbestimmungen sind also „nichtig", existiren juristisch nicht, und zwar von Anfang an; es kann auf dieselben keine Klage gestützt, keine Einrede aus denselben hergeleitet, kein Nebengeschäft (Bürgschaft, Pfand) auf dieselben basirt werden. Die Nichtigkeit kann nicht geheilt werden; wird ein derart nichtiges Geschäft erfüllt, so ergiebt das nur einen faktischen Zustand ohne rechtliche Bedeutung, ein Geben und Empfangen ohne Rechtsgrund; was auf Grund solcher Geschäfte gegeben ist, kann (mittels Vindikation oder Kondiktion) zurückgefordert werden (Förster, Theorie und Praxis des Preuß. Privatrechts, I. § 41 S. 194).

Zu § 121.

[1]) Das industr. U.-V.-G. enthält in dem § 100, welcher seine Stelle zwischen den den §§ 120 und 121 des vorliegenden Gesetzes entsprechenden Bestimmungen über das Verbot vertragsmäßiger Beschränkungen und über Rechtshülfe hatte, besondere Anordnungen über die Verhältnisse aus älteren mit Privat-Versicherungsanstalten abgeschlossenen Unfallversicherungsverträgen. Aber „die Bestimmungen des § 100 des Unfallversicherungsgesetzes über die älteren Versicherungsverträge mit Versicherungsgesellschaften haben zu mehrfachen Meinungsverschiedenheiten geführt und bei der praktischen Anwendung mancherlei

Mittheilungen zukommen zu lassen, welche für den Geschäftsbetrieb der Genossenschaften von Wichtigkeit sind. Die gleiche Verpflichtung liegt den Organen [6]) der Genossenschaften untereinander ob.

(Abs. 2.) Die durch die Erfüllung dieser Verpflichtungen entstehenden Kosten sind von den Genossenschaften [7]) als eigene Verwaltungskosten (§ 15) insoweit zu erstatten, als sie in Tagegeldern und Reisekosten von Beamten oder Genossenschaftsorganen, sowie in Gebühren für Zeugen und Sachverständige oder in sonstigen baaren Auslagen [8]) bestehen.

Unzuträglichkeiten zur Folge gehabt. Es empfiehlt sich daher nicht, dieselben in den vorliegenden Entwurf zu übernehmen" (Mot. S. 68). Vgl. im Uebrigen Anm. 2 zu § 13.

[2]) öffentliche Behörden, einschl. derjenigen Landes-Zentralbehörden (Fachministerien ꝛc.), zu deren Ressort der „Vollzug" der Unfallversicherungsgesetze gehört. Angelegenheiten, welche ganz oder zum Theil staatsrechtlicher Natur sind, dürfen vom R.-V.-A. mit der Landes-Zentralbehörde nicht direkt verhandelt werden; in solchen Sachen hat vielmehr das R.-V.-A. an das Reichsamt des Innern als die ihm vorgesetzte Behörde zu berichten und diese hat das Weitere zu veranlassen.

[3]) verpflichtet. Mot. z. U.-V.-G. S. 84: „Wie die Postbehörden den Zwecken der Genossenschaften unentgeltlich zu dienen verpflichtet werden, so sollen auch die übrigen öffentlichen Behörden dazu mitwirken, daß die Genossenschaften die ihnen gestellte Aufgabe in möglichst befriedigender Weise lösen. Namentlich werden die Fabrikaufsichtsbeamten und die Polizeibehörden den Genossenschaften auch unaufgefordert manche Mittheilungen zu machen in der Lage sein, welche für dieselben von wesentlichem Interesse sind.

Die Bedeutung der hier gegebenen Vorschriften wird sich namentlich bei der Untersuchung von Unfällen geltend machen. Vermag eine Genossenschaft (Sektion) für einzelne entlegene Betriebe ihre Mitwirkung bei der Untersuchung eines Unfalls nicht ohne erheblichen Zeitverlust oder unverhältnißmäßige Kosten eintreten zu lassen, so kann sie gemäß § 98 (hier § 121 d. G.) die betreffenden Organe einer anderen Genossenschaft (Sektion) oder die Polizeibehörde, in deren Bezirk sich der Unfall ereignete, ersuchen, sie bei der Untersuchung zu vertreten."

Dasselbe gilt bei der Ermittelung der Verhältnisse eines Entschädigungsberechtigten, welcher in eine Gegend verzogen ist, wo die Genossenschaft durch eigene Organe nicht vertreten ist, sofern die Annahme besteht, daß seine Verhältnisse sich geändert haben (§ 70).

„Wenn in diesen Fällen sich die betheiligte Genossenschaft auch bei dem Untersuchungs- bezw. Ermittelungsverfahren durch die Organe einer anderen Genossenschaft bezw. durch Behörden vertreten läßt, so muß die Feststellung der Entschädigungen gemäß § 57 (hier § 62) doch durch die Organe der betheiligten Genossenschaft selbst erfolgen, gegen welche eventuell auch das schiedsgerichtliche Verfahren zur Durchführung zu gelangen hat" (Mot. z. U.-V.-G. S. 84).

Gebühren- und Stempelfreiheit.

§ 122.

Alle zur Begründung und Abwickelung der Rechtsverhältnisse zwischen den Berufsgenossenschaften einerseits und den Versicherten andererseits erforderlichen schiedsgerichtlichen und außergerichtlichen

(§ 114 d. Entw. u. d. Komm.-Beschl.) Der § 122 entspricht dem § 102 U.-V.-G.

---

[4]) Reichs-Versicherungsamt. „Von der allergrößten Bedeutung ist der Paragraph für das Reichs-Versicherungsamt selbst. Ohne die weitestgehende Unterstützung von Seiten der Landesbehörden kann das Reichs-Versicherungsamt, welchem eigene Organe nicht zur Verfügung stehen, seine Aufgabe nicht erfüllen" (Motive z. U.-V.-G. S. 84). Auch den Landes-Versicherungsämtern wird die Requisitionsbefugniß zustehen, soweit es sich um die von ihnen vertretenen Interessen handelt, wenn schon § 101 hierüber nichts bestimmt.

[5]) Vorstände und Schiedsgerichte. „Den etwa bestellten Vertrauensmännern ist das Requisitionsrecht den Behörden gegenüber nicht beigelegt. In der Regel werden die Behörden gewiß keinen Anstand nehmen, auch dem Ersuchen der Vertrauensmänner zu entsprechen; sollte dies nicht geschehen, so werden die Vertrauensmänner die Vermittelung ihrer Vorstände nachzusuchen haben" (Motive z. U.-V.-G. S. 84).

[6]) Organen. Wegen Verminderung des Schreibwerks und wegen thunlichster Einschränkung der Inanspruchnahme der Vertrauensmänner Seitens der landw. Genossenschafts- und Sektionsvorstände vgl. das beachtenswerthe Rundschreiben des R.-V.-A. vom 16. September 1888 in A. N. IV. S. 269.

[7]) den Genossenschaften, d. h. von denjenigen, zu deren Gunsten die Auslagen erwachsen sind. cf. im übrigen Anm. 6 zu § 119.

[8]) baare Auslagen, auch für Porto. Frankirungszwang besteht im Kgr. Sachsen laut V. v. 9. Juni 1888. Dieselbe ist abgedruckt A. N. IV. S. 285. Gegenseitige Frankirung entspricht aber allgemein den Verhältnissen und wird daher voraussichtlich nirgend unterlassen werden. Das Recht, ihre unfrankirten Postsendungen durch den Vermerk: „portopflichtige Dienstsache" von dem Strafporto zu befreien, wird den Berufsgenossenschaften von der Reichs-Postverwaltung nicht zugestanden.

Auf Handlungen, welche der Behörde schon durch das Gesetz selbst auferlegt sind (z. B. Unfalluntersuchung), bezieht sich der Anspruch auf Kostenerstattung nicht.

Zu § 122.

[1]) Urkunden, einschl. der zur Feststellung der Hinterbliebenen Getödteter etwa erforderlichen pfarr- bezw. standesamtlichen Urkunden (A. N. II. S. 12, IV. S. 232) sowie der Stempelbogen für Physikatsatteste (A. N. II. S. 74). Arzthonorare, Gebühren der Rechtsanwälte und ähnliche Bezüge von Gewerbetreibenden sind hierunter nicht zu verstehen; es handelt sich nur um staatliche bezw. öffentliche Gefälle.

[2]) gebühren- und stempelfrei, wegen des gemeinnützigen Charakters

Verhandlungen und Urkunden[1]) sind gebühren- und stempelfrei[2]). Dasselbe gilt für die behufs Vertretung von Berufsgenossen ausgestellten privatschriftlichen Vollmachten[3]) und für die im § 12 bezeichneten Streitigkeiten.

Strafbestimmungen.

§ 123.

[1]) Betriebsunternehmer können von dem Genossenschaftsvorstande[2]) mit Ordnungsstrafe[3]) bis zu fünfhundert Mark belegt werden, wenn die von ihnen in Gemäßheit der §§ 34 Absatz 2, 37 Absatz 2, 39 ertheilte Auskunft oder die in Gemäßheit der §§ 47, 48 erstattete Anzeige oder Anmeldung, ingleichen wenn die von ihnen in Gemäßheit der §§ 65, 79 eingereichten Lohn- oder Gehaltsnachweisungen thatsächliche Angaben enthalten, deren Unrichtigkeit ihnen bekannt war oder bei Anwendung angemessener Sorgfalt nicht entgehen konnte.

(§ 115 d. Entw. u. d. Komm.-Beschl.) Der § 123 entspricht dem § 103 U.-V.-G. Er gilt nicht für die einer Berufsgenossenschaft nicht zugewiesenen Reichs- und Staatsbetriebe (§ 103).

---

der Unfallversicherung, und um die auf die Versicherung bezüglichen Geschäfte nicht mit unverhältnißmäßigen Kosten zu belasten.

[3]) Vollmachten. Dies bezieht sich (nach den Mot. z. U.-V.-G.) selbstverständlich nur auf solche Vollmachten, welche in dem Rahmen des vorliegenden Gesetzes ausgestellt werden, also namentlich auf die Vollmachten behufs Vertretung auf den General- und Genossenschafts- 2c. Versammlungen" (Motive z. U.-V.-G. S. 85). Wo aber, wie nach diesem Gesetze, das Recht zur Theilnahme an den Genossenschaftsverhandlungen selbst nur auf Grund einer Wahl besteht, erscheint eine Uebertragung dieses Rechts auf Andere mittelst einer Privatvollmacht unzulässig. In der Land- und Forstw. wird daher diese Vorschrift ohne praktische Bedeutung sein.

Zu § 123.

[1]) „Die Strafbestimmungen sollen theils solche zur Schädigung der Versicherungspflichtigen gereichende Handlungen, welche unter Umständen den Thatbestand des Betruges enthalten können, verhüten (§ 103, hier § 123), theils die Erfüllung derjenigen Verpflichtungen sichern, welche den Unternehmern auferlegt sind, um der Verwaltung die rasche und sichere Kenntniß der für ihren Geschäftsbetrieb in Betracht kommenden Thatsachen zu vermitteln (§ 104)" (hier § 124) (Motive z. U.-V.-G. S. 85).

Bei Erlaß der Strafverfügungen sind die Strafen nicht zu hoch zu bemessen, auch sind Strafen nicht immer, sondern nur dann aufzuerlegen, wenn Böswilligkeit oder andere erschwerende Umstände vorliegen (A. N. II. S. 91.)

Ueber die Beitreibung der Strafen vgl. § 130; über die Kasse, in welche sie fließen, und über die Beschwerde vgl. § 126.

Bei den einer Berufsgenossenschaft nicht zugewiesenen fiskalischen Betrieben bedarf es besonderer Strafbestimmungen gegen die Betriebsunternehmer, Vorstände 2c. nicht. Erstere sind das Reich oder der Staat, für letztere genügen die disciplinarischen Befugnisse der vorgesetzten Behörden. Das Reichs- (Landes-) Versicherungsamt ist hier um deswillen zu Strafen nicht ermächtigt, weil es keine Aufsichtsbefugnisse hat.

[2]) dem Genossenschaftsvorstande, nicht den Gerichten, weil (nach den Motiven z. U.-V.-G.)

1. die Verhältnisse, um welche es sich handelt, und die Verpflichtungen, deren Erfüllung sichergestellt werden soll, in erster Reihe die Genossenschaft angehen,
2. manche Fälle, namentlich bei der unterlassenen Anmeldung oder Abmeldung eines versicherungspflichtigen Betriebes oder einer Betriebsveränderung, nicht selten technische Kenntnisse erfordern, und auf dem Boden des Strafrechts für alle Betheiligte, in erster Linie für den Richter selbst, schwierig zu entscheiden sind,
3. eine Strafgewalt das Ansehen der Genossenschaftsvorstände erhöht und zur Konsolidirung der berufsgenossenschaftlichen Selbstverwaltung beiträgt,
4. die Strafgewalt eine wesentliche Ergänzung der den Genossenschaften gewährten Autonomie ist.

Die Bestimmung ist vom preußischen Volkswirthschaftsrath vorgeschlagen worden.

[3]) Betriebsunternehmer, vgl. § 125.

[4]) Ordnungsstrafen, außer den etwa verwirkten gerichtlichen Strafen wegen Betruges, Fälschung 2c., wie die Motive z. U.-V.-G. ausdrücklich hervorheben (S. 85). Ordnungsstrafen sind keine Exekutivmaßregeln und dürfen nicht wiederholt werden (A. N. II. 94).

[5]) Es erscheint zweckmäßig, eine Zusammenstellung der durch das Reichsgesetz nachgelassenen Strafen zu geben.

Es können festgesetzt werden:

A. Als Ordnungsstrafen

1. von der Genossenschaftsversammlung:
   nach § 29 Strafzuschläge zu den Beiträgen wegen ungerechtfertigter Ablehnung von Genossenschafts-Aemtern (als Vorstandsmitglied, Vertrauensmann).
2. von den Genossenschaftsvorständen:

a) nach §§ 22 Ziff. 8, 124	„ „ „	300 M	wegen Unterlassung oder Verspätung statutarisch vorgeschriebener Anzeigen über Betriebseinstellungen;
b) nach §§ 34, 123	Strafen bis zu	500 M	wegen unrichtiger Auskunft über die Arbeiterverhältnisse, sofern die Gemeinden bei Aufstellung des Verzeichnisses der Betriebe solche Auskunft erfordert haben;
c) nach §§ 37, 39, 123	„ „ „	500 M	wegen unrichtiger Auskunft über die Betriebs- und Arbeiterverhältnisse an die mit der Veranlagung oder Abschätzung der Betriebe beschäftigten Genossenschaftsorgane;
d) nach §§ 37, 39, 124	„ „ „	300 M	wegen Verspätung oder Unterlassung dieser Auskunft;
e) nach §§ 47, 123	„ „ „	500 M	wegen unrichtiger Anzeige eines Wechsels in der Person des Unternehmers;
f) nach §§ 47, 144	„ „ „	500 M	wegen Unterlassung oder Verspätung dieser Anzeigen;
g) nach §§ 48, 123	„ „ „	500 M	wegen unrichtiger Anmeldung von Betriebsänderungen;
h) nach §§ 48, 124	„ „ „	300 M	wegen Unterlassung oder Verspätung dieser Anmeldungen;
i) nach §§ 55, 124	„ „ „	300 M	wegen verspäteter Anzeige eines Unfalls (auch gegen die Vertreter abwesender oder behinderter Betriebsunternehmer);

k) nach §§ 65, 123 „ „ „ 500 *M* wegen unrichtiger Angaben in den zur Feststellung der Entschädigungen verlangten Lohnnachweisungen;

l) nach §§ 65, 124 „ „ „ 300 *M* wegen verspäteter oder unterlassener Einreichung dieser Lohnnachweisungen;

m) nach §§ 79, 123 „ „ „ 500 *M* wegen unrichtiger Lohnnachweisungen bz. der Beamten bei der Umlegung;

n) nach §§ 79, 124 „ „ „ 300 *M* wegen verspäteter Einreichung dieser Lohnnachweisungen.

Alle diese Strafen fließen in die Genossenschaftskasse; über Beschwerden entscheidet das Reichs-(Landes-)Versicherungsamt (§ 126).

B. als Exekutivstrafen

1. von den Gemeindebehörden:
nach § 34 Geldstrafen bis zu 100 *M* wegen Auskunft über die Arbeiterverhältnisse bei Aufstellung des Verzeichnisses der Betriebe;

2. von den unteren Verwaltungsbehörden:
nach § 90 Geldstrafen bis zu 300 *M* behufs Zulassung des Beauftragten in die Betriebsstätten und behufs Vorlegung der Geschäftsbücher an denselben.

Ueber die Beschwerde entscheidet das Landesrecht; wohin die Strafen fließen, bestimmen die Centralbehörden, § 129.

3. von dem Reichs- (Landes)- Versicherungsamt, den Centralbehörden oder anderen mit dem Erlaß des Regulativs beauftragten Behörden (§ 51) gegen Betriebsunternehmer (cf. § 125) und Arbeiter:
nach § 53 bis zu 500 *M* wegen Nichtübernahme oder Nichtwahrnehmung des Amts als Beisitzer des Schiedsgerichts oder als Stellvertreter.

Die Anordnung des Reichs- (Landes-) Versicherungsamts ist endgültig (§ 96), ebenso die der Centralbehörde. Ueber die Beschwerde gegen Anordnungen anderer Behörden entscheidet das Landesrecht. Die Strafen fließen in die Genossenschaftskasse, § 53.

§ 124.

(Abf. 1.) [1]) Betriebsunternehmer, welche der ihnen obliegenden Verpflichtung zur Ertheilung von Auskunft in den Fällen der §§ 37

(§ 116 d. Entw. u. d. Komm.-Beschl.) Der § 124 entspricht dem § 104 U.-V.-G. Er gilt nicht für die einer Berufsgenossenschaft nicht zugewiesenen Reichs- und Staatsbetriebe (§ 103).

---

4. von dem Reichs- (Landes-) Versicherungsamt:
   a) gegen Beauftragte nach § 93 bis zu 100 Mark zur Erzwingung von Mittheilungen an die Gewerberäthe.
      Die Anordnung ist endgültig, § 96; wohin die Strafen fließen, bestimmen die Centralbehörden, § 129.
   b) gegen die Organe und Beamten der Genossenschaft nach § 96 bis zu 1000 Mark wegen Vorlegung ihrer Bücher 2c., und
   c) gegen dieselben nach § 97 bis zu 1000 Mark wegen Befolgung der gesetzlichen und statutarischen Vorschriften.
      Die Anordnungen sind endgültig. Die Strafen fließen in die Reichs- event. Landeskasse, cf. Anm. 4 zu § 16.

C. als Kriminalstrafe durch den Strafrichter:
   a) nach § 31 gegen die Mitglieder der Vorstände und die Vertrauensmänner wegen Untreue (§ 266 Str.-G.-B.),
   b) nach § 127 gegen die Mitglieder der Vorstände, die Beauftragten und Sachverständigen, sowie gegen andere von der Landesgesetzgebung bezeichnete Personen (§ 111 Ziffer 6) wegen unbefugter Offenbarung von Betriebsgeheimnissen,
      mit Geldstrafe bis zu 1500 Mark eventuell Gefängniß bis zu 3 Monaten;
   c) nach § 128 gegen dieselben wegen absichtlich zum Nachtheil des Unternehmers erfolgter Offenbarung oder Nachahmung von Betriebsgeheimnissen mit Gefängniß, neben welchem auf Verlust der Ehrenrechte und eventuell auch auf Geldstrafe bis 3000 Mark erkannt werden kann, (wie bei Untreue nach § 266 Str.-G.-B.).

Außerdem können zur Ausgleichung größeren Risikos Zuschläge zu den Beiträgen auferlegt werden:
   a) durch die Genossenschaftsversammlung wegen besonders zahlreich vorgekommener Unfälle in einzelnen Betrieben, § 35 Abs. 5;
   b) durch den Genossenschaftsvorstand wegen Zuwiderhandlung gegen Unfallverhütungsvorschriften, § 87.

Zu § 124.

[1]) Vgl. die Anmerkungen zu § 123.

[2]) können, müssen aber nicht, vgl. Anm. 1 zu § 123.

[3]) nicht rechtzeitig, oder gar nicht.

Absatz 2, 39, zur Anzeige oder Anmeldung in den Fällen der §§ 47, 48, zur Einreichung der Lohn- oder Gehaltsnachweisungen in den Fällen der §§ 65, 79, oder zur Erfüllung der für Betriebseinstellungen gegebenen statutarischen Vorschriften (§ 22 Ziffer 8) nicht rechtzeitig nachkommen, können[2]) von dem Genossenschaftsvorstande mit Ordnungsstrafe bis zu dreihundert Mark belegt werden.

Die gleiche Strafe kann, wenn die Anzeige eines Unfalls nicht rechtzeitig[3]) in Gemäßheit des § 56[4]) erfolgt ist, gegen denjenigen verhängt werden, welcher zu der Anzeige verpflichtet war. (Abs. 2.)

§ 125.

Die Strafvorschriften der §§ 123 und 124 finden auch gegen die gesetzlichen Vertreter[1]) handlungsunfähiger Betriebsunternehmer, desgleichen gegen die Mitglieder des Vorstandes einer Aktiengesellschaft, Innung oder eingetragenen Genossenschaft, sowie gegen die Liquidatoren einer Handelsgesellschaft, Innung oder eingetragenen Genossenschaft Anwendung[2]).

(§ 117 d. Entw. u. d. Komm.-Beschl.) Der § 125 entspricht dem § 105 U.-V.-G. Er gilt nicht für die einer Berufsgenossenschaft nicht zugewiesenen Reichs- und Staatsbetriebe, (§ 103).

§ 126.

Zur Verhängung der in den §§ 123 bis 125 angedrohten Strafen ist der Vorstand derjenigen Genossenschaft zuständig, zu welcher der Betriebsunternehmer gehört. (Abs. 1.)

(§ 118 d. Entw. u. d. Komm.-Beschl.) Der § 126 entspricht dem § 106 U.-V.-G. Er gilt nicht für die einer Berufsgenossenschaft nicht zugewiesenen Reichs- und Staatsbetriebe (§ 103).

---

[4]) § 56. Es muß heißen „§ 55", welcher im Entwurf der § 56 ist. Die Abänderung des Citats ist bei der Schlußredaktion im Bureau des Reichstags aus Versehen unterblieben.

Zu § 125.

[1]) Vertreter, z. B. die Konkursverwalter (A. N. I. S. 85).

[2]) Anwendung. „Bei der großen Zahl von Betrieben, welche für Rechnung strafrechtlich nicht verantwortlicher Rechtssubjekte verwaltet werden, müssen die Strafvorschriften und ebenso die zulässigen Zwangsmaßregeln auch auf die gesetzlichen Vertreter solcher Unternehmer Anwendung finden" (Mot. z. U.-V.-G. S. 85).

Zu § 126.

[1]) Zustellung, § 132.

(Abs. 2.) Gegen die Strafverfügung des Genossenschaftsvorstandes steht den Betheiligten binnen zwei Wochen von deren Zustellung [1]) an die Beschwerde [2]) an das Reichs-Versicherungsamt [3]) zu.

(Abs. 3.) Die Strafen fließen in die Genossenschaftskasse.

§ 127.

(Abs. 1.) Die Mitglieder der Vorstände der Genossenschaften und die Mitglieder der Genossenschaftsausschüsse zur Entscheidung über Beschwerden (§ 23 Ziffer 3), ingleichen die in Gemäßheit der §§ 90 und 91 ernannten Beauftragten und Sachverständigen werden, wenn sie unbefugt Betriebsgeheimnisse offenbaren, welche kraft ihres Amtes oder Auftrages zu ihrer Kenntniß gelangt sind, mit Geldstrafe bis zu eintausendfünfhundert Mark oder mit Gefängniß bis zu drei Monaten bestraft.

(Abs. 2.) Die Verfolgung tritt nur auf Antrag des Betriebsunternehmers ein.

(§ 119 d. Entw. u. d. Komm.-Beschl.) Der § 127 entspricht dem § 107 U.-V.-G. Er gilt nicht für die einer Berufsgenossenschaft nicht zugewiesenen Reichs- und Staatsbetriebe (§ 103).

§ 128.

(Abs. 1.) Die im § 127 bezeichneten Personen werden mit Gefängniß, neben welchem auf Verlust der bürgerlichen Ehrenrechte erkannt werden kann, bestraft, wenn sie absichtlich zum Nachtheile der Be-

(§ 120 d. Entw. u. d. Komm.-Beschl.) Der § 128 entspricht dem § 108 U.-V.-G. Er gilt nicht für die einer Berufsgenossenschaft nicht zugewiesenen Reichs- und Staatsbetriebe (§ 103).

---

[2]) Beschwerde, mit aufschiebender Wirkung (A. N. II. S. 57). „Das Reichs-Versicherungsamt würde eventuell auch über den Einwand zu entscheiden haben, ob die Strafverfügung von dem zuständigen Vorstande erlassen worden, sofern dieser Einwand angesichts der Kompetenzbestimmung im Eingang des Paragraphen noch möglich sein sollte" (Mot. z. U.-V.-G. S. 85).

[3]) Reichs-Versicherungsamt, event. Landes-Versicherungsamt, § 101.

Zu § 127.

Außer den im § 127 bezeichneten Genossenschaftsorganen kann die Landesgesetzgebung noch andere Personen bezeichnen, welche den hier angedrohten Strafen unterliegen sollen, § 111 Ziffer 6.

Zu § 128.

Vgl. die Anm. zu § 127.

triebsunternehmer Betriebsgeheimnisse, welche kraft ihres Amtes oder Auftrages zu ihrer Kenntniß gelangt sind, offenbaren, oder geheim gehaltene Betriebseinrichtungen oder Betriebsweisen, welche kraft ihres Amtes oder Auftrages zu ihrer Kenntniß gelangt sind, solange als diese Betriebsgeheimnisse sind, nachahmen.

Thun sie dies, um sich oder einem Anderen einen Vermögens- (Abs. 2.) vortheil zu verschaffen, so kann neben der Gefängnißstrafe auf Geldstrafe bis zu dreitausend Mark erkannt werden.

Zuständige Landesbehörden. Verwaltungsexekution.

§ 129.

Die Zentralbehörden der Bundesstaaten bestimmen, von wel- (Abs. 1.) chen Staatsbehörden, Gemeindevertretungen [1]) oder, wo solche nicht bestehen, Gemeindebehörden [1]) die in diesem Gesetze den höheren Verwaltungsbehörden, den unteren Verwaltungsbehörden, den Ortspolizeibehörden [2]), den Gemeindebehörden und den Vertretungen der Gemeinden und weiteren Kommunalverbände zugewiesenen Verrichtungen wahrzunehmen sind, ingleichen zu welchen Kassen die in den §§ 34 Absatz 2, 90 Absatz 2, 93 Absatz 2 vorgesehenen Strafen fließen.

Die von den Zentralbehörden der Bundesstaaten in Gemäß- (Abs. 2.) heit vorstehender Vorschrift erlassenen Bestimmungen sind durch den Deutschen Reichs-Anzeiger bekannt zu machen.

(§ 121 d. Entw. u. d. Komm.-Beschl.) Die §§ 129, 130 entsprechen dem § 109 U.-V.-G.

Zu § 129.

[1]) Staatsbehörden, Gemeindevertretungen oder ... Gemeindebehörden. Der Entwurf lautete: „Staats- oder Gemeindebehörden." Die Abänderung beruht auf einem Beschlusse der Reichstagskommission, welche gleichzeitig hinter dem Worte: „den Ortspolizeibehörden" die ferneren Worte einfügte: „den Gemeindebehörden und den Vertretungen der Gemeinden und weiteren Kommunalverbände". Die Einfügung soll bedeuten, daß die in diesem Gesetz den „Vertretungen der Gemeinden" übertragenen Verrichtungen dort, wo Gemeindevertretungen bestehen, diesen berathenden und nicht etwa den ausführenden Gemeindebehörden (Schulzen) übertragen werden sollen. Der Ausdruck ist freilich nicht völlig korrekt.

Vgl. auch § 131, und über den Ausdruck „Gemeindevertretung": Anm. 3 zu § 20.

[2]) Ortspolizeibehörden, vgl. Anm. 6 zu § 55.

§ 130.

Geldstrafen, welche auf Grund dieses Gesetzes verhängt werden, mit Ausnahme derjenigen, auf welche von den Gerichten erkannt ist, werden in derselben Weise beigetrieben, wie Gemeindeabgaben.

(§ 122 d. Entw. u. d. Komm.-Beschl.) Der § 130 entspricht einer gleichartigen Bestimmung in § 109 U.-V.-G.

§ 131.

[1]) Die in diesem Gesetze für Gemeinden getroffenen Bestimmungen gelten auch für die einem Gemeindeverbande nicht einverleibten selbständigen Gutsbezirke und Gemarkungen [2]). Soweit aus denselben der Gemeinde oder Gemeindebehörde Rechte und Pflichten erwachsen, tritt an ihre Stelle der Gutsherr oder der Gemarkungsberechtigte.

(§ 123 d. Entw. u. d. Komm.-Beschl.) Im U.-V.-G. ohne Analogie.

Zu § 131.

[1]) Mot. S. 66: „Der § 123 (jetzt § 131) ist dem § 83 des Krankenversicherungsgesetzes nachgebildet. Derselbe war unentbehrlich, weil in diesem Entwurf den Gemeinden und Gemeindebehörden eine Reihe von Obliegenheiten übertragen worden ist, welche in den selbständigen Gutsbezirken oder Gemarkungen von diesen bezw. von den Gutsherren oder Gemarkungsberechtigten wahrgenommen werden müssen. Hierdurch werden kontraktliche Abmachungen zwischen den Gutsherren oder Gemarkungsberechtigten und Dritten über die den ersteren aus diesem Gesetzentwurf obliegenden Verpflichtungen selbstverständlich nicht ausgeschlossen; die Bestimmung des § 123 (jetzt § 131) besagt nur, daß die Behörden und die Unterstützungsberechtigten ihrerseits die Erfüllung der aus diesem Entwurf den Gemeinden obliegenden Verpflichtungen von dem Gutsherrn oder Gemarkungsberechtigten zu fordern haben."

Der erste Satz dieses § entspricht dem § 8 des Reichsgesetzes über die Kriegsleistungen vom 13. Juni 1873 (R.-G.-Bl. S. 129).

[2]) Gutsbezirke und Gemarkungen. Auf Grund allgemeiner Gesetze besteht eine Gleichstellung selbständiger Gutsbezirke und Gemarkungen mit den Gemeinden für andere als kommunale Angelegenheiten nicht. Soll die Gleichstellung also auch für andere Angelegenheiten gelten, so muß dies in dem betr. Gesetz ausdrücklich gesagt werden. Es war also jedenfalls vorsichtiger, in dem vorliegenden Gesetz eine solche Bestimmung aufzunehmen, weil es nicht ohne Zweifel ist, ob insbesondere die in § 10 dieses Gesetzes geordnete Unterstützungspflicht während der ersten 13 Wochen lediglich als Kommunalangelegenheit anzusehen ist.

Zustellungen.

§ 132.

[1]) Zustellungen[2]), welche den Lauf von Fristen[3]) bedingen, erfolgen durch die Post mittelst eingeschriebenen Briefes[4]). Der Beweis der Zustellung kann auch durch behördliche Beglaubigung geführt werden.

(§ 124 d. Entw. u. d. Komm.-Beschl.) Der § 132 entspricht dem § 110 U.-V.-G.

Zu § 132.

[1]) „Schreiben, welche den Lauf von Fristen bedingen, müssen auf zuverlässige Weise zugestellt werden. Es ist aber nicht erforderlich, hierfür unbedingt die Anwendung eingeschriebener Briefe vorzuschreiben; vielmehr genügt es, wenn durch eine behördliche Beglaubigung der Beweis, daß die Zustellung erfolgt ist, geführt wird. Hierauf beruht die Bestimmung des § 124" (jetzt § 132). Mot. S. 66.

Das U.-V.-G. erwähnt nur Zustellungen durch eingeschriebene Briefe.

[2]) Zustellungen. Darüber, an wen zuzustellen ist, vgl. Anm. 1 zu § 68.

[3]) Fristen. Bei Fristen kommen nur ganze Kalendertage in Anrechnung. Ist die Frist nach Tagen bestimmt, so wird der Tag des Ereignisses, wodurch die Frist in Lauf nicht gebracht wird, insbesondere der Tag der Zustellung, nicht mitgerechnet. Ist die Frist nach Wochen, Monaten oder Jahren bestimmt, so beginnt sie mit dem Tage des betr. Ereignisses, bezw. mit der durch den Postboten bewirkten Uebergabe des Bescheides an den Empfangsberechtigten; dieser Zustellungstag, welcher im Allg. mit dem ersten oder zweiten, auf die Einlieferung des Briefes zur Post fallenden Tage zusammenfallen wird, ist nöthigenfalls durch Requisition der Postbehörde, welche ja über Aushändigung eingeschriebener Briefe einen Behändigungsschein sich ausstellen läßt, festzustellen.

Die Frist endigt dann mit dem Ablauf desjenigen Tages der letzten Woche rc., der durch seine Benennung dem Tage des bezeichneten Ereignisses (Zustellung rc.) entspricht. Fehlt dieser Tag in dem letzten Monat (wenn der Beginn der Frist auf den 29. Februar eines Schaltjahres trifft), so endigt die Frist mit dem Ablauf des letzten Tages in dem betr. Monat. Ist der letzte Tag der Frist ein Sonntag oder allgemeiner Feiertag, so endet die Frist mit dem Ablauf des nächstfolgenden Werktages. A. N. III. S. 166; §§ 199, 200 Civ.-Pr.-O.; Fitting, Reichscivilproceß § 31. Vgl. noch Anm. 2 i. f. zu § 64, und wegen Wiedereinsetzung in den vorigen Stand Anm. 3 zu § 67.

[4]) eingeschriebenen Briefes. Bei Zustellung schiedsgerichtlicher Urtheile wünscht das R.-V.-A. aus praktischen Gründen einen Rückschein, A. N. III. S. 27.

B. Krankenversicherung*).

§ 133.

Werden durch die Landesgesetzgebung in der Land- oder Forstwirthschaft gegen Gehalt oder Lohn beschäftigte Personen der Krankenversicherungspflicht nach Maßgabe des Krankenversicherungsgesetzes vom 15. Juni 1883 (Reichs-Gesetzbl. S. 73) unterworfen, so findet letzteres Gesetz mit den aus den §§ 134 bis 142 dieses Gesetzes sich ergebenden Aenderungen Anwendung. Dasselbe gilt, wenn durch statutarische Bestimmungen auf Grund des § 2 des Krankenversicherungsgesetzes die Anwendung der Vorschriften des § 1 des letzteren auf solche Personen erstreckt wird.

§ 134.

(Abs. 1.) Der Beschäftigungsort land- und forstwirthschaftlicher Arbeiter und der Sitz des Betriebes bestimmt sich nach den Vorschriften der §§ 10 und 44 dieses Gesetzes.

*) Die §§ 133 bis 142 enthalten als Novelle zum Krankenversicherungsgesetz Vorschriften über die Krankenversicherung der in land- und forstwirthschaftlichen Betrieben beschäftigten Personen.

Für diese an sich selbständige Materie bewendet es im Allgemeinen bei den Bestimmungen des Krankenversicherungsgesetzes vom 15. Juni 1883 (Reichs-Gesetzblatt S. 73), wonach für land- und forstwirthschaftliche Arbeiter reichsgesetzlich ein Krankenversicherungszwang nicht besteht, wohl aber statutarisch durch Bestimmungen von Gemeinden und weiteren Kommunalverbänden für ihren Bezirk oder Theile desselben eingeführt werden kann (§ 2 Abs. 1 Ziffer 6 a. a. O.). Soweit solches geschieht, soll die Krankenversicherung nach den Bestimmungen des Krankenversicherungsgesetzes erfolgen. Diese letzteren aber haben sich für die besonderen Verhältnisse der Land- und Forstwirthschaft nicht durchweg als zweckmäßig herausgestellt, und hierauf insbesondere dürfte es zurückzuführen sein, daß von der Befugniß zur statutarischen Erstreckung der Krankenversicherungspflicht auf land- und forstwirthschaftliche Personen bisher nur wenig Gebrauch gemacht ist und zwar auch in solchen Gegenden, in welchen die Verhältnisse des platten Landes an sich die obligatorische Krankenversicherung dieser Klasse der Bevölke-

Gemeinden oder weitere Kommunalverbände können bei dem Erlasse statutarischer Bestimmungen über die Krankenversicherung land- und forstwirthschaftlicher Arbeiter beschließen, daß diese Bestimmungen auch auf außerhalb des Kommunalbezirks liegende Theile solcher Betriebe sich erstrecken sollen, deren Sitz innerhalb des Bezirks der Gemeinde oder des weiteren Kommunalverbandes belegen ist. (Abs. 2.)

§ 135.

Die Bestimmung des § 20 Absatz 1 Ziffer 2 des Krankenversicherungsgesetzes findet nur auf verheirathete Wöchnerinnen oder solche Wittwen Anwendung, deren Entbindung nach dem Tode des Ehemannes innerhalb des nach den Landesgesetzen für die Vermuthung der ehelichen Geburt maßgebenden Zeitraumes erfolgt.

§ 136.

Personen, welche erweislich mindestens für dreizehn Wochen nach der Erkrankung dem Arbeitgeber gegenüber einen Rechtsanspruch auf eine den Bestimmungen des § 6 des Krankenversicherungsgesetzes entsprechende oder gleichwerthige Unterstützung haben, sind auf den Antrag des Arbeitgebers von der Versicherungspflicht zu befreien, sofern die Leistungsfähigkeit desselben genügend gesichert ist. (Abs. 1.)

Ueber den Antrag entscheidet die Verwaltung der Gemeindekrankenversicherung oder der Vorstand der Krankenkasse, welcher die zu befreiende Person angehören würde. Wird die Leistungsfähig- (Abs. 2.)

rung durchführbar und wünschenswerth erscheinen lassen würden. Um diesem Uebelstande abzuhelfen und einen umfassenderen Gebrauch von der den Gemeinden und weiteren Kommunalverbänden eingeräumten Befugniß zur Unterwerfung land- und forstwirthschaftlicher Arbeiter unter den obligatorischen Krankenversicherungszwang zu ermöglichen, sieht das vorliegende Gesetz in den §§ 133 bis 142 einige Abänderungen des Krankenversicherungsgesetzes vor, welche dort, wo der Versicherungszwang für land- und forstwirthschaftliche Arbeiter statutarisch eingeführt wird, an die Stelle der betreffenden Bestimmungen des Krankenversicherungsgesetzes treten sollen. Diese Abänderungen haben insbesondere die Erhaltung der in weiten Bezirken Deutschlands noch bestehenden Naturalwirthschaft im Auge, d. h. eines Lohnsystems, nach welchem die Arbeiter neben dem baaren Lohn mehr oder weniger erhebliche Bezüge an Naturalien, wie freie Wohnung und Feuerung, Viehweide, Gartenland mit freier Beackerung, Aussaat von Kartoffeln, Lein 2c. zu freier Ernte, freie Bedüngung gewährten Ackerlandes 2c. als Arbeitslohn erhalten. Dies Lohnsystem entspricht langjähriger Gewohnheit und den Interessen sowohl der landwirthschaftlichen Unternehmer wie der landwirthschaftkeit des Arbeitgebers beanstandet, so ist der Antrag an die Aufsichtsbehörde zur Entscheidung abzugeben.

(Abs. 3.) Die Entscheidung über den Befreiungsantrag ist den Betheiligten zu eröffnen und vorläufig vollstreckbar. Gegen dieselbe steht jedem Betheiligten binnen zwei Wochen die Beschwerde an die vorgesetzte Aufsichtsbehörde zu.

(Abs. 4.) Die Befreiung gilt für die Dauer des Arbeitsvertrages. Sie hört vor Beendigung desselben auf:

1. wenn dies von der im Absatz 2 bezeichneten Aufsichtsbehörde wegen nicht genügender Leistungsfähigkeit des Arbeitgebers — sei es von Amtswegen, sei es auf Vorschlag der Verwaltung der Gemeindekrankenversicherung oder des Vorstandes der Krankenkasse — angeordnet wird,
2. wenn der Arbeitgeber die befreite Person zur Krankenversicherung anmeldet. Die Anmeldung ist im Falle einer zur Zeit derselben bereits eingetretenen Erkrankung ohne rechtliche Wirkung.

(Abs. 5.) Insoweit einer nach Absatz 1 befreiten Person im Falle der Erkrankung von dem Arbeitgeber eine den Bestimmungen des § 6 des Krankenversicherungsgesetzes entsprechende oder gleichwerthige Unterstützung nicht gewährt wird, ist dieselbe auf Antrag von der betreffenden Gemeindekrankenversicherung oder Krankenkasse zu ge-

---

lichen Arbeiter; mit demselben ist aber das auf Geldwirthschaft basirte System des Krankenversicherungsgesetzes schwer vereinbar. Letzteres war daher abänderungsbedürftig, wenn die Krankenversicherung auf dem Lande mehr Boden gewinnen soll, und diese Abänderung ist der Zweck der vorstehenden Bestimmungen.

Neben der reichsgesetzlichen Krankenversicherung bleibt es aber der Landesgesetzgebung unbenommen, unbeschadet der reichsgesetzlichen Befugniß der Gemeinden und weiteren Kommunalverbände zur Einführung der reichsrechtlichen Krankenversicherung in ihren Bezirken die Krankenversicherung für Land- und Forstwirthschaft (einschließlich des Gesindes) nach anderen Gesichtspunkten zu regeln, oder auch selbst die reichsgesetzliche Krankenversicherung einzuführen. Denn die land- und forstwirthschaftlichen Arbeiter werden von den reichsgesetzlichen Bestimmungen z. B. nicht direkt erfaßt, die Regelung bleibt also in Ergänzung der Reichsgesetze den Landesgesetzen freigestellt.

Wo weder das Landesgesetz noch statutarische Bestimmungen von Gemeinden oder weiteren Kommunalverbänden die Krankenversicherungspflicht für land- und forstwirthschaftliche Arbeiter begründen, verbleibt es einstweilen dawähren. Die hiernach gemachten Aufwendungen sind von dem Arbeitgeber zu ersetzen.

Streitigkeiten über Unterstützungsansprüche, welche gegen die (Abs. 6.) Gemeindekrankenversicherung oder Krankenkasse auf Grund des vorstehenden Absatzes entstehen, werden nach Maßgabe des § 12 Absatz 1, Streitigkeiten über Ersatzansprüche zwischen der Gemeindekrankenversicherung oder Krankenkasse einerseits und dem Arbeitgeber andererseits nach Maßgabe des § 12 Absatz 2 dieses Gesetzes entschieden.

§ 137.

Für versicherungspflichtige Personen, welche erweislich auf (Abs. 1.) Grund eines mindestens für die Dauer eines Jahres abgeschlossenen Arbeitsvertrages

1. jährliche Naturalleistungen mindestens im dreihundertfachen Werthe des von der Gemeindekrankenversicherung beziehungsweise Krankenkasse für einen Krankentag zu zahlenden Krankengeldes beziehen, oder für den Krankentag einen Arbeitslohn an Geld oder Naturalleistungen erhalten, welcher dem von der Gemeindekrankenversicherung beziehungsweise Krankenkasse zu zahlenden täglichen Krankengelde mindestens gleichkommt, und
2. auf Fortgewährung dieser Leistungen, innerhalb der Geltungsdauer des Arbeitsvertrages, für mindestens dreizehn Wochen nach der Erkrankung einen Rechtsanspruch haben,

---

bei, daß eine Krankenversicherung für diese Kategorien nicht besteht. Wohl aber haben die letzteren kraft Reichsgesetzes (§ 4 a. a. O.) die Berechtigung, freiwillig der Gemeindekrankenversicherung, die überall bestehen muß, beizutreten, auch können sie eingeschriebenen oder anderen Hülfskassen ohne Beitrittszwang freiwillig beitreten (§ 75 a. a. O.).

Die Krankenversicherung steht insofern in naher Beziehung zur Unfallversicherung, als durch die letztere erst nach Eintritt des Todes oder nach Ablauf der ersten 13 Wochen seit der Verletzung Fürsorge getroffen wird, während bis zum Eintritt dieses Zeitpunktes die Fürsorge im Allgemeinen den Krankenkassen obliegt. Für die in der Land- und Forstwirthschaft besonders zahlreichen Fälle aber, in welchen gegen Unfall versicherte Personen einer Krankenkasse nicht angehören und auch sonst civilrechtliche Ansprüche auf Fürsorge (gegen Angehörige, Dienstherren, Arbeitgeber u. a.) nicht haben, ordnet das vorliegende Gesetz in § 10 an, daß bis zum Eintritt der Leistungen der Betritt auf Antrag des Arbeitgebers während der Geltungsdauer des Arbeitsvertrages eine Ermäßigung der Versicherungsbeiträge ein, wogegen das Krankengeld in Wegfall kommt.

(Abs. 2.) Die Ermäßigung der Beiträge erfolgt in demselben Verhältnisse, in welchem die Höhe des Krankengeldes zu dem Werth der sonstigen Kassenleistungen steht. Dies Verhältniß ist durch statutarische Bestimmung festzustellen, welche für die Gemeindekrankenversicherung von der Gemeinde, für die gemeinsame Gemeindekrankenversicherung (§ 12 des Krankenversicherungsgesetzes) durch den weiteren Kommunalverband, für Orts- und Betriebskrankenkassen durch das Statut zu treffen ist. Die statutarischen Bestimmungen der Gemeinden und weiteren Kommunalverbände bedürfen der Genehmigung der höheren Verwaltungsbehörde, auf die Festsetzung durch das Kassenstatut findet § 24 des Krankenversicherungsgesetzes Anwendung. Wo weitere Kommunalverbände nicht bestehen, erfolgt die Festsetzung für die gemeinsame Gemeindekrankenversicherung durch die höhere Verwaltungsbehörde. Solange eine endgültige Festsetzung dieses Beitragsverhältnisses nicht erfolgt ist, wird für die nach Absatz 1 versicherten Personen der dritte Theil der für andere Kassenmitglieder geltenden Beiträge entrichtet.

---

rufsgenossenschaften wenigstens das Nöthigste, freie ärztliche Behandlung und Arznei, von den Gemeinden zu gewähren ist. Die den letzteren hieraus erwachsende Last ist voraussichtlich ein starker Antrieb, die Krankenversicherung statutarisch einzuführen.

Trotz dieser nahen Beziehungen ist die Krankenversicherung an sich eine besondere Materie, welche mit der Unfallversicherung direkt nichts gemein hat. Die Bestimmungen des vorliegenden Gesetzes über die Krankenversicherung sind auch nur dann verständlich, wenn sie mit den eingehenden Bestimmungen des Krankenversicherungsgesetzes, zu welchen sie eine Novelle bilden, zusammen behandelt werden. Dazu ist hier nicht der Ort; der Verfasser hat die Krankenversicherung in einem besonderen Kommentar*) behandelt und in diesem die neuen Bestimmungen über die Krankenversicherung in der Land- und Forstwirthschaft eingehend berücksichtigt. Hier, wo es sich nur um die eigenartige Unfallversicherung handelt, sind daher die §§ 133 bis 142 nur des Zusammenhanges wegen im Gesetzestext aufzunehmen, ohne daß auf eine Erörterung derselben einzugehen wäre.

---

*) v. Woedtke, Krankenversicherungsgesetz (v. 15. Juni 1883) und die dasselbe ergänzenden reichsgesetzlichen Bestimmungen. Mit Einleitung und Erläuterungen. 3. vermehrte Aufl. Berlin und Leipzig bei J. Guttentag (D. Collin). 1886.

Soweit die in Absatz 1 Ziffer 1 bezeichneten Leistungen im Falle der Erkrankung von dem Arbeitgeber nicht in Gemäßheit des Arbeitsvertrages, auf Grund dessen die Ermäßigung der Beiträge erfolgt ist, gewährt werden, ist dem Erkrankten auf Antrag das Krankengeld von der Gemeindekrankenversicherung oder Krankenkasse zu zahlen und derselben von dem Arbeitgeber zu ersetzen. Streitigkeiten über solche Ersatzansprüche werden nach Maßgabe des § 12 Absatz 2 dieses Gesetzes entschieden. (Abs. 3.)

§ 138.

Durch statutarische Bestimmung (§ 137 Abs. 2) kann eine entsprechende Kürzung des Krankengeldes und der Beiträge auch für solche Versicherten angeordnet werden, welche in Krankheitsfällen auf Grund ihres Arbeitsvertrages weniger als die im § 137 Absatz 1 festgesetzten Geld- oder Naturalleistungen beziehen. Die Kürzung muß den Verhältnissen entsprechen, in welchem der Werth dieser Leistungen zu der Höhe des Krankengeldes steht. Im Uebrigen finden die Bestimmungen des § 137 auch auf Fälle dieser Art Anwendung.

§ 139.

Soweit es sich nicht um die unter § 2 Absatz 1 Ziffer 1 des Krankenversicherungsgesetzes fallenden Arbeiter handelt, finden die Bestimmungen des § 54 des gedachten Gesetzes keine Anwendung. (Abs. 1.)

Die Zahlung der Beiträge erfolgt auch für die nach §§ 137 und 138 versicherten Personen nach den Bestimmungen der §§ 51 bis 53 des Krankenversicherungsgesetzes. (Abs. 2.)

§ 140.

Der Werth der Naturalbezüge wird nach Durchschnittspreisen von der unteren Verwaltungsbehörde festgesetzt.

§ 141.

Die auf Grund der §§ 2, 49 bis 52 Absatz 1, 53, 54 des Krankenversicherungsgesetzes erlassenen statutarischen Bestimmungen sind, soweit sie den vorstehenden Vorschriften zuwiderlaufen, bis zum 1. Januar 1887 mit denselben in Uebereinstimmung zu bringen. Soweit dies nicht geschieht, kann die Landes-Zentralbehörde nach Ablauf dieser Frist solche statutarischen Bestimmungen ganz oder theilweise außer Kraft setzen. (Abs. 1.)

Der § 3 Absatz 2 des Krankenversicherungsgesetzes findet auf (Abs. 2.)

die unter § 1 des gegenwärtigen Gesetzes fallenden Personen keine Anwendung.

§ 142.

(Abs. 1.) Durch statutarische Bestimmung einer Gemeinde für ihren Bezirk oder eines weiteren Kommunalverbandes für seinen Bezirk oder Theile desselben können Personen, welche innerhalb des betreffenden Bezirks wohnen und, ohne zu einem bestimmten Arbeitgeber in einem dauernden Arbeitsverhältnisse zu stehen, vorwiegend in land- oder forstwirthschaftlichen Betrieben dieses Bezirks gegen Lohn beschäftigt sind, auch für diejenige Zeit, in welcher eine Beschäftigung gegen Lohn nicht stattfindet, der Krankenversicherungspflicht unterworfen und, solange sie nicht zu einer die Versicherungspflicht begründenden Beschäftigung in einem anderen Erwerbszweige übergehen oder Mitglieder einer Betriebs-Krankenkasse werden, in diesem Bezirke zur Versicherung herangezogen werden.

(Abs. 2.) Die nach solcher statutarischen Bestimmung versicherungspflichtigen Personen sind der Gemeinde-Krankenversicherung oder Ortskrankenkasse, welcher die sonstigen versicherungspflichtigen land- und forstwirthschaftlichen Arbeiter angehören, durch die Gemeindebehörde zu überweisen. Ihre Versicherung beginnt mit dem Tage ihrer Ueberweisung.

(Abs. 3.) Die Ueberweisung ist zurückzunehmen, wenn die Voraussetzungen ihrer Zuläſſigkeit aufhören.

(Abs. 4.) Die Ueberweisung, sowie der die Zurücknahme derselben ablehnende Bescheid kann nach Maßgabe des § 12 Absatz 2 dieses Gesetzes angefochten werden.

(Abs. 5.) Ob und inwieweit die Vorschriften der §§ 49 bis 53 des Krankenversicherungsgesetzes auf die Arbeitgeber dieser Personen Anwendung finden, ist durch statutarische Bestimmung zu regeln.

(Abs. 6.) Solange solche Personen nach Maßgabe des Absatzes 1 in dem Bezirke ihres Wohnortes gegen Krankheit versichert sind, fällt ihre Verpflichtung zum Beitritt zu einer anderen Kasseneinrichtung für land- oder forstwirthschaftliche Arbeiter fort.

(Abs. 7.) Die nach Absatz 1 und 5 zuläſſigen statutarischen Vorschriften bedürfen der Genehmigung der höheren Verwaltungsbehörde.

C. Gesetzeskraft.

§ 143.

[1]) Die Bestimmungen der Abschnitte A II, III, IV, V, VIII und X, die auf diese Abschnitte bezüglichen Strafbestimmungen, sowie diejenigen Vorschriften, welche zur Durchführung der in diesen Abschnitten getroffenen Anordnungen dienen, treten mit dem Tage der Verkündung dieses Gesetzes in Kraft. Dasselbe gilt von den Bestimmungen des Abschnittes B. (Abs. 1.)

Im Uebrigen wird der Zeitpunkt, mit welchem das Gesetz ganz oder theilweise für den Umfang des Reichs oder Theile desselben[2]) in Kraft tritt, mit Zustimmung des Bundesraths durch Kaiserliche Verordnung bestimmt[3]). (Abs. 2.)

Urkundlich unter Unserer Höchsteigenhändigen Unterschrift und beigedrucktem Kaiserlichen Insiegel.

Gegeben Berlin, den 5. Mai 1886. **Wilhelm.**

(L. S.) Fürst von Bismarck.

(§ 134 d. Entw. u. d. Komm.-Beschl.) Der § 143 entspricht dem § 111 U.-V.-G.

Zu § 143.

[1]) „Aehnlich, wie es bei dem Krankenkassengesetz vom 15. Juni 1883 geschehen ist, wird auch hier derjenige Theil des Gesetzes, welcher sich auf die Bildung der Berufsgenossenschaften und die zur Durchführung des Gesetzes erforderlichen Organe bezieht, früher in Kraft treten müssen, als diejenigen Bestimmungen, welche die Versicherung selbst betreffen" (Mot. z. U.-V.-G. S. 86).

[2]) oder Theile desselben, mit Rücksicht auf die in § 115 der Landesgesetzgebung gelassenen Fristen. Es ist also nicht erforderlich, die Fertigstellung sämmtlicher landesgesetzlichen Organisationen abzuwarten: vielmehr kann in denjenigen Theilen des Reichs, in welchen die Regelung früher beendet ist, das Gesetz früher in Kraft treten.

Thatsächlich tritt oder trat das Gesetz seinem ganzen Umfange nach in den einzelnen Theilen des deutschen Reichs zu verschiedenen Zeiten in Kraft, nämlich:

am 1. April 1888 in Preußen, Großherz. Sachsen, Waldeck und Lübeck laut V. v. 28. März 1888 (R.-G.-Bl. S. 125);

am 15. Mai 1888 in Württemberg und Schaumburg-Lippe laut V. v. 18. März 1888 (R.-G.-Bl. S. 125);

am 1. Juli 1888 in Mecklenburg-Schwerin laut V. v. 23. Mai 1888 (R.-G.-Bl. S. 175) und in Schwarzburg-Sondershausen laut V. v. 26. Juni 1888 (R.-G.-Bl. S. 207);

am 1. Oktober 1888 in Baden laut V. v. 21. Juli 1888 (R.-G.-Bl. S. 217) und in Anhalt laut V. v. 2. Oktober 1888 (R.-G.-Bl. S. 235);

am 1. Januar 1889 in Bayern und Königreich Sachsen laut V. v. 21. Juli 1888 (R.-G.-Bl. S. 217), sowie in Hessen, Mecklenburg-Strelitz, Sachsen-Coburg und Gotha, Reuß ä. L. und Bremen laut V. v. 27. Oktober 1888. Zum selben Zeitpunkt (1. Januar 1889) ist die Inkraftsetzung ferner für die Gebiete von Braunschweig, Sachsen-Altenburg, Schwarzburg-Rudolstadt, Reuß j. L. und Lippe in Aussicht genommen.

Für die übrigen Theile des deutschen Reichs ist der Zeitpunkt, mit welchem das Gesetz seinem vollen Umfange nach in Kraft treten soll, bis zum Druck dieser Zeilen noch nicht bestimmt.

[3]) Rückwirkende Kraft hat dieses Gesetz ebensowenig wie das Unfallversicherungsgesetz. Unfälle, welche vor demjenigen Termin sich ereignet haben, mit welchem nach Allerh. Kab.-Ordre der materielle Theil des Gesetzes für den betreffenden Theil des Reichs in Kraft tritt, sind also nach dem bisherigen Civilrecht zu beurtheilen.

Anlagen.

Nachweisung

der auf Grund des landwirthschaftlichen Unfallversicherungsgesetzes vom 5. Mai 1886 gebildeten Berufsgenossenschaften.

(A. N. IV. S. 211).

Name der Berufsgenossenschaften.	Nummer, unter welcher dieselben bei Auszahlungen durch die Post geführt werden.	
Ostpreußische landwirthschaftliche B. G.	L.* 1.	* Für die landwirthschaftlichen Berufsgenossenschaften ist eine neue Nummernfolge, beginnend mit L (landwirthschaftlich) 1, gewählt worden, weil in Aussicht steht, an die älteren industriellen ꝛc. Berufsgenossenschaften noch eine Reihe weiterer Berufsgenossenschaften für das Handwerk ꝛc. anzuschließen. Es wird sich empfehlen, die Nummern dieser zukünftigen Berufsgenossenschaften mit den Nummern der industriellen Berufsgenossenschaften fortlaufen zu lassen, und nicht die landwirthschaftlichen Berufsgenossen-
Westpreußische „ „ „	„ 2.	
Brandenburgische „ „ „	„ 3.	
Pommersche „ „ „	„ 4.	
Posensche „ „ „	„ 5.	
Schlesische „ „ „	„ 6.	
Landwirthschaftliche B. G. für die Provinz Sachsen .	„ 7.	
Schleswig-Holsteinische*) landwirthschaftliche B. G. .	„ 8.	
Hannoversche**) „ „ „ .	„ 9.	
Westfälische „ „ „ .	„ 10.	
Hessen-Nassauische†) „ „ „ .	„ 11.	
Rheinische††) „ „ „ .	„ 12.	
Oberbayerische „ „ „ .	„ 13.	
Niederbayerische „ „ „ .	„ 14.	
Pfälzische „ „ „ .	„ 15.	
Oberpfälzische landwirthschaftliche B. G. . . .	„ 16.	
Oberfränkische „ „ „	„ 17.	
Mittelfränkische „ „ „	„ 18.	
Unterfränkische „ „ „	„ 19.	
Schwäbische „ „ „	„ 20.	

*) mit dem Gebiet der freien und Hansestadt Lübeck und dem zu Oldenburg gehörenden Fürstenthum Lübeck.

**) mit Fürstenthum Pyrmont.

†) mit Fürstenthum Waldeck.

††) mit den Hohenzollernschen Landen und dem zu Oldenburg gehörenden Fürstenthum Birkenfeld.

Name der Berufsgenossenschaften.	Nummer, unter welcher dieselben bei Auszahlungen durch die Post geführt werden.	
Landwirthschaftliche B. G. für das Königreich Sachsen	„ 21.	schaften mitten in die gewerblichen Berufsgenossenschaften hineinzuschieben.
Landwirthschaftliche B. G. für den Neckarkreis .	„ 22.	
" " " " " Schwarzwaldkreis	„ 23.	
Landwirthschaftliche B. G. für den Jagstkreis . .	L. 24.	
" " " " " Donaukreis .	„ 25.	
Badische landwirthschaftliche B. G.	„ 26.	
Landwirthschaftliche B. G. für das Großherzogthum Hessen	„ 27.	
Mecklenburg-Schwerin'sche landwirthschaftliche B. G.	„ 28.	
Weimarische " " "	„ 29.	
Mecklenburg-Strelitzische " " "	„ 30.	
Oldenburgische*) " " "	„ 31.	
Braunschweigische " " "	„ 32.	
Sachsen-Meiningensche " " "	„ 33.	
Sachsen-Altenburgische " " "	„ 34.	
Coburgische " " "	„ 35.	
Gothaische " " "	„ 36.	
Anhaltische " " "	„ 37.	
Schwarzburg-Rudolstädtische " " "	„ 38.	
Schwarzburg-Sondershausensche " " "	„ 39.	
Landwirthschaftliche B. G. für das Fürstenthum Reuß älterer Linie	„ 40.	
Landwirthschaftliche B. G. für das Fürstenthum Reuß jüngerer Linie	„ 41.	
Schaumburg-Lippesche landwirthschaftliche B. G. .	„ 42.	
Lippesche " " " .	„ 43.	
Bremische " " " .	„ 44.	
Hamburgische " " " .	„ 45.	
Unterelsässische " " " .	„ 46.	
Oberelsässische " " " .	„ 47.	
Lothringische " " " .	„ 48.	

*) ohne die Fürstenthümer Lübeck und Birkenfeld, welche an die preußischen landwirthschaftlichen Berufsgenossenschaften der Provinz Schleswig-Holstein beziehungsweise der Rheinprovinz angeschlossen worden sind.

Verordnung,

betreffend die Formen des Verfahrens und den Geschäftsgang des Reichs-Versicherungsamts, sowie das Verfahren vor den auf Grund der Gesetze vom 5. Mai 1886 und vom 13. Juli 1887 errichteten Schiedsgerichten.

Vom 13. November 1887.

(Reichs-Gesetzbl. S. 523.)

Wir **Wilhelm**, von Gottes Gnaden Deutscher Kaiser, König von Preußen rc.

verordnen auf Grund des § 90 Absatz 4 des Unfallversicherungsgesetzes vom 6. Juli 1884 (Reichs-Gesetzbl. S. 69), der §§ 54 Absatz 4 und 98 Absatz 4 des Gesetzes vom 5. Mai 1886 (Reichs-Gesetzbl. S. 132), sowie der §§ 56 Absatz 4 und 100 Absatz 4 des Gesetzes vom 13. Juli 1887 (Reichs-Gesetzbl. S. 329) im Namen des Reichs, nach erfolgter Zustimmung des Bundesraths, was folgt:

Artikel I. Die §§ 2, 3, 4 Absatz 1, § 5, § 7 Absatz 2, § 14, § 17 Absatz 2 und § 23 der Verordnung, betreffend die Formen des Verfahrens und den Geschäftsgang des Reichs-Versicherungsamts, vom 5. August 1885 (Reichs-Gesetzbl. S. 255) *) werden aufgehoben. An deren Stelle treten folgende Bestimmungen:

§ 2. Das Reichs-Versicherungsamt hält an bestimmten Tagen und zu bestimmten Stunden Sitzungen. Die Verfügung darüber steht dem Vorsitzenden zu. Der Vorsitzende ist befugt, nach Bedarf außerordentliche Sitzungen anzuberaumen.

Zu den Sitzungen sind die in Berlin anwesenden Mitglieder unter Mittheilung der Berathungsgegenstände einzuladen.

Der Berathung und Beschlußfassung in den Sitzungen unterliegen:

---

*) siehe Anlage 4.

1. die im § 90 des Unfallversicherungsgesetzes aufgeführten Angelegenheiten;
2. diejenigen Angelegenheiten, deren kollegialische Berathung der Vorsitzende oder das mit der Bearbeitung der Sache beauftragte Mitglied wünscht.

Die Entscheidung ist, sofern nicht gesetzlich etwas Anderes bestimmt ist, durch die Anwesenheit von mindestens drei Mitgliedern einschließlich des Vorsitzenden bedingt.

§ 3. Im Uebrigen erfolgt die Erledigung der Geschäfte durch den Vorsitzenden oder unter dessen Mitzeichnung durch diejenigen Beamten des Reichs-Versicherungsamts, welchen die Bearbeitung der Sache von dem Vorsitzenden übertragen worden ist.

Im Falle einer Meinungsverschiedenheit zwischen dem Vorsitzenden und den mit der Bearbeitung der Sache beauftragten Mitgliedern entscheidet das Kollegium.

§ 4 Absatz 1. Die Sitzungen sind, vorbehaltlich der Vorschriften des § 15 dieser Verordnung, nicht öffentlich. Stimmberechtigt sind die anwesenden Mitglieder des Reichs-Versicherungsamts sowie die zugezogenen richterlichen Beamten. Die Beschlüsse werden nach Stimmenmehrheit gefaßt; bei Stimmengleichheit giebt der Vorsitzende den Ausschlag.

§ 5. Für den mündlichen Vortrag in den Sitzungen ernennt der Vorsitzende einen oder, falls er dies aus besonderen Gründen für erforderlich erachtet, zwei Berichterstatter.

Die Verfügungen und Entscheidungen ergehen unter der Bezeichnung: „Das Reichs-Versicherungsamt" und werden in der Ausfertigung vom Vorsitzenden vollzogen.

§ 7. Absatz 2. Die zu den Entscheidungen des Reichs-Versicherungsamts zuzuziehenden richterlichen Beamten werden in der erforderlichen Anzahl für die Dauer der zur Zeit ihrer Ernennung von ihnen bekleideten Reichs- oder Staatsämter auf Vorschlag des Bundesraths vom Kaiser ernannt. In gleicher Weise kann die Ernennung von Stellvertretern erfolgen. Sofern eine vorübergehende Vermehrung der richterlichen Beisitzer erforderlich wird, können durch den Reichskanzler für die Dauer dieses Bedarfs weitere richterliche Beamte bestimmt werden, welche aushülfsweise zu den Entscheidungen des Reichs-Versicherungsamts nach näherer Bestimmung des Vorsitzenden zuzuziehen sind.

§ 14. Die Berichterstatter (§ 5) haben, sofern dies von dem Vorsitzenden angeordnet wird, vor dem Termin eine schriftliche Sachdarstellung vorzulegen.

§ 17 Absatz 2. Die Protokolle sind von dem Vorsitzenden und dem Protokollführer, in Fällen der Urtheilssprechung außerdem von den Berichterstattern und mindestens einem anderen Mitgliede, welches an der Urtheilssprechung theilgenommen hat, zu vollziehen.

§ 23. Die Urtheile werden nebst Gründen von den Berichterstattern entworfen und in der Urschrift von dem Vorsitzenden, den Berichterstattern und mindestens einem anderen Mitgliede, welches an der Urtheilssprechung theilgenommen hat, unterzeichnet.

Artikel II. Die im Artikel I bezeichnete Verordnung findet mit den vorstehenden Abänderungen auf das Verfahren und den Geschäftsgang des Reichs-Versicherungsamts bei Ausführung der Gesetze vom 5. Mai 1886 (Reichs-Gesetzbl. S. 132) und vom 13. Juli 1887 (Reichs-Gesetzbl. S. 329) entsprechende Anwendung.

Artikel III. Die Verordnung vom 2. November 1885 über das Verfahren vor den auf Grund des Unfallversicherungsgesetzes errichteten Schiedsgerichten (Reichs-Gesetzbl. S. 279) findet auch auf das Verfahren vor den Schiedsgerichten, welche auf Grund der im Artikel II bezeichneten Gesetze errichtet sind, entsprechende Anwendung.

Urkundlich unter Unser Höchsteigenhändigen Unterschrift und beigedrucktem Kaiserlichen Insiegel.

Gegeben Berlin den 13. November 1887.

(L. S.) **Wilhelm.**

von Boetticher.

Anlage 3.

Verordnung*)
über das Verfahren vor den auf Grund des Unfallversicherungsgesetzes errichteten Schiedsgerichten.
Vom 2. November 1885.
(Reichs-Gesetzbl. S. 279.)

Wir **Wilhelm**, von Gottes Gnaden Deutscher Kaiser, König von Preußen rc.

verordnen auf Grund des § 50 Absatz 4 des Unfallversicherungsgesetzes vom 6. Juli 1884 (Reichs-Gesetzbl. S. 69) im Namen des Reichs nach erfolgter Zustimmung des Bundesraths, was folgt:

I. Allgemeine Bestimmungen.

Beeidigung der Mitglieder des Schiedsgerichts.

§ 1.

Der Vorsitzende des Schiedsgerichts und dessen Stellvertreter werden von einem Beauftragten der Landes-Zentralbehörde (§ 47 Abs. 2 des Unfallversicherungsgesetzes), die Beisitzer und deren Stellvertreter dagegen von dem Vorsitzenden des Schiedsgerichts für die Erfüllung der Obliegenheiten ihres Amts beeidigt.

Die Beeidigung der Beisitzer und deren Stellvertreter erfolgt bei ihrer ersten Dienstleistung in öffentlicher Sitzung; sie gilt für die Dauer der Wahlperiode.

Im Uebrigen finden auf die Beeidigung die Vorschriften des § 51 des Gerichtsverfassungsgesetzes entsprechende Anwendung.

Befugnisse des Vorsitzenden.

§ 2.

Die Leitung und Beaufsichtigung des Geschäftsganges bei dem Schiedsgericht liegt dem Vorsitzenden ob. Er eröffnet die eingehenden Sendungen, vertheilt die Geschäfte, bestimmt die Sitzungen,

*) gilt gemäß Artikel III. V. v. 11. Nov. 1887 (s. Anlage 2) auch für den Geltungsbereich des landwirthschaftlichen Unfallversicherungsgesetzes.

zeichnet die Verfügungen, vollzieht die Reinschriften und trifft in Bezug auf die Führung der Geschäftskontrolen die erforderlichen Anordnungen.

Ablehnung der Mitglieder des Schiedsgerichts.

§ 3.

Die Bestimmungen in den §§ 41ff. der Civilprozeßordnung über die Ausschließung und Ablehnung der Richter finden auf die Mitglieder der Schiedsgerichte entsprechende Anwendung. Jedoch beschließt über ein Ablehnungsgesuch in Betreff des Vorsitzenden das Schiedsgericht, in Betreff der Beisitzer der Vorsitzende.

Bei dem Beschluß über ein Ablehnungsgesuch in Betreff des Vorsitzenden hat dieser nicht mitzuwirken. An seiner Stelle führt dabei der dem Dienstalter oder bei gleichem Dienstalter dem Lebensalter nach älteste Beisitzer den Vorsitz. Ergiebt sich bei der Abstimmung über das Gesuch Stimmengleichheit, so gilt dasselbe für abgelehnt.

Der Beschluß kann, wenn das Ablehnungsgesuch für unbegründet erklärt wird, nicht für sich allein, sondern nur mit der Entscheidung in der Hauptsache angefochten werden.

II. Vorschriften über das Verfahren.

Erhebung der Berufung.

§ 4.

Die Berufung auf schiedsrichterliche Entscheidung muß nach Maßgabe des § 62 Absatz 3 des Unfallversicherungsgesetzes schriftlich erhoben werden.

In dem Schriftsatze ist der Gegenstand des Anspruchs zu bezeichnen, desgleichen sind die für die Entscheidung maßgebenden Thatsachen unter Angabe der Beweismittel für dieselben anzuführen.

Für den Gegner ist eine Abschrift des Schriftsatzes beizufügen.

Zuständigkeit der Schiedsgerichte.

§ 5.

Ist die Berufung irrthümlich bei einer nicht zuständigen Stelle eingelegt, so ist der Schriftsatz unter Benachrichtigung des Berufenden unverzüglich an den Vorsitzenden des zuständigen Schiedsgerichts abzugeben.

Entsteht unter mehreren Schiedsgerichten Streit über ihre Zuständigkeit, so entscheidet hierüber das Reichs- oder Landes-Versicherungsamt.

Abweisung durch Bescheid.

§ 6.

Ist die Berufung nicht in der gesetzlichen Frist eingelegt, oder ist das Schiedsgericht gesetzlich zur Entscheidung über die Berufung nicht zuständig, weil keiner der im § 62 Absatz 2 des Unfallversicherungsgesetzes bezeichneten Fälle verliegt, so kann der Vorsitzende die Berufung durch einen mit Gründen zu versehenden Bescheid zurückweisen.

In dem Bescheide ist dem Berufenden zu eröffnen, daß er befugt sei, innerhalb zwei Wochen vom Tage der Zustellung ab die Anberaumung der mündlichen Verhandlung zu beantragen.

Einsendung der Vorverhandlungen.

§ 7.

Die Genossenschafts- und Sektionsvorstände, die Ausschüsse und Vertrauensmänner (§ 57 des Unfallversicherungsgesetzes) haben dem Vorsitzenden des Schiedsgerichts auf dessen Erfordern die auf den streitigen Entschädigungsanspruch bezüglichen Vorverhandlungen einzusenden.

Beantwortung der Berufung.

§ 8.

Sofern der Fall des § 6 nicht vorliegt, hat der Vorsitzende die Abschrift der Berufung dem Gegner mit der Aufforderung mitzutheilen, binnen einer bestimmten, von einer Woche bis zu vier Wochen zu bemessenden Frist eine Gegenschrift einzureichen. In der Aufforderung ist zugleich die Verwarnung auszusprechen, daß, wenn die Gegenschrift innerhalb der Frist nicht eingeht, die Entscheidung nach Lage der Akten erfolgen werde. Die Frist kann auf Antrag aus wichtigen Gründen verlängert werden.

Der Gegenschrift ist eine Abschrift beizufügen, welche dem Berufenden seitens des Vorsitzenden des Schiedsgerichts zuzustellen ist.

Unterzeichnung der Schriftsätze. Bevollmächtigte.

§ 9.

Berufungen und Gegenschriften müssen entweder von den Betheiligten selbst oder von ihren gesetzlichen Vertretern oder von ihren Bevollmächtigten unterzeichnet sein. Die Vollmacht muß schriftlich ertheilt werden.

Das Schiedsgericht kann Vertreter, welche, ohne Rechtsanwälte zu sein, die Vertretung geschäftsmäßig betreiben, zurückweisen.

Mündliche Verhandlung.

§ 10.

Die Entscheidung erfolgt auf Grund mündlicher Verhandlung vor dem Schiedsgericht. Der Termin hierzu wird von dem Vorsitzenden anberaumt.

Die Betheiligten werden mittelst eingeschriebenen Briefes von dem Termin mit dem Bemerken in Kenntniß gesetzt, daß im Falle ihres Ausbleibens nach Lage der Akten werde entschieden werden.

Hält das Schiedsgericht das persönliche Erscheinen eines Betheiligten für angemessen, so hat dasselbe die nach Lage des Falles an das Nichterscheinen sich knüpfenden Nachtheile in der Vorladung besonders zu bezeichnen.

Ort der Verhandlung.

§ 11.

Die mündliche Verhandlung findet in der Regel am Sitze des Schiedsgerichts statt. Der Vorsitzende ist jedoch befugt, das Schiedsgericht zu einer Sitzung an einen anderen Ort seines Bezirks zu berufen, wenn ein Fall vorliegt, welcher eine Beweisaufnahme an diesem Orte oder in dessen Nähe erforderlich macht.

Oeffentlichkeit des Verfahrens.

§ 12.

Die mündliche Verhandlung erfolgt in öffentlicher Sitzung. Die Oeffentlichkeit kann durch einen öffentlich zu verkündenden Beschluß ausgeschlossen werden, wenn das Schiedsgericht dies aus Gründen des öffentlichen Wohles oder der Sittlichkeit für angemessen erachtet.

Parteien, Zeugen, Sachverständige oder bei der Verhandlung nicht betheiligte Personen, welche den zur Aufrechterhaltung der Ordnung erlassenen Befehlen des Vorsitzenden nicht gehorchen, können auf Beschluß des Schiedsgerichts aus dem Sitzungszimmer entfernt werden. Gegen die Parteien wird sodann verfahren, wie wenn sie sich freiwillig entfernt hätten.

§ 13.

Die mündliche Verhandlung beginnt mit der Darstellung des Sachverhalts durch den Vorsitzenden oder durch einen von diesem ernannten Berichterstatter. Demnächst sind die erschienenen Betheiligten zu hören.

Der Vorsitzende hat jedem Beisitzer auf Verlangen zu gestatten, Fragen zu stellen.

Sitzungsprotokoll.

§ 14.

Die mündliche Verhandlung erfolgt unter Zuziehung eines vereidigten Protokollführers.

Von demselben ist ein Protokoll aufzunehmen, welches die Namen des Vorsitzenden und der mitwirkenden Beisitzer, sowie deren Eigenschaft als Vorsitzender, Arbeitgeber oder Arbeitnehmer enthält und den Gang der Verhandlung im Allgemeinen angiebt.

Anerkenntnisse, Verzichtleistungen, Vergleiche und solche Anträge und Erklärungen der Betheiligten, welche von den Schriftsätzen abweichen, Beschlüsse des Schiedsgerichts sowie die Formel der Entscheidung sind in das Protokoll aufzunehmen.

Das Protokoll ist von dem Vorsitzenden und dem Protokollführer, in Fällen der Entscheidung außerdem von den Beisitzern zu unterzeichnen.

Berathung und Beschlußfassung.

§ 15.

Die Berathung und Beschlußfassung des Schiedsgerichts erfolgt in nichtöffentlicher Sitzung.

Wenn nur drei Beisitzer erschienen sind, so wirkt einer der Beisitzer aus der doppelt besetzten Kategorie nicht mit, und zwar scheidet der dem Dienstalter oder bei gleichem Dienstalter dem Lebensalter nach jüngere aus, sofern derselbe nicht zum Berichterstatter ernannt ist.

Beweisaufnahme.

§ 16.

Der Vorsitzende ist befugt, zur mündlichen Verhandlung Zeugen und Sachverständige, welche von den Parteien benannt worden sind, vorzuladen.

Die Beweiserhebung erfolgt in der Regel in der mündlichen Verhandlung. Das Schiedsgericht ist jedoch befugt, den Beweis durch ein Mitglied oder in Gemäßheit des § 101 des Unfallversicherungsgesetzes durch eine öffentliche Behörde erheben zu lassen. In dringenden Fällen steht dieselbe Befugniß auch dem Vorsitzenden des Schiedsgerichts zu.

Die Beweisverhandlungen sind unter Zuziehung eines vereidigten oder durch Handschlag zu verpflichtenden Protokollführers aufzunehmen; die Parteien sind zu denselben zu laden.

§ 17.

Hinsichtlich der Verpflichtung, sich als Zeuge oder Sachverständiger vernehmen zu lassen, finden die Vorschriften der Civilprozeßordnung entsprechende Anwendung. Gegen die von dem Schiedsgericht über die Rechtmäßigkeit der Weigerung getroffene Entscheidung findet binnen einer Frist von zwei Wochen nach Zustellung derselben Beschwerde an das Reichs- beziehungsweise Landes-Versicherungsamt statt; dieselbe ist schriftlich bei dem Schiedsgericht einzulegen.

Die Verhängung von Zwangsmaßregeln, sowie die Festsetzung von Strafen gegen Zeugen und Sachverständige, welche ausbleiben oder ihre Aussage oder deren Beeidigung verweigern, erfolgt auf Ersuchen durch das Amtsgericht, in dessen Bezirk dieselben ihren Wohnsitz oder in Ermangelung eines solchen ihren Aufenthalt haben. Auf Militärpersonen, welche dem aktiven Heere oder der aktiven Marine angehören, finden die Bestimmungen der §§ 345 Absatz 4 und 355 Absatz 4 der Civilprozeßordnung Anwendung.

Die Zeugen und Sachverständigen erhalten Gebühren nach Maßgabe der Gebührenordnung vom 30. Juni 1878 (Reichs-Gesetzbl. S. 173).

Entscheidung.

§. 18.

Das Schiedsgericht entscheidet innerhalb der erhobenen Ansprüche nach freiem Ermessen. Bilden sich in Beziehung auf Summen, über welche zu entscheiden ist, mehr als zwei Meinungen, deren keine die Mehrheit für sich hat, so werden die für die größte Summe abgegebenen Stimmen den für die zunächst geringere abgegebenen solange hinzugerechnet, bis sich eine Mehrheit ergiebt.

Das Schiedsgericht entscheidet auch darüber, ob und in welchem Betrage die unterliegende Partei dem Gegner die ihm in dem Verfahren vor dem Schiedsgericht erwachsenen Kosten zu erstatten hat.

Bei den Entscheidungen dürfen nur Mitglieder mitwirken, vor welchen die mündliche Verhandlung stattgefunden hat.

§ 19.

Die Entscheidung kann ohne vorgängige Anberaumung einer mündlichen Verhandlung ergehen, wenn beide Theile auf eine solche ausdrücklich verzichten.

Abstimmung.

§ 20.

Bei der Abstimmung stimmt der Berichterstatter zuerst. Im Uebrigen richtet sich bei der Abstimmung der Beisitzer die Reihenfolge nach dem Dienstalter und bei gleichem Dienstalter nach dem Lebensalter dergestalt, daß der Jüngste zuerst stimmt. Der Vorsitzende stimmt zuletzt.

Verkündung.

§ 21.

Der Vorsitzende verkündet den Beschluß oder die Entscheidung in öffentlicher Sitzung durch Verlesung des Beschlusses oder der Entscheidungsformel.

Wird die Verkündung der Gründe für angemessen gehalten, so erfolgt sie durch Verlesung derselben oder durch mündliche Mittheilung des wesentlichen Inhalts.

Die Verkündung kann auch auf eine spätere Sitzung vertagt werden, welche in der Regel binnen einer Woche stattfinden soll.

Ausfertigung.

§ 22.

Entscheidungen sind mit Gründen zu versehen, in der Urschrift von dem Vorsitzenden und den Beisitzern, welche bei denselben mitgewirkt haben, zu unterschreiben und den Parteien in je einer Ausfertigung zuzustellen.

§ 23.

Im Eingange der Ausfertigung sind die Mitglieder des Schiedsgerichts, welche an der Entscheidung theilgenommen haben, nach Maßgabe des § 14 namentlich aufzuführen und der Sitzungstag, an welchem die Entscheidung erfolgt ist, zu bezeichnen.

Die Ausfertigungen enthalten neben dem Siegel des Schiedsgerichts (§ 24) die Schlußformel:

„Urkundlich unter Siegel und Unterschrift."

„Das Schiedsgericht für . . . ."

Die Vollziehung erfolgt durch den Vorsitzenden.

§ 24.

Das Schiedsgericht führt ein Siegel, welches in der Mitte den Reichsadler und in der Umschrift die Bezeichnung des Schiedsgerichts enthält.

Beschwerden.

§ 25.

Auf Beschwerden über den Geschäftsbetrieb bei den Schiedsgerichten entscheidet das Reichs- beziehungsweise Landes-Versicherungsamt.

Geschäftssprache.

§ 26.

In Betreff der Geschäftssprache vor dem Schiedsgericht finden die Bestimmungen in den §§ 186ff. des Gerichtsverfassungsgesetzes vom 27. Januar 1877 entsprechende Anwendung. Eingaben, welche nicht in deutscher Sprache abgefaßt sind, werden nicht berücksichtigt.

Geschäftsbericht.

§ 27.

Am Schlusse eines jeden Jahres hat der Vorsitzende des Schiedsgerichts dem Reichs- beziehungsweise Landes-Versicherungsamt zu dem von demselben zu bestimmenden Zeitpunkt und nach einem von demselben vorzuschreibenden Formular einen Geschäftsbericht einzureichen.

Urkundlich unter Unserer Höchsteigenhändigen Unterschrift und beigedrucktem Kaiserlichen Insiegel.

Gegeben Berlin, den 2. November 1885.

(L. S.) **Wilhelm.**

von Boetticher.

Anlage 4.

Verordnung,
betreffend die Formen des Verfahrens und den Geschäftsgang des Reichs-Versicherungsamts.

Vom 5. August 1885.

(Reichs-Gesetzbl. S. 255.)

[Mit den aus Artikel I der Verordnung, betreffend die Formen des Verfahrens und den Geschäftsgang des Reichs-Versicherungsamts rc. vom 13. November 1887 (Reichs-Gesetzbl. S. 523) sich ergebenden Abänderungen. Diese sind durch gesperrten Druck hervorgehoben.]

Wir **Wilhelm**, von Gottes Gnaden Deutscher Kaiser, König von Preußen rc.

verordnen auf Grund des § 90 des Unfallversicherungsgesetzes vom 6. Juli 1884 (Reichs-Gesetzbl. S. 69) im Namen des Reichs, nach erfolgter Zustimmung des Bundesraths, was folgt:

I. Verfahren und Geschäftsgang im Allgemeinen.

§ 1.

Die nichtständigen Mitglieder des Reichs-Versicherungsamts und deren Stellvertreter werden für die Erfüllung der Obliegenheiten ihres Amts von dem Staatssekretär des Innern mittelst Handschlags an Eidesstatt verpflichtet.

Die von dem Bundesrath aus seiner Mitte gewählten Mitglieder nehmen ihre Stelle nach dem Vorsitzenden oder dessen Vertreter, also vor den übrigen Mitgliedern, in derjenigen Reihenfolge ein, welche für sie im Bundesrath besteht.

§ 2.

Das Reichs-Versicherungsamt hält an bestimmten Tagen und zu bestimmten Stunden Sitzungen. Die Verfügung darüber steht dem Vorsitzenden zu. Der Vorsitzende ist befugt, nach Bedarf außerordentliche Sitzungen anzuberaumen.

Zu den Sitzungen sind die in Berlin anwesenden Mitglieder unter Mittheilung der Berathungsgegenstände einzuladen.

Der Berathung und Beschlußfassung in den Sitzungen unterliegen:

1. Die in § 90 des Unfallversicherungsgesetzes aufgeführten Angelegenheiten;
2. diejenigen Angelegenheiten, deren kollegialische Berathung der Vorsitzende oder das mit der Bearbeitung der Sache beauftragte Mitglied wünscht.

Die Entscheidung ist, soweit nicht gesetzlich etwas Anderes bestimmt ist, durch die Anwesenheit von mindestens drei Mitgliedern (einschließlich des Vorsitzenden) bedingt.

§ 3.

Im Uebrigen erfolgt die Erledigung der Geschäfte durch den Vorsitzenden oder unter dessen Mitzeichnung durch diejenigen Beamten des Reichs-Versicherungsamts, welchen die Bearbeitung der Sache von dem Vorsitzenden übertragen worden ist.

Im Falle einer Meinungsverschiedenheit zwischen dem Vorsitzenden und den mit der Bearbeitung der Sache beauftragten Mitgliedern entscheidet das Kollegium.

§ 4.

Die Sitzungen sind, vorbehaltlich der Vorschriften des § 15 dieser Verordnung, nichtöffentlich. Stimmberechtigt sind die anwesenden Mitglieder des Reichs-Versicherungsamts sowie die zugezogenen richterlichen Beamten; bei Stimmengleichheit giebt der Vorsitzende den Ausschlag.

Bilden sich in Beziehung auf Summen, über welche zu entscheiden ist, mehr als zwei Meinungen, deren keine die Mehrheit für sich hat, so werden die für die größte Summe abgegebenen Stimmen den für die zunächst geringere abgegebenen solange hinzugerechnet, bis sich eine Mehrheit ergiebt.

Die Stimmen werden in nachstehender Reihenfolge abgegeben:

1. von den Berichterstattern;
2. von den Mitgliedern, welche durch die Vertreter der versicherten Arbeiter gewählt sind;

3. von den Mitgliedern, welche von den Genossenschaftsvorständen gewählt sind;
4. von den beiden richterlichen Beamten;
5. von den ständigen Mitgliedern;
6. von den vom Bundesrath aus seiner Mitte gewählten Mitgliedern;
7. von dem Vorsitzenden.

Die Mitglieder des Bundesraths stimmen in der im § 1 gedachten Reihenfolge.

Die Reihenfolge der Abstimmung der Mitglieder innerhalb der übrigen Klassen richtet sich nach dem Dienstalter dergestalt, daß das jüngste Mitglied zuerst stimmt; bei gleichem Dienstalter hat das dem Lebensalter nach jüngere Mitglied zuerst zu stimmen.

§ 5.

Für den mündlichen Vortrag in den Sitzungen ernennt der Vorsitzende einen oder, falls er dies aus besonderen Gründen für erforderlich erachtet, zwei Berichterstatter.

Die Verfügungen und Entscheidungen ergehen unter der Bezeichnung: „Das Reichs-Versicherungsamt" und werden in der Ausfertigung vom Vorsitzenden vollzogen.

§ 6.

Der Vorsitzende leitet die Verhandlungen und Berathungen in den Sitzungen; er stellt die Fragen und sammelt die Stimmen.

Meinungsverschiedenheiten über den Gegenstand, die Fassung und die Reihenfolge der Fragen oder über das Ergebniß der Abstimmung werden in Gemäßheit des § 4 entschieden.

II. Verfahren und Geschäftsgang in den Fällen des § 90 zu b und c des Unfallversicherungsgesetzes.

§ 7.

Das Reichs-Versicherungsamt entscheidet in den Fällen des § 90 zu b und c des Unfallversicherungsgesetzes in der Besetzung von fünf Mitgliedern mit Einschluß des Vorsitzenden, sowie von zwei richterlichen Beamten. Unter den fünf Mitgliedern muß sich je ein Vertreter der Genossenschaftsvorstände und der Arbeiter befinden.

Die zu den Entscheidungen des Reichs-Versicherungsamts zuzuziehenden richterlichen Beamten werden in der erforderlichen Anzahl für die Dauer der zur Zeit ihrer Ernennung von ihnen bekleideten Reichs- oder Staatsämter auf Vorschlag des Bundesraths vom Kaiser ernannt. In gleicher Weise kann die Ernennung von Stellvertretern erfolgen. Sofern eine vorübergehende Vermehrung der richterlichen Beisitzer erforderlich wird, können durch den Reichskanzler für die Dauer dieses Bedarfs weitere richterliche Beamte bestimmt werden, welche aushülfsweise zu den Entscheidungen des Reichs-Versicherungsamts nach näherer Bestimmung des Vorsitzenden zuzuziehen sind.

§ 8.

Der Vorsitzende setzt bei Beginn des Jahres — zum ersten Mal mit dem Inkrafttreten der im § 111 Absatz 2 des Unfallversicherungsgesetzes erwähnten Kaiserlichen Verordnung — die Reihenfolge fest, in welcher die nichtständigen Mitglieder des Reichs-Versicherungsamts zu den Sitzungen einberufen werden. Gleichzeitig sind die Stellvertreter zu bezeichnen.

Die Einberufung zu den einzelnen Sitzungen muß in der Regel mindestens zwei Wochen vor denselben erfolgen.

§ 9.

Die Bestimmungen in den §§ 41 ff. der Civilprozeßordnung über die Ausschließung und Ablehnung der Richter finden auf die Mitglieder des Reichs-Versicherungsamts entsprechende Anwendung. Ueber das Ablehnungsgesuch entscheidet das Reichs-Versicherungsamt mittelst Beschlusses (§§ 2 ff.).

§ 10.

Der Antrag auf Entscheidung des Reichs-Versicherungsamts (§ 32 des Unfallversicherungsgesetzes) sowie der Rekurs an dasselbe (§ 63 a. a. O.) muß an das Reichs-Versicherungsamt schriftlich gerichtet werden.

In dem Schriftsatze ist der Gegenstand des Anspruchs zu bezeichnen, desgleichen sind die für die Entscheidung maßgebenden Thatsachen mit Angabe der Beweismittel für dieselben anzuführen.

Für jeden Gegner ist eine Abschrift des Schriftsatzes beizufügen.

§ 11.

Das Reichs-Versicherungsamt hat die Abschrift des Antrages dem Gegner zur Einreichung einer Gegenschrift binnen einer bestimmten, von einer Woche bis zu vier Wochen zu bemessenden Frist mitzutheilen. In der Aufforderung ist zugleich die Verwarnung auszusprechen, daß, wenn die Gegenschrift innerhalb der Frist nicht eingeht, die Entscheidung nach Lage der Akten erfolgen werde. Die Frist kann auf Antrag aus wichtigen Gründen verlängert werden.

Der Gegenschrift ist eine Abschrift beizufügen, welche dem Gegner von dem Reichs-Versicherungsamt zuzustellen ist.

§ 12.

Anträge und Gegenschriften (§§ 10, 11) müssen entweder von den Betheiligten selbst oder von ihren gesetzlichen Vertretern oder von ihren Bevollmächtigten unterzeichnet sein. Die Vollmacht muß schriftlich ertheilt werden.

Das Reichs-Versicherungsamt kann Vertreter, welche, ohne Rechtsanwälte zu sein, die Vertretung geschäftsmäßig betreiben, zurückweisen.

§ 13.

Die Entscheidung erfolgt auf Grund mündlicher Verhandlung vor dem Reichs-Versicherungsamt. Der Termin hierzu wird von dem Vorsitzenden anberaumt. Die Betheiligten werden mittelst eingeschriebenen Briefes von dem Termin mit dem Bemerken in Kenntniß gesetzt, daß im Falle ihres Ausbleibens nach Lage der Akten werde entschieden werden. Hält das Reichs-Versicherungsamt das persönliche Erscheinen eines Betheiligten für angemessen, so hat dasselbe die nach Lage des Falles an das Nichterscheinen sich knüpfenden Nachtheile in der Vorladung besonders zu bezeichnen.

§ 14.

Die Berichterstatter haben, sofern dies von dem Vorsitzenden angeordnet wird, vor dem Termin eine schriftliche Sachdarstellung vorzulegen.

§ 15.

Die mündliche Verhandlung erfolgt in öffentlicher Sitzung. Die Oeffentlichkeit kann durch einen öffentlich zu verkündenden Beschluß ausgeschlossen werden, wenn das Reichs-Versicherungsamt dies aus Gründen des öffentlichen Wohls oder der Sittlichkeit für angemessen erachtet.

Die zur Verhandlung gelangenden Sachen werden der Regel nach in der durch den Vorsitzenden bestimmten durch Aushang vor dem Sitzungszimmer bekannt zu machenden Reihenfolge erledigt.

§ 16.

Die mündliche Verhandlung beginnt mit der Darstellung des Sachverhältnisses durch den ersten Berichterstatter; demnächst sind die erschienenen Betheiligten zu hören.

Der Vorsitzende hat jedem beisitzenden Mitgliede des Reichs-Versicherungsamts auf Verlangen zu gestatten, Fragen zu stellen.

§ 17.

Die mündliche Verhandlung erfolgt unter Zuziehung eines vereidigten Protokollführers. Von demselben ist ein Protokoll aufzunehmen, welches den Gang der Verhandlung im Allgemeinen angiebt. Anerkenntnisse, Verzichtleistungen, Vergleiche und solche Anträge und Erklärungen der Betheiligten, welche von den Schriftsätzen abweichen, sowie der Tenor des Urtheils sind in das Protokoll aufzunehmen.

Die Protokolle sind von dem Vorsitzenden und dem Protokollführer, in Fällen der Urtheilssprechung außerdem von den Berichterstattern und mindestens einem anderen Mitgliede, welches an der Urtheilssprechung theilgenommen hat, zu vollziehen.

§ 18.

Die Berathung und Entscheidung des Reichs-Versicherungsamts erfolgt in nichtöffentlicher Sitzung.

§ 19.

Das Reichs-Versicherungsamt entscheidet innerhalb der erhobenen Ansprüche nach freiem Ermessen.

Die Entscheidung erstreckt sich auch auf die in dem Verfahren vor dem Reichs-Versicherungsamt den Parteien erwachsenen Kosten, und auf die Frage, welcher Kostenbetrag zur zweckentsprechenden Wahrung der Ansprüche und Rechte nothwendig gewesen ist.

Bei den Entscheidungen, welche auf Grund der mündlichen Verhandlung ergehen, dürfen nur Mitglieder mitwirken, vor welchen diese Verhandlung stattgefunden hat.

§ 20.

Das Verfahren vor dem Reichs-Versicherungsamt ist kostenfrei; ein Ersatz der durch dieses Verfahren dem Reichs-Versicherungsamt verursachten baaren Auslagen durch die Parteien findet nicht statt.

§ 21.

Die Entscheidung kann ohne vorgängige Anberaumung einer mündlichen Verhandlung ergehen, wenn beide Theile auf eine solche ausdrücklich verzichten.

§ 22.

Der Vorsitzende verkündet die ergangene Entscheidung in öffentlicher Sitzung durch Verlesung des Beschlusses oder der Urtheilsformel.

Wird die Verkündung der Gründe für angemessen gehalten, so erfolgt sie durch Verlesung derselben oder durch mündliche Mittheilung des wesentlichen Inhalts.

Die Verkündung der Entscheidung kann auf eine spätere Sitzung vertagt werden, welche in der Regel binnen einer Woche stattfinden soll.

In dem Falle des § 90 zu c des Unfallversicherungsgesetzes ist dem Schiedsgericht, gegen dessen Entscheidung Rekurs eingelegt worden ist, Abschrift des Urtheils zu ertheilen.

§ 23.

Die Urtheile werden nebst Gründen von den Berichterstattern entworfen und in der Urschrift von dem Vorsitzenden, den Berichterstattern und mindestens einem anderen Mitgliede, welches an der Urtheilssprechung theilgenommen hat, unterzeichnet.

§ 24.

Im Eingange des Urtheils sind die Mitglieder, welche an der Entscheidung theilgenommen haben, namentlich aufzuführen; auch ist der Sitzungstag zu bezeichnen, an welchem die Entscheidung erfolgt ist.

Die Ausfertigungen der Urtheile werden mit der Ueberschrift versehen:

„Im Namen des Reichs".

Sie enthalten neben dem Siegel des Reichs-Versicherungsamts die Schlußformel:

„Urkundlich unter Siegel und Unterschrift".
„Das Reichs-Versicherungsamt".
Die Vollziehung erfolgt durch den Vorsitzenden.

III. Besondere Befugnisse des Vorsitzenden.

§ 25.

Dem Vorsitzenden steht die Leitung und Beaufsichtigung des gesammten Dienstes zu; er trifft die nähere Bestimmung über die Vertheilung der Geschäfte und ernennt insbesondere in den Fällen der §§ 14, 16, 27 und 88 des Unfallversicherungsgesetzes die Vertreter und Beauftragten des Reichs-Versicherungsamts.

§ 26.

Der Vorsitzende ordnet die Einrichtung der Büreaus, der Akten und Geschäftsregister; ihm steht die Verfügung in allen Verwaltungsangelegenheiten des Amts, insbesondere in denjenigen zu, welche das Etats- und Kassenwesen, das Dienstgebäude und dessen Einrichtung, die Vervollständigung der Bibliothek und sonstige Anschaffungen betreffen.

§ 27.

Mit Genehmigung des Reichskanzlers kann der Vorsitzende einen Theil seiner Befugnisse einem ständigen Mitgliede des Reichs-Versicherungsamts übertragen. Der Vorsitzende wird im Behinderungsfalle von dem nächstältesten ständigen Mitgliede vertreten.

IV. Innerer Geschäftsgang.

§ 28.

Vorladungen und Zustellungsschreiben werden durch die Unterschrift des von dem Vorsitzenden dazu bestimmten Beamten und unter Beifügung des Siegels des Reichs-Versicherungsamts beglaubigt.

In gleicher Weise erfolgen die in den §§ 14 und 16 des Unfallversicherungsgesetzes vorgeschriebenen Einladungen zu den General- und Genossenschaftsversammlungen. Dieselben können mittelst einfachen Briefes durch die Post bewirkt werden.

§ 29.

Das Reichs-Versicherungsamt führt zwei Siegel:

1. ein großes Siegel, welches dem von dem Reichsgericht geführten

entspricht und nur bei förmlichen Ausfertigungen, insbesondere der Urtheile, gebraucht wird;

2. ein kleineres Siegel, welches den bei den Gesandtschaften des Deutschen Reichs eingeführten Siegeln entspricht, mit der Umschrift: „Reichs-Versicherungsamt".

V. Geschäftssprache.

§ 30.

In Betreff der Geschäftssprache vor dem Reichs-Versicherungsamt finden die Bestimmungen in den §§ 186ff. des Gerichtsverfassungsgesetzes vom 27. Januar 1877 entsprechende Anwendung. Eingaben, welche nicht in deutscher Sprache abgefaßt sind, werden nicht berücksichtigt.

VI. Geschäftsbericht.

§ 31.

Am Schlusse eines jeden Jahres hat das Reichs-Versicherungsamt dem Reichskanzler einen Geschäftsbericht einzureichen.

Urkundlich unter Unserer Höchsteigenhändigen Unterschrift und beigedrucktem Kaiserlichen Insiegel.

Gegeben Bad Gastein, den 5. August 1885.

(L. S.) **Wilhelm.**

von Boetticher.

Formular zu Unfallanzeigen*).

(§ 55 Ges. v. 5. Mai 1886.)

Vom Reichs-Versicherungsamt vorgeschrieben.

Berufsgenossenschaft: ....

.......................; Sektion: ....

Vertrauensmann:

(Name, Wohnort, Wohnung) ....

Betriebsunternehmer: ....

(Name [Firma], Wohnort, Wohnung)

.................; [Nr. .... des Genossenschafts-katasters. (Vergl. Mitgliedschein.)]

Unfall-Anzeige

an die Ortspolizeibehörde zu ....

Kreis (Amt) ....

Für jede verletzte oder getödtete Person ist ein besonderes Anzeige-Formular auszufüllen.

1. Betrieb, in welchem sich der Unfall ereignet hat. (Genaue Bezeichnung u. Ortsangabe, Straße und Hausnummer; bei großen Betrieben auch Betriebsabtheilung.)	
2. Vor- und Zuname der verletzten oder getödteten Person. Im Betriebe beschäftigt als? (Art der Beschäftigung, Arbeitsposten.) Wohnort, Wohnung. Lebensalter (ungefähre Angaben in Jahren genügend).	

*) Diese Formulare sind in dem vorgeschriebenen Format in den Buchhandlungen und an anderen, bei den Ortspolizeibehörden zu erfragenden Stellen zu haben.

3. Worin besteht die Verletzung? Wird dieselbe voraussichtlich den Tod oder eine Erwerbsunfähigkeit von mehr als dreizehn Wochen zur Folge haben?	
4. Wo ist die verletzte Person untergebracht? (Krankenhaus, Wohnung.)	
5. Krankenkasse, welcher die verletzte Person angehört.	
6. Wochentag, Datum, Tageszeit und Stunde des Unfalls.	
7. Veranlassung und Hergang des Unfalls. Hier ist eine möglichst eingehende Schilderung des Unfalls zu geben. Insbesondere ist die Werkstätte, in welcher, sowie die Arbeit und die Maschine, bei welcher sich der Unfall ereignet hat, genau zu bezeichnen, geeigneten Falls unter Beifügung einer erläuternden Handskizze.	
8. Augenzeugen des Unfalls. (Name, Wohnort, Wohnung.)	
9. Etwaige Bemerkungen. (Z. B. Angabe von Vorkehrungen zur Verhütung ähnlicher Unfälle, u. a. m.)	

Ort und Datum: Name und Stand der die Anzeige erstattenden Person:

Zur Beachtung.

1. Nach § 51 des Unfallversicherungsgesetzes vom 5. Juli 1884*) ist von jedem in einem versicherten Betriebe vorkommenden Unfall, durch welchen eine in

*) Ebenso § 55 Ges. v. 5. Mai 1886.

demselben beschäftigte Person getödtet wird oder eine Körperverletzung erleidet, welche eine Arbeitsunfähigkeit von mehr als drei Tagen oder den Tod zur Folge hat, von dem Betriebsunternehmer bei der Ortspolizeibehörde schriftliche*) Anzeige zu erstatten.

Dieselbe muß **binnen zwei Tagen** nach dem Tage erfolgen, an welchem der Betriebsunternehmer von dem Unfall Kenntniß erlangt hat.

Für den Betriebsunternehmer kann derjenige, welcher zur Zeit des Unfalls den Betrieb oder den Betriebstheil, in welchem sich der Unfall ereignete, zu leiten hatte, die Anzeige erstatten; im Falle der Abwesenheit oder Behinderung des Betriebsunternehmers ist er dazu verpflichtet.

2. Wegen der Mittheilung von Abschriften dieser Anzeige an die Organe der Berufsgenossenschaften (Vertrauensmann, Sektionsvorstand, Genossenschaftsvorstand) sind die Bestimmungen des Genossenschaftsstatuts maßgebend.

---

*) Nach § 55 Ges. v. 5. Mai 1886 „schriftlich oder mündlich". In letzterem Falle ist die Anzeige auf dem vorstehend vorgeschriebenen Formular zu protokolliren.

Vorschriften*)
für die preußischen Ortspolizeibehörden und das Eisenbahn-Kommissariat in Berlin über die Führung des Unfallverzeichnisses.

Für die Industrie erlassen.

§ 52 des Unfallversicherungsgesetzes.

(Ebenso § 56 Ges. v. 5. Mai 1886.)

Berlin den 7. November 1885.

Nach § 52 [1]) des Unfallversicherungsgesetzes haben die Ortspolizeibehörden ein Unfallverzeichniß zu führen und in dasselbe diejenigen Unfälle einzutragen, welche aus den der Unfallversicherung unterliegenden Betrieben, soweit diese nicht unter Reichs- oder Staatsverwaltung stehen, nach § 51 [2]) a. a. O. angemeldet werden.

Zur Ausführung dieser Vorschrift wird das Folgende bestimmt:

I.

Die Ortspolizeibehörden haben das Unfallverzeichniß nach dem anliegenden Formular zu führen und die Eintragungen in dasselbe nach Anleitung der probeweisen Ausfüllung zu bewirken.

II.

Dabei sind insbesondere folgende Vorschriften zu beachten:

1) In das Unfallverzeichniß sind alle Unfälle einzutragen, welche auf Grund des § 51 [2]) des Unfallversicherungsgesetzes zur Anzeige gelangen.

2) Die Eintragung ist in der Reihenfolge zu bewirken, in welcher die Anzeigen eingehen. Die letzteren sind mit fortlaufender Nummer zu versehen und in einem Beilageheft zum Unfallverzeichniß zu sammeln.

3) In Spalte 2 ist der Betrieb, in welchem sich der Unfall ereignet hat, genau zu bezeichnen. Soweit zur Feststellung der Iden-

---

*) Im Wesentlichen gleichartige Vorschriften sind in anderen Bundesstaaten und für die meisten fiskalischen Betriebe erlassen.

[1]) § 56 Ges. v. 5. Mai 1886. — [2]) § 55 Ges. v. 5. Mai 1886.

tität eine Ortsangabe (Gemeindebezirk, Straße, Hausnummer) erforderlich erscheint, ist dieselbe beizufügen.

4) Sind mehrere Personen durch einen Unfall verletzt oder getödtet, so bedarf es einer Ausfüllung aller Spalten für jede Person nicht. Es genügt, in Spalte 5 die Namen der Personen, in Spalte 6—7 die Verletzungen, welche dieselben erlitten haben, aufzuführen, im Uebrigen aber nur eine einmalige Angabe hinsichtlich des Betriebes u. s. w. zu machen.

5) Unfälle, welche nach der darüber eingegangenen Anzeige eine Untersuchung (§ 53[3]) a. a. O.) zwar nicht erfordern, indeß auch nicht als ganz unerheblich anzusehen sind, müssen von der Ortspolizeibehörde in ihren weiteren Folgen beobachtet werden, damit bei etwa eintretender Verschlimmerung der letzteren die Untersuchung rechtzeitig eingeleitet werden kann. In Fällen dieser Art ist in Spalte 10 anzugeben, warum die nachträglich erforderlich gewordene Untersuchung erst nach einiger Zeit vorgenommen worden ist.

6) Mit Rücksicht auf § 5 Absatz 9[4]) a. a. O. empfiehlt sich eine kurze Mittheilung über das Ergebniß der Unfalluntersuchung an die in der Unfallanzeige bezeichnete Krankenkasse, welcher der Verletzte angehört, und ist hierüber in Spalte 10 ein entsprechender Vermerk einzutragen.

7) Es ist zulässig, getrennte Unfallverzeichnisse für örtlich abgegrenzte Theile des Bezirks der Ortspolizeibehörde (Polizei-Reviere u. A.) oder für eine oder mehrere Berufsgenossenschaften (vergl. den Kopf der Unfallanzeigen) oder für einzelne Gewerbezweige oder einzelne größere Etablissements zu führen.

III.

Die unter II 1 bis 7 gegebenen Vorschriften müssen dem Unfallverzeichniß vorgeheftet oder vorgedruckt sein.

IV.

Die vorgesetzten Dienstbehörden haben sich gelegentlich von der vorschriftsmäßigen Führung des Unfallverzeichnisses zu überzeugen.

Für den Minister für Handel und Gewerbe.
(gez.) v. Boetticher.

Der Minister der öffentlichen Arbeiten.
Im Auftrage
(gez.) Schultz.

---

[3]) § 57 Gesetz v. 5. Mai 1886. — [4]) Fällt im Ges. v. 5. Mai 1886 fort.

Unfallver

(§ 52[1]) des Unfallversicherungs

Laufende Nr.	Betrieb, in welchem sich der Unfall ereignet hat. Name (Firma) des Betriebsunternehmers.	Datum des Unfalls.	Nr. der Unfallanzeige.	Vor- und Zuname der Verletzten (Getödteten.)	Art der Verletzung.
1.	2.	3.	4.	5.	6.
1. (Beispielsweise ausgefüllt.)	Maschinenfabrik von Erh. Keller Teichstraße 11.	2. Octbr. 1885	1	Robert Müller	Leichte Fingerquetschung
2. (Beispielsweise ausgefüllt.)	Wollspinnerei von Christoph, Reuter & Co.	5. Octbr. 1885.	2 bis 5	1. Peter Wirtz 2. Maria Nickel 3. Joseph Werner 4. Carl Weise	1. Leichte Kopfverletzung 2. Armbruch und Verbrühung 3. Schwere Verbrühung 4. Brustquetschung †
3. (Beispielsweise ausgefüllt.)	Kalksteinbruch der Wintersberger Steinbruchs-Aktiengesellschaft, Gemeindebezirk Rehmhausen im „Hölzchen".	10. Octbr. 1885	6	Friedrich Schönberg	Fußquetschung
4.					
5.					

[1]) § 56 Ges. v. 5. Mai 1886.

zeichniß.

gesetzes vom 6. Juli 1884.)

Wird die Verletzung voraussichtlich den Tod oder eine Erwerbsunfähigkeit von mehr als 13 Wochen zur Folge haben?	Veranlassung des Unfalls.	Ist der Unfall untersucht? (Wenn ja, an welchem Tage?) Vergl. §§ 53 fg.[2]) des Unfallversicherungsges.	Bemerkungen.
7.	8.	9.	10.
Nein (ca. 1 Woche Erwerbsunfähigkeit).	Gerieth in das Zahnradgetriebe einer Handbohrmaschine.	Nein	—
1. Nein (2 Wochen Erwerbsunfähigkeit). 2. Ja 3. Ja 4. Ist bereits gestorben	Dampfkessel-Explosion.	Ja am 7. Octbr. 1885.	In Betreff der Verletzten 2 und 3 Mittheilung an die zuständige Krankenkasse am 10. October 1885.
Nein (ca. 3 Wochen Erwerbsunfähigkeit).	Fall von überhängendem Gestein	Ja am 15. November 1885.	Untersuchung nachträglich vorgenommen, da nach angestellter Ermittelung die Herstellung des Verletzten sich hinzieht. Der zuständigen Krankenkasse am 15. November Mittheilung gemacht.

[2]) §§ 57 fg. Ges. v. 5. Mai 1886.

Anlage 7.

Geschäftsanweisung*)
für die Vorstände der Berufsgenossenschaften, betreffend die Auszahlungen durch die Post, vom 27. Sept. 1885.

(A. N. I. S. 124).

Mit der aus der Bekanntmachung des R.-V.-A. vom 24. Dezember 1887 (A. N. IV. S. 5) sich ergebenden Abänderungen.

Gemäß § 69 [1]) des Unfallversicherungsgesetzes wird die Auszahlung der Entschädigungen auf Anweisung des Genossenschaftsvorstandes vorschußweise durch die Postverwaltungen, und zwar in der Regel durch dasjenige Postamt, in dessen Bezirk der Entschädigungsberechtigte zur Zeit des Unfalls seinen Wohnsitz hatte, bewirkt.

Verlegt der Entschädigungsberechtigte seinen Wohnsitz, so hat er die Ueberweisung der Auszahlung der ihm zustehenden Entschädigung an das Postamt seines neuen Wohnorts bei dem Vorstande, von welchem die Zahlungsanweisung erlassen worden ist, zu beantragen.

Zur Ausführung dieser Vorschriften bestimmt das Reichs-Versicherungsamt im Einvernehmen mit den Zentral-Postbehörden, für die Genossenschaftsvorstände was folgt:

§ 1.

Die Zahlungsanweisungen sind unter Benutzung der anliegenden Formulare**) I bis IX zu erlassen.

Formular I ist anzuwenden bei der Anweisung zur Zahlung von Kosten des Heilverfahrens (§ 5 [2]) Abs. 2 Ziffer 1 des Unfallversicherungsgesetzes);

" II desgleichen von Renten an den Verletzten (§ 5 [2]) Abs. 2 Ziffer 2 a. a. O.);

---

*) Gilt laut Bek. d. R.-V.-A. v. 29. März 1888 (A. N. IV. S. 210) auch für die landwirthschaftlichen Berufsgenossenschaften und Ausführungsbehörden.

**) Die Formulare sind nicht mit abgedruckt. Im Kopf derselben fällt die Angabe der Paragraphen fort (A. N. IV. S. 210).

[1]) § 74 G. v. 5. Mai 1886. [2]) § 6 G. v. 5. Mai 1886.

Formular III desgleichen von Beerdigungskosten (§ 6[3]) Ziffer 1 a. a. O.);

„ IV desgleichen von Renten an die Wittwe eines Getödteten (§ 6[3]) Ziffer 2 lit. a a. a. O.);

„ V desgleichen von Abfindungen an Wittwen im Falle der Wiederverheirathung (§ 6[3]) Ziffer 2 lit. a a. a. O.);

„ VI desgleichen von Renten an die Kinder eines Getödteten (§ 6[3]) Ziffer 2 lit. a a. a. O.);

„ VII desgleichen von Renten an die Ascendenten eines Getödteten (§ 6[3]) Ziffer 2 lit. b a. a. O.);

„ VIII desgleichen von Renten an die Ehefrau eines im Krankenhause untergebrachten Verletzten (§ 7[4]) letzter Absatz a. a. O.);

„ IX desgleichen von Renten an die Kinder eines im Krankenhause untergebrachten Verletzten (§ 7[4]) letzter Absatz a. a. O.);

„ X desgleichen von Renten an die Ascendenten eines im Krankenhause untergebrachten Verletzten (§ 7[4]) letzter Absatz a. a. O.);

„ XI. desgleichen von Kur- und Verpflegungskosten an ein Krankenhaus (§ 7[4]) Absatz 1 a. a. O.).

§ 2.

Die Formulare sind sorgfältig und in leserlicher Schrift auszufüllen. Die Person, zu deren Händen die Zahlung erfolgen soll, ist so genau zu bezeichnen, daß jeder Ungewißheit vorgebeugt wird.

§ 3.

Die Zahlungsanweisungen sind in einer Ausfertigung und einer Abschrift unter Briefumschlag (ohne Anschreiben) an die Obere Postbehörde, in deren Bezirk die Berufsgenossenschaft ihren Sitz hat, und zwar im Reichspostgebiete an die Ober-Postdirektion, in Bayern an das Ober-Postamt, und in Württemberg an die Generaldirektion der Posten und Telegraphen zu Stuttgart einzusenden. Diese Behörden werden ihrerseits die Weiterbeförderung der Zahlungsanweisung an die mit der Zahlung beauftragte Postanstalt, erforder-

---

[3]) § 7 G. v. 5. Mai 1886.

[4]) § 8 G. v. 5. Mai 1886.

lichenfalls durch Vermittelung der anderweitig zuständigen Oberen Postbehörde veranlassen.

§ 4.

Zur Vermeidung von Irrungen ist der Name und Sitz der mit der Zahlung beauftragten Postanstalt im Text und am Fuße der Anweisung offen zu lassen. Die im § 3 bezeichneten Behörden werden in die Zahlungsanweisung den Namen und Sitz derjenigen Postanstalt eintragen, in deren Bezirk der Wohnort (Wohnung) des Empfangsberechtigten belegen ist.

In dem Berechtigungsausweis (§ 64[5]) des Unfallversicherungsgesetzes), dessen Absendung an den Entschädigungsberechtigten gleichzeitig mit der Uebersendung der Zahlungsanweisung an die obere Postbehörde zu bewirken ist, erfolgt die Angabe der mit der Zahlung beauftragten Postanstalt durch den Hinweis, daß die Zahlung durch diejenige Postanstalt werde geleistet werden, zu deren Bezirk der Wohnort (die Wohnung) des Empfangsberechtigten gehört. Von der Nennung des Namens dieser Postanstalt ist mit Rücksicht auf die Möglichkeit von Veränderungen in den Bezirken der Postanstalten abzusehen.

§ 5.

Die Urschrift jeder Zahlungsanweisung ist bei den Akten des Genossenschaftsvorstandes zurückzubehalten, damit auf Grund derselben die nach Ablauf des Rechnungsjahres den Genossenschaftsvorständen zugehenden Nachweisungen (§ 70[6]) des Unfallversicherungsgesetzes) einer Prüfung unterzogen werden können.

§ 6.

Ist aus irgend einem Grunde die Zahlung sämmtlicher durch eine Zahlungsanweisung angewiesenen Renten einzustellen, so hat der Genossenschaftsvorstand unter Beobachtung des in §§ 3 und 4 vorgeschriebenen Verfahrens eine Anweisung zur Einstellung der Zahlungen nach Formular XII*) der oberen Postbehörde einzusenden.

§ 7.

Beantragt ein Entschädigungsberechtigter auf Grund des § 69[7])

---

*) Formular XII ist durch die Bek. d. R.-V.-A. v. 24. Dez. 1887 (A. N. IV. S. 5) abgeändert.

[5]) § 69 G. v. 5. Mai 1886. [6]) § 75 G. v. 5. Mai 1886.

[7]) § 74 G. v. 5. Mai 1886.

Absatz 2 des Unfallversicherungsgesetzes die Ueberweisung der Auszahlung an die Postanstalt seines neuen Wohnorts, so hat der Genossenschaftsvorstand eine Anweisung zur Einstellung der Zahlungen für die bisher beauftragte Postanstalt nach § 6 und eine neue Zahlungsanweisung für die Postanstalt des neuen Wohnorts nach §§ 1 bis 4 der Oberen Postbehörde einzusenden.

§ 8*).

Treten bei fortlaufenden Zahlungen, abgesehen von den Fällen der §§ 6 und 7, Umstände ein, welche eine Aenderung der Zahlungsanweisung nöthig machen, z. B. Ausscheiden eines von mehreren entschädigungsberechtigten Kindern durch Tod oder Vollendung des fünfzehnten Lebensjahres, Erhöhung oder Herabsetzung der Rente im schiedsgerichtlichen Verfahren ꝛc., so hat der Genossenschaftsvorstand eine Anweisung zur Einstellung der bisherigen Zahlungen und gleichzeitig eine neue Zahlungsanweisung der oberen Postbehörde einzusenden. In der neuen Zahlungsanweisung sind die fortan zu leistenden Zahlungen vollständig anzugeben; eine Bezugnahme auf den Inhalt der früheren Anweisung ist ausgeschlossen. Wenn es sich um die Herabsetzung der Rente handelt, so ist in der neuen Anweisung zu bestimmen, in welchen Monatsraten der zuviel gezahlte Betrag wieder eingezogen werden soll, und welche Beiträge hiernach in den einzelnen Monaten zur Auszahlung zu bringen sind.

§ 9.

Der Vorstand einer jeden Berufsgenossenschaft hat die Unterschriften seiner Mitglieder, soweit dieselben bei der Vollziehung von Zahlungsanweisungen mitzuwirken befugt sind, bei derjenigen Oberen Postbehörde zu hinterlegen, in deren Bezirk die Berufsgenossenschaft ihren Sitz hat.

§ 10.

Da es im Interesse einer geordneten Rechnungsführung geboten ist, daß die Zahlungsempfänger ihre Quittungen in einheitlicher, aus den Anlagen I bis XI ersichtlicher Form ausstellen, so werden die Genossenschaftsvorstände ersucht, den Zahlungsempfängern

*) Die durch gesperrten Druck kenntlich gemachten Abänderungen beruhen auf der Bek. d. R.-V.-A. v. 24. Dezember 1887 (A. N. IV. S. 5).

die erforderlichen Formulare zu Quittungen über Rentenzahlungen bei Ertheilung des Berechtigungsausweises (§ 4) in angemessener Zahl auszuhändigen. Quittungen über einmalige Zahlungen werden unter der Zahlungsanweisung selbst vollzogen.

§ 11.

Im Einzelnen wird zu den anliegenden Formularen bemerkt:

Zu Formular I. Die Kosten des Heilverfahrens sind binnen acht Tagen nach ihrer Feststellung zu zahlen (§ 66[8]) Abs. 1) des Unfallversicherungsgesetzes). Damit dies ermöglicht werde, muß die Zahlungsanweisung so schleunig wie nur möglich nach der erfolgten Feststellung des Betrages ausgestellt werden. Liegt die letztere in der Hand der Vertrauensmänner (Sektionsvorstände), so sind diese mit einer allgemeinen Anweisung dahin zu versehen, daß sie ihre Feststellung, unter Benutzung des Formulars I, ohne Verzug dem Genossenschaftsvorstande behufs Ausfertigung der Zahlungsanweisung einsenden. Auf der letzteren ist der Tag, mit welchem die achttägige Frist abläuft, ersichtlich zu machen.

Zu Formular II. Die Entschädigungsrente an Verletzte ist in monatlichen im voraus fälligen Raten zu zahlen und auf volle fünf Pfennig für den Monat nach oben abzurunden (§ 66[8]) Abs. 2) a. a. O.).

Zu Formular III. Die Zahlung der Beerdigungskosten hat binnen acht Tagen nach der Feststellung zu erfolgen (§ 66[8]) Abs. 1) a. a. O.). Es gilt also auch hier das zu Formular I Gesagte.

Zu Formular IV, VI und VII. Die den Wittwen, Kindern oder Ascendenten Getödteter zu zahlenden Renten sind wie die Renten der Verletzten in monatlichen Raten im Voraus zu zahlen und auf volle fünf Pfennig für den Monat abzurunden.

Vor Erlaß der Zahlungsanweisungen sind die Namen der empfangsberechtigten Kinder sowie deren Geburtstage auf Grund einzuholender standesamtlicher Atteste festzustellen und in die Anweisung aufzunehmen.

Zu Formular VIII bis X. Hinsichtlich der den Angehörigen (der Ehefrau, den Kindern oder Ascendenten) eines im Krankenhause untergebrachten Verletzten für die Zeit seiner Verpflegung im Krankenhause zu gewährenden Renten (§ 7 des Unfallversicherungsgesetzes) gilt das vorstehend zu Formular IV, VI und VII Gesagte.

Zu Formular I bis XII*). Am Kopfe jeder Zahlungsanweisung ist die Nummer einzutragen, unter welcher die Berufsgenossenschaft in der diesseitigen Bekanntmachung vom .... 29. März 1888**) .... aufgeführt wird. Die gleiche Nummer ist in die Rentenquittungs-Formulare vor deren Aushändigung (§ 10) einzusetzen.

Berlin, den 27. September 1885.

Das Reichs-Versicherungsamt.
Bödiker.

---

*) Eine besondere Bemerkung zu Formular XII ist durch die neue Fassung des letzteren erledigt, vgl. Anm. *) zu § 6 dieser Gesch.-Anw.

**) Siehe Anlage 1.

[8]) § 71 Gesetz vom 5. Mai 1886.

Rundschreiben

an die Berufsgenossenschaftsvorstände, betreffend die Feststellung der Entschädigungen.

(U.-V.-G. §§ 53—65, L.-U.-V.-G. §§ 55—70.)*)

Im Verfolg der diesseitigen Rundschreiben vom 15. Juli und 11. September 1886 — R.-V.-A. I. 15461 und 19461, Amtliche Nachrichten des R.-V.-A. 1886 Seite 125, 159 — betreffend die Feststellung und Zahlung der Entschädigungen, sowie im Hinblick auf die inzwischen gemachten weiteren Erfahrungen und den diesbezüglichen Inhalt der von den Vorsitzenden der Schiedsgerichte für das Jahr 1886 erstatteten Geschäftsberichte nimmt das Reichs-Versicherungsamt Veranlassung, im Nachfolgenden diejenigen wichtigeren Gesichtspunkte, deren praktische Bedeutung für das Feststellungsverfahren nicht immer gewürdigt wird, zusammenzustellen.

Als Anlage ist dem gegenwärtigen Rundschreiben ein Auszug aus demselben beigefügt, welcher als Anleitung für die zur Feststellung der Entschädigungen zuständigen berufsgenossenschaftlichen Organe dienen soll. Die einzelnen Paragraphen desselben entsprechen der Reihenfolge der Paragraphen des Rundschreibens, welches als Begründung und nähere Ausführung der Sätze des Auszuges anzusehen ist.

I.

Aufklärung der thatsächlichen Verhältnisse bei Erhebung von Entschädigungsansprüchen, insbesondere durch Betheiligung der Berufsgenossenschaften an den ortspolizeilichen Unfalluntersuchungen.

(U.-V.-G. §§ 53—55, L.-U.-V.-G. §§ 57—60.)

§ 1.

Es ist die Erfahrung gemacht worden, daß nicht selten von den Genossenschaftsorganen über die Anerkennung und Festsetzung oder über Ablehnung von Entschädigungsansprüchen Bescheide erlassen werden, ohne daß zuvor mit der erforderlichen Gründlichkeit die thatsächlichen Verhältnisse aufgeklärt worden sind, welche für die Entschädigungspflicht und das Maß der Entschädi-

*) U.-V.-G. = Unfallversicherungsgesetz vom 6. Juli 1884.
L.-U.-V.-G. = Gesetz, betreffend die Unfall- und Krankenversicherung der in land- und forstwirthschaftlichen Betrieben beschäftigten Personen, vom 5. Mai 1886.

gung von entscheidender Bedeutung sind. Infolge hiervon werden sehr zum Nachtheile sowohl für die Berufsgenossenschaften als auch für diejenigen, welche Entschädigung begehren, viele Ansprüche auf den Weg der Berufung und in das schiedsgerichtliche Verfahren gedrängt, während sie bei erschöpfender Erörterung durch Bescheid des Genossenschaftsorgans füglich ihre endgültige Erledigung hätten finden können. Müssen nunmehr vor den Schiedsgerichten die Beweiserhebungen nachgeholt werden, welche bereits vor Erlaß des ersten Bescheides hätten zum Abschluß gebracht werden sollen, so können dieselben in diesem Stadium nur mit einem ungleich höheren Kostenaufwand und häufig nicht mehr mit der gleichen Aussicht auf ein klares und sicheres Ergebniß bewerkstelligt werden.

§ 2.

Behufs thunlichster Vermeidung dieser Uebelstände ist vor allem die (den Berufsgenossenschaften als ein Recht zugestandene) Betheiligung von Genossenschaftsvertretern an den Unfalluntersuchungen zu empfehlen (U.-V.-G. § 53, § 54 Absatz 1, L.-U.-V.-G. § 57, § 58 Absatz 1). Diese Vertreter können, soweit erforderlich, durch Stellung geeigneter Anträge bei den Verhandlungen auf eine erschöpfende Aufhellung des Sachverhaltes erfolgreich hinwirken, um so mehr, wenn sie in der Lage sind, sich schon vor der Verhandlung über die Sachlage zu unterrichten.

§ 3.

Insbesondere scheint die auf Antrag der Berufsgenossenschaften seitens der Untersuchungsbehörde zu bewirkende Zuziehung von Sachverständigen (U.-V.-G. § 54 Abs. 2, L.-U.-V.-G. § 58 Abs. 2) nicht in dem wünschenswerthen Umfange zu erfolgen. Vielfach haben in nicht ganz einfach liegenden Fällen die bei den Schiedsgerichtsverhandlungen zugezogenen ärztlichen Sachverständigen für die Abgabe eines Gutachtens über den ursächlichen Zusammenhang zwischen einem Betriebsunfalle und der eingetretenen Erwerbsunfähigkeit eine alsbald nach Eintritt des Unfalles vorgenommene genaue ärztliche Untersuchung und Feststellung der Verletzungen vermißt. Die Herbeiführung dieser Feststellung wird sehr häufig im Interesse der Berufsgenossenschaften liegen und auf dem angegebenen Wege in der Regel unschwer zu erreichen sein.

§ 4.

Da die durch die Vornahme der pflichtmäßigen behördlichen Unfalluntersuchung (oben § 2) entstehenden Kosten nicht von den Berufsgenossenschaften zu tragen sind, während ihnen die aus der beantragten Zuziehung von Sachverständigen (oben § 3) erwachsenen Kosten zur Last fallen, so wollen die Berufsgenossenschaftsorgane bei ihren eine Einwirkung auf die behördlichen Untersuchungsverhandlungen bezweckenden schriftlichen oder mündlichen Anträgen deutlich zum Ausdruck bringen, ob sie die Erledigung der Anträge gemäß U.-V.-G. § 53 beziehungsweise L.-U.-V.-G. § 57 kostenlos erwarten oder gemäß U.-V.-G. § 54 Absatz 2, § 101 beziehungsweise L.-U.-V.-G. § 58 Absatz 2, § 121 begehren und somit etwaige Kosten (U.-V.-G. § 101 Absatz, L.-U.-V.-G.

§ 121 Absatz 2) erstatten wollen (vergleiche Rundschreiben vom 18. Oktober 1887 — R.-V.-A. I. 19628 — Amtliche Nachrichten des R.-V.-A. 1887 Seite 336).

Jedenfalls leuchtet ein, daß selbst im letzteren Falle die von den Berufsgenossenschaften zur Erzielung einer rechtzeitigen, gründlichen Sacherörterung etwa aufzuwendenden Kosten weit geringer sind, als die Kosten der dadurch oft zu vermeidenden Verhandlungen und Beweisaufnahmen im schiedsgerichtlichen Verfahren.

II.

Vorbereitung und geschäftliche Behandlung der Beschlußfassung bei anerkannten oder anscheinend begründeten Ansprüchen. Bedeutung der Unterlagen.

(U.-V.-G. § 57 Absatz 3, L.-U.-V.-G. § 62 Absatz 3.)

§ 5.

a. In allen Fällen der Anerkennung des Anspruches auf eine Rente ist die in der Ueberschrift angezogene Gesetzesvorschrift zu beachten, wonach „vor der Feststellung der Entschädigung" dem Entschädigungsberechtigten die „Unterlagen" für die Bemessung derselben mitgetheilt werden sollen. In der „Begründung" zum Unfallversicherungsgesetz werden als solche Unterlagen aufgeführt insbesondere die „in Ansatz gebrachte Lohnhöhe, anerkannter Grad der Invalidität, Anzahl der Hinterbliebenen", und als Zweck der Mittheilung der Unterlagen hervorgehoben, daß die letzteren dazu dienen sollen, „durch die vorgängige Verhandlung unter den Betheiligten die Sachlage klar zu stellen und unnöthigen Streitigkeiten vor den Schiedsgerichten vorzubeugen" (Stenographische Berichte über die Verhandlungen des Reichstages, 5. Legislaturperiode, IV. Session 1884, III. Band Seite 83).

b. Es ist indessen die Erfahrung gemacht worden, daß, wenn auch die sonstigen Unterlagen rechtzeitig vorher mitgetheilt worden waren, der anzunehmende Grad der Erwerbsunfähigkeit sehr häufig erst in dem definitiven Feststellungsbescheide (U.-V.-G. § 62, L.-U.-V.-G. § 66) angegeben wurde, was zur Folge hatte, daß sowohl die Berufsgenossenschaften als auch die Arbeiter der Vortheile einer vorgängigen Verständigung über diesen wichtigen Punkt verlustig gingen, und die umständliche und für die Berufsgenossenschaften mit Kosten verbundene schiedsgerichtliche Verhandlung erst Klarheit über diese Frage brachte.

Zur Begründung jenes abweichenden Verfahrens hat ein Vorstand geltend gemacht, es sei nicht unbedenklich, den Grad der Erwerbsunfähigkeit vor der Feststellung mitzutheilen, da dieses „ein Gegenstand eingehender Berathung bei der Feststellung" seitens des zuständigen Organs und nach dem Schlußsatze des § 61 des U.-V.-G. auch erst im Feststellungsbescheide selbst anzugeben sei.

c. Diese Auffassung scheint indessen der Angabe des Grades der Erwerbsunfähigkeit sowie überhaupt den „Unterlagen" eine zu weitgehende rechtliche Bedeutung beizulegen. So wichtig dieselben, wie sich aus dem Vorstehenden ergiebt, thatsächlich in der Regel auch sind, so läßt doch die oben angeführte Stelle aus der „Begründung deutlich erkennen, daß der Gesetzgeber die Mittheilung der Unterlagen wesentlich aus Zweckmäßigkeitsgründen angeordnet hat, derselben aber eine bindende Bedeutung für den demnächst zu erlassenden förmlichen Bescheid nicht hat beilegen wollen. Auch der Umstand, daß für die Bewirkung der Mittheilung der Unterlagen eine besondere Form nicht vorgesehen ist, führt gegenüber den Vorschriften über die Ertheilung des förmlichen Bescheides (U.-V.-G. § 61, § 62 Abs. 4, L.-U.-V.-G. § 66, § 67 Absatz 4) zu der Folgerung, daß jene Mittheilung gegenüber der endgültigen Feststellung lediglich als ein formfreies Vorbereitungsverfahren anzusehen ist, dessen praktische Durchführung im Einzelnen der berufsgenossenschaftlichen Verwaltung überlassen bleibt.

d. Daraus folgt einerseits, daß dieses Vorbereitungsverfahren allgemein dem Vorsitzenden oder einem andern Mitgliede des Vorstandes, Ausschusses u. s. w. übertragen werden kann, andrerseits, daß die letzteren Organe bei der von ihnen zu bewirkenden Feststellung an den im Vorbereitungsverfahren dem Verletzten mitgetheilten Grad der Erwerbsunfähigkeit ebensowenig wie an die andern Unterlagen endgültig gebunden sind. Wollte man die Feststellungsorgane für gebunden erachten, so würde in allen Fällen, wo der Verletzte einen höheren, als den ihm mitgetheilten Grad der Erwerbsunfähigkeit geltend macht, der durch die Mittheilung der Unterlagen eröffnete Weg der gegenseitigen Verhandlung zur Erzielung einer Vereinbarung von vornherein ungangbar und die Absicht des Gesetzgebers durchkreuzt werden.

Hiernach würde, wenn es sich um Ansprüche Verletzter (U.-V.-G. § 5 Absatz 1, 2, 6, L.-U.-V.-G. § 5, § 6 Absatz 1, 2) handelt — über die Feststellung der Entschädigung bei Todesfällen vergleiche unten § 15 — das im Nachfolgenden dargelegte Verfahren als Regel festgehalten werden können. Diese Darlegung hat übrigens durchweg den regelmäßigen Fall einer kollegialen Gestaltung des Feststellungsorgans im Auge; in den Fällen der statutenmäßigen Zuständigkeit des Vertrauensmannes werden sich besondere Schwierigkeiten nicht leicht herausstellen, andernfalls durch sinngemäße Anwendung unschwer erledigen.

A. Erhebung von Ansprüchen während der dreizehnwöchigen Wartezeit.

(Vergleiche U.-V.-G. § 5 Absatz 2, L.-U.-V.-G. § 6 Absatz 1.)

§. 6.

a. Sobald ein an sich begründet erscheinender Entschädigungsanspruch schon während der dreizehnwöchigen Wartezeit erhoben wird oder von Amtswegen geprüft werden muß, so ist die Beschlußfassung des Feststellungsorgans (des Vorstandes, Ausschusses u. s. w.) durch den Vorsitzenden oder ein anderes Mitglied — beziehungsweise in deren Auftrage durch einen Beamten der Genossenschaft — vorzubereiten.

Ausreichende Anhaltspunkte für dieselbe werden in vielen Fällen die Vorverhandlungen, insbesondere die Untersuchungsverhandlungen (vergleiche oben §§ 1 bis 3) bieten, bei noch nicht beendigtem Heilverfahren eventuell auch die zeitig herbeizuführenden Mittheilungen des behandelnden Arztes beziehungsweise der Krankenkassen (vergleiche Rundschreiben vom 18. März 1887 — R.-V.-A. I. 5288 —, Amtliche Nachrichten des R.-V.-A. 1887 Seite 55). Anderenfalls werden fehlende Angaben durch Rückfragen bei der unteren Verwaltungsbehörde, bei dem Betriebsunternehmer oder dem Verletzten (eventuell durch Vermittelung des zuständigen Vertrauensmannes) schnell zu beschaffen sein.

§ 7.

b. Alles dieses (§ 6) ist thunlichst bereits vor Ablauf der dreizehnten Woche zu erledigen — falls nicht noch früher die nöthigen Vorkehrungen zu treffen sind, sofern nach der Art der Verletzung, weil durch dieselbe zweifellos völlige Erwerbsunfähigkeit begründet wird (z. B. Verlust beider Arme, beider Beine), Verlauf des Heilverfahrens oder aus sonstigen Gründen der Grad der Erwerbsunfähigkeit bereits zu einem früheren Zeitpunkte zuverlässig beurtheilt werden kann.

§ 8.

c. Die Ergebnisse seiner Ermittelungen wird der Vorsitzende u. s. w. nunmehr zu prüfen und sofort mit Beginn der vierzehnten Woche — wenn nicht noch früher: vergleiche § 7 — dem Verletzten insbesondere die in Ansatz gebrachte Lohnhöhe und den anzunehmenden Grad der Erwerbsunfähigkeit*), ferner aber auch alle sonstigen Unterlagen mitzutheilen haben, auf Grund deren nach seinem pflichtmäßigen Ermessen im einzelnen Falle die Entschädigung „zu bemessen ist". Beispielsweise wird, da auf die Entschließung der Feststellungsorgane ärztliche Atteste naturgemäß wesentlich mitbestimmend einzuwirken pflegen, sich die Beschaffung der letzteren und (abschriftliche, auszugsweise oder doch inhaltliche) Mittheilung derselben an den Verletzten empfehlen.

§ 9.

d. Würde endlich dieser Mittheilung aller im Einzelfall in Betracht kommenden Unterlagen seitens des Vorsitzenden ꝛc. noch die Bemerkung angeschlossen, man beabsichtige auf Grund derselben dem Feststellungsorgan vorzuschlagen (folgt der Vorschlag, z. B. eine Rente von x Mark), so ist damit dem Entschädigungsberechtigten nicht nur ausreichende „Gelegenheit" gegeben, die mitgetheilten Unterlagen in thatsächlicher Richtung eingehend zu prüfen, sondern auch — was für ihn praktisch das Entscheidende ist — sich über die Tragweite zu unterrichten, welche das Feststellungsorgan den Unterlagen für

*) Hierbei sei auf ein kürzlich erschienenes Werk: Anleitung zur Bestimmung der Arbeits- und Erwerbsunfähigkeit nach Verletzungen, von Dr. L. Becker, Königlicher Bezirksphysikus und Stabsarzt a. D., Berlin 1888 (Verlag von Th. Chr. Fr. Enslin) hingewiesen.

die Bemessung der Höhe der Rente voraussichtlich beilegen wird. Es ist einleuchtend, daß eine Beschränkung der Mittheilung auf blos thatsächliche und deshalb vielfach an sich unanfechtbare, also „vorgängiger Verhandlungen“ gar nicht bedürfende Unterlagen den in der Gesetzesbegründung ausdrücklich ausgesprochenen Zweck der Mittheilung in der Regel nicht erreichen würde.

§ 10.

e. Dabei ist zu beachten, daß das Gesetz keinerlei Bestimmungen über die Folgen unterlassener Aeußerung enthält; es ist deshalb unzulässig, dem Entschädigungsberechtigten, welchem ja nur „Gelegenheit“ gegeben werden soll, sich zu äußern, die Unterlagen unter der Verwarnung mitzutheilen, dieselben würden als anerkannt gelten, wenn der Berechtigte innerhalb der im Gesetze vorgesehenen Frist von einer Woche keine Erklärung abgebe. Geht eine Aeußerung des Berechtigten ein, so wird sie bei der demnächstigen Beschlußfassung mit in Betracht gezogen werden können und unter Umständen für die letztere von Belang sein; geht keine Aeußerung ein, so wird in vielen Fällen der Grund des Schweigens darin liegen, daß der Berechtigte Einwendungen von Belang nicht zu erheben und also auch das Schiedsgericht voraussichtlich nicht in Anspruch zu nehmen gedenkt. Im Uebrigen knüpfen sich keinerlei Rechtsfolgen an das Schweigen des Berechtigten.

§ 11.

f. Selbstverständlich ist auch das Feststellungsorgan an die von dem Vorsitzenden u. s. w. mitgetheilten Unterlagen, insbesondere soweit dieselben sich lediglich als ein Urtheil oder eine Schätzung des letzteren darstellen, nicht gebunden. Dadurch beseitigt sich auch jedes Bedenken, den Grad der anzunehmenden Erwerbsunfähigkeit mitzutheilen. Uebrigens ist für die praktische Gestaltung dieses Verfahrens nicht zu übersehen, daß die zu dessen Handhabung berufenen Personen sich allmählich eine umfassende Kenntniß der Grundsätze, welche von den Schiedsgerichten und dem Reichs-Versicherungsamt hinsichtlich der Beurtheilung der Folgen von Verletzungen ausgebildet sind, erlangen und so insbesondere eine gewisse Sicherheit in der Schätzung der Erwerbsunfähigkeit sich aneignen werden.

§ 12.

g. Gleichzeitig mit der Zustellung der Unterlagen — geeignetenfalls noch früher: vergleiche § 7 — würde der Vorsitzende das Erforderliche zur Herbeiführung einer Beschlußfassung des Feststellungsorgans (Anberaumung einer Sitzung, bei schriftlicher Abstimmung Entwurf der Abstimmungsliste ꝛc.) vorzubereiten haben, so daß sofort nach Eingang der Erklärung des Entschädigungsberechtigten und jedenfalls (bei Nicht-Eingang einer solchen) in der fünfzehnten Woche die Sitzung abgehalten beziehungsweise die schriftliche Abstimmung vorgenommen werden kann (vergleiche hierzu U.-V.-G. § 22 Absatz 2 beziehungsweise L.-U.-V.-G. § 27 Absatz 1; § 17 Absatz 2 beziehungsweise § 18 Absatz 2 der betreffenden Normalstatute — Amtliche Nachrichten des R.-V.-A. 1885 Seite 9ff., 1887 Seite 248ff.).

§ 13.

h. Die Berathung in der Sitzung beziehungsweise die schriftliche Abstimmung wird in der Regel sofort zu einem endgültigen Ergebniß führen, und die Ertheilung des schriftlichen Bescheides durch das Feststellungsorgan noch in der fünfzehnten Woche erfolgen können. Der Bescheid ist im Namen des Feststellungsorgans selbst (des Vorstandes, Ausschusses u. s. w.) zu erlassen (U.-V.-G. § 61, L.-U.-V.-G. § 66) und von den zur Vertretung dieses Organs nach Außen statutenmäßig berufenen Personen zu vollziehen. Ist auf Grund des § 57 Absatz 2 U.-V.-G. beziehungsweise § 62 Absatz 2 L.-U.-V.-G. ein besonderes Feststellungsorgan eingesetzt, so ist der Bescheid von sämmtlichen bei der Beschlußfassung betheiligt gewesenen stimmberechtigten Mitgliedern zu unterzeichnen, falls nicht durch Beschluß des zur Einsetzung des Feststellungsorgans zuständigen Genossenschaftsorgans der Vorsitzende oder bestimmte Mitglieder des Feststellungsorgans zur alleinigen Vollziehung ermächtigt worden sind (vergleiche Amtliche Nachrichten des R.-V.-A. 1887 Seite 377 Ziffer 440).

Dagegen ist jedenfalls von sämmtlichen bei der Feststellung Mitwirkenden das betreffende Sitzungsprotokoll zu unterzeichnen beziehungsweise eine unterschriftliche Erklärung in die Abstimmungsliste einzutragen. Endlich ist noch hervorzuheben, daß, selbst wenn eine Einigung über die Höhe der Rente u. s. w. mit dem Verletzten erzielt worden ist, die Ertheilung eines förmlichen Bescheides nach Maßgabe der erzielten Einigung dennoch erfolgen muß (vergleiche Amtliche Nachrichten des R.-V.-A. 1887 S. 136 Ziffer 331).

i. Daß die vorstehend für die Erledigung des Feststellungsverfahrens angesetzten Fristen etwa zu knapp bemessen seien, kann das Reichs-Versicherungsamt — von Ausnahmefällen abgesehen — um so weniger anerkennen, als sich in zahlreichen, hier zur Kenntniß gelangten Fällen herausgestellt hat, daß die Innehaltung jener Fristen thatsächlich selbst in solchen Berufsgenossenschaften ermöglicht wird, nach deren Statuten die Entschädigungsfeststellung an erschwerte Formen u. s. w. gebunden ist.

Uebrigens ist darauf hinzuweisen, daß das Gesetz (U.-V.-G. § 57 Absatz 2, L.-U.-V.-G. § 62 Absatz 2) in dieser Beziehung den Berufsgenossenschaften das weitestgehende Selbstbestimmungsrecht eingeräumt und ihnen dadurch ermöglicht hat, im Wege der statutarischen Anordnung — insbesondere durch zweckmäßige Gestaltung des Feststellungsorgans — Vorkehrungen zu treffen, welche eine schleunige Erledigung der Entschädigungssachen gewährleisten (vergleiche dazu die oben § 12 a. E. angeführten Bestimmungen). Eventuell würde zu erwägen sein, ob sich nicht eine entsprechende Abänderung der darauf bezüglichen Vorschriften des Statuts empfehlen möchte (vergleiche Amtliche Nachrichten des R.-V.-A. 1886 Seite 13 Ziffer 123; 1887 Seite 19 Ziffer 265).

Gerade im Bereiche des wichtigen Feststellungsverfahrens hat sich die Geschäftsgewandtheit der Organe, die Güte der Verwaltungseinrichtungen sowie die praktische Brauchbarkeit des Statuts, welches sich die Berufsgenossenschaft gegeben hat, zu bewähren.

B. Erhebung von Ansprüchen nach Ablauf der dreizehnwöchigen Wartezeit.

§ 14.

Die in den §§ 6 bis 13 dargelegten Regeln werden ohne Schwierigkeit auch in allen denjenigen Fällen entsprechende Anwendung finden können, wo erst nach Ablauf der dreizehnwöchigen Wartezeit Entschädigungsansprüche erhoben werden, oder wegen der besonderen obwaltenden Verhältnisse die Beschlußfassung über früher erhobene Ansprüche während der Wartezeit noch nicht hat vorbereitet werden können. Sollte sich in derartigen Fällen herausstellen, daß die Unfalluntersuchung gemäß U.-V.-G. §§ 53ff., L.-U.-V.-G. §§ 57ff. noch nicht veranlaßt worden ist, so ist thunlichst darauf hinzuwirken, daß durch deren Vornahme — falls der Vorstand u. s. w. sie überhaupt für erforderlich erachtet — das Feststellungsverfahren nicht verzögert werde. Letzteres wird vielfach auch ohne Rücksicht auf die Ergebnisse der Unfalluntersuchung durchgeführt oder doch in die Wege geleitet werden können und ist jedenfalls von der Vornahme derselben gesetzlich nicht abhängig (vergleiche Amtliche Nachrichten des R.-V.-A. 1886 Seite 205 Ziffer 199).

C. Ansprüche aus Todesfällen.

§ 15.

Handelt es sich endlich um Todesfälle beziehungsweise Ansprüche aus U.-V.-G. § 6, L.-U.-V.-G. § 7, so hat der Vorsitzende u. s. w. sofort nach Abschluß der Untersuchung, eventuell sofort nach erlangter Kenntniß von dem Tode — unter entsprechender Anwendung der vorstehenden Regeln — alles Erforderliche ungesäumt zu veranlassen und die Beschlußfassung mit thunlichster Beschleunigung vorzubereiten und herbeizuführen (U.-V.-G. § 58 Absatz 1, L.-U.-V.-G. § 63 Absatz 1).

III.

Verfahren bei Einlegung der Berufung auf schiedsrichterliche Entscheidung gegen ablehnende Bescheide. Rechtzeitige Beschaffung der Unterlagen.

§ 16.

a. Es ist wiederholt vorgekommen, daß Berufungssachen, in denen die von dem Feststellungsorgan abgewiesenen Kläger obsiegen, seitens der Schiedsgerichte mittelst Urtheils an die zuständigen Genossenschaftsorgane zur Feststellung der Entschädigung haben zurückverwiesen werden müssen, weil die für die Bemessung der Entschädigung erforderlichen Unterlagen nicht vorhanden waren, oder weil die betreffenden Organe sich noch nicht über die Höhe der eventuell zu bewilligenden Rente ausgesprochen, sondern darauf beschränkt hatten, die Bewilligung einer Entschädigung aus irgend einem Grunde überhaupt abzulehnen.

Es ist dann weiter schon mehrfach der Fall gewesen, daß die Berufsgenossenschaften gegen derartige, den Anspruch des Arbeiters grundsätzlich anerkennende Urtheile der Schiedsgerichte den Rekurs beim Reichs-Versicherungsamt eingelegt haben, welches bei Abweisung des Rekurses dann ebenfalls noch nicht in der Lage war, einen bestimmten Rentenbetrag festzusetzen, sondern sich damit begnügen mußte, zu letzterem Zwecke die Sache in die erste Instanz zurückzuverweisen.

b. Derartige Verzögerungen entsprechen weder einer prompten Rechtsprechung, wie sie auf diesem sozialen Gebiete doppelt anzustreben ist, noch, wie oben dargelegt, dem wohlverstandenen Interesse der Berufsgenossenschaften selbst, würden aber durchweg vermieden, wenn die jeweilig erforderlichen Unterlagen, sofern sie nicht schon von vornherein zu den Akten gebracht sind, wenigstens alsdann schleunigst beschafft werden, wenn gegen den ablehnenden Bescheid Berufung eingelegt wird.

In der Regel werden die Unterlagen innerhalb der Frist für die Einreichung der Gegenschrift (§ 8 der Verordnung vom 2. November 1885 — Amtliche Nachrichten des R.-V.-A. 1885 Seite 347) beschafft und zugleich mit der letzteren beim Schiedsgericht eingesandt werden können. Eventuell könnte in der Gegenschrift die Nachbringung der Unterlagen vorbehalten werden.

c. Hinsichtlich der letzteren ist insbesondere zu beachten, ob etwa die Anwendung der Vorschrift des § 5 Absatz 5 des Unfallversicherungsgesetzes vom 6. Juli 1884 in Frage kommen kann, wonach, wenn der ermittelte Arbeitsverdienst den ortsüblichen Tagelohn gewöhnlicher Tagearbeiter nicht erreicht, der letztere statt des ersteren der Rentenberechnung zu Grunde zu legen ist. Es empfiehlt sich deshalb, sofern nicht im einzelnen Falle diese Möglichkeit völlig ausgeschlossen erscheint, den dem Schiedsgericht einzusendenden Unterlagen sogleich eine von der Gemeindebehörde des Beschäftigungsortes des Berufungsklägers ausgestellte Bescheinigung über die Höhe des von der höheren Verwaltungsbehörde für Erwachsene festgesetzten ortsüblichen Tagelohns gewöhnlicher Tagearbeiter beizufügen.

Das Unterlassen dieser Maßregel hat in der Berufungs- wie Rekursinstanz schon wiederholt zu Weiterungen geführt.

d. Auf diese Weise würde das gesammte, für die Entscheidung in Betracht kommende Material dem Schiedsgericht beziehungsweise dem Reichs-Versicherungsamt rechtzeitig zugänglich werden.

Diese beiden Instanzen werden alsdann, falls sie den Anspruch an sich anerkennen, vielfach in der Lage sein, die mündliche Verhandlung auch auf den Umfang des Anspruches zu erstrecken und auf Grund des unmittelbaren Für und Wider der Parteien — auf deren persönliches Erscheinen sie hinwirken können: § 10 Absatz 3 der Verordnung vom 2. November 1885; § 13 Schlußsatz der Verordnung vom 5. August 1885 (Amtliche Nachrichten des R.-V.-A. 1885 Seiten 347, 211) — sofort eine endgültige Entscheidung zu treffen. Dies um so mehr, als beim Vorhandensein ausreichender Unterlagen in den Akten die sich in der mündlichen Verhandlung etwa noch ergebenden Streitpunkte über die Höhe des Anspruches selten so erheblich sein werden, daß sie nicht durch Anerkenntnisse, Verzichtleistungen, Vergleiche u. s. w. beseitigt werden könnten.

e. Zudem würde in den Instanzen geeignetenfalls die mündliche Verhandlung im Wege der prozeßleitenden Verfügung nach der bezeichneten Richtung hin noch weiter vorbereitet werden können, z. B. durch zeitige Mittheilung der Unterlagen an den Entschädigungsberechtigten (U.-V.-G. § 57 Absatz 3, L.-U.-V.-G. § 62 Absatz 3), falls begründete Zweifel obwalten, ob derselbe sie anerkennen wird, durch Rückfrage bei dem Betriebsunternehmer beziehungsweise der Berufsgenossenschaft, falls die bisherigen Ermittelungen Zweifel betreffs des Jahresarbeitsverdienstes übrig lassen u. s. w.

f. Bei Innehaltung der vorstehenden Regeln wird es sich fast immer vermeiden lassen, daß derselbe Rentenanspruch zweimal — einmal wegen des Bezugsrechts an sich und sodann wegen der Höhe der Rente — die zuständigen Stellen oder einzelne derselben (Feststellungsorgan, Schiedsgericht, Reichs-Versicherungsamt) beschäftigt: der Erfolg wäre auf Seiten der Arbeiter ein rascherer Rentenbezug, auf Seiten der Berufsgenossenschaften Ersparung von Kosten, insbesondere doppelter Schiedsgerichtssitzungen u. s. w., und auf Seiten der Schiedsgerichte beziehungsweise des Reichs-Versicherungsamts Verminderung der Arbeitslast.

g. Dem Einwande, daß mit der vorstehend empfohlenen Behandlung dem Entschädigungsberechtigten der Instanzenzug (Berufsgenossenschaft, Schiedsgericht, Reichs-Versicherungsamt) beziehungsweise dem Feststellungsorgan die Wahrnehmung seiner erstinstanzlichen Befugnisse verkümmert werde, ist damit zu begegnen, daß nicht die theoretische Frage, ob sich ein Betriebsunfall ereignet habe, sondern die konkrete Frage des geldwerthen Rentenanspruchs einer bestimmten Person der eigentliche Gegenstand der vom Entschädigungsberechtigten beantragten Entscheidung ist.

IV.
Verfahren bei Zubilligung einer vorläufigen Entschädigung gemäß U.-V.-G. § 58 Absatz 4, L.-U.-V.-G. § 63 Absatz 4.

§ 17.

a. Die vorstehend in Bezug genommene Vorschrift findet in einigen Berufsgenossenschaften eine unzutreffende Anwendung. Dieselbe ist erst in der Kommissionsberathung über das U.-V.-G. vom 6. Juli 1884 diesem hinzugefügt und entsprang der Besorgniß, ob trotz der vorhergehenden, auf thunlichste Beschleunigung der Feststellung der Entschädigung für Verletzte abzielenden Bestimmungen (§ 58 Absatz 2, 3) „nicht doch in einzelnen Fällen ein Vakuum eintreten könne" (Stenographische Berichte a. a. O., IV. Band Seiten 880, 931).

Aus dieser Entstehungsgeschichte des Absatzes 4 in Verbindung mit den Vorschriften der Absätze 2 und 3 erhellt, daß ein anerkannter Entschädigungsanspruch eines Verletzten thunlichst und in der Regel sofort endgültig, bei noch nicht beendigtem Heilverfahren aber wenigstens für die Dauer desselben festzustellen (U.-V.-G. § 58 Absatz 2, 3, Absatz 3, § 61, § 62 Absatz 4; L.-U.-V.-G. § 63 Absatz 2, 3, § 64 Absatz 3, § 66, § 67 Absatz 4), also in beiden Fällen ein förmlicher Bescheid zu erlassen ist; nur „in einzelnen Fällen", in denen trotz rechtzeitig vorbereiteter Beschlußfassung die Feststellung nicht sofort erfolgen kann — z. B. weil bestehende Zweifel über den Jahresarbeitsverdienst oder andere wesentliche Voraussetzungen der Feststellung noch Erörterungen nöthig machen — ist die Vorschrift des Absatzes 4 a. a. O. als ein Nothbehelf anzuwenden, um zu verhüten, daß der Berechtigte in einen wirthschaftlichen Nothstand gerathe.

b. Es ist deshalb der Absicht des Gesetzes zuwider, wenn über eine derartige Entschädigung, welche nach den Worten des Gesetzes nur „vorläufig" „zuzubilligen" — nicht „festzustellen" — ist, dem Berechtigten ein förmlicher, mit der Berufungsklausel (U.-V.-G. § 62 Absatz 4, L.-U.-V.-G. § 67 Absatz 4) versehener Bescheid ertheilt, und ihm dadurch die eventuelle Einlegung der Berufung nahe gelegt wird. Letztere ist nach dem Wortlaut des U.-V.-G. §. 62 Absatz 2, L.-U.-V.-G. § 67 Absatz 2 nur zulässig gegen Bescheide, durch welche eine Entschädigung „festgestellt" — nicht blos vorläufig zugebilligt — wird.

c. Hiernach empfiehlt es sich, die gemäß U.-V.-G. § 58 Absatz 4, L.-U.-V.-G. § 63 Absatz 4 erfolgte Zubilligung einer vorläufigen Entschädigung dem Berechtigten mittelst einfachen Schreibens zu eröffnen und ihn zugleich zu verständigen, daß es sich nur um eine vorläufige und überschlägliche Entschädigung beziehungsweise Abschlagszahlung unter Vorbehalt demnächstiger Verrechnung auf die endgültig festzustellenden Bezüge handele. Im Uebrigen wird die vorläufige Entschädigung in der Höhe zu bemessen sein, daß sie dem vom Verletzten vor dem Unfall bezogenen Arbeitsverdienste beziehungsweise dem Grade der durch den Unfall herbeigeführten Erwerbsunfähigkeit wenigstens insoweit entspricht, als diese Voraussetzungen der Entschädigung seitens der Berufsgenossenschaft als vorliegend erachtet werden.

d. Insbesondere ist es in diesem wie im Falle des § 58 Absatz 3 U.-V.-G. beziehungsweise 63 Absatz 3 L.-U.-V.-G. nicht angemessen, bei Uebertragung der Fürsorge für die Verletzten auf die zuständige Krankenkasse (U.-V.-G. § 5 Absatz 8, L.-U.-V.-G. § 10 Absatz 4, 5) die vorläufigen Bezüge der Berechtigten ohne Unterschied auf den Betrag des Krankengeldes zu beschränken, wie dies mehrfach vorgekommen ist, Letzteres wird bei völliger Erwerbsunfähigkeit die Höhe der Rente in der Regel nicht erreichen.

Uebrigens sind die Krankenkassen verpflichtet, auf Verlangen der Berufsgenossenschaften die Unfallrenten vorschußweise zu zahlen (Amtliche Nachrichten des R.-V.-A. 1886 Seite 133, Ziffer 184).

e. Zur Ergänzung des Vorstehenden wird endlich noch auf die denselben Gegenstand betreffenden früheren diesseitigen Bescheide verwiesen: Amtliche Nachrichten des R.-V.-A. 1886 Seite 86 Ziffer 166 viertletzter Absatz, Seite 159 Nr. 1; 1887 Seite 19 Ziffer 267, Seite 357 Ziffer 427.

V.

Unzulässigkeit der Rentenfeststellungen auf Zeit. Form der gemäß U.-V.-G. § 58 Absatz 3 beziehungsweise L.-U.-V.-G. § 63 Absatz 3 erlassenen Bescheide.

§ 18.

Trotz mehrfacher diesseitiger Hinweise (vergleiche Amtliche Nachrichten des

R.-V.-A. 1886 Seite 55 Ziffer 139, 140; 1887 Seite 351 Ziffer 409 und die daselbst angeführten Bescheide) werden in einzelnen Berufsgenossenschaften zeitweilig noch Bescheide erlassen, durch welche bei noch nicht beendigtem Heilverfahren oder unbestimmter Dauer der Erwerbsunfähigkeit die Rente durch Angabe eines künftigen kalendermäßigen Endtermines ohne nähere Begründung willkürlich auf eine bestimmte Zeit beschränkt wird. Solche Bescheide entsprechen nicht dem Gesetze, aus dessen Worten (U.-V.-G. § 57 Absatz 1 Ziffer 1b, § 58 Absatz 3, L.-U.-V.-G. § 62 Absatz 1 Ziffer 1b, § 63 Absatz 3) vielmehr zu entnehmen ist, daß derartige Feststellungen in der Regel in folgender Form:

„vom ... ten .... 18.. an bis zur Beendigung des Heilverfahrens"

beziehungsweise

„vom ... ten .... 18.. an bis auf Weiteres und zwar für die Dauer Ihrer [voraussichtlich vorübergehenden] [gänzlichen — theilweisen] Erwerbsunfähigkeit"

und ohne weiteren Zusatz eines künftigen Endtermins zu ertheilen sind, es sei denn, daß die Feststellung sich unvermeidlicher Weise verzögert hat, und inzwischen das Ende des Bezugsrechts bereits eingetreten ist.

Solche Feststellungen bleiben so lange in Kraft, bis auf Grund des § 65 U.-V.-G. beziehungsweise § 70 L.-U.-V.-G. mit der im Absatz 4 daselbst vorgesehenen Wirkung ein anderweiter Feststellungsbescheid ergeht. (Vergleiche Amtliche Nachrichten des R.-V.-A. 1886 Seite 159 Nr. 2, 1887 Seite 10 Ziffer 254, Seite 351 Ziffer 409 Schlußabsatz, und wegen Berechnung etwaiger Monats-Bruchtheile von Renten: Amtliche Nachrichten 1886 Seite 160 Ziffer 191.)

Bei richtiger Handhabung des Verfahrens und Innehaltung der oben unter II angegebenen Regeln ist nicht zu besorgen, daß den Berufsgenossenschaften aus derartigen nicht begrenzten Feststellungen im Hinblick auf das System der Vorauszahlung der Rente (U.-V.-G. § 66 Absatz 2, L.-U.-V.-G. § 71 Absatz 2) erhebliche Verluste erwachsen werden.

Ist eine Erwerbsunfähigkeit verblieben, so tritt ein Verlust für die Berufsgenossenschaft überhaupt nicht ein, da der für den Zustellungsmonat etwa überhobene Betrag wieder eingezogen beziehungsweise verrechnet werden kann. Letzteres ist übrigens mit thunlichster Schonung der Bezugsberechtigten zu bewirken und jedenfalls — wenn es sich nicht etwa um ganz geringe Summen handelt — erst nach und nach, unter Vertheilung des überhobenen Betrages auf mehrere Monate, durchzuführen. (Vergleiche den in den Amtlichen Nachrichten des R.-V.-A. 1887 Seite 163 unter Ziffer 365 abgedruckten Bescheid und zum letzten Absatz desselben die diesseitige Abänderungsbekanntmachung vom 14. Dezember 1887 [Amtliche Nachrichten des R.-V.-A. 1888 Seite 5]).

Welche endlosen Weiterungen jene Beschränkungen der Renten auf einen bestimmten Zeitraum im Gefolge haben könen, ergiebt sich aus der diesseitigen Rekursentscheidung Ziffer 253 — Amtliche Nachrichten des R.-V.-A. 1887

Seite 10 —; vergleiche auch 1887 Seite 163 Ziffer 364, Seite 351 Ziffer 409, Seite 352 Ziffer 415; bezüglich der etwa in Betracht kommenden Zuständigkeit verschiedener Genossenschaftsorgane: 1887 Seite 137 Ziffer 333 und 334.

VI.

Ausführung der schiedsgerichtlichen Urtheile trotz Einlegung des Rekurses. Renten-Einstellung oder -Minderung wegen veränderter Verhältnisse während schwebenden Verfahrens. Mittheilung der Unterlagen bei Renteneinstellungs- oder Minderungsbescheiden.

§ 19.

a. Wenn durch schiedsgerichtliches Urtheil, entgegen der Ablehnung seitens des Feststellungsorgans, dem Verletzten eine Rente zugesprochen worden ist (vergleiche oben § 16), so ist dieselbe ungesäumt zur Zahlung anzuweisen und dem Berufungskläger der Berechtigungsausweis zu ertheilen (U.-V.-G. § 66, § 64, L.-U.-V.-G. § 71, § 69), selbst wenn von dem Genossenschaftsvorstande gegen das Urtheil des Schiedsgerichts Rekurs eingelegt ist, da letzteres Rechtsmittel keine aufschiebende Wirkung hat. (U.-V.-G. § 63 Absatz 1 Schlußsatz, L.-U.-V.-G. § 68 Absatz 1 Schlußsatz, Amtliche Nachrichten des R.-V.-A. 1887 Seite 207 Ziffer 388).

Wird in Folge des Rekursverfahrens der Betrag der Entschädigung geändert, so ist — in analoger Anwendung des § 64 Absatz 2 U.-V.-G. beziehungsweise § 69 Absatz 2 L.-U.-V.-G. — dem Entschädigungsbechtigten ein anderweiter Berechtigungsausweis zu ertheilen. (Vergleiche hierzu oben Nr. V den vorletzten Absatz.)

b. Wenn das Feststellungsorgan die Zahlung einer erst im schiedsgerichtlichen Verfahren zugesprochenen oder festgestellten Rente demnächst auf Grund veränderter Verhältnisse (U.-V.-G. § 65, L.-U.-V.-G. § 70) während noch schwebenden Rekurses durch förmlichen Bescheid wieder einstellt oder den Betrag herabmindert, so ist die Eigenthümlichkeit der dadurch geschaffenen Rechtslage besonders zu beachten.

Es ist wiederholt vorgekommen, daß der Berechtigte gegen einen solchen Bescheid Berufung nur deshalb nicht eingelegt hat, weil er der Meinung war, sein Anspruch auf Rente beziehungsweise Fortbezug derselben sei ohnedies bereits in der höchsten Instanz abhängig, und vor endgültigem Austrag der Sache die Einlegung einer erneuten Berufung nicht geboten oder zwecklos.

Hiernach erscheint es erforderlich, in derartigen, während schwebenden Rekursverfahrens erlassenen Einstellungs- oder Minderungsbescheiden den Berechtigten über die Tragweite derselben durch den ausdrücklichen Zusatz aufzuklären, daß er diesen Bescheid, falls er sich durch denselben beschwert fühle, des schwebenden Rekurses ungeachtet durch selbständige Berufung anfechten müsse, da der Bescheid sonst mit der Wirkung des § 65 Absatz 4 U.-V.-G. beziehungsweise § 70 Absatz 4 L.-U.-V.-G. rechtskräftig werde, und daran auch durch sein etwaiges Obsiegen im Rekursverfahren voraussichtlich nichts geändert werde (vergleiche Amtliche Nachrichten des R.-V.-A. 1887 Seite 133 Ziffer 319).

Von der während des Rekursverfahrens erfolgten Ertheilung eines anderweiten Bescheides ist dem Reichs-Versicherungsamt zu den Rekursakten Mittheilung zu machen.

c. Daß dasselbe Verfahren Platz zu greifen hat, wenn das Feststellungsorgan schon während des schiedsgerichtlichen Verfahrens die Zahlung der von ihm festgestellten Rente wegen veränderter Verhältnisse ganz oder theilweise wieder einstelle, ergiebt sich in analoger Anwendung der vorstehenden Grundsätze von selbst.

d. Im Uebrigen bedarf es bei Bescheiden, welche wegen Veränderung der Verhältnisse erlassen werden, nicht der vorgängigen förmlichen Mittheilung der Unterlagen im Sinne des U.-V.-G. § 57 Absatz 3, L.-U.-V.-G. § 62 Absatz 3, wenngleich sich die Mittheilung unter Umständen empfehlen und geeignet sein kann, im Wege der Aufklärung und gegenseitigen Verständigung die Inanspruchnahme des Schiedsgerichts zu verhüten.

Dagegen sind dem Berechtigten spätestens in dem betreffenden (förmlichen) Bescheide genau die Thatsachen mitzutheilen, welche nach der Meinung des Feststellungsorgans eine wesentliche Veränderung begründen, damit der Berechtigte in den Stand gesetzt wird, sich sachgemäß vertheidigen zu können. In der Regel sind auch die Beweismittel anzugeben (z. B. ärztliches Gutachten).

Jedenfalls ist die bisherige Rente gemäß U.-V.-G. § 65 Absatz 4 beziehungsweise L.-U.-V.-G. § 70 Absatz 4 bis zum Tage der Zustellung des neuen Bescheides fortzugewähren.

(Vergleiche Amtliche Nachrichten des R.-V.-A. 1887 S. 351 Ziffer 409 und die dort angeführten Bescheide sowie Amtliche Nachrichten 1887 Seite 136 Ziffer 232.)

VII.

Verfahren bei der Unterbringung in einem Krankenhause und bei der Entlassung aus demselben.

(U.-V.-G. § 7, L.-U.-V.-G. § 8.)

1. Unterbringung im Anschluß an die dreizehnwöchige Wartezeit.

§ 20.

Bei der Gewährung der freien Kur und Verpflegung in einem Krankenhause nach Beginn der vierzehnten Woche können zwei Fälle unterschieden werden: einmal die Unterbringung eines bisher in anderweiter Pflege oder überhaupt nicht in Pflege befindlichen Verletzten, sodann der Fall, wo die bereits auf Grund des Krankenversicherungsgesetzes gewährte freie Kur und Verpflegung in einem Krankenhause auch nach der dreizehnten Woche weiter gewährt wird (sei es unmittelbar durch die Berufsgenossenschaft, sei es auf deren Kosten: U.-V.-G. § 5 Absatz 8, L.-U.-V.-G. § 10 Absatz 4, 5).

In beiden — in ihrer rechtlichen Bedeutung gleichwerthigen — Fällen steht der Genossenschaft das ausschließliche Wahlrecht zwischen den nach U.-V.-G.

§ 5 und § 7 beziehungsweise L.-U.-V.-G. § 6 und § 8 alternativ zu gewährenden Leistungen zu (vergleiche Amtliche Nachrichten des R.-V.-A. 1886 Seite 17 Ziffer 130). Dasselbe darf indessen, wie das Reichs-Versicherungsamt bereits grundsätzlich ausgesprochen hat, nur „durch Ertheilung eines der Berufung auf schiedsrichterliche Entscheidung unterliegenden formellen Bescheides" seitens des nach Gesetz oder Statut zur Feststellung der Entschädigungen berufenen Genossenschaftsorgans ausgeübt werden (vergleiche Amtliche Nachrichten des R.-V.-A. 1886 Seite 292 Ziffer 241).

Im Uebrigen ist anzuerkennen, daß

§ 21.

a. diejenigen Fälle, in denen es sich um die Unterbringung eines zu Beginn der vierzehnten Woche nicht in Krankenhauspflege befindlichen Verletzten handelt, eilbedürftig sind, und deshalb in solchen Fällen die Ertheilung eines förmlichen Bescheides den Zweck der Unterbringung vielfach erschweren oder gar vereiteln würde. Hier erscheint es deshalb statthaft und dem Geiste des Gesetzes entsprechend, wenn behufs Verminderung des mit der Herbeiführung einer förmlichen Beschlußfassung des Feststellungsorganes verbundenen Zeitverlustes die Unterbringung zunächst in weniger förmlicher Weise angeordnet wird.

Es genügt in solchen Fällen, wenn der Vorsitzende oder ein sonstiges Mitglied des Feststellungsorgans auf Grund einer ihm von dem letzteren allgemein ertheilten Ermächtigung eine formlose — nicht mit der Berufungsklausel (U.-V.-G. § 62 Absatz 4, L.-U.-V.-G. § 67 Absatz 4) zu versehende — schriftliche Aufforderung an den Verletzten richtet, sich in ein zu bezeichnendes Krankenhaus zu begeben, geeignetenfalls unter dem Hinweis, daß im Weigerungsfalle die Genossenschaft in die Lage kommen könne, die Gewährung einer Rente nach beendigtem Heilverfahren insoweit zu beanstanden, als die später etwa verbleibende Erwerbsunfähigkeit sich als Folge eines schuldhaften Verhaltens des Weigernden darstellen würde (vergleiche Amtliche Nachrichten des R.-V.-A. 1886 Seite 17 Ziffer 130).

Befindet sich das Krankenhaus außerhalb des Wohnortes des Verletzten, so würden dem letzteren die zur Reise erforderlichen Kosten rechtzeitig zur Verfügung zu stellen sein (vergleiche Amtliche Nachrichten des R.-V.-A. 1887 Seite 27 Ziffer 276).

Da die Grundlage der Maßnahme der Unterbringung in der Regel ein ärztliches Gutachten sein wird, so wird es sich empfehlen, dasselbe dem Verletzten in geeigneter Weise mitzutheilen, desgleichen auch die etwaigen sonstigen Umstände, welche die Unterbringung geboten erscheinen lassen, darzulegen. Demnächst würde — da sonstige mitzutheilende Unterlagen einstweilen nicht in Betracht kommen — eine Beschlußfassung des Feststellungsorgans herbeizuführen, und ein förmlicher Bescheid (U.-V.-G. § 62 Absatz 4, L.-U.-V.-G. § 67 Absatz 4) zu erlassen sein. Derselbe könnte etwa dahin gefaßt werden: durch Beschluß des Feststellungsorganes (Vorstandes, Ausschusses u. s. w.) sei anerkannt worden, daß die durch die Verfügung (Aufforderung) vom . . ten

. . . . 18 . . getroffene Anordnung der Unterbringung im Krankenhause zu Recht erfolgt sei. Dieser förmliche Bescheid ist in allen Fällen — mag der Verunglückte der Aufforderung nachgekommen sein oder nicht — zu erlassen, da dem Verunglückten sonst die Möglichkeit abgeschnitten würde, im Wege der Berufung auf schiedsrichterliche Entscheidung das Vorhandensein der Voraussetzungen des § 7 Absatz 1 U.-V.-G. beziehungsweise § 8 Absatz 1 L.-U.-V.-G. zu bestreiten und demgemäß das bisherige Verfahren anzugreifen. Dazu gewährt ihm aber nur der förmliche Bescheid die gesetzliche Möglichkeit (vergleiche U.-V.-G. § 62 Absatz 2, L.-U.-V.-G. § 67 Absatz 2; auch Amtliche Nachrichten des R.-V.-A. 1887 Seite 163 Ziffer 365 Absatz 1).

Selbstverständlich wird es geboten sein, die Beschlußfassung und Zustellung des Bescheides an solche Verunglückte, welche die Aufforderung, sich in ein Krankenhaus zu begeben, nicht beachten oder ihr nachzukommen sich weigern, mit besonderer Beschleunigung zu betreiben. An letzterer hat nicht nur der Verletzte, dem nun einstweilen auch keine Rente gewährt wird, ein dringendes Interesse, sondern es liegt auch im eigensten Interesse der Berufsgenossenschaft, für das von ihr gewählte Vorgehen sobald als möglich die gesetzliche Grundlage zu schaffen.

§ 22.

b. In denjenigen Fällen, in denen der Verunglückte sich zu Beginn der vierzehnten Woche noch in einem Krankenhause befindet, ist demselben, wenn ihm die Genossenschaft Kur und Verpflegung fortgewähren will, gleichfalls ein förmlicher Bescheid zu ertheilen.

Das Verfahren wird sich hier entsprechend wie zu a, in der Regel aber noch einfacher gestalten, auch in manchen Fällen auf Grund des Gutachtens des behandelnden Arztes schon lange vor der vierzehnten Woche die Nothwendigkeit der Fortgewährung der Krankenhauspflege mit Sicherheit beurtheilt werden können, so daß der förmliche Bescheid bei rechtzeitiger Vorbereitung des Erforderlichen schon in der vierzehnten Woche ertheilt werden kann.

2. Spätere oder erneute Unterbringung.

§ 23.

Erfolgt die Unterbringung in einem Krankenhause, nachdem der Verunglückte bereits in den Bezug der Rente gelangt war, oder ist ein neues Heilverfahren erforderlich, so darf die Genossenschaft das ihr auch in solchen Fällen gemäß § 65, § 7 Absatz 1 U.-V.-G. beziehungsweise §. 70, § 8 Absatz 1 L.-U.-V.-G. zustehende Wahlrecht ebenfalls nur durch förmlichen Bescheid ausüben und hat die bisherige Rente bis zum Tage der Zustellung des letzteren fortzuzahlen (Amtliche Nachrichten des R.-V.-A. 1886 Seite 292 Ziffer 241).

In dringlichen Fällen würde indessen auch hier die sofortige Unterbringung in einem Krankenhause zunächst durch formlose Verfügung (vergleiche oben § 21 Absatz 2), vorbehaltlich der Ertheilung des förmlichen Bescheides, angeordnet werden können.

3. Ansprüche der „Angehörigen“ während der Unterbringung. (U.-V.-G. § 7 Absatz 2, L.-U.-V.-G. § 8 Absatz 2.)

§ 24.

Kommen bei der Unterbringung Ansprüche von Angehörigen in Betracht, so ist der bezügliche Bescheid gleichfalls thunlichst bald zu ertheilen, wenngleich er, wegen der Beschaffung der hier mitzutheilenden Unterlagen im Sinne des § 57 Absatz 3 U.-V.-G. beziehungsweise § 62 Absatz 3 L.-U.-V.-G., in der Regel nicht schon gleichzeitig mit dem Bescheide aus § 7 Absatz 1 beziehungsweise § 8 Absatz 1 a. a. O. wird ertheilt werden können. (Vergleiche Amtliche Nachrichten des R.-V.-A. 1886 Seite 292 Ziffer 240.)

4. Entlassung aus dem Krankenhause.

§ 25.

Die Bescheide aus § 7 U.-V.-G. beziehungsweise § 8 L.-U.-V.-G. erledigen die aus § 5 beziehungsweise § 6 a. a. O. zu erhebenden Ansprüche, „an Stelle“ deren die Kur und Verpflegung gewährt wird, nur „bis zum beendigten Heilverfahren“. Wenn deshalb der Verletzte demnächst aus dem Krankenhause entlassen wird, so ist ihm — mag vor der Unterbringung eine Rente bereits festgestellt gewesen sein oder nicht — Zug um Zug mit der Anordnung der Entlassung und der dadurch bedingten Einstellung der etwaigen Leistungen aus § 7 Absatz 2 U.-V.-G. beziehungsweise § 8 Absatz 2 L.-U.-V.-G. ein anderweiter förmlicher Bescheid (U.-V.-G. § 61, § 62 Absatz 4, L.-U.-V.-G. § 66, § 67 Absatz 4) zu ertheilen, mittelst dessen die Berufsgenossenschaft zu der nunmehr wieder offenen Frage der Gewährung oder Fortgewährung beziehungsweise Ablehnung oder Einstellung der in den angeführten §§ 5 beziehungsweise 6 vorgeschriebenen Leistungen dem Verletzten gegenüber Stellung nimmt (zu vergleichen Amtliche Nachrichten des R.-V.-A. 1887 Seite 133 Ziffer 319).

Diese Verpflichtung kommt für die Berufsgenossenschaft auch nicht dadurch in Wegfall, daß nach ärztlichem Attest eine Erwerbsunfähigkeit bei dem Verletzten nicht zurückgeblieben ist; übrigens liegt in allen Fällen die sofortige Erledigung der Angelegenheit im Interesse der Berufsgenossenschaften selbst.

Ergeben sich bei Anordnung der Entlassung im Hinblick auf die Beendigung des Heilverfahrens beziehungsweise die Bedeutung der verbliebenen Erwerbsunfähigkeit Zweifel darüber, welches von etwaigen mehreren Feststellungsorganen zum Erlaß jenes Bescheides zuständig sei, so ist nach Maßgabe der diesseitigen Bescheide Ziffern 333 und 334, Amtliche Nachrichten des R.-V.-A. 1887 Seite 137, zu verfahren (vergleiche auch Entscheidung 252, Amtliche Nachrichten 1887 Seite 9).

VIII.

Aktenführung und Formalien.

Im Nachfolgenden wird auf einige, die Ausfertigung u. s. w. der Bescheide und die zugehörige Aktenführung betreffende, hier wiederholt wahrgenommene Unebenheiten hingewiesen. Dieselben beziehen sich insbesondere auf die mangelnde Vollständigkeit der Akten und die oft ungenügende Form der Aktenstücke sowie auf die Innehaltung gewisser Förmlichkeiten hinsichtlich der Bescheide.

§ 26.

A. Da die genossenschaftlichen Akten eine wesentliche Grundlage für das weitere Verfahren vor den Schiedsgerichten beziehungsweise vor dem Reichs-Versicherungsamt und für die im Instanzenzuge zu ertheilenden Entscheidungen bilden, so ist die Vollständigkeit der Akten, soll ihre Bedeutung und Zuverlässigkeit nicht in bedenklicher Weise abgeschwächt werden, unerläßliche Voraussetzung. Es ist unbedingt erforderlich, daß der zur Nachprüfung des von den Genossenschaftsorganen eingeschlagenen Verfahrens berufenen Stelle das gesammte bei der Genossenschaft vorhandene Aktenmaterial ausnahmslos unterbreitet wird.

Was die Form einzelner Aktenstücke anlangt, so war es bisher bei manchen Berufsgenossenschaften Gebrauch, gerade die wichtigsten Schriftstücke, wie Ablehnungs- und Feststellungsbescheide, lediglich in mit der Kopirpresse hergestellten Abzügen von den an die Parteien hinausgegangenen Ausfertigungen zu den Akten zu bringen; dabei sind diese Kopien oft noch gefertigt, ehe nur die Ausfertigung selbst von dem Vorstandsvorsitzenden oder dem sonst zuständigen Organe vollzogen ist, überdies auf dünnem, durchlässigem Papier und mitunter gänzlich unleserlich hergestellt.

Dem gegenüber spricht das Reichs-Versicherungsamt die Erwartung aus, daß künftighin, wie alle Beschlüsse und Bescheide, welche zum Zweck der Nachprüfung an eine weitere Instanz gelangen können, so insbesondere die Feststellungsbescheide in leserlicher und dauerhafter, sowie vor Allem in beweisender Form mit dem Zeichen der Genehmigung durch das maßgebende Genossenschaftsorgan zu den Akten gebracht werden.

Zu diesem Zweck wird es sich empfehlen, daß bei den Berufsgenossenschaften, nach dem Vorgange der Aktenführung bei den öffentlichen Behörden, die vorbezeichneten Schriftstücke zunächst in dem für die Akten bestimmten Exemplare entworfen werden, und auf demselben die Genehmigung durch das zuständige Organ urkundlich festgestellt, sodann aber erst durch Reinschrift hiervon die Ausfertigung hergestellt wird. Mindestens aber würde, wo die Verwendung eines bloßen Abzuges für die Akten nicht zu umgehen ist, derselbe stets die Unterschrift desjenigen Organs aufweisen, welches die für die Partei bestimmte Ausfertigung unterzeichnet hat.)

§ 27.

B. Hiernach ist es insbesondere unzulässig, die Ertheilung beziehungsweise Ausfertigung von Feststellungsbescheiden — wie diesseits wiederholt wahrgenommen ist — lediglich durch eine Verfügung, deren Ausführung einem Büreaubeamten überlassen wird, anzuordnen, oder gar die Verfügung auf einen Hinweis auf die betreffende Nummer des zu verwendenden Formulars zu beschränken. Vielmehr ist der Bescheid im Wortlaut vollständig und einschließlich der

Berufungsklausel (U.-V.-G. § 62 Absatz 4, L.-U.-V.-G. § 67 Absatz 4) — welche in den Text des Bescheides selbst aufzunehmen und nicht als Anmerkung anzubringen ist — zu entwerfen und zu den Akten zu bringen, damit bei Einsendung der „Vorverhandlungen“ an den Schiedsgerichtsvorsitzenden dieser, auch wenn der Berufungskläger die Ausfertigung des Bescheides nicht mit überreicht hat, in der Lage ist, sofort durch Kenntnißnahme von der Urschrift die Innehaltung der Förmlichkeiten vorzuprüfen und eventuell noch vor der mündlichen Verhandlung das nach Lage des Falles etwa Angezeigte zu veranlassen beziehungsweise vorzubereiten.

§ 28.

C. Außerdem sind in Urschrift oder beglaubigter Abschrift die Unterlagen der Beschlußfassung des Feststellungsorgans zu den Akten zu bringen (bei mündlicher Verhandlung das betreffende Protokoll beziehungsweise ein Auszug aus dem Protokollbuch, bei schriftlicher die Abstimmungsliste beziehungsweise die betreffende Korrespondenz).

§ 29.

D. Diejenigen Bescheide, welche Ansprüche minderjähriger Verletzter betreffen, sind nicht diesen selbst, sondern deren gesetzlichen Vertretern (Vater, Vormund, Mutter, wenn dieselbe Vormünderin ist) zuzustellen.

Dasselbe gilt, wenn es sich um Ansprüche hinterbliebener rentenberechtigter Kinder eines Getödteten handelt. Dabei ist insbesondere zu beachten, daß der Anspruch der rentenberechtigten Wittwe und der Kinder kein einheitlicher ist, und die Zustellung an die Wittwe allein, falls diese nicht Vormünderin ist, den selbständigen Anspruch der Kinder nicht erledigt (zu vergleichen Amtliche Nachrichten des R.-V.-A. 1887 Seite 134 Ziffer 328).

§ 30.

E. Die Urkunde über die Zustellung beziehungsweise Aufgabe des Bescheides zur Post (vergleiche Amtliche Nachrichten des R.-V.-A. 1887 Seite 27 Ziffer 277) ist in den Akten unmittelbar hinter der Urschrift des Bescheides einzuheften. Dadurch — und durch sonstige zweckentsprechende Maßnahmen, Vermerke ꝛc. — würde dem von einem Schiedsgerichtsvorsitzenden hervorgehobenen Mangel abgeholfen, daß meistens nicht mit Sicherheit festzustellen sei, ob „die zu den Akten gebrachten Postscheine sich auf den fraglichen Bescheid beziehen“.

Daß nach Maßgabe der vorstehenden Regeln alle das Entschädigungsverfahren betreffenden Beschlüsse der Genossenschaftsorgane nebst dem ganzen auf ihre Entstehung und Ausführung bezüglichen Urkundenmaterial in beweisender, dauerhafter und deutlicher Form in den Akten niedergelegt werden, ist übrigens auch im eigenen Interesse der Berufsgenossenschaften um deswillen nothwendig, weil oft noch nach einer langen Reihe von Jahren, wenn wegen Veränderung der Verhältnisse (U.-V.-G. § 65, L.-U.-V.-G. § 70; vergleiche oben § 19 d) eine Wiederaufnahme der Feststellungsverhandlungen geboten erscheint, die in Rede stehenden Aktenstücke wieder die Grundlage für die weiteren Entscheidungen bilden müssen.

F. Schließlich nimmt das Reichs-Versicherungsamt noch Veranlassung, die Berufsgenossenschaften auf einige Zweckmäßigkeitsmaßregeln hinzuweisen.

§ 31.

a. Aus den Kreisen der Schiedsgerichtsvorsitzenden ist wiederholt der Wunsch laut geworden, daß in den Bescheid der wesentliche Inhalt des § 4 der Verordnung über das Verfahren vor den Schiedsgerichten vom 2. November 1885 aufgenommen werde, wonach die Berufung schriftlich erhoben werden muß, und in dem Schriftsatze — unter Beifügung einer Abschrift desselben für den Gegner — der Gegenstand zu bezeichnen ist unter Angabe der für die Entscheidung maßgebenden Thatsachen und der Beweismittel für die letzteren.

§ 32.

b. Es hat sich als empfehlenswerth herausgestellt, solche Bezugsberechtigte, denen die von ihnen beanspruchte Rente nicht in vollem Umfange gewährt worden, bei Gelegenheit der Ertheilung des Feststellungsbescheides in geeigneter Weise darüber zu verständigen, daß sie sich durch Erhebung des angewiesenen geringeren Betrages bei der Post ihres vermeintlichen Anspruches auf den höheren Betrag beziehungsweise ihres Rechtes auf Einlegung der Berufung in keiner Weise begeben. Die Feststellungsorgane wollen demgemäß wenigstens in denjenigen Fällen verfahren, in welchen nach den Umständen und nach der Persönlichkeit des Berechtigten das Aufkommen eines derartigen Irrthums zu besorgen steht.

§ 33.

c. Die Genossenschafts- und Sektionsvorstände werden unter Bezugnahme auf Nr. 5 des diesseitigen Rundschreibens vom 15. Juli 1886 (Amtliche Nachrichten des R.-V.-A. Seite 125) wiederholt ergebenst ersucht, gefälligst dafür Sorge zu tragen, daß die Akten stets chronologisch geheftet und mit fortlaufenden Seitenzahlen versehen werden. Die Entschädigungsakten sind für sich und getrennt von anderen Akten zu halten. Insbesondere ihre Verbindung mit Katasterakten hat schon mehrfach Anlaß zu unerwünschten Weiterungen gegeben.

Die Aufbewahrung der Entschädigungsakten nach Erledigung des Feststellungsverfahrens wird zweckmäßiger Weise seitens des mit letzterem befaßt gewesenen Genossenschaftsorgans zu bewirken sein, falls nicht durch innergenossenschaftliche Bestimmung etwas anderes angeordnet ist.

Das Reichs-Versicherungsamt.
Bödiker.

Anleitung
für die zur Feststellung der Entschädigungen zuständigen berufsgenossenschaftlichen Organe.

(Auszug aus vorstehendem Rundschreiben.)

I.
Aufklärung der thatsächlichen Verhältnisse bei Erhebung von Entschädigungsansprüchen, insbesondere durch Betheiligung der Berufsgenossenschaften an den ortspolizeilichen Unfallversicherungen.

(U.-V.-G. §§ 53—55, L.-U.-V.-G. §§ 57—60).*)

§ 1. Die für die Beschlußfassung über etwaige Entschädigungsansprüche maßgebenden thatsächlichen Verhältnisse sind rechtzeitig und ausreichend aufzuklären. Andernfalls werden manche Ansprüche unnützerweise auf den Weg der Berufung und damit in das kostspielige schiedsgerichtliche Verfahren gedrängt oder veranlassen doch in letzterem eine besondere, mit ungleich höherem Kostenaufwand verknüpfte Beweisaufnahme.

§ 2. Zur Vermeidung dieser Uebelstände ist auf eine thätige Betheiligung von Genossenschaftsvertretern an den Unfalluntersuchungen (U.-V.-G. § 53, § 54 Absatz 1, L.-U.-V.-G. § 57, § 58 Absatz 1), z. B. durch Stellung geeigneter Anträge, Bedacht zu nehmen.

§ 3. Insbesondere wird es sich nicht selten empfehlen, daß die Berufsgenossenschaften von dem Rechte des § 54 Absatz 2, § 101 U.-V.-G beziehungsweise 58 Absatz 2, § 121 L.-U.-V.-G. Gebrauch machen: nämlich bei der die Untersuchungsverhandlungen leitenden Ortspolizeibehörde die Zuziehung von Sachverständigen in Antrag zu bringen.

§ 4. Da im letzteren Falle (§ 3) die entstehenden Kosten den Berufsgenossenschaften zur Last fallen, während sie die aus der Vornahme der pflichtmäßigen Unfalluntersuchung (§ 2) erwachsenen Kosten nicht zu tragen haben, so ist bei Stellung von Anträgen an die Untersuchungsbehörden deutlich zum Ausdruck zu bringen, ob die Erledigung der Anträge kostenlos erwartet wird, oder etwaige Kosten erstattet werden sollen.

---

*) U.-V.-G. = Unfallversicherungsgesetz vom 6. Juli 1884.
L.-U.-V.-G. = Gesetz, betreffend die Unfall- und Krankenversicherung der in land- und forstwirthschaftlichen Betrieben beschäftigten Personen, vom 5. Mai 1886.

II.
Vorbereitung und geschäftliche Behandlung der Beschlußfassung bei anerkannten oder anscheinend begründeten Ansprüchen. Bedeutung der Unterlagen.

(U.-V.-G. § 57 Absatz 3, L.-U.-V.-G. § 62 Absatz 3.)

§ 5. Nach den vorstehend angezogenen Gesetzesvorschriften sind „vor der Feststellung der Entschädigung" dem Entschädigungsberechtigten die „Unterlagen" für die Bemessung derselben mitzutheilen. Diese Mittheilung beziehungsweise das dieselbe vorbereitende Verfahren hat sich folgendermaßen zu gestalten:

A. Erhebung von Ansprüchen während der dreizehnwöchigen Wartezeit.

(Vergleiche U.-V.-G. § 5 Absatz 2, L. U.-V.-G. § 6 Absatz 1.)

§ 6. Wenn ein an sich begründet erscheinender Anspruch schon während der dreizehnwöchigen Wartezeit erhoben wird oder von Amtswegen geprüft werden muß, so ist die Beschlußfassung des Feststellungsorgans (des Vorstandes, Ausschusses u. s. w.) durch den Vorsitzenden oder ein anderes Mitglied — beziehungsweise in deren Auftrage durch einen Beamten der Genossenschaft — vorzubereiten. Der Inhalt der — eventuell sofort zu beschaffenden — Untersuchungsverhandlungen, Rückfragen be-- dem Unternehmer, dem behandelnden Arzt u. s. w. werden in der Regel ausreichende Anhaltspunkte zur Ermittelung der in Betracht kommenden Verhältnisse bieten.

§ 7. Diese Ermittelung ist thunlichst vor Ablauf der dreizehnten Woche zu Ende zu führen; in klarliegenden Fällen, z. B. bei zweifelloser völliger Erwerbsunfähigkeit, ist das Erforderliche sofort nach Kenntniß von dem Unfalle in die Wege zu leiten.

§ 8. Gleich nach Beginn der vierzehnten Woche — geeignetenfalls noch früher (vergleiche § 7) — sind die durch die Ermittelung gewonnenen „Unterlagen" dem Berechtigten mitzutheilen. Diese Mittheilung kann, wenn eine vorherige Beschlußfassung seitens des Feststellungsorgans zu Weiterungen führen würde, seitens des Vorsitzenden u. s. w. allein erfolgen.

§ 9. Die Mittheilung soll in der Regel den anzunehmenden Grad der Erwerbsunfähigkeit mit umfassen und kann zweckmäßigerweise die Bemerkung enthalten, man beabsichtige auf Grund der Unterlagen dem Feststellungsorgan vorzuschlagen (folgt der Vorschlag, z. B. eine Rente von x Mark).

§ 10. Es ist unzulässig, dem Berechtigten, welchem nur „Gelegenheit" gegeben werden soll, sich zu äußern, die Unterlagen unter der Verwarnung, sie würden im Falle seines Stillschweigens als anerkannt gelten, oder unter Androhung ähnlicher Rechtsnachtheile mitzutheilen.

§ 11. Das Feststellungsorgan ist an die mitgetheilten Unterlagen bei der demnächstigen Beschlußfassung nicht gebunden, insbesondere nicht, soweit sich dieselben als ein Urtheil oder eine Schätzung darstellen, wie es z. B. bei dem angenommenen Grade der Erwerbsunfähigkeit der Fall ist.

§ 12. Gleichzeitig mit der Zustellung der Unterlagen — geeignetenfalls noch früher (vergleiche § 7) — hat der Vorsitzende das Erforderliche zur Herbeiführung einer Beschlußfassung des Feststellungsorgans (Anberaumung einer Sitzung, bei schriftlicher Abstimmung Entwurf der Abstimmungsliste u. s. w.) vorzubereiten, so daß in der Regel in der fünfzehnten Woche die Sitzung abgehalten beziehungsweise die schriftliche Abstimmung vorgenommen werden kann.

§ 13. Auf Grund des Ergebnisses der Berathung in der Sitzung beziehungsweise der schriftlichen Abstimmung ist sofort der schriftliche Bescheid zu ertheilen. Derselbe ist im Namen des Feststellungsorgans selbst (des Vorstandes, Ausschusses u. s. w.) zu erlassen (U.-V.-G. § 61, L.-U.-V.-G. § 66) und von den zur Vertretung dieses Organs nach Außen statutenmäßig berufenen Personen zu vollziehen. Ist auf Grund des § 57 Absatz 2 U.-V.-G. beziehungsweise § 62 Absatz 2 L.-U.-V.-G. ein besonderes Feststellungsorgan eingesetzt, so ist der Bescheid von sämmtlichen bei der Beschlußfassung betheiligt gewesenen stimmberechtigten Mitgliedern zu unterzeichnen, falls nicht durch Beschluß des zur Einsetzung des Feststellungsorgans zuständigen Genossenschaftsorgans der Vorsitzende oder bestimmte Mitglieder des Feststellungsorgans zur alleinigen Vollziehung ermächtigt worden sind.

B. Erhebung von Ansprüchen nach Ablauf der dreizehnwöchigen Wartezeit.

§ 14. Auch in diesen Fällen sind die in den §§ 6 bis 13 dargelegten Regeln entsprechend anzuwenden. Hat eine Unfalluntersuchung noch nicht stattgefunden, so ist thunlichst darauf hinzuwirken, daß durch deren Vornahme — falls sie überhaupt noch geboten erscheint — das Feststellungsverfahren nicht verzögert werde; jedenfalls darf die Durchführung des Feststellungsverfahrens nur dann von einer vorgängigen Unfalluntersuchung abhängig gemacht werden, wenn erst durch die letztere die erforderlichen Anhaltspunkte zur Beurtheilung des erhobenen Anspruches gewonnen werden können.

C. Ansprüche aus Todesfällen.

§ 15. Handelt es sich endlich um Todesfälle beziehungsweise Ansprüche aus U.-V.-G. § 6, L.-U.-V.-G. § 7, so hat der Vorsitzende u. s. w. sofort nach Abschluß der Untersuchung, eventuell sofort nach erlangter Kenntniß von dem Tode — unter entsprechender Anwendung der vorstehenden Regeln — alles Erforderliche ungesäumt zu veranlassen und die Beschlußfassung mit thunlichster Beschleunigung vorzubereiten und herbeizuführen (U.-V.-G. § 58 Absatz 1, L.-U.-V.-G. § 63 Absatz 1).

III.

Verfahren bei Einlegung der Berufung auf schiedsrichterliche Entscheidung gegen ablehnende Bescheide. Rechtzeitige Beschaffung der Unterlagen.

§ 16. Wird gegen ablehnende Bescheide Berufung erhoben, so hat der

Vorsitzende ꝛc. sofort nach Mittheilung der Berufung seitens des Schiedsgerichtsvorsitzenden die „Unterlagen" (U.-V.-G. § 57 Absatz 3, L.-U.-V.-G. § 62 Absatz 3) — soweit das nicht schon geschehen ist — zu beschaffen und thunlichst zugleich mit der Gegenschrift dem Schiedsgericht einzusenden. Eventuell ist in der Gegenschrift die Nachbringung der Unterlagen vorzubehalten und betreffs der letzteren selbst darauf hinzuwirken, daß seitens des Schiedsgerichts beziehungsweise des Reichs-Versicherungsamts, falls der Anspruch anerkannt wird, auch zugleich über die Höhe desselben erkannt werden kann.

Insbesondere ist bei Ansprüchen aus dem Unfallversicherungsgesetz vom 6. Juli 1884, falls die Möglichkeit nicht ausgeschlossen erscheint, daß der ermittelte Arbeitsverdienst geringer ist, als der für Erwachsene festgesetzte ortsübliche Tagelohn gewöhnlicher Tagearbeiter, eine die Höhe des letzteren enthaltende, von der Gemeindebehörde des Beschäftigungsortes des Berufungsklägers ausgestellte amtliche Bescheinigung den Unterlagen beizufügen (U.-V.-G. § 5 Absatz 5).

IV.

Verfahren bei Zubilligung einer vorläufigen Entschädigung gemäß U.-V.-G. § 58 Absatz 4, L.-U.-V.-G. § 63 Absatz 4.

§ 17. Entschädigungen der vorbezeichneten Art dürfen nicht durch förmliche Bescheide festgesetzt werden; letztere würden, auch wenn sie die Berufungsklausel enthalten, dennoch nicht berufungsfähig sein.

Vielmehr ist die erfolgte Zubilligung dem Berechtigten mittelst einfachen Schreibens zu eröffnen, und derselbe zugleich dahin zu verständigen, daß die endgültige Feststellung und Entschädigung demnächst erfolgen werde, und eine Verrechnung der vorläufigen Zahlungen auf dieselbe vorbehalten bleibe.

V.

Unzulässigkeit der Rentenfeststellungen auf Zeit. Form der gemäß U.-V.-G. § 58 Absatz 3 beziehungsweise L.-U.-V.-G. § 63 Absatz 3 erlassenen Bescheide.

§ 18. Ist mit Ablauf der dreizehnten Woche das Heilverfahren noch nicht beendigt, beziehungsweise die Erwerbsunfähigkeit noch nicht gehoben, so hat die Rentenfeststellung in folgender Form:

> „vom . . . ten . . . . 18 . . an bis zur Beendigung des Heilverfahrens"
>
> beziehungsweise
>
> „vom . . . ten . . . . 18 . . an bis auf Weiteres, und zwar für die Dauer Ihrer [voraussichtlich vorübergehenden] [gänzlichen — theilweisen] Erwerbsunfähigkeit"

zu erfolgen. Die Beschränkung des Bezugsrechts durch Beifügung eines bestimmten Endtermins ist unzulässig, es sei denn, daß die Feststellung sich unvermeidlicher Weise verzögert hat, und inzwischen das Ende des Bezugsrechts bereits eingetreten ist.

Die Bescheide bleiben in Kraft, bis sie durch einen neuen förmlichen Bescheid aufgehoben werden (U.=V.=G. § 65, L.=U.=V.=G. § 70).

Die Rente ist bis zum Tage der Zustellung dieses neuen Bescheides fortzuzahlen; war schon darüber hinaus eine Vorauszahlung erfolgt, so kann der zuviel erhobene Betrag wieder eingezogen werden, was in schonender Weise nach und nach zu bewirken ist.

VI.

Ausführung der schiedsgerichtlichen Urtheile trotz Einlegung des Rekurses. Renten=Einstellung oder =Minderung wegen veränderter Verhältnisse während schwebenden Verfahrens. Mittheilung der Unterlagen bei Renten=Einstellungs= oder Minderungsbescheiden.

(U.=V.=G. § 63 Absatz 1 Schlußsatz, § 65; L.=U.=V.=G. Absatz 1 Schlußsatz, § 70.)

§ 19. Wenn durch schiedsgerichtliches Urtheil, entgegen der Ablehnung seitens des Feststellungsorgans, dem Verletzten eine Rente zugesprochen worden ist (vergleiche oben § 16), so ist dieselbe ungesäumt zur Zahlung anzuweisen, und dem Berufungskläger der Berechtigungsausweis zu ertheilen, selbst wenn der Genossenschaftsvorstand Rekurs einlegt.

Wird durch das Feststellungsorgan eine erst im schiedsgerichtlichen Verfahren erstrittene Rente demnächst auf Grund veränderter Verhältnisse (U.=V.=G. § 65, L.=U.=V.=G. § 70) während noch schwebenden Rekurses aufgehoben oder gemindert, so ist der Berechtigte in dem dieserhalb zu erlassenden förmlichen Bescheide dahin zu belehren, daß er letzteren, falls er sich durch denselben beschwert fühle, des schwebenden Rekurses ungeachtet durch selbständige Berufung anfechten müsse, da der Bescheid sonst rechtskräftig werde, und daran auch durch sein etwaiges Obsiegen im Rekursverfahren voraussichtlich nichts geändert werde.

Ebenso ist zu verfahren, wenn das Feststellungsorgan eine von ihm selbst zuerkannte Rente schon während des schiedsgerichtlichen Verfahrens wieder aufhebt oder mindert. Im Uebrigen bedarf es bei Aufhebung oder Minderung von Renten wegen veränderter Verhältnisse nicht der vorgängigen Zustellung der Unterlagen (U.=V.=G. § 57 Absatz 3, L.=U.=V.=G. § 62 Absatz 3), wenngleich sich letztere zuweilen empfehlen wird. Dagegen sind in dem Bescheide genau die Thatsachen, welche die Veränderung begründen, sowie die Beweismittel (z. B. ärztliches Gutachten) anzugeben.

VII.

Verfahren bei der Unterbringung in einem Krankenhause und bei der Entlassung aus demselben.

(U. V.=G. § 7, L.=U.=V.=G. § 8.)

Unterbringung im Anschluß an die dreizehnwöchige Wartezeit.

§ 20. Will die Genossenschaft dem Verletzten die ihm zu leistende Für=

sorge durch Unterbringung in einem Krankenhause gewähren, so hat darüber dasjenige Genossenschaftsorgan Entscheidung zu treffen, welches nach Gesetz oder Statut überhaupt zur Feststellung der Entschädigungen berufen ist, und in allen Fällen einen förmlichen, berufungsfähigen (U.-V.-G. § 62 Absatz 4, L.-U.-V.-G. § 67 Absatz 4) Bescheid zu ertheilen.

§ 21. Befindet sich der Verletzte zu Beginn der 14. Woche noch nicht in Krankenhauspflege, und ist die sofortige Ertheilung eines förmlichen Bescheides nicht ausführbar, so ist es in eilbedürftigen Fällen zulässig, daß der Vorsitzende oder ein sonstiges Mitglied des Feststellungsorgans einstweilen eine formlose — nicht berufungsfähige — schriftliche Aufforderung an den Verletzten richtet, sich in ein zu bezeichnendes Krankenhaus zu begeben.

Demnächst ist der förmliche Bescheid (U.-V.-G. § 62 Absatz 4, L.-U.-V.-G. § 67 Absatz 4) zu erlassen, und zwar in der Regel in folgender Form:

> Durch Beschluß des Vorstandes (Ausschusses 2c.) sei anerkannt worden, daß die durch die Verfügung (Aufforderung) vom . . ten . . . . 18. . getroffene Anordnung der Unterbringung im Krankenhause zu Recht erfolgt sei.

Dieser Bescheid ist sowohl denjenigen Verletzten, welche der Aufforderung nachgekommen sind, als auch den sich Weigernden zu ertheilen, letzteren mit besonderer Beschleunigung.

§ 22. Befindet sich der Verletzte bereits in Krankenhauspflege, und wird die Fortgewährung derselben über die 13. Woche hinaus in Aussicht genommen, so ist Sorge zu tragen, daß die Ertheilung des Bescheides bereits in der 13. Woche erfolgen kann.

Spätere oder erneute Unterbringung.

§ 23. Auch in den Fällen späterer oder erneuter Unterbringung im Krankenhause darf die letztere nur durch förmlichen Bescheid angeordnet, in dringlichen Fällen aber auch eine vorläufige formlose Aufforderung (vergleiche oben § 21) an den Verletzten gerichtet werden.

Ansprüche der „Angehörigen“ während der Unterbringung.
(§ 7 Absatz 2 U.-V.-G., § 8 Absatz 2 L.-U.-V.-G.)

§ 24. Kommen bei der Unterbringung Ansprüche von Angehörigen in Betracht, so ist der bezügliche Bescheid gleichfalls thunlichst bald zu ertheilen, wenngleich er wegen der Beschaffung der hier mitzutheilenden Unterlagen (U.-V.-G. § 57 Absatz 3, L.-U.-V.-G. § 62 Absatz 3) in der Regel nicht schon gleichzeitig mit dem Bescheide aus § 7 Absatz 1 beziehungsweise § 8 Absatz 1 wird ertheilt werden können.

§ 25. Zug um Zug mit der Anordnung der Entlassung aus dem Krankenhause ist dem Verletzten — mag er früher bereits eine Rente bezogen haben oder nicht — ein anderweiter förmlicher Bescheid zu ertheilen, durch welchen eine Rente festgestellt oder abgelehnt wird.

Zugleich sind die etwaigen Leistungen an Angehörige einzustellen.

VIII.

Aktenführung und Formalien.

§ 26. Die Feststellungsbescheide sind in leserlicher, dauerhafter und vor Allem in beweisender Form zu den Akten zu bringen. Es empfiehlt sich, daß die Bescheide zunächst in dem für die Akten bestimmten Exemplare entworfen, und auf demselben die Genehmigung durch das zuständige Genossenschaftsorgan festgestellt, sodann aber erst durch Reinschrift hiervon die Ausfertigung hergestellt wird.

27. Hiernach ist es insbesondere unzulässig, die Ertheilung beziehungsweise Ausfertigung von Feststellungsbescheiden lediglich durch eine Verfügung, deren Ausführung einem Büreaubeamten überlassen wird, anzuordnen, oder gar die Verfügung auf einen Hinweis auf die betreffende Nummer des zu verwendenden Formulars zu beschränken. Vielmehr ist der Bescheid im Wortlaut vollständig und einschließlich der Berufungsklausel (U.-V.-G. § 62 Absatz 4, L.-U.-V.-G. § 67 Absatz 4) — welche in den Text des Bescheides selbst aufzunehmen und nicht als Anmerkung anzubringen ist — zu entwerfen und zu den Akten zu bringen.

§ 28. Außerdem sind in Urschrift oder beglaubigter Abschrift die Unterlagen der Beschlußfassung des Feststellungsorgans zu den Akten zu bringen (bei mündlicher Verhandlung das betreffende Protokoll beziehungsweise ein Auszug aus dem Protokollbuch, bei schriftlicher die Abstimmungsliste beziehungsweise die betreffende Korrespondenz).

§ 29. Handelt es sich um minderjährige Personen — mögen sie selbst Verletzte sein oder als Hinterbliebene eines Getödteten in Betracht kommen —, so sind die ihre Ansprüche betreffenden Bescheide nicht ihnen selbst, sondern ihren gesetzlichen Vertretern (Vater, Vormund, Mutter, wenn dieselbe Vormünderin ist) zuzustellen.

§ 30. Die Urkunde über die Zustellung beziehungsweise Aufgabe des Feststellungsbescheides zur Post ist in den Akten unmittelbar hinter der Urschrift des Bescheides einzuheften und durch einen Vermerk oder auf andere Weise die Beziehung der beiden Urkunden auf einander ersichtlich zu machen.

§ 31. Es ist wünschenswerth, daß in den Bescheid der wesentliche Inhalt des § 4 der Verordnung über das Verfahren vor den Schiedsgerichten vom 2. November 1885 aufgenommen wird, wonach die Berufung schriftlich zu erheben, und in dem Schriftsatze — unter Beifügung einer Abschrift desselben für den Gegner — der Gegenstand zu bezeichnen ist, unter Angabe der für die Entscheidung maßgebenden Thatsachen und der Beweismittel für die letzteren.

§ 32. Wenn einem Berechtigten die Rente nicht in der beanspruchten Höhe zuerkannt wird, so ist derselbe, wo es nach den Umständen angezeigt erscheint, bei Gelegenheit der Ertheilung des Feststellungsbescheides darüber zu belehren, daß er sich durch Erhebung des geringeren Betrages bei der Post seines Rechtes auf Einlegung der Berufung behufs Erlangung eines höheren Betrages nicht begebe.

§ 33. Die Entschädigungsakten sind getrennt zu halten, insbesondere nicht mit den Katasterakten zu verbinden, ferner chronologisch zu heften und mit fortlaufenden Seitenzahlen zu versehen.

Für die Aufbewahrung der Entschädigungsakten nach Erledigung des Feststellungsverfahrens ist seitens des mit dem letzteren befaßt gewesenen Genossenschaftsorgans Sorge zu tragen.

Anlage 9.

Rundschreiben

an die Vorstände der ausschließlich dem Reichs-Versicherungsamt unterstellten landwirthschaftlichen Berufsgenossenschaften, betreffend die Vereinfachung der Verwaltungsgeschäfte und die Inanspruchnahme der Dienste der Vertrauensmänner.

Vom 16. September 1888. — R.-V.-A. I. 16146.

Wenn das landwirthschaftliche Unfallversicherungsgesetz und in dessen Ausführung die verschiedenen Landesgesetze die Organisation der land- und forstwirthschaftlichen Unfallversicherung wesentlich abweichend von der durch das Unfallversicherungsgesetz gegebenen Organisation der industriellen Unfallversicherung gestaltet haben, so war hierfür in erster Linie die Absicht bestimmend, den besonderen Verhältnissen der Land- und Forstwirthschaft durch Vereinfachung des Verwaltungsapparates und Kostenersparniß Rechnung zu tragen. Für die Erreichung dieses Zieles ist, wie der organisatorische Aufbau, so nicht minder auch die Art der Durchführung der Unfallversicherung, insbesondere die Handhabung der laufenden Verwaltungsgeschäfte entscheidend. In letzterer Beziehung werden alle an der Verwaltung der genossenschaftlichen Angelegenheiten betheiligten Personen und Behörden zur Vermeidung einer geschäftlichen Ueberbürdung der Genossenschaftsorgane sowie einer übermäßigen finanziellen Belastung der Land- und Forstwirthschaft dadurch wesentlich beitragen können, daß sie in ihrem Geschäftsbereiche alle unnöthigen Weitläufigkeiten und vor Allem jedes Uebermaß an Schreibwerk nachdrücklich hintanhalten.

Die Organe der landwirthschaftlichen Berufsgenossenschaften und Sektionen werden vielfach mit den Verhältnissen ihres Bezirks so vertraut sein, daß sie auf Grund eigener Kenntniß manche Fragen und Zweifel lösen können, welche in den industriellen Berufsgenossenschaften mit ihrem oft weit ausgedehnten Gebiet und der großen Mannigfaltigkeit der Betriebszweige, Einzelbetriebe und Lohnverhältnisse sich nicht ohne besondere umständliche Erhebungen beurtheilen lassen.

Dies gilt in erhöhtem Maße da, wo die genossenschaftliche Verwaltung ganz oder theilweise Selbstverwaltungsorganen oder sonst öffentlichen Behörden übertragen ist. Das den öffentlichen Behörden oder Körperschaften zu Gebote stehende Akten- und Listenmaterial wird vielfach unbedenklich auch für Zwecke der Berufsgenossenschaften nutzbar gemacht werden und dazu dienen können, die laufende genossenschaftliche Verwaltung zu vereinfachen und die niederen Genossenschaftsorgane ebenso wie Ortspolizeibehörden und Betriebsunternehmer mit lästigem Schreibwerk zu verschonen.

Was insbesondere das Verfahren zur Feststellung der Entschädigungen anlangt, das nach Zahl und Bedeutung der vorkommenden Fälle die genossenschaftliche Verwaltung in hervorragender Weise in Anspruch nehmen wird, so werden die Feststellungsorgane nicht außer Acht lassen dürfen, daß es sich nicht um ein an Beweisregeln und streng formale Vorschriften gebundenes prozessualisches Verfahren handelt, daß ihnen vielmehr der freieste Spielraum gelassen ist, unbeschadet ihrer Gewissenhaftigkeit und ihrer Verantwortlichkeit der Genossenschaft gegenüber (vergleiche § 31 des landwirthschaftlichen Unfallversicherungsgesetzes) auf Grund eigener Kenntniß der wirthschaftlichen, örtlichen und persönlichen Verhältnisse ohne nutzlos weitläufige Erhebungen zu einer sachgemäßen, der Lage der einzelnen Fälle wie dem Bedürfniß des praktischen Lebens entsprechenden Entscheidung zu gelangen.

So werden, auch ohne daß von den Parteien ein urkundlicher Beweis erbracht wird, nicht selten Thatsachen einer Entscheidung zu Grunde gelegt werden dürfen, wenn nur nach Lage des Falles jeder Zweifel an deren Richtigkeit für die den örtlichen und persönlichen Verhältnissen nahestehenden Organe ausgeschlossen ist. Wenn es sich beispielsweise um die Feststellung der Rente für eine Wittwe handelt und von der Ortspolizeibehörde bei der Unfalluntersuchung festgestellt worden ist, daß der Verunglückte eine Ehefrau hinterlassen hat, überdies auch für die Mitglieder des Feststellungsorgans auf Grund ihrer Kenntniß der Verhältnisse jeder Zweifel an der Rechtmäßigkeit der Ehe des Getödteten ausgeschlossen ist, so wird nicht noch auf Beibringung einer Heirathsurkunde zu bestehen sein.

Was speziell die Mitwirkung der Vertrauensmänner bei der genossenschaftlichen Verwaltung, insbesondere auch bei dem Feststellungsverfahren anlangt, so wird dieselbe allerdings in manchen Beziehungen nicht zu entbehren sein. In allen Fällen, in denen es darauf ankommt, durch eine den örtlichen Verhältnissen nahestehende Person, durch mündliche Verhandlungen mit Unternehmern, Arbeitern oder Behörden, oder durch persönliche Augenscheinseinnahme seitens eines mit dem praktischen Leben vertrauten Mannes thatsächlichen Aufschluß oder gutachtliche Beurtheilung zu erlangen, werden die Dienste der Vertrauensmänner mit gutem Erfolge in Anspruch genommen und kaum umgangen werden können. Um aber für diese nothwendigen Arbeiten um so sicherer auf ihre Thätigkeit rechnen zu können, empfiehlt es sich, sie im Uebrigen mit zeitraubenden Arbeiten und lästigem Schreibwerk möglichst zu verschonen. Dies letztere gilt namentlich von den Fällen, in denen der Vertrauensmann nicht in der Lage ist, schneller oder besser Aufklärung zu gewinnen, als das höhere Genossenschaftsorgan dies ohne seine Vermittelung würde thun können. Wenn beispielsweise der Vertrauensmann, um den ihm ertheilten Auftrag zu erledigen, sich nothwendigerweise erst wieder schriftlich an andere Personen oder Behörden wenden müßte, so wird seine Inanspruchnahme grundsätzlich zu vermeiden sein. Die Nothwendigkeit, in dieser Beziehung Maß zu halten, erscheint um so dringender, als bei den ländlichen Verhältnissen die Zahl derjenigen Personen, welche sich zum Amt eines Vertrauensmannes eignen und den ihnen in dieser Stellung obliegenden Arbeiten gewachsen sind, ohnehin, zumal in weniger volkreichen Gegenden, in der Regel eine höchst geringe ist. Erwägt man ferner, daß diese Personen häufig neben ihren privaten Angelegenheiten ehrenamtliche öffentliche Funktionen aller Art bereits zu versehen haben, so wird eine Rücksichtnahme auf Zeit und Leistungsfähigkeit der Vertrauensmänner und eine gewisse Vorsicht in der Inanspruchnahme ihrer Dienste im Interesse der landwirthschaftlichen Genossenschaften unbedingt geboten erscheinen,

Indem das Reichs-Versicherungsamt den Vorstand auf die vorstehend dargelegten Gesichtspunkte ergebenst aufmerksam macht, verbindet es damit das Ersuchen, in gleichem Sinne auch die Sektionsvorstände, für welche Abdrücke dieser Verfügung anliegen, und die etwaigen sonstigen genossenschaftlichen Feststellungsorgane verständigen zu wollen.

Das Reichs-Versicherungsamt.
Bödiker.

Sachregister.

A.

E.

F.

G.

H.

J.

O.

P.

R.

S.

T.

U.

V.

Z.

Kolibri 360 GmbH
Ferdinand-Jühlke-Straße 7
99095 Erfurt, Deutschland
produktsicherheit@kolibri360.de